KB041848

서울법대
법학총서
17

계약자유와 계약책임

김형석

박영사

서울대학교 법학연구소는 감사하게도 필자의 계획을 후원하여 법학총서의 한 권으로 출판할 수 있도록 지원하였다. 또한 바쁜 와중에 적지 않은 분량의 원고를 맡아 편집해 주신 박영사의 조성호 이사님, 이승현 차장님께도 사례의 뜻을 전하고 싶다.

2023년 12월 11일
김 형 석

* 이 저서는 서울대학교 법학연구소의 2023학년도 단행본 종합저술(모노그라프) 지원을 받았음(서울대학교 법학발전재단 출연).

차   례

제 3 장   계약과 착오(1): 역사적 전개

제 4 장   계약과 착오(2): 민법의 해석

제 5 장　계약과 사정변경

제2편 계약 불이행에 따른 책임

제1장 채무불이행책임의 규율 체계

제2장 구제수단(1): 이행의 강제

제 3 장　구제수단(2): 이행에 갈음한 손해배상

제 4 장   구제수단(3): 이행불능과 대상청구권

제 3 편   계약책임으로서의 담보책임

제 1 장   권리의 하자를 이유로 하는 담보책임

제 2 장　물건의 하자를 이유로 하는 담보책임

제 3 장　하자담보책임에서 하자의 개념

제 4 장   경매와 담보책임: 매매계약의 효과?

[논문의 출전]

이 책은 다음의 연구를 기초로 구성되었다.

- 사적 자치와 기본권의 효력(비교사법 제24권 제1호, 2017)
- 의사능력의 판단(미발표 초고; 영어본은 Journal of Korean Law Vol. 19-2, 2019 수록)
- 독일 착오론의 역사적 전개(저스티스 제72호, 2003)
- 동기착오의 현상학(저스티스 제151호, 2015)
- 사정변경 법리의 적용 범위(저스티스 제191호, 2022)
- 우리 민법의 채무불이행 규율 체계에 대한 단상(민사법학 제96호, 2021)
- 강제이행(법학 제46권 제4호, 2005)
- 이행에 갈음한 손해배상(비교사법 제28권 제2호, 2021)
- 대상청구권(법학 제55권 제4호, 2014)
- 권리의 하자를 이유로 하는 담보책임의 성질(한양대 법학논총 제35권 제2호, 2018)
- 물건의 하자를 이유로 하는 담보책임의 특질(남효순 교수 정년기념논문집, 2021)
- 매도인의 하자담보책임에서 하자의 개념(송덕수 교수 정년기념논문집, 2021)
- 경매와 담보책임(민사법학 제93호, 2020)

[인용에 관한 범례]

1. 문헌의 인용은 각국에서 일반적으로 통용되는 방법에 따른다.

2. 별도의 법률 명칭의 지시 없이 인용하는 규정은 민법의 규정이다.
   그 밖의 법령은 아래의 약어로 인용한다.

가소	가사소송법
민집	민사집행법
상	상법
헌	헌법

3. 우리나라의 재판례는 선고법원, 판결/결정 여부, 선고일자, 사건번
   호, 출전의 순서로 표기하여 인용한다. 외국의 재판례는 각국에서
   일반적으로 통용되는 방법에 따른다.

4. 인용문 중의 [ ]에 의한 생략이나 보충, 그리고 고딕에 의한 강조
   는 달리 지적되지 않는 한 저자의 것이다.

제1편

계약 성립에서
자기결정과 자기책임

제 1 장

사적 자치와 기본권의 효력

I. 문제의 제기

1. 헌법의 기본권 규정이 사법관계에서 적용될 수 있는지 그리고 적용될 수 있다면 어떠한 방법으로 그리고 어느 정도로 적용될 수 있는지의 문제는 우리 학계에서 오래 전부터 논의되고 있는 말하자면 "고전적인" 쟁점의 하나이다. 그리고 그동안 이에 관한 설명은 주로 공법학계에서 외국에서 전개된 기본권의 대사인적 효력 이론을 소개하고 활용하는 형태로 이루어져 있었던 것으로 보인다.[1]

---

[1] 비교적 최근의 것만 선택적으로 일별해 보아도, 김철수, 헌법학신론, 제21전정신판, 2013, 352면 이하; 성낙인, 헌법학, 제16판, 2016, 934면 이하; 양건, 헌법강의, 제6판, 2016, 271면 이하; 정종섭, 헌법학원론, 제11판, 2016, 340면 이하; 한수웅, 헌법학, 제6판, 2016, 410면 이하; 허영, 한국헌법론, 전정12판, 2016, 264면 이하; 홍성방, 헌법상(상), 제3판, 2016, 418면 이하; 김대환, "사법질서에서의 기본권의 효력 ─ 독일에서의 논의를 중심으로", 헌법학연구, 제16권 제4호, 2010, 117면 이하; 장영수, 기본권의 대사인적 효력과 기본권의 충돌, 고려법학, 제38호, 2002, 105면 이하; 이준일, "기본권으로서 보호권과 기본권의 제3자효", 저스티스, 제65호, 2002, 65면 이하; 황우여, "헌법의 사법적 효력", 민사판례연구[XIII], 1991, 325면 이하; 윤영미, "민법상 일반조항과 기본권", 공법연구, 제39집 제4호, 2011, 207면 이하; 방승주, "사법질서에 있어서 국가의 기본권보호의무", 공법학연구, 제7권 제5호, 2006, 47면 이하; 이재희, "평등권의 대사인효와 그 구체적 적용방식

그런데 종래의 이러한 논의를 개관해 보면 기본권의 사법질서에 대한 적용을 일반론적으로 설명하는 법률구성 차원의 설명이 보다 우세하며, 구체적인 사안유형을 배경으로 그러한 적용이 이루어지는 현실적인 모습을 보이는 연구가 많았다고는 말할 수 없다. 즉 기본권이 사법질서에 직접적용되는지 아니면 간접적용되는지, 간접적용되는 경우에도 직접적용되는 기본권은 존재하는지, 그러한 경우 발생하는 기본권 충돌은 어떻게 해결되어야 하는지 등에 대해서는 논의가 이루어지면서도, 민사재판에서 기본권이 고려되는 모습을 구체적인 민사사례를 통해 조명하는 일은 드물었다고 말할 수 있다. 그러한 이유 때문인지 종래의 논의는 상당한 추상성을 보이고 있었고, 어느 정도로 구체적인 사건 해결의 기초로 활용될 수 있는지에 대해서도 의문이 존재한다.

2. 이러한 논의 상황을 배경으로 이 글은 기본권이 사법관계에 적용되는 모습을 구체적인 재판례를 통해 살펴보고 그로부터 기본권의 대사인적 효력에 관한 문제를 새롭게 생각해 보고자 한다. 즉 추상적인 법률구성의 차원이 아니라 현실의 민사재판에서 기본권이 고려되고 있는 모습을 살피고 이를 통해 종래 논의되고 있던 이론의 적절성과 의미를 재고해 보려는 것이다. 그리고 이러한 작업은 민사법학의 입장에서 기본권의 대사인적 효력이라는 물음에 기여할 바가 있는지를 검토해 보는 과정이기도 하다.

물론 이러한 작업은 매우 광범위한 자료에 대한 분석을 요구하

— 일반조항 해석과 관련하여", 저스티스, 제138호, 2013, 5면 이하 등. 제1장의 주제와 관련되지만 보다 일반론적인 문헌으로 정종휴, "사법관계에서의 헌법원리의 충돌", 현대 민법의 과제와 전망(한봉희 교수 화갑기념), 1994, 1361면 이하; 임건면, "민법의 해석과 적용에 있어서의 기본권의 영향", 성균관법학, 제25권 제2호, 2013, 1면 이하. 한편 이상의 문헌과는 다른 시각에서 민사법의 독자성을 검토하는 것으로 백경일, "헌법규정이 사적 법률관계에서 고려될 수 있는 한계", 안암법학, 제43호, 2014, 137면 이하.

며, 하나의 글만으로 달성되기는 쉽지 않다. 그러한 의미에서 여기서
는 주제를 두 가지 관점에서 특정하여 접근해 보고자 한다. 한편으로
이 글은 민법이 적용되는 영역 중에서 사적 자치가 기능하는 영역인
계약법을 소재로 하여2) 기본권이 고려되는 모습을 살펴본다. 물론 불
법행위의 영역에서도 기본권의 효력은 문제되지만, 여기서는 적절한
분량의 범위에서 효율적으로 고찰할 수 있도록 우선 계약법을 둘러싸
고 제기되는 수평효의 쟁점을 검토하고자 하는 것이다. 그리고 다른
한편으로 본고는 우리의 현상을 점검하기 위한 예비작업으로 이 영역
에서 보다 많은 경험을 가지고 있는 유럽사법(私法)에서의 논의를 개
관해 보고자 한다. 즉 사적 자치의 영역에서 유럽사법의 경험을 살펴
봄으로써, 우리의 문제 해결에 시사점을 탐색해 보는 것이다. 물론 필
자의 언어능력이나 자료 부족으로 인해 만족스러운 풍경화를 제공할
수는 없겠지만, 적어도 (지금까지는) 중요한 유럽연합 국가인 영국·프
랑스·독일의 재판례를 선별적으로 살펴보는 소묘를 제공함으로써 이
후 논의의 출발점으로서 봉사할 수 있기를 희망한다.

　　3. 아래에서는 우선 논의의 전제로서 유럽연합 각국의 관련된 기
본 법제를 살펴본다(Ⅱ. 1.). 그 다음에는 유럽사법에서 해당 국가의
기본권 규정이나 유럽인권협약 규정이 문제되었던 사례 및 그와 비교
할 만한 사례 중 대표적인 것을 개관한다(Ⅱ. 2. 이하). 그리고 이어서
유럽의 경험으로부터 얻을 수 있는 우리 사법에 대한 이론적인 시사
점을 논의한다(Ⅲ.).

　　관련하여 기본권의 사법관계에 대한 효력을 지시하는 용어로 종
래 우리 학설에서는 기본권의 대사인적 효력 또는 기본권의 삼자효
(Drittwirkung) 등의 표현들이 사용되고 있었으나, 현재 유럽사법에서

---

2) 사적 자치와 기본권의 관계를 고찰할 때 계약법뿐만 아니라 유언법도 고려될 수
　있으나, 여기에서는 전자에 한정한다. 후자에 대해서는 우선 김형석, "유언의 성립
　과 효력에 관한 몇 가지 문제", 민사판례연구[XXXVⅢ], 2016, 1036면 이하 참조.

는 수평효(horizontal effect)라는 표현이 보다 널리 선호되고 있다.3) 아래에서는 이들 사이에 특별한 구별을 두지 않지만, 비교법적인 범용성과 표현의 간이성을 고려하여 '수평효'를 보다 중심적으로 사용하기로 한다.

II. 유럽 사법에서 사적자치와 기본권의 효력

1. 수평효를 판단하는 재판기관에 관한 유럽 법제 개관

(1) 기본권의 수평효에 관한 유럽 각국의 경험을 살펴보기 위해 먼저 주의할 사항은 그것이 작용할 수 있는 배경을 이루는 각국 법제에 적지 않은 차이가 존재한다는 사실이다. 즉 유럽연합의 회원국들은 기본권 규정의 유무와 성질, 헌법재판의 인정 여부, 유럽인권협약이 전환되는 모습 등에 따라 상이한 법제를 가지고 있으므로, 이를 유념하지 않고서는 각국의 재판례를 이해하는 것에 어려움이 있을 수 있기 때문이다. 그러나 이를 상세하게 고찰하는 것은 이 글의 범위를 벗어나므로, 아래에서는 사법관계에 기본권이 적용되는 모습을 몇 가지 모델로 유형화하여 간단하게 살펴보기로 한다.4)

첫째로, 헌법재판소 모델이 있다. 이는 성문헌법이 존재하며 헌법재판소가 규범통제뿐만 아니라 구체적인 민사재판의 합헌성도 심사할 수 있는 권한을 가지고 있는 국가들로, 독일, 이탈리아, 포르투

---

3) Colombi Ciacchi, "Jenseits der 'Drittwirkung': Grundrechte, Privatrecht und Judicial Governance in Europa" in Furrer (hrsg.), *Europäisches Privatrecht im wissenschaftlichen Diskurs*, 2006, S. 231f. 참조.

4) 아래의 내용은 추가적인 전거가 없는 한 주로 Colombi Ciacchi, "European Fundamental Rights, Private Law, and Judicial Governance", Micklitz ed., *Constitutionalization of European Private Law*, 2014, p. 106 sqq.의 설명에 따른다. 또한 Comandé, "Comparative Remarks", Brüggemeier, Colombi Ciacchi and Comandé ed., *Fundamental Rights and Private Law in the European Union*, Vol. I: A Comparative Overview, 2010, p. 725 sqq.도 참조.

갈, 스페인, 폴란드 등이 이에 속한다. 이 경우에도 민사재판의 당사자가 직접 재판에 대해 직접 헌법소원을 제기할 수 있는지 아니면 민사재판 절차를 통해 간접적으로 헌법재판소의 판단을 받는지 여부에 따라 차이는 존재하지만, 적어도 수평효라는 관점에서 그러한 차이가 본질적인 의미는 가지지 않는 것으로 관찰되고 있다. 이 나라들은 헌법재판소가 민사재판에 대한 합헌성 통제를 한다는 점에서 수평효에 관한 논의가 보다 적극적이고 활발한 경향을 보인다. 또한 성문헌법이 정하는 기본권의 수평효가 널리 인정되고 있어, 헌법의 하위규범인 유럽인권협약이 원용되는 경우는 많지 않거나 있더라도 부수적이라고 한다.

둘째로, 프랑스와 네덜란드 모델이 있다. 이들은 성문헌법을 가지고 있으나, 헌법재판소가 없거나 민사재판에 개입하는 것이 허용되지 않는다. 네덜란드의 경우 헌법재판소는 존재하지 않으며, 일반 법원도 규범통제의 권한이 없다. 반면 프랑스는 헌법위원회가 입법과정에서 사전적으로 위헌성을 점검하거나 사후적으로 구체적 규범통제의 권한을 행사할 수는 있지만 민사재판에 대한 합헌성을 심사할 권한을 가지고 있지는 않다. 이들 나라에서는 민사법원이 민사관련 법률을 적용하는 과정에서 함께 기본권에 대해 언급하는 형태로 수평효가 인정되고 있으며,[5] 유럽인권협약에 대한 원용도 빈번하다고 한다. 이는 이들 나라에서는 유럽인권협약이 일반 법률보다는 상위규범의 지위를 가지고 있다는 사실로부터 설명된다.

셋째로, 스웨덴 모델이 있다. 성문헌법 국가인 스웨덴에서는 단일 헌법전이 아닌 헌법적 효력을 가지는 네 개의 법률이 헌법으로 기

---

5) 프랑스에 대해 개관으로 우선 Hunter-Henin, "Horizontal Application of Human Rights in France", Oliver and Fedtke ed., *Human Rights and the Private Sphere - A Comparative Study*, 2007, p. 98 sqq. 특히 Malaurie et Morvan, *Introduction générale*, 2004, n° 297 note 30 참조: "이 무익한 관행은 제시되고 있는 해결에 보다 많은 엄숙함(solennité)을 부여하기 위한 것이다."

능하고 있다. 이들은 기본권 규정을 포함하고 있으며, 유럽인권협약
도 국내법으로 수용되었다(1994). 헌법재판소는 존재하지 않으며, 규
범통제 권한은 일반 법원이 가지고 있으나 의회에 대한 존중 때문에
이를 행사하는 일은 드물다고 한다. 또한 기본권의 수평효도 일반법
원에서 인정되고 있지 않다. 다만 최근에는 유럽인권협약의 수평효가
인정되는 재판례가 관찰된다고 한다.

넷째로, 영국 모델이 있다. 주지하는 바와 같이 영국은 성문헌법
이 존재하지 아니하며 의회주권에 기초해 위헌법률심사도 인정되지
않는다. 그러나 인권법(Human Rights Act 1998)에 의해 유럽인권협약
이 수용되어 효력을 가짐으로써 수평효에 대한 논의도 촉발되었다.[6]
인권법은 법원으로 하여금 해석에서 유럽인권협약에 따른 인권을 고
려하도록 하면서, 그것이 의회의 법률과 불일치할 때에는 그 사건에
법률을 적용하지 않음으로써 유럽인권협약 및 의회주권을 모두 유지
하는 해결책을 채택하고 있다.[7] 이러한 내용은 수평효와 관련해서도
마찬가지이며,[8] 유럽인권협약을 고려한 재판례가 증가하는 추세이다.
영국의 유럽연합 탈퇴는 현재로서는 유럽인권협약 및 인권법의 효력
에 영향을 주지 않고 있다.

다섯째로, 아일랜드 모델이 있다. 성문헌법 국가인 아일랜드는
종국적으로 대법원이 최고법원으로서 규범통제의 권한뿐만 아니라
민사재판의 합헌성도 판단할 권한도 가진다. 특히 대법원은 1960-
70년대에 기본권의 직접적 수평효를 인정함으로써 사법관계에 기본
권이 직접 적용될 수 있음을 시인하였다. 그러나 이후 하급법원이 개

---

6) 물론 그 이전에도 유럽인권협약을 고려한 재판례들이 존재하였다. 예컨대 아래 주
    20 및 본문 참조.
7) 이노홍, "영국 기본권의 수평적 효력이론에 관한 고찰", 홍익법학, 제15권 제1호,
    2014, 65면 참조.
8) 윤진수, "영국의 1998년 인권법이 사법관계에 미치는 영향", 민법논고 Ⅰ, 2007,
    1면 이하; 이노홍 (주 7), 67면 이하 참조.

별 사건의 재판에서 기본권을 고려하는 경우는 드물며, 대부분 커먼
로 법리에 따라 분쟁을 해결을 하고 있다고 한다. 한편 유럽인권협약
이 다투어졌던 사건도 드문데, 이는 아일랜드가 2003년에 비로소 협
약을 수용하였다는 사정에서 기인하는 것으로 보인다.

우리나라의 경우 헌법재판소가 구체적 규범통제의 권한을 가지
고 있으나 민사재판에 대한 합헌성 통제를 할 수 없다(헌법 제111조
제1항, 헌법재판소법 제68조 제1항). 이 점에서 세부적인 차이에도 불구
하고 적어도 수평효라는 관점에서 살펴볼 때 프랑스 모델이 그 기본
구조에서 우리나라와 비슷하다고 말할 수 있다.

(2) 기본권의 수평효에 관한 논의는 유럽에서 제2차 세계대전 이
후 본격적으로 시작하였다고 한다. 무엇보다 독재의 기억을 배경으로
제정된 독일 기본법이 모든 국가권력의 기본권 구속을 명확히 함으로
써(동법 제1조 제3항) 1950년대에 독일에서 기본권의 대사인적 효력에
관한 논의가 활발하게 시작하였다. 이는 처음에는 다소 특수 독일적
인 맥락의 논쟁으로 보였지만, 이후 유럽사법재판소가 유럽공동체 조
약의 기본적 자유권의 수평효를 인정하고9) 또한 유럽인권협약(1953)
이 각국에 의해 채택되어 효력을 발휘함으로써 점차 유럽 전역에서
논란이 있는 쟁점으로 전개되었다.10)

아래에서는 이상의 내용을 배경으로 사적 자치의 영역에서 기본
권의 수평효가 문제되었던 주요 사안유형을 살펴보기로 한다.

2. 고   용

전후 유럽사법의 형성과정의 초기부터 고용계약과 관련된 분쟁

---

9) 간략한 개관으로 Günter Hager, "Der Einfluss der Grundfreiheiten des EG-
   Vertrages auf das Privatrecht der Mitgliedsstaaten", 서울대학교 법학, 제51권 제2
   호 별책, 2010, 127면 이하.
10) 이 점에 대해 Günter Hager, "Von der Konstitutionalisierung des Zivilrechts zur
   Zivilisierung der Konstitutionalisierung", *Juristische Schulung* 2006, 769.

은 기본권의 수평효라는 관점에서 접근할 수 있는 주요 재판례를 제
공하였다.

　(1) 50년대 독일에서 이 문제는 특히 사용자가 공산당 당원임을
이유로 노무자를 해고하는 사안을 중심으로 전개되었다.[11]

　대표적인 한 사건을 살펴보면 다음과 같다. 원고는 1934년 이래
로 피고의 노무자로 일해 왔으며, 1948년부터 계속해서 경영협의회
(Betriebsrat)의 구성원이었다. 1953년 8월 21일 원고는 피고의 사업장
에서 근로시간 중에 다른 노무자들의 비어 있는 급여봉투에 공산당의
투표용지를 삽입하는 방식으로 이를 배포하였고, 그 결과 원고는 4주
의 유예기간을 둔 후 해고되었다. 그는 피고를 상대로 근로관계 존속
의 확인을 구하는 소를 제기하였으나 제1심 및 제2심의 노동법원에
서 패소하였고, 이후 연방노동법원에 상고하였다. 연방노동법원은 우
선 사업장의 평화를 진지하고 중대하게 위협하는 정당정치적 선동활
동을 반복적으로 하는 것은 정당한 해고사유가 될 수 있다고 판시하
였다.[12] 여기서 연방노동법원은 기본법이 정하는 의견표명의 자유(동
법 제5조 제1항)는 "사회적 생활에 대한 질서규칙"으로 시민 사이의
법률관계에서도 "직접적인 의미"를 가진다는 사실을 시인하였다. 그
러나 의견표명의 자유는 일반적 법률로 제한될 수 있는데(동조 제2항)
그에는 노동관계에 적용되는 기본규율들이 포함되고, 이로써 특히 사
업장의 평화를 진지하고 중대하게 위협하지 않을 의무, 다른 노무자
및 사용자와 협력해야 한다는 의무, 정당정치적 활동을 하지 않을 경
영협의회 구성원의 의무가 인정되므로 그러한 해고는 정당화된다고
판시하였다. 또한 같은 법원은 그러한 해고가 기본법 제3조 제3항이

---

　11) 일련의 재판례에 대해 Beckmann, Colombi Ciacchi, Ferreira, Moulin-Doos,
　　　O'Callahan, Russo and Turney, "Germany", Brüggemeier, Colombi Ciacchi and
　　　Comandé ed. (주 4), p. 288 – 289.
　12) BAGE 1, 185.

정하는 정치적 생각을 이유로 하는 차별에도 해당하지 않는다고 밝혔다. 이는 기본권이 사법관계에 직접적용된다는 입장에서 출발한 재판례로서 주목할 만하며, 1950년대 직접적용설을 주도했던 노동법원의 태도가 반영된 재판례로 보인다. 이 판결은 또한 노동관계법상 인정되는 노무자의 성실의무가 기본권 제한의 근거가 될 수 있음을 인정하였다는 점에서도 의미를 가진다.[13]

또한 프랑스에서는 회사의 근로조건, 경영조직, 직원의 자질 등에 대한 의견을 언론인에게 표명하여 기사에 공표되게 한 노무자의 해고의 유효성이 문제된 사례도 있다. 이 사건에서 파기원은 단순히 노동법전 제L122-14-3조(현행 제L1232-1조)를 적용하여 해고할 만한 중대한 사유는 존재하지 않는다고 판시하였다.[14] 특히 노무자의 허용되는 표현의 범위를 정하는 당시 노동법전 제L461-1조의 해석이 문제되었음에도 불구하고, 파기원은 기본권의 고려 등을 언급하지 않고 해고의 무효를 정하는 많은 규정들에 비추어 다른 입장은 채택할 수 없다고 밝혔다.

(2) 비슷한 쟁점이 종교의 자유와 관련해서도 존재한다.

가톨릭 재단법인이 운영하는 병원에 고용된 의사가 주간지 독자투고를 통해 가톨릭교회의 낙태 정책을 비판하였음을 이유로 해고된 독일의 한 사안에서, 연방노동법원은, 기본법상 인정되는 교회의 자결권(기본법 제140조에 따라 효력을 가지는 바이마르 헌법 제137조 제3항)을 고려할 때 노무자의 성실의무 위반을 이유로 해고가 정당화될 가능성에서 출발하면서도, 이 사안에서는 그러한 성실의무의 존재로 인하여 노무자의 의견표명의 자유가 침해되고 있음을 시인하고, 결

---

13) 그러나 물론 성실의무를 이유로 다수 노무자의 정치적 의사표명을 완전히 봉쇄하는 것은 허용되지 않는다고 해석되고 있다. Zöllner/Loritz/Hergenröder, *Arbeitsrecht*, 7. Aufl., 2015, § 9 Rn. 27.

14) Cass. soc. 28 avr. 1988, Bull. civ. V, n° 257: "클라보(Clavaud)" 판결.

과적으로 원고인 의사의 성실의무 위반이 해고를 정당화할 정도에
는 이르지 못하였다고 판시하였다.[15] 그러나 이에 대해 연방헌법재
판소는 교회의 자결권을 보다 강조하면서 이 사안에는 그러한 성실
의무 위반이 해고를 정당화한다고 하여 연방노동법원의 결정을 파
기하였다.[16]

히잡의 착용이 문제된 재판례도 있다. 터키 출신인 원고는 피고
가 운영하는 백화점에서 점원으로 고용되어 일하고 있었는데, 두 번
째 아이의 출산 이후 업무에 복귀하면서 신앙을 이유로 히잡을 착용
하겠다고 밝혔다. 피고는 이에 반대하면서 숙고할 시간을 주었으나
원고가 주장을 굽히지 않자 그를 해고하였다. 해고의 효력을 다투는
원고는 제1심과 제2심에서는 패소하였으나, 연방노동법원은 원심을
파기하였다.[17] 연방노동법원은 종교적인 이유로 계약상 근로를 수행
할 수 없게 되어 해고가 정당화되는 경우가 존재할 가능성은 인정하
면서도 노무자가 충분한 능력과 성과를 보이는 이 사안은 그에 해당
하지 않는다고 밝히면서, 법률이 정하는 정당한 해고사유가 존재하지
않는다고 판시하였다. 특히 사용자가 근로 내용을 정할 수 있다고 하
여도(독일 민법 제315조 제1항 참조) 이는 공정한 재량에 의해야 하는
데, 그 공정성을 판단하는 과정에서 기본법이 인정하는 종교의 자유
(동법 제4조)를 그와 충돌하는 사용자의 영업의 자유(동법 제12조 제1
항)와 형량해야 한다고 지적하였다. 이 판결은 연방헌법재판소에 의
해 승인되었다.[18]

이상의 독일 판례에서와 유사한 고려는 다른 나라의 재판례에서
도 발견된다.[19]

---

15) BAG NJW 1984, 826.
16) BVerfG NJW 1986, 367.
17) BAG NJW 2003, 1685.
18) BVerfG NJW 2003, 2815.
19) 또한 라마단을 지키기 위해 휴가를 요청하였으나 사용자가 이를 거절하자 당일 출

예컨대 영국의 한 사건에서 정통 시크교도가 구인광고에 따라 네슬레 공장에 지원하자, 수염을 기르고 있다는 이유로 구직 기회가 박탈된 사실관계가 문제되었다. 그는 종교를 이유로 차별을 받는다고 주장하면서 고용심판을 청구하였으나, 고용심판소와 고용상소심판소는 그 주장을 받아들이지 않았고, 항소법원 역시 심판 결과를 시인하였다.[20] 항소법원은 특히 아직 영국에 채택되지 않았으나 존중을 받고 있는 유럽인권협약 제9조 제1항이 정하는 바와 같은 종교의 자유가 청구인에게 인정되고 있음은 시인하면서도, 사용자가 수염이나 장발을 금지하는 조치는 사용자 사업의 성질상 요구되는 위생상 필요에 부합하는 것으로 동 협약이 인정하는 예외사유(동조 제2항)에 해당하여 협약이 영국에서 효력을 가진다고 하더라도 네슬레의 규율은 정당화된다고 판시하였다.

또한 식료품 체인의 정육파트에서 2년 동안 근무했던 이슬람 신앙의 노무자가 돼지고기를 취급함을 알게 된 이후 다른 파트에서 근무할 것을 요구하였음에도 사용자가 이를 받아들이지 않자 노무를 거부하여 해고된 프랑스 사안도 존재한다. 여기서 원심은 민법 외에도 헌법상 기본권을 원용하면서, 사용자는 노무자의 신앙을 존중해 해당 사실을 미리 고지해야 했으며 이 경우 다른 파트로 이동시키지 않은 책임이 있어 해고는 정당화되지 않는다고 판시하였다. 그러나 이에 대해 파기원은 피용자의 종교는 그것이 명시적으로 약정되어 계약의 범위(le cardre du contrat)로 들어오지 아니하는 한 고용계약에서 예정된 노무를 요구하는 것에 사용자의 책임을 인정할 수 없다고 하여 원

근을 하지 아니한 노무자의 해고가 문제된 Hoge Raad, 30 maart 1984, NJ 1985, 350. 이 판결에 대해 Mak, *Fundamental Rights in European Contract Law*, 2008, p. 154-155 참조. 이 판결의 원문은 다음에서 확인할 수 있다. http://rechtenforum.nl/forum/thread/p/112884?sid=35598b233cc88aded0de9599 cc512795/printertopic/1/

20) Panesar v. Nestle Co. Ltd. [1980] IRLR 64.

심을 파기하였다.[21]

(3) 노무자의 자유로운 인격의 발현이 배경에 있는 사건들도 있다.[22] 대표적인 예는 비혼조항이다. 독일의 한 사건에서 원고는 1954년 4월 1일 피고 요양소에 수습간병인으로 고용되었는데, 수습기간은 2년이며 시험으로 종료될 예정이었다. 고용계약에 따르면 수습간병인은 시설 내에 거주해야 하고 공동식사에 참여해야 하며, 혼인의 경우 혼인이 성립한 달의 말일에 퇴사하는 것으로 정해져 있었다. 원고가 1955년 8월 25일에 혼인하자, 피고는 그달 말일에 근로관계가 종료되었음을 원고에게 통지하였고, 이에 원고가 해고의 무효를 소로 다투었다. 원고는 제1심부터 상고심인 연방노동법원에 이르기까지 모두 승소하였다. 연방노동법원은 해당 계약조항이 선량한 풍속(독일 민법 제138조)에 반하는 것은 아니라고 판단하면서도, 독일 기본법 제1조(인간의 존엄), 제2조(인격의 자유로운 발현), 제6조 제1항(혼인과 가족의 보호)에 반하여 무효라고 선언하였다.[23] 이 재판례 역시 초기에 노동법원이 견지한 기본권의 직접적용설의 기초에 서서 판시하고 있는 것이 특징이다.

(4) 또한 거주의 자유도 고용계약에서 문제되었다. 프랑스의 한 사건에서 노무자는 1991년 8월 30일 한 회사에 의해 고용되었는데, 고용계약은 노무자가 회사의 업무분장에 따른 지시가 있는 경우 6개월 이내에 새 업무지역으로 주소를 옮겨야 하며 그렇지 않으면 일체의 보상 없는 즉시해고가 가능하다는 내용을 포함하고 있었다. 실제로 노무자는 파리 지역에 주소를 두고 파리 북동부를 업무지역으로

---

21) Cass. soc. 24 mars 1998, Bull. civl. V, n° 171.
22) 또한 고용계약상 비밀유지약정에 대해 Campbell v. Frisbee [2002] EWCA Civ 1374도 참조.
23) BAGE 4, 274. 이 판결은 다른 업종에서의 비혼조항 특히 스튜어디스의 비혼조항이 철폐되는 결과를 가져왔다고 한다. Zöllner/Loritz/Hergenröder (주 13), § 9 Rn. 31.

하고 있었는데, 1992년 8월 21일 사용자는 새 업무지역인 몽펠리에로 주소를 옮길 것을 지시하였고 노무자가 이를 거절하자 해고하였다. 원심인 베르사이유 항소법원은 해당 조항을 적법한 것으로 파악하고 해고가 정당하다고 판시하였으나, 파기원은 유럽인권협약 제8조(사생활의 존중) 및 헌법상 기본권을 원용하면서 주소의 이전이 기업활동에 불가결하다는 사정도 보이지 않을 뿐만 아니라 노무자가 몽펠리에에 거소를 마련하였음에도 해고를 하는 것은 거주의 자유 침해의 상당성(비례성)도 없다는 이유로 원심을 파기하였다.[24] 독일에서도 유사한 사실관계가 문제된 재판례가 있다. 여기서는 사용자가 사기를 이유로 고용계약을 취소하고자 하였으나(독일 민법 제123조), 뉘른베르크 고등노동법원은 설령 노무자가 주소를 옮길 의사 없이 고용계약을 체결하였더라도 사용자에게 정당한 이익이 없는 허용되지 않는 요구이므로 사기에 위법성이 없어 취소할 수 없다고 판시하였다.[25]

3. 경업금지

　　고용계약과 관련된 쟁점으로 볼 수도 있지만 통상 독자적인 유형으로 취급되는 것으로 경업금지조항의 유효성이 있다. 이는 경업금지조항이 고용계약에 포함될 수도 있지만, 지시종속을 내용으로 하지 아니하는 독립한 당사자들 사이의 계약에서도 문제될 수 있기 때문에다(상 제87조 참조). 이와 관련해서는 특히 독일의 상사대리인(Handelsvertreter; 대리상) 사건이 대표적이지만, 유사한 모습의 분쟁은 다른 유럽 국가들에서도 발견된다.

　　(1) 독일의 경험을 살펴보면, 고용계약에 포함되는 경업금지조항이 먼저 다투어졌다. 당시 독일 상법은 상사보조자와 본인 사이의 경

---

24) Cass. soc. 12 jan. 1999, Bull. civ. V, n° 7: "스필레(Spileers)" 판결. 이에 대한 분석으로 Hunter-Henin (주 5), p. 107-111 참조.

25) LAG Nürnberg, NZA-RR 2004, 298.

업금지계약을 허용하면서도, 그것이 유효하기 위해서는 일정한 서면
방식을 준수해야 하고(동법 제74조 제1항), 본인은 금지기간 동안 최후
의 계약상 보수의 1/2 이상을 지급할 의무를 부담하도록 하면서(동조
제2항), 사용자에게 정당한 이익이 없다는 사정 등이 없으면 효력이
부정되도록 규정하고 있었다(동법 제74a조 참조). 그런데 동법은 보조
자의 계약위반으로 계약이 해지되는 경우에는 보조자는 본인에 대해
보상금 지급을 청구할 수 없다고 규정하고 있었고, 바로 이 조항의
위헌성이 다투어졌다. 연방노동법원은 1977년 2월 23일 해당 조항이
자의적이어서 기본법의 평등원칙에 위반하여 헌법과 합치하지 않는
다고 선언하였다.[26] 여기서 해당 상법 규정은 기본법 제정 이전에 효
력을 가지고 있었던 법률이어서(이른바 "vorkonstitutionelles Recht") 연
방헌법재판소가 재판할 권한을 가지고 있지 아니하므로,[27] 노동법원
이 직접 그 위헌성을 판단한 것이다.

　그 다음에는 독립적 상사대리인(대리상)에 대한 경업금지조항이
문제되었는데, 이 사건에서 헌법소원심판의 청구인은 포도주를 생산
하고 유통하는 본인의 상사대리인으로서 활동하고 있었다. 청구인과
본인 사이의 계약은 그 종료 후 2년 동안의 경업금지약정을 포함하고
있었으며, 만일 상사대리인의 유책한 사유로 계약이 종료된 때에는
본인은 일체의 보상금을 지급하지 않기로 약정되어 있었다. 그런데
상사대리인이 본인에 대해 사직을 하지 않은 채로 다른 회사를 위해
일하기 시작하자 본인은 계약을 해지하면서 청구인에 대해 경업금지
약정에 따른 부작위를 청구하였다. 당시 독일 상법 제90a조(1953년 8
월 6일에 도입)는 상사대리인의 경업금지약정이 유효하기 위한 요건
(일정한 서면방식, 기간의 제한, 보상금의 지급)을 규정하면서(동조 제1항),
앞서 문제되었던 상법 제75조 제3항과 유사하게 상사대리인의 유책

---

26) BAG, AP HGB § 75 Nr. 6.
27) Jarass/Pieroth, *Grundgesetz*, 8. Aufl., 2006, Art. 100 Rn. 8 참조.

한 행태로 인한 중대한 사유로 계약이 해지된 때에는 상사대리인은 보상금을 청구할 수 없다고 규율하고 있었다(동조 제2항 제2문).

제1심인 파사우 지방법원이 본인의 부작위청구를 기각하자 본인은 제2심인 뮌헨 고등법원에서 청구를 확장하여 경업금지약정의 유효성 확인 및 손해배상도 청구하였고, 제2심 법원은 경업금지약정의 유효성을 전제로 본인의 모든 청구를 인용하였다. 특히 독일 상법 제75조 제3항의 위헌성이 동법 제90a조 제2항 제2문에도 타당할 수 있을지 여부에 대해서는 독립적으로 활동하는 상사대리인의 경우에는 사적 자치가 보다 우위를 가진다는 것이었다. 연방대법원 또한 제2심 판결에 대한 상고를 기각하였다.[28] 연방대법원은 이 사건의 경업금지 약정의 유효성을 확인하면서, 설사 동법 제90a조 제2항 제2문이 위헌이라고 하더라도, 독립적으로 활동하며 본인에게 직업적·경제적으로 종속되어 있지 아니하는 상인으로 이익과 위험을 비교형량할 수 있는 상사대리인이 체결한 계약의 유효성을 의문시할 수는 없다고 하였다. 이에 상사대리인은 헌법소원을 제기하였고, 연방헌법재판소는 1990년 2월 7일 부작위청구 부분에 대해 청구인의 주장을 받아들였다.[29] 즉 이 사건에서 그러한 부작위청구를 허용하는 것은 청구인의 기본법 제12조 제1항(직업의 자유)을 침해하는 것이며, 또한 보상 없는 경업금지를 허용하는 독일 상법 제90a조 제2항 제2문도 "그러한 경업금지를 제한 없이 허용하는 한에서는" 기본법 제12조 제1항과 합치하지 않는다고 하였다.[30] 연방헌법재판소에 따르면 헌법에 의해 보장되는

---

28) BGH WM 1983, 1416.

29) BVerfGE 81, 242.

30) 다만 연방헌법재판소는 독일 상법 제90a조에 대해, 그 규율에 대해 입법재량이 존재하는 영역일 뿐만 아니라 1989년 10월 23일 유럽연합지침의 전환을 내용으로 하는 상사대리인 관련 규정 개정이 이루어진 상태라는 사정을 고려하여, 1989년 10월 23일 이전에 대해 불합치를 선언하는 것으로 그쳤다. 이 규정은 1998년 6월 22일에 다시 한 번 개정되었고, 이것이 현행법이다. 그에 따르면 상사대리인의 보상청구권을 배제할 가능성은 존재하지 않는다.

동시에 그 구속을 받는 사적 자치는 자기결정을 전제로 하므로 계약
당사자 일방이 계약내용을 사실상 일방적으로 결정할 수 있는 타인결
정이 되어서는 안 되고, 이를 위해 입법자는 그러한 남용을 막을 수
있는 규율들을 두어야 할 뿐만 아니라, 그러한 규율을 두지 않은 경
우에도 법관은 기본권을 고려하는 일반규정의 적용으로 이에 대처해
야 한다는 것이다.

　(2) 경업금지약정의 유효성은 다른 유럽 국가들에서도 다투어지
는 주제이다. 그러나 다수의 나라들은 이를 법률의 규정을 적용하여
해결하는 것으로 보이며,[31] 독일에서처럼 명시적으로 기본권이나 인
권의 효력을 원용하는 경우는 많지 않은 것으로 보인다.[32]

　프랑스의 예를 살펴보면 법원은 오래 전부터의 다수의 재판례를
통해 어떠한 경우에 경업금지약정이 유효하게 되는지를 구체화해 오
고 있다. 그에 따르면 예컨대 경업금지약정은 방식을 준수하는 외에
도 사용자의 정당한 이익을 보장하기 위해 불가결한 것이어야 하고,
경업금지의 내용이 제한되어 있어야 하며, 특히 고용계약의 경우에는
정당한 보상이 약정되어야 한다.[33] 그러나 이들 판결은 상법이나 노
동법의 규정을 근거로 하여 설시되고 있으며, 기본권에 대한 원용은
좀처럼 찾기 어렵다. 예컨대 상사대리인이 경업금지조항에 따른 보
상을 청구하는 사건에서 파기원은 상사대리인의 사정으로 계약이 종

---

31) 이는 예컨대 법률 규정이 이를 상세하게 규율하는 경우에는 특히 그러하다. 예를
　들어 이탈리아 민법 제2125조는 경업금지약정은 서면방식을 준수해야 하고, 피용
　자를 위한 보상이 약정되어야 하며, 그 제한이 내용·시간·장소와 관련해 일정한
　한계 내에 있어야 하는데, 그 경우에도 기간은 고용의 형태에 따라 3년 또는 5년
　을 넘을 수 없도록 하고 있다.
32) Busch and Schulte-Nölke ed., *Fundamental Rights and Private Law*, 2011, p.
　67 sqq.
33) 예컨대 고용계약에 포함된 경업금지약정 조항에 대해 Picod et Robbine, "Concurrence
　(Obligation de non-concurrence)", *Répertoire de droit de travail*, 2009/2016,
　n°s 34 sqq.

료된 경우에도 보상청구권이 인정된다고 하여 이를 부정한 액상프로
방스 항소법원의 판결을 파기하였는데, 여기서도 오로지 상법 제
L134-12조 및 제L134-14조에 기초해서만 판단이 이루어지고 있음을
확인할 수 있다.[34] 그러나 비교적 최근에는 (상사대리인의 경우) "상공
업의 자유의 원리",[35] (고용계약의 경우) "전문적 활동의 자유로운 행
사에 관한 근본원리"[36] 또는 「경제적, 사회적 및 문화적 권리에 관한
국제규약」 제6조[37]가 원용되는 경우도 없지 않으나, 그 예가 많지 않
고 실질인 판단에 영향을 미치고 있다고는 보이지 않는다(앞의 주 5
참조). 네덜란드의 경험도 비슷한데, 법원은 고용계약의 경우 경업금
지약정의 효력을 정하는 네덜란드 신민법 제7:653조의 적용을 통해
사건을 해결하고 상사대리인에도 이를 유추하고 있지만, 직업의 자유
를 정하는 네덜란드 기본법 제19조 제3항도 원용하는 하급심 재판례
도 일부 발견된다고 한다.[38] 학설도 이 규정이 기본법상의 직업의 자
유와 사용자의 영업상 보호 사이의 긴장을 해소하기 위해 입법된 것
으로 이해한다.[39]

4. 임대차

임대차계약을 배경으로 해서도 기본권의 효력이 다투어진 재판
례들이 다수 존재한다.

(1) 이와 관련해서는 특히 유럽인권협약과의 관계에서 프랑스의
판례의 동향이 흥미로우며, 그 과정에서 여러 기본권이 주장되었다.

---

34) Cass. com. 4 déc 2007., Bull. civ. Ⅳ, n° 255. 고용계약의 경우에도 Cass. soc.
    10 juill. 2002, Bull. civ. V, n° 239.
35) Cass. com. 4 juin 2002, Bull. civ. Ⅳ, n° 98.
36) Cass. soc. 10 déc. 2008, D 2009, 1256.
37) Cass. soc. 16 déc. 2008, Bull. civ. V., n° 251.
38) Busch and Schulte-Nölke ed. (주 32), p. 70; Mak (주 19), p. 241-242 참조.
39) Verhulp in Nieuenehuis, Stolker en Valk red., *Tekst & Commentaar Burgerlijk
    Wetboek*, Boek 6, 7, 8 en 10, Tiende druk, 2013, art. 7:653 aant. 1 (p. 4308).

리딩케이스에 해당하는 한 사건에서는 공공 임대주택의 임차인
이 임차목적물에 다른 사람을 주거시켜서는 안 된다고 정하는 임대차
계약조항의 해석이 다투어졌다. 사안에서는 두 자녀를 양육하는 여성
인 임차인이 주택에 아이의 아버지 및 그 여동생을 주거하도록 하였
고, 임대인은 그에 대해 계약불이행을 주장하였다. 원심인 파리 항소
법원과 파기원은 임대인의 주장을 받아들이지 않았다. 특히 파기원은
유럽인권협약 제8조 제1항(사생활과 가족생활의 존중)을 원용하면서 그
러한 계약조항이 있더라도 그것이 제3자를 일시 숙박시키거나 근친
을 주거시키는 것을 금지하는 내용으로 해석될 수는 없다고 판시하였
다.40) 이 판결은 명시적으로 유럽인권협약을 근거로 제시하고 있다는
점에서 주목할 만하다.41)

종교의 자유가 문제된 임대차 사안도 있다. 이 사건에서 회사인
임대인은 세 개의 건물에 있는 거주 아파트를 임대하고 있었는데, 어
느 시점부터 건물의 출입을 비밀번호에 의해서만 가능하게 변경하고
특히 밤에는 하나의 출입구만을 비밀번호 또는 카드로 이용하도록 하
였다. 이에 대해 유대인인 임차인들은 종교적인 이유로 안식일과 축일
에는 그러한 전자시스템을 이용할 수 없으므로 기계식 열쇠로 열 수
있는 출입구를 마련해 줄 것을 요구하였다. 원심인 파리 항소법원은
계약의 구속력을 정하는 당시 프랑스 민법 제1134조(현행 제1103조)
외에도 특히 유럽인권협약 제9조를 원용하면서 임대인의 거부는 부당
하며 유럽인권협약을 고려할 때 그러한 기계식 열쇠의 설치가 계약의
균형(l'équilibre du contrat)을 변경할 정도는 아니라고 하여 청구를 인
용하였다. 그러나 이에 대해 파기원은 명시적인 약정이 없다면 종교적

---

40) Cass. civ. 6 mars 1996, Bull. civ. Ⅲ, n° 60: "멜 예데이(Mel Yedei)" 판결. 이
    판결에 대한 분석으로 Hunter-Henin (주 5), p. 112-115 참조.
41) Hauser, "Bail d'habitation: l'usage en bonne mère de famille", *Revue trimestrielle
    de droit civil* 1996, 580: "민법 제9조로 충분하지 않았을까?" 프랑스 민법 제9조
    는 사생활의 존중을 규정하고 있다.

인 신념에 따른 관행은 임대차계약의 장(場; le champ contractuel du
bail)으로 들어오지 못해 이 사건에 문제된 것과 같은 임대인의 의무
를 발생시키지 못한다고 판시하고 원심을 파기하였다.[42]

한편 결사의 자유가 문제된 경우도 있다. 이 사건에서 상인인 원
고는 임대인 소유 쇼핑센터의 임차인인데, 임대차계약에 포함된 조항
에 따르면 임차인은 쇼핑센터의 임차인 전원으로 구성된 단체에 의무
적으로 가입하고 회비를 지급할 의무가 있었다. 그러나 원고는 이제
해당 조항의 무효를 주장하면서 이미 지급한 회비의 반환을 청구하였
다. 원심인 님므 항소법원은 해당 의무는 자유로운 약정에 의해 발생
한 것으로 원고가 그에 동의하도록 강제된 사정도 없다는 이유로 청
구를 부정하였다. 그러나 파기원은 유럽인권협약 제11조(집회 및 결사
의 자유) 및 결사에 관한 1901년 7월 1일 법률 제4조를 원용하면서
모든 사람에게는 결사의 자유가 인정되고 그 제한은 예외적으로 정당
화되며 또한 기한 없이 성립한 결사의 구성원은 반대약정이 있더라도
탈퇴의 권리를 가진다는 사정을 들어 해당 계약조항을 무효로 판단하
였다.[43]

(2) 독일에서는 특히 이른바 "안테나" 사안유형을 배경으로 임대
차계약에서의 기본권 고려가 문제되었다. 대표적인 한 사건에서 헌법
소원 청구인은 터키 시민으로 1990년 이래 독일 에센에서 가족과 함
께 거주하고 있었다. 그가 임차하고 있는 다세대건물에는 공통의 안
테나가 존재하였고 이를 통해 5개의 독일 텔레비전 방송을 시청할 수
있었다. 그는 임대인에게 터키 방송 수신을 위한 위성안테나 설치에
동의해 줄 것을 요구하였으나 임대인은 이를 거절하였다. 임차인은
동의를 구하는 소를 제기하였고, 구법원과 지방법원은 모두 청구를

---

42) Cass. civ. 18 déc. 2002, Bull. civ. Ⅲ, n° 262: "아마르 등(Amar et autres)" 판결.
   이 판결에 대한 분석으로 Hunter-Henin (주 5), p. 121-122 참조.
43) Cass. civ. 12 juin 2003, Bull. Ⅲ, n° 125.

받아들이지 아니하였다. 지방법원은 정보와 오락을 목적으로 하는 위성안테나 설치는 다세대건물의 임차주택의 계약내용에 좇은 사용에 해당할 수 없다고 하였다. 특히 임차인이 일정한 요건 하에서 그러한 설비를 청구할 수 있다는 판례 법리⁴⁴⁾는 해당 사안에 적용되지 않는다고 하였는데, 왜냐하면 이듬해 케이블 설치가 예정되어 있을 뿐만 아니라 이를 인정하면 다른 임차인들도 자신의 특수한 사정을 주장할 수 있게 될 것이기 때문이라는 것이다. 이에 원고는 헌법소원을 청구하였고, 연방헌법재판소는 이를 받아들였다.⁴⁵⁾ 연방헌법재판소는 독일에서 수신가능한 외국방송도 독일 기본법 제5조 제1항(정보의 자유)이 상정하는 정보원에 해당한다고 하면서, 그러한 정보 취득이 특정한 기술설비에 의존한다면 기본권의 보호는 그러한 설비를 마련하고 사용하는 것에도 미칠 수 있다고 하였다. 그리고 이러한 기본권의 내용은 민사사건에서도 간접적으로 특히 일반규정을 매개로 간접적용되므로 이 사건에서 민법의 임대차 규정을 해석할 때에도 고려되어야 하고, 이때 임차인의 정보의 자유와 임대인의 소유권(기본법 제14조 제1항)을 비교형량함으로써 판단해야 한다고 하였다. 연방헌법재판소는 결론적으로 이 사건에서 민사법원이 이상과 같은 기본권의 취지를 충분히 고려하지 못하였다고 판시하였다. 다만 이 결정은 만일 임대인이 케이블을 설치하는 경우 위성안테나 설치에 대한 동의청구권이 부정될 수 있다는 점은 시인하였다.

그 밖에 (이제는 폐지된) 행위능력 상실의 선고(Entmündigung)를 받은 성년자가 후견인의 대리에 의해 임대차계약을 체결하였으나, 이후 임차인의 행위능력 상실 사실이 묵비되었다는 것, 임차인의 행태가 임대차 지속을 할 수 없다는 것, 그리고 자신이 해당 주택을 사용수익할 예정이라는 것을 들어 임대인이 임대차를 해지한 사실관계가

44) OLG Frankfurt NJW 1992, 2490.
45) BVerfGE 90, 27.

문제된 사건도 있다. 그러한 해지를 유효하게 인정한 구법원 및 지방 법원 판결에 대해, 연방헌법재판소는 충분한 비교형량 없이 그러한 결론을 인정하는 해석은 인간의 존엄 및 일반적 인격권을 침해하는 것이라고 판시하였다.46)

(3) 영국에서는 인권법의 도입의 효과가 현저하게 나타난 초기의 한 사건이 임대차계약을 배경으로 전개되었다. 이 사건에서 임대차법 (Rent Act 1977)의 적용을 받는 주택임대차가 문제되었는데, 임차인은 임차한 아파트를 1983년부터 2001년 사망할 때까지 동성파트너인 피고와 함께 사용하였다. 임차인의 사망 이후 임대인이 임차목적물의 반환을 청구하자, 피고는 동법 별표 1 제2조의 "배우자"(spouse)로서 임대차를 승계하였음을 주장하였다. 카운티 법원은 피고가 배우자에 는 해당하지 않지만 동법 별표 1 제3조의 "가족"(family)에 해당하여 임대차를 승계한다고 판결하였으나,47) 피고는 항소하였다. 피고는 동법의 적용에서 이성커플과 비교해 동성커플을 차별하는 것은 유럽인권협약 제8조(사생활과 가족생활의 존중) 및 제14조(차별의 금지)에 비추어 허용되지 않으며, 인권법 제3조에 따라 이러한 인권에 효력을 주는 방법으로 임대차법이 해석되어야 한다고 주장하였다(이후 귀족원 판결에서도 언급되는 바이지만 어느 규정이 적용되든 피고는 임차인의 지위를 승계하므로 별표 1 제2조가 적용된다고 하여 그의 지위가 개선되는 것은 아니었다). 항소법원은 피고의 항소를 받아들였고, 이에 원고는 상고하였으나, 귀족원 역시 항소법원의 판단을 지지하였다. 반대의견도 있었으나, 다수의 재판관들은 인권법 제3조에 따라 가능한 범위에서 유럽인권협약 제8조, 제14조에 효력을 부여하는 방향으로 임대차법 별표 1 제2조가 해석되어야 하고 따라서 "배우자"에 동성파트너도 포

---

46) BVerfGE 84, 192.

47) 이는 인권법이 시행되기 이전의 귀족원 판례에 따른 것이다. Fitzpatrick (A.P.) v. Sterling Housing Association Ltd. [1999] UKHL 42 참조.

함되어야 한다는 니콜스 재판관의 의견에 가담하였다.[48]

5. 보   증

기본권의 수평효에 관한 논의에서 근친 보증에 관한 독일의 판례는 큰 여파를 가져왔으므로, 마지막으로 이에 대해 살펴보고자 한다.

(1) 사실관계는 다음과 같다. 저축은행은 10만 마르크의 금전을 대여하면서 채무자의 딸(당시 21세)이 보증인이 될 것을 요구하였다. 당시 그녀는 특별한 재산이 없었고 특별한 직업교육도 받은 바 없었으며, 주로 무직상태에 있었으나 보증의 의사표시를 할 당시에는 세후 월 1,150 마르크를 받는 일에 종사하고 있었다. 그녀가 보증의 의사표시에 서명을 할 때 은행 직원은 이로써 대단한 의무가 성립하는 것은 아니며 단지 자신의 서류처리상 필요한 것뿐이라고 안심시켰다. 그러나 이후 저축은행은 보증금의 지급을 청구하였고, 지방법원은 이를 인용하였다. 이에 보증인은 항소하였고, 항소법원은 항소를 받아들이면서 원고의 청구를 기각하였다.[49] 항소법원은 일단 보증채무는 유효하게 성립하였다고 인정하고, 다만 사기에 의한 의사표시가 고려될 수 있으나 취소 의사표시가 없었다는 이유로 취소는 부정하였다. 그러나 이 사안에서처럼 금융기관이 채권자로서 특히 거래경험이 없음을 인식할 수 있는 보증인을 상대로 보증책임의 내용과 범위가 대수롭지 않고 보증인의 위험이 사소한 것처럼 제시하여 이로써 의사결정에 영향을 미치는 경우에는 계약상 요구되는 설명의무 위반으로 계약체결상 과실책임을 부담하고, 이로써 보증인은 손해배상으로 원상회복인 계약의 해소를 청구할 수 있다는 것이다.[50] 그러나 이 판결에

---

48) Ghaidan v. Godin-Mendoza [2004] UKHL 30.

49) OLG Celle WM 1988, 1436.

50) 설명의무 위반을 이유로 하는 계약해소청구에 관한 독일의 학설과 판례에 대해서는 박인환, "독일법상 정보제공의무위반을 이유로 하는 계약해소청구권", 민사법학, 제27호, 2005, 133면 이하 참조. 이 문헌이 지적하는 바와 같이, 이러한 계약해

대해 원고가 상고하였고, 연방대법원은 제2심 법원이 인정한 바와 같은 설명의무를 채권자의 보증인에 대한 관계에서 인정할 수 없다고 하여 원고의 상고를 인용하였다.[51]

피고는 연방대법원의 판결에 대해 헌법소원을 제기하였고, 연방헌법재판소는 이를 받아들여 연방대법원의 판결을 취소하고 제2심 판결을 회복시켰다.[52] 연방헌법재판소는 여기에서도 간접적용설에서 출발하여 기본권의 가치가 민법의 해석에서 고려되어야 한다고 설시한 다음, 사적 자치는 독일 기본법 제2조 제1항에 따라 보장되지만 사적 거래에서는 개인이 각각 사적 자치에 따라 행동하므로 이들 사이에 기본권 충돌이 존재하고, 따라서 각자의 기본권이 최적으로 조화될 수 있도록 양자를 비교형량해야 한다고 설명하였다. 이어 연방헌법재판소는 상사대리인 결정의 법리를 인용하면서 계약당사자 일방이 계약내용을 일방적으로 결정할 정도에 이르는 경우 사적 자치는 자기결정이 아닌 타인결정이 되므로, "구조적인 취약성을 인식할 수 있게 하는 전형화할 수 있는 사안유형이 문제되는 경우로서 계약의 효과가 취약한 계약당사자에게 비상하게 엄중한 때에는, 민사법질서는 그에 반작용하여 정정을 가능하게 해야 한다"고 판시하고, 그 근거를 인격의 자유로운 발현(기본법 제2조 제1항) 및 사회국가 원리(동법 제20조 제1항, 제28조 제1항)에서 찾았다. 그리고 그러한 맥락에서 양속위반(독일 민법 제138조)이나 신의칙(동법 제242조)이 특히 의의를 가진다고 하며, 독일연방대법원은 이러한 가능성을 고려하지 않음으로써 헌법소원 청구인의 기본권을 침해하였다는 것이다.

이 연방헌법재판소 결정은 학계에 격렬한 찬반 논쟁을 야기하였

소청구권은 우리 민법에서 상대방이 유발한 착오의 경우 취소를 인정하는 것(민법 제109조; 大判 1978.7.11., 78다719, 집 26-2, 209 등)에 기능적으로 상응한다.
51) BGH NJW 1989, 1605.
52) BVerfGE 89, 214.

다. 이 자리에서 그 세부적인 내용을 다룰 수는 없다.[53] 다만 연방헌
법재판소의 결정을 받아 이후 연방대법원은 근친 보증이 양속위반으
로 무효가 될 수 있는 요건을 구체화하기 시작하였고, 그 결과 이제
는 근친 보증의 경우 양속위반이 인정될 수 있다는 법리가 정착하였
다는 사실만을 언급해 두고자 한다.[54]

(2) 유럽 각국의 법원은 재산이 없고 소득능력이 충분하지 않음
에도 근친이라는 사정에 기해 엄중한 보증채무를 부담하게 되는 사안
유형에 대한 보호를 도모하고 있다. 그러나 대부분 기존 민사법리를
적용함으로써 해결하고 있으며, 명시적으로 기본권을 원용하면서 그
효력의 문제로 접근하는 예는 많지 않다고 보인다.[55]

예를 들어 프랑스 민법에서의 상황을 살펴본다. 보증인 재산에
비해 과도한 채무를 부담하게 되는 사안에서, 한 판결은 보증인의 착
오를 인정하여 보증계약을 무효로 한 예가 있다. 이 사건에서 원심은
두 공동보증인이 문맹으로 서명 전에 계약서를 낭독받지도 못했을 뿐
만 아니라 계약 내용에 대해 고지도 받지 못하였다는 이유로 당시 프

---

53) 이에 대해서는 간략한 소개로 백경일, "보증계약의 특수성과 보증인보호의 문제",
   민사법학, 제34호, 2006, 175-176면 참조.

54) 헌법재판소 결정을 포함한 전개과정에 대해 Habersack and Zimmermann, "Legal
   Changes in a Codified System: Recent Developments in Germany Suretyship
   Law", *Edinburgh Law Review*, Vol. 3, 1999, 272 sqq. 참조.

55) 독일 판례의 접근을 따르는 예로 오스트리아 판례를 들 수 있다. 예를 들어 OHG
   SZ 68/64는 "법질서의 가치결단과 근본원리"를 원용하여 양속위반성을 정당화한
   다. 또한 Comandé, "Comparative Remarks" (주 4), p. 730 note 123에 따르면
   1997년 6월 20일에 선고된 폴란드 대법원의 판결이 보증의 무효를 판단하는 과정
   에서 헌법상 소유권 보호의 원리를 원용하였다고 한다. 관련하여 이 사안유형과
   관련해 유용한 역사적이고 비교법적인 분석으로 Jansen, "Seriositätskontrolle
   existentiell belastender Versprechen", Zimmermann (Hrsg.), *Störungen der
   Willensbildung bei Vertragsschluss*, 2007, S. 125ff. 참조. 유럽사법 통일이라는 관
   점에서 Colombi Ciacchi, "Non-Legislative Harmonisation of Private Law under
   the European Constitution: The Case of Unfair Suretyships", *European Review
   of Private Law*, Vol. 13, 2005, 285 sqq.

랑스 민법 제1110조(현행 제1132조)가 정하는 중요부분(substance)에 관한 착오가 있다고 판시하였고, 파기원도 이를 긍정하였다.56) 그밖에 사기 특히 부작위에 의한 사기로 무효가 될 가능성도 있음은 물론이다.57)

그러나 1990년대에 들어오면서 프랑스 판례는 보증인의 재산에 비해 과도한 채무를 부담시키는 보증의 경우 보증인에 대한 채권자의 불법행위가 성립한다고 하여 그 손해배상 책임을 고려하여 보증인 책임을 경감하는 방향으로 선회하였다. 대표적인 사건에서 회사의 대표가 회사의 모든 채무에 대해 어음보증을 한 사실관계가 문제되었는데, 원심은 착오는 인정하지 않으면서도 보증인의 37,550 프랑의 월급 및 4,000,000 프랑 미만의 재산과 비교할 때 20,000,000 프랑의 어음보증 채무는 "명백히 과다한 것으로(manifestement disproportionné)" 은행은 보증인의 수입 및 재산과 무관하게 보증을 요구함으로써 불법행위를 하였다고 판시하였다. 이에 원심은 은행에게 보증인에 대한 손해배상 (15,000,000 프랑)을 명하면서 보증채무와의 (당연) 상계를 인정하였고,

---

56) Cass. civ. 25 mai 1964, Bull. Ⅰ, n° 269. 마찬가지로 은행의 설명의무를 전제로 착오를 인정하였던 네덜란드 Hoge Raad, 1 juni 1990, NJ 1991, 759. 이 판결에 대한 소개로 Mak (주 19), p. 179를 보라. 이 판례는 유지되고 있는 것으로 보인다. 상세한 논의는 Blomkwist, *Borgtocht*, 2012, nr. 23 참조. 또한 앞의 판례를 전제로 중개인이나 공증인이 이미 관련 위험을 경고한 때에는 은행이 주의를 다하지 않았다고 항변할 수 없다는 Hoge Raad, 19 maart 2013, JOR 2013/261 및 해당 법리를 파산관재인의 보증에는 확대하지 아니한 Hoge Raad, 21 maart 2014, JOR 2014/183 등도 참조. 이는 각각 다음에서 확인하였다.
https://www.akd.nl/Downloads/PublicatiesPDF/1184536_18－09－2013_rbertrams_jor_sept2013.pdf
https://www.akd.nl/Downloads/PublicatiesPDF/1688484_25－06－2014_jor6_rbertrams.pdf
한편 오스트리아에서도 양속위반성을 인정하는 판례와 병존하여 개별사안에서 착오취소를 허용해 해결하는 재판례도 발견된다. OGH JBl 2003, 577 참조.
57) Simler, *Cautionnement, garanties autonomes, garanties indemnitaires*, 4ᵉ éd., 2008, n°ˢ 145, 146.

파기원도 이 결론을 유지하였다.[58] 그런데 이후 이 판례를 원용하는
사안이 급증하면서, 파기원은 회사 대표는 은행이 관련 정보를 가지
고 있었음에도 이를 무시하였다는 사실을 입증하지 못하는 때에는 은
행을 상대로 손해배상책임을 물을 수 없다고 하여 이전 판례를 제한
하였다.[59] 그러나 이러한 제한은 회사 대표의 보증에 대한 것으로,
그 이전은 물론 이후에도 여전히 많은 보증인이 손해배상책임을 매개
로 한 책임의 감경을 받을 수 있게 되었다. 그 당부에 대해서는 프랑
스에서도 논란이 없지 않다.[60] 이러한 해법은 상대방의 설명의무를
이유로 계약체결상의 과실 책임을 인정한 독일 보증사건의 고등법원
판결을 상기시키지만, 거기에서와는 달리 금전배상을 명함으로써 전
부 또는 전무의 결과가 아니라 실질에서 보증채무를 감액하는 효과를
달성하였다는 점이 특징적이다. 흥미로운 점은 학설에서 이들 판례가
기본권의 효력과 관련을 가진다는 의식은 거의 발견되지 않는다는 사
실이다.[61]

  한편 소비자보호법의 영역에서는 폐지되기 이전 프랑스 소비자법
전 제L332-1조, 제L343-4조(1993~2003년에는 제L313-10조, 2003~2016년
에는 제L341-4조)가, 사업자인 채권자는 자연인을 상대로 그 체결 시
점에 그 자연인의 재산과 수입과 비교해 명백히 과다한 채무를 부담
시키는 보증계약을 주장할 수 없으나, 예외적으로 행사 시점에 보증
인의 재산이 그러한 채무를 감당할 수 있는 때에는 그러하지 않다고
규정하고 있다. 이는 그러한 보증을 무효로 하는 것은 아니며, 단지
권리행사만을 제한하는 것으로 이해되고 있다. 이 규정에 따른 법률

---

58) Cass. com. 17 juin 1997, Bull. Ⅳ, n° 188: "마크롱(Macron)" 판결.
59) Cass. com. 8 oct. 2002, Bull. Ⅳ, n° 136: "나운(Nahoun)" 판결.
60) Simler (주 57), n° 461 참조: "인정된 것은 바로 보증제도의 단적인 소멸이다."
61) 예를 들어 이 글의 주제와 관련한 비교적 최신의 프랑스 문헌인 Maurin, *Contrat et droits fondamentaux*, 2013의 사항색인에서는 "보증"이라는 항목을 찾을 수 없으며, 또한 판례 색인을 보아도 주 58, 59의 판결은 언급되어 있지 않다.

관계는 파기원이 회사 대표 보증에 부과한 제한을 받지 않을 뿐만 아니라, 손해배상이 아닌 전부 또는 전무의 방식으로 채권자의 권리 행사를 제한한다는 점에서 종래 판례와 구별된다.[62] 이와 유사한 규정은 2007년 개정된 벨기에 민법(동법 제2043-6조 제2항)에서도 발견된다.

프랑스 민법의 담보법 개정(2006)을 준비한 그리말디 초안(2005)은 소비자법전의 내용을 민법에 반영하는 규정을 포함하고 있었으나(동 개정안 제2305조 참조), 이는 입법과정에서 관철되지 못하였다. 그러나 이후 2021년의 담보법 개정은 소비자법전의 규정을 폐지하고 민법에 두 개의 조문을 신설하여 이 문제를 새로 규율하고 있다. 우선 주채무자의 채무가 그의 경제적 능력에 부적절한 경우, 사업자인 채권자는 자연인이 보증인에게 이를 고지할 의무가 있으며, 이를 이행하지 않는 경우 채권자는 보증인이 입은 손해의 액수만큼 권리를 상실한다(프랑스 민법 제2299조). 그리고 사업자인 채권자를 상대로 자연인이 체결한 보증이 그 체결 시점에 그 보증인의 수입 및 재산과 비교할 때 명백히 과다한 경우 보증인이 그 일자에 부담할 수 있었을 금액으로 감액된다(동법 제2300조). 이로써 입법자는 실질적으로 감액을 허용한 종전의 판례 법리로 복귀한 셈이다. 1997년 개정된 오스트리아 소비자보호법(KSchG; 동법 제25d조)의 태도도 이와 비슷하다.

한편 기본권에 대한 원용 없이 문제를 해결하는 것은 영국의 판례도 마찬가지이다.[63] 영국법에서 전면에 있는 법리는 부당위압(undue influence) 특히 계약 당사자 일방이 상대방에게 사실상의 신뢰를 부여하였다는 사정에 기초하는 추정되는 부당위압의 법리[64]이다. 그에

---

62) Simler (주 57), n° 463 참조.
63) Geary, "Notes on Family Guarantees in English and Scottish Law – A Comment", *European Review of Private Law*, Vol. 8, 2000, 25, 27 – 29 참조.
64) 이호정, 영국 계약법, 2003, 250면 이하 참조.

따라 예컨대 피고인 아버지가 아들의 회사 채무를 담보하기 위해 물
적 담보를 설정하였으나 은행이 피담보채무 증액을 고지하지 아니한
사안에서, 항소법원은 사무를 담당한 은행 매니저와 피고 사이에 신
뢰관계가 존재하였다는 이유로 부당위압에 따른 취소를 허용하였
다.65) 이후 영국의 선례는 주로 남편의 채무를 담보하기 위해 부인이
부부 소유인 공유 부동산 지분에 저당권을 설정한 사안을 둘러싸고
전개되었는데, 앞서 언급한 법리는 일시적으로 귀족원에 의해 의문시
된 것으로 보이기도 하였으나,66) 귀족원은 이후 다시 부당위압을 이
유로 그러한 저당권 설정을 취소할 수 있다고 하였다.67) 이것이 이제
현재의 판례라고 할 수 있다. 이들 사례는 종래 형평법 법리를 적용
함으로써 해결되고 있으며, 인권법 시행 이후에 선고된 사건에서도
유럽인권협약에 대한 원용은 발견할 수 없다.

Ⅲ. 평가와 시사점

1. 수평효 학설 대립의 실익?

이상에서는 유럽사법에서 자주 문제되었던 계약법 영역의 사안
유형을 중심으로 각국의 재판례가 어떠한 모습으로 기본권을 고려하
고 있는지를 살펴보았다. 그 과정에서 우리는 법원의 접근 방법이 반
드시 일관된 모습을 보이고 있지는 않다는 사실을 어렵지 않게 확인
할 수 있다. 즉 동일한 법원이 어떤 유형의 사건에서는 기본권을 원
용하지만 비슷한 고려가 있을 수 있는 다른 유형의 사건에서는 그에
대한 의식 없이 민사법의 법리만으로 사건을 해결하기도 하고(예컨대

65) Lloyds Bank Ltd v. Bundy [1975] QB 326 (CA).
66) National Westminster Bank plc v. Morgan [1985] 1 AC 686 (HL).
67) Barclays Bank plc v. O'Brien [1993] UKHL 6 (HL); Royal Bank of Scotland v. Etridge (No. 2) [2001] UKHL 44 (HL). 특히 후자가 리딩케이스로 간주되고 있다.

여러 쟁점에 대한 프랑스 파기원의 태도 참조), 한 나라의 법원이 기본권의 관점에서 접근하는 사안을 다른 나라의 법원은 민사법의 문제로만 이해하는 등의 현상을 관찰할 수 있는 것이다(경업금지나 보증에 관한 각국의 판례 참조). 그리고 기본권이 원용되는 경우에도, 과연 그것이 결과에 도달하는데 얼마나 결정적인 역할을 수행하고 있는지를 쉽게 단정하기 어려운 경우가 적지 않다. 예를 들어 프랑스의 경우 판결문 처음에 선언적으로 인용하는 기본권에 대한 언급이 얼마나 논증에 관여하고 있는지 말하기 쉽지 않다. 또한 독일의 경우 연방노동법원이 직접적 효력을 전제로 판단한 사실관계에서 연방헌법재판소의 간접적 효력설에 따라 판단할 때 과연 다른 결론에 도달하였을 것인가 묻는다면 이를 쉽게 긍정하기는 어렵다고 보인다.

이상의 보고를 배경으로 할 때, 수평효에 관한 여러 이론들 특히 종래 독일의 영향을 받아 우리나라에서도 주장되고 있는 직접적용설이나 간접적용설 등의 이론이 현실의 재판에서 사건을 해결하는 과정에서 거의 차이를 나타내 보이지 않는다는 지적이 행해지고 있음은 놀랄 만한 일은 아니다.[68] 실제로 그럴 수밖에 없음은 조금만 숙고해 보면 당연한데, 그러한 이론은 기본권의 효력이 사법에 영향을 미치는 방식을 법률구성하는 설명법에 지나지 않으므로 어느 견해에 따르더라도 실제로 사건을 해결할 때 행해지는 실질적 이익형량은 거의 비슷하게 수행될 것이기 때문이다.[69] 그래서 실제로 수평효를 설명하는 독일의 이론들은 그 설명은 달라도 결과에 있어 기능적으로 등가적이라는 평가가 유력하다.[70] 그에 따르면 독일에서 직접적용설, 간

---

68) 예컨대 Kumm, "Who is Afraid of the Total Constitution? Constitutional Rights as Principles and the Constitutionalization of Private Law", *German Law Journal*, Vol. 7 No. 4, 2006, 341, 352 sqq.; Mak (주 19), p. 159 sqq.

69) 동일한 이익상황과 해법이 문제되는 한 다수의 등가적인 이론구성이 가능하다는 점에 대해 선구적으로 Heck, *Begriffsbildung und Interessenjurisprudenz*, 1932, 189ff. 참조.

접적용설, 그리고 법원과의 관계에서 기본권의 방어기능과 보호요청을 매개로 설명하는 최근 유력설 등이 주장되고 있지만71) 어느 이론에 따르더라도 사안 해결에서 동일한 결과가 도출될 수 있다는 점에서 이들은 결과등가적(ergebnisäquivalent)이라고 한다. 이러한 관찰은 특히 세 이론이 모두 기본권이 사법관계에 영향을 미치는 과정의 한 가지 단면만을 포착하고 있다는 점에 나름의 부분적 정당성을 가진다고 지적한다. 즉 방어기능과 보호요청을 매개로 설명하는 견해는 기본권 주체가 법원과의 관계에서 기본권을 주장하고 있다는 측면을 포착하고 있는 것이고, 간접적용설은 기본권이 고려되더라도 기본적으로 민사분쟁으로 민사법이 적용된다는 사실을 강조한다는 점에서 정당하며, 직접적용설은 기본권의 고려에 따라 당사자의 구체적인 권리·의무의 내용이 정해짐으로써 법률관계가 형성된다는 점을 지시하고 있다는 것이다.72)

　　그런데 이렇게 기본권의 수평효에 관한 이론들이 결과등가적이라고 한다면, 마찬가지의 정당성을 가지고 기본권은 민사관계에서 전혀 효력을 미치지 아니한다는 이론도 결과등가적이라고 말할 수 있다. 결과등가성 판단에서 기준은 과연 어떤 이론이 다른 이론과 비교할 때 특정 결과로 나아갈 경향이 높은지 여부가 아니라, 어느 이론에 따르더라도 동일한 결과를 도출할 수 있는지 여부이기 때문이

---

70) Alexy, *Theorie der Grundrechte*, 1994, S. 481ff. 또한 Dreier in Dreier, *Grundgesetz-Kommentar*, Band Ⅰ, 3. Aufl., 2013, Vor Art. 1 Rn. 100도 참조.

71) 그 내용에 대한 상세한 서술 및 전거를 이 자리에서 반복할 필요는 없을 것이다. 이에 대해서는 주 1에 인용된 문헌 참조.

72) Alexy (주 70), S. 485ff. 같은 취지로 Brüggemeier, "Constitutionalisation of Private Law – The German Perpective", Barkhuysen and Lindenburgh ed., *Constitutionalisation of Private Law*, 2006, p. 79 sqq. 특히 본문의 의미에서 직접적용설을 주장하는 Johannes Hager, "Fundamental Rights in National (Namely German) Contract Law", Grundmann ed., *Constitutional Values and European Contract Law*, 2008, p. 26-27 참조. 이는 이미 같은 필자가 "Grundrechte im Privatrecht", *Juristenzeitung* 1994, 373ff.에서 주장한 견해이다.

다.73) 그런데 앞서 Ⅱ.에서 유럽사법의 재판례를 통해 상세히 살펴보았지만, 법원이 기본권의 효력을 논증에 매개하지 아니하고서도 민사법리의 적용 및 적절한 이익형량만으로 동일한 결과에 도달할 수 있음은 거의 부정하기 어렵다. 그렇다면 기본권의 수평효를 둘러싼 많은 논의가 추상적인 법률구성 차원의 설명에 그칠 뿐이며, 현실의 사건 해결에서 기본권이 어떻게 고려되어야 하는지에 대해서는 정작 구체적 지침을 주지 못하고 있을 뿐만 아니라74) 실질적으로 상호 대체가능하다는 사실이 입증된다고 말할 수 있다. 우리는 이러한 결과를 솔직히 시인해야 한다.

2. 수평효라는 문제설정의 의의

그렇다면 기본권은 사법관계에 효력을 미친다고 하든 그렇지 않다고 하든 결과에 있어 직접적이고 필연적인 관련성을 가지지 아니하므로, 사법관계에서 기본권에 대한 고려는 의미를 가지지 않는다고 할 것인가? 이는 그렇지 않다. 물론 민사사건에서는 분쟁의 당사자들이 각자 상대방에 대해 기본권을 주장할 수 있어 항상 기본권 충돌이 발생할 뿐만 아니라, 기본권에 체화된 가치는 추상도 높은 원리적 성질이어서75) 법명제를 구체화하고 사안을 포섭하는 작업에 적절하지 않다.76) 그러한 의미에서 민사법에서 기본권의 손쉬운 "적용"을 운위하기 어렵다는 것은 분명하다. 그러나 이로부터 기본권의 수평효라는 물음이 제기하는 문제의식이 무용한 것이라고는 말할 수 없다. 수평효의 문제는 민사법 질서가 당면해야 할 하나의 과제를 지시하고 있다고 생각되기 때문이다.

---

73) Alexy (주 70), S. 483.
74) 정종섭 (주 1), 347면도 참조.
75) Alexy (주 70), S. 477 – 479.
76) Esser, *Grundsatz und Norm*, 2. Aufl., 1964, S. 69, 80 및 구체적 분석으로 76ff. 참조.

이와 관련해서는 체계이론의 관점에서 기본권과 인권의 수평효
문제를 제기하는 토이브너의 관점이 시사적이다.77) 그에 따르면 기본
권은 근대 초기에 국가의 형태로 확장하는 정치시스템이 구체적인 개
인(이 이론에서 구체적인 신체와 정신을 가진 그러한 개인은 체계에 대응하
는 환경에 속한다)에게 가하는 현실적 고통에 대한 반작용으로서 즉 시
스템 확장에 따른 구체적 개인에 대한 압박을 제한하는 기제(機制)로
서 성립한 제도이다.78) 그런데 이후 사회시스템의 분화가 계속되면
서, 사회체계는 이제 하부시스템으로 정치시스템 외에도 경제시스템,
미디어시스템, 의료시스템, 교육시스템 등을 형성하였다. 그리고 이전
의 정치시스템과 마찬가지로 이 하부시스템들도 이후 분화·확장을
하는 과정에서 환경으로서의 구체적 개인을 압박하는 결과를 발생시
킨다.79) 이 문제에 대한 근본적인 해결은, 개인과 정치시스템 사이에
기본권이라는 조정 기제가 성립한 것처럼, 각각의 하부시스템과 개인
들 사이의 관계를 조정하는 새로운 독자적인 조정 기제의 성립에 의
해 달성될 것이다. 그러나 개별 하부시스템에 대한 새로운 조정 기제
가 (적어도 아직은) 성립할 수 없었기에, 종래 정치시스템과 개인 사이
에서 체계/환경의 경계를 획정했던 기본권이라는 수단을 다른 시스템
과 개인 사이의 관계에서도 시스템의 확장적 압박을 제어하기 위해
사용하려는 시도가 행해지게 된다. 토이브너는 이를 바로 고유한 의

---

77) Teubner, "Die anonyme Matrix: Zu Menschenrechtsverletzung durch 'private'
transnationale Akteure", *Der Staat* 2006, 161ff. 거의 동일한 내용의 영어본으로
Teubner, "The Anonymous Matrix: Human Rights Violation by 'Private'
Transactional Actors", *Modern Law Review*, Vol. 69/3, 2006, 327 sqq. 아래에서
는 후자에 따라 인용한다.
78) Teubner (주 77), 336－337.
79) 토이브너는 이러한 현상을 영화 「매트릭스」에서 인간의 에너지로 유지되는 컴퓨
터의 작동에 비유한다. Teubner (주 77), 339: "특화된 소통과정으로서의 사회시
스템은 [구체적] 인간에 대한 자극들을 [법주체로서의] 사람이라는 구성물에 집중
한다. 그것은 자신의 자기보존을 위해 그들의 정신적이고 육체적인 에너지들을
'빨아들인다'."

미의 수평효의 과제로 이해한다. 즉 수평효의 문제는, 민사분쟁 일반
에서가 아니라, 구체적인 개인이 확장하는 시스템과 직면하는 사실관
계를 배경으로 하여 다투어질 경우에만 유의미하게 제기된다. "사법
에서 인권이라는 문제제기는 신체와 정신의 완전성에 대한 위해가
(단순히 개별적 행위자가 아닌) 사회적 '제도들'로부터 나오는 경우에만
비로소 존재한다."[80] 이러한 의미에서 수평효가 문제되는 경우, 분쟁
당사자는 개별적인 소송에서 그러한 확장적인 제도적 힘과의 대면이
배경이 있는 분쟁임을 주장할 수 있어야 하며, 재판에서는 그러한 사
정이 이익형량과 법판단에 고려되어야 하는 것이다.[81] 물론 이러한
'수평효'는 하부시스템과 개인의 대립을 고유한 독자적 문제로 포착하
지 못하고 정치시스템과 개인 사이 관계의 유비로 접근한다는 점에서
는 불완전한 해법이지만 현재의 실천적 상황에서는 불가피하다고 간
주된다.

　이러한 설명을 전제로 할 때, 유럽 계약법에서 수평효가 문제되
었던 주요 사건들이 확장하는 경제시스템에서의 교섭력 격차가 배후
에 있는 고용이나 임대차라는 사실이 어렵지 않게 해명될 수 있다.[82]
또한 수평효가 가장 현저하게 문제된 불법행위법상의 쟁점이 확장하
는 미디어시스템의 작동이 매개된 명예훼손과 프라이버시 침해였다
는 점도 놀랄 만한 일은 아니다.

---

80) Teubner (주 77), 344. 또한 Teubner (주 77), 340 note 54: "분명 사람들은 가장
　　근본적인 종류의 권리(생명, 존엄)를 침해함으로써 상대에게 해를 가할 수 있다.
　　그러나 이것만으로는 (아직은) 이상에서의 의미의 기본권 문제는 아니며, 단지 십
　　계명이나 형법 또는 불법행위법의 기본규범에 관한 것일 뿐이다. 현대적 의미의
　　기본권은 사람으로부터 나오는 위험에 반작용하는 것이 아니라, 사회시스템들의
　　매트릭스로부터 나오는 위험에 반작용한다."
81) Teubner (주 77), 343 – 344.
82) Maurin (주 61), n° 238 참조.

3. 민사법에서 간접적 수평효의 의미

이상의 고려에 따른다면, 사적 자치의 영역 아니 보다 일반적으로 사법질서에서 기본권의 효력의 문제는 다음과 같이 이해하는 것이 적절할 것이라고 생각된다.

(1) 우선 기본권의 효력이 사법에서 고려되는 모델로서는 간접적 수평효 즉 간접적용설에서 출발하는 것이 적절하다. 이는 일견 기본권 충돌이 배경에 있다고 하더라도 문제되고 있는 분쟁은 민사분쟁으로 민사법의 적용으로 해결되어야 한다는 것 즉 그 경우에도 당사자들은 민사법에 따라 권리주장을 하고 법원도 그에 따라 재판을 해야 한다는 것을 의미한다.

그러한 의미에서 적어도 이론구성의 측면에서 직접적용설이나 법원과의 관계에서 기본권의 방어기능과 보호요청을 매개로 설명하는 유력설에 따를 수는 없다고 보인다. 우선 전자의 견해에 대해 본다면, 기본권의 고려에 따라 구체적인 권리·의무의 내용이 정해지고 법률관계가 형성된다는 의미에서 기본권이 "직접적용"된다고 말하는 것은, 그것이 타당한 만큼이나 마찬가지로 공허하다. 그러한 의미에서 "직접적용"과 "구속"을 말할 수 있다면, 법현실주의자들이 지적한 대로 법관의 정책적 고려나 사실관계 특수성에 대한 배려도 같은 의미에서 "직접적용"되고 결과에 "구속적"이라고 말해야 한다. 그러나 그러한 형태의 기본권의 "직접적용"은 실제로 내용이 없어 공허하며 무의미하다. 반면 후자의 견해는 기본권을 분쟁 당사자와 법원 사이 즉 기본권 주체와 국가 사이의 관계의 문제만으로 자폐적으로 국한함으로써 기본권 주체들 사이에는 기본권 침해를 내용으로 하는 관계가 전혀 존재하지 않는다는 상식에 반하는 설명에 도달한다. 예를 들어 그것은 악의적인 명예훼손적 사실 적시가 있더라도 기본권은 오로지 피해자의 권리주장을 간과한 법원에 의해서만 침해되는 것이며 사실을 적시한 사람에 의해서는 전혀 침해되지 않는다는 내용을 함축할 것인데,[83] 이는 수평효의 문제가 사인 사이에 작용하는 제도적 힘을 포착해야 한다는 과제를 간과하면서 그 해결을 국가와의 관계에서만 구함으로써 오히려 사안유형의 독자성과 수평효 문제설정의 가치를 시야에서 상실하는 태도이다. 또한 그러한 견해는 현실을 설명하는 것에도 난점을 노정하는데, 그에 따를 경우 예컨대 어떤 구체적인 사안의 분쟁이 학술적으로 분석되는 경우이거나 법원의 판결이 아닌 중재로 해결되는 경우에는 아무런 기본권 관련성도 없고 기본권 침해도 문제될 수 없다는 불합리한 결과가 발생할 것이기 때문이다.[84]

그러므로 기본권은 민사분쟁에 직접적용된다고 할 수 없으며, 또한 민사사건을 국가와의 관계에서 해결될 기본권의 문제로 파악할 이유도 없다. 민사분쟁은 사인과 사인의 관계에서 발생하는 다툼이며, 민사법의 적용으로 해결되어야 한다. 그리고 이는 당사자들이 명시적으로 기본권에 대한 침해를 주장하더라도 다를 바 없다. 그 때에도 법적용자는 전승되어온 민사법질서에서 해결책을 찾아야 하는데, 이는 무엇보다 추상적인 원칙규범인 기본권이 아니라 오랜 시간 동안 세밀하게 정련된 민사법 규정 및 법리에서 비로소 현실적인 해결을 가능하게 하는 구체적인 형량기준이 발견될 수 있기 때문이다. 토이브너가 지적하듯, 민사분쟁 일반을 기본권 충돌의 문제로 관념할 실익은 존재하지 않는다. 민사법의 적절한 적용으로 이미 기본권이 예

---

83) Canaris, *Grundrechte und Privatrecht - eine Zwischenbillanz*, 1999, S. 36. 이러한 주장은 사인이 기본권의 수범자가 아니라는 형식적인 근거에 의지할 뿐이다.
84) Brüggemeier (주 72), 76-77 참조. 한수웅 (주 1), 413면도 참조. 이에 대해서는 아마도 다음과 같은 반론이 제기될 수는 있을 것이다. 학술적 분석이나 중재도 결국 법원의 판결을 모델로 하여 그와 동일한 해결을 목적할 것이므로, 그 때에도 마치 법원이 판단하는 경우와 마찬가지로 기본권의 방어권능과 보호요청을 매개로 기본권 구속을 받는 것처럼 판단해야 한다는 설명이 그것이다(as if!). 그러나 이러한 설명이 의제적이고 고식적이라는 점은 별론으로 하더라도, 그렇게 이해할 때 결국 종래의 간접적용설과 어떠한 차이가 있게 될지 의문이다.

정하는 보호는 실현되고 있으며,[85] 그 과정에서 기본권을 새삼 문제
삼는 것은 코가 세밀한 그물을 설치한 물에 코가 성긴 그물을 다시
한 번 던지는 것과 다를 바 없다. 그러한 의미에서 "인식에 있어 사
법의 우선성"[86]이 인정되어야 한다. 이는 오랫동안 민사법이 보장하
고 있던 개인적 자유의 영역에서 형성된 상당수의 가치가 기본권으로
실정화되었다는 역사적 경험을 회고해 볼 때 당연한 현상이라고도 말
할 수 있다.[87]

  (2) 그렇다면 어떠한 의미에서 간접적인 수평효를 말할 수 있는
가? 앞서 이미 보았지만, 분쟁에 따라서는 단순한 사적 개인 사이의
다툼을 넘어 그 배후에 제도적인 힘이 작동하고 있는 사건이 존재할
수 있다. 즉 개인과 개인의 민사사건의 형태로 나타나지만, 그 배경에
확장하는 경제시스템, 미디어시스템, 의료시스템, 교육시스템 등 사회
의 하부시스템이 개인에게 가하는 압박을 제어하는 과제가 문제되는
사안유형이 그것이다. 그 경우에는 법적용자는 민사법을 적용하는 과
정에서 이익형량과 가치평가에 고려해야 할 독자적인 형량요소가 있
음을 유념해야 한다. 그리고 정치시스템과 개인 사이의 관계가 기본
권에 의해 조정되었던 것처럼, 문제되고 있는 하부시스템과 개인 사
이에서 그와 유사한 조정을 가져오는 해결이 창출될 수 있도록 민사
법을 해석하고 적용해야 한다. 이러한 경우 민사사건의 해결이라는
점에서는 차이가 없다고 하더라도, 단순 사인간 분쟁이라는 차원을

---

85) Hager (주 10), 771.

86) Ruffert, *Vorrang der Verfassung und Eigenständigkeit des Privatrechts*, 2001, S.
   49ff는 규범의 위계질서의 관점에서 판단되는 "효력에 있어 헌법의 우선성"에 대
   해 문제해결에 관한 "인식에 있어 사법의 우선성"을 대비한다.

87) 슈타르크, "기본권은 어떻게 사법으로 들어와 효력을 발휘하는가", 민주적 헌법국
   가, 김대환 편역, 2015, 325−332면; 양창수, "헌법과 민법", 민법연구, 제5권,
   1999, 20−21면; 정종섭 (주 1), 350면; Hager (주 10), 769; Ruffert (주 86), S.
   50; Radbruch, *Einführung in die Rechtswissenschaft*, 13. Aufl. hrsg. von
   Zweigert, 1980, S. 90f. 등.

넘어 제도적 힘이 작용하는 사안유형의 특수성을 인식하고 형량과 평
가에서 이를 신중하게 고려해야 한다는 점에서 이를 기본권의 간접적
수평효의 문제설정으로 파악할 실익이 있다고 생각된다.[88] 즉 제도적
힘의 작용이 전형적으로 등장하는 사안유형의 사실관계를 마주하는
경우, 예컨대 계약법에서 계약당사자 사이에 구조적인 교섭력의 격
차가 확인되는 경우, 법적용자는 —말하자면 이를 경고시그널로 인
지해— 기본권이 국가와의 관계에서 제공하는 보호가 사적 자치의 영
역에서도 제도적 힘을 제약할 수 있는 방향의 시사점을 줄 수 있는지
민사법의 해석·적용에서 검토해야 하는 것이다.[89] 이는 전승된 여러
민사법 규정과 법리 중에서 해결에 가장 적절한 것을 선택함으로써
이루어질 수도 있지만, 그것이 여의하지 아니한 경우 일반조항적 성
질을 가지는 규범(제2조, 제103조, 제750조 등)의 해석을 통해 제도적
힘을 적절히 억제하는 해결책을 발견하는 방법으로도 이루어질 수 있
을 것이다.[90] 특히 후자의 경우 제도적 힘에 대한 반작용이라는 측면
에서 입법정책적인 관점의 고려가 보다 적극적으로 이루어질 수 있다
는 점에서도 간접적 수평효의 문제설정은 의미를 가진다.[91] 그러한
의미에서 종래의 민사법적 해결방법에 대해 기본권 원용이 빈번하고
지속적으로 행해지는 경우, 법적용자는 기존의 전통적 해법이 제도적
힘에 대한 관계에서 만족스러운 해결을 주지 못하기 때문에 발생하는

---

88) 통설적 입장에서 홍성방 (주 1), 431면("국가 이외의 강력한 사인에 의해서도 침해
　　된다는 사실"); Hesse, *Grundzüge des Verfassungsrechts der Bundesrepublik
　　Deutschland*, 20. Aufl., 1999, Rn. 357("경제적이고 사회적인 힘의 행사에 대한
　　개인적 자유의 보호가 문제될수록 기본권은 사법규정에 보다 지속적인 영향을 미
　　친다").
89) 독일의 보증 사건에 대해 Hager (주 10), 772.
90) Hager (주 10), 771ff. 그러나 양자 사이에 질적인 차이가 존재한다고 할 수는 없
　　으며, 그 경계는 유동적이라고 생각된다. 그 점에서 同所, 773ff.이 그러한 구별을
　　전제로 독일의 맥락에서 연방헌법재판소의 권한을 제약하려는 해석에는 의문이
　　있다.
91) Mak (주 19), p. 172 sqq.

징후적인 현상이 아닌지를 주의 깊게 살펴볼 필요가 있다.

우리나라에서 간접적 수평효가 문제될 수 있는 사안이지만 법원이 기본권에 대한 명시적 원용 없이 민법 규정의 해석·적용만으로 해결하고 있는 대표적인 예로는 계속적 보증,[92] 경업금지약정,[93] 폭리이자[94]에 관한 판례를 들 수 있을 것이다. 어느 경우나 자기생산적 경제시스템에 기초한 교섭력 격차가 배경이 되었다는 점에서 수평효의 과제가 제기되나 법원이 핵심적인 형량요소를 고려·판단하여 적절한 결론에 도달하는 이상 기본권이 원용되었는지 여부는 부차적이라고 할 것이다. 예컨대 연예인의 자유와 권리를 현저하게 제약하는 장기 전속계약에 관한 판결들에서도 마찬가지이다.[95] 반면 기본권의 고려가 명시적으로 행해지는 판결도 최근 증가하고 있다. 그 개별적인 당부는 별론, 이들 상당수는 토이브너가 말한 의미에서의 수평효가 문제되는 사실관계를 다루고 있음을 확인할 수 있다. 미디어시스템을 배경으로 하는 명예훼손 및 프라이버시 침해 사건,[96] 대량정보의 유통 및 가공을 배경으로 하는 개인정보보호와 관련된 사건,[97] 의

---

92) 이에 대해 양창수·김형석, 권리의 보전과 담보, 제2판, 2015, 273면 이하 참조.

93) 판례에 따르면 근로계약상 퇴직근로자에게 근로기간 동안 취득한 영업비밀과 관련해 과도한 경업금지의무를 부과하는 약정은 원칙적으로 유효하지만(大判 1997.6.13., 97다8229, 공보 1997, 2170 참조), 보호되는 영업비밀의 성질, 근로자의 직업의 자유, 제한의 방법 등을 고려할 때 과도한 것으로 전부 또는 일부가 양속위반이 될 수 있는 것이다(大決 2007.3.29., 2006마1303; 大判 2010.3.11., 2009다82244, 공보 2010, 725 등). 특히 서울중앙地判 2007.12.6., 2007가합86803, 법률신문, 제3626호, 2008.2.18., 12면은 충분한 반대급부의 약정을 중요한 형량요소로 고려하고 있다.

94) 大判(全) 2007.2.15., 2004다50426, 공보 2007, 437.

95) 서울중앙地判 2009.10.27., 2009카합2869, 각공 2010, 13; 서울高判 2010.3.17., 2009나38065, 각공 2010, 700; 大判 2010.7.29., 2010다29584 등. 첫 번째 판결에는 기본권에 대한 언급이 있으나 실질적인 판단에 영향을 준 것으로는 판단되지 않는다.

96) 이에 대해서는 포괄적으로 김재형, 언론과 인격권, 2012 참조.

97) 大判(全) 2011.9.2., 2008다42430, 공보 2011, 1997; 大判 2016.8.17., 2014다

료시스템을 배경으로 의료계약의 해석을 다루는 연명치료중단 사
건,98) 교육시스템의 작용이 문제된 사립고교 종교교육 사건99) 등이
그러하다. 다소 흥미로운 예는 종중회원자격 확인 사건100)인데, 이는
사회체계의 분화에 따라 생성·확장하는 하부시스템의 압력이라기보
다는 잔존하는 전통사회의 제도적 힘이 문제되고 있다는 점에서 그러
하다. 그러한 측면에서는 서울기독청년단(YMCA) 총회원 자격 사건101)
도 마찬가지라고 보인다.102)

　(3) 물론 이상과 같이 이해한 간접적 수평효는 통상적인 규범이
적용을 통해 효력을 가지는 작용방식과는 그 구조를 달리한다. 간접
적으로 수평효를 가지는 기본권은 법학적 추론에서의 논리적 연결고
리라기보다는 오히려 선택한 민사법적 논거에 조력하는 토픽적이고
수사적인 논거로서 기능한다. 이러한 현상은 앞서 유럽사법의 여러
재판례의 태도에서도 확인되는 바이기도 하다. 그러므로 간접적 수평
효는 엄밀한 의미에서 기본권의 적용과 효력이라기보다는 수평효라
는 문제설정으로부터 발생하는 과제이자 방법론적 요청이다. 즉 법적
용자는 개인과 제도적 힘의 대결이 배후에 있는 민사사건을 판단할
때 수평효라는 관점에서 제기되는 보호과제를 형량요소로서 적극적
으로 고려할 요청을 받는다는 의미에서만 간접적 수평효를 말할 수
있다. 이는 일부 문헌에서 "약한" 간접적 수평효라고 지시되는 것에

235080, 공보 2016, 1319. 한편 大判 2016.9.28., 2014다56652, 공보 2016, 1585는
기본권에 대한 명시적 고려 없이 「위치정보의 보호 및 이용 등에 관한 법률」의
해석의 형태로 판단에 이르고 있다.
98) 大判(全) 2009.5.21., 2009다17417, 공보 2009, 849.
99) 大判(全) 2010.4.22., 2008다38288, 공보 2010, 897.
100) 大判(全) 2005.7.21., 2002다1178, 집 53−87, 1326.
101) 大判 2011.1.27., 2009다19864, 공보 2011, 396.
102) 이들 사건은 특히 차별금지의 문제와 관련되는 특수성도 있다. 차별금지에 대한
민사법적 구제수단에 대해 비교법적 개관으로 Lehmann, "Diskrimierungsschutz
und Vertragsrecht - Einwicklungstendenzen im Rechtsvergleich", Schulze ed.,
New Features in Contract Law, 2007, S. 67ff. 참조.

상응한다.[103]

이상과 같이 이해할 때 수평효의 맥락에서 기본권의 기능은 칸트가 순수이성의 이념에 부여하는 기능과 유사하다. 칸트에 따르면 신, 자유, 영혼의 불멸 등과 같은 순수이성의 이념은 경험의 한계를 넘어서 있으며, 그 결과 예컨대 신에 대해 경험적 범주를 적용해 기술하는 명제는 필연적으로 이율배반에 빠질 수밖에 없다. 그러나 이는 신이라는 이념을 경험의 객체로 즉 지성의 대상으로 취급할 때 그러한 것이다. 오히려 신이라는 이념은 우주와 세계가 가지는 무한한 속성들의 통일성을 시사하고 있으며, 따라서 중단 없이 무한한 영역까지 경험에 따른 설명을 계속해 나아갈 노력을 요구한다. 그러한 의미에서 순수이성의 이념은 지성에 대한 규제적 원리(regulatives Prinzip)로서 의미를 가진다.[104] 이러한 사정은 수평효에 대해서도 마찬가지이다. 즉 기본권은 기본적으로 민사관계를 직접 규율하지 아니하는 추상적 가치로서, 이를 민사관계에 원용하는 것은 필연적으로 상충하는 기본권의 충돌이라는 이율배반을 야기한다. 그러나 이는 기본권을 마치 바로 적용될 수 있는 민법상의 규정이나 법리처럼 생각하기 때문에 발생하는 가상의 문제일 뿐이다. 오히려 기본권은 확장하는 정치 시스템과 개인 사이에 발생하는 상충관계를 공동체가 성공적으로 조정할 수 있게 한 가치관점을 내포하고 있으며, 그러한 성공적인 조정이 민사법의 적용에 의해 다른 하부시스템과 개인 사이의 관계에서도 유비적으로 창출될 수 있게 노력할 것을 요구한다. 즉 기본권의 간접적 수평효는 민사법 적용자에 대하여 보다 사실관계의 특수성에 집중하여 종래 간과되었던 제도적 힘이라는 이익형량 요소를 발견하고 이를 이익형량에 반영할 것 즉 사회변화에 직면하여 더욱 더 민사법 정

---

103) Mak (주 19), p. 55-56, 154-155.
104) 예컨대 Kant, *Kritik der reinen Vernunft* (2. Aufl., 1787) in *Gesammelte Werke* (Akademie-Ausgabe), Band 3, 1904/1911, S. 348f.

신에 충실하게 민사법을 적용할 것을 요청하는 규제적 원리로서 기능
한다고 말할 수 있는 것이다.105)

Ⅳ. 맺음말

이상에서 유럽사법의 재판례를 소재로 하여 사적 자치의 영역에
서 기본권의 수평효의 문제를 살펴보았다. 결론을 요약한다면, 기본
권은 사법질서에서 간접적 수평효의 형태로 작용하는데, 이는 법적용
자로 하여금 제도적 힘이 작용하고 있는 사안유형의 특수성을 인식하
여 그 적절한 해결을 민사법적 수단으로 달성할 것을 요청하는 방법
론적인 요청이라고 말할 수 있다. 그러한 관점에서 볼 때 모든 민사
분쟁을 수평효의 문제로 파악하는 것은 유의미하지 않다. 오히려 제
도화된 힘과 개인의 상충이 문제되는 사안유형을 전제로 그러한 특수
성을 고려에 넣는 이익형량의 형태로 수평효는 달성되어야 한다. 이
렇게 이해할 때, 민사법 정신에 충실한 민사법 적용으로서 수평효의
문제제기는 새로운 사회현실에 직면하여 민사법학에 제기되는 과제
를 상기시키는 의미를 가진다. 그리고 수평효가 쟁점이 되는 사안유

---

105) 사법에서 기본권의 간접적 수평효가 이러한 규제적 원리의 차원이 아니라 "강
한" 간접적 수평효 즉 (종래 이해되고 있는 바의) 객관적 가치질서의 "방사
효"(Ausstrahlungswirkung)로서 이해되는 경우 발생하는 난점을 다루는 과제는
본고의 범위를 넘어설 것이다. 이에 대해서는 Böckenförde, "Grundrechte als
Grundsatznorm", *Der Staat* 1990, 1ff. 및 이를 확충한 *Zur Lage der Grund-
rechtsdogmatik nach 40 Jahren Grundgesetz*, 1990; Ruffert (주 86), S. 16ff.,
68f.; 정종섭 (주 1), 347면 등 참조. 특히 민사재판에 대한 재판소원이 가능한 독
일의 상황과 관련해 Isensee, "Bundesverfassungsgericht - quo vadis?", *Juirsten-
zeitung* 1996, 1085, 1090는 동음이의어를 재치 있게 사용하여, "기본권의 개별
법에 대한 방사효(Ausstrahlung; 방사능)"에 의하여 법원이 입는 "방사손해"
(Strahlenschäden; 방사능손해)를 언급하면서, 점차 법원의 연방헌법재판소에 대
한 "방사효에 대한 보호(Strahlenschutz; 방사능에 대한 보호)"의 필요성이 부각되
고 있다고 말한다.

형을 민사적으로 만족스럽게 해결할 때, 그 과정에서 획득된 평가기
준들이 이후 헌법학의 기본권 도그마틱을 풍요롭게 할 수 있을 것이
다. 관련해 다음과 같은 지적이 적절하다: "민법의 독자성과 생산성에
대해 걱정되는 사람은 공세로 나가야 한다. 사법의 헌법화를 헌법의
사법화로 바꾸어야 하는 것이다."[106]

---

106) Hager (주 10), 769.

제 2 장

의사능력의 판단

Ⅰ. 문제의 제기

대륙법계에 속하는 다수의 국가의 민법은 법률행위의 효력 요건으로 그 행위를 한 자에게 일정한 정신적 능력이 있을 것을 상정하고 있다.[1] 물론 이들 민법은 그러한 능력이 부족한 사람의 보호라는 관점에서 법원의 재판에 의하여 행위능력을 제한할 가능성을 열어두기도 한다(성년후견, 행위능력 박탈 등). 그러나 이렇게 일률적으로 행위능력을 제한하는 법적 규율 외에도, 대부분의 법제는 정신적 능력에 제약이 있음에도 그러한 재판을 받지 아니한 행위자의 법률행위의 효력 역시 제한하는 태도를 보인다.

물론 이를 그 자체로 무효로 선언할 것인지(프랑스 민법 제414-1조, 독일 민법 제104조 제2호, 제105조 등 참조), 일정한 요건 하에서 무

---

1) 아래 개관에 대해 우선 Hellwege, "Capacity" in Basedow, Hopt, Zimmermann and Stier ed., *The Max Planck Encyclopedia of European Private Law*, Vol. Ⅱ, 2012, p. 137−141; Schmoeckel, "Einleitendes: Demenzerkrankung als gesell-schaftliche Herausforderung und Aufgabe für Juristen" in Schmoeckel (Hrsg.), *Demenz und Recht*, 2010, S. 15ff. 참조.

효로 취급할 것인지,[2] 아니면 취소할 수 있도록 할 것인지(네덜란드 민법 제3:34조[3]) 등에 대해서는 나라마다 차이가 있다. 이러한 능력의 명칭 역시 나라마다 상이하다. 재판에 의한 행위능력 상실을 폐지한[4] 독일 민법은 미성년과 더불어 법률행위의 무효를 가져오는 이러한 능력의 결여를 행위무능력(geschäftsunfähig)이라고 명명한다(독일 민법 제104조 참조). 프랑스 학설은 성년으로 완전히 획득되고 성년후견 등의 재판으로만 제한되는 행위능력을 (권리)행사능력(capacité d'exercice)이라고 하면서[5] 정신적 능력의 제약만으로 무효를 가져오는 경우는 자연적 무능력(incapacité naturelle)이라고 부른다.[6] 이탈리아의 경우에도 프랑스와 거의 유사한 용어법을 사용하나,[7] 강학상 자연적 무능력에 상응하는 개념으로 의사무능력(incapacità di intendere, incapacità di volere)이라는 용어도 쓰인다.[8] 이들 나라에서 성년에 도달한 이상 유효한 법률행위를 할 수 있는 능력이 추정되므로, 분쟁에서는 법률행위의 무효를 주장하는 자가 법률행위 당시에 행위자에게 그러한 능력이 결여하였음을 입증해야 한다.

이와 관련해 명시적인 규율을 두고 있는 것은 아니지만, 우리 민법의 태도도 기본적으로 다르지 않다. 우리 민법은 이를 유언능력과 관련해 규정한다. 즉 피성년후견인(2011년 개정 전에는 금치산자)은 의

---

2) 이탈리아 민법에 대해 Alpa and Zeno-Zencovich, *Italian Private Law*, 2007, p. 34-35 참조.

3) 정신적 제약 하에서 법률행위를 한 자에게 행위의 효력에 관한 선택권을 부여하는 것이 규율의 목적이다. Hijma in Nieuwenhuis et al. (red.), *Burgerlijk Wetboek* (Boeken 1, 2, 3, 4 en 5), Tiende druk, 2013, Art. 3:34 aan. 3 a (p. 1923).

4) 1990년 9월 12일 개정에 의해 폐지될 때까지 독일 민법 제104조 제3호는 행위능력 상실의 재판을 받은 자는 행위무능력이라고 규정하고 있었다.

5) Roland et Boyer, *Introduction au droit*, 2002, n° 1174.

6) Malaurie, *Les personnes*, 6ᵉ éd., 2012, n° 713.

7) Alpa and Zeno-Zencovich (주 2), p. 33, 34.

8) Troiano in Grundmann/Zaccaria (Hrsg.), *Einführung in das italienische Recht*, 2007, S. 143.

사능력이 회복된 때에만 유언을 할 수 있다(제1063조 제1항). 이 규정
은 유효한 의사표시를 하기 위해서는 의사능력이 있어야 함을 당연한
규범으로서 전제하면서, 이를 중요한 법률행위 유형의 하나인 유언의
경우에 확인해 주고 있다.9) 마찬가지로 종래 통설과 판례 역시 의사
능력을 법률행위의 유효 요건의 하나로 해석하고 있었다.10)

II. 의사능력의 판단

1. 통설·판례의 접근법

앞서 살펴보았지만(앞의 Ⅰ. 참조), 민법은 의사능력에 대해 명확
한 개념 정의를 제시하고 있지는 않다. 그렇다면 의사능력은 어떠한
의미로 이해되어야 하는지의 물음이 해석론적으로 제기될 수밖에 없
다. 이에 대해 판례는 종래 통설11)을 따라 다음과 같이 설명한다. "의
사능력이란 자신의 행위의 의미나 결과를 정상적인 인식력과 예기력
을 바탕으로 합리적으로 판단할 수 있는 정신적 능력 내지는 지능을
말하는 것으로서, 의사능력의 유무는 구체적인 법률행위와 관련하여
개별적으로 판단되어야 할 것이므로[…], 특히 어떤 법률행위가 그 일
상적인 의미만을 이해하여서는 알기 어려운 특별한 법률적인 의미나
효과가 부여되어 있는 경우 의사능력이 인정되기 위하여는 그 행위의
일상적인 의미뿐만 아니라 법률적인 의미나 효과에 대하여도 이해할
수 있을 것을 요한다[…]."12)

그런데 이러한 설명에는 다소 의외의 요소가 있다. 명시적 개념

---

9) 따라서 우리 민법이 의사능력이라는 개념을 알지 못한다는 일부의 주장(이은영,
   민법총칙, 제5판, 2009, 155면; 이진기, "법률행위능력과 의사능력 제도에 대한 비
   판적 검토", 민사법학, 제46호, 2009, 281면)은 타당하지 않다.

10) 곽윤직·김재형, 민법총칙, 제9판, 2013, 109-110면 등 참조.

11) 곽윤직·김재형 (주 10), 109면.

12) 大判 2009.1.15., 2008다58367, 공보 2009, 155.

규정을 제공하고 있지는 않지만, 민법은 어쨌든 "의사"라는 용어를
선택함으로써 의사표시를 하기 위해 필요한 능력을 명시적으로 의지
적인 관점에서 규율하고 있다. 민법의 대원칙인 사적 자치에 따를 때
계약은 당사자들이 그에 구속되기를 의욕하기에 구속력을 가지므로,
예컨대 계약을 체결하는 자는 계약의 내용과 관련해 흠 없는 의사를
형성할 수 있어야 하는 것이다. 그런데 통설과 판례는 표의자의 인지
적 능력을 기준으로 의사능력을 판단함으로써 의사능력의 개념을 인
지적 관점에서 이해하는 것처럼 보인다. 이러한 해석은 법원이 일정
한 정도의 발달장애, 정신장애, 치매를 가지고 있는 사람들의 의사능
력을 비교적 쉽게 부정하는 경향을 촉진할 가능성이 있다.[13] 이로써
인지능력에 기인한 차별의 위험이 발생한다.

　예를 들어 대법원은 한 사건에서 은행으로부터 금전을 차용하면
서 담보로 자신의 부동산에 저당권을 설정한 사람에 대해 의사능력이
없다고 판단하였다.[14] 이 사안에서 대법원의 판단이 타당한지 여부는
물론 기록에 대한 접근 가능성이 없고 법원의 사실인정에 의지할 수
밖에 없는 현 상황에서 구체적으로 검증할 수 없다. 실제로 대법원의
판단이 정당할 가능성도 충분히 존재한다. 다만 이 판결에서 대법원
의 이유제시에는 아쉬움이 없지 않다. 여기서 대법원은 표의자가 어
릴 때부터 지능지수가 낮아 정규교육을 받지 못한 채 가족의 도움으
로 살아왔고, 계약일 2년 8개월 후 실시된 신체감정 결과 지능지수는
73, 사회연령은 6세 수준으로서 이름을 정확하게 쓰지 못하고 간단한
셈도 불가능하며, 본래 지능 수준도 이와 크게 다르지 않을 것으로
추정된다는 감정 결과로부터 의사능력 없다고 판단하였다. 그러나 이

13) 제철웅, "성년후견법의 시행준비작업상의 몇 가지 이론적 · 실천적 문제", 가족법연
　　구, 제27권 제1호, 2013, 32면.
14) 大判 2002.10.11., 2001다10113, 공보 2002, 2675. 보다 상세한 분석은 이준현, "의
　　사무능력자의 법률행위", 인권과 정의, 제404호, 2010, 98면 이하 참조.

러한 추론은 현재 정신의학적 인식을 충분히 고려하고 있다고 말하기
는 어렵다. 이에 따르면 선천적인 또는 어린 나이에 시작된 지능의
제약은 그와 유사한 모습의 이차적 지능 장애(예컨대 치매에 의한 장
애)에 비해 덜 심중하기에, 정신박약의 경우 의사능력은 통상 IQ가
60 이하인 경우에 비로소 의문시될 수 있다고 한다.15) 그렇다면 앞서
인용한 판결에서 대법원이, 단순히 지능의 박약을 지적하는 것에 그
치는 것이 아니라, 지능의 제약이 금전 차용 및 저당권 설정과 관련
해 적절한 의사를 형성하는 것을 방해하였는지 여부에 대해 보다
구체적으로 주의를 기울여야 하지 않았을까 하는 아쉬움을 느끼게
된다.

2. "정상적인 인식력과 예기력"의 의미

표의자의 인지능력에 중점을 두는 해석은 실제로 이를 의사능력
과 동일시한다. 앞서 인용한 판시에서 드러나듯(주 12 참조), "자신의
행위의 의미나 결과를" "합리적으로 판단"하는 것은 "정상적인 인식
력과 예기력을 바탕"으로 해서만 가능한 것으로 이해된다. 그렇기 때
문에 이 설명에 따르면 "정상적인 인식력과 예기력"을 가지고 있지
않는 사람은 "자신의 행위의 의미나 결과를" 이해할 수 없고 그 결과
적절한 의사를 형성할 여지가 없다고 판단된다.

그러나 이러한 설명은 극히 모호한데,16) 과연 "정상적"이라는 표
현으로 무엇을 의미하는지를 밝히지 않고 있기 때문이다. "인식력과
예기력"과 관련해서 어떠한 범위의 사람이 "정상적"인가? 종래 통설
은 이에 대한 해답을 주고 있지 않으며, 아마도 줄 수 없을 것이다.

---

15) Cording, "Die Begutachtung der 'freien Willensbestimmung' im deutschen
    Zivilrecht" in Müller/Hajak hrsg., *Willensbestimmung zwischen Recht und
    Psychiatrie*, 2005, S. 45.
16) 김증한·김학동, 민법총칙, 제10판, 2013, 120면 참조.

이러한 약점은 의사능력이 법률행위가 유효하기 위한 필수불가결한 요건의 하나라는 사실을 충분히 고려하지 않고 있기 때문에 발생하는 것으로 생각된다. 즉 의사능력은 객관적 주의의무와 같은 일종의 객관적 표준을 내용으로 하는 것이 아니라, 특정인과 관련해 사적 자치가 유의미하게 작용할 수 있는 구체적으로 최소한의 심적 상태를 탐구하고자 한다. 바로 그렇기에, "정상적"이라는 말로 우리가 무엇을 의미하든, 의사능력 판단에서 "정상적인 인식력과 예기력"이 결정적일 수는 없다. 의사능력 개념은 오히려 구체적인 사람이 구체적 상황에서 사적 자치의 관점에서 자신의 행태를 통해 의지적으로 능동적인 모습을 보였는지 여부에 관심을 가져야 할 것이다. 그러므로 의사능력 판단을 위해서는, 표의자가 실제로 이해한 것이 무엇인지 그리고 그가 그렇게 인지한 사실과 상황을 바탕으로 법적으로 적절한 의사를 형성할 수 있었는지 여부가 사후적인 관점에서 탐구되어야 한다. 통설과 판례도 강조하는 의사능력의 개별구체적 판단은 이상과 같은 방법에 의해서만 유의미하게 가능하다. 그리고 이러한 과정에서 "정상적인" 인지능력을 가진 "평균인"이 판단기준으로 고려될 여지가 없음은 분명하다. 그렇지 않으면 결과는 법원이 (자의적으로) "평균인"에 "정상적인" 것으로 상정하는 인지능력에 좌우될 수밖에 없는데,[17] 이러한 결과는 객관적 표준이 아닌 구체적 최소한의 탐구를 내용으로 하는 의사능력의 규율 의도와 합치할 수 없기 때문이다.

앞서 언급한 대로(앞의 Ⅰ. 참조), 민법은 명시적으로 피성년후견인에게 의사능력이 있는 사안을 충분히 가능한 것으로 상정하고 있다 (제1063조 제1항). 여기서 유언을 작성한 피성년후견인이 "정상적인 인

---

17) 이와 비슷하게 상당인과관계설에서 결국 법원이 판단의 기준이 되는 사람(독일의 경우 최적의 관찰자, 우리의 경우 평균인)의 자질을 상정함으로써 자의적 판단에 이르게 된다는 비판에 대해 Looschelders, *Schuldrecht. Allgemeiner Teil*, 18. Aufl., 2020, Rn. 15 참조.

식력과 예기력"을 가지고 있었는지 탐구하는 작업이 불합리함은 명백
하다. 오히려 우리는 그 사람이 사적 자치로서 존중을 받을 만한 가
치가 있는 의사적 활동을 보였는지 여부를 탐색해야 한다. 독일의 한
판결을 인용한다면, 예를 들어 조현병으로 인해 자신의 집에 망명자
들과 집시들이 살면서 자신을 위협하고 있다는 환각을 가지는 사람도
자신의 조카에게 유증을 할 유언능력이 있다고 판단될 수 있다.[18] 즉
그의 정신장애에도 불구하고 적어도 무상으로 재산을 이전한다는 의
미와 조카의 신원을 알고 있었다면 유증의 의사를 유효하게 형성할
수 있는 것이다. 그의 정신적 능력이 "정상적인" 표준에 도달하는지
여부는 아무런 역할을 하지 못한다.

3. 의사능력의 입법목적

이로써 표의자의 인지적 요소에만 관심을 기울인 전통적 접근법
이 의사능력 개념의 입법목적을 충분히 고려하지 않고 있다는 사실이
명백해진다. 의사능력의 취지는 사적 자치의 관점에서 정신적 제약으
로 인하여 타율 상태에 처하게 될 사람들을 보호하고자 하는 것이다.
이러한 보호는 그러한 인지적 제약이 타율의 주된 원인이었던 경우
즉 표의자가 인지 장애나 치매 등을 이유로 그러한 제약이 없었더라
면 의욕하였을 것과는 전혀 다른 것을 의욕하도록 오도되었을 때에만
의미를 가진다. 단지 인지능력이 약화되었다는 사정만으로는 자기결
정이 방해를 받았다고 단정할 수는 없다. 그러므로 의사능력 판단에
있어서는 의사능력 개념에 인지적 요소 외에 의지적 요소를 도입하여
구체적 사안에서 이를 확인하는 작업이 필요하다. 그렇지 않고 오로
지 인지적 관점에 기초해서만, 특히 아무도 알 수 없는 "정상적" 자
질을 기준으로 해서만 의사능력을 판단한다면, 이는 인지적 제약 있

---

18) BayOLG ZEV 2002, 234, 235.

는 사람을 법적 거래에 참여할 수 없도록 차단하는 추상적 법적 장벽을 만들 위험이 있다. 그러한 결과가 보호가 아닌 배제에 해당함은 명백할 것이다.[19]

Ⅲ. 새로운 설명

1. 의지적 요소의 고려

이상에서 명백하게 되었지만, 인지적 능력이 단순히 의사능력과 동일시되어서는 안 된다. 오히려 의사능력은 인지적 요소와 의지적 요소로 구성된다. 인지적 요소는 말하자면 정보제공적 기초로서 의지적 요소의 전제조건에 해당한다. 의지적 결단은 그 성질상 인지된 사실과 상황을 지시할 수밖에 없기 때문이다. 그러므로 심각한 인지적 장애만으로 의사를 형성할 수 없게 되는 상황이 존재할 수 있음은 물론이다. 그러나 언제나 그러한 것은 아님을 유념해야 한다. 인지적 장애가 구체적으로 의사 형성에 실질적인 영향을 미치지 아니한 경우라면 표의자는 법적으로 의사능력이 있었다고 해야 한다. 비록 취약하더라도 잔존 인지능력이 사적 자치에 값하는 의사 형성을 가능하게 하였다면 그것으로 충분한 것이다(다시금 제1063조 제1항 참조). 이러한 맥락에서 법원이 의사능력을 판단한다고 하면서 실제로는 상당성과 합리성의 관점에서 정신적으로 취약한 사람이 체결한 계약을 무효로 선언할 위험에 대해 충분히 주의를 기울여야 할 것이다.[20] 그러므로

---

19) Thier, "Entmündigung, Betreuung und Handlungsfähigkeit: Rechtshistorische Perspektiven" in Schmoeckel hrsg., *Demenz und Recht*, 2010, S. 75－76 참조.
20) 일상에서 우리는 "평균적인" 사람들이, 그 사회적 맥락과 경제적 결과를 충분히 이해하지 못한 채로, "정상적인" 인지능력이 없어서가 아니라 이를 사용하지 않음으로써, 불합리한 계약을 체결하는 무수한 사례들을 관찰할 수 있다. 소비자계약에서 소비자 보호를 위한 많은 규정이 이러한 현상에 대한 좋은 방증이다. 그러나 이들의 계약은 그러한 사정에도 불구하고 완전히 유효한 것으로 취급된다. 계약은 당사자들의 주관적 표상과 기대와 무관하게 당사자들이 그 효과를 의욕하였다는

의사능력은 사적 자치를 운위할 수 없을 정도로 인지 장애가 의사 형성을 방해한 경우에만 부정되어야 한다. 이는 의사능력을 부정하기 위해서는 인지적 요소와 의지적 요소 사이의 인과관계가 구체적으로 증명되어야 함을 의미한다. 네덜란드 민법의 표현을 빌자면, 의사무능력을 인정하기 위해서는 의사표시가 "정신적 제약의 영향 하에" 행해진 것이어야 한다(동법 제3:34조 제1항 참조).

2. 의지적 요소의 장애

　의지적 측면의 장애를 확인하기 위해서는 그것이 현실에서 나타나는 모습을 인식하는 것이 도움이 된다. 그런데 그러한 장애가 어떠한 모습으로 나타나는지는 이미 민법이 정하는 의사표시 규율에서 잘 서술되어 있다. 표의자는 자신의 행위 자체를 의식하지 못하고 있을 수도 있고(행위의사의 결여),[21] 자기 행위의 의미를 오해할 수도 있으며(내용의 착오), 의사를 정확하게 표시하지 못할 수도 있고(표시의 착오), 의사가 결정적으로 잘못된 동기에 기초해서 형성되었을 수도 있다(동기의 착오; 제109조, 제110조 참조). 그러므로 기본적으로 이러한 심적 사태가 표의자의 인지적 제약을 이유로 발생한 경우 의사능력은 부정될 수 있다. 물론 민법이 의사의 흠결이나 하자 있는 의사표시로 정하는 경우와 의사무능력 사이에 차이는 존재한다. 착오나 사기의 경우, 의사의 결함은 법적 거래에 관여하고 있는 사람들에 의해 야기된 것이고 통상 그들에 의해 회피될 수 있다. 반면 의사능력이 없는 경우, 결함 있는 의사는 통상 회피할 수 없는 정신적 제약에 의해 야기되며, 이를 바로잡는 일은 통상 기대할 수 없다. 이러한 차이에도

　　사정만으로 구속력을 가진다(Kötz, *European Contract Law*, 2nd ed., 2017, p. 159-160 참조). 이러한 사정은 인지능력이 저하된 사람들에 대해서도 다를 바 없다. Thier (주 19), S. 76도 참조.
　21) 곽윤직·김재형 (주 10), 257면, 258면.

불구하고, 결함 있는 의사가 야기되는 이 두 형태는 모두 적절한 의사의 형성이 방해를 받았다는 공통점을 가진다. 어느 경우나 사적 자치는 손상된 것이다. 의사무능력의 경우 그러한 손상은 보다 심중하며, 따라서 보다 심중한 법률효과인 (절대적) 무효가 수반된다.

　이러한 관점에 따른다면,[22] 자기의식에 심중한 장애가 있는 사람은 통상 의사능력이 부정될 것이다. 왜냐하면 그는 자신의 행위를 거의 의식할 수 없을 것이기 때문이다. 주의력 결핍이나 기억력 장애로 자신의 법적 거래와 관련된 상황이나 사람을 인식하고 그 동일성을 확인할 수 없는 사람에 대해서도 마찬가지의 내용이 타당하다. 이들은 말하자면 자기 의사표시의 의미에 대해 상시적인 내용의 착오 상태에 있는 것이다. 손상된 언어능력 때문에 자신의 의사표시를 정확하게 표시할 수 없는 사람들도 다르지 않다. 그러나 발달장애를 원인으로 하는 지능 저하에 대해서는 앞서 언급한 바와 같이 보다 신중한 접근이 요구된다(앞의 주 15의 본문 참조). 마찬가지로 일방 당사자에게 망상이나 환각을 야기하는 정신질환이 있다는 사정만으로 그가 체결한 계약의 유효성을 바로 부정해서는 안 된다(앞의 주 18의 본문 참조). 오히려 그러한 증상이 그의 동기에 심중한 영향을 주었는지 여부를 검토해야 한다. 즉 그러한 병적인 망상이나 환각이 없었다면 그러한 계약을 체결하지 않았음이 상당한 경우에만 의사능력이 없다고 해야 한다. 예컨대 편집증적 망상이 있는 사람이 체결하는 모든 일상적인 구매나 주택 임대차를 정신적 질병이 있다는 이유만으로 배척할 이유는 전혀 없는 것이다.

---

22) Cording (주 15), S. 45ff. 참조. 보다 상세하게는 Cording/Nedopil hrsg., *Psychiatrische Begutachtungen im Zivilrecht*, 3. Aufl., 2017, S. 44ff. 참조.

제 3 장

계약과 착오(1): 역사적 전개

I. 문제의 제기

어떠한 요건 하에서 착오가 고려될 수 있는지(beachtlich), 즉 법률행위의 성립 내지 효력에 영향을 미치는지의 문제는 이미 오래 전부터 민법의 가장 어려운 문제의 하나로 간주되어 왔다.[1] 18세기 및 19세기에 법전편찬에 의하여 실정법적인 해결을 보았음에도 불구하고, 착오에 대한 입법론적·해석론적 논의들은 한 가지의 만족스러운 결과로 귀결할 수 없었다. 이는 관계되는 사안유형이 다양하고 또 그 이익상황이 첨예하여서, 실정법률의 규정으로부터 사안 해결을 위해 필요한 지침들을 충분히 획득하기 힘든 경우가 있다는 사실에 기인한다. 여러 민법전의 착오 규정들이 하나의 단일한 형상이 아니라 혼란스러울 정도로 많은 상이한 관점들을 보여준다는 점도 이러한 사실에 의하여 설명된다.[2]

---

1) 예를 들어 그로티우스는 "착오자의 합의에 관한 취급은 매우 착종되어(perflexa satis) 있다"고 말하며 착오에 관한 기존의 견해들을 소개하고 있다. Grotius, *De iure belli ac pacis libris tres*, 1625, Lib. 2, Cap. 11, VI.

2) Kötz, *Europäisches Vertragsrecht*, Band I, 1996, S. 291.

이러한 배경에 비추어 볼 때, 착오론의 역사를 살펴 보는 것은 결코 단순히 법제사적인 관심에 그치는 것일 수는 없다. 그것은 착오의 문제에 관하여 제기된 많은 논소들(topoi)을 검토함으로써 현행법을 이해하고 해석하는데 필요한 적절한 시각을 획득하는데 적지 않은 의의가 있다고 생각되기 때문이다.

이 글은 기본적으로 사비니(Savigny)의 착오론을 중심으로 그 이전의 착오론과 그 이후의 영향관계를 살펴보는 방식으로 구성되어 있다. 이는 다음과 같은 합목적적인 이유로 정당화될 수 있을 것이다. 우선 사비니의 착오론은 보통법학 및 자연법학의 착오론과의 이론적인 관련 하에서 이해될 수 있기 때문에, 전체 착오론의 역사를 개관하는데 유용한 준거점을 제공하고 있다. 뿐만 아니라 사비니에 의하여 정립된 의사주의적 착오론은 19세기 판덱텐 법학 및 독일 민법의 제정과정에서 직접적인 영향력을 행사하였고,3) 아울러 우리 민법의 해석론에도 적지 않은 영향을 주고 있다. 따라서 착오론의 역사를 사비니와의 관련 하에서 조망하는 것은 우리 민법의 착오 규정의 이해와 관련하여서도 적지 않은 의의가 있다고 생각된다.

이러한 문제설정에 따라 우선 사비니 이전의 착오론에 대한 개관이 선행되어야 할 것이다(Ⅱ.). 여기서는 기본적으로 로마법상의 착오론 및 그에 따라 보통법 및 자연법 이론에서 전개된 착오론을 살펴본다.4) 그다음 사비니 착오론(Ⅲ.) 및 그의 이론이 독일 민법학에 미친 영향을 검토하며(Ⅳ.), 마지막으로 사비니 착오론에 대한 간단한 평가를 덧붙이고자 한다(Ⅴ.). 이하의 논의는 원칙적으로 민법 제109조의

---

3) Flume, *Allgemeiner Teil des Bürgerlichen Rechts*, 2. Band, 4. Aufl., 1992, § 22 2 (S. 440) 참조.

4) 자연법 이론의 영향을 받아 성립한 민법전(프로이센 일반란트법, 프랑스 민법, 오스트리아 민법)에서의 착오 규정 및 그 해석에 관해서는 우선 Coing, *Europäisches Privatrecht* Ⅱ, 1989, § 89 Ⅲ 1, 2 (S. 447f.) 및 Noda, "Zur Entstehung der Irrtumslehre Savignys", *Ius Commune* XVI (1989), S. 95ff. 참조.

문제에 관한 학설사 즉 계약의 성립 시에 발생한 착오의 취급에 대한
이론의 소개에 국한하고자 한다. 이는 로마법에서 시작하여 보통법상
활발하게 논의되었던 착오의 일반이론 즉 법률의 착오와 사실의 착오
에 관한 논의는 생략함을 의미한다.

Ⅱ. 사비니 이전의 착오론

1. 로마법상의 착오론

(1) 일반적인 견해에 따르면 고로마법에서 착오의 고려는 법률행
위가 가지는 형식주의에 의하여 제한되었다고 한다.[5] 즉 법률행위의
성립에 있어서 내심의 의사가 아니라 그에 요구되는 방식이 준수되었
는지의 여부가 중요하였고, 그에 따라 법률행위는 그에 방식이 부여
하고 있는 의미대로 해석되어야 했다. 따라서 착오가 고려되어야 하
는가의 문제는 매매계약과 같은 무방식의 거래에서만 제기될 수 있었
다. 그러나 로마의 법률가들은 이미 후기 공화정에서부터 유언과 같
은 방식행위에서도 표의자의 의사를 고려하기 시작하였고(이른바
verba와 voluntas의 대립), 이러한 경향은 고전기에 다른 방식행위에서
도 관철되었다.[6]

유효한 계약을 체결하기 위해서 그 본질적인 요소들에 대하여
양 당사자들 합의하고 있음이 요구되는 것은 로마법에서도 당연한
전제였다. 하지만 현재의 의사표시 이론에 따른 이해와는 달리, 로마
법률가들은 착오에 의하여 체결된 계약의 경우 당사자들의 합의
(consensus)가 배제된다고 생각하였다. 즉 이에 따르면 계약은 당사자

---

5) Zimmermann, *The Law of Obligations*, 1990, p. 587. 아울러 Coing in Staudinger,
   Kommentar zum Bürgerlichen Gesetzbuch, 11. Aufl., 1957, § 119 Rn. 2도 참조.
6) Kaser, *Das römische Privatrecht*, 1. Abschnitt, 2. Aufl., 1971, § 58 Ⅱ (S. 237);
   Kunkel/Mayer-Maly, *Römisches Recht*, 4. Aufl., 1987, S. 123. 예를 들어 문답계
   약에 관한 Ven. D. 45, 1, 137, 1 참조.

의사의 합치가 없기 때문에 무효인 것이다.[7] 따라서 로마법에서 착오
의 문제는 기본적으로 합의/불합의의 문제로 이해되었다.

　　이러한 전제에서 출발하는 경우, 불합의와 착오는 구별될 수 없
다. 이러한 구별은 — 이후에 살펴보는 바와 같이(아래 Ⅱ. 3., Ⅲ. 1.,
Ⅳ. 1. 참조) 근대 자연법 이론에서 탄생하였고 이후 판덱텐 법학에 의
하여 세공된 — 각 당사자의 의사를 심리적으로 관찰하는 의사표시의
개념에 의하여서 가능하게 되는 것이다. 그에 반하여 불합의와 착오
의 구별은 아마도 로마인들에게는 중요한 문제로 인식되지 못하였을
것인데, 왜냐하면 어느 경우든지 당사자들의 합의는 존재하지 않으며
그에 따라 다른 취급을 요구하지 않을 것이기 때문이다.[8]

　　(2) 로마법상의 착오 사례들은 통상 당사자들이 착오한 대상에
따라 분류되었다. 이들은 전통적으로 객체의 착오(error in copore), 당
사자의 착오(error in persona), 법률행위 성질의 착오(error in negotio),
명칭의 착오(error in nomine), 성상(性狀)의 착오(error in substantia) 등
으로 명명되었다.[9]

　　객체의 착오는 예컨대 한 계약 당사자가 특정 부동산을 매수하고
자 하는데 그 상대방은 다른 부동산을 계약 목적물로 생각한 경우에
존재한다.[10] 법률행위 성질에 관한 착오는 한 당사자가 증여로 제공

---

7) Kaser (주 6), § 58 Ⅱ 1 (S. 237); Zimmermann (주 5), p. 587-588. 아울러
　　Flume, "Irrtum und Rechtsgeschäft im römischen Recht", *Gesammelte Schriften*
　　Ⅰ, 1988, S. 153ff.도 참조. 물론 이러한 이해에 대하여 계약 목적물의 불확정에
　　의해 계약이 무효로 인정되는 것이라는 반대설이 있다. 김영희, 사비니의 착오론
　　에 관한 연구, 서울대학교 석사논문, 1993, 33면 이하 참조.

8) Zimmermann (주 5), p. 590.

9) Kaser (주 6), § 58 Ⅱ 1 (S. 238). 그에 반하여 우리 학설에서 흔히 행해지는 표시
　　착오, 내용착오, 동기착오의 구별은 로마법에 존재하지 않았으며 사안 판단에서
　　특별한 역할을 수행하지 않았다. 물론 로마 법률가들이 동기착오의 특수성에 대하
　　여 인식하고 있었을 것이라고 추측되고는 있다. Kunkel/Mayer-Maly (주 6), S.
　　124; Zimmermann (주 5), p. 597.

10) 예를 들어 Ulp. D. 18, 1, 9 pr. 물론 앞서 지적한 대로(Ⅱ. 1. (1) 참조), 여기서

된 금전을 소비대차로 생각하고 수령한 경우에 인정되었다.[11] 그리고
당사자에 관한 착오는 일방 당사자가 계약 상대방의 동일성에 대하여
착오를 한 경우이다. 이 사안들에서 계약은 당사자 의사의 불합치로
인하여 무효였다. 그에 반하여 단순한 명칭의 착오는 법률행위의 유
효성에 아무런 영향을 미치지 못하였는데, 예컨대 당사자가 계약 목
적물의 명칭에 대하여서만 착오한 경우가 그러하다.[12]

  실무에서 중요한 의의가 있었던 사안은 특히 성상에 대한 착오
즉 당사자[13]가 객체의 동일성에 대하여서가 아니라 그 성상에 대하
여 착오한 사례였다. 그 전형적인 예로는 식초가 포도주로 매매된 경
우나 구리가 금으로 매매된 경우가 거론되었다.[14] 성상의 착오의 취
급에 대하여서는 고전 로마법에서 이미 활발한 논쟁이 있었던 것으로
보이며, 울피아누스는 이에 대하여 간략하게 보고하고 있다. 즉 성상
의 착오의 경우 계약이 유효하고 보는 마르켈루스의 견해에 대하여

  양 당사자의 의사표시가 일치하였는지의 여부 즉 이 사례가 착오 사례인지 불합의
  사례인지는 법원상 분명하지 않다. 착오와 불합의는 구별되지 않고 동등한 취급을
  받았기 때문이다.

11) 예를 들어 Ulp. D. 12, 1, 18, 1.

12) 예를 들어 Ulp. D. 18, 1, 9, 1 ("[…] 명칭의 착오는 객체가 확정되어 있는 경우
  아무런 효과도 발생시키지 않는다"). 양 당사자가 모두 명칭에 대하여 착오한 사
  례는 현대의 학설에서 이른바 '오표시는 무해하다'(falsa demonstratio non nocet)
  는 규칙에 의하여 설명되고 있다(예를 들어 Larenz/Wolf, Allgemeiner Teil des
  Bürgerlichen Rechts, 8. Aufl., 1997, § 28 Rn. 31ff.; 곽윤직 편집대표, 민법주해
  [Ⅲ], 1992, 182면(송덕수)). 위에서 살펴본 대로 로마법에서도 명칭의 착오를 고
  려하지 않음으로써 동일한 결과에 도달하지만, '오표시 무해'의 규칙 자체는 유언
  의 해석과 관련된 제한된 기능을 수행하였다(Zimmermann (주 5), p. 598 참조;
  예를 들어 Iav. D. 35, 1, 40 4).

13) 여기서 일방 당사자만이 착오를 하였는지 아니면 양 당사자 모두 착오를 하였는지
  의 여부는 착오 문제를 불합의의 문제로 사고하는 로마법에서는 중요하지 않았을
  것이다. Kaser (주 6), § 58 Ⅱ 1 (S. 238). 침머만(Zimmermann (주 5), p.
  592 – 593)은 앞서 인용된 Ulp. D. 18, 1, 9, 2의 사례에서 매도인이 매수인의 착오
  를 야기하였을 가능성을 시사한다.

14) Ulp. D. 18, 1, 9, 2.

울피아누스는 원칙적으로 성상의 착오가 있는 경우 계약은 무효라고 판단하였는데, 이 견해가 아마 당시의 통설이었던 것으로 추측된다.[15) 물론 성상의 착오에 의하여 계약이 무효로 인정되기 위하여서는 물건이 결함을 가지고 있다거나 가치가 떨어진다는 사정만으로는 충분하지 않았으며, 오히려 목적물이 전혀 다른 소재(materia)의 물건일 것이 요구되었다.[16)

따라서 많은 학자들은 이 성상의 착오의 취급이 로마법상의 하자담보책임을 보완하는 기능을 수행하였다고 주장하고 있다. 즉 로마법상 하자담보책임은 매도인이 악의로 하자에 대해 묵비한 경우나 성상에 대한 보증이 있는 경우에는 매수인 소권(actio empti)에 의하여, 노예매매와 가축매매의 경우에는 안찰관(aediles) 고시에 의하여 도입된 해제 및 대금감액에 의하여 인정되었기 때문에,[17) 원칙적으로 매수인은 이외의 경우에는 물건의 하자로 인한 손해를 부담해야 했다. 하지만 그 '하자'가 극단적인 경우, 즉 매매 목적물의 소재(materia) 자체가 아예 다른 경우에는 성상의 착오가 인정됨으로써 매수인에게 적절한 보호가 제공될 수 있었다는 것이다.[18)

(3) 고전기 이후의 로마법에서도 착오의 취급에 관한 한 어떠한 새로운 시도는 발견되지 않았으며, 본질적인 부분에서 고전 로마법이 달성한 성과에 머물렀다. 하지만 유스티니아누스 시기에 이르러서는

---

15) Flume (주 3), § 22 1 b (S. 437).

16) Kaser (주 6), § 58 Ⅱ 1 Fn. 24 (S. 238)에 소개되어 있는 사례 참조. D. 18, 1, 9, 2 (주 14)의 사례에서 울피아누스는 그리스 철학에서 차용한 실체(ousia) 개념에 의하여 한계사례를 해결하고자 하였다. 그에 따르면 식초가 포도주로 매매된 경우 계약은 성상의 착오로 인한 불합의로 무효이지만("aliud pro alio venisse videtur"), 포도주가 매매되었지만 이후에 발효하여 식초가 된 경우에는 식초는 포도주와 동일한 실체이므로 매매가 유효하다고 한다.

17) 우선 Kaser (주 6), § 131 Ⅱ 1 (S. 557ff.) 참조. 해제 및 대금감액이 매매계약 일반으로 확장된 것은 이후 유스티니아누스의 입법에 의하여서이다.

18) Flume (주 3), § 22 1 b (S. 437); Zimmermann (주 5), p. 593-594.

동로마 학설의 영향 하에서 고전 로마법의 사례들을 일반화하기 시작하였고 그로부터 "착오자의 의사는 무효이다"라는 원칙이 형성되기 시작하였다고 한다.[19] 이 규칙은 이후 로마법의 가공을 통하여 형성된 착오론에서 중요한 의의를 획득하게 된다.

2. 보통법학에서의 착오론

전기·후기 주석학파 및 인문주의 법학에서의 착오론 역시 로마법 대전에서 전승된 착오론에서 크게 벗어나지 않았다. 계약 성립에서 발생한 착오에 대한 논의는 18세기 말까지 어떠한 근본적인 새로운 자극도 받지 않았고, 로마법상의 착오론에서 크게 벗어나지 않았다.[20] 즉 기본적으로 로마법상 전승된 객체의 착오, 당사자의 착오, 법률행위 성질의 착오, 성상의 착오가 고려되는 착오의 유형으로 인정되었던 것이다. 물론 이와 관련하여 착오가 법률행위의 본질적 요소(essentialia negotii)에 관하여 있어야 한다는 보다 일반적인 원칙을 도출하기도 하였다.[21]

그러나 그 이전 로마법에서 발견되지 않는 새로운 관점들이 부분적으로 제기되기도 하였는데, 그중 이후의 발전에 특히 중요한 의의를 가지는 것은 착오와 법률행위와의 인과관계를 요구하는 견해였다. 법률행위 체결 시 일방 당사자가 착오를 하였더라도 그 착오가 계약 체결에 결정적인 원인이 아니었다면, 당사자는 착오가 없었더라도 동일한 법률행위를 하였을 것이므로, 그러한 착오는 고려되어서 안 된

---

19) Kaser, *Das römische Privatrecht* Ⅱ, 2. Aufl., 1975, § 201 Ⅲ 1 (S. 86f.); Flume (주 3), § 22 1 d (S. 439f.).

20) Zimmermann (주 5), p. 609. 아울러 Coing, *Europäisches Privatrecht* Ⅰ, 1985, § 82 Ⅲ 1 (S. 416). 이 시기 착오론에 관하여는 Haupt, *Die Entwicklung der Lehre vom Irrtum beim Rechtsgeschäft seit der Rezeption*, 1941, S. 2ff. 참조.

21) Coing (주 20), § 82 Ⅲ 1 (S. 416). 아울러 Oebike, *Wille und Erklärung beim Irrtum in der Dogmengeschichte der beiden letzten Jahrhunderte*, 1935, S. 6도 참조.

다는 것이었다. 이러한 인과성의 요구는 특히 당사자의 착오(error in persona)와 관련하여 강조되었다. 즉 당사자의 착오는 그 당사자의 동일성이 계약에 중요한 의의를 가지고 있는 경우에 한하여 고려되어야 한다는 것인데, 이는 특히 일상 생필품의 거래에서는 계약 상대방의 신원이 거래 자체에 의미를 가지지 못하기 때문이다.[22] 계약 상대방의 동일성에 관하여 착오를 한 자가 그로부터 아무런 손해를 받지 않고 이에 이해관계를 가지지 않는다면 계약은 착오가 있다고 하더라도 유효하여야 하고 착오는 고려되어서는 안 된다는 것이다.

아울러 착오로 인하여 발생하는 계약의 무효는 착오자만이 주장할 수 있다는 견해 역시 주장되었었는데, 이 견해 역시 실제에 있어서는 착오와 계약의 성립에 인과관계를 요구하는 견해와 유사한 결과에 도달하였다.[23]

이에 반하여 착오 고려의 제한 요소로서의 착오자의 귀책사유를 고려하는 관점은 여전히 등장하지 않았다. 물론 법의 제반 현상을 포괄하는 착오 일반이론의 논의에서 사실의 착오와 법률의 착오를 구분하고 이에 착오자의 귀책사유를 연결시키는 논의는 활발하였지만, 이는 대개 법률의 착오는 당사자의 과실로 인하여 고려되지 않지만(error iuris nocet) 사실의 착오는 고려된다는 일반화된 원칙의 수립으로 나아갔을 뿐이며,[24] 정작 사실의 착오가 대부분인 법률행위 성립에 있어서의 착오에 대하여 그 회피가능성이 착오 고려의 제한 요소로서 검토 가능한지의 여부에 대하여는 자세한 논의를 찾아볼 수 없다.

---

22) 이와 유사한 관점은 현대에서도 현명주의에 대한 예외로서의 '관계인을 위한 행위'의 개념에서 찾아 볼 수 있다. 이에 대하여는 우선 민법주해[Ⅲ] (주 12), 28면(손지열) 참조.

23) Haupt (주 20), S. 21 참조.

24) Coing (주 20), § 82 Ⅲ 2 (S. 417f.); Haupt (주 20), S. 17f. 아울러 Savigny, *System des heutigen römischen Rechts*, 3. Band, 1840, S. 335도 참조

3. 자연법학에서의 착오론

착오에 관한 논의는 18세기에 이르러서야 비로소 새로운 추진력을 획득하기 시작하게 된다. 이 시기는 주지하듯이 기존의 로마법의 권위로부터 탈피하고자 하는 자연법 이론이 법학 내부에서도 영향력을 획득하던 시기였다. 이에 따라 착오론에서도 자연법 이론가들이 종래의 로마법에 따른 해결을 비이성적인 것으로 기각하고 자신들의 독자적인 관점을 제시함으로써, 착오 문제에 접근하는 새로운 관점들이 등장하게 된다.[25]

(1) 자연법의 관점에 기반한 사법 이론을 정초한 그로티우스 역시 로마법적 착오 이론을 비판하면서 자신의 착오론을 전개하였다.[26] 그는 로마법적 착오론의 여러 개념 분류들의 상당수는 그다지 정확하거나 엄밀하지 않다고 주장하면서, 법률의 효력에 관하여 확립된 통설을 원용하여 착오 문제를 해결할 것을 제안한다. 그에 따르면 법률이 일정한 사실의 존재를 전제로 하여 제정되었으나 그러한 사실이 실제로 존재하지 않는 경우에, 그 법률은 구속력을 가지지 않는다고 한다. 그로티우스는 이러한 설명을 착오론으로 유추하여 착오가 있는 경우 착오자가 행한 의사표시(그로티우스의 「약속」(promissio))는 효력을 가질 수 없다고 주장하였다. 즉 법률의 경우와 마찬가지로 의사표시자는 일정한 사실의 존재를 조건[27]으로 하여 의사표시를 행한 것이기 때문에, 그러한 사실이 존재하지 않으면 의사표시는 당연히 효력을 발생시키지 않는다는 것이다.

---

25) 자연법적 착오론의 여러 흐름에 대한 개관으로 Luig, "Franz von Zeiller und die Irrtumsregelung des ABGB", *Forschungsband Franz von Zeiller* (1751 – 1828), 1980, S. 157ff. 참조.

26) Grotius (주 1), Lib. 2, Cap. 11, Ⅵ.

27) 물론 이 '조건'(condicio)은 우리 민법이 정하고 있는 법률행위의 '조건'(제147조 이하)은 아니다.

여기서 주목해야 할 점은 착오 현상을 설명할 때 준거가 되는 문제틀이 양 당사자의 「합의」의 문제에서 착오자 개인의 「의사표시」의 효력 문제로 전환되었다는 사실이다. 즉 여기서 계약의 구속 근거는 합의 이전에 존재하는 일방적인 의사표시("약속")로 간주되고 있으며, 여기서 이후 법률행위론의 발전에서 중요한 역할을 수행하게 될 의사표시(declaratio voluntatis)의 개념이 등장하는 것이다.28) 이러한 의사표시(promissio)는 그로티우스에 있어서 이미 의사와 표시의 두 요소로 분리되어 파악되어 있었다. 즉 그에 따르면 의무부담을 발생시키는 완전한 약속(perfecta promissio)에는 타인에게 권리를 부여하겠다는 의사를 외부에 나타내는 기호(signum volendi ius proprium alteri conferre)가 요구되었기 때문이다.29) 이러한 의사표시의 이해는 이후의 자연법 이론가들 사이에서 관철되었으며,30) 이에 따라 착오가 개입한 계약의 효력에 관한 설명은 착오가 관여한 의사표시의 효력을 인정할 것인지의 여부의 문제로 사고되기 시작하였다.

그러나 그로티우스가 주장하는 대로 의사표시의 효력이 일방 당사자가 전제하는 사실에 좌우된다면 상대방의 신뢰 보호는 크게 위협받을 수밖에 없다. 따라서 그는 자신의 이론을 보완하기 위하여 최초로 착오자의 배상책임이라는 관점을 도입하게 된다. 즉 "낙약자(promissor)가 사실을 탐문하거나 자신의 의사를 표현하는데 부주의하여 상대방이 손해를 입게 되는 경우에, 그는 상대방에게 이를 배상할 의무가 있을 것이다."31) 그런데 그는 이 배상책임이 계약상의 책임은

---

28) 이에 대하여는 Zimmermann (주 5), p. 567-569, 613 참조. 아울러 Hübner, "Subjektivismus in der Entwicklung des Privatrechts", *Festschrift für Max Kaser*, 1976, S. 717f., 723f.도 참조

29) Grotius (주 1), Lib. 2, Cap. 11, Ⅳ. 여기서 "ius proprium"은 채권적 권리를 지칭한다.

30) 예를 들어 Pufendorf, *Acht Bücher vom Natur- und Völcker-Rechte*, 1711, Lib. Ⅲ. Cap. Ⅵ. Ⅰ/Ⅱ부터 Zeiller, *Das natürliche Privatrecht*, 3. Aufl., 1819, § 93 (S. 135)까지.

아니며, 오히려 과실(culpa)로 가해진 손해(ex damno per culpam dato)
에 기하여 발생한다고 하였다. 즉 그로티우스는 아마도 착오자의 손
해배상 책임이 일반적인 불법행위에 의하여 성립한다고 파악하였던
것으로 보인다.[32]

　이러한 그로티우스의 견해는 전승되어 온 로마법상의 유형론에
서 탈피하였을 뿐만 아니라, 착오의 문제를 불합의의 문제로 파악하
는 사고틀에서 벗어나서 그 취급을 개별 의사표시의 효력의 문제로
이해하며 이에 착오자의 배상책임이라는 관점을 도입한 점에서, 로마
법적 착오 이론을 탈피한 최초의 자연법적인 시도로 중요한 의의를
가진다고 하겠다. 특히 그의 견해는 이후에 크리스티앙 볼프에 의하
여 계승되어[33] 18세기의 학설사에서 지속적인 영향력을 행사하였다.

　(2) 푸펜도르프 역시 기본적으로는 그로티우스의 착오론에서 출
발하면서도 신뢰 보호의 관점에서 이를 보완하고자 하였다.

　푸펜도르프에 따르면 의사표시는 그로티우스가 지적한 대로 일
정한 정황을 조건으로 하여 행해지며, 이러한 조건이 성취되지 않는
경우에 의사표시는 효력을 가질 수 없다고 한다. 그러나 이러한 의사
주의적인 귀결을 푸펜도르프는 그대로 용인하지는 않으며, 여러 가지
제한을 두어 상대방을 보호하고자 하였다. 우선 그는 그로티우스가
제안한 착오자의 배상책임을 인정하였다.[34] 하지만 그는 더 나아가
착오의 인정 자체를 상대방의 신뢰라는 관점에서 제한하는데, 이는
조건의 상대방에 대한 인식가능성이라는 기준을 통하여 행하여 졌다.
즉 착오로 행해진 의사표시는 무효(nichts)이기는 하지만, 행위나 주위
정황을 통하여 그 의사표시가 일정한 사정을 조건으로 하여 행해진다

---

31) Grotius (주 1), Lib. 2, Cap. 11, Ⅵ.

32) 예를 들어 Grotius (주 1), Lib. 2, Cap. 17, Ⅰ.

33) Wolff, *Grundsätze des Natur- und Völckerrechts*, 1754, § 405.

34) Pufendorf (주 30), Lib. 3, Cap. 6, Ⅵ.

는 점이 상대방에게 명확하게(klärlich) 드러나야 한다는 것이다.[35]

그리고 착오에 의하여 행해진 의사표시에 의하여 성립한 법률행위가 계약인 경우, 푸펜도르프는 추가적인 예외를 둠으로써 착오자의 상대방을 보호하고자 하였다. 그에 따르면 계약의 경우 착오자가 자신의 의사표시가 착오로 인하여 무효라는 사실을 주장할 수 있는 것은, 착오의 전제가 된 사실이 상대방에게 인식 가능하였을 뿐만 아니라, 양 당사자가 착오로 인하여 체결된 계약을 아직 이행하지 않은 상태여야 한다고 한다.[36] 만일 이행이 행해져서 계약관계가 진행되었다면, 착오의 전제가 된 사실이 명백히 조건으로 의사표시의 내용이 되지 않는 한, 상대방으로 하여금 수령한 급부의 원상회복을 하도록 강제할 수 없다는 것이다.

(3) 이러한 신뢰 보호의 관점은 토마지우스의 착오론에 이르러서는 의사주의적인 요소를 거의 배제하면서 자연법적 착오론에서 지배적인 관점으로 부상하였다.

토마지우스 역시 로마법의 착오론이 통일적으로 다루어지지 않았음을 지적하면서, 보통법에서 행해지는 착오의 유형론을 거부하였다. 그러나 그는 그로티우스가 제기한 의사주의적인 견해 역시 따르지 않았으며, 오히려 상대방의 신뢰 보호를 강조하면서 착오로 인하여 발생하는 불이익은 착오자 자신이 부담하여야 한다고 주장하였다. 즉 "착오는 의심스러운 경우에는 항상 착오자의 불이익으로 취급되어야 한다"(errorem in dubio semper nocere debere erranti)는 것이다.[37] 이로써 보통법상 인정되었던 "착오자의 의사는 무효이다"는 원칙은 그 정반대의 내용으로 전도되었다.

---

35) Pufendorf (주 30), Lib. 3, Cap. 6, Ⅵ.
36) Pufendorf (주 30), Lib. 3, Cap. 6, Ⅶ.
37) Thomasius, *Institutiones jurisprudentiae divinae*, editio septima., 1720, Lib. 2, Cap. 7, 39.

토마지우스는 이러한 자신의 견해를 로마법적 착오론을 의식하면서 다음과 같이 옹호하였다. "약속에 있어서는 자신의 생각(sensa animi sui)이 타인에게 표시되어야 하며, 계약의 목적물이나 계약 상대방과 같은 계약 당사자의 목적(causa)은 약정의 성질 일반에 아무런 영향을 미치지 못하기 때문에, 나의 착오가 내가 아니라 착오를 고의 또는 과실로 유발하지 않은 상대방에게 귀속되어야(imputari) 할 이유는 존재하지 않는다."[38]

따라서 토마지우스는 의사표시는 상대방이 인식할 수 있는 내용대로 그 효력을 가진다는 자연법상의 의사표시 해석 이론을 착오에 관하여서도 수미일관하게 적용하였다고 할 수 있다.[39] 즉 심리적인 행위는 외부에서 인식가능하지 않기 때문에, 요약자에 대하여 낙약자는 자신의 의사표시로부터 정당한 해석을 통하여 나타나는 의미에 따라 계약에 구속된다는 것이며, 이러한 경향은 자연법 이론가들의 저서에서 광범위하게 수용되어 주장되었다.[40] 이후의 자연법 문헌들에서 이제 우리에게도 낯익은 명제 즉 단순한 동기의 착오는 고려되지 않는다는 점을 명료히 밝히는 견해[41]를 발견할 수 있는 것은 이러한 객관주의적인 해석이론이 반영된 결과라고 이해하여야 할 것이다.

---

38) Thomasius (주 37), Lib. 2, Cap. 7, 40. 아울러 Lib. 1, Cap. 1, 72도 참조.

39) 이에 대하여는 Luig (주 25), S. 462f. 참조.

40) Grotius (주 1), Lib. 2, Cap. 16, I. 이에 대하여 Hübner (주 28), S. 720 및 주 15의 문헌 참조. 그 밖의 자연법적 착오 이론에 대한 소개는 Noda (주 4), S. 87ff. 참조. 특히 영향력이 있었던 이론은 토마지우스의 제자 군들링(Gundling)의 이론이었다. 그는 그로티우스적 전제에서 출발하면서도, 그로티우스가 주장한 손해배상 책임은 원래의 이행청구권을 부여함으로써 가장 효과적으로 인정된다고 함으로써 결과적으로 토마지우스의 주장에 따랐다(Coing (주 20). § 82 Ⅲ 4 (S. 419)).

41) 예를 들어 Zeiller (주 30), § 99 (S. 145). 차일러는 착오가 계약의 중요대상에 해당하는 경우 합의의 결여로 계약이 무효라고 생각하였지만, 자신의 표시주의적인 경향에 따라 적어도 일방의 착오가 계약 체결시 의사표시나 기타 제반 사정으로부터 인식 가능하였을 것을 요구하였던 것으로 보인다(§ 95 (S. 138f.); § 100 (S. 146f.)). 아울러 Coing (주 20). § 82 Ⅲ 4 (S. 419)도 참조.

4. 근세 보통법 학설

그러나 18세기에 유력하게 지지되었던 자연법적인 착오 이론은 19세기에 들어오면서 점차로 배격되고 다시 로마법원에 근거한 착오론이 대두하게 되었다. 물론 이러한 현상이 자연법적인 착오론의 영향이 근본적으로 제거되었음을 의미하는 것은 아니었다. 오히려 자연법적 착오론이 제기하였던 여러 가지 새로운 관점들은 로마법원에서 채취한 소재를 가공하는데 의식적 또는 무의식적으로 반영되었으며, 이로부터 이전 보통법상의 착오론과 다른 뉘앙스를 가진 착오론들이 제기되었던 것이다.[42]

가장 적절한 예로는 동기의 착오의 취급을 들 수 있을 것이다. 앞에서 살펴본 바와 같이(앞의 II. 2. 참조) 이전의 보통법 학설은 착오로 인한 계약의 효력을 다룸에 있어서 동기착오라는 유형을 채택하지 않았다. 그러나 이 시기에 이르러서는, 착오의 문제를 불합의의 문제로 파악하는 관점 및 로마법원에 따른 착오의 유형론은 기본적으로 유지하면서도, 단순한 동기의 착오는 고려되지 않는다는 견해가 널리 주장되었다. 즉 동기가 법률행위의 조건으로 합의되지 않는 한 동기의 착오는 고려되지 않는다는 것이다.[43]

마찬가지로 자연법학에서 주장되었던 착오의 회피가능성에 대한 견해 역시 이 시기 보통법학에 정착하였다.[44] 계약이 착오로 인한 불

---

42) 글뤽의 착오론에 대한 외비케의 논평(Oebike (주 21), S. 18f.)을 참조.

43) 예를 들어 Thibaut, *Versuche über einzelne Theile der Theorie des Rechts*, 2. Band, 2. Aufl., 1817, S. 305f.; Glück, *Ausführliche Erläuterung der Pandecten*, Band IV, 1796, S. 157; Pothier, *Traité des obligations, Oeuveres de Pothier* par M. Bugnet, Tome deuxième, 1848, n° 20. 물론 티보는 로마법상의 당사자의 착오(error in persona) 역시 동기의 착오의 일종으로 파악하여 그 효력을 부정하였다(S. 111). 이에 대하여 글뤽과 포티에는 이전의 보통법을 좇아서 당사자의 신원이 가지는 중요성에 따라 착오 문제를 해결하고자 하였다(Glück (주 43), S. 158ff.; Pothier (주 43), n° 19).

합의를 이유로 무효로 취급되기 위하여서는, 당사자의 착오가 회피할 수 없는 성질의 것이어야 한다고 한다. 따라서 착오자가 자신의 과실로 인하여 착오를 회피할 수 없었던 경우에는 계약은 유효한 것으로 취급되어야 한다고 하였다.[45]

이 시기의 보통법적 착오론은 이렇게 전승되어 온 로마법적 착오론에 의지하면서도 자연법학의 요소를 수용하여 새로운 종합의 가능성을 암시하였다고 할 수 있다. 그럼에도 불구하고 기본적으로 이 시기의 학설들은 로마법상의 착오 유형론에서 완전히 자유롭지는 못하였고, 특히 자연법 이론에서 제기된 '의사표시'의 관점은 다시 복원된 로마법적인 합의/불합의의 사고틀에 의하여 착오 문제의 취급에 있어서 그 의의를 현저히 상실하였던 것으로 보인다.

사비니가 자신의 착오론을 『현대 로마법 체계』 제3권에서 전개한 것은 바로 이러한 시점이었으며, 그의 이론 역시 결과적으로는 보통법학과 자연법학에서 제기된 관점을 체계화하는 방향으로 나아갔다. 그러나 사비니는 자신에 앞선 이론들과는 달리 자연법학에서 탄생하였지만 보통법학에서는 아직 완전히 그 의의를 획득하지 않은 의사표시의 이론을 출발점으로 하여 그러한 종합을 시도하고자 하였다.

Ⅲ. 사비니의 착오론

1. 개　　관

사비니는 우선 착오를 "대상에 관한 올바른 표상이 올바르지 않은 표상에 의하여 은폐되고 축출된 의식의 상태"로 정의하고, 오랜

---

44) 자연법 이론에서는 종종 회피가능한 착오(error vincibilis)와 회피불가능한 착오(error invincibilis)가 구별되었다(예를 들어 Thomasius (주 37), Lib. 1, Cap. 1, 64). 이 구별이 자연법적 착오론에서 가지는 내용에 대하여는 Noda (주 4), S. 89, 92 참조.

45) Thibaut (주 43), S. 119; Glück (주 43), S. 164.

보통법상의 전통에 따라 착오와 부지(不知)를 동일하게 취급하였다.46)
사비니는 이러한 착오 문제를 취급함에 있어서 '의사표시'의 개념으로
부터 출발하였다. 그에 따르면 의사표시는 자유로운 행위인 동시에
그 행위자의 의사가 법률관계의 성립 또는 해소를 그 직접적인 내용
으로 하는 법률사실이다.47) 이러한 의사표시는 "의사 자체, 의사의
표시 및 의사와 표시의 일치"의 세 가지 요소로 구성된다.48)

　이러한 인식에 근거하여 사비니는 서로 다르게 취급되어야 할 두
유형의 착오를 구분하고 이를 「진정 착오」(echter Irrtum)와 「부진정
착오」(unechter Irrtum)라고 명명하였다.49) 부진정 착오는 의사가 표시
와 일치하지 아니하는 경우 즉 표시로부터 추단한 의사가 실제로는
존재하지 아니하는 경우를 말하며, 그에 반하여 진정 착오는 의사와
표시가 일치하는 착오 즉 표의자가 단지 그 동기에 있어서 착오를 한
경우이다.50)

---

46) Savigny (주 24), S. 111.
47) Savigny (주 24), S. 98f. 사비니의 법률사실의 이론에 대하여는 Hammen, *Die Bedeutung Friedrich Carl von Savignys für das allgemeinen dogmatischen Grundlagen des Deutschen Bügerlichen Gesetzbuches*, 1983, S. 70ff. 참조.
48) Savigny (주 24), S. 99.
49) Savigny (주 24), S. 264. 아울러 S. 440, 446도 참조. 진정/부진정 착오라는 용어
는 이후의 보통법에서 압도적으로 거부되었다. 예를 들어 Dernburg, *Pandekten*, 1. Band, 7. Aufl., 1902, § 101 2 (S. 234); Windscheid/Kipp, *Lehrbuch des Pandektenrechts*, Band 1, 9. Aufl., 1906, § 76 Fn. 1 (S. 386). 사비니 자신도 이
러한 용어의 구별이 명확하고 특정된 개념들을 사용이라는 이론적인 관심에 의한
것은 아니며, 단지 "실무적으로 중요한 효과"에 결부된 것이라고 말한다(S. 264).
50) 『현대 로마법 체계』에서 「착오」(Irrtum)라는 용어는 일반적으로 진정 착오 즉 동
기착오를 의미한다. 따라서 루익(Luig, "Savignys Irrtumslehre", *Ius Commune* Ⅷ, 1979, S. 36)이 서로 모순되는 것으로 파악한 사비니의 개소들(Savigny (주
24), S. 264와 S. 343)은 실제로 서로 대립하는 내용을 포함하고 있지 않으며 오히
려 사비니의 체계에서 정합적으로 맞물려 있다. 왜냐하면 전자의 개소는 '부진정
착오'를, 후자는 '진정 착오'를 지시하고 있기 때문이다. 심지어 루익은 자신의 오
해에서 기인한 혼란을 부정확한 인용으로 가중시키고 있다. 그는 "착오는 중요하
다"(Der Irrtum […] ist wichtig […])고 인용하고 있으나, 사비니 자신은 여기서

여기서 사비니는 의사표시에 있어서 표의자의 내적인 심리적 과정에 주목하고 있다. 이전의 보통법 학설들이 착오는 당사자들의 합의를 배제한다고 상정한 반면, 사비니에게 중요한 문제는 잘못된 관념이 개별 의사표시 성립과정의 어느 단계에서 발생하였는지의 문제이다. 즉 그는 — 자연법 학설을 좇아 — 착오 문제의 특수성을 당사자 의사의 외적 불일치에서 찾는 것이 아니라, 표의자의 의식 속에서 발생하는 의사와 표시의 내적 불일치에서 찾았던 것이다. 이로써 착오 현상의 설명은 이전의 보통법 학설과는 다른 형태를 취하게 된다.

2. 동기착오

(1) 사비니는 우선 진정 착오 즉 동기착오를 논의하는 것으로부터 시작한다.

그에 따르면 일견 동기착오는 표의자의 의사를 배제하는 것으로 보이며, 그로부터 "의욕하는 자가 (현실과 일치하는) 정확한 의식이 없으며" "따라서 미성년자나 이성이 결여된 자와 마찬가지로 의사표시를 할 능력이 없는 것과 같은" 외관이 형성된다고 한다.[51]

그러나 사비니에 따르면 이러한 외관은 부당한 것인데, 왜냐하면 동기는 의사 그 자체와는 엄격하게 구분되어야 하기 때문이다. "따라서 이 문제에 대한 정확한 견해는 의사 그 자체(Wollen selbst)와 의욕하는 자의 정신 속에서 의사에 선행하였던 것(dasjenige, was ihm in der Seele des Wollenden vorherging)을 날카롭게 구별하는 것에 달려있다."[52] 즉 의사표시자는 착오에 의하여 나타난 외견상의 이익을 배척하고 다른 선택을 할 수 있는 자유가 있었다는 것이며, 따라서 착오

단지 "그것은 […] 중요하다"(er ist wichtig […])고 말하고 있으며, '그것'은 문맥상 명백히 부진정 착오를 가리킨다.
51) Savigny (주 24), S. 99f.
52) Savigny (주 24), S. 113.

에 결정적인 힘을 부여한 것은 항상 바로 의사표시자 자신이라는 것
이다.53) 비록 의사의 형성과정에 착오가 있었다고 하더라도, 결단은
자유로운 의사에 따라 진지하게 행해진 것이다. 따라서 의사표시자는
사태를 잘못 파악하였음에도 어쨌든 자신이 표시한 법률효과를 의욕
하였다고 말할 수 있다. 그러므로 이러한 의사표시는 유효하여야 하
며, 착오는 고려되지 않는다. "착오는 일반적으로 그 자체로 효력을
가지지 않으며, 따라서 이로 인하여 발생한 불이익으로부터 보호하지
도 않는다."54)

　　이러한 결과는 "자유로운 의사의 본성"에 의하여 정당화되는데,
이에 따르면 "의사의 존재 및 효과는 정확하거나 부정확한 동기에 전
적으로 의지하지 않는다"55) 이는 "심지어 무제한의 불안정과 자의에
대하여" 거래를 보호함을 의미한다.56)

　　(2) 그러나 사비니는 아울러 몇몇 동기착오는 예외적으로 고려될
수도 있다는 점을 인정한다. "착오 그 차제는 원칙적으로 아무런 효
력을 가지지 않으며, 그에 어떤 효과가 부여되는 것은 오로지 특별한
예외에 의하여서이다."57) 사비니에 따르면 이러한 예외의 근거는 착
오의 비윤리성(Unsittlichkeit)이다. 만일 착오가 법을 교란하는 비윤리

---

53) Savigny (주 24), S. 113. 아울러 Savigny (주 24), S. 102: "현상에서의 자유
　　(Freiheit in der Erscheinung) 즉 여러 가지의 생각 가능한 결단들 사이에서 선택
　　할 수 있는 능력 […]" 이와 관련하여 Kant, *Metaphysik der Sitten*, in
　　Werkausgabe hrsg. von Weischeidel, Band Ⅳ, 1956, S. 318: "인간의 자의는 그
　　에 반하여 충동에 의하여 촉발되지만 그에 의하여 규정되지는 않으며, 따라서 이
　　성의 숙련된 취득 없이 단독으로 순수하지는 않지만 그러나 순수한 의지에서 기인
　　하는 행위가 되도록 규정될 수 있다."

54) Savigny (주 24), S. 441. 이 인용에서 '착오'는 앞서 지적한 바와 같이(주 50) 동기
　　착오를 의미한다. 아울러 Savigny (주 24), S. 343도 참조.

55) Savigny (주 24), S. 356.

56) Savigny (주 24), S. 355. 사비니가 어떤 이론구성의 실제적인 효용을 언급하는 것
　　(게다가 여기서는 거래의 보호)은 이례적인 일이다.

57) Savigny (주 24), S. 114.

성을 나타내는 경우에, 법은 그에 대한 반작용으로 동기착오에 개입을 하여야 한다는 것이다.[58] 물론 이것은 동기착오는 고려되지 않는다는 원칙이 변경됨을 의미하지는 않는다. 즉 동기착오가 비윤리성을 나타내서 그에 일정한 효과가 부여된다고 하여도, 이는 계약의 효력을 배제하여 무효로 하는 데 있는 것이 아니라 계약의 효력을 유지하면서 그러한 비윤리성을 제거하는 법률효과를 법이 부여하는 방식으로 행해지는 것이다. 따라서 동기착오에 어떤 특정 법률효과가 부여되기 위하여서는 특별한 규정이 요구된다.

하지만 사비니는 이러한 인식으로 만족하지는 않으며, 오히려 앞서 말한 동기착오의 특별한 효과가 발생하기 위하여는 또 하나의 추가적인 요건이 충족되어야 한다고 말한다. 그는 로마법원에 존재하는 사실의 착오와 법률의 착오의 구별을 꼼꼼하게 검토한 다음, 이러한 구별은 "중대한 과실에서 기인하는 착오는 착오자에게 유리하게 취급되어서는 안 된다"는 원칙에서 기인하는 것이라는 점을 확인한다.[59] 따라서 동기착오가 특별 규정에 의하여 고려되기 위해서는 그 착오에 과실이 있어서는 안 된다고 한다. 비록 착오의 비윤리성을 이유로 특별한 규정에 의하여 동기착오에 일정한 효과가 부여될 수 있다고 하여도, "만일 착오자에게 과실이 있는 경우에 즉 착오가 회피 가능하였던 경우에는 이러한 효과는 배제된다"는 것이다.[60]

사비니는 이러한 '고려되는' 동기착오를 『현대 로마법 체계』 제3권의 부록 8에서 상세하게 검토한다.[61] 매매계약에서의 하자담보 책

---

58) Savigny (주 24), S. 100.

59) Savigny (주 24), S. 335. 실제로는 로마인들 역시 이미 동일한 결과에 도달하였었다. Zimmermann (주 5), p. 605 – 606.

60) Savigny (주 24), S. 114. 동일한 취지로 아울러 Savigny (주 24), S. 341, 446.

61) Savigny (주 24), S. 354 – 429. 그러나 이는 이미 보통법상 행해지는 착오의 일반 이론에 속하는 문제이며, 현재 법률행위의 착오와 관련하여 행해지는 논의와는 관련이 없으므로 상세한 서술은 생략한다.

임이나 비채변제를 이유로 하는 부당이득반환청구권의 경우가 그러한 예에 속한다.

3. 부진정 착오

(1) 그러나 부진정 착오 즉 표시자의 의사가 표시와 일치하지 아니하는 경우에는 사정이 다르다. 사비니에 따르면 표시는 통상 의사의 내용을 정확하게 반영한다. 그러나 "이러한 자연스러운 관계의 교란"[62]이 생각할 수 없는 것은 아니며, 이에 따르면 부진정 착오는 "의사 없는 비의도적 표시행위"에 다름 아니다.[63]

물론 의사는 순수하게 심리 내적인 현상이므로, 표시를 필요로 한다. 즉 의사는 외적인 기호 즉 표시에 의하여서만 타인에게 인식될 수 있다. 그러나 이러한 언명이 이로써 의사의 우위가 배제되어야 한다는 것을 의미하는 것은 아니다. 사비니에 따르면 오히려 의사와 표시가 불일치할 때에는 의사를 우선해야만 하는데, 왜냐하면 의사표시에서 의사는 "그 자체로 유일하게 중요하고 유효한 것으로 생각되어야" 하기 때문이다.[64] 따라서 이러한 경우 법률행위는 필연적으로 무효일 수밖에 없다. 이러한 의미에서 부진정 착오는 "표시로부터 인정된 의사가 실제로는 존재하지 않아서 그 법률효과가 발생할 수 없음을 인식하는 한에서" 그 의의를 주장할 수 있다.[65]

이로써 사비니는 법률행위가 무효가 되는 근거를 착오에서가 아니라, 의사와 표시의 불일치 즉 법률행위가 존재하지 않는다는 사실에서 찾는다.[66] "따라서 우리는 체결되었으나 착오로 인해 무효인 계

---

62) Savigny (주 24), S. 258.
63) Savigny (주 24), S. 259.
64) Savigny (주 24), S. 258.
65) Savigny (주 24), S. 264. 아울러 Savigny (주 24), 268, 444도 참조.
66) Savigny (주 24), S. 440f. 그렇기 때문에 그는 이러한 사례를 부진정 착오라고 부른다. Windscheid/Kipp (주 49), Band 1, § 74 (S. 386)도 참조.

약을 다루고 있는 것이 아니다. 오히려 어떠한 계약의 존재 자체가 결여 되어있다. 이는 일방이 계약을 청약하고 타방이 부정했지만 전자는 승낙을 들었다고 잘못 생각하는 경우와 마찬가지이다."[67]

(2) 이러한 전제로부터 사비니는 여러 귀결들을 도출한다.

(가) 사비니의 의사표시론적 전제에 따르면 부진정 착오를 고려하기 위하여 착오자의 과실을 고려할 근거는 존재하지 않는다. 착오가 표의자의 과실에 기인한 것인지의 여부는 사비니의 착오론에서는 전혀 중요하지 않다. 왜냐하면 현실적인 의사는 표의자에게 과실이 있다고 하여도 존재하지 않았고 따라서 법률행위는 마찬가지로 무효이기 때문이다. 사비니는 이를 명료하게 지적한다. "이 경우 착오자는 자신이 착오를 쉽게 회피할 수 있었는지의 여부를 불문하고 모든 채무로부터 해방되어 있다."[68] 물론 착오자는 착오를 이유로 책망을 받아야 할 수도 있겠지만, "의사가 없이는 어떠한 계약도 존재하지 않으며, […] 계약 없이는 어떠한 채무도 존재하지 않는다."[69] 따라서 법률행위는 착오자가 착오를 회피할 수 있었던 경우에라도 무효이며, 착오자의 과실은 착오 인정에 고려 사유로 간주되지 않는다.

(나) 사비니는 아울러 착오자의 배상책임 역시 부정한다. 그는 (아마도 그로티우스를 염두에 두면서) "과실(Culpa)은 결코 일반적인 채무발생원인(causa obligationis)이 아니다"라고 말한다. 즉 과실은 "유효한 계약이 존재하는 경우에만" 채무발생원인인데, "이 경우에는 이 계약이 결여되어 있다"는 것이다.[70]

이러한 사비니의 견해는 다음과 같이 이해되어야 할 것이다. 과실이 손해배상의무를 발생시키는 것은 기존의 채권이 채무자의 유책

---

67) Savigny (주 24), S. 445.
68) Savigny (주 24), S. 264. 아울러 Savigny (주 24), S. 292, 446f.도 참조.
69) Savigny (주 24), S. 264 Fn. d.
70) Savigny (주 24), S. 294 Fn. d.

한 행태로 인하여 침해되는 경우에 가능하다. 그러나 부진정 착오가 있는 경우에 채권은 의사의 결여로 인하여 존재하지 않으며, 따라서 단순히 과실이 있다는 이유로 착오자의 배상책임은 근거지워지지 않는다. 그렇다면 청구권은 그로티우스가 제안한 바와 같이 일반 불법행위 책임에 기하여 제기되어야 할 것인데, 사비니에 따르면 불법행위 책임에서는 과실만으로는 배상책임을 인정할 수 없다는 것이다. 이것은 보통법상으로 인정된 불법행위 책임이 아퀼리우스 법(lex Aquilia)에 따라 타인의 법익에 대한 위법한 침해를 요구하였던 것에서 기인한다.[71]

따라서 보통법상의 배상책임 체계를 좇는 사비니에게는 수미일관하게 착오자의 배상책임을 거부하는 길 외에는 남지 않으며, 실제로 사비니는 이러한 결론을 수긍하였다고 할 수 있다.

㈐ 이미 살펴본 바와 같이(앞의 Ⅱ. 2. 참조), 이전의 보통법 학설들은 당사자의 착오를 계약 당사자의 신원이 의의를 가지고 있어서 계약 체결에 인과관계를 가지고 있는 경우에 한하여 고려하고자 하였다. 그러나 사비니는 이러한 견해를 받아들이지 않는다. 이러한 사례에서도 현실적인 의사는 결여되어 있으며 따라서 계약은 무효라는 것이다. 물론 흔히 "많은 경우에 착오자는 당사자의 신원을 혼동한 것에 대하여 아무런 이해관계도 가지지 않는다."[72] 따라서 계약의 무효는 종종 의식되지 않은 채 간과되거나, 그 외에 법률행위가 이후에 추인될 수도 있다고 한다. 그러나 사비니에 따르면 부진정 착오에 관하여 확립된 원칙은 일반적으로 관철되어야 한다. 원하는 자는 누구

---

71) Kaser (주 6), § 144 Ⅰ, (S. 619f.) 참조. 아퀼리우스 법은 이미 고전기에 많은 사례에 확대적용되었고 이후 보통법학에서는 순수재산적 손해까지 포괄하기는 하였지만, 독일의 판덱텐 법학은 오히려 아퀼리우스법의 제한적인 적용으로 복귀하고자 하였다(예컨대 Windscheid/Kipp (주 49), Band 2, § 455 Ⅰ (S. 973f.) 특히 Fn. 6). 이에 대하여는 Zimmermann (주 5), p. 1023–1024, 1036–1037 참조.
72) Savigny (주 24), S. 271f.

라도 계약의 무효를 주장할 수 있어야 한다는 것이다.[73] 따라서 사비니의 착오론에 있어서 착오가 고려되기 위한 요건으로 착오와 법률행위의 인과관계 역시 요구되지 않는다.

㈜ 사비니는 불합의의 사례들 역시 '의사 없는 비의도적 표시행위'에 포함시키면서 이를 부진정 착오와 동일하게 취급한다. 이러한 의미에서 불합의는 "상대방의 의사 및 표시에 관한 착오"로 파악된다.[74] 물론 '의사표시'의 개념의 도입을 통하여 착오와 불합의의 구별은 가능하게 되었고, 이러한 구별을 사비니 역시 의식하고 있었다. 예컨대 그는 불합의의 경우 "[계약의] 양당사자를 하나의 의욕하는 주체로 작위적으로 종합하여 파악하는 경우에만" 착오를 인정할 수 있다고 말한다.[75]

그러나 로마법에서와 마찬가지로 사비니의 착오론에서도 불합의와 착오를 준별할 실익은 그다지 크지 않다. 법률행위는 어느 경우에나 존재하지 않기 때문이다. 따라서 불합의와 착오의 동일시는 "정립되어 있는 공통의 법규율들의 다양한 적용을 이해시키기 위한" 목적에 의한 것으로 설명될 수 있다.[76]

(3) 그러나 사비니는 부진정 착오에 관하여 서술한 일반 원칙에 직면하여서 부진정 착오가 무제한적으로 고려될 것을 주장하지는 않았다. "계약에 동반하는 모든 착오가 [의사의] 부재를 주장할 수 있는 근거가 되는 것은 아니다."[77] 오히려 그는 단지 본질적인(wesentlich) 착오만이 고려된다고 함으로써 부진정 착오의 효력을 제한하고자 하

---

73) Savigny (주 24), S. 272 Fn. i. 이러한 결과는 단지 당사자의 착오에만 국한되지 않는다. 사비니는 거의 동일한 설명을 성상의 착오에 대하여도 반복한다. Savigny (주 24), S. 292.

74) Savigny (주 24), S. 265.

75) Savigny (주 24), S. 265f. 사비니는 "저 상이한 사례들"이라는 표현으로 불합의 사례를 지시한다(Savigny (주 24), S. 266).

76) Savigny (주 24), S. 266.

77) Savigny (주 24), S. 268.

였다. 그렇다면 과연 어떠한 경우에 본질적인 착오가 존재하는 것인
가? 본질적인 착오와 비본질적인 착오의 경계를 획정하기 위하여 사
비니는 로마법에서 기원하고 보통법에 의하여 가공된 착오의 유형론
을 받아들인다. 즉 객체의 착오, 당사자의 착오, 법률행위 성질의 착
오, 성상의 착오가 있는 경우에 부진정 착오는 본질적인 착오로서 고
려된다는 것이다. 따라서 의사와 표시가 불일치하는 모든 경우에 계
약이 무효가 되는 것이 아니라, 로마법상 고려되는 착오의 유형이 존
재하는 경우에만 부진정 착오는 법률행위의 효력을 저지하는 근거로
인정된다.[78]

　　물론 이러한 제한은 사비니의 이론적 전제인 의사표시 이론에 비
추어 보면 부정합적인 것으로 평가되어야 한다. 그러나 로마법의 현
대적 관용을 의도하였던 보통법 이론으로서 사비니의 착오론을 바라
본다면, 그가 법원(法源)에서 인정된 착오의 유형론을 수용하려고 하
였다는 것 자체가 비난받아야 할 이유는 될 수 없을 것이다. 게다가
이러한 부진정 착오의 제한은 실제에 있어서 중요한 함축을 가지고
있다. 즉 부진정 착오가 본질적인 착오 유형에 제한됨으로써 사비니
의 착오론은 상대적으로 엄격한 의사주의 및 착오자 배상책임의 부재
에도 불구하고 실무에 있어서 극단적이지 않은 적정한 결과들로 나아
갈 수 있게 되는 것이다.[79]

　　(4) 사비니에 따르면 성상의 착오는 본질적인 착오로 의사표시의
효력을 저지해야 한다. 그러나 엄밀히 따진다면 성상의 착오에서 의

---

78) Flume (주 3), § 22 2 (S. 443)도 참조. 아울러 Savigny (주 24), S. 267f. 물론 이러
　　한 유형론에 의한 제한은 착오가 "의사의 내용 전체에" 관한 경우에는 적용되지
　　않는다(Savigny (주 24), S. 267). 사비니는 일방 당사자가 진정한 문서 대신에 제
　　시된 다른 문서에 서명한 경우를 예로 든다. 이러한 경우에 의사표시는 바로 무효
　　이다.
79) 이 점을 강조하는 Luig, "Von Savignys Irrtumslehre zu Jherings culpa in
　　contrahendo", *Zeitschrift für Neuere Rechtsgeschichte* 1990, 70.

사와 표시의 불일치가 있다고 말할 수는 없다. 오히려 착오는 단지 착오자의 의사 형성과정에만 영향을 주었고 따라서 동기와 관련을 맺고 있다. 따라서 성상의 착오는 본질적으로는 동기착오이다.

이러한 성상착오의 특수성 역시 사비니는 인식하고 있었다. 따라서 그는 성상착오는 원칙적으로 고려되지 않는다고 말한다. 하지만 그는 동시에 "본질적 착오의 효력이 부여되는" 성상착오의 사례가 존재할 수 있다고 생각한다.[80] 물론 이는 "엄격하게 제한된 예외"로 간주되어야 하는데, "왜냐하면 법률관계의 대상에 부여되는 어떤 성상에 관한 모든 착오가 의사를 배제한다는 것을 원칙으로 인정한다면, 이로써 거래의 안전은 완전히 파괴될 것이기 때문이다."[81] 그러나 그러한 성상이 본질적인 경우에는, 그에 관한 착오는 객체의 착오와 동일시되어야 한다고 한다.[82]

여기서 어떠한 성상착오가 본질적인 착오로 고려되어야하는지의 문제가 다시 제기된다. 이 문제는 앞서 살펴본 바와 같이(앞의 Ⅱ. 1. (2) 참조) 이미 고전 로마법에서도 다투어졌다. 그러나 울피아누스에 의해 제시된 기준은 이미 사비니의 시대에는 만족스러운 것으로 여겨지지 않았으며, 따라서 사비니는 법원을 새로이 분석함으로써 성상착오의 기본을 이루는 관점을 획득하고자 하였다.

로마법상의 성상착오를 주의 깊게 검토한 다음, 사비니는 성상착오에서 단순히 객체의 소재(materia)만이 기준이 되었던 것이 아님을 확인한다. 예를 들어 금으로 매매된 청동의 사례에서는 소재의 상이함이 아니라, 금은 용기가 파괴된 후에도 그 가치를 계속해서 유지한다는 거래의 관념이 중요하다는 것이다.[83] 아울러 남자 노예로 매매

---

80) Savigny (주 24), S. 276.
81) Savigny (주 24), S. 277.
82) Savigny (주 24), S. 277.
83) Savigny (주 24), S. 280f.

된 여자 노예의 사례에서 "상이한 소재를 생각하는 것"은 기이한 일
이라고 냉소적으로 지적한다.[84] 따라서 그는 소재를 기준으로 하는
종래의 견해를 거부하고 거래계의 관념이 본질적인 성상착오를 확정
하는 기준임을 주장하였다. "물건의 성상에 관한 착오는, 착오로 상정
된 성상에 의하여 실제의 거래에서 지배적인 개념에 따라 그 물건이
실제로 속하는 종류와는 다른 종류의 물건으로 분류될 경우에는 본질
적인 착오이다."[85] 즉 거래계의 관념에 따라 그 물건의 유형을 결정
할 정도로 중요하다고 인정되는 성상에 관한 착오는 본질적인 착오로
객체의 착오와 동일시되어 계약의 효력을 저지할 수 있다는 것이다.

　　그러나 분명 사비니는 이러한 성상착오 이론이 자신의 체계와 조
화되지 않음을 인식하였던 것으로 보인다. 실제로 그는 "이러한 취급
이 […] 비록 종종 자연스럽고 타당하게 보이기는 하지만, 실제 의사
를 인정함이 완전히 불가능한 객체의 착오에 있어서의 동일한 취급에
비하면 보다 작위적인 성질을 가지고 있다"[86]고 고백한다. 그럼에도
그로 하여금 성상의 착오를 "보존할 뿐만 아니라 가능한 한 합리화하
도록" 한 것은 아마도 로마법이 가지는 보통법으로서의 효력이었을
것이다.[87] 따라서 사비니가 성상착오의 인정을 "착오자의 (분명하거나
생각가능한) 법적 이익이 그로 인해 보호되어야 하는 경우"[88]에 한정
하려고 하였음은 놀랄 만한 일이 아니다.[89]

---

84) Savigny (주 24), S. 282.
85) Savigny (주 24), S. 283. 아울러 Fn. 1도 참조: "어떤 '종'(species)이 특정
　　'유'(genus)에 속한다는 묵시적인 조건 하에서 매도되었다." 이러한 견해는 1824-
　　1825년의 판덱텐 강의에서도 이미 찾아볼 수 있다(Savigny, *Pandektenvorlesung*
　　1824/1825, hrsg. von Horst Hammen, 1993, S. 247). 이러한 의미에서 그는 error
　　in substantia라는 명칭이 "결코 적절한 명칭이 아니"라는 견해였다.
86) Savigny (주 24), S. 293.
87) Zimmermann (주 5), p. 617.
88) Savigny (주 24), S. 293.
89) 지금까지의 서술은 사비니의 『현대 로마법 체계』 제3권에 서술되어 있는 착오론
　　에 의지하였다. 그러나 그 외에 사비니가 『채무법』에서 계약의 해석과 관련하여

Ⅳ. 사비니 이후의 독일에서 착오론의 전개

1. 사비니 이후의 착오론

사비니의 착오론은 이후의 판덱텐 법학에 결정적인 영향을 주었고 이로써 전체의 논의구조를 새롭게 변모시켰다.[90] 착오 문제를 의사의 흠결이라는 관점에서 접근하고자 하는 시도는 이후 보통법에서 압도적으로 관철되었다.[91] 빈트샤이트에 따르면 부진정 착오와 동기착오의 구별은 "착오에 관한 만족스러운 학설의 유일하게 정당한 기초"이며 "사비니의 가장 훌륭한 공적 중의 하나"이다.[92]

그러나 이는 사비니의 착오론이 무비판적으로 수용되었음을 의미하지는 않는다. 그와는 반대로 그의 견해의 상당 부분에 대하여 여러 비판이 제기되었다. 우선 많은 판덱텐 법학자들은 이전 보통법의 전통에 따라서 단지 착오자에게 과실이 없는 경우에만 착오를 고려하고자 하였다.[93] "철학적으로 또는 수학적으로 본다면 사비니의 견해

논한 몇가지 문제(Savigny, *Das Obligationenrecht*, Bd. 2, 1853, S. 192ff.)는 착오론과 관련하여서도 흥미로운 부분이 적지 않으며, 따라서 오래 전부터 사비니의 착오론을 연구하는 학자들의 관심을 끌었다(예를 들어 Flume (주 3), § 22 2 (S. 443); Luig (주 50). S. 52ff.). 여기서는 보통법상 확립된 해석규칙들이 사비니의 의사표시 이론의 귀결인 착오론과 어떻게 조화될 수 있는지가 문제가 된다. 그러나 이는 이후의 착오론의 전개 과정과의 관련성이라는 점에서 결정적인 중요성이 부여되는 논점이라고 할 수는 없으며, 따라서 여기서는 그 논의를 생략한다.

90) Oebike (주 21), S. 30.

91) 예를 들어 Dernburg (주 49), § 101 2 (S. 234); Regelsberger, *Pandekten*, Band 1, 1893, § 139 Ⅱ B (S. 520ff.). 아울러 그의 성상착오 이론 역시 통설이 되었다. Dernburg (주 49), § 102 Fn. 11(S. 241); Regelsberger (주 91), § 142 Ⅲ (S. 524).

92) Windscheid/Kipp (주 49), Band 1, § 76 Fn. 1 (S. 386).

93) Dernburg (주 49), § 101 2 (S. 234); Regelsberger (주 91), § 142 Ⅰ 2 (S. 521); Windscheid/Kipp (주 49), Band 1, § 76 3 (S. 389: 상대방 있는 의사표시의 경우).

가 올바르겠지만, 이는 실제적인 문제이며 순수 추상적인 관점에 의
하여서만 해결될 수는 없다"[94]고 데른부르크는 지적한다. 더 나아가
본질적인 착오를 로마법원에서 추출한 유형론에 따라 인정하고자 하
는 견해 역시 심리학적 관점이 득세하면서 포기되었다.[95] 이러한 학
설의 정착에 의하여 고려되는 착오 사례들이 한편으로는 제한되었고
다른 한편으로 확대되는 결과가 나타났다.

여기서 예링은 자신의 계약 체결상의 과실의 이론으로 특별한 기
여를 하였다. 고려되는 착오 사례가 확대되면서, 착오자에게 과실이
있는 경우 착오로 행해진 의사표시의 수령자가 손해배상을 청구할 수
있어야 하지 않을지의 문제가 다시 제기되었다. 사비니와 마찬가지로
과실만으로는 채무발생원인이 될 수 없음을 잘 알고 있었던[96] 예링
은 손해배상 책임을 계약상 의무의 확대에 의하여 즉 계약체결 단계
에 있어서 의무를 인정함으로서 달성하고자 하였으며,[97] 이로써 착오
가 착오자의 과실에 기인하는 경우에 계약 상대방은 착오자로부터 신
뢰이익을 배상을 청구할 수 있는 길이 열리게 되었다.

따라서 19세기말 판덱텐 법학에서는 착오자의 상대방의 신뢰 보
호를 위하여 착오를 제한하거나 배상책임을 인정하는 견해들이 정착
하였으며, 이들의 경향은 ― 새로이 대두하는 표시주의에 따른 견해
를 제외한다면 ― 다음과 같이 요약할 수 있을 것이다.[98] 일단 착오
자에게 중대한 과실이 있는 경우, 착오자가 계약의 무효를 주장할 수
없다는 견해는 압도적으로 지지되었다.[99] 그 외에 착오자에게 단순한

---

94) Dernburg (주 49), § 101 2 (S. 234). 그리고 이어서 그는 자신의 견해를 로마법원
　　에 의하여 논증하고자 한다.

95) Flume (주 3), § 22 3 (S. 446). 앞서 주 93에서 인용된 문헌들 참조. 여기에는 아
　　래에 지적하는 바와 같이 치텔만의 영향이 지대하였다.

96) Jhering, "Culpa in contrahendo", *Jherings Jahrbücher für die Dogmatik des
　　heutigen römischen und deutschen Privatrechts* 4 (1861), S. 23f.

97) Jhering (주 96), S. 7, 26f. Luig (주 79), 70ff. 참조.

98) Haupt (주 20), S. 51ff.; Zimmermann (주 5), p. 615 등 참조.

경과실만을 비난할 수 있는 경우의 취급에 대해서는 견해가 나뉘었는데, 결국에는 예링의 견해를 좇아 착오자에게 신뢰이익을 배상하도록 하는 견해가 우세한 위치를 점하였던 것으로 보인다.[100] 물론 이에 대하여 배상책임을 인정함이 없이 착오자에게 과실이 있는 경우에는 일반적으로 착오의 인정을 거부하는 견해도 주장되었다.[101]

그 외에는 치텔만의 견해가 19세기 말 착오론의 전개에 강한 영향을 주었다. 그는 사비니의 심리학적 단초를 받아들여서 이를 철저하게 관철시켰다. 상세한 심리학적 분석을 토대로 하여 치텔만은 자신의 행위에 관한 부정확한 관념 또는 그러한 관념의 결여, 행위의 결과에 대한 부정확한 관념 또는 그러한 관념의 결여, 동기로서 부정확한 관념이라는 세 가지 유형의 착오를 구분하였다.[102] 이후에 독일 민법전이 채택하게 될 이러한 개념 구분에 대하여 그는 첫 번째와 두 번째 유형의 착오는 고려되지만 세 번째 유형 즉 동기의 착오는 고려되지 않는다고 하면서, 사비니와는 달리 이에 어떠한 예외도 두지 않았다. 따라서 그는 특히 성상의 착오를 본질적인 착오로 고려하는 것을 비판하였고 이를 (자신에 의하여 상정된) 본질에 따라 동기착오로 간주하였다.[103]

99) Windscheid/Kipp (주 49), Band 1, § 76 3 Fn. 10 (S. 389) 및 § 75 Fn. 1 d (S. 379f.); Arndts, *Lehrbuch der Pandekten*, 5. Aufl., 1865, § 62 (S. 71).
100) Windscheid/Kipp (주 49), Band 2, § 309 2 (S. 268); § 311 (S. 277) 및 Band 1, § 76 3 Fn. 10 (S. 389), § 75 Fn. 1 d (S. 379f.); Gebhard, *Begründung zum Vorentwurf Allgemeiner Teil*, 2. Teil, S. 110 = Schubert hrsg., *Die Vorlagen der Redaktoren*, Teil 2, 1981, S. 130 등 참조. Regelsberger (주 91), § 142 I 2 (S. 521)는 심지어 착오가 회피가능하였던 경우에는 착오의 인정을 거부함으로써 계약의 효력을 인정하면서, 회피가능하지 않았던 경우에는 착오자에게 신뢰이익의 배상책임을 부과할 것을 제안한다.
101) Dernburg (주 49), § 101 2 Fn. 7 (S. 234).
102) Zitelmann, *Irrtum und Rechtsgeschäft*, 1879, S. 327ff. Oebike (주 21), S. 50ff. 참조.
103) Zitelmann (주 102), S. 552ff.

2. 사비니 착오론의 독일 민법전에 대한 영향

독일 민법전 제정과정에서 제1위원회는 사비니에 의해서 정립된 의사주의에서 출발하고자 했으나 동시에 이를 거래의 이익을 위하여 일정 범위에서 수정하고자 하였다.104) 제1위원회는 표시에서 추단된 의사가 실제의 의사와 합치하지 않는 의사표시를 무효로 선언하였지만, 이러한 효과를 본질적인 착오 즉 의사표시와 인과관계가 있는 착오에 제한하였으며 로마법에서 전승된 착오 유형이 존재하는 경우 인과관계는 추정되었다(제1초안 제98조).105) 그러나 제1초안은 보통법상의 전통에 따라 착오자에게 중대한 과실이 있는 경우에는 의사표시의 효력을 유지하도록 하였고(제1초안 제99조 제1항), 착오자에게 통상의 과실이 있는 경우에는 의사표시의 수령자의 손해배상 청구권을 인정하였다(제1초안 제99조 제2항).106) 그 외에 제1초안은 동기의 착오는 법률행위의 효력에 아무런 영향이 없음을 규정하면서(제102조) 이에 따라 성상착오를 고려할 것을 배척하였다. 제1위원회는 성상착오를 규정하는 것은 명확성을 결여하며 표의자는 다른 수단에 의하여 충분히 보호될 수 있다는 이유로 이를 정당화하였다.107)

그러나 이러한 규정들은 제1초안에 제기된 많은 비판에 직면하여 제2초안에서 적지 않은 수정을 받아들여야 했다. 제2초안에 따르면 착오를 이유로 흠결이 있는 의사표시는 이제 처음부터 무효로 간주되는 것이 아니라 표시자에 의하여 취소되어야 하지만(제2초안 제94

---

104) Motive Ⅰ, S. 191 = Mugdan Ⅰ, S. 457. 착오 규정의 독일 민법 제정과정에서의 심의에 대하여는 양창수, "독일 민법전 제정과정에서의 법률행위 규정에 대한 논의-의사흠결에 관한 규정을 중심으로", 민법연구, 제5권, 1999, 49면 이하 참조.
105) Motive Ⅰ, S. 196f. = Mugdan Ⅰ, S. 460f.
106) 그러나 이 규정은 상대방이 착오를 알았거나 알 수 있었을 때에는 적용되지 아니하는 것으로 상정되었다(제1초안 제99조 제3항).
107) Motive Ⅰ, S. 199 = Mugdan Ⅰ, S. 462.

조 제1항 = 현행 독일 민법 제119조 제1항),[108] 착오 취소의 요건으로 착오자에게 과실이 있는지의 여부는 중요하지 않았다. 그 대신 착오자는 착오를 하였음에 과실이 있었음을 불문하고 상대방에게 취소로 인하여 발생한 손해를 배상하는 것으로 규정되었다(제2초안 제97조 = 현행 독일 민법 제122조). 이러한 규정의 근거는 "선의의 거래의 불가피한 요청"에서 찾았는데, 그에 따르면 "알지 못하고 착오로 취소할 수 있는 의사표시의 효력을 신뢰한 자는 이러한 신뢰로 인하여 손해를 입어서는 안 된다"고 한다.[109] 동시에 본질적인 성상착오는 다시 고려 가능한 착오로 인정되었다(제2초안 제94조 제2항 = 현행 독일민법 제119조 제2항). 제1초안의 입장은 "거래의 필요, 형평 및 현대적인 법 발전의 경향에 적절한 고려를 베풀지 않고 있다"는 것이다.[110] 최근의 연구에 따르면 제2초안의 착오 규정은 동기착오의 취소도 포함하는 규율로 의도되었다고 하며, 여기서 성상착오의 고려는 이를 확인하는 예시적 규정으로 파악되었다(본서 제1편 제4장 Ⅱ. 1. (5) 참조).

제2초안의 착오 규정은 이후의 제정과정에서 작은 수정을 제외하면[111] 큰 변화 없이 현행 독일 민법의 규정이 되었다. 원칙으로 고려되지 않는 동기착오와 고려되는 표시착오·내용착오의 구별을 별론으로 하고서라도, 사비니의 영향은 과실의 여부를 불문하고 착오 취소를 인정한 점 및 본질적인 성상착오를 고려되는 착오로 다시 수용한 점을 들 수 있을 것이다.

---

108) 착오자가 이로써 어떠한 부당한 취급을 받는 것도 아니라는 점이 논거로 제시되었다. Protokolle Ⅰ, S. 106 = Mugdan Ⅰ, S. 715.
109) Protokolle Ⅰ, S. 107f. = Mugdan Ⅰ, S. 716.
110) Protokolle Ⅰ, S. 114f. = Mugdan Ⅰ, S. 720.
111) 이는 사자의 잘못된 전달의 경우 부정확성이 불가항력에 기한 때 착오자의 손해배상 책임을 제한하는 제2초안 제97조 제2항 제2문에 대한 것이었다. 이 규정은 거래의 안전을 위하여 삭제되었다(Berichte der ⅩⅡ. Kommission v. 12. Juni 1896, 38f. = Mugdan Ⅰ, S. 965).

V. 평   가

이상에서 사비니의 착오론을 중심으로 한 착오론의 역사를 간략하게 살펴보면서, 사비니의 착오론이 결국 이후 독일 민법학의 착오 이해에 강한 영향을 미쳤음을 확인할 수 있었으며, 이러한 사비니의 영향은 우리 민법 문헌에서 착오에 관한 서술을 살펴볼 때에도 충분히 감지할 수 있다. 이런 의미에서 사비니의 착오론에 대하여 평가를 하는 것이 필요하리라 생각된다.

1. 사비니가 착오의 문제와 대면하기 시작하였을 때, 그에게는 이미 상이한 경향들의 학파에서 유래하는 여러 가지 견해들이 제시되어 있었다. 이러한 견해들의 내용들을 검토해 볼 때, 그의 착오론은 결론 자체로서는 그다지 새로운 것이라고 말할 수는 없을 것이다. 그러나 그의 업적이 결론의 새로움의 부재를 이유로 단순히 평가절하될 수는 없는데, 왜냐하면 그는 착오 문제에 접근하는 새로운 시각을 제시하였고 그에 따라 착오 현상을 새롭게 조명하였기 때문이다. 즉 그는 의사표시가 형성되는 내적 과정에 주목하였고, 그에 따라 문제를 새로이 제기하였다고 할 수 있다. 그에 대한 해답 자체는 그다지 새로운 것이 없을 수도 있다. 하지만 이러한 다른 문제 제기를 통하여 이전의 낡은 해답들에 새로운 의미가 부여되었다. 따라서 그의 업적은 플루메의 평가에 따라 "착오론을 의사표시 이론에 수미일관하게 체계적으로 편입한 것"112)이라고 말할 수 있을 것이다.

이에 대한 가장 적절한 예로 동기착오의 취급을 들 수 있다. 사비니 이전에도 많은 자연법 이론가들과 보통법 학자들은 동기착오가 고려될 수 없음을 주장하였지만, 이러한 견해를 만족스럽게 설명하여 관철시킬 수는 없었다. 그러나 사비니는 동일한 결론을 의사표시의

---

112) Flume (주 3), § 22 2 (S. 440).

관념을 통한 새로운 기초 위에서 설명할 수 있었고, 그의 견해는 결국 독일 법학에서 지배적인 위치를 획득할 수 있었다. 즉 그는 의사표시의 개념으로 표의자의 내적인 심리과정에 주의를 기울였고 그에 따라 착오현상을 의사와 표시의 불일치라는 관점에서 고찰할 수 있었던 것이다.113) 이러한 관점의 영향은 우리 민법학의 문헌에서도 지금까지 찾아 볼 수 있다.

여기서 사비니 자신이 자연법학의 방법론을 거부하였음에도 불구하고, 상대적으로 적지 않게 자연법에서 제기된 관점의 영향을 받았던 것으로 보인다. 그의 법률행위론의 핵심 개념인 의사표시의 개념이 자연법학에 의하여 창안되었다는 사실이나, 사비니가 착오론을 전개함에 있어서 보여준 소재의 체계화 및 논리적 도출의 방법이 이러한 점을 잘 보여준다. 그러나 물론 그의 출발점은 어디까지나 전승된 로마법일 수밖에 없었고, 그의 착오론의 전반에서 로마법원에 충실하고자 하는 시도는 도처에서 찾아볼 수 있다(예를 들어 로마법상 유형론의 수용, 성상착오의 취급). 따라서 여기서 우리는 사비니 착오론의 절충적인 경향을 볼 수 있다. 즉 그는 보통법상의 소재를 자연법학의 개념을 사용하여 새로운 기초에서 종합하였던 것이다.114)

2. 이와 같이 사비니가 자신의 착오론을 의사표시 이론에 기초하고 그로부터 결론을 도출하였기 때문에, 사비니의 착오론은 오래전부터 의사주의적 착오론의 대표적인 예로 거론되어 왔다. 그러나 이에 대하여는 반대의 목소리도 없지 않다. 예를 들어 루익은 이미 레온하르트115)가 주장하였던 견해를 좇아 사비니 착오론이 표시주의에 기반하고 있다는 견해를 주장하고 있다.

그에 따르면 사비니의 출발점은 "기호의 신뢰성이라는 자연법적

---

113) Oebike (주 21), S. 32, 36.
114) Flume (주 3), § 22 2 (S. 445) 참조.
115) Leonhard, *Der Irrtum als Ursache nichtiger Verträge*, 2 Bde, 2. Aufl., 1907.

원칙"이며, 따라서 부진정 착오도 원칙적으로 고려되지 않는다. 그러나 이 경우 기호의 신뢰성 원칙은 의사표시라는 이론구성과 충돌하기 때문에, 사비니는 이 문제를 "기본적으로 기호의 신뢰성에 우위를 부여하지만 예외적으로 특별한 근거가 있는 일정한 사례에 의사의 결여를 원용할 수 있게 함으로써" 해결하였다는 것이다.116) 따라서 "사비니의 표시착오 이론의 정점에는 실제로는 표시주의가 있다"는 것이다.117) 루익은 이러한 자신의 입장을 다음의 사비니 인용으로 정당화하고자 한다. "이에 따르면 의사와 표시 사이의 모순은 그것이 그 행위와 접촉을 하게 되는 자에게 인식할 수 있거나 인식할 수 있게 되는(erkennbar ist oder wird) 한에서 인정할 수 있다."118)

이러한 루익의 견해에 대하여는 물론 기존 통설적 입장에서 다시 반비판이 있다. 우선 앞서의 인용이 유래하는 텍스트의 문맥에 주의를 기울여야 한다는 지적이 종종 제기된다. 즉 이 문장은 의사 없는 의도적인 의사표시 즉 비진의표시에 관한 설명이라는 것이다.119) 그러나 이러한 비판은 그다지 설득력이 없는데, 왜냐하면 그 자신이 텍스트 전체의 문맥과 조화를 이루지 못하고 있기 때문이다. 물론 사비니는 앞서의 인용된 부분 앞에서 다음과 같이 말하고 있기는 하다. "따라서 앞서 언급한 장애는 가장 단순히 생각할 수 있는 사례 즉 무엇인가를 자신의 의사로 표시한 자가 속으로는 반대되는 의사를 가지고 있었던 경우에는 ─ 그가 이에 대해 다른 곳에서 (문서로나 증인 앞에서) 명백히 밝혔더라도 ─ 인정될 수 없다"120) 이 설명과 관련하여 앞서 인용된 문장은 심리유보에 관한 것으로 보일 여지가 없는 것은

116) Luig (주 50), S. 47.
117) Luig (주 50), S. 46.
118) Savigny (주 24), S. 259; Luig (주 50), S. 45.
119) Oebike (주 21), S. 39; Coing (주 4), § 89 Ⅲ 3 (S. 449) Fn. 20; Hammen (주 47), S. 117 등.
120) Savigny (주 24), S. 258f.

아니다. 그러나 사비니는 인용된 문장 바로 뒤에 다음과 같이 덧붙이고 있다. "이는 두 가지 모습으로 나타날 수 있다. 첫째 행위자의 의식을 수반하여서 즉 기타의 경우 의사의 기호 역할을 하는 것이 개별 사안에서는 증명가능하게(erweislich) 다른 목적을 가짐으로써. 둘째 행위자의 의식 없이 즉 그가 의사 자체를 배제하는 착오에 빠져 있고 이에 따라 의사의 단순한 외관이 창출됨으로써. 나는 전자를 의사 없는 의도적 표시행위, 후자를 의사 없는 비의도적 표시행위라고 명명한다."[121] 이러한 문맥에서 앞서 인용된 문장이 아울러 착오와도 관련을 맺고 있음을 부정하기란 어렵다.

　그럼에도 루익의 견해를 따를 수는 없다고 생각된다. 이 문제와 관련하여서는 이미 빈트샤이트가 사비니의 표현법에 관하여 주목한 바 있다. 그는 사비니는 "인식할 수 있다"(erkennbar ist)라고 말하고 있는 것이 아니라 "인식할 수 있거나 인식할 수 있게 되는"(erkennbar ist oder wird)이라고 말하고 있음을 그리고 바로 이어서 '증명가능하게'라는 용어를 사용함을 지적하면서, 이는 입증의 문제를 지시하고 있는 것이라고 주장하였다. 즉 의사와 표시의 불일치를 주장하는 자는 스스로 이를 입증하여야 함을 말하고 있을 뿐이라는 것이다.[122]

　이러한 설명에 따르면 사비니 설명 전체는 다음과 같은 의미를 가지는 것으로 이해된다. 즉 기본적으로 의사는 그 기호인 표시로부터 추단되기 때문에, 표의자가 표시한 의사와 다른 의사를 가지고 표시행위를 한 심리유보의 경우, 표의자는 자신이 다른 곳에서 그러한

---

121) Savigny (주 24), S. 259.
122) Windscheid/Kipp (주 49), Band 1, § 75 (S. 376). 빈트샤이트는 이를 다음과 같이 설명한다. "어떤 자가 '나는 의욕한다'고 말하는 경우, 객관적으로 인식가능한 사실들로부터 그의 의욕하지 않았음이 입증될 때까지는 그는 실제로 의욕하고 있다고 인정된다"(Fn. 1). Noda (주 4), S. 124f.도 이 견해에 찬동하면서, 이 입장을 사비니의 판덱텐 강의 원고를 통하여 논증한다. 실제로 보통법 문헌에서는 인식가능성과 입증가능성은 명확히 구별되지 않은 채로 사용되었다고 한다(Oebike (주 21), S. 39; Noda (주 4), S. 125.).

사실을 공개하였더라도 그 상대방에게 자신의 내심의 의사를 주장할
수 없다. 따라서 심리유보를 이유로 법률행위의 무효를 주장하려면
자신이 내심 다른 의사를 가지고 있었음을 상대방에게 인식시켜야 즉
증명하여야 한다. 이러한 문제는 의사와 표시가 의식적으로 불일치하
는 심리유보에서도 발생할 수 있지만 의식하지 못한 채 발생하는 착
오에서도 발생할 수 있다. 따라서 마찬가지로 의사와 표시가 불일치
함을 주장하는 착오자는 그 불일치함을 자신의 상대방에게 인식시켜
야 즉 증명하여야 한다.

그리고 이러한 해석만이 사비니가 의사표시의 개념에서 출발하
여 착오 문제를 접근하였다는 사실과 무리 없이 조화될 수 있다. 예
를 들어 사비니는 상대방의 신뢰 보호의 원칙이 가장 중요하게 고려
될 수 있는 동기착오의 취급에 관하여서도 기본적으로 기호의 신뢰
성이 아니라 칸트적인 의사 자체(Wille an sich)의 관념을 통하여 동
기착오는 고려되지 않는다는 결론에 도달하였다. 이러한 의미에서
사비니 착오론은 기존의 통설에 따라 의사주의적이라고 이해하여야
할 것이다.

3. 물론 사비니 자신이 이러한 의사주의적 원칙을 처음부터 끝까
지 수미일관하게 고집한 것은 아니다. 위에서 살펴본 바와 같이(앞의
Ⅲ. 3. (3), (4)), 사비니는 로마법의 전승을 존중함으로써 자신의 체계
와 조화되지 않는 여러 보통법적 착오론의 요소들을 수용하였다. 따
라서 그의 착오론은 예를 들어 이후의 치텔만의 이론과 비교한다면
논리의 일관성은 부족하다고 말할 수도 있다. 그러나 동시에 로마법
적 유형론에 의한 착오 고려의 제한이나 성상착오의 적절한 확정 등
은 엄격한 의사주의에서 발생할 수 있는 편향적인 결과를 적절하게
제어하는 역할을 수행하였음을 부정할 수는 없다. 이러한 측면은 현
행 독일 민법 제119조 제1항에 대하여 제기되는 입법론적 비판 즉 착
오의 중요성을 고려하지 아니하고 취소를 인정함으로써 거래의 안전

을 해칠 수 있다는 비판[123]을 고려할 때 수긍할 수 있는 면이 없는
것은 아니다.

그럼에도 사비니 이론의 기초를 이루는 고찰 방법이 실무의 다양
한 착오 문제를 무리 없이 만족스럽게 해결할 수 있는 결정적인 기준
을 제시하는 데 성공하지 못하였음은 부정할 수 없다. 사비니 착오론
의 한계는 우선 그가 채택한 심리학적 방법이 가지는 판단의 모호함
에서 나타날 수밖에 없다. 독일 민법상에서 착오에 관하여 논의되고
있는 많은 문제들은 이러한 심리학적 접근이 가져오는 모호함에서 기
인한다. 예를 들어 동기착오/성상착오/동일성의 착오의 획정,[124] 이른
바 계산 착오, 본질적인 성상 확정의 기준[125] 등에 관한 문제들이 그
예이다.[126]

동시에 심리학적 의사표시 이론에 바탕을 둔 이러한 착오론(및
결과적으로 그에 기반한 독일 민법전의 착오 규정)은 비교법적인 관점에
서 볼 때 이익형량에 중요한 의의를 가지고 있는 여러 가지 기준들을
도외시하는 결과를 가져왔다. 회피 가능한 착오, 상대방에 의하여 야
기된 착오, 상대방이 인식가능한 착오, 공통의 착오 등의 논점은[127]
심리학적인 의사표시 이론에서 출발할 경우 처음부터 고려될 여지가
없게 되지만, 과연 심리적인 의사와 표시의 불일치의 여부만으로 과

---

123) 예를 들어 Kramer in *Münchener Kommentar zum Bürgerlichen Gesetzbuch*,
Band 1, 3. Aufl., 1993, § 119 Rn. 8.

124) 이 문제는 Titze, "Vom sogenannten Motivirrtum", *Festschrift für Ernst Heymann*,
Band Ⅱ, 1940, S. 91ff.에서 이른마 경주마 Nixe의 사례로 제기되었다. 이 사례에
관하여는 우선 Flume (주 3), § 23 4 b (S. 458ff.) 참조.

125) Medicus, *Allgemeiner Teil des BGB*, 8. Aufl., 2002, Rn. 767ff. 참조. 여기서 메디
쿠스는 "[독일 민법 제119조 제2항을 도입함에 있어서] 입법자에게는 명확한 개
념이 결여되어 있었다. 따라서 이 조문은 오늘날 거의 일반적으로 실패한 것으로
간주되고 있다"고 말한다. 아울러 Kötz (주 2), S. 294도 참조.

126) 이에 대해서는 우선 Jauernig in Jauernig, *Bügerliches Gesetzbuch*, 10. Aufl.,
2003, § 119 Rn. 9ff. 참조.

127) 이에 대해서는 Kötz (주 2), S. 271ff. 참조.

연 이러한 모든 사례군을 적절하게 해결할 수 있는지는 의심스럽다. 사비니의 착오론을 따라 이러한 평가적 기준들을 통한 동기착오의 고려를 거부하고 단지 동법 제119조 제2항의 범위 내에서만 동기의 착오를 받아들이는 독일 민법전의 착오 규정이 결국 학설에 의하여 법률의 밖에서(praeter legem) 가공된 동기착오의 일반이론[128]인 주관적 행위기초론을 요구할 수밖에 없었다는 사실이 이러한 한계를 보여준다고 하겠다.

　물론 어떤 이론적인 전제로부터 수미일관하게 결론을 도출해 내는 것은 물론 학문적인 작업에서 불가피한 일일지도 모른다. 그러나 법학 특히 입법의 과제는 단순히 자연과학적이거나 형식논리적인 수미일관성만은 아닐 것이다. 오히려 각 사안 유형에 따라 당사자가 처해 있는 이익상황의 분석을 통하여 그에 따른 적절한 해결책을 모색한 다음 그 기초에 있는 가치평가를 통하여 이들을 체계화하는 일이 중요할 것이다. 따라서 이러한 관점에서 본다면 사비니의 이론 및 그에 기초한 독일민법전의 착오론은, 플루메의 표현을 반대의 의미로 전용한다면,[129] 역사적인 의의를 가지고 있는 분명 하나의 올바른 해결책(eine richtige Lösung)일 수는 있겠지만 결정적으로 올바른 해결책(die richtige Lösung)일 수는 없을 것이다. 이러한 의미에서 앞서 인용하였던(주 94의 본문 참조) 데른부르크의 사비니에 대한 비판 즉 철학적으로 또는 수학적으로 본다면 사비니의 견해가 올바를 수도 있겠지만 착오의 문제는 실무적인 문제로 순수 추상적인 관점에 의하여서만 해결될 수는 없다는 지적은 그 정당성을 가진다고 할 것이다.

---

128) Wieling, "Der Motivirrtum ist unbeachtlich!", *Juristische Ausbildung* 2001, 577, 583.
129) Flume (주 3), § 21 11 (S. 434).

제 4 장

계약과 착오(2): 민법의 해석

사물을 그냥 "이론적으로" 바라보기만
하는 시선에는 쓸모있음(Zuhandensein; 用
在性)에 대한 이해가 결여되어 있다.[1]

Ⅰ. 문제의 제기

1. 착오를 이유로 하는 법률행위의 취소(제109조)와 관련해서는
그동안 학설에서 많은 논의가 진행되어 오고 있었다. 이에는 여러 쟁
점이 관련되어 있지만, 논쟁의 중심에는 제109조 제1항에 따라 동기
착오가 고려될 수 있는지 그리고 고려될 수 있다면 어떠한 조건 하에
서 그러한지의 문제가 전면에 있다고 해도 과언은 아닐 것이다. 아래
살펴보는 대로(아래 주 5 및 Ⅱ. 1. (5) 참조), 다수설과 판례는 동기가
표시되면 법률행위의 내용이 된다는 입장을 견지하고 있지만, 그에는
비판이 제기되고 있을 뿐만 아니라, 실제로 재판례에서 이 기준이 작
용하고 있는지 그리고 명확한 지침을 제공하고 있는지 여부에 대해서
도 의문이 없지 않다. 한편 최근에는 민법 개정과 관련하여 외국의

---

1) Heidegger, *Sein und Zeit* (1927), 18. Aufl., 2001, S. 69.

새로운 입법례나 국제 모델규칙의 관점을 고려하는 견해도 유력하게 주장되고 있다.[2] 그러나 그러한 성과를 제109조의 전통적 해석론과 접합하여 재구성하는 작업은 아직 쉽게 발견되지 않는다.

이러한 논의 상황을 배경으로 본장은 동기착오에 관한 해석론적인 작업을 수행하고자 한다. 이는 무엇보다도 동기착오를 그 모습에 따라 구별하여 민법에 내재한 가치평가에 따라 그 이익상황을 분석하고, 지금까지 학설의 취급을 비판적으로 평가함을 의미한다. 그 과정에서 필자는 새로운 입법모델의 관점에서 말하자면 '외재적으로' 우리 학설을 평가하기보다는, 종래 학설의 입장에서 출발하면서 이를 이론적으로 재검토하는 '내재적인' 접근을 취하고자 한다(아래 Ⅱ., Ⅲ.). 그러나 그 과정에서 올바르게 이해된 제109조 제1항의 해석론은 새로운 입법모델의 성과를 대부분 포함할 수 있음을 보이고자 한다(아래 Ⅳ. 참조).

2. 동기착오의 고려는 법률행위의 유형에 따라 다른 모습으로 나타날 수 있다. 예컨대 무상계약이나 단독행위의 경우 그 법률행위의 내용에 따라 착오 취소의 범위가 유상계약과는 달라질 수 있다.[3] 그러나 이 모든 유형을 여기서 상세하게 검토하는 것은 이 글의 목적에 비추어 적절하지 않다.[4] 따라서 여기서는 계약 특히 유상계약에서 착오가 있는 사안을 중심으로 논의를 진행하고자 한다.

---

2) 우선 윤진수, "민법상 착오규정의 입법론적 고찰", 민법논고 Ⅱ, 2008, 52면 이하; 박영복, "유럽계약법에 있어서의 「의사의 하자」", 외법논집, 제33집 제1호, 2009, 51면 이하; 지원림, "민법개정과 착오법리", 재산법연구, 제25권 제3호, 2009, 135면 이하 참조.

3) 곽윤직 편집대표, 민법주해[Ⅱ], 1992, 435－436면(송덕수) 및 오스트리아 민법 제901조 제3문, 제572조 등 참조.

4) 동기착오를 이유로 하는 유언의 취소에 대해서는 필자가 다른 자리에서 언급한 바 있다. 김형석, "유언의 성립과 효력에 관한 몇 가지 문제", 민사판례연구[XXXVⅢ], 2016 참조.

3. 아래에서는 먼저 동기착오에 대한 종래 학설을 비판적으로 검토하고 새로운 해석론을 제안한다(Ⅱ.). 그다음 동기착오에 대한 적절한 이해가 제109조에 따라 고려되는 착오 일반에 대해 합리적인 재구성을 가능하게 함을 보인다(Ⅲ.) 마지막으로 이 내용을 유럽계약법 원칙의 착오 규율과 비교한다(Ⅳ.).

Ⅱ. 동기착오의 이해

1. 동기착오와 "법률행위의 내용"

(1) 압도적 통설은 착오의 유형과 관련하여 독일 민법학에서 전승된 심리학적 착오 개념을 수용한다. 그에 따르면 의사표시 과정의 심리적 단계에 따라 세 가지 유형의 착오를 구별할 수 있다. 우선 의사표시를 할 때 잘못 쓰거나 잘못 발음하는 등 표시행위에서 나타나는 표시착오, 그리고 표의자가 자신의 표시행위의 객관적 의미에 상응하지 아니하는 효과의사를 가지고 있었던 내용착오 또는 의미의 착오가 있다. 이 두 가지 유형은 착오가 의사표시 자체에 내재하는 경우로 의사와 표시의 불일치로 설명된다. 반면 효과의사가 형성되는 과정에서 그에 영향을 주는 사정에 대해 착오가 있을 수 있는데, 이를 동기착오라고 한다. 통설에 따르면 표시착오와 내용착오는 의사와 표시가 불일치하므로 당연히 고려되지만, 동기착오는 착오가 의사형성 단계에 머물 뿐 의사와 표시는 일치하므로 원칙적으로 고려될 수 없다고 한다. 그리고 이러한 해석의 법률상 근거로서 제109조 제1항의 문언을 든다. 즉 우리 민법은 착오가 "법률행위의 내용의 중요부분"에 있을 때 취소할 수 있다고 하므로, 효과의사 형성단계에서의 착오는 의사표시의 구성요소에 관한 것이 아니어서 법률행위의 내용에 관한 착오로 볼 수 없다는 것이다.[5]

---

5) 곽윤직 · 김재형, 민법총칙, 제9판, 2013, 316 – 317면; 김상용, 민법총칙, 제2판,

(2) 일반적으로 어떤 사정이 법률행위의 내용이 되었다고 할 때에는 그것이 법률행위에 따라 발생하는 당위(Sollen)의 내용 즉 당사자들의 권리·의무관계의 내용과 관련을 맺고 그에 영향을 주고 있음을 의미한다.6) 그러므로 동기착오에 관한 통설에 따른다면, 예컨대 피용자가 어떠한 기능을 가지고 있을 것이라고 믿고 사용자가 그를 고용하였으나 사실은 그러한 기능을 가지고 있지 않은 경우 또는 매수인이 매매목적물이 특정한 성상(성질)을 가지고 있다고 믿고 매수하였으나 그러한 성상이 결여한 경우, 그러한 믿음은 동기에 불과한 것이어서 원칙적으로 계약의 효과와 아무 관련이 없고 그 결과 법률행위의 내용이 될 수 없다고 해야 한다. 그런데 과연 우리 민법은 그러한 이해를 전제하고 있는가? 오히려 그 반대의 태도에 서 있다고 평가된다.

민법은 약정한 노무가 특수한 기능을 요하는 경우에 노무자가 그 기능이 없는 때에는 사용자는 계약을 해지할 수 있다고 한다(제658조

2013, 483-484면; 김증한·김학동, 민법총칙, 제10판, 2013, 438면; 강태성, 법률행위론, 2012, 293면; 명순구, 민법총칙, 2005, 414면; 백태승, 민법총칙, 제5판, 2011, 407면; 송덕수, 민법총칙, 제3판, 2015, 292-293면; 이덕환, 민법총칙, 2012, 505면; 이영준, 민법총칙, 개정증보판, 2007, 407면; 김용담 편집대표, 주석민법 총칙(2), 제4판, 2010, 677-678면(지원림) 등. 김상중, "동기의 착오에 관한 판례법리의 재구성을 위한 시론적 모색", 사법질서의 변동과 현대화(김형배 교수 고희기념), 2004, 25면 이하도 동기를 일정하게 고려하는 판례법리를 제109조에 포섭될 수 없는 법형성의 결과로 이해한다. 그래서 이들 중에서도 일정한 동기착오의 경우 취소를 인정할 수 있다는 견해는 이를 제109조 제1항의 "유추적용"으로 이해한다.

반면 제109조 제1항에서 고려되는 착오에 동기착오도 포함된다는 견해로 고상용, 민법총칙, 제3판, 2003, 415-416면; 김용한, 민법총칙론, 재전정판, 1993, 297면; 김형배, "동기의 착오", 민법학연구, 1986, 103-105면; 이은영, 민법총칙, 제5판, 2009, 519면; 김대정, 민법총칙, 2012, 886-887면; 김주수·김상용, 민법총칙, 제7판, 2013, 358면; 박영규, "착오에 대한 새로운 이해", 경상대 법학연구, 제22권 제2호, 2014, 110면 이하.

6) 김증한·김학동 (주 5), 438면; 송덕수, 착오론, 1991, 68면도 참조.

제2항). 여기서 앞서 통설의 설명에 따른다면 사용자의 효과의사는 예컨대 "근로자 甲을 고용하여 노무 A를 시킨다"는 것에 지나지 않으며, 다만 그 전제로서 의사형성과정에서 甲에게 그러한 노무를 할 기능 α가 있다고 추측하고 있을 뿐이다. 그러므로 이 관점에서는 사용자가 전제하고 있는 노무자의 기능은 심리학적으로 "동기"이며, 법률행위 내용과 무관해야 한다. 그러나 제658조 제2항은 그 기능의 존재를 법률관계에서 의미 있는 사정으로 인정하고 그에 해지라는 법률효과를 부여한다. 그렇다면 여기서 사용자의 동기가 "법률행위의 내용"과 무관하다고 말하는 것은 불가능하다. 사용자의 "동기"에 명백히 법률효과가 연결되고 있기 때문이다. 이러한 민법의 평가를 배경으로, 건축조합 甲이 건축사 자격을 취득한 바 없이 건축디자인 연구, 건축컨설팅 등을 목적으로 하는 건축연구소를 운영하는 건축학 교수 乙과 건축설계 용역계약을 체결한 사안7)을 살펴본다. 여기서, 제658조 제2항의 가치평가에 비추어 볼 때, 乙에게 건축사 자격이 있을 것이라는 甲의 생각이 단순히 "동기"에 불과하여 법률행위의 내용이 될 수 없다고 말할 수 있겠는가? 거의 비슷한 이익상황이 문제되고 있음에도 제658조 제2항과 같은 규정이 없다는 이유로 甲의 계약해소 주장을 무시하는 것이 과연 타당한 해석이겠는가?

　　이는 매매목적물에 매수인이 상정한 성상이 없는 경우에도 마찬가지이다. 예컨대 고려청자 진품이라고 생각하고 甲으로부터 乙이 매수하였으나 진품이 아니라고 밝혀진 사안8)을 생각해 본다. 통설에 따르면 乙의 효과의사는 "이 자기(瓷器)를 매수한다"는 것에 그치고 그것이 고려청자일 것이라고 믿는 乙의 생각은 "동기"에 불과하여야 한다. 그러나 주지하는 바와 같이 우리의 현재 통설은 ― 심지어 동일한 저자가 착오 문제에 대해 서술한 견해와 모순됨을 인식하지 못한 채

---

　7) 大判 2003.4.11., 2002다70884, 공보 2003, 1169.
　8) 大判 1997.8.22., 96다26657, 공보 1997, 2786.

로— 그러한 진품이라는 전제는 매매계약의 내용에 포함되어 매도인
에게 하자 없는 물건의 급부의무가 발생한다고 이해한다.9) 그렇다면
매매목적물이 고려청자 진품이라는 "동기"는 하자담보책임을 발생시
키는(제580조) 법률효과와 연결되어 있다는 점에서 법률행위의 내용
이다. "계약 체결에 있어서 인식가능하게 쌍방이 전제로 삼았고 따라
서 그 밖의 계약 내용 특히 가격결정의 바탕이 되었던 성상은 각 계
약당사자가 계약의 '전단계'에서 자기 스스로 따라서 자기의 위험으로
숙고하는 단순한 동기는 [더 이상] 아니다."10) 이 점은 종류물 매매의
경우에는 더욱 명백하다(제581조). 그렇다면 해당 규정의 가치평가에
비추어 매수인의 매매목적물에 대한 동기가 법률행위의 내용이 될
수 없다는 단정은 불가능하다. 민법은 매수인의 일정 동기를 법률
행위의 내용으로 인정하고 그에 일정한 효과를 부여하고 있기 때문
이다.

　여기서 우리 통설이 동기착오와 관련한 학설사의 중요한 맥락을
간과하고 있음이 드러난다. 동기착오가 고려될 수 없다는 명제와 매
도인에게 완전물 급부의무가 없다는 명제 모두 치텔만(Zitelmann)의
심리학적 의사표시 이론으로 소급한다.11) 치텔만은 동기와 효과의사

---

9) 곽윤직, 채권각론, 제6판, 2003, 137면; 김대정, 계약법(상), 2007, 397면 이하; 김
　상용, 채권각론, 제2판, 2014, 194면; 김증한·김학동, 채권각론, 제7판, 2006,
　234-235면; 송덕수, 채권법각론, 2014, 176면; 이덕환, 채권각론, 2010, 214면; 이
　은영, 채권각론, 제5판보정, 2007, 309면; 지원림, 민법강의, 제13판, 2015, 1445면;
　곽윤직 편집대표, 민법주해[XIV], 1997, 256면 이하(남효순) 등. 판례도 같다(大判
　1989.11.14., 89다카15298, 공보 1990, 34 등). 이 문헌 중 일부는 하자담보책임이
　본질은 채무불이행책임이지만 연혁적으로 법정책임이라고 설명한다. 그러나 이 견
　해도 하자 없는 물건의 급부의무를 인정하고 다만 책임의 요건과 효과만이 연혁적
　으로 달리 법정되어 있다고 설명하는 것이므로, 본문 서술의 맥락에서는 같은 입
　장으로 분류되어야 한다.
10) Franz Bydlinski, "Das österreichische Irrtumsrecht als Ergebnis und Gegenstand
　beweglichen Systemdenkens", *Festschrift für Hans Stoll*, 2001, S. 119.
11) 이에 대해 Schermaier, *Die Bestimmung des wesentlichen Irrtums von den*

(그의 표현으로는 Absicht)를 준별하고 목적물의 동일성이나 성상에 관한 사항은 동기에 불과하다고 이해하였기 때문에(아래 주 106 및 그 본문 참조), 그에 따르면 동일성이나 성상에 대한 관념은 법률행위의 "내용"이 될 수 없었다. 이로부터 예컨대 성상에 대한 착오는 법률행위 내용에 관한 착오가 아닌 동기착오에 불과해 고려될 수 없으며, 마찬가지로 매도인의 급부의무는 그러한 성상을 그 내용으로 포함할 수 없으므로 하자 있는 물건을 인도해도 계약위반은 아니라는 결론이 도출되는 것이다. 그러나 현재 이러한 견해는 플루메(Flume)의 비판을 받아 극복된 것으로 평가되고 있다.12) 플루메는 매매목적물의 합의는 성상에 대한 합의를 포함할 수 있으며 그러한 경우 성상에 대한 동기는 매매의 내용이 된다는 점을 설득력 있게 보였던 것이다.13) 그러므로 이러한 학설사적 배경을 고려할 때 예컨대 매매계약에서 매수인이 매매 목적물의 성상에 대해 일정한 동기를 가지고 있었고 그것이 계약에 반영된 경우, 우리의 선택지는 ① 그럼에도 동기는 법률행위의 내용이 될 수 없으며 따라서 매도인은 하자 없는 물건을 급부할 의무가 없다는 것이거나 ② 그러므로 동기는 법률행위의 내용이 될 수 있으며 그러한 경우 하자 없는 물건을 급부할 의무가 발생한다는

Glossatoren bis zum BGB, 2000, S. 519ff.; Ernst in *Historischer-Kritsicher Kommentar zum BGB*, Band Ⅲ, 1. Teilband, 2013, §§ 434-445 Rn. 14 참조.

12) 플루메의 『성상착오와 매매』(1948)가 출간되고 불과 10여 년 만에 치텔만의 견해가 논박되었다는 점에 대해서는 널리 공감대가 형성되어 있었다. Coing in Staudinger, *Kommentar zum Bürgerlichen Gesetzbuch*, 11. Aufl., 1957, § 119 Rn. 16; Brox, *Die Einschränkung der Irrtumsanfechtung*, 1960, S. 65; Enneccerus/Nipperdey, *Allgemeiner Teil des Bürgerlichen Rechts*, 2. Halbband, 15. Aufl., 1960, S. 1038 Fn. 19 등 참조. 현재의 관점에서의 평가로 Huber, "Eigenschaftsirrum und Kauf", *Archiv für die civilistsiche Praxis* 209 (2009), 143; Schermaier, "Eigenschaftsirrtum und Kauf: Werner Flume rechtsgeschäftlich" (30. März 2009), *forum historiae iuris*, http://www.forhistiur.de/2009-03- Schermaier/?l=de 등 참조.

13) Flume, *Eigenschaftsirrtum und Kauf*, 1948(ND 1975), S. 17ff.

것 등 가운데에서 하나이지, 예를 들어 우리 통설이 주장하는 것처럼
③ 동기는 법률행위의 내용이 될 수 없으나 매도인은 하자 없는 물건
을 급부할 의무가 있다는 것일 수는 없다. ③은 법논리적으로 형용모
순의 명제이기 때문이다. 그렇다면 ①과 ② 중에서 어떠한 입장이 타
당할 것인지 문제만이 남는다. 그리고 여기서 우리는 동기는 당사자
의 합의에 의해 법률행위의 내용이 될 수 있다는 견해를 채택해야 한
다.14) 이것이 또한 하자담보책임의 법적 성질 및 주관적 하자 개념과
관련해 우리 학설·판례가 도달한 성과에 부합하는 내용이며, 독일 학
설사의 발전이 지시하는 방향이기 때문이다.

　　그러므로 이렇게 고용계약과 매매계약에 대한 민법의 가치평가
에서 출발할 때, 계약 당사자가 가지는 동기이더라도 그것이 계약상
급부의 내용을 구체화하는 과정에서 참조되고 관련지워지는 동기는
계약의 내용에 포함된다고 보아야 한다. 앞서 사안에서 사용자는 단
순히 노무자의 노무제공이 아니라, 특정 기능(α)을 가진 노무자의 노
무제공을 계약의 목적으로 하였고, 그에 상응하여 기능 없는 노무자
의 임금이 아닌 기능 있는 노무자의 임금을 지급하기로 합의하였다.
노무자의 노무제공의무와 사용자의 임금지급의무는 그러한 동기를
참조할 때에만 즉 동기와 관련될 때에만 내용이 구체화되어 의미를

---

14) 성상착오에 한정하여 같은 취지로 김증한·김학동 (주 5), 441-442면; 명순구 (주
　　5), 413, 415-416면; 전원열, "착오 개념의 정립을 위한 소고", 저스티스, 제
　　146-1호, 2015, 167면. 한편 이영준 (주 5), 406-407면은 플루메의 견해를 언급
　　하고는 있으나 이를 조건에 관한 것으로 오해하는 것으로 보이며, 그래서 결국 동
　　기는 법률행위의 내용이 되지 못한다는 입장에 머무른다. 다만 관련해 주의할 점
　　은 플루메는 상상합의가 매매계약의 내용이 된다고 이해하면서도 특정물매매의
　　경우에는 특정물의 성질 때문에 하자 없는 물건을 인도할 의무가 없다고 설명한다
　　는 사실이다. 따라서 그에 의하면 하자담보책임은 채무불이행책임은 아닌 계약위
　　반책임이다(이에 대해 박희호, "우리나라 하자담보책임의 본질에 관한 재론", 민사
　　법학, 제34호, 2006, 93면 이하 참조). 이 문제에 대한 자세한 논의는 우선
　　Herberger, *Rechtsnatur, Aufgabe und Funktion der Sachmängelhaftung nach*
　　dem Bürgerlichen Gesetzbuch, 1974, S. 74ff. 참조.

가지며, 이로써 동기는 고용계약의 내용이다. 또한 고려청자의 매수
인은 단순한 자기가 아닌 고려청자를 매수하고자 하였고, 그래서 일
반적인 자기 가격이 아닌 고려청자의 가격을 대금으로 약속하였다.
매도인의 소유권이전의무와 매수인의 대금지급의무는 목적물이 진품
고려청자라는 동기를 전제로 할 때에만 이해하고 납득할 수 있으며,
그러한 의미에서 당사자 급부의무를 구체화하는 기초 사정으로서 매
매계약의 내용이다.

그리고 이러한 설명은 계약 당사자 또는 계약 목적물에 대한 동
기뿐만 아니라 계약과 관련된 일체의 동기에 대해서 타당하다.[15] 이
를 사람 또는 목적물에 대한 동기에 한정해서 볼 논리적 근거는 존재
하지 않는다. 당사자들은 계약에서 급부의 내용을 구체화하기 위해
임의의 사정을 그 기초로 할 수 있기 때문이다.[16] 따라서 중요한 점
은 동기의 내용과 성질이 아니라 동기가 당사자들 합의에 의해서 그
들의 급부의무를 구체화하는 기초사정으로 되었는지 여부이다.[17] 어
떠한 사정이든 당사자들이 그것을 전제로 급부의무를 구체화하였고
그래서 그 사정을 참조하고 그와 관련지을 때에만 급부의무의 내용이
확정되고 그 의미가 이해될 수 있다면, 그 사정은 동기로서 합의되어
계약의 내용이 되었다고 해야 한다.[18]

---

15) 반대 취지로 김증한·김학동 (주 5), 441-442면. 이 견해는 동기가 계약의 내용이
   될 수 있다는 설명을 물건 또는 사람의 성질의 경우에만 한정하는데, 아래에서 바
   로 살펴보는 바와 같이 이는 유지하기 어려운 주장이다(아래 주 17도 참조).
16) Kegel in *Archiv für die civilistische Praxis* 150 (1949), 356, 360f.; Schmidt-
   Rimpler, "Eigenschaftsirrtum und Erklärungsirrtum", *Festschrift für Lehmann*,
   I. Band, 1956, S. 218; Schermaier (주 12), Rn. 6.
17) 플루메도 처음에는 목적물에 대한 성상만이 매매의 내용이 될 수 있는 동기라고
   주장하였으나(Flume (주 13), S. 23ff.), 이러한 비판에 직면하여 이후 모든 동기가
   법률행위의 내용이 될 수 있음을 인정하였다. Flume, *Allgemeiner Teil des
   Bürgerlichen Rechts*, 2. Band: Das Rechtsgeschäft, 4. Aufl., 1992, S. 478, 498
   참조.
18) 윤진수 (주 2), 79면 참조: "착오가 객관적으로 계약의 내용에 영향을 줄 수 있는

이렇게 착오로 고려되는 동기를 판단함에 있어 당사자의 계약상
합의를 기준으로 하는 관점은 개정 전 프랑스 민법 제1110조(현행 제
1132조, 제1133조 참조)의 해석에서 지배적인 판례일 뿐만 아니라, 독
일 민법 제119조 제2항의 해석과 관련해 우세한 견해이며,[19] 스위스
채무법은 이를 명문으로 규정하여 확인하고 있다(동법 제24조 제1항 제
4호). 마찬가지로 오스트리아 민법에서 취소할 수 있는 착오 유형의
하나인 이른바 협의의 행위착오(동법 제871조 제1항 참조)도 이러한 의
미로 이해되고 있다.[20]

(3) 실질적인 이익형량의 관점에서 살펴보면, 동기착오가 어떠한
조건 하에서 고려되어야 하는지의 문제는 부정확한 정보로부터 발생
하는 리스크가 계약 당사자들 사이에서 어떻게 분배되어야 하는지의
문제이다.[21] 이렇게 동기착오의 문제를 정보위험의 문제로 이해할
때, 그 해결의 실마리를 동기의 합의 여부 즉 당사자들이 계약에서
급부의무를 구체화하기 위해 동기와 관련지웠는지 여부에서 찾는 것
은 자연스럽다. 왜냐하면 계약상 위험분배는 원칙적으로 당사자들이

성질의 것인가 아닌가가 중요". Kegel (주 16), 360f.은 플루메가 일관되고자 한다
면 독일 민법 제119조 제2항의 해석과 관련해 목적물의 "성상" 개념을 원래 의미
를 넘어 확장해석하거나 아니면 솔직하게 모든 동기가 합의로 법률행위의 내용이
될 수 있음을 인정해야 한다고 지적하였다. 현재 독일 민법의 통설과 판례는 전자
즉 성상 개념을 극히 확대하는 방향으로 나아갔는데(Ellenberger in Palandt,
Bürgerliches Gesetzbuch, 73. Aufl., 2014, § 119 Rn. 24ff. 참조), 이는 독일 민법
제119조 제2항의 문언상 후자의 해석을 채택하는 것에 난점이 없지 않기 때문이
다(Enneccerus/Nipperdey (주 12), S. 1048 참조). 그러한 제약을 알지 못하는 제
109조 제1항의 문언에서는 후자의 해석이 보다 논리적인 해결이라고 보아야 한다.

19) Kötz, *Europäisches Vertragsrecht*, Band I, 1996, S. 278f.; Terré, Simler et
    Lequette, *Les obligations*, 10ᵉ éd., 2009, n° 217; Medicus, *Allgemeiner Teil des
    BGB*, 10. Aufl., 2010, Rn. 767ff. 및 인용된 전거 참조.
20) Bydlisnki (주 10), S. 119; Bollenberger in Koziol/Bydlinski/Bollenberger
    (Hrsg.), *Kurzkommentar zum ABGB*, 3. Aufl., 2010, § 871 Rn. 7ff.
21) 김상중, "동기의 착오에 관한 개정 예고안 제109조 제2항의 특색과 그 운용에 관
    한 제언", 민사법학, 제27호, 2005, 435면; 윤진수 (주 2), 77면 이하 참조.

계약에서 정한 내용에 따라 이루어져야 하기 때문이다.

　이러한 관점에서 살펴볼 때, 동기의 착오가 원칙적으로 고려되지 않는다는 명제는 출발점으로서는 타당하다. 현대 경제활동에 참여하는 각 개인은 자신의 거래에 기초가 되는 정보를 스스로 취득하고 그 정보의 진실성을 스스로 검증하여 거래하는 것이 원칙이기 때문이다.22) 일방의 동기는 상대방이 알기도 어려울 뿐만 아니라 관심도 없는 사항이므로, 어떠한 사정을 동기로 하여 의사표시를 하는 사람은 스스로 그 타당성을 검증해야 하고 자신의 검증이 부정확한 경우 발생할 위험을 부담하는 것이 민법의 자기결정과 자기책임의 원칙에 부합한다.23) 그러나 당사자들이 자신들의 급부의무를 구체화하는 과정에서 계약 자체가 동기를 참조하고 그와 관련짓는 경우에는 사정이 다르다. 이때에는 상대방 역시 자신의 권리와 의무의 내용을 주장하기 위해서는 그 동기도 함께 주장해야 하며, 이로써 그 동기가 그에게 이해관계 없는 사항이라고는 더 이상 말할 수가 없게 되기 때문이다.

　甲이 乙에게 어떤 자기를 10만 원짜리 모조품이 아니라 고려청자 진품으로 1억 원에 매도한 경우, 당사자들은 진정한 고려청자라는 乙의 동기를 계약에 편입하여 매매 목적물을 특정하였다. 이로써 매도인의 급부의무는 단순한 특정 자기가 아닌 특정 고려청자의 소유권을 이전하고 점유를 인도할 의무로 정해진다. 동시에 甲이 乙에게 매매대금으로 10만 원이 아닌 1억 원을 청구할 권리가 있음은 고려청자의 진품성을 전제하지 않고는 납득될 수 없다.24) 고려청자가 진품

<hr/>

22) 김형석, "은행의 정보제공책임", 민사판례연구[XXXII], 2010, 505면. 같은 취지로 大判 2012.2.9., 2011다14671, 공보 2012, 424: "거래 등의 기초가 되는 정보의 진실성은 스스로 검증하여 거래하는 것이 원칙".
23) Kötz (주 19), S. 277f.; 윤진수 (주 2), 77-78면; 주석 민법 총칙(2) (주 5), 659면 (지원림).
24) Malaurie, Aynès et Stoffel-Munck, *Les obligations*, 4ᵉ éd., 2009, nº 500: "착오자가 반대급부에서 염두에 두고 있던 결정적 성상".

이라는 乙의 동기는 이제 계약으로 편입됨으로써, 甲이 권리와 점유를 이전할 목적물을 특정할 뿐만 아니라, 甲의 매매대금 청구권의 액수를 정당화하는 사정으로도 작용한다. 그러므로 해당 자기가 모조품으로 밝혀져서 乙이 착오를 이유로 취소를 할 때, 甲이 동기는 고려될 수 없다는 이유로 계약 유지를 주장하는 것은 허용될 수 없다. 甲이 계약을 유지하여 1억 원의 매매대금을 청구하고 보유할 수 있기 위해서는, 그 스스로 매매목적물이 진품이라는 사정 즉 동기의 고려를 받아들여야 하기 때문이다. 乙에 대해 동기는 고려될 수 없다고 말하면서, 계약 유지를 통해 동기가 반영된 매매대금을 청구하고 보유하려는 甲의 행태는 모순적이어서 받아들일 수 없다(제2조). 결론적으로 고려청자가 진품이라는 동기는 계약 내용이 됨으로써 더 이상 乙 혼자 위험을 부담할 사항을 넘어 甲 역시 위험을 부담할 사항으로 되었다고 평가해야 한다.

　이러한 판단에서 중요한 것은 ― 이미 지적하였지만 ― 당사자들이 계약상 급부의무를 특정하고 구체화하기 위해 동기를 참조하고 관련지었는지 여부이며, 이는 계약해석에 의해 탐구되어야 한다. 예를 들어 甲이 특정 자기를 10만 원의 가격으로 전시하고 있는데, 乙이 1억 원 가치의 고려청자 진품이 헐값에 팔리고 있다고 생각하고 이를 매수한 사안을 생각해 보자. 甲과 乙은 10만 원의 가격으로 거래하였으므로, 목적물이 진품이 아닌 모조품이라는 동기를 계약의 기초에 두었다. 따라서 나중에 乙이 진실을 알게 되었다고 해서 계약을 취소할 수는 없다. 그는 목적물이 모조품이라는 동기를 전제로 매수하였고, 실제로 모조품을 받았기 때문이다. 적어도 계약 내용에 따르면 착오는 존재하지 않는다.[25] 그리고 이러한 결과는 매매계약을 체결할 때 乙이 甲에게 자신의 동기를 표시하였다고 해도 다를 바 없다. 乙

---

25) Bydlinski (주 10), S. 119 Fn. 18.

이 甲에게 매매목적물이 고려청자 진품이라서 구입한다고 말하였다고 하더라도, 乙이 甲에게 10만 원의 매매대금을 약속한 이상 의사표시에 반영된 동기는 매매목적물이 모조품이라는 사정뿐이다. 乙의 동기 표시는 자신의 의사표시와 모순되는 발언으로서 무의미하며 신의칙상 고려될 수 없다(제2조).[26] 고려청자가 진품이라는 사정에 대한 정보위험은 상대방과 공유되지 않았고, 따라서 乙 스스로 부담해야 한다. 그리고 동기의 고지만으로 계약 내용이 되기에 충분하지 않다면, 마찬가지로 甲이 乙의 동기를 인식할 수 있었던 경우에도 그것만으로는 계약 내용이 될 수 없다고 해야 한다. 중요한 것은 당사자들이 표시하였거나 인식할 수 있었던 동기가 아니라 계약 내용으로 반영된 동기이다.

(4) 그렇다면 동기가 표시되면 법률행위의 내용이 되어 고려할 수 있게 된다고 하거나, 상대방이 동기를 인식하였거나 인식할 수 있었다면 착오 취소를 허용해야 한다는 견해[27]는 그 자체로는 타당하지 않다. 동기가 표시되어 상대방이 동기를 알았거나 그 밖의 방법으로 알 수 있었던 경우라고 하더라도, 계약에서 그 동기가 급부의무를 구체화하는 기초로서 합의되지 아니한 상태에서는 정보위험은 공유되지 않고 착오자 일방에 머무를 수밖에 없기 때문이다. 흔히 언급되는 예로서, 보석상에서 결혼식을 앞두고 100만 원 가격의 반지를 구입하는 사람이 매도인에게 그러한 동기를 표현하였거나 매도인이 그러한 동기를 인식할 수 있었다고 해도, 그러한 사정은 계약 내용에 편입되지 않았고 따라서 나중에 파혼을 이유로 매매를 취소할 수 없다. 그 반지는 어떠한 동기를 가진 사람에게나 100만 원에 매도되었

26) Bydlinski (주 10), S. 137: "어떤 동기의 단순한 고지 및 그에 대한 상대방의 친절하지만 무관심한 응대만으로는 그 언급된 사정이 '행위요소'로 되지 아니하며, 당연히 계약상 조건을 성립시키지도 않는다."
27) 상세한 전거는 주 5, 113 참조.

고, 이 사안에서도 마찬가지였다. 이는 혼인 예물이라는 사정이 매매
계약 외부에 존재하는 동기였음을 명백하게 보여준다. 그 정보위험은
매수인이 부담해야 한다.

그러나 동기가 표시되었다거나 상대방이 동기를 인식할 수 있었
다는 사정은 계약해석에서 동기가 계약의 내용이 되었는지 여부를 판
단할 때 중요한 증거로 활용될 수 있고 또 활용되어야 한다.[28] 실제
로 대법원이 가령 동기착오를 이유로 취소할 수 있으려면 "그 동기를
당해 의사표시의 내용으로 삼을 것을 상대방에게 표시하고 의사표시
의 해석상 법률행위의 내용으로 되어 있다고 인정되면 충분하고 당사
자들 사이에 별도로 그 동기를 의사표시의 내용으로 삼기로 하는 합
의까지 이루어질 필요는 없"다고 말할 때,[29] 이를 동기가 표시되면
그것이 자동으로 법률행위의 내용이 되어 취소를 가능하게 한다고 기
계적으로 이해할 이유는 전혀 없다. 여기서 중요한 것은 "의사표시의
해석상 법률행위의 내용으로 되어 있다고 인정"되는지 여부이고 동기
의 표시 문제는 말하자면 동기가 효과의사를 구체화하는 요소로서 의
사표시의 내용이어야 함을 표현하는 것으로 설명되어야 한다. 마찬가
지로 "동기를 의사표시의 내용으로 삼기로 하는 합의"가 필요 없다는
판시도 동기가 의사표시의 내용으로 표시되어 "해석상 법률행위의 내
용으로 되어 있다고 인정"되면 충분하지, 동기를 의사표시의 내용으
로 하는 별도의 추가 합의가 필요하지는 않다는 의미로 받아들여야
한다. 이렇게 바라보면 판례의 일반론은 앞서 제시한 이 글의 입장과
충분히 합치될 수 있는 태도를 보인다고도 말할 수 있다. 즉 동기의
표시는 "해석상 법률행위의 내용으로 되어 있다고 인정"하기 위해 참
조하는 요소에 지나지 않으며, 그러한 동기는 의사표시에서 급부의무
를 구체화하는 방법으로 함께 표시되면 충분한 것이지 별도로 그에

---

28) 이영준 (주 5), 406면 참조.
29) 大判 1998.2.10., 97다44737, 공보 1998, 686.

관한 합의가 요구되는 것은 아니다.[30]

같은 내용이 상대방이 동기를 인식할 수 있었다는 사정에 대해서도 타당하다. 현재 일반적인 견해에 따르면, 의사표시의 규범적 해석에서는 의사표시 상대방인 수령자의 관점에서 수령자가 알았거나 알수 있었던 일체의 사정을 배경으로 객관적으로 이해할 수 있었던 내용을 탐구해야 한다.[31] 그러므로 표의자가 특정 동기를 계약의 기초가 되는 사정으로 전제하고 의사표시를 하는 경우, 상대방이 그러한 동기를 인식할 수 있었는지 여부는 의사표시 해석에서 중요한 역할을할 수밖에 없다. 그러므로 동기의 인식가능성 역시 동기가 "해석상법률행위의 내용으로 되어 있다고 인정"되는지 여부 판단에 고려할사정임은 부정할 수 없다.

(5) 그러므로 당사자들이 효과의사를 동기와 관련지어 특정·구체화함으로써 동기가 법률행위의 내용이 되면, 그 착오에는 제109조제1항이 직접 적용된다. 동기가 법률행위의 내용이 되는 것이므로, 제109조 제1항의 문언에 비추어 적용에 아무런 문제도 없다. 여기서 "법률행위의 내용"이라는 표현이 동기착오를 배제하는 취지의 문언이며 그것이 입법과정에서 나타난다는 견해[32]는 타당하다고 볼 수 없다. 앞서 살펴본 대로(앞의 Ⅱ. 1. (1) 참조) 이는 동기가 법률행위의 내용이 될 수 없다는 이미 극복된 견해에 기초한 설명일 뿐만 아니라, 이미 다른 선행연구가 설득력 있게 보여준 바와 같이[33] 제109조 제1

---

30) 실제로 일본 판례에서도 동기의 표시라는 사실이 아니라 표시에 의해 동기가 의사표시의 내용에 편입된다는 사실에 강조점이 있다는 점에 대해 森田宏樹, "民法九十五條(動機の錯誤を中心として)", 廣中俊雄·星野英一 編, 民法典の百年 Ⅱ, 1998, 184면 이하 참조.

31) 곽윤직·김재형 (주 5), 295-296면; 김증한·김학동 (주 5), 335-336면 등 참조.

32) 송덕수 (주 6), 27면 이하, 63면 이하.

33) 김욱곤·김대정, "법률행위의 착오에 관한 일고찰(중)", 성균관법학, 제4호, 1992, 55면 이하; 김대정 (주 5), 869면 이하, 886면 이하; 윤진수, "계약상 공통의 착오에 관한 연구", 민법논고 Ⅵ, 2015, 213면 이하 참조.

항의 문언은 동기착오에 대한 적용가능성을 염두에 두고 제정되었다고 보아야 한다. 따라서 "법률행위의 내용의 중요부분에 착오가 있는 때"라는 표현은 그 구체적 적용을 해석자에게 위임하는 일반규정적 표현으로34) 이해되어야 한다.35) 또한 객관적인 언어 용법에 비추어 살펴볼 때에도, "법률행위의 내용"이라는 표현이 동기를 배제한다고 이해할 이유가 충분하지 않다. 예를 들어 甲이 소유하는 A 나대지에 법령상 건축이 가능하다고 전제하고 乙이 A 토지를 甲으로터 매수하였으나 사실은 그러한 건축이 허용되지 않는 사안에서,36) 乙이 자신의 매매계약의 "내용"에 대해 착오를 하고 있다고 말하는 것이 언어 용법상 부자연스러운가?37)

이러한 점은 독일 민법의 입법과정을 살펴보아도 확인된다. 종래에는 독일 민법이 판덱텐 법학의 영향 하에서 동법 제119조 제1항에서 표시착오와 내용착오를 규정하고 동조 제2항에서 예외적으로 고려되는 동기착오로서 성상착오를 규정하였다고 이해하는 것이 일반적이었다.38) 그러나 비교적 최근에 공간된 독일 민법 제정과정에 대한 상세한 연구는 지금까지의 인식이 좁은 범위의 입법자료만을 근거로 독일 민법 입법자의 태도를 오해하였음을 보이고 있다.39) 이에 따

---

34) 양창수, "주채무자의 신용에 관한 보증인의 착오", 민법연구, 제2권, 1991, 25 – 27면 참조.

35) 실제로 착오법에 대한 포괄적인 비교법 연구인 Kramer, *Der Irrtum beim Vertragsschluss. Eine weltweit rechtsvergleichende Bestandsaufnahme*, 1998, Rn. 16은 일반규정적인 착오법의 하나로 일본 민법 제95조를 들면서, 그 내용을 일본 판례에 따라 "법률행위의 본질적 내용에 관한 착오"라고 설명한 다음 일본법이 "이 점에서는 독일의 모범으로부터 벗어났다"고 평가한다.

36) 大判 1995.11.21., 95다5516, 공보 1996, 47 참조.

37) 박영규 (주 5), 109면도 참조.

38) 예컨대 Enneccerus/Nipperdey (주 12), S. 1030f. 참조. 현재의 통설도 이러한 이해를 전제로 한다. Palandt/Ellenberger (주 18), § 119 Rn. 10, 11, 23.

39) Schermaier (주 11), S. 607ff.; Schermaier in *Historischer-Kritischer Kommentar zum BGB*, Band Ⅰ, 2003, §§ 116 – 124 Rn. 55ff. 특히 이전에는 잘 고려되지 않

르면 제2위원회는 심리학적인 착오 개념을 포기하면서, 일정 범위의 동기착오도 고려될 수 있다는 입장에 서 있었다고 한다. 실제로 현재 내용착오 즉 의미의 착오로 이해하고 있는 "의사표시를 할 때 그 내용에 착오가 있었던 경우"(독일 민법 제119조 제1항 전단)라는 문언은 동기의 착오까지 포함한다는 것이 독일 민법 입법자의 의도였다는 것이다. 이 점은 성상착오의 취소를 정하는 독일 민법 제119조 제2항이 예외적으로 고려되는 동기착오로 생각되지 않고, 오히려 동조 제1항이 정하는 내용착오의 확인적 예시 규정으로 이해되었다는 사실에서 명백하게 나타난다. 즉 제2위원회는, 동기착오인 성상착오가 제1항이 정하는 "의사표시의 내용에 관한 착오"에 해당하지 않는다고 주장하는 잘못된 해석이 나타날 가능성도 있으므로, 이를 배제하기 위한 확인적 규정으로 독일 민법 제119조 제2항을 둔다고 밝히고 있는 것이다.[40] 이렇게 일정한 동기착오의 경우에도 취소권을 인정함으로써 발생하는 상대방 보호의 필요성에 대해서는, 제2위원회는 한편으로 착오와 의사표시 사이에 인과관계를 요구함으로써 착오 취소를 제한하고(독일 민법 제119조 제1항), 다른 한편으로 착오자에게 무과실의 손배배상책임을 부여함으로써(동법 제122조) 균형을 맞추고자 하였다는 것이다.

그러므로 우리 민법 제109조 제1항의 "법률행위의 내용"에 대한 착오라는 문언이 동기착오를 포함할 수 있는 문언이라는 점은, 한편으로 우리 민법의 입법과정을 통해서도 확인되는 바이지만, 다른 한편으로 독일 민법의 입법자가 "의사표시를 할 때 그 내용에 착오가 있었던 경우"라는 표현으로 동기착오까지 포섭하려고 하였다는 사실

___

있던 제1초안에 대한 비판의견들 및 (제2위원회를 준비하기 위해 제국법무부에 구성되었던) 예비위원회의 심의 경과를 고려하는데, 이로부터 이후 제2위원회의 태도를 판단하고 평가할 수 있게 하는 많은 자료들이 새로 음미되고 있다.

40) Protokolle Ⅰ, 114f. = Mugdan Ⅰ, 720. 양창수, "독일민법전 제정과정에서의 법률행위규정에 대한 논의", 민법연구, 제5권, 1999, 64면도 참조.

에 비추어 보아도 의문의 여지가 없다고 하겠다.

2. 일방 당사자의 동기착오

(1) 이상의 내용에 따르면 동기착오가 고려되기 위해서는 당사자
들이 계약상 급부의무를 특정하고 구체화하는 과정에서 동기를 참조
하고 그와 관련지음으로써 동기가 계약에 편입되어야 한다. 즉 "합의
된 동기에 관한 착오"[41]만이 고려된다. 이로부터 일방 당사자가 계약
을 체결하는 과정에서 기초로 삼은 동기이기는 하지만 그것이 "계약
의 장(場)으로"(dans le champ contractuel)[42] 들어오지 아니한 때에는
그러한 동기에 대한 착오는 고려될 수 없다고 해야 한다. 동기가 계
약으로 편입되지 않는 이상, 이는 상대방에게는 무관심한 사항이며,
그 정보위험은 착오자가 부담하는 것이 타당하기 때문이다.

물론 이는 선험적으로 결정되는 문제는 아니며, 일방 당사자의
동기착오도 고려된다는 입장도 입법정책적으로 그리고 이론적으로
주장가능하기는 하다. 그러나 그러한 관점에서는 일방 당사자의 동기
착오를 이유로 하는 취소를 인정함으로써 생기는 상대방의 보호필요
성에 대해 적절하게 배려하는 규율이 필요하게 된다. 실제로 독일 민
법 제119조가 일방 당사자의 일정한 동기착오를 이유로 하는 취소를
가능하게 하였다고 이해할 때에도, 그 균형추로서 인과관계에 의한
취소권 제한 및 착오자의 무과실책임이 도입되어 있다는 점을 살펴보
았다(앞의 Ⅱ. 1. (6) 참조). 그러므로 우리 민법의 해석상 일방 당사자
의 동기착오를 이유로 하는 취소를 인정할 것인지 여부는 동기가 계
약에 반영되어 있지 않았기 때문에 상대방이 동기와 관련된 사정에
아무런 이해관계를 가지고 있지 않음에도 불구하고 중요한 동기에 착
오가 있다는 이유로 취소를 인정해 표의자를 보호할 것인지의 물음으

---

41) Kegel (주 16), 362.
42) Terré, Simler et Lequette (주 19), n° 217.

로 귀결한다. 그리고, 주저되는 바가 없지는 않지만, 그러한 표의자는 보호할 수 없다고 생각된다.

역사적으로 착오자의 상대방을 보호하기 위해서 사용되는 법기술로는 ① 고려되는 착오유형의 한정, ② 주관적·객관적 인과관계의 요구, ③ 과실 있는 착오의 불고려, ④ 과실책임적 또는 무과실책임적 손해배상책임 등을 들 수 있다.[43] 그런데 우리 민법은 (이를 주관적·객관적 현저성의 문제로 해석하는 통설과 판례의 해석에 따를 때) "중요부분"의 착오를 요구함으로써 ②를 채택하면서 중과실의 경우 착오를 배제하여 ③을 부분적으로 받아들이고 있다. 따라서 표의자가 과실로 즉 통상 평균인의 주의를 다하였다면 착오를 피할 수 있었음에도 불구하고 착오로 의사표시를 한 때에도 취소가 허용되며, 또한 타당한 견해 및 판례[44]에 따르면 착오자는 손해배상 책임도 부담하지 않는다.[45] 이로써 우리 민법은 이 점에서 상대방보다는 착오자 보호에 기운 모습을 보인다.[46] 그런데 여기서 착오가 있는 부분이 계약에서 고려되지 아니한 일방의 동기라면, 이는 상대방으로서는 알 수도 없었고 그에 아무런 이해관계도 가지지 아니하는 사정이다. 그 취소를 인정하게 되면 상대방으로서는 의외의 불이익을 받을 뿐만 아니라, 자기 정보는 자신이 검증하고 그에 관한 책임을 부담한다는 민법의 원칙(앞의 주 22의 본문 참조)과 부합하기 어렵다고 생각된다.[47] 예컨대 아파트의 입주자 대표회의 甲이 난방시설 교체대상지역이 아님에도 불구하고 그렇다고 생각하고서 乙 도시가스 회사와 배관공사계약을

---

43) 본서 제1편 제3장 참조.
44) 大判 1997.8.22., 97다13023, 공보 1997, 2800.
45) 이 문제를 이 자리에서 상론할 여지는 없다. 이에 관한 학설대립에 대해서는 우선 엄동섭, "착오자의 과실과 손해배상책임", 민사판례연구[XXI], 1999, 31면 이하; 주석 민법 총칙(2) (주 5), 750면 이하(지원림) 등 참조.
46) 윤진수 (주 2), 58면; 주석 민법 총칙(2) (주 5), 656-657면 이하(지원림) 참조.
47) 김상중 (주 21), 442-443면 참조.

합의한 경우, 甲은 동기착오를 이유로 계약을 취소할 수 없다.48) 甲으로서는 난방시설 교체대상지역에 속한다는 믿음이 계약의 기초를 이루는 중요한 동기이었을 수도 있겠다. 그러나 乙의 관점에서는 甲이 계약을 체결하는 동기는 매우 다양하게 추측될 뿐만 아니라(교체대상지역이 아니더라도 시설개선을 위해 공사를 할 수도 있다),49) 그러한 사정에 따라 계약 내용이 달라질 이유도 통상 없다. 따라서 甲 아파트가 난방시설 교체대상지역인지의 여부는 계약 내용이라는 측면에서는 아무런 의미가 없어 계약의 기초로 되지 않았으며, 甲의 일방적 동기착오에 불과하다. 이러한 착오에 대해 단순히 甲에게 심중한 의미가 있다는 이유만으로 취소를 인정한다면 甲의 동기에 아무런 이해관계를 가지지 않는 乙에게 대단히 불이익한 결과가 될 것이다.

그러므로 계약의 내용으로 들어오지 아니한 일방의 동기는 그것이 그 일방의 관점에서 중대한 것이라고 하더라도 "법률행위의 내용"이 되지 못하여 취소권을 인정할 수 없다고 할 것이다.

(2) 그런데 바로 앞의 예에서 나타났지만(주 49 및 그 본문 참조), 동기의 계약 내용으로의 편입이라는 기준과 객관적 인과관계의 기준은 상당 부분 중첩될 수 있다(추가적인 예시로 아래 주 78, 101 및 그에 대한 본문 참조). 통설과 판례에 따라 착오와 의사표시 사이에 객관적 인과관계도 존재할 때 "중요부분"의 착오가 있다고 해석한다면, 착오의 중요성 평가에서 표의자의 순수 주관적인 평가를 넘어서 평균인의 객관적 평가가 전면에 드러나게 된다. 그런데 이러한 평균인의 객관적 평가는 계약의 상대방 역시 의사표시 해석에서 고려해야 하는 부분이므로, 결과적으로 그러한 동기는 계약 내용으로 편입되는 경우가 많을 수밖에 없을 것이다. 그래서 잘못된 동기와 계약 사이에 객관적 인과관계가 있는 경우, 그 동기는 계약 내용으로 편입되어 취소를 정

---

48) 大判 1995.5.23., 94다60318, 공보 1995, 2234.
49) 물론 이러한 이유로 객관적 인과관계도 결여된다고 볼 여지도 존재한다.

당화하는 사정일 가능성이 높다(앞의 Ⅱ. 1. (4) 참조). 여기서 이러한 현상에 직면하여 동기착오에 기한 취소의 제한은 객관적 인과관계 요건으로 충분하고, 동기가 합의되어 법률행위의 기초가 된다는 기준은 별도로 고려할 필요가 없다는 주장도 제기될 여지가 있을 것이다(실제로 독일 민법 기초자들의 구상에 대해 앞의 Ⅱ. 1. (5) 참조).

　그러나 이러한 기능상의 중첩에도 불구하고 합의된 동기만이 고려된다는 명제를 쉽게 포기할 수는 없다고 생각된다. 왜냐하면 그 착오를 하지 않은 평균인이라면 해당 의사표시를 하지 않았을 것이라는 개연성 판단과 동기가 계약에 합의로 편입되었다는 계약해석이 언제나 일치한다고 단정할 수는 없기 때문이다. 그런데 양자가 불일치할 경우 정보위험의 분배라는 관점에서 보다 보호되어야 할 이익은, 관련 리스크를 계약상 인수한 표의자의 이익이 아니라, 동기가 된 사정에 아무런 이해관계를 가지고 있지 않을 뿐만 아니라 관련 리스크도 인수하지 않아 불리하게 취급될 이유가 전혀 없는 상대방의 이익이어야 한다(앞의 Ⅱ. 1. (3) 참조). 예컨대 개발제한이 해제되지 않는 이상 어떠한 평균인도 매수하지 않을 것이라고 인정되는 토지를 개발 제한의 해제를 기대하고 싼 가격에 매수한 표의자에게, 그 사정에 대한 정보위험을 완전히 계약상 인수하고 매수하였음에도 불구하고 객관적인 인과관계가 존재한다는 이유만으로 취소를 인정할 수는 없을 것이다. 물론 이러한 사안이 얼마나 자주 나타날지는 미리 단정할 수 없다. 그러나 그러한 사안이 나타날 수 있는 가능성이 이론적으로 존재하는 이상, 동기의 합의라는 기준을 섣불리 포기할 수는 없다.

　그러므로 동기착오의 취소를 판단할 때에는 두 가지 기준을 모두 활용하는 것이 적절하다고 생각된다. 즉 첫 번째 단계에서는 동기가 법률행위의 내용이 되었는지를 판단할 필요가 있다(제109조: "법률행위의 내용의 […] 착오"). 이 단계에서 동기가 법률행위에 편입되지 않았다면 그러한 동기착오는 처음부터 고려할 수 없는 것으로 기각되어야 한다. 그러나 동기가 법률행위의 기초로 합의되었다고 판단된다면, 그 다음에 두 번째 단계로 그러한 동기착오가 중요부분에 관한 것임을 심사해야 할 것이다(제109조: "중요부분에 착오"). 여기서 표의자 개인을 표준으로 하는 주관적 인과관계 외에 평균인을 표준으로 하는 객관적 인과관계는 계약에 본질적이지 아니한 동기착오를 걸러내는 역할을 적절히 수행할 수 있을 것이다. 동기의 합의라는 기준과 객관적 인과관계라는 기준이 상당수의 사례에서 동일한 결과에 도달한다고 해서, 이들이 수행하는 상이한 기능을 도외시해서는 안 된다고 생각된다. 두 기준은 취소할 수 있는 동기착오를 획정하는 작업에도 모두 필수적인 도구로 기능해야 한다.

3. 쌍방 공통의 동기착오

(1) 당사자들이 계약에서 급부의무를 구체화하기 위해 참조하고 관련지운 동기에 대한 착오만이 제109조 제1항에 따라 취소가능하다고 할 때, 이러한 착오를 쌍방 공통의 동기착오와 혼동해서는 안 된다. 양자는 서로 다른 개념이다. 당사자들이 특정 동기를 계약 내용에 편입하였다고 하더라도, 쌍방의 공통의 동기착오가 반드시 존재하는 것은 아니다.[50] 예컨대 건축조합 甲이 건축사 자격 없이 건축관련 업무를 하고 있는 건축학 교수 乙과 건축설계 용역계약을 체결한 사안(주 7)에서, 乙이 건축사 자격이 있다는 동기는 계약 내용이 되었다고 보아야 한다. 해당 판결이 적절하게 언급하는 대로, 건축사 자격 없는 사람의 설계행위는 법령에 위배될 뿐만 아니라 안전에도 큰 위험을 야기할 수 있으므로 통상의 정상적 보수가 약정된 건축설계 용역계약

---

50) Kötz (주 19), S. 294; 윤진수 (주 2), 79면; 주석 민법 총칙(2) (주 5), 778−779면 이하(지원림) 등 참조. 또한 쌍방의 동기착오를 명시적으로 규율하는 네덜란드 신민법 제6:228조 제1항 제3호에 대해 Valk in Niewenhuis, Stolker en Valk ed., *Tekst & Commentaar Burgerlijk Wetboek*, Tiende druk, 2013, art. 6:228 aant. 3 c (p. 3283)도 참조.

이라면 설계자가 건축사 자격이 있음을 당연한 전제로 할 수밖에 없
기 때문이다. 그러나 여기서 착오에 있는 당사자는 甲뿐이다. 乙은 자
신이 건축사 자격 없음을 알고 있으며, 혹 법령상 건축설계를 할 수
있다고 착오에 빠져있을 수도 있겠지만 그 경우에도 甲과 乙이 "공통
의" 동기착오에 있는 것은 아니다. 동기는 합의되었지만, 공통의 동기
착오는 존재하지 않는다. 그러므로 합의된 동기착오만이 고려된다는
입장에 따르더라도, 그것이 공통의 동기착오에 적용될 때 어떠한 결
과를 가지는지는 검토해 볼 필요가 있다. 공통의 동기착오의 경우 당
사자들이 모두 동일한 착오를 기초로 계약 내용을 확정하였으므로,
그들의 가정적 의사를 고려할 여지가 존재하기 때문이다. 공통의 동
기착오의 문제는 독립하여 논할 수 있고 또 논해야 한다.

(2) 공통의 동기착오는 별도의 상세한 연구를 요하는 주제로, 그
취급에 관한 학설상황도 매우 다기(多岐)하다.51) 학설은 우선 독일의
주관적 행위기초론에 의한 해결을 주장하는 견해와 그렇지 않은 견해
로 대별된다. 전자의 경우 대체로 행위기초 상실을 이유로 하여 계약
내용의 수정 및 계약 해제(탈퇴)를 인정하지만,52) 그 세부적인 내용에
대해서는 논자마다 차이가 없지 않다. 반면 주관적 행위기초론을 거
부하는 견해에서도 보충적 계약해석에 따른 계약 내용 수정을 인정하
는 것에 그칠 것인지53) 아니면 더 나아가 보충적 계약해석에 따른 조

---

51) 그 상세에 대해 전거와 함께 윤진수 (주 33), 193면 이하; 주석 민법 총칙(2) (주
5), 778면 이하(지원림) 참조.
52) 예컨대 송덕수 (주 6), 286면 이하; 이상민, "당사자 쌍방의 착오", 민사판례연구
[XVⅢ], 1996, 67면; 김상용, "계약당사자 쌍방의 공통착오와 주관적 행위기초의 상
실", 사법행정, 제36권 제1호, 1995, 29면 등.
53) 예컨대 명순구 (주 5), 424-425면; 박동진, "쌍방의 공통된 착오", 민사법학, 제35
호, 2007, 370-371면; 이덕환 (주 5), 514면; 이영준 (주 5), 442-443면; 주석 민
법 총칙(2) (주 5), 780-781면 이하(지원림) 등. 이 견해의 다수는 보충적 계약해
석이 좌절되는 경우에는 예외적으로 신의칙상 계약해소 또는 계약불성립을 인정
해야 한다고 한다.

정이 좌절될 경우 취소도 인정할 것인지[54] 여부에 대해 다툼이 있다.[55] 이들 학설 각각에 대해 입장을 밝히는 것은 이 글의 목적과 범위를 넘어서는 작업이 될 것이다. 여기에서는 선행연구를 기초로[56] 이 글의 내용과 관련되는 한도에서 간단한 입장을 밝히는 것으로 그치고자 한다.

우선 당사자 쌍방이 공통의 착오를 기초로 하여 동기를 계약 내용에 편입시켰고 그에 더하여 착오가 없었더라면 그러한 계약을 체결하지 않았을 정도로 주관적·객관적 인과관계가 존재한다면, 중과실이 없는 착오자는 원칙적으로 제109조 제1항에 따라 계약을 취소할 수 있다고 해석해야 한다. 법률이 정하는 요건이 모두 충족되었음에도 그 적용을 부정하는 견해에는 동의할 수 없다.[57] 이에 대해서는 우리 민법 제109조 제1항은 일방의 착오를 전제로 하는 규정이므로 민법은 쌍방의 공통의 착오에 대해 규율을 결여하고 있어 착오를 이유로 취소할 수 없다는 논거가 주장된다.[58] 그러나 이는 설득력이 없는 설명이라고 생각된다. 계약은 쌍방의 의사표시로 구성되므로, 일방의 착오에 관한 규정은 당사자 각각에 대해서 적용될 수 있기 때문

---

54) 예컨대 곽윤직·김재형 (주 5), 317면; 김대정 (주 5), 904면; 김증한·김학동 (주 5), 446-447면; 박찬주, "동기의 착오에 관한 새로운 이해", 전남대 법학논총, 제28권 제1호, 2008, 239-240면; 윤진수 (주 33), 206면 이하 등.

55) 그 밖에 조성민, "쌍방의 동기의 착오", 고시연구, 제357호, 2003, 26면은 취소를 인정하면서도 계약 내용 수정은 사정변경 법리에 따라야 한다고 한다.

56) 주 52 내지 55에 인용된 것 외에도 김서기, "당사자 쌍방의 공통하는 동기의 착오 시 법원에 의한 계약수정의 이론적 근거에 관한 고찰", 법조, 제649호, 2010, 186면 이하; 박동진 (주 53), 339면 이하; 송덕수, "공통의 동기의 착오에 관한 판례 연구", 법조, 제638호, 2009, 334면 이하도 참조.

57) 같은 취지로 김대정 (주 5), 904면; 박찬주 (주 54), 239면; 윤진수 (주 33), 211면; 조성민 (주 55), 26면 등. 김서기 (주 56), 203, 216면도 참조. 판례도 같다(大判 1989.7.25., 88다카9364, 공보 1989, 1284 등).

58) 예컨대 이영준 (주 5), 442면; 송덕수 (주 6), 287면; 주석 민법 총칙(2) (주 5), 778-779면(지원림) 등 참조

이다. 그래서 일방의 착오를 전제로 하는 제109조 제1항이 쌍방의 착오에 적용될 때 나오는 결론은, 당연한 것이지만, "계약의 중요부분에 고려되는 쌍방의 동기착오가 있는 경우에는 각 당사자가 계약을 취소할 수 있다"는 것뿐이다. 그런데 쌍방의 착오가 유리하게 작용하는 당사자는 착오를 이유로 취소할 이유가 없을 뿐만 아니라 주관적 · 객관적 인과관계도 부정되므로(착오자 또는 평균인은 착오가 없었더라도 그러한 유리한 계약을 체결하였을 것이다), 취소권은 쌍방의 동기착오가 불리하게 작용하는 당사자에게만 발생한다. 양 당사자 모두 착오를 주장하여 경합하는 사안은 발생하지 않는다.59) 그러므로 쌍방의 동기착오의 경우에도 계약을 해소해야 하는 사안이 있음을 받아들인다면, 법률의 적용으로 자연스럽게 도출되는 계약취소를 부정할 이유가 전혀 없다.60) 특히 해석론의 입장에서는, 법률에 명시적 근거가 없는 (그리고 2002년 채권법 개정 이전 독일에서도 그 인정 여부와 세부적 내용에 대해 심한 학설대립이 있었던61)) 주관적 행위기초론을 이유로 하는 계약 해제권과 비교할 때, 법률에 기초한 이러한 명료한 해법을 우선하는 것이 온당한 태도일 것이다.62)

이에 대해서는 취소를 인정하면 당사자들의 가정적 의사를 고려하는 적절한 계약수정을 할 수 없다는 비판이 제기될 수 있다.63) 그

---

59) 심지어 취소권이 쌍방에게 발생하고 양 당사자 모두 취소를 주장하는 불가능한 사례를 가정하더라도, 독일 민법과 같은 착오자의 무과실책임이 인정되고 있지 않는 이상 어떠한 난점도 발생하지 않는다. 이 점에 대해 윤진수 (주 33), 211 – 212면 참조.

60) 최근의 입법례와 모델규칙 예컨대 UNIDROIT 국제상사계약원칙(PICC) 제3.2.2조, 유럽계약법원칙(PECL) 제4:103조, 네덜란드 신민법 제6:228조, 개정된 일본 민법 제95조 모두 공통의 동기착오의 경우 취소를 허용하고 있다.

61) 박동진 (주 53), 346면 참조: "1979년에만 해도 행위기초론의 요건과 법률효과에 대해서 제시된 견해가 독일에서만 이미 56개로 파악될 정도".

62) 행위기초론의 "보충성"에 대해 문헌지시와 함께 박동진 (주 53), 348 – 349면; Looschelders, *Schuldrecht. Allgemeiner Teil*, 11. Aufl., 2013, Rn. 771ff. 등 참조.

63) 예컨대 김상용 (주 52), 29면; 주석 민법 총칙(2) (주 5), 778면(지원림) 참조.

러나 이러한 비판도 타당하다고 하기는 어렵다. 법률행위의 해석이
착오 취소에 논리적으로 우선하기 때문이다.[64] 착오 취소의 요건이
충족된다고 보이는 사안에서도 계약해석에 의해 착오 문제가 해결될
수 있다면 취소는 허용되지 아니하고 계약해석에 따른 내용이 효력을
가진다. 그러므로 공통의 동기착오에 의해 성립한 계약에서도, 당사
자들이 계약에 반영한 규율 목적을 고려할 때 착오가 없었을 경우 도
달하였을 가정적 의사를 탐구할 수 있다면, 보충적 계약해석으로 그
러한 내용이 효력을 가지며 착오는 고려되지 않는다.[65] 그러므로 공
통의 동기착오의 사안에서 보충적 계약해석으로 계약 내용의 수정이
가능하면 그에 의하여 처리되고,[66] 착오 취소는 해석에 따른 계약수
정이 가능하지 아니한 경우에만 허용된다는 결과가 된다. 이러한 계
약수정을 종래 우리 학계에서 그러하듯 보충적 계약해석이라고 이해

---

64) Brox (주 12), S. 86ff.에서 주장된 이 견해는 이제 독일에서는 거의 이론(異論)이
    없는 지위에 있다고 말할 수 있으며, 우리 학계에서도 널리 공유되고 있다. 김증
    한 · 김학동 (주 5), 429 – 430면; 송덕수 (주 5), 289 – 290면; 이덕환 (주 5), 500면
    이하; 박동진 (주 53), 364 – 365면 등 참조.
65) 윤진수 (주 33), 218면 이하 참조. 이에 대해 송덕수 (주 56), 368면은 "공통의 동
    기의 착오에 민법 제109조가 적용된다면 그것은 일정한 요건 하에 취소권을 인정
    하는 방법밖에 없"으므로 "계약의 수정을 인정하는 것은 법적 근거가 없"으며, "계
    약수정은 이미 민법 제109조를 떠난 해결방법인데, 그 방법을 사용해본 뒤 그것이
    불가능한 때에 제109조로 되돌아 오는 것도 매우 부자연스럽다"고 비판한다. 우선
    전자의 비판은 계약해석이 착오 취소에 우선한다는 법리에 비추어 설득력이 없다
    고 생각된다. 송덕수 (주 6), 49면이 정당하게 지적하는 바와 같이 보충적 계약해
    석으로 수정된 계약 내용이 확정되면 그에 대해서는 착오 취소가 가능하지 않기
    때문이다. 그리고 후자의 비판이 지적하는 대로 보충적 해석이 불가능한 때에 제
    109조로 돌아오는 과정이 과연 "부자연스럽다"고 말할 수 있는지도 의문이다. 다
    수의 규정과 법리를 염두에 두고 사실관계와의 사이에서 적용자의 시선이 왕복
    하는 모습이 법적용의 일반적인 자연스러운 과정이라는 점은 이제는 법학방법론
    에서 널리 수용된 인식이기 때문이다. 고전적으로 Esser, *Vorverständnis und
    Methodenwahl in der Rechtsfindung*, 1972, S. 136ff. 참조.
66) 大判 1994.6.10., 93다24810, 공보 1994, 1920; 2005.5.27., 2004다60065, 공보
    2005, 1031; 2006.11.23., 2005다13288, 공보 2007, 24 등 참조.

하든 아니면 주관적 행위기초론의 적용이라고 파악하든 적어도 이 문
제에 관해서는 그것은 명명의 문제이며 실질의 문제는 아니라고 생각
된다.[67] 어느 견해에 따르더라도 당사자들이 계약에 반영한 규율목적
을 고려하는 가정적 의사의 탐구가 문제되기 때문이다. 그렇다면 종
래 보충적 계약해석이라고 이해하던 과정에 이 맥락에서 굳이 주관적
행위기초론이라는 추가적인 명칭을 사용하는 것이 합목적적이라고
말하기는 어려울 것이다.

　　결론적으로 공통의 동기착오의 경우에도 이 글의 입장으로부터
특별한 취급은 존재하지 않는다. 계약의 보충적 해석에 의해 계약수
정이 가능하면 그에 따르지만, 그것이 가능하지 아니하면 동기가 당
사자 합의에 따라 계약 내용에 편입된 이상 제109조 제1항의 요건에
따라 취소권이 부여되어야 한다.[68] 판례도 이러한 태도라고 이해된다
(주 57, 66 참조).

---

67) 명순구 (주 5), 425면; 윤진수 (주 33), 220, 222−223면; Wieling, "Entwicklung
und Dogmatik der Lehre von der Geschäftsgrundlage", *Juristische Ausbildung*
1985, 505, 511. 이에 대해 송덕수 (주 56), 368−369면은 "계약수정이 가능하더라
도 상대방의 양보가 없으면 탈퇴권이 인정"된다는 점에서 차이가 있다고 하나, 윤
진수 (주 33), 198면 주 54, 218면 주 121이 지적하는 바와 같이 그러한 내용의
행위기초론은 독일에서도 거의 지지를 받지 못하였던 것으로 보이고, 2002년에 신
설된 독일 민법 제313조도 그러한 내용의 탈퇴권을 수용하고 있지는 않다. 현행
독일 민법 제313조가 적용될 때의 결과는 보충적 계약해석과 비교하여 거의 차이
를 발견하기 어렵다. Finkenauer in *Münchener Kommentar zum Bürgerlichen
Gesetzbuch*, Band 2, 6. Aufl., 2012, § 313 Rn. 41ff. 참조.
68) 최근의 입법례와 모델규칙들의 해결도 유사하다. 예컨대 공통의 동기착오를 취소
사유의 하나로 규정하고 있는 네덜란드 신민법은 상대방이 취소권자의 불이익을
제거하는 수정을 제안하여 취소를 배제하는 것을 허용하고, 그에 더하여 당사자의
청구에 따라 계약 내용을 수정할 법원의 권한도 인정한다(동법 제6:230조). 이 불
이익 제거의 의미에 대해서는 논의가 있으나 유력한 학설은 착오가 없었더라면 도
달하였을 상태를 기준으로 판단한다(Valk in *T&C BW* (주 50), art. 6:230 aant. 2,
p. 3288). 마찬가지로 유럽계약법원칙도 쌍방 착오의 경우에 "착오가 없었다면 합
리적으로 합의하였을 바"를 기준으로 당사자 청구에 따른 법원의 수정권한을 규정
한다(PECL 제4:105조 제3항).

4. 상대방이 야기한 동기착오

대법원은 일찍부터[69] 동기착오이더라도 상대방이 이를 야기한 때에는 착오자에게 취소권을 인정하는 판례를 형성하였다. 이는 비교법적으로 우세한 경향에도 부합한다.[70] 우리 학설에서는 상대방이 착오를 야기한 경우에는 보호가치가 없다는 이유로 판례에 호의적인 견해도 있으나,[71] 반면 동기는 법률행위 내용이 될 수 없다는 전제에 따라 사기에 의한 취소 또는 공서양속 위반을 인정하여 해결해야 한다는 비판도 주장된다.[72] 여기서 개진하고 있는 입장에 비추어 이러한 판례를 어떻게 평가해야 할 것인가?

(1) 먼저 지적해야 할 사항은 상대방이 동기착오를 야기하였다고 하더라도 그 동기가 당사자 합의에 의해 급부의무를 구체화하는 기초가 되어 계약의 내용이 된 때에는 착오자에게 취소권을 인정하는 것에 아무런 어려움이 없다는 점이다. 그 경우 착오 있는 동기가 합의로 법률행위의 내용이 되었으므로 제109조 제1항의 다른 요건이 충족되는 한 취소권은 발생하기 때문이다. 게다가 상대방이 착오를 야기하였다는 사정까지 고려한다면 상대방의 보호가치는 더욱 저하되

---

69) 大判 1978.7.11., 78다719, 공보 1978, 10978. 다만 이 판결의 사안은 증여계약에 관한 착오이기 때문에 특별한 취급을 받았다고 평가할 여지가 있다. 또한 신용보증기금이 허위의 거래상황확인서를 믿고 신용보증을 한 사안에 대한 大判 1987. 7.21., 85다카2339, 집 35-2, 284 등 유사한 일련의 판결도 위험인수를 내용으로 하는 보증의 취소가 문제되므로 역시 이를 일반화하기는 쉽지 않다(이에 대해 양창수 (주 34) 참조). 그러나 대법원은 이후 大判 1991.3.27., 90다카27440, 공보 1996, 1276 등 유상계약이 문제된 사건에서도 같은 법리를 확인하였다.

70) Kramer (주 35), Rn. 31 참조.

71) 김증한·김학동 (주 5), 439면; 주석 민법 총칙(2) (주 5), 678-679면(지원림); 하경효, "동기의 착오를 이유로 한 의사표시의 취소", 고시연구, 제252호, 1995, 126면 등. 그 밖에 제109조 제1항에 동기착오가 포함된다고 이해하는 학설(주 5 참조)은 이러한 판례도 당연한 내용이라고 이해할 것이다.

72) 이영준 (주 5), 406면; 송덕수 (주 5), 293면.

고, 착오자의 취소가능성은 더욱 보호가치 있게 되므로, 취소권 인정
에는 의문이 없다. 실제로 계약 상대방이 착오의 원인이 되는 정보를
제공하는 이유를 살펴보면, 관련 동기를 계약의 기초로 삼아 자신에
게 유리한 계약을 체결하기 위한 경우가 많을 것이다. 따라서 그러한
사안에서 착오가 야기된 동기는 많은 경우 계약의 기초로 편입될 것
이다.73) 예컨대 乙의 주택이 경계선을 침범하였다는 甲의 강력한 주
장에 따라 乙이 분쟁을 해결하기 위해 그간의 경계 침범에 대한 보상
금 내지 위로금 명목으로 금원을 지급하였으나 그 주장이 사실이 아
님이 밝혀진 경우,74) 甲이 동기착오를 야기하였다는 사정을 고려하지
않더라도 동기가 법률행위의 내용이 되므로 주관적·객관적 인과관계
가 인정되는 이상 중과실 없는 乙은 계약을 취소할 수 있다고 할 것
이다. 경계 침범이라는 사실과 관련짓지 않으면 당사자들의 급부의무
는 납득될 수 없는 내용이고, 甲도 해당 금액의 청구 및 보유를 주장
하기 위해서는 그러한 사실을 전제해야 하므로, 해당 동기는 법률행
위의 내용이 되었고 甲의 위험영역으로도 들어왔기 때문이다.

(2) 그러므로 상대방이 야기한 동기착오라는 고유의 문제가 제기
되는 사안유형은 계약 내용으로 편입되지 아니한 동기에 관하여 상대
방이 착오를 야기한 경우이다. 이와 관련해 우리 학설에서도 판례가
상대방이 착오를 야기했다는 사정을 중시한 것이 아니라 단지 동기착
오가 예외적으로 법률행위 내용에 관한 착오가 되어 취소권을 인정한
것이라고 이해하는 견해가 있다.75) 이러한 견해에 따르면 상대방이
야기했다는 사정은 동기착오가 법률행위 내용에 관한 착오가 되었는

73) Kötz (주 19), S. 284 참조.
74) 大判 1997.8.26., 97다6063, 집 45-3, 112. 이 판결이 참조하고 있는 大判
　　1991.3.27., 90다카27440, 공보 1991, 1276도 상대방이 착오를 야기한 동기가 법
　　률행위의 내용으로 편입된 사안으로 평가된다.
75) 예컨대 김준호, "상대방에 유발된 동기의 착오", 사법연구, 제2집, 1994, 333-334
　　면; 명순구 (주 5), 415면.

지 여부를 판단하는 간접적 증거의 하나에 지나지 않게 될 것이다.
그러나 이에는 동의하기 어렵다. 예컨대 주택을 분양하는 甲이 乙에
게 해당 주택 단지 옆에 명문교 A가 이사할 것임을 이야기하였고 乙
이 전적으로 그 동기에 기초해 분양을 받은 사안을 상정해 본다. 명
문교 A가 이사할 것이라는 믿음은 일반적으로는 법률행위의 내용이
되지 아니하는 동기이다. 왜냐하면 그 사정이 아닌 다른 이유(예컨대
교통의 편의, 쾌적한 환경 등)로 분양을 받은 사람과 동일한 내용으로
분양계약이 체결된 이상[76] 명문교 A가 이사할 것이라는 믿음은 계약
내용과 무관하기 때문이다. 그러나 이 사안에서 甲은 이 사실을 乙이
계약 체결의 기초가 되는 사정으로 고려할 것임을 예상하고 고지하였
다. 여기서 동기가 계약 체결의 기초가 된 사정이라는 乙의 주장에
대하여 그러한 사정은 법률행위와 무관한 외부의 사정이라고 甲이 답
변하는 것이 허용될 수 있겠는가? 이는 선행행위와 모순되는 행태로
서 시인되어서는 안 된다(제2조). 상대방의 계약 체결을 유도하기 위
해 부정확한 사실을 고지한 자가 나중에 바로 그 상대방을 상대로 자
신이 전달한 사실이 계약과 무관한 사정이라고 주장하는 것은 받아들
일 수 없기 때문이다. 이 맥락에서는, 정보제공 자체가 의식적으로 이
루어진 이상, 사실을 고지한 자 그 자신이 그 부정확함을 알고 있었
는지 또는 과실로 알지 못했는지 등은 중요하지 않다.

    그러므로 상대방이 야기한 동기착오의 경우에 그 동기가 그 자체
로는 합의의 내용이 되지 않았다고 하더라도, 상대방이 이를 원용하
는 주장이 허용될 수는 없으므로 결과적으로 그러한 착오는 법률행위
내용에 관한 착오(제109조 제1항)로 취급되어야 한다.[77] 물론 이러한

---

76) 일조가 계약에 편입되었는지 여부에 대한 大判 2010.4.29., 2009다97864 (종합법
   률정보) 참조: "원고는 같은 층 내의 위치에 따른 분양가에 거의 차이가 없다고 주
   장하고 전체 분양가 대비 분양가 차액이 차지하는 비율이 높지 않은 점".
77) Kötz (주 19), S. 284ff. 참조.

내용을 전제하더라도 앞의 분양 사례에서 취소는 부정될 가능성이 높을 것이다. 이는 상대방이 야기한 착오가 법률행위 내용에 관한 착오로 취급될 수 없어서가 아니라, 우선 객관적 평균인의 관점에서는 명문교 A가 이사하지 않을 것임을 알았더라도 다른 고려 하에 분양을 받을 가능성이 있으므로 객관적 인과관계가 부정되어 중요부분의 착오가 아니라고 이해할 여지가 크기 때문이다.[78]

(3) 그러나 동기가 계약 내용으로 편입되지 않은 경우에도 상대방이 동기착오를 유발하였다면 법률행위의 내용에 관한 착오로 취급된다는 명제에 대해서는 부연설명이 필요하다. 앞서 지적하였지만(주 22의 본문 참조), 우리 민법에서는 각각의 주체가 스스로 정보를 취득하고 그 진실성을 검증하여 거래하는 것이 원칙이다. 그러므로 계약 체결에 임하는 자는 상대방이 어떤 사실을 고지하였을 때 이를 그대로 믿어서는 안 되고 스스로 그 진실성을 검증하여 계약 체결의 근거로 삼아야 한다. 그러므로 상대방이 어떠한 사실을 고지하였고 그로부터 착오가 발생했다는 사정만으로 바로 법률행위 내용의 착오(제109조 제1항)가 있다고 단정해서는 안 된다. 오히려 계약을 체결하려는 자가 고지받은 사실의 진실성을 스스로 검증하기 어렵다거나 당사자들 사이의 교섭관계 또는 법률관계 등에 기해 상대방이 고지한 내용을 검증 없이 믿을 합리적인 이유가 있는 경우에만 상대방의 사실 고지에 의지하는 것이 정당화될 수 있다.[79] 그 때에 비로소 상대방이 단순히 부정확한 사실을 고지한 것을 넘어서 착오를 "야기했다"고 말할 수 있기 때문이다. 판례의 예를 살펴보면 산업기지개발 사업을 주도하는 지자체가 계획에 관해 잘못된 정보를 제공하는 사안[80]이나

---

78) 물론 이러한 판단은 개별 사실관계의 내용에 따라 달라질 수 있을 것이다.

79) 상대방 야기를 요건으로 하는 오스트리아 민법 제871조에 대해 KBB/Bollenberger (주 20), § 871 Rn. 14; Rummel in Rummel, *Kommentar zum Allgemeinen Bürgerlichen Gesetzbuch*, 1. Band, 3. Aufl., 2000, § 871 Rn. 15. 일반적으로 김형석 (주 22), 505-506면도 참조.

다른 도급계약의 내용이 이행보증보험계약 체결시 중요한 고려사항
이어서 그 다른 도급계약 당사자의 정보제공에 의지할 수밖에 없는
사안[81] 등이 특징적이다. 그리고 같은 이유에서 부작위에 의한 착오
의 야기는 상대방에게 자발적으로 정보를 제공할 의무가 있는 경우에
만 비로소 인정될 수 있다.[82] 반면 잘못된 정보를 제공하여 동기착오
를 유발한 상대방에게 고의 또는 과실이 있을 필요는 없다.[83] 선의로
잘못된 정보를 제공한 당사자이더라도 자신이 제공한 정보가 상대방
의 계약 체결의 기초가 되는 사정이라는 것을 예상할 수 있었다면,
그것으로 동기가 계약 내용과 무관하다는 주장은 신의칙상 허용될 수
없기 때문이다. 이러한 내용을 배경으로 앞의 (2)의 분양 사례로 되돌
아가면, 객관적 인과관계를 부정하기 이전에 상대방이 착오를 야기했
다고 보는 것 자체에 의문이 있어 취소권이 부정될 가능성이 높다고
도 말할 수 있다. 명문교 A의 이전 여부의 검증과 관련해 乙의 진술
을 신뢰할 만한 정당한 이유가 없다면, 그러한 사항은 甲 스스로 확
인해 보아야 하고 섣불리 乙의 진술을 믿어 계약의 기초로 해서는 안
되기 때문이다.[84]

---

80) 大判 1991.3.27. (주 74) 참조.

81) 大判 2002.7.26., 2001다36450, 공보 2002, 2038; 2002.7.26., 2001다36450, 공보
    2002, 2038; 2003.11.13., 2001다33000 (종합법률정보) 등.

82) Kötz (주 19), S. 285f.; KBB/Bollenberger (주 20), § 871 Rn. 14; Rummel/
    Rummel (주 79), § 871 Rn. 15.

83) Kötz (주 19), S. 286; KBB/Bollenberger (주 20), § 871 Rn. 14; Rummel/Rummel
    (주 79), § 871 Rn. 15; Valk in T&C BW (주 50), art. 6:228 aant. 3 a (p. 3281).
    이러한 내용을 고려할 때, 상대방이 야기한 착오 사안을 사기에 의한 취소 또는
    공서양속 위반으로 해결해야 한다는 견해(주 72 참조)에는 동의하기 어렵다. 고의
    없는 잘못된 정보제공의 경우에 사기에 의한 취소나 공서양속 위반을 인정하기는
    어렵기 때문이다.

84) 大判 2001.5.29., 99다55601,55618, 공보 2001, 1449; 2009.3.16., 2008다1842, 공
    보 2009, 552 등 참조. 물론 주 78에서와 마찬가지로 개별 사안에 따라 다른 결론
    이 인정될 가능성은 존재한다. 大判 2007.6.1., 2005다5812,5829,5836, 공보 2007,
    972 참조.

결론적으로 이 글의 입장에서 출발할 때에도, 상대방이 야기한 동기착오는 그 동기가 계약 내용에 편입되지 아니한 경우에도 법률행위 내용에 관한 착오(제109조 제1항)에 해당한다고 해석해야 한다.

5. 장래의 사정에 대한 동기착오

지금까지의 서술은 주로 현재 또는 과거의 사정에 관한 동기착오 사안을 전제로 하여 이루어졌다. 여기서 장래의 사정에 관해 동기착오가 존재하는 경우, 그에 대해서도 앞서 서술한 내용이 그대로 타당할 수 있는지 여부를 검토할 필요가 있다.

(1) 비교법적으로 장래의 사정에 대한 동기착오에 대해서는 소극적인 나라들이 많다.[85] 이를 명시적으로 규정하는 입법례로는 네덜란드 신민법 제6:228조 제2항을 들 수 있는데, 그에 따르면 "전적으로 장래의 사정에 관한 착오"(een dwaling die een uitsluitend toekomstige omstandigheid betreft)에 기해서는 취소권이 발생하지 않는다. 또한 명문의 규정이 없더라도 독일 민법 제119조와 오스트리아 민법 제871조의 해석으로도 같은 견해가 지배적이다.[86] 장래의 사정에 대한 관념은 불확실한 희망 내지 기대에 불과하여 이를 이유로 취소권을 인정하면 거래의 안전을 위협할 것이므로, 장래 사정에 대한 착오는 표의자의 위험영역에 속하는 동기착오에 불과하다는 것이다. 비슷한 고려가 커먼로에서도 행해지고 있으며,[87] 미국의 제2차 리스테이트먼트 제151조 내지 제153조는 그러한 인식에 기초해 원칙적으로 계약 체결 시점의 착오를 규율한다.[88] UNIDROIT 국제상사계약원칙(PICC 제

---

85) 전원열 (주 14), 174면 이하 참조.

86) Palandt/Ellenberger (주 18), § 119 Rn. 24; KBB/Bollenberger (주 20), § 871 Rn. 9, 12.

87) Kramer (주 35), Rn. 55.

88) Restatement of Contracts 2nd § 151 Comment a: "더 나아가 잘못된 믿음은 계약 체결 시점에 존재하는 사실과 관련되어 있어야 한다. 장래 발생할 사건에 대한 일

3.2.1조), 유럽계약법원칙(PECL 제4:103조 제1항)과 같은 모델규칙도 같
은 입장이다.

그러나 주의할 점은 이렇게 장래 사정에 대한 착오를 착오법에서
배제하는 법질서는 대개 다른 한편으로 이를 고려하는 별도의 법제도
를 예정하고 있다는 사실이다.[89] 예컨대 네덜란드 신민법이 장래 사
정에 관한 착오에 취소권을 부여하지 않는 이유는 그 문제가 사정변
경에 관한 동법 제6:258조에 의해 규율되어 있기 때문이다.[90] 독일
민법(동법 제313조)과 오스트리아 민법[91]에서 이 문제는 행위기초론에
따라 규율되며, 커먼로에서는 실행불가능(impracticability) 법리의 적용
영역이다.[92] UNIDROIT 국제상사계약원칙(PICC 제6.2.1조 이하), 유럽
계약법원칙(PECL 제6:111조)과 같은 모델규칙에서도 마찬가지이다.

이와는 달리 행위기초론을 수용하지 아니하고 사정변경을 이유
로 하는 계약 해소를 착오 취소에 의해 달성하는[93] 스위스 민법에서

방 당사자의 예측이나 판단은 그것이 잘못된 것이더라도 여기에서 정의된 의미의
'착오'는 아니다."

89) 다만 프랑스는 예외였던 것으로 보인다. 계약 체결 시점의 사정만을 착오의 대상
으로 이해하면서도, 계약 체결 후 사정변경을 고려하는 예견불능(imprévision)의
법리는 유력한 학설 및 행정법원 판례에도 불구하고 아직 민사법원 판례에서 채택
되어 있지는 않았기 때문이다. Malinvaud, *Droit des obligaitons*, 9ᵉ éd., 2005, n°
162, 486 참조. 다만 당사자의 권리·의무에 중대한 영향을 미치는 사정변경이 있
는 경우 당사자에게 재교섭을 청구할 소권을 부여하기 시작한 판례의 경향에 대해
서는 Fages, "Einige neuere Entwicklungen des französischen allgemeinen
Vertragsrechts im Lichte der Grundregeln der Lando-Kommission", *Zeitschrift
für Europäisches Privatrecht*, 2003, 514, 519f.; Mouralis, "Imprévision", *Répertoire
de droit civil*, 2012, nᵒˢ 96 sqq. 참조. 개정된 프랑스 민법 제1195조는 이제 사정
변경 법리를 실정화하였다.

90) 명시적으로 Meijers, *Ontwerp voor een Nieuw Burgerlijk Wetboek. Toelichting*,
Derde Gedeelte (Boek 6), 1961, p. 756. Valk in *T&C BW* (주 50), art. 6:228
aant. 4 a (p. 3283)도 참조.

91) KBB/Bollenberger (주 20), § 901 Rn. 6ff.

92) 전원열 (주 14), 183면 이하.

93) Wiegand in *Basler Kommentar zum Obligationenrecht* Ⅰ, 5. Aufl., 2011, Art.

는 장래의 사정에 대한 기초착오를 이유로 취소를 인정하는 것이 통
설과 판례의 태도이다.[94] 물론 그러한 경우 당사자들이 고려하는 장
래 사정은 막연한 기대 수준이어서는 안 되며, 당사자들이 그 발생을
확실한 것으로 간주한 정도의 사정이어야 한다고 설명된다.

(2) 우리 학설에서는 종래 이 문제를 명시적으로 고려하고 있지
는 않았던 것으로 보이지만, 최근 계약 이후의 사정은 각 당사자의
위험영역에 속하는 것이므로 계약준수의 원칙에 따라 착오로 고려될
수 없다는 주장이 제기되고 있다. 이 견해에 따르면 착오법은 법률행
위 당시의 원시적 흠에 대한 구제인 반면, 장래 사정의 변경을 이유
로 하는 계약 해소는 사정변경의 법리에 따라야 하며, 이로써 적용범
위가 명확히 획정될 수 있다는 것이다.[95]

우리 판례가 이제 사정변경을 이유로 하는 계약 해제를 인정하고
있으므로,[96] 이 견해가 지적하는 것처럼 장래의 사정에 대한 착오에
대해서는 제109조 제1항을 적용할 필요가 없다고 생각할 여지는 분
명 존재한다. 그러나 그럼에도 일정한 사안유형에서 장래 사정에 대
한 착오를 이유로 하는 계약취소를 허용해야 할 사안이 존재한다고
생각된다. 실제로 장래 사정에 대한 착오 취소를 부정하면서 사정변
경 법리를 규정하는 네덜란드 신민법의 이유서는 다음과 같이 말하고
있다.

"그럼에도 그 경우 두 규율 모두가 원용될 수 있는 경계영역이 있
다. 장래 아닌 사정이 바로 특정한 장래 기대를 정당화하기 때문에
일방 계약 당사자에게 유의미한 경우가 있을 수 있는 것이다. 그 계

---

18 Rn. 97.
94) Schwenzer in *Basler Kommentar zum Obligationenrecht* I (주 93), Art. 24 Rn. 18f.
95) 전원열 (주 14), 182－183면.
96) 大判 2007.3.29., 2004다31302, 공보 2007, 601.

약 당사자가 이제 그 사정에 관해 착오를 하는 경우, —그 밖에 이 규정의 다른 요건이 충족되면— 취소 사유인 동기가 장래 기대의 좌절에 있다고 하더라도 착오를 이유로 하는 취소권을 그에게 박탈해서는 안 된다."97)

실제로 이러한 경우 당사자들이 명백하게 장래 사정을 고려하여 자신들의 급부의무를 특정하고 구체화하여 계약 내용에 편입했다면, 그에 대해 착오 취소를 부인하는 것은 해결로서 적절하지 않다고 생각된다. 앞서 인용이 말하듯, 장래 사정에 대한 기대는 많은 경우 계약 체결 시점 또는 그 이전의 사정에 대한 평가에 기초하고 있기 때문이다. 예컨대 부동산의 양도와 관련해 장래 부과될 양도소득세 등의 세액을 착오하여 계약을 체결한 경우, 이는 한편으로 앞으로 있을 조세부과 처분이라는 장래 사정에 관한 착오라고 말할 수도 있겠지만 다른 한편으로 과세대상인 부동산의 성상 및 조세법 규정에 대한 착오라고도 말할 수 있다. 양자를 인위적으로 구별하는 것은 법적으로는 유의미하지 않다. 장래 부과될 세액을 기초로 당사자들의 급부의무가 특정되었다면 그러한 동기는 계약 내용이 되었고, 다른 요건이 충족되면 착오 당사자는 계약을 취소할 수 있다고 할 것이다. 여기서 "착오가 미필적인 장래의 불확실한 사실에 관한 것이어서 민법 제109조 소정 착오에서 제외되는 것이라고도 말할 수 없다"는 대법원의 판단은 타당하다고 보인다.98) 또한 매매대상 토지 중 20~30평 정도만

---

97) Meijers (주 90), p. 756. "'오로지' 장래에 관한 사정"이라는 문언이 이러한 해석을 반영하기 위한 것이다. Valk in *T&C BW* (주 50), art. 6:228 aant. 4 b (p. 3283). 또한 부실표시에 관한 Restatement of Contracts 2nd § 159 Comment c 참조: "미래 사정에 대한 약속이나 예측이 약속하거나 예측한 결과의 원인 되는 사실이 [현재] 존재한다는 언명을 함축할 수 있다."

98) 大判 1994.6.10., 93다24810, 공보 1994, 1920. 한편 大判 1972.3.28., 71다2193, 집 20-1, 160은 반대 취지이나, 판결로부터 사실관계를 추측할 수 없어 그 당부를 속단하기 어렵다.

도로에 편입될 것이라는 중개인의 말을 믿고 주택 신축을 위하여 토
지를 매수하였으나 실제로는 전체 면적의 약 30%에 해당하는 197평
이 도로에 편입된 사안에서도, 한편으로 당사자들이 도로 편입이라는
장래 사정에 대해 착오했다고 말할 수도 있겠지만[99] 다른 한편으로
는 당사자들이 현재 진행 중인 도시계획의 내용에 대해 착오를 하여
이를 전제로 매매대금을 정하였다고 말할 수도 있다. 후자와 같이 이
해할 때 동기는 합의에 의해 법률행위의 내용이 된 것이고, 다른 요
건이 충족되면 취소는 정당화된다고 할 것이다.[100] 한편 대한민국으
로부터 토지를 매수한 매수인이 매매계약 당시 장차 도시계획이 변경
되어 공동주택, 호텔 등의 신축에 대한 인·허가를 받을 수 있을 것이
라고 착각하였던 한 사안에서, 대법원은 "이는 법률행위 당시를 기준
으로 장래의 미필적 사실의 발생에 대한 기대 또는 예상이 빗나간 것
에 불과할 뿐 이를 착오라고 할 수는 없다"는 원심을 긍정하였다.[101]
그러나 장래 도시 계획이 변경될 것이라는 기대가 좌절되었다고 보는
대신, 매매 목적인 토지가 부동산 개발에 적합한 성상을 현재 가지고
있고 이에 기초해 장래 기대가 성립했다고 설명해도 무리가 있다고
말하기 어렵다. 물론 이 사안에서 취소권을 부정한 원심과 대법원은
정당한데, 동기가 장래 사정에 대한 것이기 때문이라기보다는 해당
동기가 합의로 계약에 편입되지 않았기 때문이다. 매도인인 대한민국
은 "공매 공고시 '매각재산은 각종 토지이용 관계 법령에 의한 토지
이용 제한사항이나 특정 목적 외의 사용제한 상태로 그대로 매각하는

---

99) 전원열 (주 14), 170면 참조.
100) 大判 2000.5.12., 2000다12259, 공보 2000, 1417.
101) 大判 2007.8.23., 2006다15755 (종합법률정보). 일반론에서 같은 태도로 大判
    2010.5.27., 2009다94841; 2011.6.9., 2010다99798; 2012.12.13., 2012다65317 (모
    두 종합법률정보) 등이 있으나, 바로 아래에서 大判 2007.8.23.에 대해 살펴보는
    바와 같이, 여기서도 장래 사정에 대한 동기가 법률행위의 내용이 되었다고 보기
    는 어려운 사안이 문제되었다.

것임'을 조건으로 하였"고 "이 사건 매매에 있어서도 건축을 전제로
하거나 건축의 법령상 제한을 철폐할 것을 보증한 바 없"으므로, 매
수인은 해당 위험을 인수하였고 따라서 일방적인 동기착오가 존재할
뿐이다. 또한 이 경우에 법령상 제한이 존재함에도 매수할 다른 사람
의 존재를 상정할 수 있다면 객관적 인과관계도 없다고 할 가능성마
저 존재한다(앞의 Ⅱ. 2. (2) 참조).

　　이상의 서술에서 나타나지만, 실제로 장래 사정에 대한 착오이더
라도 그것이 과거 또는 현재 사정에 대한 평가와 밀접한 관련성을 가
지는 경우, 그 이익상황은 사정변경의 경우와 차이가 있다고 생각된
다. 예컨대 현재 1억 원 시가의 A 토지를 甲이 乙이 매도하면서 곧
개발제한이 해제될 것이라고 전제하여 매매대금을 2억 원으로 약정
하였으나 이후 개발제한이 해제되지 않은 경우, 乙이 이전받을 A의
시가는 1억 원으로 변함이 없다. 다만 甲과 乙이 계약에서 전제한 토
지 가치의 평가가 동기착오를 이유로 교란되었을 뿐이다. 반면 현재
1억 원 시가의 A 토지를 甲이 매매대금 1억 원으로 乙에게 매도하였
으나 당사자들이 예상하지 못한 사정으로 A 토지가 위치한 지역에
개발제한이 부과되었고 이제 A의 시가가 5천만 원으로 하락한 경우,
여기서는 당사자들이 계약에서 전제한 토지 가치의 주관적 평가가 교
란된 것뿐만 아니라 계약 외부의 사정으로 인해 급부와 반대급부의
객관적 가치 자체가 변동하였다. 요컨대 장래 사정에 대한 동기착오
의 사례에서는 주관적 등가성의 교란만이 문제되는 것에 반해, 사정
변경 법리가 문제되는 사례에서는 객관적 등가성의 교란까지도 문제
되는 것이다. 즉 동기착오가 장래 사정에 관한 것이더라도 그것이 과
거 또는 현재 사정에 대한 평가에 기초하는 이상 주관적 등가성은 계
약체결 시점에 고정되는 것이고 따라서 일종의 "원시적 흠"[102])이라고

---

102) 전원열 (주 14), 182면.

할 수 있는 것임에 반해, 사정변경에 의해 객관적 등가성이 교란되는 경우에는 그야말로 당사자들이 계약체결 시점에 전혀 고려하지 않은 위험분배가 제기된다는 점에서 다른 이익상황이 등장한다. 이 두 사안유형은 구별하여 취급하는 것이 합리적이다. 즉 전자의 경우 계약체결 시점에 고려된 위험분배가 문제된다는 점에서 취소를 인정하는 해결이 적절하다. 장래 사정에 관한 착오와 사정변경 법리의 관계에 대해서는 이어지는 다음 장(본서 제1편 제5장 Ⅱ. 5.)에서 보다 상세히 살펴보기로 한다.

그러므로 동기착오가 장래의 사정에 관한 것이라고 하더라도, 과거 또는 현재의 사정이 "특정한 장래 기대를 정당화하기 때문에 일방 계약 당사자에게 유의미한 경우" 즉 장래 발생할 "결과의 원인 되는 사실이 [현재] 존재한다는 언명을 함축"하는 경우(주 97 및 그 본문 참조)에는, 장래에 관한 것이라는 이유만으로 그 착오를 고려할 수 없다고 단정해서는 안 될 것이다. 장래 사정에 대한 평가는 과거 또는 현재 사정에 대한 평가를 함축하고, 계약체결 시점에 그에 대한 당사자들의 위험분배가 고정되기 때문이다. 그러한 경우 장래의 사정에 대한 동기착오라는 이유로 취소를 부정하는 것은 자의적인 기준으로 같은 이익상황의 사안을 다르게 취급하는 것에 다름 아니다. 그러한 착오에 대해서도 제109조 제1항은 적용될 수 있어야 한다고 생각된다. 그 경우 당사자들이 장래 사정을 확실한 것으로 간주하고 그에 기초해 계약상 급부의무를 특정하고 구체화하는 방법으로 정보위험을 공유했어야 착오가 고려될 수 있음은 물론이다.[103]

---

103) 예컨대 Fleischer, *Informationsasymmetrie im Vertragsrecht*, 2001, S. 385ff.도 독일의 통설에 반대하면서 ① 당사자들이 장래 사정의 실현을 확실하다고 간주하였고, ② 그러한 장래 사정에 대해 구체적인 표상을 가지고 있었으며, ③ 계약상 그 실현에 대한 위험을 일방 아닌 쌍방이 부담하는 경우에는 예외적으로 장래 사정에 대한 착오를 이유로 하는 취소를 고려할 수 있다고 주장한다.

Ⅲ. 고려되는 착오 법리의 재구성

이상에서는 제109조 제1항을 적용할 때 동기착오가 어떻게 취급되어야 하는지를 상세하게 살펴보았다. 이렇게 획득된 동기착오 이해는 제109조 제1항에 따라 취소할 수 있는 착오 법리 전반을 새로운 관점에서 고찰할 수 있게 한다.

1. 새로운 착오유형론

(1) 이 글의 입장에 따르면 동기가 법률행위의 내용이 될 수 없다는 명제는 타당하지 않다. 심리학적으로 동기에 해당하는 관념이더라도 당사자들이 이를 전제로 자신들의 급부의무를 구체화하여 계약내용에 편입하면 그 동기는 당사자 모두의 위험영역에 들어오고, 그에 관한 착오는 법률행위 내용에 관한 착오로서 취소권을 발생시킬 수 있기 때문이다(앞의 Ⅱ. 1. (2), (3) 참조). 그런데 고려되는 동기착오를 이렇게 이해하면, 이를 이른바 동일성의 착오와 엄밀하게 구별할 실익이 사라지게 된다. 어느 경우나 계약 내용에 편입된 당사자들의 표상과 현실의 불일치가 확인되면 그 착오는 고려될 수 있기 때문이다. 甲이 乙에게 건축사 자격이 있다고 전제하여 건축설계 용역을 위임하였으나 乙이 사실은 건축사가 아니었던 사안이든 아니면 甲이 건축사 丙에게 건축설계 용역을 위임한다고 생각하고 계약하였으나 사실 상대방이 乙이었던 사안이든, 당사자들이 계약에 동기로 편입한 사태와 현실이 불일치하는 이상(전자의 경우 乙≠건축사, 후자의 경우 丙≠상대방) 법률행위의 내용에 관한 착오이며(제109조 제1항), 따라서 양자를 준별할 이유는 존재하지 않는다. 어느 경우나 계약 내용에 동기로서 반영된 사정과 현실의 불일치가 기준이 되는 것이다.

실제로 동일성의 착오를 내용착오 즉 의미의 착오로 분류하고 동기착오와 날카롭게 구별하는 접근법이 설득력 있는 자연스러운 설명이라고 하기는 어렵다. 이는 사비니에게서 기인한다(본서 제1편 제3장 Ⅲ. 참조). 그는 자신의 심리적 기준에 따른 착오분류에서 도출되는 "부진정착오"(의사와 표시의 불일치)에 적용례를 부여하기 위해 로마법 상 전승되던 객체의 착오(error in corpore), 당사자의 착오(error in persona), 법률행위 성질의 착오(error in negotio)가 그에 해당한다고 설명하고, 동시에 부진정착오가 이들 전승된 유형에 해당할 때 본질적인 착오로 고려될 수 있다고 서술하였다.[104] 그러나 이러한 이해가 반드시 논리적인 것은 아니라는 점[105]은 이후 독일 착오론의 발전 과정에서 드러났다. 심리학적 접근법을 철저하게 적용한 치텔만은 사비니의 생각과는 다르게 동일성의 착오도 성상착오와 마찬가지로 동기착오에 불과하다는 것을 논증할 수 있었기 때문이다.[106] 그러나 독일 민법 제정 이후 독일의 통설은 동법 제119조의 적용에서 여전히 사비니의 견해에 따라 내용착오인 동일성착오로부터 동기착오를 준별하는 입장을 견지하고 있었고,[107] 이로부터 양자의 구별 기준이라는 까다로운 문제가 지속적으로 제기되었다.[108]

그러나 앞서 보았지만, 우리 민법의 해석에서 계약에서 전제된 사정과 현실의 불일치가 있으면 법률행위의 내용에 관한 착오가 있다는 기준에 따라 판단하는 이상, 성질상 연속선상에 있는 동일성착오와 동기착오를 인위적으로 구별할 합목적적인 이유는 존재하지 않는다. 독일 학설사 및 독일 민법 제119조를 둘러싸고 발생한 특유의 관점을 우리 민법 제109조 제1항의 해석에 덧입히는 작업은 불필요

---

104) 본서 제1편 제3장 Ⅲ. 3. (3) 참조.

105) HKK/Schermaier (주 39), §§ 116－124 Rn. 53 참조.

106) Zitelmann, *Irrtum und Rechtsgeschäft*, 1879, S. 549ff. 송덕수 (주 6), 66면도 참조.

107) HKK/Schermaier (주 39), §§ 116－124 Rn. 58.

108) 대표적으로 Titze, "Vom sogennaten Motivirrtum", *Festschrift für Heymann*, Band Ⅱ, 1940, S. 72, 80ff. 현재의 논의상황에 대해 Medicus (주 19), Rn. 763ff. 참조.

하다.

(2) 그러므로 이상의 내용에 따르면 제109조 제1항을 적용할 때 합목적적이고 유의미한 착오 유형의 분류는 다음과 같은 것이어야 한다고 생각된다.[109]

우선 당사자가 계약을 체결함에 있어 그 계약과 관련해 의미를 가지는 사실관계나 법상태에 대해 잘못된 관념을 가지고 있었던 경우이다. 즉 의사표시와 관련해 유의미한 현실에 대한 착오를 말하며,[110] 종래 강학상 동기착오와 동일성의 착오를 포함한다. 이러한 착오는 통상 일방의 위험영역에 속하는 것이기 때문에 그것이 제109조 제1항에 따라 고려되기 위해서는 착오의 대상인 사정이 당사자들의 합의에 의해 계약 내용을 특정·구체화하는 기초로 편입되거나 적어도 상대방이 이를 야기하였을 필요가 있다(앞의 II. 1. 참조). 이러한 착오유형을 사태의 착오(Sachverhaltsirrtum) 또는 현실의 착오라고 부를 수 있을 것이다.[111]

반면 표의자가 의사표시에 부여하고자 하였던 의미가 그 의사표시의 규범적 해석상 인정되는 의미와 불일치하는 경우가 있을 수 있다. 의사표시의 소통 과정에서 발생하는 착오이다.[112] 이는 종래 의사와 표시의 불일치로 설명되는 착오유형으로, 강학상 표시착오 그리고 동일성착오를 제외한 내용착오가 이에 해당한다. 이 유형에서는

---

109) Kramer (주 35), Rn. 5; HKK/Schermaier (주 39), §§ 116−124 Rn. 52f. UNIDROIT 국제상사계약원칙(PICC) 제3.2.2조와 제3.2.3조, 유럽계약법원칙(PECL)의 제4:103조와 제4:104조에서도 이러한 분류를 간취할 수 있다.

110) Kramer in *Münchener Kommentar zum Bürgerlichen Gesetzbuch*, Band 1, 4. Aufl., 2001, § 119 Rn. 111.

111) 윤진수 (주 33), 184면은 "사상(事象)의 착오"라고 번역한다. 적절한 번역어의 하나이기는 하지만 한자 표기를 하지 않으면 오해의 소지가 있는 역어이므로, 여기서는 "사태의 착오"라는 용어를 채택한다. 직역이라 할 수 있는 "사실관계의 착오"는 법상태에 대한 착오를 배제한다는 어감을 함축해 적절하지 않다고 생각된다.

112) HKK/Schermaier (주 39), §§ 116−124 Rn. 52.

표의자 일방의 의사표시 과정을 기준으로 착오를 판단한다는 점에서 계약상 합의를 기준으로 판단하는 사태의 착오와 이익상황을 달리한다. 이러한 착오유형은 표시의 착오(Erklärungsirrtum) 또는 소통의 착오라고 명명할 수 있을 것인데, 종래 강학상 사용되던 표시착오 개념과 혼동을 방지하기 위해 아래에서는 소통의 착오라는 용어를 사용하고자 한다.

2. 소통착오의 취급

(1) 종래 통설은 소통착오는 당연히 제109조 제1항이 말하는 법률행위의 내용에 관한 착오에 포함되며, 따라서 그것이 중요부분에 대한 것이라면 중과실 없는 표의자는 의사표시를 취소할 수 있다고 이해한다. 그러나 이러한 해석이 반드시 필연적인 것은 아니다. 예를 들어 유럽계약법원칙(PECL 제4:104조)이나 UNIDROIT 국제상사계약원칙(PICC 제3.2.3조)이 그러하듯이, 소통착오의 경우에도 취소권이 발생하기 위해 상대방의 야기 또는 상대방의 예견가능성 등의 요건을 요구하는 것도 생각할 수 있기 때문이다. 실제로 우리 학설에서 소통착오의 경우에도 상대방이 착오를 알았거나 알 수 있었을 때에만 표의자가 의사표시를 취소할 수 있다는 주장이 유력하다.[113]

(2) 그러나 제109조 제1항의 해석상 그러한 예견가능성을 고려하는 것은 어렵다고 생각된다. 무엇보다도 제1항의 문언이 그러한 요건을 고려할 여지를 두고 있지 않다고 보이기 때문이다.[114]

계약의 일방 당사자가 상대방의 소통착오를 인식하였을 뿐만 아니라 그로부터 상대방이 의욕하는 효과의사도 추단할 수 있다면, 계약해석이 착오 취소에 우선하므로 그 계약은 착오자가 본래 의욕한 효과의사의 내용에 따라 효력을 가질 것이다.[115] 따라서 소통착오에

---

113) 김용한 (주 5), 300면; 김주수·김상용 (주 5), 362면; 김형배 (주 5), 105면 등.
114) 문헌지시와 함께 송덕수 (주 5), 299-300면.

서 인식가능성의 문제는 일방 당사자가 상대방이 소통착오에 빠져있음은 인식할 수 있지만 그 효과의사는 추측할 수 없는 경우에 제기된다.[116] 그렇다면 예컨대 매도인이 워드프로세서로 매수청약서를 작성하면서 자신에게 불리하게 매매대금을 오타하였으나 평균인의 주의를 다한 매수인이 이를 눈치 채지 못하고 승낙한 경우에, 매도인은 착오를 이유로 매매를 취소할 수 있는가? 여기서 상대방의 인식가능성을 요구하면 착오 취소는 배제되고 거래의 안전은 도모될 것이다. 그러나 이렇게 인식가능성을 요구하지 않더라도 통상 상대방을 보호할 수 있을 것으로 예상된다.[117] 평균인의 주의를 다한 매수인이 매매대금의 "이상함"을 발견할 수 없었다면, 이는 통상 오타한 매매대금이 계약의 교섭가능한 범위에 있음을 지시할 것이다. 그렇다면 객관적 인과관계가 결여되어 그러한 착오는 법률행위 내용의 중요부분에 관한 착오가 아니라고 할 수 있다. 반대로 소통착오가 계약 내용의 중요부분에 관한 착오라면 이는 많은 경우 상대방에게 무엇인가 "이상하다"는 느낌을 줄 수밖에 없을 것이다.[118] 이렇게 살펴보면 중요부분 요건과 인식가능성 요건은 상당부분 기능적으로 중첩된다. 그

---

115) Brox (주 12), S. 168f.; 송덕수 (주 6), 45－46면. 앞의 주 64 및 그 본문 참조.

116) 란도·빌 편, 유럽계약법원칙 제1·2부, 김재형 역, 2013, 367면.

117) 고상용 (주 5), 435면 참조.

118) 大判 2014.11.27., 2013다49794, 공보 2015, 9 참조. 이 사건에서 甲 증권사의 직원 A가 파생상품인 미국 달러 선물스프레드 15,000계약의 매수주문을 입력하면서 주문가격란에 0.80원을 입력해야 함에도 '.'를 찍지 않아 80원으로 입력하자, 乙 증권사의 직원 B는 1.1원으로 선물스프레드 332계약의 매도를 입력해 두었다가, 이 주문이 80원에 체결되자 거래화면에 나온 매수호가 80원을 클릭하여 주문가격을 80원으로, 주문수량을 300계약으로 하여 매도주문을 하고, 이후 주문가격과 주문수량을 고정하여 불과 몇 초 만에 추가로 28회의 매도주문을 하였다. B는 이 거래가 있기 전까지 이 사건 선물스프레드에 대하여 하루 1,000계약 이상의 주문은 하지 않았으나, 이 사건 거래 당일에는 10,000계약의 주문을 하였다. 대법원은 계약 내용의 중요부분의 착오를 이유로 취소를 받아들인 원심을 시인하였는데, 여기서 판결이 설시하는 대로 소통착오가 B에게 인식하였다는 점은 이후 그의 주문행태를 살펴보면 의문의 여지가 없다.

렇다면 소통착오가 이미 그 자체로 의사와 표시의 불일치에서 기인하는 이상, 굳이 법률이 명시적으로 언급하지 아니하는 요건이 추가되어야만 법률행위의 내용에 관한 착오가 된다고 볼 이유는 없다고 생각된다. 우리 민법의 경우 중과실의 착오자의 취소권이 배제되어 상대방을 보호할 수 있다는 점을 고려하면 더욱 그러하다.[119]

정보위험 분배가 문제되는 사태착오와는 달리, 소통착오에서는 의사와 표시가 불일치하므로 표의자의 자기결정이 행해지지 않았고 그 결과 법률행위의 효력 근거가 결여되어 있다고 말할 수 있다.[120] 이렇게 자율적 의사가 결여된 착오에서 중요부분으로의 제한과 중과실의 경우 취소 배제라는 수단으로 상대방이 배려되고 있는 이상 법률에 나타나지 않는 인식가능성을 요구하지 않고 취소권을 인정하여 표의자를 보호하는 것이 민법의 해석으로는 적절하다고 보인다.[121] 소통착오는 실무상 드물게 나타나므로, 이러한 해석이 거래에 각별한 부담이 된다고 하기도 어려울 것이다. 소통착오의 취소를 위해 상대방의 인식가능성이라는 추가적인 요건을 요구할 필요는 없다고 하겠다.

Ⅳ. 유럽계약법원칙과의 비교

이 글의 해석론을 유럽계약법원칙과 비교하면 어떠한가? 이미 살펴보았지만, 유럽계약법원칙도 착오를 기본적으로 사태착오와 소통착

---

119) 大判 2014.11.27. (주 118)에서 대법원은 표의자의 중과실을 인정하였지만 "상대방이 표의자의 착오를 알고 이를 이용한 경우에는 그 착오가 표의자의 중대한 과실로 인한 것이라고 하더라도 표의자는 그 의사표시를 취소할 수 있다고 할 것"이라는 이유로 취소를 허용하였다.

120) 김상중 (주 21), 441면. Bydlinski (주 10), S. 120도 참조.

121) 이러한 민법의 태도가 입법정책적으로 타당한지 여부는 논의해 볼 수 있겠지만, 적어도 표의자의 자기결정을 강조하는 하나의 지지가능한 입법례라는 점에는 의문이 없다고 생각된다.

오로 구별한다(PECL 제4:103조, 제4:104조). 또한 사태착오와 관련해 야기된 착오와 쌍방 공통의 동기착오에 대한 내용은 유럽계약법원칙에서도 같다. 즉 상대방이 야기한 착오는 고려되며(PECL 제4:103조 제1항 (a) (i)), 쌍방공통착오에 대해 계약수정과 취소를 함께 인정한다(PECL 제4:103조 제1항 (a) (iii), 제4:105조 제3항).

반면 합의에 의한 동기의 계약 내용으로의 편입에 대해서 유럽계약법원칙은 명시적으로 규정하지 않는다. 유럽계약법원칙은 다른 평가기준을 사용하여 고려되는 착오를 규율하고 있기 때문이다. 그러나 PECL 제4:103조 제1항과 제2항을 종합적으로 해석하면 여기서 주장된 내용과 같은 결론이 도출된다. 이는 동조 제1항 (a) (ii), (iii)과 제2항 (b)의 상호작용에 의해 그러하다. 우선 동기가 계약에 편입되지 않은 경우, 그에 대한 착오는 착오자 일방의 위험영역에 속하므로 취소는 인정되지 않는다(PECL 제4:103조 제2항 (b)).[122] 반면 계약 당사자들이 특정 동기를 계약의 기초로 편입한 경우에는 그에 대한 착오는 고려된다. 많은 사안에서 그러한 동기착오는 쌍방 공통의 착오로서 고려될 것이지만(PECL 제4:103 제1항 (a) (iii)), 일방 당사자에게만 착오가 있었다고 하더라도 상대방은 그 착오를 알았거나 알 수 있었고 신의칙상 착오를 정정해야 하므로 마찬가지로 고려된다(PECL 제4:103조 제1항 (a) (ii)).[123] 예컨대 甲이 乙에게 고려청자를 매도하면서 당사자들이 진품으로 전제하여 매매대금을 1억 원으로 정한 경우(아래 서술에 대해 앞의 Ⅱ. 1. (3) 참조), 甲과 乙 모두 이를 진품으로 믿었다면 PECL 제4:103조 제1항 (a) (iii)에 따라 취소권이 발생하고, 乙은 이를 진품으로 믿었으나 甲이 모조품임을 알았거나 알 수 있었으면서도 진품을 전제로 가격을 정하고 乙을 착오 상태에 그대로 둔 경우에는 PECL 제4:103조 제1항 (a) (ii)에 따라 취소권이 발생한다. 한편 甲이

---

122) 란도·빌 편 (주 116), 352−353면의 설명 및 사례 참조.
123) 란도·빌 편 (주 116), 348−349면의 설명 및 사례 참조.

모조품 고려청자를 10만 원에 전시하였는데 乙이 이를 진품으로 믿
고 구입하였다가 나중에 모조품임을 발견한 경우, 甲이 乙의 동기착
오를 인식하였거나 인식할 수 있었다고 하더라도 그러한 착오는 고려
되지 않는다. 이는 PECL 제4:103조 제2항 (b)에 따르면 乙이 인수한
위험이기 때문이다. 따라서 고려되기 위해 동기가 계약의 기초로 편
입되어야 한다는 기준과 유럽계약법원칙의 다원적 기준은 기능적으
로 등가적이라는 사실이 확인된다.

　　장래 사정에 관한 착오에 대해 유럽계약법원칙은 명시적으로
"계약 체결 시에 존재하는 사실 또는 법에 관한 착오"를 언급하므로
일견 배제되는 것처럼 보이지만, 장래 사정이 현재 사정에 대한 평가
에 기초하는 경우 과연 착오 취소를 배제할 것인지 여부는 분명하지
않다.124)

　　마지막으로 유럽계약법원칙은 소통착오의 경우에도 PECL 제
4:103조에 따른 기준에 따라 취소할 수 있게 한다(PECL 제4:104조). 그
에 따르면 소통착오에 기해 취소되기 위해서는 ⓐ 그것이 상대방에
의해 야기되었거나 상대방이 이를 인식할 수 있었어야 하고(PECL 제
4:103조 제1항 (a) (i), (ii)), ⓑ 착오와 의사표시 사이에 객관적 인과관
계가 있어야 하며(동항 (b)), ⓒ 착오자에게 과실이 없어야 한다(동조
제2항). 이는 이 글의 해석에 따른 제109조 제1항의 내용과는 특히
ⓐ, ⓒ 두 가지 점에서 차이가 있는 것으로 보인다. 그러나 실제 적용
에서의 차이는, 앞서 지적한 바와 같이(Ⅲ. 2. 참조), 그다지 크지 않을
수도 있다.

---

124) van Rossum in Busch et al. ed., *The Principles of European Contract Law and
　　Dutch Law. A Commentary*, 2002, p. 198은 유럽계약법원칙과 네덜란드 신민법
　　제6:228조 제2항(앞의 Ⅱ. 5. 참조) 사이에 차이가 없을 것이라고 추측한다.

제 5 장
계약과 사정변경

계약은 위험한 것이며 또 위험해야 한다.[1]

I. 문제의 제기

1. 계약 체결 이후 중대한 사정의 변경을 이유로 유효하게 성립한 계약을 해소하거나 그 내용을 수정할 수 있도록 하는 사정변경 법리는 최근 우리 학계와 실무에서 새삼 주목을 받고 있다. 사정변경 법리는 학설에서 일찍부터 주장되었고,[2] 2007년에 이르러서는 대법원도 일반론으로 이를 채택하였다.[3] 그러나 이 판결 이후에도 상당 기간 사정변경을 이유로 하는 해제·해지가 받아들여진 사건은, 적어도 공간된 대법원 재판례에서는, 쉽게 발견할 수 없었다.[4] 이 상태에

---

1) Kegel, *Empfiehlt es sich, den Einfluss grundlegender Veränderungen des wirtschaftslebens auf Verträge gesetzlich zu regeln?*, 1953, S. 200.

2) 우선 그 전거와 함께 권영준, "위험배분의 관점에서 본 사정변경의 원칙", 민사법학, 제51호, 2010, 219-220면 참조.

3) 大判 2007.3.29., 2004다31302, 공보 2007, 601

4) 부정한 재판례로 예컨대 大判 2011.6.24., 2008다44368, 공보 2011, 1451; 2017.6.8., 2016다249557, 공보 2017, 1457; 大判(全) 2013.9.26., 2012다13637, 공보 2013, 1916 등. 다만 미공간 大判 2008.7.24., 2008다24371에 대해 권영준 (주 2),

서 사정변경 주장은 패소에 직면한 당사자가 으레 마지막에 예비적으로 서면에 부가하면 법원은 간단한 검토 후에 이를 기각하는 미미한 존재감(Schattendasein)만을 보이고 있었다고 말해도 과장이 아닐 것이었다. 그런데 최근 사정변경을 근거로 계약 해지를 인정한 판결이 연이어 선고됨으로써,[5] 사정변경 법리의 적용과 관련된 쟁점은 이제 보다 현실적인 의의를 가지게 되었다. 동시에 사정변경 법리의 인정 여부를 넘어, 그것이 실제 적용되는 모습을 분석하고 평가해야 하는 필요성이 절실히 제기된다.

　본장에서는 여러 쟁점 중에서 특히 사정변경 법리의 적용 범위를 인접 제도들과의 경계 획정이라는 관점에서 살펴본다. 계약 체결 이후 당사자들을 둘러싼 사태가 변화함으로써 발생하는 여러 상황에 대해 당사자들은 개별 약정을 통해 미리 대처할 수 있고, 그러한 합의가 없는 경우에 대비해 민법은 일련의 규정을 두어 그 해결을 도모한다. 당사자들이 합의로 사정변경의 위험에 대비하였는지를 살피는 것은 개별 계약의 해석 문제이고, 사정변경 법리가 다른 제도들에 대해 가지는 관계를 탐색하는 것은 민법의 해석 문제이다. 여기서 사정변경 법리가 계약해석 그리고 민법의 다른 제도들에 대해 어떠한 관계에 있는지의 물음이 제기된다. 사정변경 법리는 그 적용에서 계약해석 및 다른 민법의 규율들과 경합하는가 아니면 일정한 우열관계에 들어가는가? 이 쟁점은 특히 사정변경에 따른 해지를 인정한 대법원 판결(大判 2020.12.10.; 주 5)에 대해 사정변경이 아니라 다른 규정 또는 법리의 적용을 통해 해결되는 것이 타당하였을 것이라는 비판이 제기되고 있다는 사정[6]을 고려할 때 시의성을 가진다고 생각된다. 여

216-218면 참조.
5)　大判 2020.12.10., 2020다254846, 공보 2021, 216; 2021.6.30., 2019다276338, 공보 2021, 1381.
6)　권영준, 민법판례연구 Ⅱ, 2021, 158면 이하; 이진기, "민법 채권편에 관한 2020년도 대법원 판결례의 소개와 약간의 첨언", 안암법학, 제62호, 2021, 242면 이하; 조

기서는 이러한 문제의식에 기초해 특히 사정변경 법리와 계약해석,
이행불능, 착오, 하자담보책임과의 관계를 살펴본다. 그리고 이 논의
를 바탕으로 최근 선고된 대법원 판결(주 5)을 분석한다.

　　그리고 이 글의 서술은 당연히 우리 민법의 해석으로 성립한 학
설과 판례를 기초로 하지만, 참고가 되는 범위에서 외국의 동향 특히
독일 학설을 소개·비교하고자 한다. 이는 우리 학설과 판례가 인정하
고 있는 사정변경 법리가 독일의 행위기초 이론의 영향을 받았을 뿐
만 아니라,[7] 사정변경 법리와 계약해석 및 다른 민법 제도와의 관계
라는 쟁점과 관련해 독일의 학설에서 우리에게 참조가 될 만한 논의
를 발견할 수 있기 때문이다.[8]

　　2. 이러한 문제 제기에 따라 논의를 진행하기 위해서는 비교의
대상이 되는 사정변경 법리의 내용을 확정할 필요가 있다. 사정변경

　　인영, "장래의 사정에 대한 쌍방 공통의 동기 착오와 사정변경의 원칙", 민사법학,
　　제96호, 2021, 275면 이하 등. 반면 판례의 판단을 지지하는 평석으로 장윤실, "사
　　정변경 원칙의 요건과 '예견불가능'에 관한 검토", 민사판례연구[XLⅣ], 2022, 1면
　　이하.

[7] 우리에게 영향을 준 일본의 사정변경 법리가 독일의 행위기초론을 비판하면서 프
　　랑스의 불예견론을 받아들인 것이라는 지적도 있지만(김대정, 계약법, 2020, 185
　　면), 이렇게 단정하기는 어렵다고 보인다. 이 문헌은 이 점에 대한 전거로 五十嵐
　　淸, "事情變更の原則と行爲基礎論", 加藤一郞·米倉明 編, 民法の爭點, 1979, 232
　　면을 인용하고 있으나, 이 부분은 일본에서 주관적 행위기초론을 포함한 일반이론
　　으로서 행위기초론이 수용되지 않았다는 사실을 지적하고 있을 뿐이다. 오히려 같
　　은 저자는 일본에서 사정변경 법리를 확립한 勝本正晃, 民法のおける事情變更の原
　　則, 1926에 대해 "勝本 박사는 이 원칙에 관한 상세한 법이론적·법제사적·비교법
　　적 연구 특히 제1차 대전 후의 독일 학설·판례의 면밀한 검토를 거쳐 사정변경의
　　원칙을 […] 정의하였다"고 평가한다. 五十嵐淸, 契約と事情變更, 1969, 147면 참
　　조. 사정변경 법리를 정식으로 채택한 大判 2007.3.29. (주 3)의 표현을 보더라도
　　("여기에서 말하는 사정이라 함은 계약의 기초가 되었던 객관적인 사정") 행위기
　　초론의 영향을 부정하기는 쉽지 않다.

[8] 예를 들어 프랑스의 경우 신설된 프랑스 민법 제1195조의 해석으로 그러한 적용의
　　우선 내지 경합의 문제가 논의되기는 하지만 접근하는 관점에 차이가 있어 우리
　　민법과의 직접 비교를 어렵게 한다. Ancel, "Imprévision", *Répertoire de droit
　　civil*, 2017, n°s 106 sqq. 참조.

법리는 학설·판례에 의해 해석상 인정되고 있으므로, 그 내용에 대해 특히 법률효과와 관련해 여전히 논의가 진행 중이며 아직 학설과 실무에서 확립되지 아니한 부분도 존재한다. 예컨대 중대한 사정변경의 효과로 계약 해소 외에도 재교섭의무나 계약 내용의 수정도 가능한지 등에 대해 아직 넓은 범위에서 공감대가 형성되었다고 말할 수는 없다.[9] 그리고 이는 비교법적으로 보아도 마찬가지이다.[10]

  그러므로 아래에서는 혼란을 피하는 합목적적인 서술을 위해 학설·판례가 최소한 확고히 동의할 수 있는 범위에서 사정변경 법리의 내용을 전제하고 논의를 진행하기로 한다. 이를 위해서는 판례(주 3)의 정식화가 출발점이 될 수 있을 것이다. 즉 "계약 성립 당시 당사자가 예견할 수 없었던 현저한 사정의 변경이 발생하였고 그러한 사정의 변경이 해제권을 취득하는 당사자에게 책임 없는 사유로 생긴 것으로서, 계약 내용대로의 구속력을 인정한다면 신의칙에 현저히 반하는 결과가 생기는 경우에" "계약준수의 원칙의 예외로서" "사정변경으로 인한 계약 해제"가 인정되는 것이다. 물론 계속적 계약이 문제되는 경우 해제권 대신 해지권이 허여될 것이다. 중대한 사정변경의 효과로 재교섭의무나 계약 내용의 수정은 일단 여기서는 고려하지 않는다.

Ⅱ. 사정변경 법리의 적용 범위

1. 도 입

우리 민법은 사정변경 법리를 전제하는 여러 규정들을 포함하고

---

9) 이에 대해 우선 전거와 함께 권영준 (주 2), 239면 이하 참조.

10) 계약 수정을 허용할 것인지(이를 허용하는 독일과 프랑스에 대해 영국의 목적 부도달 법리는 이를 허용하지 않는다), 재교섭의무를 선행시킬 것인지(프랑스 민법 제1195조 참조) 등과 관련해 각국은 서로 다른 규율을 보인다. 그 개관으로 우선 Kötz, *European Contract Law*, 2nd ed., 2017, p. 280 sqq. 참조.

있지만(제218조, 제286조, 제312조의2, 제557조, 제627조, 제628조, 제661 조, 제689조 등), 이를 일반적인 법형상으로서 규정하고 있지는 않다. 그러므로 통설은 이들 규정을 배경으로 신의칙(제2조)을 근거로 하여 사정변경 법리가 인정된다고 설명한다.[11] 그런데 사정변경 법리가 일반 규정인 신의칙의 적용례로서 해석상 인정되는 유연한 형태의 형평적 구제수단이라면, 그것이 당사자들이 약정한 내용 또는 민법이 명시적으로 정하고 있는 구체적 규율과 경합하는 경우 사정변경 법리가 아니라 합의 또는 민법의 개별 규정이 우선해야 한다는 관점이 일응 성립할 수 있다. 그러한 의미에서는 사정변경 법리는 보충성을 가진다고 말할 수 있을 것이다. 즉 사정변경 법리는 당사자들의 합의 또는 민법이 정하는 규정만으로 적절한 해결을 도모할 수 없는 범위에서만 적용될 수 있다는 것이다. 그러나 이는 추상적인 차원에서 도출된 명제로, 그러한 보충성이 해석상 적절하다는 결론이 자동적으로 정당화되는 것은 아니다. 예컨대 개별 제도의 목적을 고려할 때 사정변경 법리와의 경합이 허용될 수 있는 경우도 존재할 수 있는 것이다. 그러므로 사정변경 법리의 보충성을 선험적으로 주장할 수는 없다. 오히려 개별 제도와 사정변경 법리의 경계를 획정하고 그 경합 여부를 구체적으로 검토해야 한다.

2. 특별규정

　법률이 중대한 사정변경을 염두에 두고 계약 내용을 조정하거나 해소할 수 있도록 구체적인 규정을 두고 있다면, 이는 사정변경 법리에 앞서는 특칙이므로 당연히 우선적으로 적용되어야 한다. 사정변경

---

11) 곽윤직, 채권각론, 제6판, 2003, 93면; 김증한·김학동, 채권각론, 제7판, 2006, 137 면; 송덕수, 채권법각론, 제5판, 2021, 133면; 이덕환, 채권각론, 2010, 142면; 권영준 (주 1), 211면 등. 그러나 여전히 소극적인 견해로 김대정 (주 7), 192－193면; 정상현, "매매목적 토지에 발생한 사정의 변경과 계약의 효력", 저스티스, 제104 호, 2008, 213－214면.

법리는 적용될 여지가 없다. 예컨대 임차 목적물에 대한 공과 부담의
증감 기타 경제 사정의 변동으로 차임이 상당하지 않게 된 경우, 해
당 분쟁은 제628조의 적용에 의해 해결되며 사정변경 법리의 적용을
기다리지 않는다. 마찬가지로 중대한 사정으로 위임이나 고용을 지속
하는 것을 기대할 수 없는 경우, 당사자들은 사정변경의 원용 없이
바로 법률이 인정하는 해지권을 행사하여 계약을 해소해야 한다(제
661조, 제689조). 어느 경우나 사정변경에 적용될 수 있는 구체적 규범
이 법률에 있으므로 이를 적용해야 하며, 신의칙을 근거로 하며 또
여전히 논의가 진행되고 있는 법리에 손쉽게 의존해서는 안 된다.

3. 계약해석

(1) 중대한 사정변경이 발생한 경우에 대해 당사자들이 계약에서
명시적·묵시적으로 합의하여 규율을 두었다면, 그 범위에서 사정변
경 법리가 적용될 수 없음은 당연하다. 당사자들은 계약에서 사정변
경에 따른 위험을 분배한 것이고, 계약은 준수되어야 하는 것이다.[12]
중대한 사정변경에 따른 불이익은 그에 대한 위험을 인수한 계약 당
사자가 부담한다. 그러므로 사정변경의 문제는 당사자들이 미처 계약
에서 예견하지 못하였거나 예견할 수 없었던 사정으로 위험분배가 행
해지지 않는 범위에서 비로소 고려될 수 있다.[13]

그런데 이렇게 당사자들이 예견하지 못하였거나 예견할 수 없었
던 사정에 대해 계약상 규율이 결여되어 있는 경우, 이는 계약 내용
에 의도하지 아니한 흠결이 있는 것이므로 보충적 계약해석에 의해
이를 보충할 가능성도 제기된다.[14] 여기서 보충적 계약해석과 사정변
경 법리 사이의 관계가 문제될 수 있다. 보충적 계약해석에 의해 적

절한 결과가 도출될 수 있는 범위에서 사정변경 법리는 적용되는가?
보충적 계약해석은 당사자들이 현실적으로 합의한 바에 따라 인정되
는 내용이 아니라, 계약상 규율에 존재하는 흠결을 당사자들의 가정
적 의사를 고려해 보충되는 내용이므로 현실의 합의와 마찬가지로 사
정변경 법리에 우선할 수 있는지의 물음이 제기될 여지가 있는 것이
다. 우리 학설에서는 보충적 계약해석이 이루어지는 영역에서는 그것
이 사정변경 법리에 우선한다고 이해하는 견해가 주장된다.15)

　　(2) 이와 관련해 독일에서의 논의를 간단히 살펴본다. 독일에서
의 다수설은, 우리 학설에서와 마찬가지로, 보충적 계약해석이 행해
지는 범위에서는 사정변경 법리는 적용될 수 없다고 해석하고 있
다.16) 이는 행위기초와 계약 내용의 구별을 전제로,17) 후자의 전자에
대한 우위를 이유로 한다. 즉 보충적 계약해석이 계약의 목적을 고려
해 당사자들이 계약에서 합의한 바를 기초로 도출되는 가정적 의사에
따라 이루어지는 과정이라면,18) 그것이 정당하게 수행되는 이상 그
결과는 계약이 목적하는 위험분배를 실현함으로써 획득되는 내용이
라고 말해야 한다. 그렇다면 보충적 계약해석에 따라 인정되는 내용

---

15) 이진기 (주 6), 247 – 248면; 장보은, "사정변경의 원칙 적용론", 민사법학, 제97호,
　　2021, 139면. 또한 권영준 (주 6), 161 – 162면도 참조. 다만 장보은 (주 15), 140면
　　은 大判 2017.6.8., 2016다249557, 공보 2017, 1457을 보충적 계약해석 이루어진
　　사례로 언급하고 있으나 이는 의문이다. 이 사안에서는 피고가 계약으로 인수한
　　계약 전형적인 위험을 법원이 그대로 인정한 것에 지나지 않아 "보충"된 것이 없
　　기 때문이다.
16) 예를 들어 개정 전 독일 민법의 해석과 관련해 Roth in *Münchener Kommentar
　　zum BGB*, Band 2, 4. Aufl., 2001, § 242 Rn. 678f., 현행 독일 민법 제313조와
　　관련해 Stadler in Jauernig, *Bürgerliches Gesetzbuch*, 18. Aufl., 2021, § 313 Rn.
　　8 참조.
17) Lorenz in Bamberger/Roth/Hau/Poseck, *Bürgerliches Gesetzbuch*, Band 1, 4.
　　Aufl., 2019, § 313 Rn. 15 참조.
18) 이러한 과정이 문제되고 있는 한, 보충적 계약해석이 계약해석인지 아니면 법률의
　　적용인지의 쟁점(이에 대해 우선 양창수 편집대표, 민법주해[Ⅲ], 제2판, 2022,
　　67 – 68면(최수정) 참조)은 여기서 직접적인 관련을 가지지 않는다.

은 계약에 따른 규율로서 그 효력에 있어서 현실적 합의 내용과 어떠한 차이가 있다고 말할 수 없다. 이렇게 본다면 중대한 사정변경에 대해 행해지는 보충적 계약해석은 사정변경 법리의 적용을 배제한다고 볼 수 있다. 물론 이러한 태도는 보충적 계약해석과 사정변경 법리를 서로 독립한 법형상으로 파악하고, 전자에 의해 확정되는 계약 내용을 사정변경 법리에 의해 보충한다는 관점에서 이루어질 수 있는 설명이다.

　그러나 이에 대해 사정변경 법리의 독자성을 부정하고 이를 전적으로 계약해석의 문제로 접근하려는 견해도 특히 영향력 있는 학자들에 의해 유력하게 그리고 지속적으로 주장되고 있다.[19] 이 견해에 따르면 중대한 사정변경으로 발생한 불이익을 누가 부담할 것인지의 물음은 당사자들이 계약에서 명시적 또는 묵시적으로 합의된 위험분배 또는 그러한 합의가 확인되지 아니하면 민법이 정하는 전형계약상의 전형적 위험분배에 따라 그러한 불이익 부담이 결정되어야 한다. 대부분의 분쟁 사례들은 이렇게 계약에 내재하는 위험분배에 의해 만족스럽게 해결된다는 것이다. 따라서 중대한 사정변경에 대해 특별한 신의칙상 고려가 필요한 사안유형은 전쟁이나 천재지변 같이 사회 전체에 심중한 영향을 주는 격변의 경우에 한정되게 된다.[20] 이러한 관

---

19) Brox, *Die Einschränkung der Irrtumsanfechtung*, 1960, S. 85f.; Huber, "Verpflichtungszweck, Vertragsinhalt und Geschäftsgrundlage", *Juristische Schulung* 1972, 57ff.; Kegel (주 1), S. 199ff.; Flume, *Allgemeiner Teil des bürgerlichen Rechts*, 2. Band, 4. Aufl., 1992, S. 497ff.; Wieling, "Entwicklung und Dogmatik der Lehre von der Geschäftsgrundlage", *Juristische Ausbildung* 1985, 505, 508ff.; Kötz, *Vertragsrecht*, 2. Aufl., 2012, Rn. 1012; Köhler, "Die Lehre von der Geschäftsgrundlage als Lehre von der Risikobefreiung", *50 Jahre Bundesgerichtshof*, Band Ⅰ, 2000, S. 299f. 등. 이 견해에 대한 소개로 윤진수, "법률행위의 보충적 해석에 관한 독일의 학설과 판례", 민법논고 Ⅰ, 2007, 220면 이하; Chiotellis, *Rechtsfolgenbestimmung bei Geschäftsgrundlagenstörungen in Schuldverträgen*, 1981, S. 25ff. 참조.
20) Flume (주 19), S. 523ff.; Kegel (주 1), S. 200ff.; Huber (주 19), 65.

점에 따르면 종래 사정변경을 이유로 이정한 계약의 수정이나 해소는
보충적 계약해석에 따른 계약 내재적 위험분배의 실현으로 이해된다.
즉 사정변경을 이유로 하는 계약 수정은 사정변경에 의해 발생한 계
약상 흠결을 계약해석으로 보충하는 것이며, 사정변경을 이유로 하는
계약 해소는 당사자들이 만일 사정변경을 염두에 두었다면 약정 해제
권을 유보해 두었을 것이라는 가정적 의사가 확인되는 경우 이를 계
약해석으로 인정하는 것이다. 그렇다면 사정변경 법리를 규정하는 현
행 독일 민법 제313조는 법률이 규정하는 보충적 계약해석의 한 사
례에 지나지 않으며, 이로써 계약해석과 사정변경 법리의 구별은 불
가능하다고 지적된다.21)

　(3) 여기서 상론할 여지는 없으나, 이상과 같은 독일의 논의를 배
경으로 할 때 필자는 후자의 견해로 기운다. 당사자들이 예견할 수
없는 중대한 사정변경에 대해 규율을 두지 않았기에 당사자들이 계약
에서 실현한 위험분배를 바탕으로 변경된 사정 하에서 당사자들의 의
사를 최대한 실현하는 방향으로 계약 내용을 확정하거나 계약 해소를
허용한다면 그러한 보충적 계약해석이 과연 실질에서 사정변경 법리
와 구별될 수 있는 과정인지는 의문이기 때문이다. 특히 당사자들이
동기에 해당하는 사정을 전제로 자신의 권리·의무의 내용을 구체화
하는 합의를 함으로써 동기를 법률행위 내용에 편입할 수 있다는 결
과가 인정되는 이상,22) 행위기초와 계약 내용의 개념상 구별에서 출
발하는 관점에는 선뜻 동의하기 어렵다.23)

　그러나 그 구체적 당부에 대한 논의는 별론, 어느 견해에 따르더
라도 보충적 계약해석과 사정변경 법리가 "경합"하는 일은 발생할 수

21) Finkenauer in *Münchener Kommentar zum BGB*, Band 3, 9. Aufl., 2022, § 313
　　Rn. 146.
22) 본서 제1편 제4장 Ⅱ. 참조.
23) 실제로 독일의 다수설도 보충적 계약해석과 사정변경 법리 사이의 구별이 유동적
　　이며 분명하지 않다고 지적된다. BRHP/Lorenz (주 17), § 313 Rn. 15.

없다는 결과가 도출된다. 보충적 계약해석을 우선하는 견해(주 15)에 따르면 보충적 계약해석으로 인정되는 내용은 당사자 합의에 따른 규율로서 사정변경 법리에 우선하기 때문이며, 사정변경 법리를 계약해석으로 해소하려는 견해에 따르면 계약에 내재해는 위험분배 특히 그에 따른 보충적 계약해석에 따라 해결이 주어지므로 사정변경과 같은 별도 법리는 불필요하기 때문이다. 그렇다면 우리 민법의 해석에서도 보충적 계약해석이 행해지는 범위에서 사정변경 법리는 별도로 고려할 여지가 없다고 해석할 것이다. 특히 우리 판례는 사정변경의 효과로는 아직 계약 해소만을 인정하고 있으나 보충적 계약해석에 의해서는 계약 내용의 수정도 하고 있으므로, 후자에 의하는 해결이 보다 탄력적인 해결을 가능하게 하여 보다 적절하다고 생각된다.

4. 이행불능

(1) 주지하는 바와 같이 독일에서 중대한 사정변경의 고려는 제국법원 판례에서 경제적 불능 개념으로 처음 고려되기 시작하였다.[24] 그리고 영국에서 사정변경의 사례에 적용되는 목적 부도달(frustration)의 법리는 그 적용범위에 이행불능의 사례도 포함한다.[25] 이러한 사실에서 사정변경 법리와 이행불능 사이의 경계가 유동적일 수 있다는 사정이 잘 나타난다. 특히 이행불능에서 사회관념을 고려하는 사실적 불능의 사례를 포함시키면 그러한 경계는 더욱 불분명해질 수 있다. 채무자의 급부가 자연적·물리적으로 여전히 가능하기는 하지만 채무자에게 현저한 부담을 야기할 것이어서 사회관념상 그 이행을 기대할 수 없는 경우, 학설은 이를 이행불능으로 판단하여 그에 따른 효과를 부여한다.[26] 이를 사실적 불능이라고 하며, 강학상 유명한 호수에 빠

---

24) 전거와 함께 권영준 (주 2), 208면 참조.
25) Kötz (주 10), p. 285 – 286.
26) 김용덕 편집대표, 주석 민법 채권총칙(1), 제5판, 2020, 667면 이하(김상중) 참조.

져버린 반지 인도 사례27)가 이에 해당한다. 판례도 부동산 이중매매
에 관하여 "채무의 이행이 불능이라는 것은 [⋯] 사회 생활에 있어서
의 경험법칙 또는 거래상의 관념에 비추어 볼 때 채권자가 채무자의
이행의 실현을 기대할 수 없는 경우를 말하는 것"이라 하여 비슷한
태도를 보인다.28) 여기서 이행불능과 사정변경 사이의 경계 획정의
쟁점이 등장한다. 즉 사실적 불능의 개념 규정을 전제로 할 때, 만일
쌍방이 예상할 수 없었던 중대한 사정변경으로 채무자가 급부를 위해
투입해야 하는 노력과 비용이 현저히 증가하여 사회관념상 그 이행을
기대할 수 없게 되었다면, 이를 이행불능으로 처리할 것인지 아니면
사정변경 법리의 대상으로 볼 것인지의 물음이 제기되는 것이다.

　(2) 우리 학설에서는 여러 입장이 관찰된다. 우선 사실적 불능과
경제적 불능을 준별하지 않는 관점도 존재하지만,29) 이제는 경제적
불능은 사정변경의 법리의 형태로 적용된다고 이해하여30) 양자를 구
별하는 견해가 다수설이라고 보인다.

　그런데 후자의 관점에 따르면 사실적 불능과 사정변경(경제적 불
능)의 구별 기준이라는 문제가 발생할 수밖에 없다. 이를 논하는 문
헌31)은 관련된 독일의 논의32)를 참조하여 다음과 같이 구별한다. 사

27) Heck, *Grundriß des Schuldrechts*, 1929, S. 89.
28) 大判 1995.2.28., 94다42020, 공보 1995, 1463 등.
29) 김형배, 채권총론, 제2판, 1998, 191면; 김상용, 채권총론, 제3판, 2016, 121면.
30) 김증한·김학동, 채권총론, 제6판, 1998, 101면; 김대정·최창열, 채권총론, 2020,
　　580－581면; 최수정, 급부장애와 위험부담, 2003, 44－45면; 장보은 (주 15), 135
　　면; 박영복, "책임제한사유로서의 불가항력과 사정변경", 외법논집, 제35권 제4호,
　　2011, 89면 이하; 김영두, 민사법학, "계약관계에 있어서 이행청구권의 실현 불능
　　사유", 민사법학, 제50호, 2010, 360－361면.
31) 박영복 (주 30), 93－94, 95－96면; 김영두 (주 30), 360면; 송덕수, "사정변경의 원
　　칙에 관한 현안의 정리 및 검토", 이화여대 법학논집, 제23권 제1호, 2018, 104면.
32) 예컨대 개정 전 독일 민법의 해석과 관련해 Medicus, *Bürgerliches Recht*, 18.
　　Aufl., 1999, Rn. 158, 현행 독일 민법 제275조 제2항 및 제313조와 관련해
　　Canaris, "Die Neuregelung des Leistungsstörungs－ und Kaufrechts", *Karlsruher*

실적 불능에서는 채권자가 급부에 대해 가지는 이익과 채무자의 급부
에 대한 비용 투입이 비교 대상이 된다. 즉 사정변경이 있더라도 채
권자가 급부로 받는 이익은 여전히 변함이 없지만, 채무자가 그에 투
입해야 하는 비용이 현저히 증가해 채무자에게 이행을 기대할 수 없
게 하는 극단적인 비효율적 상황이 야기되는 경우가 사실적 불능에
해당한다. 반대로 사정변경 법리에서는 채권자가 급부에 대해 가지는
이익과 채무자가 대가로 받게 될 반대급부에 가지는 이익 사이에 존
재하던 관계가 사정변경으로 현저히 교란되는 극단적인 등가성 장애
가 야기되는 상황이 전제된다. 즉 여기서는 —사실적 불능에서와는
달리— 채무자 부담의 증가에 비례하여 채권자가 받는 이익이 증가하
게 되는 사안 유형이 나타난다는 것이다. 이상의 설명에 따르면 예컨
대 특정 경주마가 매매된 사안에서, 채무자의 책임 없이 경주마가 해
외로 반출되어 이를 다시 한국으로 운송해 인도하는 비용이 과다하게
요구되어 이행을 기대할 수 없게 되었다면 사실적 불능이지만, 국가
의 개입 등으로 일시적으로 경주마 시장이 동결되어 경주마 자체의
가격이 폭등하였다면 이는 사정변경 법리가 적용되어야 할 사건이 될
것이다.

그러나 이상과 같은 구별은 결코 쉽지도 가능하지도 않으며 현실
에서 활용하기 어렵다는 이유에서 불능 개념은 경제적 불능도 포함하
며, 따라서 이행불능과 사정변경은 경합적으로 적용되어야 한다는 비
판도 주장된다.[33]

(3) 사실 어느 사안 유형이든 결국 채무자에게 이행을 요구하는
것이 계약에서 인수된 위험인 희생한도(Opfergrenze)[34]를 초과한다는

Forum 2002, 2003, S. 14f.; Looschelders, *Schuldrecht. Allgemeiner Teil*, 18.
Aufl., 2020, § 21 Rn. 25 등. 또한 潮見佳男, 債權總論 I, 第2版, 2003, 239–240
면도 참조.

33) 주석 민법 채권총칙(1) (주 26), 672–673면(김상중).

34) Heck (주 27), S. 85f. 참조.

이유로 이행청구가 제약을 받는다는 점에서 그 실질에서 차이가 있다
고 말하기는 어려울 수 있다. 어느 경우나 나타나는 모습은 다르지만
결국 채권자의 이익과 채무자의 부담 사이에 극단적인 불균형이 나타
난다는 점에서는 차이가 없기 때문이다.[35] 그러나 동시에, 사실적 불
능에 대한 해석이 상당한 정도로 확립되어 있는 우리의 현 상황에서
사실적 불능에까지 사정변경의 법리를 확대할 이유도 쉽게 찾을 수는
없다고 생각된다. 이행불능이 적용되든 아니면 사정변경이 적용되든,
채무자가 계약에서 해방되어 면책된다는 효과에서는 큰 차이가 없는
것이다(전자에 대해 제537조, 후자에 대해 제548조).[36] 오히려 사실적 불
능의 경우, 채무자가 이로써 취득하는 이익이 있을 때(예컨대 앞서 사
례에서 채무자가 경주마 반출을 이유로 보험금 청구권을 취득하는 경우) 채
권자는 이행불능에 의해 대상청구권을 행사할 수 있으므로 보다 유리
하다. 게다가 책임 없는 이행불능은 보다 구체적인 민법 규정에 근거
를 두고 그 해석이 확립되어 있는 반면, 사정변경 법리는 신의칙으로
부터 정당화되며 해석상으로 여전히 논의가 있으므로, 법적 안정성의
관점에서는 후자보다 전자를 원용하는 것이 보다 적절하다. 그러므로
쌍방 책임 없는 사실적 불능의 경우 사정변경 법리는 적용될 수 없으
며, 사정변경 법리는 앞서 살펴본 등가성 장애 사례에 한정되어 적용
되어야 할 것이다.[37] 독일의 통설도 다르지 않다.[38]

---

35) Harke, *Allgemeines Schuldrecht*, 2010, Rn. 101 참조.
36) 그러한 의미에서 만일 판례가 계약수정을 사정변경 법리의 효과로 인정하기 시작
   한다면 이 문제는 새로운 각도에서 논의해 볼 여지가 생긴다고도 말할 수 있다.
37) 독일의 논의를 소개하며 이렇게 해석하는 견해로 박영복 (주 30), 97-98면.
38) 개정 전 해석으로 MünchKomm/Roth (주 16), § 242 Rn. 688("이행불능의 법률효
   과가 실정법률에 따른 법으로서 [⋯] 우선"), 현행 제313조에 대해 BRHP/Lorenz
   (주 17), § 313 Rn. 20 참조. 물론 독일 민법 제275조 제2항과 제313조 사이에 채
   무자의 선택권을 인정해야 한다는 견해도 유력하다. 전거와 함께 MünchKomm/
   Finkenauer (주 21), § 313 Rn. 164ff. 참조. 그러나 선택권을 주장하는 견해는
   이제 독일 민법에 명시적으로 제275조 제2항과 제313조가 법정되어 있는 사실
   을 전제로 그 사이의 관계를 새로 논의하려는 시도이므로(이에 대해 Ernst in

5. 착오 취소

(1) 중대한 사정변경으로 채무자에게 이행을 기대하기 어렵게 되어 사정변경 법리의 적용이 고려되는 경우, 동시에 당사자들은 어떤 의미에서 계약 체결 당시에 장래 도래할 사정에 대해 일종의 착오 상태에 있었다고도 말할 수 있다. 그들은 장래의 사건 경과를 잘못 평가하였거나, 아예 장래에 발생할 수 있는 사태를 예견하지 못한 것이다. 그러므로 그러한 경우 당사자가 장래 사태 전개를 이유로 착오를 들어 계약을 취소하려고 한다면, 착오 규정(제109조)과 사정변경 법리의 경계 획정의 문제가 발생한다.

(2) 우선 개념 규정을 통해 착오와 사정변경을 구별하여 경합 문제를 제거하는 관점이 있을 수 있다. 이는 장래 기대의 불성취와 착오는 개념적으로 구별되며, 전자는 원칙적으로 계약의 구속력에 영향을 줄 수 없다는 것을 이유로 한다. 이렇게 착오는 계약 체결 시점까지의 사실에 대해서만 가능하고 장래의 사정에 대한 착오는 있을 수 없어 오로지 사정변경만이 문제된다고 해석한다면, 두 법리의 구획은 잘못된 평가의 대상이 된 사정이 계약 체결 이전의 것인지 아니면 이후의 것인지 여부에 따라 결정될 것이다.[39] 이 경우 장래 사정에 대한 착오라는 문제는 아예 제기될 여지조차 없다.

그러나 상당히 포괄적인 문언을 두어 착오를 규율하는 제109조의 해석상 단순히 그러한 개념 규정의 조작만으로 장래 사정에 대한

Münchener Kommentar zum BGB, Band 2, 9. Aufl., 2022, § 275 Rn. 28 참조), 명문의 규정이 없는 우리 민법의 해석에서 바로 참조하기는 어렵다. 한편 장보은 (주 15), 134면 주 30은 독일 학설이 "대체로" 선택권을 지지한다고 소개하나, 이는 정확하지 않다. 통설은 본문과 같이 사실적 불능과 사정변경을 구별하며, 전자의 영역에서 여전히 제275조 제2항의 우선을 주장한다.

39) 전원열, "착오 개념의 정립을 위한 소고", 저스티스, 제146-1호, 2015, 182-183면; 장보은 (주 15), 144면. 이 문제에 대한 간단한 비교법적 소개 및 판례 분석으로 본서 제1편 제4장 Ⅱ. 5. 참조.

착오 문제를 착오법의 적용 범위에서 제외할 수 있을지는 의문이다. 왜냐하면 장래 사정에 대한 기대는 많은 경우 계약 체결 시점 또는 그 이전의 사정에 대한 평가에 기초하고 있으므로, 그러한 경우 얼마든지 장래 사정에 대한 착오를 계약 체결 시점의 착오로도 표현할 수 있기 때문이다.[40] "장래 아닌 사정이 바로 특정한 장래 기대를 정당화하기 때문에 일방 계약 당사자에게 유의미한 경우"[41] "미래 사정에 대한 약속·예측이 약속·예측한 결과의 원인 되는 사실이 [현재] 존재한다는 언명을 함축"[42]하는 경우에 바로 그러하다.

그러한 사안에서 착오의 대상이 된 사정이 단순히 계약 체결 시점의 사정이었는지 아니면 장래 사정이었는지라는 기준은 자의적이기 쉽기에 현실의 적용에서 만족스럽게 작동할 수 없다. 당사자들은 어쨌든 계약 체결 시점의 제반사정을 배경으로 장래 사정을 예기하고 계약을 체결한 것이기 때문이다. 따라서 이 경우 당사자들이 장래 사정에 대한 동기에 비추어 급부의무의 내용을 합의하여서 해당 동기가 법률행위의 내용으로 편입되었다면 이는 법률행위 내용에 관한 착오에 해당하며,[43] 제109조에 따른 법률효과를 인정하는 것이 타당하다. 실제로 스위스의 판례는 당사자들이 장래 사정의 도래를 확실한 것으로 전제하고 그에 비추어 계약 내용을 정한 때에는 스위스 채무법 제24조 제1항 제4호의 기초착오로서 취소권의 발생을 긍정한다.[44] 주

---

40) 본서 제1편 제4장 Ⅱ. 5. (2) 참조. 같은 취지로 조인영 (주 6), 287면.

41) 네덜란드 민법의 이유서가 장래 사정 착오를 적용범위에서 제외하는 네덜란드 민법 제6:228조 제2항에 해석상 예외를 인정하면서 사용한 표현이다. Meijers, *Ontwerp voor een Nieuw Burgerlijk Wetboek. Toelichting*, Derde Gedeelte (Boek 6), 1961, p. 756.

42) American Law Institute, *Restatement of Contracts 2nd*, 1981, § 159 Comment c (p. 428).

43) 취소할 수 있는 동기착오에 대해 제1편 제4장 Ⅱ. 1. 참조.

44) 예컨대 이전 판례 전거를 포함하여 BGE 109 Ⅱ 105 참조. 학설에서는 찬반이 있으나 다수설은 판례를 지지한다. Kramer in *Berner Kommentar*, Band Ⅵ/1, 1986, Art. 18 OR Rn. 303f. 참조.

로 문제되는 사안 유형은 장래에 건축 허가 등을 받을 것이라고 기대하고 이를 전제로 토지를 매매하였으나 법령 개정 등 여러 사정을 이유로 그것이 가능하지 않게 된 사건들이다. 이러한 사안을 "장래" 사정의 착오라는 간단한 개념 규정만으로 착오법에서 제외하는 것은 자의적일 수 있다. 이 착오는 동시에 언제든지 적정 절차를 밟는다면 건축이 가능한 토지라는 "현재"의 "성상"에 대한 착오라고도 말할 수 있기 때문이다. "장래 아닌 사정"인 현재 토지의 성상이 "바로 특정한 장래 기대"인 건축 허가를 "정당화"하고 있는 것이다(주 41 참조).

그러므로 취소할 수 있는 착오가 존재하는지의 문제는 제109조 제1항의 요건에 따라 과연 당사자들이 그러한 장래 사정(이자 동시에 현재 성상)을 전제로 대금을 정하는 등으로 해당 동기를 법률행위 내용으로 삼았는지 여부에 좌우된다. 그러한 동기가 반영되지 않았다면, 이는 고려될 수 없는 장래에 대한 막연한 기대일 뿐이다. 그러나 반영되었다면, 이는 법률행위의 내용이 되어 그에 대한 착오가 취소를 정당화하는 사정이 된다. 요컨대 당사자들이 장래 사정을 확실한 것으로 간주하고 그에 기초해 계약상 급부의무를 특정하고 구체화하는 방법으로 정보위험을 공유했다면 착오는 고려될 수 있다. 그러므로 예컨대 매매대상 토지 중 20~30평 정도만이 도로에 편입될 것이라는 중개인의 말을 믿고 주택 신축을 위하여 토지를 매수하였고 그와 같은 사정이 계약 체결 과정에서 현출되어 매도인도 이를 알고 있었는데 실제로는 전체 면적의 약 30%에 해당하는 197평이 도로에 편입된 경우, 매수인은 동기의 착오를 이유로 매매계약을 취소할 수 있어야 하는 것이다.[45]

물론 대법원의 몇몇 재판례에서는 장래 사정에 대한 예상이 빗나간 사안에서 "장래의 미필적 사실의 발생에 대한 기대나 예상이 빗나

---

45) 大判 2000.5.12., 2000다12259, 공보 2000, 1417.

간 것에 불과할 뿐 착오라고 할 수는 없다"는 판시도 발견된다.[46] 그
러나 이는 당해 사건에서 장래 사정에 대한 기대가 착오에 해당할 수
없다는 판단에 그치며, 장래 사정에 대해서는 착오가 성립할 수 없다
는 일반론으로 설시된 것은 아니라고 보인다. 실제로 대법원은 장래
사정에 대한 기대가 법률행위의 내용으로 편입되었다고 보이는 사안
에서는 고민 없이 착오 취소를 인정하고 있기 때문이다(주 45, 55 참
조). 또한 명시적으로 장래 사정에 대한 착오가 고려될 수 있음을 밝
히는 판결도 존재한다.[47] 장래 사정에 대한 착오와 현재 성상에 대한
착오가 반드시 명백히 구분될 수 없는 사례들이 존재한다는 것을 고
려할 때 이는 자연스러운 현상이라고도 말할 수 있다.

(3) 문제는 이렇게 장래 사정에 대한 착오가 문제되는 영역에서
사정변경 법리에 따른 해결이 경합할 수 있는지 여부이다. 이는 논란
이 있을 수 있는 쟁점이다. 학설에서는 이 경우 공통의 동기착오를
인정하고 사정변경 법리를 적용하려는 견해[48]와 양자의 경합을 인정
해야 한다는 견해[49]도 주장된다. 그러나 장래 사정에 대한 착오를 이
유로 취소 여부가 고려되는 범위에서는 경합을 인정해서는 안 되고
착오법에 따른 해결이 우선해야 한다고 생각된다.

첫째, 사정변경을 이유로 계약을 해제하는 경우 그 효과는 제109
조에 따라 취소하는 것과 실질에서 큰 차이가 없다(전자에 대해 제548
조, 후자에 대해 제141조). 그렇다면 명시적 법률에 따라 거의 동일한
해결이 가능함에도 굳이 신의칙에 따라 인정되고 해석상 논의가 진행

---

46) 大判 1972.3.28., 71다2193, 집 20－1, 160; 2007.8.23., 2006다15755, 종합법률정
    보 등.
47) 大判 1994.6.10., 93다24810, 공보 1994, 1920.
48) 송덕수, 착오론, 1991, 286면 이하; 백태승, "사정변경 원칙의 문제점", 사법행정,
    제34권 제10호, 1993, 10－11면; 이상민, "당사자 쌍방의 착오", 민사판례연구[XVIII],
    1996, 67면; 김상용, "계약 당사자 쌍방의 공통착오와 주관적 행위기초의 상실",
    사법행정, 제36권 제1호, 1995, 29면.
49) 조인영 (주 6), 302－303면.

되고 있는 구제수단을 병존시킬 이유는 쉽게 찾기 어렵다.

둘째, 착오법에 따르는 방법이 오히려 보다 유연한 해결을 가능하게 할 수 있다. 장래의 사정에 대해 취소할 수 있는 착오가 확인되는 경우, 이는 현실에서 대부분 쌍방 공통의 동기착오에 해당하게 될 것이다(주 48 참조). 그런데 이와 관련해 판례에서는 취소에 앞서 먼저 보충적 계약해석으로 계약을 적절히 수정하여 이를 유지할 수 있는지 여부를 검토한 다음 그것이 불가능한 때에 비로소 취소를 허용하는 해석이 정착되어 있다.[50] 반면 사정변경 법리의 경우 현재 그 효과로서 해제권만이 인정되고 있으며, 계약 수정에 대해서는 여전히 논의가 진행 중이다(앞의 I. 2. 참조).[51] 그렇다면 현재 상황에서는 착오법에 의하는 것이 오히려 계약 내용 조정 가능성을 열어 두어 보다 탄력적인 결과를 도모할 수 있다고 말하지 않을 수 없다.

셋째, 장래 사정에 대한 취소할 수 있는 착오의 경우 이익상황은 사정변경보다 전형적인 착오 사례에 가깝다. 예컨대 일반적으로 사정변경 사건의 경우 계약이 모두 이행된 다음에 발생한 사정변경은 고려될 수 없다고 받아들여지고 있다.[52] 일단 자신의 것이 된 이후에 그 법익에 발생한 불이익은 그 법익 주체가 감당하는 것이 정당하기 때문이다(casum sentit dominus). 그래서 사정변경은 계속적 계약이 아니라면 통상 계약 체결과 계약 이행 사이에 상당한 시간적 간격이 존재할 때 문제된다.[53] 그러나 취소할 수 있는 장래 사정에 대한 착오

---

50) 大判 1994.6.10., 93다24810, 공보 1994, 1920; 2005.5.27., 2004다60065, 공보 2005, 1031; 2006.11.23., 2005다13288, 공보 2007, 24 등.

51) 관련해 조인영 (주 6), 302면은 사정변경 법리가 계약수정을 가능하게 해 유연한 해결을 가능하게 한다고 언급하고 있으나, 이는 여전히 논의가 있는 부분이고 판례가 아직 인정하지 않는 내용이다.

52) 백태승 (주 48), 6면; 윤진수, "2007년도 주요 민법 관련 판례 회고", 민법논고 VII, 2015, 404면; 김재형, 민법판례분석, 2015, 8면; 손봉기, "사정변경으로 인한 계약해제가 인정되는지 여부", 대법원 판례해설, 제67호, 2007, 39면 등. 또한 MünchKomm/Finkenauer (주 21), § 313 Rn. 48도 참조.

사안에서는 잘못된 평가와 관련된 이해관계 성립이 결국 계약 체결 시점까지 미치기 때문에 이미 이행이 종료된 계약이라고 하더라도 사후적으로 취소를 허용해야 타당한 결과를 보장할 수 있다.[54] 그래서 예를 들어 매매계약 체결 직후 매수인이 매매 목적 건물의 경계 침범 사실을 알게 되어 매도인과 매수인이 해제를 논의하였으나 결국 양자 모두 법적으로 문제가 없다고 판단해 매매를 재확인하고 이후 쌍방 이행을 마친 사안에서, 나중에 건물의 철거라는 결과가 발생하였다면 매수인에게 취소를 허용하는 것이 타당하다.[55] 건물이 철거되지 않을 것이라는 장래 사정에 대한 착오는 동시에 매매 목적물인 건물에 법적인 문제가 없다는 현재 성상에 대한 착오이기도 하다. "장래 아닌 사정이 바로 특정한 장래 기대를 정당화"하고 있기 때문이다(주 41 참조). 그렇다면 해당 동기가 법률행위의 내용으로 편입된 이상 해당 합의에는 성립 시점부터 착오의 흠이 있는 것이고, 이행 여부와 무관하게 취소가 허용되어야 하는 것이다.

그러므로 장래 사정에 대한 착오를 문제 삼을 수 있는 범위에서 사정변경 법리는 적용될 수 없다고 해야 한다.[56] 착오법 적용이 문제되는 한 계약 해소 여부는 오로지 제109조와 그 관련 법리가 결정한다.

53) Wiegand, "Clausula rebus sic stantibus", *Festschrift für Hans Peter Walter*, 2005, S. 453f. 참조.
54) 실제로 스위스 판례는 이미 이행된 계약에 대해서도 장래 사정에 대한 기초착오 성립 여부를 검토한다. 예컨대 BGE 95 Ⅱ 409; 107 Ⅱ 343. 마찬가지로 독일 행위기초론에서도 행위기초 상실이 이미 계약 성립 시점에 존재하고 있었다면 이행 이후에도 해제 등을 허용한다. Martens in *Beck-Online Großkommentar zum BGB*, 1.4.2022, § 313 Rn. 39.
55) 大判 1997.9.30., 97다26210, 공보 1997, 3286.
56) 스위스 채무법의 해석으로는 경합을 인정하는 견해도 주장되지만(예컨대 Wiegand (주 53), 2005, S. 451ff.) 스위스 채무법의 해석으로 인정되는 사정변경 법리의 내용이 계약수정을 인정하는 등 아직 우리의 것과 반드시 같지 아니하므로, 이 역시 우리 민법 해석에 그대로 참조하기는 어렵다고 보인다.

(4) 이상의 내용에 따른다면 착오법과 사정변경 법리 사이의 경계는 다음과 같이 그어져야 할 것이다. 당사자들이 장래 사정에 대해 구체적인 관념을 가지고 있었고 그에 포함된 잘못된 평가가 계약의 동기가 된 때에는 착오법에 따라 해결이 되어야 하지만, 당사자들이 계약의 기초를 이루는 장래 사정에 대해 구체적인 관념을 가지고 있지 않았고 또 이를 예견할 수도 없었던 때에는 사정변경의 법리가 적용된다.[57] 즉 전자에서는 당사자들이 계약 체결 당시에 이미 장래 사정에 대한 잘못된 관념 때문에 급부의 가치를 잘못 평가한 것임에 반해(원시적인 주관적 등가성의 교란), 후자에서는 당사자들이 계약 체결 당시에 장래 사정에 대한 의식 없이 정한 급부의 가치가 나중의 사정변경에 따라 시장에서 변동한 것이다(후발적인 객관적 등가성의 교란).[58]

---

[57] 우리와 규율 상황이 비슷한 스위스 학설이 참조가 된다. Kramer (주 44), Art. 18 OR Rn. 309; Schwenzer, *Schweizerisches Obligationenrecht. Allgemeiner Teil*, 6. Aufl., 2012, Rn. 37.40 참조. 케겔의 표현을 빌자면, 착오의 경우에는 "잘못된 생각을 한 것"(etwas Falsches vorgestellt)이고, 사정변경의 경우에는 "정확한 생각을 하지 못한 것"(Richtiges nicht vorgestellt)이다. Kegel (주 1), S. 196 참조. 물론 이는 케겔이 그러한 구별에 의문을 제기하기 위해 사용한 것이기는 하다. 그러나 양자 모두 행위기초 이론으로 처리되는 독일법과 착오 규정의 적용이 고려되는 우리 법과는 문제의 양상이 같다고 할 수 없다(아래 주 59 참조).

[58] 그런데 본문과 같은 설명에 대해 이동진, "계약위험의 귀속과 그 한계", 비교사법, 제26권 제1호, 2019, 80-81면은 일반 계약법에서는 주관적 등가성만 문제되고 정당한 가격과 같은 객관적 등가성은 존재하지 아니하므로 사정변경에서 후자가 갑자기 고려될 이유는 없다고 지적한다. 그러나 본문의 서술에서 말하는 객관적 등가성이 정당한 가격과 같은 것을 말하는 것이 아님은 명백하다. 그것은 계약 대상의 가치에 대해 거래 참여자 사이에서 상호주관적으로 성립하는 통상적인 범위의 객관적 평가를 말하는 것에 지나지 않는다. 따라서 객관적 등가성의 교란이란 계약 체결 이후 사정변경으로 그러한 객관적인 평가가 현저하게 변동한 것을 지시한다. 그러한 경우 당사자들이 계약에서 고려한 주관적 등가성도 당연히 사후적으로 교란될 것이고, 그 해결은 바로 사정변경 법리의 문제이다. 반면 거래 참여자의 객관적 평가는 일정하게 유지되고 있지만 표의자가 당해 계약에서 특정한 사정(장래의 사정일 수도 있다)을 전제로 주관적 등가성의 결정에 잘못된 평가를 반영한 경우, 이는 착오의 문제로 동기가 계약에 편입되었는지 여부에 따라 고려 여부가 결정된다.

여기서 독일 민법학의 표현을 빌자면, 전자는 주관적 행위기초의 결여, 후자는 객관적 행위기초의 교란에 상응한다.[59] 다시 말하면, 사정변경에서 채무자는 사후적으로 계약에 발생한 의외의 사태 전개에 직면하게 되지만, 착오에서는 드러나지는 않았으나 계약이 체결 시점부터 결정적으로 균형을 상실하고 있었던 것이다.[60]

그래서 예컨대 원고와 한국석유공사 사이의 광구 개발 조합계약이 체결되었으나 나중에 계약 대상인 광구의 수익성이 현저하게 떨어지는 것으로 나타나자 원고가 지분 인수 대가의 일부인 보상금 지급을 거절하면서 착오 취소 및 사정변경을 주장한 사안에서, 대법원은 그러한 사정은 막연한 예측·기대에 불과하여 착오가 성립하지 않을 뿐만 아니라 고려되는 사정변경에도 해당하지 않는다고 하여 청구를 기각하였다.[61] 그러나 앞서 서술한 기준에 따르면 이 사안은 착오법이 적용되며, 사정변경은 문제 삼을 필요가 없었을 것이다. 장래 수익성은 수익을 가능하게 하는 계약 체결 시점의 목적물의 성상으로도 표현될 수 있으며("매년 일정한 수익을 가져오는 성질을 가진 광구"; 주 41의 본문 참조) 이 성질은 계약 체결 시점부터 이후까지 변화한 바 없다. 그렇다면 계약 대상인 광구의 객관적 가치의 변동은 없는 반면 계약 당시 원고의 그에 대한 주관적 평가에 흠이 있을 뿐이며, 이는 사정변경이 아닌 착오의 문제이다. 쟁점은 그러한 성상이 당사자들의 합의에 의해 계약 내용으로 편입되었는지 여부이다. 그런데 원심이

---

59) 관련해 독일의 경우 착오 규정(독일 민법 제119조)의 제약을 해결하기 위해 전개된 "일반적 동기착오 이론"이 바로 주관적 행위기초론이므로(Wieling, "Der Motivirrtum ist unbeachtlich!", *Juristische Ausbildung* 2001, 577, 583 참조), 동기착오 취소를 가능하게 하는 적합한 규정을 가지는 스위스 채무법에서 그에 해당하는 문제는 사정변경 법리가 아니라 장래 사정에 대한 기초착오로 해결된다는 Kramer, "Wegfall der Geschäftsgrundlage", *Juristische Blätter* 2015, 273, 279 참조. 이러한 사정은 우리 민법의 해석에도 다르지 않다고 생각된다.

60) Stoffel-Munck, *Regards sur la théorie de l'imprévision*, 1994, n° 85.

61) 大判 2020.5.14., 2016다12175, 공보 2020, 1053.

확정한 사실관계를 보면 한국석유공사는 그러한 수익성을 보장하는
행위를 회피하려 했음을 알 수 있다. 따라서 광구 수익성이라는 성상
은 계약이 편입되지 않았고, 그 위험은 원고가 부담하는 것이 타당하
다. 그리고 이렇게 착오법의 적용이 문제되고 있는 이상, 이는 사정변
경 법리의 쟁점은 아니다.

(5) 마지막으로 장래 사정에 대한 착오를 이유로 취소가 인정되
는 경우 그 효과에 대해 유의해야 할 사항이 있다. 장래 사정을 이유
로 하는 계약의 해소는 계속적 계약에서 종종 문제되므로, 그러한 사
건에서 착오 취소가 허용된다면 취소가 가지는 소급적 무효의 효과
(제141조)에 의해 법적인 불안정이 발생할 수 있다. 그러나 판례는 이
미 일찍부터 계속적 계약에서 무효·취소에 따른 소급적 원상회복이
그러한 법적 불안정을 가져오는 경우 소급효를 제한하여 장래에 대해
계약의 효력을 상실시키는 태도를 채택하고 있다.[62] 그러므로 계속적
계약에서 장래 사정에 대한 착오를 이유로 계약이 취소되더라도 그
효력은 원칙적으로 장래에 대해 발생한다고 해석된다. 스위스 판례도
같다.[63]

6. 하자담보책임

계약 체결 이후에 발생한 중대한 사정변경이 채무자가 실현해야
하는 급부에 하자를 발생시킬 수 있다. 그러한 경우 하자담보책임과
사정변경 법리의 경합 문제가 제기된다. 물론 매매계약과 같이 계약
체결 시점 또는 인도 시점에[64] 하자가 존재해야 하자담보책임이 성
립하는 계약에서는 나중의 사정변경으로 새삼 매도인의 책임이 성립

---

62) 사실상 조합에 대해 大判 1972.4.25., 71다1833, 집 20-1, 217; 사실상 근로계약
　　에 대해 大判 2017.12.22., 2013다25194,25200, 공보 2018, 270
63) BGE 129 Ⅲ 320.
64) 이 쟁점에 대해서는 전거와 함께 본서 제3편 제3장 Ⅳ. 참조.

할 수는 없다. 그러나 매매의 담보책임 규정은 다른 유상계약에도 준
용되므로(제567조), 예컨대 유상의 계속적 계약에서는 계약 이후에 발
생한 사정변경으로 목적물에 하자가 발생하는 일이 있을 수 있다. 예
컨대 계속적 공급계약이 진행되는 도중 중대한 사정변경으로 이후 공
급자가 인도하는 물건에 지속적으로 하자가 존재하게 된 사안이 그러
하다.

이러한 경우 사정변경 법리는 적용될 수 없으며, 하자담보책임만
이 문제된다고 해석해야 할 것이다.[65] 그 이유는 앞서 이행불능 및
착오와 관련해 서술한 것과 다르지 않다(앞의 II. 4. (3), II. 5. (3) 참
조). 사정변경에 따른 해제로 목적하는 결과는 이미 하자담보책임(제
581조, 제575조)에 따른 해제로 도달할 수 있을 뿐만 아니라, 하자담보
책임에 의할 때에는 그 효과인 손해배상으로 대금감액적 운용이 가능
해[66] 실질적으로 계약수정에 준하는 유연한 적용을 가능하게 한다.
그렇다면 법률의 규정에 기초해 확립된 해석이 존재하는 제도에 대해
신의칙에 근거하며 해석상 논의가 여전히 존재하는 사정변경 법리를
새삼 경합시킬 이유는 찾기 어렵다고 생각된다. 게다가 순수 이론적
인 차원에서의 고려이기는 하지만,[67] 사정변경으로 발생하는 해제권
은 통설[68]과 판례[69]에 따를 때 10년의 제척기간에 걸릴 것인데, 이는
하자담보책임에 정해진 제척기간(제582조)과 비교해 지나치게 장기여
서 권리행사 기간에 상당한 불균형이 발생한다는 점도 간과할 수만은
없다. 그러므로 이러한 사정을 고려할 때, 하자담보책임의 적용이 문

---

65) 독일의 통설도 마찬가지로 해석한다. MünchKomm/Finkenauer (주 21), § 313
Rn. 168 참조.
66) 이 점에 대해 전거와 함께 본서 제3편 제2장 III. 1. 참조.
67) 물론 현실에서 사정변경은 주로 이행청구에 대한 항변으로 제기되므로 제척기간
준수가 문제되는 분쟁은 거의 없을 것이다.
68) 곽윤직·김재형 (주 14), 426-427면 등.
69) 大判 1992.7.28., 91다44766, 공보 1992, 2552 등.

제되는 범위에서 사정변경 법리는 적용될 수 없다고 해야 한다.

Ⅲ. 최근 대법원 판결의 검토

앞서 보았지만, 대법원은 최근 공간된 두 개의 판결에서 사정변경 법리를 적용해 해지권을 인정하였다(주 5 참조). 그런데 앞서의 내용에 비추어 볼 때, 이들 사안이 사정변경 법리가 아니라, 당사자들이 합의한 위험분배 또는 민법 규정에 근거를 두고 있는 다른 법리에 의해 해결되어야 했던 것이 아닌지 의문이 제기될 수 있다. 아래에서 살펴본다.

1. 大判 2020.12.10., 2020다254846(공보 2021, 216)

(1) 이 판결에서는 원고(개발자와의 사업 시행 대행 계약에 따라 시행에 필요한 용역을 수행)가 주택건설사업을 위한 견본주택 건설을 목적으로 임대인인 피고와 토지에 관하여 임대차 계약을 체결하면서 임대차 계약서에 특약사항으로 목적을 명시하였는데("보증금 1억 원, 차임 3,000만 원, 기간 계약일로부터 3년으로 하되 임차인 필요시 연장", "견본주택 건축을 목적". 피고는 "계약과 동시에 가건물 건축 인허가에 필요한 제반 서류를 제공"), 지방자치단체장으로부터 가설건축물 축조 신고 반려 통보 및 주택사업계획 승인신청 반려 통보 등을 받고 위 토지에 견본주택을 건축할 수 없게 되자, 원고가 피고를 상대로 임대차 계약의 착오 취소, 해제, 해지 및 임차보증금 반환을 구한 사안이 문제되었다(한편 이 시점까지 임차 토지는 제3자가 불법으로 점유하고 있었던 것으로 보인다). 원고의 착오 주장은 제1심에 의해 배척되었고("이 사건 임대차 계약 체결의 동기가 된 견본주택의 설치 여부가 이 사건 임대차 계약의 내용이 되었다고 보더라도 원고가 제출한 증거들만으로는 원고가 이 사건 임대차 계약 체결 당시 중요 부분에 대하여 어떠한 착오를 일으켰다는 점을 인정하

기 부족") 이후 유지되었다. 반면 원심과 대법원은 사정변경을 이유로
하는 해지 주장을 받아들였다. 대법원은 "견본주택 건축은 이 사건
임대차 계약 성립의 기초가 된 사정이다. 견본주택을 건축할 수 없어
원고가 임대차 계약을 체결한 목적을 달성할 수 없고, 피고가 원고에
게 이 사건 토지를 사용·수익할 수 있는 상태로 인도한 것으로 볼
수도 없다. 이 사건 임대차 계약을 그대로 유지하는 것은 원고와 피
고 사이에 중대한 불균형을 초래하는 경우에 해당한다고 보아야 한
다"고 하여 사정변경으로 인한 해지를 인정하고 보증금 반환을 인용
한 원심을 승인하였다.

(2) 그런데 이 사건에서 원고는 임대차 토지에 견본주택을 건축
할 것을 전제로 장래 인허가를 받을 것이라고 기대하여 임대차를 체
결하였다. 이는 앞서 서술된 내용에 따르면(앞의 Ⅱ. 5. (4) 참조) 당사
자들이 장래의 사정에 대해 구체적인 관념을 가지고 그 도래를 확실
한 것으로 전제하여 계약을 체결한 경우로서, 전형적으로 장래 사정
에 대한 착오가 문제되는 사안이다(실제로 이러한 유형의 사건이 스위스
법원에서 종종 다투어졌음을 앞서 보았다; 주 44, 54 참조). 그러므로 여기
서 사정변경의 법리를 적용할 수는 없다고 생각된다. 오히려 원고 주
장의 타당성은 착오 규정(제109조)에 따라 인허가를 확실한 것으로 전
제하고 이를 고려하여 당사자들이 급부 내용을 정함으로써 당해 동기
가 법률행위 내용으로 편입되었는지 여부에 의해 좌우된다.

이는 결국 사실관계의 내용에 따라 결정될 것이다. 예컨대 해당
토지가 다른 목적(예컨대 경작이나 물건 적치)으로 임대되었을 경우와
비슷한 차임으로 임대차가 체결되었다면, 해당 동기는 법률행위 내용
이 되지 못하였을 가능성이 높다. 이때에는 임차인이 자신의 목적을
임대인에게 이야기했거나 계약서에 기재했다 하더라도 그것만으로는
사정이 달라지지 않는다. 임대인은 누구에게나 같은 금액으로 토지를
임대할 것이었고, 임차인이 이 토지를 어떻게 활용할 것인지에 대해

서는 무관심하기 때문이다. 토지의 활용 위험은 임차인이 부담한다. 그러나 반대로 만일 당사자들이 건축을 전제로 임대인의 의무를 정하였고(제623조 참조) 그에 상응하여 차임도 정해졌다면, 해당 동기는 법률행위로 편입되었을 것이다. 그냥 토지가 아니라 건축을 위한 토지가 임대되었다. 임대인은 합의된 사용을 위한 상태를 창출하는 것에 대해 위험을 부담한다(제623조). 그렇다면 원고의 잘못된 기대는 법률행위 내용에 관한 착오에 해당하며,[70] 이제 착오 취소 여부는 착오가 중요 부분에 관한 것인지 여부에 따라 달라진다. 그런데 건축이 불가능할 것임을 알았다면 임차인은 계약을 체결하지 않았을 것이고, 아마도 같은 처지에 있는 평균인도 그러하였을 것으로 추측된다. 다른 동기에 기초해 동일한 내용의 계약을 체결할 평균인을 상상하기는 쉽지 않기 때문이다. 그렇다면 이 사건의 착오는 법률행위 내용의 중요 부분의 착오에 해당한다고 보아야 한다.

어느 결과가 타당할 것인지는 기록이나 변론에 대한 접근 없이 원심 판결이 확정한 사실만으로는 쉽게 답하기 어렵다. 그러나 적어도 대법원이 재판의 기초로 한 사실에서 추측한다면, 장래 사정에 대한 기대가 법률행위의 내용이 되었을 가능성이 높다고 보인다(아래 (4)의 네 번째도 참조). 그렇다면 이 점에서 1심의 판단은 의문이라고 할 것이다. 원고는 이 사건 임대차 계약을 적법하게 취소하였다.[71]

70) 조인영 (주 6), 290면은 임차인에게 건축 허가에 대한 확신이 없었을 것이라는 추측 하에 착오의 존재를 부정한다. 그러나 이러한 설명에는 의문이 있다. 과연 임차인에게 그러한 확신이 없었다면, 그는 왜 상당한 경제적 부담을 지우는 임대차 계약을 먼저 체결하고 또 허가가 나오지 않은 경우를 대비하는 약정도 해 두지 않았는지 이해하기 쉽지 않기 때문이다. 그리고 이 문헌은 이어서 예외적으로 임차인에게 확신이 있었다고 할 때에는 쌍방 공통의 동기착오에 해당한다고 서술한다. 그러나 그러한 사정만으로는 결론을 단정할 수 없다. 임차인에게 확신이 있었다고 하더라도 그 동기가 합의에 의해 법률행위 내용으로 편입되지 않는다면 이는 착오로 고려되지 않는다.

71) 이 사안에서는 쌍방 공통의 착오가 문제되었기 때문에 가정적 의사를 고려하여 다른 내용을 탐색하는 보충적 계약해석의 가능성도 제기되지만, 목적이 좌절된 임차

물론 취소의 효과는 임대차라는 계속적 계약의 특성을 반영하여 장래에 대해서 발생할 것이다(앞의 Ⅱ. 5. (5) 참조).

(3) 동시에 —필자의 생각으로 타당한[72]— 판례에 따르면[73] 착오 취소가 가능하더라도 그와 병존해서 하자담보책임에 대한 권리 주장은 경합할 수 있고, 물건의 성상과 관련해 법률행위 내용에 관한 착오는 주관적 하자 개념을 전제로 할 때 거의 언제나 하자 요건을 충족하므로,[74] 착오법의 적용 가능성을 검토할 때에는 하자담보책임의 적용도 함께 고려할 필요가 있다.[75]

임대차 계약도 유상계약이므로, 매매에 따른 하자담보책임 규정(제580조 이하)이 준용됨은 물론이다(제567조).[76] 그에 따르면 임대차 목적물에 하자가 있을 때 선의·무과실의 임차인은 이로써 계약목적을 달성할 수 없을 때 계약을 해지할 수 있고, 그 밖의 경우에는 손해배상을 청구할 수 있다.[77] 그리고 목적물 인도 시점에 있었던 하자뿐만 아니라 이후에 발생한 하자에 대해서도 책임은 성립한다.[78] 여기서 하자의 존재 여부는 인허가를 받게 될 것이라는 임차인의 동기가 당사자들의 급부의 내용을 정하는 방법으로 합의되었는지 여부에 따라 좌우된다(주관적 하자 개념).[79] 착오와 관련해서 본 것과 비슷하

인은 달리 계약을 수정할 이유가 없어 어차피 계약 해소를 원하므로 보충적 계약 해석은 성과가 없이 끝나게 될 것이다. 같은 취지로 조인영 (주 6), 298면.

72) 본서 제3편 제3장 Ⅴ. 3. 참조.

73) 大判 2018.9.13., 2015다78703, 공보 2018, 1951.

74) 본서 제3편 제3장 Ⅴ. 1. 참조.

75) 마찬가지로 이진기 (주 6), 247면.

76) 곽윤직 편집대표, 민법주해[ⅩⅤ], 1997, 91면(민일영); 조규창, "임대인의 담보책임", 논리와 직관, 1998, 319면 이하; 김용덕 편집대표, 주석 민법 채권각칙(3), 제5판, 2021, 131－132면(박진수) 등. 또한 來栖三郞, 契約法, 1974, 306면 이하도 참조.

77) 민법주해[ⅩⅤ] (주 76), 91면(민일영) 참조.

78) 조규창 (주 76), 329면; 平野裕之, 契約法, 第3版, 2008, 10－125; Looschelders, Schuldrecht. Besonderer Teil, 14. Aufl., 2019, § 22 Rn. 30.

게(바로 앞의 (2) 참조), 여기서도 만일 당사자들이 건축에 대한 고려 없이 차임을 정하고 임대인의 의무를 정한 때에는 하자가 존재한다고 할 수 없겠지만, 반대로 건축을 전제로 인허가를 받을 것을 확실하다고 기대하였고 그에 상응하여 차임을 정하고 임대인의 의무를 정하였다면 계약에서 정한 임차 목적물의 성상(Soll-Beschaffenheit)과 현실의 성상(Ist-Beschaffenheit) 사이에 차이가 발생하여 하자가 존재하게 될 것이다. 즉 이때에는 단순한 토지가 임대된 것이 아니라 건축이 가능하고 인허가가 가능한 토지가 임대된 것이고 차임도 그에 상응하여 정해진 것이어서,[80] 현실에서 그러한 성상 없는 토지가 제공되었다면 하자를 부정할 수 없다. 이는 즉시 운행을 전제로 운행정지 처분을 받은 자동차가 매매되거나,[81] 법령상 건축이 허용되지 않음에도 건축이 가능한 것으로 전제하여 토지가 매매된[82] 경우에 하자 여부를 검토하는 판례에 비추어 보아도 분명하다.

하자와 관련해서도 어느 결과가 타당할 것인지는 사실심 법원이 확정한 사실만으로는 쉽게 답하기 어렵다. 그러나 마찬가지로 적어도 대법원이 재판의 기초로 한 사실로부터 추측한다면 하자가 존재한다고 볼 여지가 크다고 보인다(앞의 Ⅲ. 1. (3)도 참조). 이 경우 임차 목적물의 하자로 임차인은 계약의 목적을 달성할 수 없으므로 계약을 해지할 수 있을 것이다. 임차 목적물의 양적 하자로 계약목적을 달성할 수 없을 때 해지가 정당화된다면(제627조 제2항), 임차 목적물의 질적 하자로 계약목적을 달성할 수 없을 때에도 해지가 허용되어야 한다는 결론은 전혀 이례적이지 않다.

(4) 지금까지 이 판결에서 사정변경 법리에 의지하지 않고서도

---

79) 조규창 (주 76), 327면; 來栖 (주 76), 308면. 하자 개념에 대해서는 전거를 포함하여 본서 제3편 제3장 Ⅱ. 참조.
80) Flume (주 19), S. 498f. 참조.
81) 大判 1985.4.9., 84다카2525, 공보 1985, 730.
82) 大判 2000.1.18., 98다18506, 공보 2000, 446.

우선적으로 적용되어야 할 구체적인 민법 규정에 따라 동일한 결과에 도달할 수 있음을 살펴보았다.

한편 학설에서는 이 판결에 대해서는 다음과 같이 비판하는 견해도 주장된다. 즉 "이 사건에서는 원고의 장래에 대한 기대와 달리 인허가를 받지 못한 것일 뿐 계약 당시에 어떤 착오가 있었다고 보기는 어렵"기 때문에 착오는 부정되고, 임차인은 인허가가 좌절될 가능성을 예견할 수 있었을 것이므로 예견가능성 요건이 충족되지 않아 사정변경 법리는 적용될 수 없지만, 대신 보충적 계약해석에 따른 약정해지권을 인정해 해결해야 한다는 것이며, 특히 인허가 위험은 임차인이 부담해야 하고 그가 최소비용회피자라는 점도 지적된다.[83] 그러나 이러한 비판에는 의문이 있다.

첫째, 이 사건에서 착오가 성립할 수 없다는 명제는 장래 사정에 대해서는 아예 착오가 불가능하다는 전제에 서 있으나, 앞서 보았듯 이는 타당하지 않다고 생각된다(앞의 Ⅱ. 5. (2) 참조).

둘째, 이 비판은 임차인에게 예견가능성이 있었을 것이라는 사실만으로 바로 사정변경 법리의 적용을 부정하지만, 이는 의문이다. 이 견해도 인정하는 것처럼, 내외에서 사정변경의 "요건"으로 언급되는 사항들은 우리가 생각하는 구체적 규율(rule)에서의 요건이 아니라, 사정변경 법리라는 원리적 내용을 표현하기 위해 그 전형적인 특징들을 묘사한 것에 지나지 않는다.[84] 사정변경 법리는 결국 신의칙의 한 적용례인 것이다. 그러므로 예견가능성 유무는 사실의 포섭으로 그것

83) 권영준 (주 6), 159-162면.
84) 같은 취지로 권영준 (주 2), 235면 이하. 비슷한 "요건"을 들고 있는 독일 민법 제313조에 대해 MünchKomm/Finkenauer (주 21), § 313 Rn. 7: "요건 측면이나 효과 측면 모두 다수의 불확정개념과 가치평가가 필요한 개념을 포함하는 서술적 규범(narrative Norm)"; Kötz (주 9), p. 283: "이 규정은 일반조항이다. […] 독일 민법 제313조의 모호한 표현은 판례를 분석함에 의해서만 어느 정도 해명될 수 있다."

이 충족되는지 여부에 따라 법리의 적용을 전부 또는 전무(all or nothing)의 모습으로 결정하는 구체적 요건 사항이라기보다는, 이를 통해 당사자들이 계약에서 어떻게 위험을 분배하였는지를 살피도록 도와주는 전형적 고려 사유의 하나로서 의미를 가진다(아래 Ⅲ. 2. (2) 도 참조).85) 그러므로 중요한 질문은 단순히 인허가 좌절이 사실적으로 예견 가능하였는지 여부에 그치지 않는다. 이는 ―예견가능성을 전제하는 상당인과관계설에 대한 비판에서 지적되는 바와 마찬가지로86)― 법적용자가 당사자 또는 평균인의 능력을 임의로 가정하여 얼마든지 원하는 대로 답을 내릴 수도 있다.87) 우리가 물어야 하는 것은 평균인 또는 당사자들이 이를 예견할 수 있었는지, 잘못하여 예견하지 못했다면 어떠한 사정 때문에 그러한지, 그러한 잘못된 믿음이 계약에서 실현된 위험분배에 어떠한 영향을 미쳤는지 등의 규범적 질문이다(주 85 참조). 그리고 바로 앞서 인허가에 대한 기대가 법률행위 내용으로 편입되었는지 여부를 검토하며 보았지만(앞의 (2), (3) 참조), 이는 사실관계에 비추어 부정하기 어려울 수도 있다.

셋째, 원칙적으로 임차인과 매수인이 각각 임차 목적물과 매매 목적물의 활용에 관한 위험을 부담하는 것은 물론이다. 그러나 플루메가 일찍이 증명한 대로, 당사자들이 일정한 동기에 기초해 급부의 내용을 정함으로써 법률행위의 내용으로 삼은 때에는 그 동기는 상대방 역시 이해관계를 가지는 사항이 되어88) 착오, 하자담보책임, 행위

---

85) 독일 민법 제313조에 대해 MünchKomm/Finkenauer (주 21), § 313 Rn. 74 참조: "법적용자가 사안의 특수성을 고려할 수 있도록 입법자는 예견가능성을 일반적인 소극적 요건으로 표현하는 것을 의식적으로 포기하였다. 그러한 예외는 예컨대 쌍방 당사자들이 착오로 객관적으로는 예견가능한 위험을 제거된 것으로 간주하였거나 또는 예방적 조치를 정할 수 없었던 경우에 생각할 수 있다."(강조는 인용자)

86) Looschelders (주 32), § 45 Rn. 15 참조.

87) 실제로 예견가능성을 부정하여 판례의 결론을 지지하는 장윤실 (주 6), 35-36면 참조.

88) 본서 제1편 제4장 Ⅱ. 1. 참조.

기초 등에서 고려되는 사항이 된다.[89] 그래서 원래는 임차인과 매수인이 부담하였을 활용 위험이 어떤 사정 하에 행위기초가 되어 사정변경이 있으면 고려될 수 있는지를 설명하는 이론이 바로 종래의 사정변경 법리인 것이다. 그러므로 활용 위험이 임차인에게 있다는 사실만을 들어 바로 사정변경 법리 적용을 부정하는 방식의 추론[90]은 의문이다. 오히려 해당 사실관계에서 해당 위험이 행위의 기초되는 사정이 됨으로써 임대인도 이를 공유하게 되었는지 아니면 계약 전형적인 위험분배에 머물렀는지 여부 즉 건축 가능성을 전제로 임대인과 임차인의 급부의무가 정해졌는지 여부를 구체적으로 살펴보아야 한다. 그렇게 정해졌다면 임대인은 임대차 계약에서 정한 사용·수익을 보장하는 것에 대해 위험을 부담하기 때문이다(제623조 참조).[91] 같은 이유에서 임차인이 최소비용회피자라는 사실을 지적하는 것도 해결에 도움이 되지 않는다. 이는 불완전계약에서 고려하지 못한 위험을 어느 당사자가 부담할 것인지를 결정하는 기준이다. 그러나 이 사건에서는 임차인이 전형계약의 위험분배에 따른다면 그렇게 부담하였을 위험을 당해 사건의 구체적 합의에 의해 임대인도 공유하게 되었는지 여부가 다투어지고 있다. 만일 건축을 할 수 있는 토지를 목적물로 약정하고 그에 차임을 약속하였다면 임차인은 건축 가능성에 대가를 지급하고 그 위험을 매도인에게 이전한 것이고, 여기서 계약 전형적 활용 위험이 임차인에게 있다는 사실은 고려될 이유가 없다.[92]

---

89) 최종적으로 Flume (주 19), S. 497ff. 또한 Huber (주 19), 57ff.도 참조.
90) 권영준 (주 6), 159면.
91) Flume (주 19), S. 510f. 권영준 (주 6), 159면 주 18은 예컨대 MünchKomm/Finkenauer (주 21; 7. Aufl.) § 313 Rn. 254를 인용하면서 활용 위험이 매수인이나 임차인에게 있음을 강조한다. 그러나 같은 문헌은 바로 이어지는 Rn. 255 이하에서 어떤 경우에 활용 위험이 행위기초로 계약의 내용이 되어 매도인이나 임대인도 이를 부담하게 되는지 서술한다.
92) Schäfer/Ott, *Lehrbuch der ökonomischen Analyse des Zivilrechts*, 5. Aufl., 2012, S. 464f. 참조.

개별 계약의 위험분배가 다투어지고 있는 것이고, 법경제학적인 인식을 추상적으로 원용하는 것만으로는 적절한 해결이 도출될 수 없는 것이다.

넷째, 세 번째 사항과 이어지는 점인데, 과연 토지 활용 위험이 임차인에게 있어서 이 사건에 사정변경 법리가 적용될 수 없다면, 어떻게 동일한 사실관계가 보충적 계약해석에 의해 해지권을 발생시킬 수 있는지도 이해하기 쉽지 않다. 보충적 계약해석은 계약에 실현된 당사자들의 위험분배를 존중하는 방법으로 행해져야 하므로,[93] 목적물 활용 위험이 임차인에게 귀속하는 이상 사정변경 법리로 부정된 해지권이 새삼 보충적 계약해석에 의해 도출된다는 결과는 이상하게 보이기 때문이다. 실제로 동기착오의 취소, 보충적 계약해석, 사정변경 법리는 모두 당사자들이 가지고 있던 관념과 어긋난 현실에 직면하여 당사자들이 계약에서 실현한 위험분배를 조응시키는 수단이므로, 동일한 사실관계를 전제로 자유롭게 경합시킬 때 이들이 서로 다른 결과에 도달할 것이라고는 쉽게 예상할 수 없다.[94] 여기서 사정변경 법리가 사실은 해당 사안유형에 적용되는 보충적 계약해석으로 양자의 구별은 불가능하다는 지적도 상기할 필요가 있다(앞의 주 21의 본문 참조).

---

93) 이 점에 대해 우선 민법주해[Ⅲ] (주 18), 67면(최수정) 참조.
94) 권영준 (주 6), 162면은 독일 판례(BGH Urteil vom 3.10.1980, V ZR 100/79)가 비슷한 결과를 인정하였다고 설명한다. 즉 이 판결은 부동산 활용 위험은 "부동산 매수인이 스스로 부담한다고 보았"지만, 제반사정에 비추어 "건축이 무위에 그칠 경우 어떻게 계약을 체결하였을 것인가에 대한 보충적 해석 가부를 심리해 보아야 한다는 점을 들어 원심을 파기"했다는 것이다. 그러나 이는 그렇지 않다. 이 판결에서 법원이 매수인 위험을 언급한 것은 매도인이 결과보증(Garantie)의 책임을 부담하지 않는다는 취지로 판시한 것이고, 계약해석과 관련해서는 중대한 사정변경을 부정한 원심에 대해 당시 통설에 따라(주 16 참조) 사정변경을 검토하기 전에 피고가 주장하는 바의 보충적 계약해석을 먼저 살펴보아야 하는데 그것을 하지 않았다는 이유로 원심을 파기한 것이다. 중대한 사정변경을 부정하면서 보충적 계약해석으로 다른 결론을 내린 것이 아니다.

2. 大判 2021.6.30., 2019다276338(공보 2021, 1381)

(1) 이 판결[95])에서는 다음과 같은 사실관계가 문제되었다. 원고들은 해외 이주 알선업체인 피고와 미국 비숙련 취업 이민을 위한 알선업무계약을 체결하였는데, 계약의 유효기간은 계약서 작성일부터 원고들의 이민비자 취득일까지이며, 국외 알선 수수료는 미화 3만 달러로 지급 방법은 계약 시, 노동허가(노동부) 취득 시, 이민허가(이민국) 취득 시로 나누어 미화 1만 달러씩 지급하는데, 이민허가가 나지 않을 경우 이미 납입한 국외 알선 수수료의 80%를 환불하며, 미국의 이민정책 변경으로 원고들의 이민 절차가 불가능해진 경우 해외 알선 수수료에서 실비를 공제한 후 50%를 환불하기로 정하였다. 이 사안에서 원고들은 이민국의 이민허가를 받았고, 이에 따라 피고에게 국외 알선 수수료를 모두 지급하였다. 그런데 주한 미국대사관은 원고들에 대한 이민비자 인터뷰를 한 다음 그 자리에서 추가 행정검토 결정을 하였고, 10개월 후 재심사를 위한 이민국 이송 결정을 하였다. 원고는 언제 비자를 받을지 알 수 없는 상태가 되었고, 사정변경을 이유로 하는 계약 해지를 주장하여 수수료의 반환을 청구하였다.

이에 대해 대법원은 사정변경을 인정한 원심을 긍정하면서, "계약을 체결할 당시 당사자들이 이러한 사정변경을 예견했다고 볼 수 없고, 그로 인한 불이익이나 위험을 원고들이 부담하기로 했다고 볼 수 없다. 만일 원고들이 이러한 사정을 예견했더라면 이 사건 계약을 체결하지 않거나 계약 내용 중 일부를 변경하거나 추가하였을 것으로 보는 것이 합리적이다. […] 이러한 사정을 종합하면, 이 사건 계약은 성립의 기초가 되었던 비자 발급 절차나 기간에 관한 사정이 현저히 변경되었고, 당사자가 계약의 성립 당시 이를 전혀 예견할 수 없었으

---

95) 동일 취지의 미공간 판결로 이미 大判 2018.11.9., 2018다208406도 참조.

며, 계약을 유지해도 체결한 목적을 달성할 수 없거나 당사자의 이해
에 중대한 불균형을 초래하는 경우에 해당한다고 볼 수 있다"고 판시
하고, 이민정책 변경에 관한 계약조항 적용을 주장하는 피고의 주장
에 대해서는 "원고들에 대한 비자 발급 절차가 중단된 구체적인 이유
를 알 수 없고, 미국 이민법령의 개정이나 행정명령 발효 등 공식적
인 정책 변경이 있었다는 증명이 없으므로, 원고들의 이민 절차가 미
국의 암묵적인 이민정책 변경으로 불가능해졌을 것이라는 추측이나
추정만으로 위 조항을 적용할 수 없다"고 하였다. 결과적으로 원심은
계약에서 이민허가가 나지 않으면 수수료의 80%를 환불하도록 규정
한 것에 비추어 원고들이 기지급한 3만 달러의 80%에 해당하는 금액
을 반환하도록 하였고, 이는 대법원 판결에서 그대로 유지되었다.

  (2) 사실관계에서 당사자들이 체결한 알선업무계약은 비자 취득
을 계약의 종료일로 정하면서 그 과정에서 일정한 성과의 성취에 따
라 대가의 성질을 가지는 수수료가 나누어 지급된다. 여기서 당사자
들은 계약의 이행을 단계적으로 나누어 규율하는데, 각 단계에서 계
약이 좌절될 경우를 염두에 두고 그에 적용될 효과를 약정하였다. 노
동허가가 나오지 않는 경우, 이민허가가 나오지 않는 경우, 이민정책
변경으로 이민이 불가능해지는 경우가 그것이며, 각각의 경우 피고는
기지급 수수료의 80%, 80%, 50%를 반환한다. 이는 당사자들이 약정
해지권[96]을 유보하면서(제543조 제1항), 단순한 해지만으로는 발생하

---

96) 장보은 (주 15), 154면 그리고 大判 2022.3.11., 2020다297430, 공보 2022, 663은,
   사정변경 법리의 적용을 전제로, 이 사건의 계약이 계속적 계약에 해당하므로 해
   지권이 발생한다고 설명한다. 그러나 이러한 설명은 타당하지 않다고 생각된다.
   일반적으로 계속적 계약은 지속하는 시간에 걸쳐 지속적 급부 또는 회귀적 급부에
   대한 의무를 발생시키는 계약을 말한다. 즉 계속적 계약관계는 시간의 지속에 따
   라 채권관계를 기초로 행해지는 급부의 범위가 비례하여 증가하는 것을 특징으로
   한다. 반면 사전에 정해진 일정량의 급부가 시간의 흐름에 따라 분할해서 이행되
   는 것에 불과한 경우에는 계속적 채권관계라고 할 수 없는데, 여기서는 시간의 흐
   름이 급부의 내용과 범위가 아니라 단순히 급부의 방법에만 관계하고 있기 때문이

다(이상의 내용에 대해 예컨대 곽윤직 편집대표, 민법주해[XII], 1997, 159면(이주흥); 송덕수 (주 11), 38-40면; Larenz, *Lehrbuch des Schuldrechts*, Band I, 14. Aufl., 1987 S. 30; 我妻榮·有泉亨·淸水誠·田山輝明, コメンタール民法, 第7版, 2021, 1068면 등 참조). 이 판결의 사안에서는 범위가 정해진 급부가 분할되어 이행되는 것에 불과하므로, 문제된 알선업무계약은 후자에 해당하며 따라서 계속적 계약이라고 보기 어렵다. 그래서 예컨대 수수료를 지급하였음에도 피고가 알선업무에 전혀 착수하지 않는다면, 또는 피고의 업무 진행에도 불구하고 원고가 수수료를 아예 지급하지 않는다면, 원고 또는 피고는 당연히 최고를 한 다음 계약을 소급적으로 해제하고자 할 것이다(제543조, 제544조, 제548조). 여기서 수수료가 지급된 기간 또는 업무가 진척된 기간이 상당한 정도에 이르렀다고 하더라도 소급적 원상회복은 정당화된다. 오히려 신뢰관계의 중대한 파괴를 이유로 즉시 해지를 상정하는 것이 이상하게 느껴진다. 이 점에서 당해 계약이 계속적 계약이 아니라는 사실이 확인된다. 만일 이렇게 이해하지 않으면 예컨대 계약 체결과 그 이행 사이에 상당한 기간이 존재하는 계약은 어느 것이나 모두 계속적 계약이 될 것인데, 이러한 파악은 계속적 계약의 특수성을 포착해 그 독자성을 해명하기 어렵게 한다. 물론 계약에서 시간적 요소를 달리 파악하는 개념 구성도 가능할 것이지만(예컨대 Doralt, *Langzeitverträge*, 2018, S. 214ff. 참조), 어쨌든 그것은 종래 학설이 말하는 계속적 계약과는 구별된다.

　오히려 이 사건에서 계약해석상 해지가 문제되는 이유는 다음과 같다. 예컨대 도급계약에서는 기이행 부분에 대해 도급인이 이를 보유할 정당한 이해관계를 가지는 반면 수급인의 입장에서는 이미 급부한 것을 회복하는 것에 이익이 없어 전면적 원상회복이 반드시 적절하지 아니한 경우가 존재한다. 이때에는 계약의 소급적 소멸보다는 미이행 부분에 대한 해소가 보다 타당한 해결이 된다. 입법자는 제673조에서 그러한 가치평가를 실정화하였다. 여기서의 「해제」의 효과에 대해서는, 소급효를 인정하면서도 가분적 급부의 일부가 완성된 경우나 건축의 기이행 부분에 대해서는 소급효를 부정하는 견해(민법주해[XV] (주 76), 471면(김용담))와 소급효를 부정하고 동조의 해제를 해지로 해석하는 견해(주석 민법 채권각칙(3) (주 76), 906-907면(이준형))가 대립하고 있으나, 앞서 언급한 이해관계가 문제되는 사건에서는 어느 견해에 따르더라도 실제 적용에서 큰 차이를 가져오지는 않을 것이다. 실제로 제673조의 모범에 해당하는 독일 민법 제649조 제1문과 프랑스 민법 제1794조 모두 '해지'(kündigen, résilier)라는 표현을 사용하고 있다. 그리고 우리 판례도 이러한 가치평가를 존중하여 건축공사가 상당한 정도로 진척되어 그 원상회복이 중대한 사회적·경제적 손실을 초래하게 되고 완성된 부분이 도급인에게 이익이 되는 경우에는 당사자들이 상대방의 채무불이행을 이유로 미완성 부분에 대하여서만 도급계약을 해제하게 하여(大判 1986.9.9., 85다카1751, 집 34-3, 12 등) 실질에서 해지를 인정한다. 개정된 프랑스 민법 제1229조 제3항 제2문은 이러한 사고를 일반화하여 명료하게 표현하고 있다. 이상의 고려는 이 판결의 사안에서도 그대로 타당하다. 이미 받은 노동허가 또는 이민허가는 이후 도급인에게 이지 않았을 수수료 반환에 대해 특약을 두어 규율한 것으로 이해할 수 있다.

이 사건에서 해결의 출발점은 당사자들이 이민비자의 발급을 완성되어야 할 일로서 약정하였는지 여부이다. 이 점은 당사자들 사이 위험분배에 결정적인 의미를 가진다. 만일 그것이 약정되었다면 불가피한 사정으로 일을 완성할 수 없게 될 위험이 피고에게 귀속해야 하지만, 그렇지 않다면 쓸모없게 된 노동허가와 이민허가의 활용 위험을 원고가 부담해야 하기 때문이다.[97]

이민비자의 발급이 완성되어야 할 일로 합의된 경우를 상정해 보자. 그렇다면 실제로는 당사자들이 예정하지 아니한 사태 즉 이민허가는 받았으나 어떠한 이유에서 이민비자가 나오지 않는 사태가 발생하였다. 당사자들은 계약을 체결할 때 이 경우를 예견하지 못하였고 그 결과 그에 대한 규율을 두지 못했다. 요컨대 이 사태와 관련해 계약 내용에 흠결이 존재한다. 그런데 여기서 당사자들이 하필 이 경우를 간과하고 별도의 약정을 두지 않은 이유는 무엇이겠는가? 이는 당연히 그때까지는 이민허가를 받고서도 이민비자를 받지 못하는 경우는 거의 존재하지 않아[98] 그에 대한 규율 필요를 느끼지 못하였기 때문일 것이다. 그렇다면 당사자들이 계약을 체결할 때 이러한 사태를 고려하였다면 어떠한 규율을 두었을 것인가? 제반사정 및 신의칙을 고려한 가정적 의사는 거의 의문의 여지 없이 이민허가를 받지 못한 경우에 준하여 약정 해지권을 유보하고 그 원상회복으로 기지급 수수

익이 있을 수 있고, 수급인은 이를 새삼 원상회복할 이익이 없기 때문이다. 물론 도급계약의 이러한 측면이 이익상황에서 계속적 계약과 비슷한 것은 사실이지만, 앞서 지적한 대로 쌍방의 급부가 시간적 지속을 전제하지 않아 여전히 소급적 원상회복이 이루어져야 하는 영역이 남아 있으므로 엄밀한 의미의 계속적 계약으로 성질결정할 수는 없다. Oetker, *Das Dauerschuldverhältnis und seine Beendigung*, 1994, S. 155ff. 참조.
97) Flume (주 19), S. 514.
98) 장보은 (주 15), 141-142면.

료의 80%를 반환하도록 정하였을 것임을 지시한다. 왜냐하면 당사자들은 계약을 체결할 때 '이민허가＝이민비자'라고 관념하고서 계약을 체결한 것이기 때문이다. 그러므로 이 사건에서 보충적 계약해석을 한다면, 원고에게는 약정 해지권이 있다고 보아야 할 것이다. 그리고 원고는 이를 행사하였다. 피고는 약정에 따라 기지급 수수료 80%를 반환해야 한다. 보충적 계약해석으로 적절한 결과가 도출되므로, 사정변경 법리의 적용을 별도로 생각할 필요가 없다(앞의 Ⅱ. 3. (3) 참조).

　　반대로 이민비자의 발급이 계약 내용에 포함되지 않았다면, 피고의 채무는 이민허가를 받도록 하는 것에 그치고 이민비자의 취득에 대한 위험은 원고가 인수한 것이 된다. 원고는 비자 불발급 위험을 인수한 것이고 해지권은 발생하지 않을 것이다. 설령 당사자들이 현실에서 이민비자 불발급을 예견할 수 없었다고 하더라도, 이민비자 발급이 계약 내용으로 합의되지 않은 이상에는 기존 급부가 쓸모없게 될 위험은 원고가 부담한다. 이는 효과의사 형성에 영향을 주지 못한 동기 단계의 모멘트에 불과하게 될 것이다. 그러므로 앞서 지적하였지만(앞의 Ⅲ. 1. (4) 둘째 참조), 당사자들이 이민비자 불발급을 현실적으로 예견할 수 있었는지 여부는 그 사실의 포섭에 의해 결론이 좌우되는 요건적 사항이라기 보다는, 이 계약에서 원고가 그러한 위험을 인수하였는지 여부를 판단하기 위해 고려해야 하는 전형적 사정으로서 의미를 가진다.[99]

　　어떤 계약해석이 정당한지 여부에 대해서는 역시 기록과 변론에 접근할 수 없는 학술적 논평이 쉽게 답할 수 있는 문제는 아니다. 다만 원심이 확정한 바에서 출발한다면, 이 사건에서는 계약 종료를 이민비자가 발급되는 시점으로 정하였다는 사정 그리고 종래의 비자 발

---

99) Schäfer/Ott (주 92), S. 465.

급에서 이민허가를 받은 후 이민비자가 거부되는 일이 거의 없었다는 관행을 고려할 때 이민비자 발급이 완성되어야 할 일로서 약정되었을 가능성도 있다. 그렇다면 판결의 결론은 아마도 타당하겠지만, 사정변경 법리가 아닌 보충적 계약해석을 원용하는 것이 적절하였을 것이다.

(3) 물론 원심과 대법원도 사정변경 법리를 적용하여 동일한 결론에 도달했으니 결과적으로 아무런 차이나 구별할 실익이 없다고 생각할 수도 있다. 그러나 이렇게 선해한다 하더라도, 의문의 여지는 남는다. 만일 사정변경 법리에 따라 단순히 해지권만이 인정되었고 원고가 이를 행사한 것이라면, 그 시점에 계약은 장래에 대해 소멸하므로 기지급 수수료에 대한 반환 문제는 발생할 수 없을 것이다. 사정변경을 이유로 단순히 계약을 "장래에 대해" 해지한 것에 그침에도 무슨 이유에서 "이 사건 계약 해지에 따라 반환할 수수료는 [⋯] '이민허가가 나지 않을 경우'에 준하여"(원심의 표현) 처리해야 하는가? 판결에서는 이에 대한 설명을 찾아볼 수 없다. 그러므로 원심과 대법원은 결과적으로 사정변경에 따라 단순히 해지권만을 인정한 것이 아니라, 은연중에 당사자들이 계약에서 정한 규율을 변경된 사정에 조응시켜 적용한 것이다.[100] 이는 바로 우리가 종래 보충적 계약해석이라고 명명하는 작업이다.

관점에 따라서는 보충적 계약해석과 사정변경 법리를 구별할 수 없다는 독일의 학설(주 19, 21)을 원용하면서 이는 이름의 차이에 불과하다고 말할지도 모른다. 그러나 이 견해가 주장하는 바는 바로 그렇기 때문에 사정변경이라는 독자 법리를 포기하고 계약해석에 집중해야 한다는 것이다. 이는 많은 법률가들이 사정변경 법리를 적용하

---

100) 이 점은 사정변경을 이유로 해지권을 인정하면서 "피고가 이미 원고를 대행하여 이행한 부분의 가치 부분은 피고에게 귀속되고 이를 초과하는 부분만큼의 반환을 인정하는 것이 타당"하다는 장보은 (주 15), 154면도 마찬가지이다.

는 과정에서 실은 계약 취지를 실현하는 과정이 문제되고 있다는 사실을 간과함으로써, 마치 하나의 법률 규정을 기계적으로 적용하듯 "예견가능성", "중대한 사정변경", "현저한 불균형" 등의 "요건"에 관심을 기울이면서(앞의 Ⅲ. 1. (4)도 참조) 오히려 계약의 목적과 위험분배를 충분히 고려하지 않는 모습이 관찰되기 때문이다. 이는 위 견해(주 19)가 독일 실무와 관련해 지적하는 바이고, 솔직히 필자 역시 최근의 대법원 판결 및 그에 대한 평석들에서 비슷한 인상을 받았음을 부정할 수 없다.

    필자가 보기에 최근 사정변경에 따른 해지를 인정한 대법원 판결들에서 해결을 위한 핵심적인 과제는 당해 계약에서 당사자 합의에 의해 구체적으로 이루어진 기본적인 위험분배가 무엇이었는지 확정하고 이를 변경된 사정과 비교하면서 민법이 부여하는 구제수단을 찾는 일이다. 그래서 大判 2020.12.10. (주 5)에서는 제반사정 특히 차임을 고려할 때 건축 목적이 전제되어 임대인이 단순히 토지를 임대한 것이 아니라 건축하기 위한 토지를 임대한 것인지 여부(앞의 Ⅲ. 1. (2), (3) 참조), 大判 2021.6.30. (주 5)에서는 제반사정 특히 이민절차의 관행을 고려할 때 이민비자의 발급도 완성되어야 할 일로서 합의되었는지 여부(앞의 Ⅲ. 2. (2) 참조)가 사건 해결의 출발점이 되어야 하는 것이다. 그러나 원심과 대법원의 판결이나 그에 대한 평석들에서 이러한 점에 대한 의식적 문제 제기는 쉽게 찾을 수 없는 것 같다.

    그러므로 사정변경 법리가 사실은 중대한 사정변경에 적용되는 계약해석에 다름 아니라는 견해는 사정변경이라는 개념을 머리에서 지우고 계약 자체를 진지하게 받아들일 것을 제안하는 것이다.[101] 우

---

101) Flume (주 19), S. 526: "행위기초론에 의해 계약을 더 이상 진지하게 여기지 않으며 계약으로부터 법적 해결을 찾으려 노력하지 않는 결과가 발생하였다. 판례가 행위기초론으로 판단한 많은 사례들에서 계약상의 합의를 기준으로 하는 해결은 아마 동일한 결과에 도달할 것이다. 따라서 사람들은 행위기초를 기준으로 하든 계약상 합의를 기준으로 하든 중요하지 않으며 표현의 문제라고 생각할지도

리가 하는 작업이 "신의칙"에 근거한 어떤 "독자적" "법리"의 "적용"
이 아니라 사실은 계약해석이라는 사실을 솔직히 인정할 때, 우리는
당사자들의 구체적 상황, 규율 의사, 인수한 위험, 가정적 의사 등에
대해 보다 진지하게 질문하게 되지 않을까?

모른다. 그러나 이는 그렇지 않다. 계약상 합의를 기준으로 하는 것은 법적 평가
에서 고려되어야 할 현실과 그렇지 않은 현실을 보다 정확하게 구별하게 하며, 그
것만이 당사자의 개별 약정으로 달리 정해지지 않은 경우 계약 전형적 위험분배
[…]가 실현되도록 보장한다."

제2편

계약 불이행에 따른 책임

제 1 장

채무불이행책임의 규율 체계

Ⅰ. 문제의 제기

현재 우리 학설의 일반적인 이해에 따르면 채무불이행 책임의 요건으로서 "채무자가 채무의 내용에 좇은 이행을 하지 아니한 때"(제390조)의 의미는 어떤 구체적인 채무불이행 유형을 전제로 하고 있는 것은 아니며, 어떤 모습이든 급부가 채무가 요구하는 바에 따라 적절히 실현되지 않아 채권자가 만족을 얻지 못하고 있는 사태 일체를 의미한다. 즉 제390조가 이행지체나 이행불능만을 규율하고 있는 것이 아니라 광의의 채무불이행1)을 요건으로 하여 귀책사유를 전제로 배상책임을 명하는 일반규정이라는 점에 대해서는 이제 거의 이견이 없는 것으로 보인다. 이는 1990년대 이후 우리 민법학이 도달한 하나의 성취라고도 말할 수 있을 것이다. 특히 이러한 이해를 바탕으로 학설에서는 여러 채무불이행 유형을 나누어 분석하는 접근법이 우세한 경향을 형성하게 되었다.2)

---

1) 그 의미에 대해 곽윤직, 채권총론, 제6판, 2003, 68면 참조.
2) 전거와 함께 그 경과에 대한 서술로 이동진, "채무불이행법의 과거, 현재, 미래", 청헌 김증한 교수 30주기 추모논문집 간행위원회 편, 우리 법 70년 변화와 전망,

그러나 이러한 변화에도 불구하고 세부적으로는 우리 민법의 채무불이행 규율 체계에 대해 다양한 이견이 존재한다. 예컨대 우리 민법이 제390조에 의해 일반규정을 두고 있는 것은 사실이지만 유형으로는 이행불능과 이행지체만을 규율하고 있어 이른바 불완전이행은 알지 못한다고 지적되기도 한다.3) 그래서 그러한 불완전이행을 이유로 하는 해제권 발생에 규율이 흠결되어 있다고 말한다.4) 또한 귀책사유가 없으면 배상책임 없음을 정하는 제390조 단서가 문언상 이행불능만을 대상으로 하는지 여부에 대해서도 다툼이 있다.5) 이른바 불완전이행과 관련해 보호의무가 인정될 수 있는지 그리고 인정된다면 어느 범위에서 그러한지 등에 대해서도 논란이 있다.6) 그리고 이제는 확고한 판례와 통설적 입장에도 불구하고 이행거절에 독자성이 인정될 수 있는지에 대해 회의를 표시하는 견해도 여전히 주장된다.7)

그런데 이러한 논쟁을 살펴보면 의외로 민법의 규율 체계에 대한 외면적 관찰에 그치고 그러한 규율이 행해진 의미와 목적에 대해 묻는 연구는 많지 않은 것으로 보인다. 우리 민법은 어떠한 고려에서 배상책임에 대한 일반규정을 두면서도 이행불능과 이행지체를 별도

2018, 450면 이하 참조.

3) 예컨대 곽윤직 (주 1), 91면; 김증한·김학동, 채권총론, 제6판, 1998, 74-75면; 김상용, 채권총론, 제3판, 2016, 128-129면; 김형배, "우리 민법의 채무불이행법 체계", 민법학연구, 1986, 161-162면; 서광민, "불완전이행론", 민법의 기본문제, 2006, 129-130면; 송덕수, 채권법총론, 제6판, 2021, 108-109면; 정기웅, 채권총론, 2009, 148-149면; 안춘수, "채무불이행책임 체계의 재검토", 한국 민법이론의 발전(이영준 화갑 기념), 1999, 482-483면 등.

4) 곽윤직, 채권각론, 제6판, 2003, 90면; 김증한·김학동, 채권각론, 제7판, 2006, 134면; 김형배, 채권각론(계약법), 신정판, 2001, 225면; 서광민 (주 3), 150면; 송덕수 (주 3), 109면; 장재현, 채권법각론, 2006, 168면 등.

5) 예컨대 한편으로 곽윤직 (주 1), 77면; 김증한·김학동 (주 3), 78면; 송덕수 (주 3), 108-109면; 다른 한편으로 김형배 (주 3), 160면.

6) 논의 상황에 대해 우선 전거와 함께 이동진 (주 2), 463-464면 참조.

7) 예컨대 송덕수 (주 3), 111면; 지원림, "채무불이행의 유형에 관한 연구", 민사법학, 제15호, 1997, 399-400면.

로 규율하고 있는가? 그렇다면 이른바 불완전이행에 대해 언급이 이루어지지 않고 있는 이유는 무엇인가? 그리고 일반규정으로 의도된 제390조 단서는 왜 이행불능만을 언급하는 듯한 표현을 채택하고 있는가? 채무불이행 책임에 대해서는 일반규정을 두면서도 계약해제와 관련해서 유형을 나누는 것처럼 보이는 규율의 배경은 무엇인가? 우리 학설은 이러한 물음들을 구체적으로 검토하고 있지는 않는 것으로 보인다. 오히려 행간으로부터 손쉽게 법률의 흠결이나 입법자의 실수를 상정하는 것이 아닌가 하는 인상마저도 받게 된다.[8] 그러나 앞서 제기된 질문들에 대한 상세한 검토가 없이 입법적 흠결이나 과오를 인정하는 것에는 신중해야 함은 물론일 것이다.

　그러므로 본장은 이와 같은 문제의식에 기초하여 우리 민법의 채무불이행 규율 체계를 평가해 보고자 한다. 이는 기본적으로 민법의 내적이고 외적인 체계를 파악하여 구성하는 도그마틱의 작업이지만, 세부적으로 실무상 의미가 있는 쟁점들도 다루어질 것이다(예컨대 아래 Ⅱ. 2. (3) 참조). 이러한 작업에 의하여 낯익기 때문에 오히려 잘 인식하기 어려웠던 내용을 보다 분명히 나타내 보일 수 있기를 기대해 본다.

Ⅱ. 이행청구권과 이행불능·이행지체의 편별

1. 채무불이행 규율 체계가 결단해야 할 사항

　어떤 법률이나 모델규칙이 채무불이행법을 성문화하는 경우 반드시 고려하고 결단해야 할 입법 사항들이 존재할 것이다. 접근하는 관점에서 따라 세부적인 리스트는 달라질 수 있겠지만, 중요한 것을 들어보면 대체로 다음과 같을 것으로 생각된다. ① 우선 이행청구권

---

8) 심지어 명시적으로 송덕수 (주 3), 109면: "규율을 포기하였거나 능력의 부족".

과 관련된 사항이 있다. 이는 채권자에게 원칙적인 구제수단으로 이행청구권을 부여할 것인지, 부여한다면 그 지위는 어떠한지, 이행강제는 어떠한 형태로 보장될 것인지 등의 질문을 포함한다. 더 나아가 ② 채권자가 불이행으로 받게 될 재산상 불이익의 전보를 가능하게 하는 책임발생규정을 두어야 한다. 이와 관련하여 특히 채권자의 이익을 고려할 때 손해배상이 요구되는 모든 사례를 포괄할 수 있도록 규정을 구성할 과제가 제기된다. 그리고 ③ 이상의 구제수단(이행청구권, 손해배상청구권)에 직면하여 채무자가 어떠한 경우에 면책의 효과를 받을 수 있는지 결정해야 한다. 이로써 동시에 그 결단의 이면(裏面)의 효과로 불이행을 채무자에게 귀속시키는 귀책근거가 획정된다. ④ 채무가 계약상 채무 특히 쌍무계약상 채무인 경우 그 특수성을 고려해야 한다. 이는 동시이행, 위험부담, 계약해제 등의 쟁점들을 수반한다. ⑤ 채권자에게 효과적인 만족을 줄 수 있도록 효율적인 손해배상 제도를 형성해야 한다.

　　이러한 사항에 대해 입법자가 어떠한 결단을 내리는지에 따라 규율 내용과 체계가 달라질 수 있음은 당연하다. 실제로 각국의 법제의 채무불이행법 규정은 각 사항에 대한 입법적 선택에 따라 서로 다른 모습을 보여주고 있다.9) 우리 민법의 규율 체계 역시 이상의 사항에 대한 입법적 선택에 의해 그 형태가 규정되었다.

2. 채무자 면책사유로서 책임 없는 이행불능

(1) 이행불능이 예정하는 기능

　　우리 민법은 채권의 효력으로 원칙적으로 이행청구권을 인정하고, 그에 일반적인 이행강제의 효과(제389조 참조)를 부여한다(①). 그리고 동시에 모든 채무불이행을 포괄하는 일반적인 책임발생규정(제

---

9) 우선 Kötz, *European Contract Law*, 2nd ed., 2017의 제12장 이하 참조.

390조)을 두어 손해배상을 규율한다(②). 이로부터 자신의 채무를 불이행하는 채무자는 채권자의 이행청구와 손해배상청구를 염두에 두어야 한다는 결과가 도출된다. 이러한 입법적 결단은 가장 중요한 적용례인 계약불이행과 관련해 계약의 구속력 원칙(pacta sunt servanda)을 관철시키는 핵심적 역할을 수행한다. 그러나 이와 동시에 채무자가 계약에서 인수한 책임 위험이 무한정할 수는 없다는 점도 명백하다.[10] 그러므로 입법자는 정책적 고려에 기초하여 일정한 경우 채무자가 채무의 구속으로부터 벗어날 가능성을 인정해야만 한다. 우리 민법은 이를 채무자의 책임 없는 이행불능에서 찾는다. 즉 채무자의 귀책사유 없이 급부가 실현될 수 없게 되면 채무자는 이행책임과 손해배상책임 모두에서 해방된다(제390조 단서, 제537조, 제538조). 그러므로 일반적 채무불이행 규정에도 불구하고 이행불능이 규정되는 이유는 간단하다. 입법자가 채무자를 책임에서 해방시키는 모멘트로서 바로 채무자의 책임 없는 이행불능을 선택했기 때문이다(③).

물론 이러한 선택이 필연적인 것은 아니다. 유엔 통일매매법이 그러하듯 불이행이 채무자가 통제할 수 없는 장애에 기인하였으며 계약 체결 시에 그 장애를 고려하거나 또는 그 장애나 그로 인한 결과를 회피하거나 극복하는 것이 합리적으로 기대될 수 없는 경우에 손해배상 면책의 효과를 인정할 수도 있다(CISG 제79조 제1항, 제5항).[11] UNIDROIT 국제상사계약원칙(PICC 제7.1.7조 제1항)도 비슷하다.[12] 마찬가지로 유럽계약법원칙(PECL 제8:108조 제1항)도 거의 같은 사유를

---

10) Heck, *Grundriß des Schuldrechts*, 1929, § 28 (S. 85ff.) 참조("희생한계").

11) Achilles, *Kommentar zum UN-Kaufrechtsübereinkommen (CISG)*, 2. Aufl., 2019, Rn. 1, 16 참조. 한편 이행책임의 면책과 관련해서는 각국의 법제가 인정하는 사유가 고려된다(CISG 제28조 참조). Schlechtriem/Schroeter, *Internationales UN-Kaufrecht*, 5. Aufl., 2013, Rn. 338f. 참조.

12) UNIDROIT, *UNIDROIT Principles of International Commercial Contracts*, 2016, p. 241; Brödermann, *UNIDROIT Principles of International Commercial Contracts. An Article-by-Article Commentary*, 2018, Art. 7.1.7 n. 1 참조.

들어 이행책임과 배상책임으로부터의 면책을 정한다.13) 만일 입법자가 이들 규정과 같은 선택을 한다면 거기서 이행불능은 (예컨대 우리 현행 민법에서와 같은) 독자적인 의미를 가지기 어렵게 된다. 주지하는 바와 같이 유엔 통일매매법에서는 이행불능에 관해 별도의 규율이 존재하지 않으며, 모델규칙에서도 채무로부터의 해방이 아닌 특정이행 배제사유의 하나로 언급되고 있음에 그치는 것이다(PECL 제9:102조 제2항 (a), PICC 제7.2.2조. (a) 참조; 그밖에 원시적 불능론을 배척하는 의미에서 PECL 제4:102조, PICC 제3.1.3조). 물론 이상의 면책사유와 이행불능이 구체적으로 적용될 때 넓은 범위에서 중첩될 수 있음은 당연하지만,14) 그럼에도 양자가 완전히 동일한 내용과 적용범위를 가지는 개념이라고 말할 수는 없을 것이다.15) 그리고 이러한 차이는 규율 체계 및 개념 선택과 관련해 차이를 가져올 수밖에 없다.

이러한 사정은 개정 전 프랑스 민법에서도 비슷하였다. 프랑스 민법은 이행책임과 관련해 특정물 인도채무의 경우 채무자의 과책 없는 멸실 등을 이유로 면책을 허용하면서(동법 제1302조), 하는 채무에 대해 이행강제를 배제하고 있었다(동법 제1142조).16) 그리고 손해배상과 관련해 —통설에 따르면17)— 수단채무와 결과채무를 나누어 각각 무과실(동법 제1137조)과 불가항력(동법 제1147조, 제1148조)에 따른 면책을 허용하고 있었다. 이러한 체계에서도 이행불능은 우리 민법에서

---

13) 란도·빌 편, 유럽계약법원칙 제1·2부, 김재형 역, 2013, 579면; Rüfner in Jansen and Zimmermann ed., *Commentaries on European Contract Law*, 2018, Art. 8:108, n. 1 참조.

14) Rüfner (주 13), Art. 8:108, n. 28.

15) UNIDROIT (주 12), p. 240 참조.

16) 물론 연혁적 이유에 기초한 이러한 규율에서 벗어나 확고한 판례는 이행강제금 (astreinte)을 부과하여 이 영역에서도 이행강제를 허용하고 있다. 본서 제2편 제2장 II. 2. (1) (라) 참조.

17) 남효순, "프랑스 민법에서의 행위채무와 결과채무", 민사법학, 제13·14호, 1996, 135면 이하 참조.

와 같은 독자적인 의미를 부여받을 수 없었다. 강학상 개정 전 제
1302조를 불능으로 일반화하여 이행책임의 면책사유로 해석하는 경
향도 없지는 않았지만,[18] 일반적인 설명에서는 이행불능이라는 개념
자체가 거의 사용되지 않았다.[19]

그러나 이상의 입법이나 모델규칙과는 달리 우리 민법은 일반적
으로 채무자의 책임 없는 이행불능을 그러한 면책사유로 채택하였다.
이로부터 우리 민법에서 이행불능이 가지는 지위가 이해되며, 또한
이로부터 이행불능이 수행해야 하는 중심적인 기능을 인식할 수 있
다. 이를 이행불능의 **채무자 면책기능**이라고 명명할 수 있을 것이다
(casus a nullo praestantur).[20]

물론 이러한 면책기능의 반대편에는 채무자 책임의 차원이 존재
한다. 즉 채무자의 책임 있는 이행불능이 있는 경우, 채권자는 더 이
상 이행청구를 하는 것이 무의미하므로 바로 전보배상을 청구하거나
(제390조) 최고 없이 계약을 해제하고 전보배상을 청구할 수 있다(제
546조, 제551조).[21] 이를 일응 이행불능의 **전보배상으로의 전환기능**이라

---

18) Carbonnier, *Droit civil*, vol. II (Les biens, Les obligations), 2004, p. 1921 참조.

19) 실제로 개정 전 프랑스 채권법에 대한 주요 체계서들에서 이행불능을 독자적으로
    서술하는 경우는 쉽게 찾을 수 없다. 한편 개정된 프랑스 채권법에서는 개정 전
    제1302조를 일반화하여 이제 불가항력을 이유로 하는 이행불능의 경우 이행책임
    의 면책을 인정하는 규정이 도입되었고(동법 제1351조), 이행강제도 일반적으로
    허용되지만(동법 제1221조), 수단채무와 결과채무의 구별은 유지되었다(동법 제
    1197조, 제1231-1조). 이러한 변화가 프랑스 채무불이행 체계의 파악에 어떠한 영
    향을 미칠 것인지 특히 이행불능의 의의가 제고될 것인지 등에 대해서는 이후 학
    설의 전개를 기다릴 수밖에 없을 것이다. 그러나 수단채무와 결과채무의 구별이
    유지되고 있는 한 이행불능이 우리 민법에서와 같은 위상을 가지기는 어려울 것으
    로 예상된다.

20) 이동진 (주 2), 458면; 김용덕 편집대표, 주석 민법 채권총칙(1), 제5판, 2020, 666
    면(김상중). 개정 전 독일 민법 제275조도 이러한 의미로 입법화된 것이었고 그것
    이 몸젠 불능이론의 주된 관심사였다는 점에 대해 Ulrich Huber, "Zur Auslegung
    des § 275 BGB", *Festschrift für Gaul*, 1997, S. 221ff. 참조.

21) 곽윤직 (주 1), 86-87면 등 이견이 없는 해석이다.

고 명명할 수 있을 것이다.22) 이러한 전환기능이 작동함으로써 이행이 불가능한 사안에서도 채무자가 자신의 전재산을 책임재산으로 하여 자신의 채무에 책임을 진다는 민법의 대원칙이 유지된다(제394조 참조). 그러므로 이행불능은 채무자의 책임 있는 사유를 매개로 면책기능과 전환기능을 접합하는 연결점으로서 의미를 가진다.

이 두 기능 중 일차적이며 우선적인 것은 어디까지나 면책기능이다.23) 앞서 보았지만 면책기능은 우리 민법이 채무불이행을 규율할 때 내려야 하는 기본적 결단과 관련된다. 그러나 이행불능과 연결된 전환 장치는 반드시 그렇지 않다. 유책한 이행불능의 경우 바로 전보배상과 해제로 이행하도록 하는 규율이 자연스러워 보이기는 하지만 결코 논리 필연적이지는 않기 때문이다. 실제로 현실에서 채무자의 상황을 잘 알 수 없어 이행불능 여부를 확인할 수 없는 채권자로서는 — 실제로 급부가 불능인 상태에서도 — 상당한 기간을 정하여 최고함으로써 바로 전보배상을 청구하거나 계약을 해제한다(제395조, 제544조). 이러한 해결이 가능함은 물론이거니와, 채권자의 이익에 비추어 반드시 부적절하다고도 말할 수 없다. 그러므로 우리 민법에서 이행불능을 규정하는 일차적인 이유는 바로 책임 없는 사유로 인한 이행불능의 경우 채무자를 채무로부터 해방시키기 위한 목적에 있다고 평가할 수 있는 것이다.

(2) 일반적 면책사유로서 제390조 단서

이행불능의 면책기능을 이해하고 나면, 일반규정인 제390조 단서가 책임이 발생하지 아니하는 사유로 "채무자의 고의나 과실 없이 이행할 수 없게 된 때"라고 정하고 있는 이유도 설명될 수 있다. 종래

---

22) 이동진 (주 2), 458면; 곽윤직 편집대표, 민법주해[Ⅸ], 1995, 241면(양창수); 주석민법 채권총칙(1) (주 20), 666면(김상중) 참조.
23) Ulrich Huber, "Schadensersatz statt der Leistung", *Archiv für die civilistische Praxis* 210 (2010), 319, 327.

학설은 이를 이행불능에 한정되어 적용되는 문언으로 파악하여, 이행
지체 등의 경우에는 제390조 단서를 유추하여 귀책사유가 요구된다
고 해석하고, 또한 제392조, 제397조 등도 이행지체에 고의·과실이
필요함을 전제하고 있다고 설명하였다.24) 그러나 제390조 단서가 이
행불능 유형에 한정된 규범이라는 설명은 오해에 기인한 것이다.

　채무자 책임 없는 사유로 이행이 지연되는 경우를 상정해 보기로
한다. 백화점 점포에 관하여 매매예약이 성립한 이후 일시적으로 법
령상의 제한으로 인하여 분양이 금지된 경우,25) 누구도 이행기가 도
래하였다고 해서 채무자가 이행지체에 빠진다고는 생각하지 않을 것
이다. 이러한 경우 법령상 제한이 존속하는 동안에는 지체책임이 발
생하지 않고, 그것이 해소된 다음에 비로소 지체책임이 성립한다. 그
렇다면 그 사이 기간 동안 채무자가 이행을 하고 싶어도 할 수 없었다
는 것은 자명하다. 그렇기 때문에 우리 학설은 바로 ―절대적 정기행
위가 문제되지 않는 한― 일시적 불능은 이행지체로 취급된다고 설명
하고 있었던 것이다.26) 즉 채무자의 책임 없이 이행이 지연되고 있다
면, 채무자는 이행하고 싶어도 이행을 할 수 없는 일시적 불능 상태에
있게 된다. 이 경우 제390조 단서가 적용되어 배상책임이 중단되는
결과에 어떠한 난점이 있다는 말인가? 문언에 어떠한 흠결이 있다는
것인가?27)

---

24) 곽윤직 (주 1), 77면; 김증한·김학동 (주 3), 78면; 송덕수 (주 3), 107–109면, 129면; 김대정·최창렬, 채권총론, 2020, 561면; 이덕환, 채권총론, 전정판, 2014, 105면 등.
25) 사실관계는 大判 2000.10.13., 99다18725, 공보 2000, 2313에서 취하였다.
26) 이은영, 채권총론, 제4판, 2009, 226–227면; 지원림 (주 7), 392면 주 76; 권오승, 민법특강, 1994, 290면; 민법주해[IX] (주 22), 248면(양창수); 주석 민법 채권총칙 (1) (주 20), 680면(김상중).
27) 그러므로 김형배 (주 3), 160면이 이미 적절하게 지적하였듯, 제390조 단서는 "지체의 경우에는 기간 내에 이행할 수 없게 된 것을 의미"한다(강조는 원문). 제436조의2 제2항 제2호의 문언도 참조.

마찬가지로 매매 목적물의 하자로 인해 매수인에게 확대손해가 발생한 경우에도, 하자 검사의무를 부담하는 매도인이 검사에 의해 하자를 발견할 수 없었던 때에는 매도인은 매수인을 상대로 손해배상책임을 부담하지 않는다.28) 이 경우 매도인은 적어도 인도 시점에는 법률이 요구하는 바의 노력을 다하였더라도 주관적으로 물건의 하자를 발견할 수 없었다. 그렇기 때문에 제390조 단서는 그러한 경우 매도인이 "과실 없이 이행할 수 없게 된" 것으로 보아 배상책임을 면제한다. 이때에도 제390조 단서는 그 문언에 비추어 아무런 무리 없이 적용될 수 있다.

이상에서 명백하게 되었지만, 불이행 판단의 기준이 되는 시점에 채무자에게 고의 또는 과실 없이 즉 그의 객관적 주의에 따른 통제영역 밖의 사정으로 이행을 할 수 없거나 부적절한 이행밖에 행해질 수 없다면, 그 시점에 채무자는 적법한 이행을 "할 수 없게 된" 상황에 있었다고 표현하여도 전혀 부자연스러운 점이 없다. 즉 기존 통설은 고의 또는 과실 없는 불이행의 경우 필연적으로 **최소한 일시적인 주관적 불능**이 매개되고 있음을 간과한 것이다. 그리고 그 이후에 다시 적법한 이행을 할 수 있다는 사정은 전혀 중요하지 않다. 왜냐하면 법률은 "이행할 수 없게 된 때"라고 하여 불이행 판단의 기준 시점에 채무자가 스스로 통제할 수 없는 사정으로 이행할 수 없었다면 면책의 이익을 부여하기 때문이다. 그러므로 제390조 본문의 효과를 부정하는 취지의 제390조 단서는 채무자 책임 없는 모든 채무불이행에 대해 책임을 면제하는 일반규정이라고 해석될 수밖에 없다. 제390조 단서의 문언에는 아무런 결함을 찾을 수 없다. 그리고 이로부터 면책기능을 수행하는 책임 없는 이행불능은 그것이 일시적인 성질이

---

28) 大判 1997.5.7., 96다39455, 공보 1997, 1702; 2003.7.22., 2002다35676, 공보 2003, 1762. 물론 검사의무가 없다면 불이행의 전제가 되는 의무 자체가 없으므로 아예 채무불이행이 고려될 여지도 없을 것이다.

어도 그 일시적인 한도에서 채무자를 면책시킨다는 사실도 인식할 수 있다.

(3) 채무자 책임 있는 불능과 이행청구권의 운명

채무자의 책임 있는 사유로 이행불능이 발생하는 경우, 채무자는 배상책임을 부담한다(제390조 본문). 그리고 제537조, 제538조는 책임 없는 이행불능의 경우에만 채무자의 면책을 상정하고 있으므로, 이를 반대해석한다면 쌍무계약의 유책한 이행불능에서 일단 계약관계는 그대로 존속하고 그 결과 채무자는 여전히 이행책임도 부담하게 된다는 결론이 도출된다. 그러나 이행이 불능인데 채권자가 여전히 이행을 청구하고 채무자가 이행을 해야 한다는 설명이 불합리하게 느껴지므로, 종래 통설은 유책한 이행불능의 경우에도 채권자의 이행청구의 문제는 제기되지 않으며 강제이행도 허용되지 않는다고 해석하고 있었다.29) 채무가 소멸한다고 설명되기도 한다.30) 그러나 제537조, 제538조가 전제하는 내용과 달리 채무자의 유책한 이행불능의 경우에도 이행청구권을 일률적으로 부정하는 결론에는 의문이 없지 않다.

우선 후발적 주관적 불능의 사례부터 살펴본다. 판례에 따르면 "채무의 이행이 불능이라는 것은 […] 사회생활에 있어서의 경험법칙 또는 거래상의 관념에 비추어 볼 때 채권자가 채무자의 이행의 실현을 기대할 수 없는 경우를 말하는 것"이어서, "부동산 매매에 있어서 매도인이 목적물을 타인에게 이미 매도하여 그 타인에게 소유권이전등기를 하여줄 의무가 있음에도 불구하고 제3자에게 다시 양도하여 소유권이전등기를 경유한 때에는 특별한 사정이 없는 한 매도인이 그 타인에게 부담하고 있는 소유권이전등기의무는 이행불능의 상태에 있다고 봄이 상당하다"고 한다.31) 통설에 따르면 이 경우 이행청구는

---

29) 곽윤직 (주 1), 86면; 송덕수 (주 3), 147면; 이덕환 (주 24), 133면 등.
30) 김대정·최창렬 (주 24), 592면.
31) 大判 1995.2.28., 94다42020, 공보 1995, 1463.

무의미하며, 채권자는 전보배상으로 만족을 받아야 한다. 그러나 제 537조, 제538조의 반대해석은 채무자 책임 있는 불능의 경우에 이행 청구권이 계속 존속함을 전제하고 있다. 실제로 이러한 사안에서의 불능은 주관적 불능이므로 매도인에게 제2매수인으로부터 부동산을 다시 취득해 제1매수인에게 이행할 가능성이 아예 없다고 처음부터 단정하기는 쉽지 않다. 그러므로 제2매수인이 합리적인 범위에서 협 상할 용의가 있는 경우라면, 제1매수인은 매도인을 상대로 이행을 청 구하여 확정판결을 받은 다음 간접강제의 방법으로 이를 강제할 이해 관계를 가질 수 있다. 그러한 방법이 번거롭고 비용이 드는 것이라고 하더라도, 제1매수인이 원하는 이상 적어도 이를 **법적으로 배제할** 이 유는 쉽게 찾기 어렵다고 생각된다.[32] 마찬가지로 채권자는 예컨대 자신의 과실로 채무 목적물인 동산을 분실하였다고 주장하는 채무자 를 상대로 그것이 은닉되었을 가능성 또는 되찾아올 가능성을 염두에 두고 이행을 청구할 정당한 이익을 가진다. 그렇다면 이상의 사례들 에서 매수인은 이행청구와 전보배상 사이에 선택권을 가진다고 해석 하는 것이 적절하다. 물론 제2매수인이 처음부터 터무니없는 금액을 요구한다거나 제반사정에 비추어 양도할 의사 없음이 확고한 때에는, 교섭을 전제로 하는 이행청구는 무의미하고 간접강제도 허용되지 않 을 것이다.[33] 그때에는 이행청구는 실익이 없는 청구로서[34] 소의 이 익이 없다고 보아야 할 것이다. 그러나 이행청구가 관철될 수 없다는 사실은 적지 않은 경우 집행단계에 가야 비로소 밝혀질 것이므로 그 것이 사전적으로 명백하지 않은 경우에까지 법률에 반해 채권자의 이 행청구를 부정할 필요는 없다고 말해야 한다. 불능인 사정이 소송에

---

32) 2002년 개정 전 독일의 판례였다. 전거와 함께 Ulrich Huber, *Leistungsstörungen*, Band Ⅱ, 1999, S. 806ff. 참조. 그러나 大判 1975.5.13., 75다55,56, 집 23-2, 53 은 반대이다.

33) 이시윤, 신민사집행법, 제8개정판, 2020, 517면 참조.

34) 이시윤, 신민사소송법, 제12판, 2018, 230면 참조.

서 현출되더라도 채무자가 불능 주장을 하지 않은 경우는 더 말할 것도 없다.35)

이러한 사정은 후발적 객관적 불능에서도 크게 다르지 않다. 물론 예컨대 소유권이전청구의 목적인 건물이 화재로 전소하는 등 불능이 명백한 경우에는 제정신인 채권자라면 이행청구를 하는 일은 없을 것이다. 그리고 그러한 사안에서 채권자에게 이행청구권이 있더라도 그 재판상 청구는 실익이 없는 청구로서 소의 이익이 없다고 해야 한다.36) 그러므로 유책하게 이행불능인 채무에 대한 채권자의 이행청구는 채권자가 그 불능 여부를 의심하여 채무자의 불능 항변을 다투는 경우에 문제될 수밖에 없다. 이때 질문은 실무적으로 다음과 같이 제기된다. 채권자의 청구에 대해 채무자가 자신의 고의 또는 과실로 이행이 불가능하게 되었다고 주장하는 경우, 법원은 이를 진지하게 받아들여 장래의 청구기각 또는 전보배상으로의 청구변경을 염두에 두고 불능 여부에 대한 증거를 조사해야 하는가 아니면 이를 고려하지 않고 채무자 스스로 유책한 불능을 야기했다는 주장 자체만으로 채권자의 청구를 인용해야 하는가? 제537조, 제538조는 채무자의 책임 없는 이행불능의 경우에만 채무자를 면책시키므로, 유책한 이행불능 주장은 고려할 필요 없고 채권자의 이행청구권은 바로 인용되어야 한다고 생각된다. 즉 법원은 불능에 관해 증거조사 없이 채권자의 청구를 인용해도 무방하다.37) 채권자는 후발적 객관적 불능의 경우에도 이행판결을 확보할 이해관계를 가질 수 있는데, 왜냐하면 급부가 진정으로 불능인지 여부는 적지 않은 경우 집행단계에 가서야 비로소 확정될 수 있기 때문이다. 물론 채무자가 유책한 이행불능을 주장하는 경

---

35) 大判 1967.2.7., 66다2206, 집 15-1, 90 등.
36) 大判 1976.9.14., 75다399, 공보 1976, 9344.
37) 마찬가지로 2002년 개정 전 독일의 판례였다. 전거와 함께 Huber (주 32), S. 774ff.

우 채권자는 바로 이에 기초해 전보배상을 청구하는 것이 합목적적이
기는 하다. 그러나 그가 굳이 이해관계를 주장해 이행청구를 고수하
는 경우 채무자의 보호가치 없는 주장("나의 고의·과실로 이행불능이 되
었다")에 기초해 **법적으로 소송을 지연**시킬 이유는 찾을 수 없다.

관점에 따라서는 이행이 불능한 급부를 청구하는 것이 과연 개념
상 가능한지 의문을 가질 수도 있겠다. 그러나 그것은 개념법학적 사
고에 빠져 있을 때에만 발생할 수 있는 의문이다. 우리는 이제 예컨
대 원시적 하자 있는 특정물의 경우에도 ―그 이행이 가능하지 않을
― 하자 없는 물건을 급부할 의무가 있다고 인정하면서 그에 개념적
난점이 있다고 생각하지 않는다. 이 경우에도 다를 바 없다. 실정법의
입법자는 채무자의 책임 있는 불능 사안에서 채권자의 이행청구 이익
을 고려하여 이행청구권의 존속을 명할 수 있다. 소의 이익을 탈락시
키는 명백한 불능이 아닌 이상 스스로 유책하게 불능을 야기하고서
또는 유책하게 불능을 야기하였다고 주장하면서 소송을 지연시키려
는 채무자를 특별히 보호할 이유는 없다. 불능 여부는 어차피 집행단
계에서 확인되는 것이 보다 적절하다. 물론 입법자도 집행가능성은
어찌할 수 없으나,[38] 그 집행불능의 위험은 바로 굳이 이행청구를 고
수하는 채권자가 부담한다. 그러므로 이상의 고려를 종합한다면 채무
자의 책임 있는 이행불능은 채권자에게 이행청구와 전보배상·해제
사이의 **선택권**을 부여하며, 그러한 의미에서 채권자가 최고 없이도
바로 전보배상·해제를 선택할 수 있게 하는 이익을 부여하는 법형상
으로 이해되어야 한다.

3. 이행청구와 손해배상의 연결점으로서 이행지체

입법자가 이행지체를 독자적으로 규정하였던 것은 우선 연혁적

---

38) Huber (주 32), S. 769.

인 이유에서 매우 자연스러운 선택이었을 것이다.[39] 이행지체는 로마법에서부터 비교적 확고한 규율이 성립한 대표적인 채무불이행 유형이었기 때문이다.[40] 그러나 우리 민법이 이행지체를 명시적으로 다루고 있는 것은 단순히 연혁을 넘어 그것이 우리 민법의 체계에 비추어 기능적으로 요청되기 때문이기도 하다.[41]

이행지체의 도입 역시 우리 민법이 채권의 효력에 따른 일차적인 구제수단으로서 이행청구권을 부여하는 입법적 선택(앞의 ①)과 밀접한 관련성을 가진다. 이 결단에 따르면 채권자에게는 유효하게 채권이 성립하기만 하면 채무자를 상대로 급부 그대로의 이행을 청구할 권리가 있다. 그런데 이러한 이행청구와 관련해 급부의 실현이 불가능한 경우에 대해서는 입법자가 면책기능과 전환기능이라는 관점에서 별도의 규율을 두었다(앞의 Ⅱ. 2. 참조). 그렇다면 이행청구권의 인정과 이행불능의 도입이라는 결단에 이어지는 입법적 과제는 자연스럽게 나머지 영역 즉 이행청구에 따른 급부의 실현이 가능한 영역의 손해배상 문제를 규율하는 것이다. 이는 바로 채권자가 관철가능한 이행청구권을 행사하면서 재산상 불이익을 입는 경우 그러한 불이익을 손해배상으로 전보하는 규범을 마련해 두는 것을 의미한다(앞의 ②).

이렇게 급부의 실현이 가능한 경우, 채권자에게 인정되는 손해배상은 우선 전형적으로 이행청구와 병존하는 손해배상의 모습을 가진다. 이는 이행청구의 인정만으로는 채권자의 이익이 언제나 완전히 충족될 수는 없기 때문이다. 채권자는 이행청구에 의해 채권을 관철하더라도 예컨대 급부가 지연되었거나 또는 불완전하게 행해졌다는

---

39) 민법주해[Ⅸ] (주 22), 69면(양창수).

40) Zimmermann, *The Law of Obligations*, 1990, p. 790.

41) Lohsse in *Historischer-kritischer Kommentar zum BGB*, Band Ⅱ/1, 2007, §§ 286–292 Rn. 1ff. 참조.

사정 등을 이유로 이행청구로써 전보되지 아니하는 재산적 불이익을
입을 수 있다. 예컨대 그는 물건의 인도가 지연됨으로써 변제를 받을
때까지의 사용·수익 가능성을 상실할 수 있으며, 하자 있는 물건을
인도 받았기 때문에 하자 없는 다른 물건을 받을 때까지 추가적 비용
지출을 해야 할 수도 있는 것이다. 그러므로 채권자는 이행청구와 함
께 불이행으로 발생하는 손해의 배상을 청구할 수 있어야 한다. 이러
한 손해배상을 이행청구권과의 관계라는 측면에서 포착하여 "병존적
손해배상"이라고 명명할 수 있을 것이고, 하인리히 슈톨의 표현을 빌
려 그러한 손해를 보정손해 내지 보정이익(Ausgleichsinteresse)라고 지
칭할 수 있을 것이다.[42] 그리고 이러한 보정손해 중에서 가장 전형적
이고 실무상 가장 빈번하게 문제되며 그래서 가장 중요한 것이 바로
지연손해임은 새삼 강조할 필요가 없을 것이다.[43] 그런데 특히 이러
한 지체책임에 대해서는 로마법 이래, 언제 책임이 발생하는지, 채무
자의 귀책사유는 요구되는지, 지연배상은 어떤 내용을 가지는지 등
입법자의 결단이 요구되는 쟁점들이 존재하였다.[44] 이는 예컨대 확정
기한이 있는 채무이더라도 채권자의 부지체(附遲滯; mise en demeure)
가 있어야만 지체책임을 성립시켰던 개정 전 프랑스 민법(동법 제1139
조)을 기억해 보아도 쉽게 알 수 있다. 그러므로 우리 민법이 이러한
쟁점에 대해 입장을 결정하는 규정(예컨대 제387조, 제390조 단서, 제
397조 등)을 두어 이행지체를 규율하고 있다면 급부실현이 가능한 불
이행에 대해 병존적 손해배상의 법률관계를 명확히 하는 의미를 가진
다. 이로써 우리 민법에서 이행지체는 우선 이행청구권이 존속하는
경우 **병존적 손해배상의 전형으로서** 말하자면 **이행청구에 대한 보정기능**

---

42) Stoll, "Abschied von der Lehre von der positiven Vertragsverletzung", *Archiv
    für die civilistische Praxis* 136 (1932), 257, 293.
43) 민법주해[IX] (주 22), 70면(양창수) 참조.
44) Zimmermann (주 40), p. 791 sqq.; HKK/Lohsse (주 41), §§ 286－292 Rn. 6ff.
    참조.

을 수행한다.

그러나 이행지체와 관련된 규율의 기능은 이에 한정되지 않는다. 이행청구권과 병존적 손해배상의 결합이 언제나 채권자의 이해관계를 적절하게 보장한다고는 말할 수 없기 때문이다.45) 예를 들어 상대적 정기행위 등의 경우 채권자는 이행기를 도과하였다는 사정만으로 이행청구에 대한 이익이 사라져 이행청구 및 그와 병존하는 손해배상으로는 적절한 구제를 받지 못할 수 있다. 게다가 이행청구를 고집하는 것은 많은 경우 채권자에게 효율적인 구제수단이 되지 못한다. 그는 재판상 청구와 강제이행이라는 수단을 선택함으로써 시간적·재산적 비용을 지출해야만 하는데, 이러한 비용은 이후 소송비용의 보전이나 손해배상 등에 의해서는 완전히 전보되지 않을 수 있다. 특히 쌍무계약의 채권자는 자신의 이행청구를 관철하기 위해서는 언제 실현될지 알 수 없는 상대방의 급부를 획득하기 위해 그 반대급부를 제공할 수 있는 상태를 불확정한 기간 동안 유지해야만 하며, 이로써 그는 그러한 상태 유지의 비용뿐만 아니라 반대급부의 활용을 통해 취득할 수 있었던 이익과 관련해서도 기회비용을 부담하게 된다. 그러므로 이행청구권을 보장하는 법제가 채권자의 이익을 원만하게 보호하기 위해서는 이행이 가능한 불이행에서도 이행청구를 배제하고 전적으로 손해배상만으로 채권자가 만족받을 수 있는 가능성을 반드시 열어 두어야 한다(앞의 ②).46) 이행청구권을 인정하지 않고 손해배상만으로 채권자의 이익을 보장하는 법제는 불충분할 수는 있어도 어쨌든 효율적인 권리보호를 제공해 줄 수 있음에 반해, 이행청구권을 원칙으로 하는 법제가 채권자에게 전보배상으로 전환할 가능성을 부여하지 않는다면 여전히 관철 가능한 이행청구가 채권자에게 이익이 없거나 부담스러운 경우 그의 이익을 원만히 보호할 수 없기 때문이

---

45) Huber (주 32), S. 142f. 참조.

46) 이상의 내용에 대해 본서 제2편 제3장 Ⅱ. 1. 참조.

다.47) 우리 민법은 채권자의 상당한 기간을 정하는 최고를 전제로 채
권관계를 유지하며 전보배상을 청구하거나(제395조) 계약의 경우 이
를 해제하고 전보배상을 청구하게 함으로써(제543조, 제544조 제551
조) 그러한 가능성을 인정한다. 따라서 이행청구권을 원칙적으로 허
여하는 이상, 급부 실현이 가능한 불이행인 이행지체의 규율도 보조
적으로 **전보배상으로의 전환기능**에 배려하는 규범의 실정화를 수반하
게 된다.

4. 정   리

이상의 내용은 다음과 같이 정리할 수 있다. 우리 민법이 이행불
능과 이행지체를 명시적으로 규율 대상으로 하는 태도는 채권의 효력
으로서 이행청구권을 보장하는 입법적 결단에서 나오는 귀결이다. 우
선 이행청구권의 한계를 지우기 위해 채무자의 책임 없는 불능에 채
무자 면책기능을 부여하고, 그에 상응해 책임 있는 불능에 전보배상
으로의 전환기능을 부가한다(앞의 Ⅱ. 2. (1), (2) 참조). 이러한 선택을
내리고 나면 이제 급부의 실현이 가능하여 이행청구권이 현실적으로
행사되는 불이행의 손해배상에 대해 규율할 필요가 생기며, 이를 위
해 이행청구 보정기능 및 전보배상 전환기능에 배려하는 규율을 둔다
(앞의 Ⅱ. 3. 참조). 요컨대 민법은 이행청구권의 인정이라는 원칙에서
출발함으로써, 채무불이행을 급부 실현이 불가능한 불이행 유형(이행
불능)과 급부 실현이 가능한 불이행 유형(이행지체)으로 구별하는 체
계를 채택하게 된 것이다.

여기서 서술한 이행불능과 이행지체의 기능은 민법이 사용하는
용어법을 관찰하여도 확인될 수 있다. 이행불능은 귀책사유를 접점으
로 채무자를 채무로부터 면책시키는 기능과 이행책임을 전보배상으

---

47) Huber (주 23), 322f. 참조.

로 전환하는 기능이라는 이질적인 기능을 수행하므로 민법이 사용하는 "이행불능"이라는 표현은 원칙적으로 채무자의 귀책사유를 전제로 하지 않고서 이행의 결과가 창출될 수 없게 되었다는 사실만을 지시한다(예컨대 제385조, 제537조, 제538조, 제546조). 반면 이행지체는 이행청구를 보정하는 기능과 전보배상으로의 전환기능이라는 모두 손해배상의 작용 방식에 대한 기능을 수행한다. 그래서 민법이 사용하는 "이행지체"라는 표현은 원칙적으로 채무자의 귀책사유 있음을 전제로 하며 그 결과 지체책임이 발생한 상태의 의미로 사용된다(예컨대 제266조, 제387조, 제392조, 제395조, 제517조).[48]

물론 우리 민법이 급부의 실현가능성을 기준으로 채무불이행을 이분한다고 하여 다른 전형적인 불이행 유형이 존재할 수 없다는 의미는 아니다. 그러한 이분법은 이행청구권을 일반적으로 인정하는 입법적 결단에 수반하여 제기되는 면책기능, 전환기능, 보정기능을 수행하기 위해서 선택된 입법기술에 지나지 않는다. 그러므로 이러한 이분법 규율로 포착되지 않는 손해가 발생하는 경우, 민법은 그에 대해서도 배상을 가능하게 하는 규정을 준비해 두어야 한다(앞의 ②). 그렇기 때문에 제390조는 모든 채무불이행의 모습을 포괄할 수 있는 일반규정의 형식을 채택하고 있는 것이다. 이는 특히 이른바 불완전이행에서 문제가 된다. 아래에서 살펴본다.

---

48) 실제로 이는 보통법학 이래의 전통적인 용어법이다. Coing, *Europäisches Privatrecht*, Band Ⅰ, 1985, S. 436 참조. 그래서 독일 민법에서도 "이행지체"(Verzug)는 귀책사유를 전제로 지체책임이 성립한 상태를 말하며(개정 전 제283조, 제284조, 현행 제286조 제1항, 제2항, 제4항), 프랑스 민법의 "이행지체"(mise en demeure)에서도 마찬가지이다. Ferid, *Das französische Zivilrecht*, 1. Band, 1971, Rn. 2C77 참조. 그러나 이러한 용례로부터 급부 지연을 이유로 하는 계약해제의 경우 채무자에게 귀책사유가 있어야 하는지의 쟁점에 대한 해답이 자동적으로 도출되지는 않는다. 뒤에서 살펴보겠지만(아래 Ⅲ. 1. (2) 참조), 제544조 본문은 "이행지체"를 언급하지 않으면서 채무불이행 일반을 전제로 해제권 발생을 정하는 일반적 규범이고, 동조의 표제는 규율 내용을 적절히 반영하고 있지 못하기 때문이다.

Ⅲ. 이른바 불완전이행

이전의 통설은 불완전이행이라는 개념을 이행불능과 이행지체가 아닌 나머지 불이행 유행 일체를 포괄하는 의미로 사용하면서 그 법률관계를 통일적으로 서술하는 경우가 많았다.[49] 그러나 최근에는 종래 불완전이행에 포함되는 내용을 그 성질에 비추어 나누어 분석하는 경향이 보다 유력하다.[50] 그러한 의미에서 아래에서도 불완전이행을 불완전급부와 보호의무 위반으로 나누어 살펴보기로 한다.

1. 불완전급부

(1) 불완전급부와 손해배상

우리 학설이 불완전급부에 대해 제390조가 적용될 수 있음은 인정하면서도 우리 민법이 불완전이행을 규율하지 않고 있어 이를 알지 못한다고 설명하고 있음은 서론에서 살펴 보았다(앞의 주 3, 주 4 및 그 본문 참조). 그런데 그러한 파악은 그 자체로는 설득력이 있다고 말하기 어렵다. 어떤 채무불이행 유형이 현실에서 존재하는지의 문제와 그렇게 존재하는 불이행 유형마다 개별적으로 별도의 규율을 두어야 하는지의 문제는 서로 다른 쟁점으로서 필연적 관련성을 가지지 않기 때문이다. 독자적인 특징을 가지는 불이행 유형이 있더라도 그에 적용될 수 있는 다른 규정들에 의해 법률관계가 적절히 조율되고 있다면 그 한도에서 별도의 특별 규율은 두지 않아도 무방하다. 그렇다면 필요한 규율은 그러한 다른 규정들이 미치지 않는 영역에 한정되어서만 요구된다.

---

49) 예컨대 곽윤직 (주 1), 92면; 장재현 (주 4), 126면 이하.
50) 김상용 (주 3), 130면 이하; 서광민 (주 3), 136면 이하; 송덕수 (주 3), 154면 이하; 이덕환 (주 24), 152면 이하; 민법주해[Ⅸ] (주 22), 248면(양창수); 주석 민법 채권총칙(1) (주 20), 725면 이하(김상중).

기존 학설은 불완전급부가 체계상 이행지체와 이행불능과 동위
(同位)의 독자적 지위를 가지고 있음을 예컨대 다음과 같이 논증한다.

"논리적으로 생각해 볼 때 급부의무는 이행과 관련하여 크게 「이
행이 없는 경우」와 「이행이 있는 경우」로 나누어진다. 그리고 「이행
이 있는 경우」는 다시 이행을 할 수 있는데도 이행이 없는 경우와
이행을 할 수 없는 경우로 세분된다. 이 가운데 전자가 이행지체이고
후자가 이행불능이다. 한편 「이행이 있는 경우」에는 하자 없이 이행
된 경우와 이행에 하자가 있는 경우의 두 가지가 있다. 이들 중 전자
는 채무의 소멸을 가져오나, 후자는 채무자에게 책임을 발생하게 하
는 원인이 되며, 그것을 불완전급부라고 부를 수 있다. 이와 같이 논
리상 채무불이행은 모두 위에 언급한 것들 어느 하나에 속하게 되고,
그 밖의 유형은 인정될 수 없다."[51]

일견 논리적으로 보이는 이 설명은 그러나 **애매어의 오류**(fallacy
of equivocation)를 범하고 있다. "이행"이라는 단어의 의미를 우리 민
법이 이행불능·이행지체와 관련해 사용하는 것과는 다르게 사용하고
있기 때문이다. 우리 민법에서 "이행"은 ―독일 민법에서 "급부"와 비
슷하게[52]― 채무자의 이행행위를 의미하기도 하지만(예컨대 제2조, 제
145조, 제391조, 제466조, 제491조 등), 그러한 이행행위로 변제효가 발
생하는 이행의 결과를 지시할 수도 있다(예컨대 제135조, 제375조, 제
389조, 제390조, 제400조, 제409조, 제410조, 제412조, 제413조, 제460조, 제
557조 등).[53] 채권자가 청구하는 "이행"은 의미상 당연히 후자를 지시

한다. 그러므로 우리 민법이 불이행을 이행불능과 이행지체로 구별할 때, 그 기준은 여전히 채무 내용에 좇은 급부가 실현될 수 있는지 즉 적법한 변제의 효과라는 **이행 결과의 발생**이 여전히 가능한지 여부이다. 이행불능은 바로 채무자의 채무로부터의 해방이라는 관점에서 도입된 법개념이기 때문이다(앞의 Ⅱ. 2. (1) 참조). 이행불능은 급부 실현이 이제 불가능한 불이행이고, 이행지체는 아직도 급부 실현이 가능한 불이행이다(앞의 Ⅱ. 4. 참조). 그렇기 때문에 민법에 따르면 이행불능과 이행지체가 중첩하여 성립하는 경우란 있을 수가 없다.[54]

반면 앞서 인용한 설명(주 51의 본문)은 채무자의 **이행행위의 양태**를 기준으로 불이행을 분류한다("할 수 있는", "할 수 없는", "하자가 있는"). 물론 이러한 기준으로 나름의 논리적 분류가 가능하기는 할 것이고, 그에 따른 체계 구성도 불가능하지는 않을 것이다. 그러나 그러한 기준이 더 이상 민법의 규율 의도에 부합할 수 없다는 것은 명백하다. 실제로 앞서 인용한 분류가 우리 민법과는 다른 기준에 의해 행해진 것이라는 점은 급부 자체와 관련해서 이행지체와 이행불능의 규정이 불완전급부에 **그대로 적용**될 수 있다는 사실에서 명백하게 드러난다.[55] 불완전급부에도 불구하고 추완이행이 행해질 수 있다면 이

---

54) 민법주해[Ⅸ] (주 22), 241면(양창수); 주석 민법 채권총칙(1) (주 20), 710면(김상중) 등.

55) 이른바 불완전이행론에 비판적인 입장으로부터 이태재, "불완전이행론에 관한 소고", 고시계, 통권 제183호, 1972.5., 37-38면; 장경학, "불완전이행의 검토", 고시연구, 제14권 제5호, 1987.5., 58면; 김대정 "채무불이행 체계의 재점검", 민사법학, 제36호, 2007, 362-363면. 그러나 이는 통설도 인정하는 결과이다. 곽윤직 (주 1), 94면; 김중한·김학동 (주 3), 113면; 권오승 (주 26), 299-300면, 307면; 이덕환 (주 24), 168-169면; 장재현 (주 4), 133면; 지원림 (주 7), 396-397면; 주석 민법 채권총칙(1) (주 20), 720면(김상중) 등. 또한 2002년 채권법 개정 전 독일의 통설도 마찬가지로 해석하고 있었다. Larenz, *Lehrbuch des Schuldrechts*, Band Ⅰ, 14. Aufl., 1987, S. 369; Fikentscher, *Schuldrecht*, 9. Aufl., 1997, Rn. 391 등. 아래 주 62도 참조("이중의 계약위반성"). 관련해 이태재, 같은 논문, 39면과 김대정, 같은 논문, 362면은 불완전급부 자체를 부정하고 확대손해의 문제는

행결과의 실현이 아직 가능하므로 이행지체에 관한 규정이 적용될 수
있다. 즉 추완이행의 청구에 의하여 지체책임이 성립할 뿐만 아니라
(제387조, 제390조),[56] 추완청구와 반대급부의무 사이에 동시이행관계
도 유지된다(제536조).[57] 만일 불완전급부로 확대손해가 발생하여 계
약의 목적 달성이 좌절된다면, 채권자에게는 이행이 이익이 없으므로
그는 바로 전보배상을 청구할 수 있다(제390조, 제395조 후단).[58] 반면
하자 있는 이행의 추완이 불가능하다면, 불완전한 부분이 계약 목적
달성에 결정적인지 여부에 따라 채권자는 하자 있는 부분 또는 전체
급부에 대한 전보배상을 청구할 수 있어야 한다.[59] 이렇게 불완전급
부의 추완이행에 대해 이행불능과 이행지체의 규정이 적용될 수 있으
며, 전반적으로 타당한 결과가 도출된다. 그러므로 이러한 현상으로
부터 앞서 인용한 "논리적" 분류법이 실제로 이행불능과 이행지체를
구별하는 민법의 기준과는 다른 기준에서 내려진 것임을 분명히 알
수 있다. 그렇지 않다면 "논리적으로" 구획된 유형들 사이에 어떻게
이러한 중첩이 있을 수 있다는 말인가? 이러한 귀결을 회피하는 길은
결국 이행지체와 이행불능 규정의 적용을 아예 부정하고 불완전급부
의 효과로서 손해배상만을 인정하는 방법밖에는 없다. 실제로 그렇게
해석하면서 그 이유로는 우리 민법이 금전배상을 원칙으로 하고 있다
는 것을 들고 있는 문헌도 있다.[60] 그러나 이러한 논거는 의문이다.

불법행위로 처리하면 충분하다고 한다. 그러나 이러한 견해는 타당하지 않다. 우
선 완전성이익의 침해가 채권관계에서 기초한 급부의무 위반으로 인해 발생한 이
상 채무불이행책임이 부여하는 이익을 부정할 근거가 없을 뿐만 아니라(예컨대 시
효기간), 확대손해가 이행이익과 관련해 발생한 경우 불법행위책임에 의해서는 배
상이 아예 불가능하기 때문이다(예컨대 大判 1989.11.14., 89다카15298, 공보
1990, 34 참조).
56) 大判 2016.6.10., 2013다13832, 공보 2016, 920.
57) 大判 1993.7.13., 93다14783, 공보 1993, 2273.
58) Larenz (주 55), S. 369; Fikentscher (주 55), Rn. 391.
59) Fikentscher (주 55), Rn. 391 참조.
60) 송덕수 (주 3), 158면.

추완이행청구권은 손해배상이 아니라 이행청구권의 위상을 가지는 권리이기 때문이다.[61] 적법한 변제가 없음에도 아무런 이유 없이 이행청구권을 소멸시키는 해석이 타당할 수 없음은 자명하다. 게다가 손해배상만을 인정하는 해석은 민법 규정에 정면으로 반한다. 법률은 매매계약에서 불완전급부가 있는 경우 추완이 가능하다면 그 이행을 청구할 수 있는 것으로 정하며(제581조 제2항), 이러한 내용을 유상계약 일반에 대해서 확장하고 있다(제567조). 그러므로 적어도 유상계약이 불완전하게 이행된 경우 채무자의 귀책사유를 전제로 하지 않는 추완청구가 가능하다는 결론은 부정할 수가 없다. 그리고 이렇게 이행청구권의 위상을 가지는 추완청구권이 인정되는 이상, 급부 실현가능성을 전제로 하는 이행불능·이행지체의 규정은 그대로 적용될 수밖에 없다. 그렇기 때문에 한 독일의 문헌은 이러한 현상을 추완이행청구가 고려되는 모든 불이행 유형에 공통적인 "이중의 계약위반성"이라고 명명하고 있는 것이다.[62] 즉 불완전급부는 채무의 내용에 부합하지 않는다는 사정만으로 계약위반성이 인정되는 동시에(이행행위 기준), 그 추완 가능성과 관련해 계속 이행불능과 이행지체의 규율의 적용을 받는다는 점에서도 계약위반성이 인정된다(이행결과 기준). 이러한 이중의 계약위반성이 나타나는 이유는 명백하다. 민법은 이행결과의 창출 가능성을 기준으로 불이행을 이행불능과 이행지체로 나누고 있으므로, 이행행위의 양태라는 별도의 기준으로 파악된 불이행

---

61) 개정 전 독일 민법 해석과 관련해 Larenz (주 55), S. 369; Fikentscher (주 55), Rn. 391 참조. 또한 개정된 독일 민법 제281조도 참조("급부 또는 추완이행을 할 상당한 기간"). 그러한 의미에서 "우리 통설은 원상회복주의를 원칙으로 하는 독일의 이론을 깊은 고려 없이 받아들인 것이 아닌가 싶다"는 송덕수 (주 3), 158면의 추측이야말로 오히려 독일 학설에 대한 오해에서 기인한 것으로서 타당하지 않다. 위의 인용에서 나타나듯, 개정 전 독일 학설은 명시적으로 추완청구권을 이행청구권과 관련짓고 있었다.

62) Ernst in *Münchener Kommentar zum BGB*, Band 2, 7. Aufl., 2016, § 280 Rn. 55.

유행인 불완전급부에 대해서는 각각의 기준에 따라 계약위반성이 관찰될 수밖에 없기 때문이다.

　이상에서 명백하게 되었지만, 불완전급부가 행해진 경우에도 이행과 관련된 지연배상과 전보배상의 쟁점은 기본적으로 이행지체와 이행불능의 규정에 의해 해결된다. 그러므로 불완전급부의 독자적인 특징은 부적절한 이행에 의하여 지연배상이나 전보배상으로 포착되지 않는 확대손해가 발생한 경우에 한정된다.[63] 이러한 확대손해는 이행이익에 해당할 수도 있지만,[64] 완전성이익에 해당할 수도 있으며,[65] 채권자는 지연배상·전보배상 외에 이러한 손해의 배상을 청구할 수 있어야 한다(앞의 Ⅱ. 1.의 ②). 그러므로 이행지체와 이행불능을 규율한 입법자가 불완전급부와 관련해 취해야 할 조치는 확대손해의 배상을 가능하게 할 책임발생규정을 두는 것에 그친다. 그런데 불완전급부에서 불이행이 나타나는 모습은 그 전제가 되는 채무가 주는 채무인지 하는 채무인지에 따라 달라지며, 하는 채무에서도 그 구체적인 내용은 계약해석에 의해서 비로소 결정된다.[66] 그러므로 입법자에게는 불완전급부에 대해 **추상적·일반적 규범으로서 책임발생규정**을 설정하는 해결만이 가능하다. 그리고 우리 입법자가 제390조에서 그러한 규정을 마련해 놓고 있다는 사실은 부정하기 어렵다. 「민법전편찬요강」에서 "금전채무 이외의 채무에 속하여 이행지체 또는 불완전이행이 있는 때에는 채무자의 고의·과실이 있는 경우에 한하여 손해배상의무를 인정하도록 할 것"[67]이라는 방침을 정하고 있었던 입법

---

63) 지원림 (주 7), 395-396면 참조.

64) 大判 1989.11.14., 89다카15298, 공보 1990, 34; 1990.3.9., 88다카31866, 집 38-1, 121; 2004.5.14., 2004다7354, 공보 2004, 994 등.

65) 大判 1997.4.11., 96다47449, 공보 1997, 1429; 1995.3.28., 93다62645, 공보 1995, 1745 등.

66) 서광민 (주 3), 144면 이하; 고상용, 민법학특강, 1995, 473면 이하; 권오승 (주 26), 303면 이하 참조. 불이행 일반에 대해 김형배 (주 3), 163-164면; 민법주해 [Ⅸ] (주 22), 223면(양창수) 등도 참조.

관여자들이 그러한 취지를 제390조에 반영하였다면(동조 단서가 이행
지체 및 불완전급부에도 적용된다는 점에 대해 앞의 Ⅱ. 2. (2) 참조), 이 규
정은 불완전급부에 적용을 예정하는 일반적인 책임발생규정으로 의
도되었음이 명백하기 때문이다.

　그러므로 손해배상과 관련해 살펴본다면, 불완전급부로 인해 발
생하는 지연배상과 전보배상은 이행지체 및 이행불능에 관한 규정에
따른 세부 조정을 거쳐 일반적 책임발생규정에 의해 보장되고, 그로
인해 발생하는 확대손해의 배상은 바로 일반적인 책임발생규정에 의
해 가능해진다. 우리 민법은 이행청구권의 인정을 전제로 채택한 이
행불능·이행지체 규율을 전제로 불완전급부에 필요한 규정을 마련해
두었다. 입법자는 합리적인 규율을 내린 것이고, 부족한 부분은 찾을
수 없다. 이는 개정된 독일 민법이 종래 이행지체와 이행불능을 모델
로 하는 규율을 불완전급부의 추완이행 가능성과 관련해 적용할 수
있게 하면서(동법, 제280조, 제281조, 제283조), 불완전급부에 고유한 손
해배상(이른바 "단순 손해배상")은 일반 책임발생규정(동법 제280조)의
적용만으로 가능하게 하였다는 사실[68]과 비교해 보아도 쉽게 확인되
는 바이다.

(2) 불완전급부와 계약 해제

　계약 특히 쌍무계약으로부터 발생한 채무의 이행으로 불완전한
급부가 행해진 경우 계약 해제가 문제될 수 있다. 통설은 불완전급부
에 대한 해제 규율이 흠결되어 있음을 전제로, 제544조 내지 제546조
를 유추한다는 입장을 보인다.[69] 제580조를 유추해야 한다는 견해도

---

67) 법전편찬위원회, "민법전편찬요강", 채권총칙 제1장 제2절 11 = 양창수, 민법연
　　구, 제1권, 1991, 105면.
68) Looschelders, *Schuldrecht. Allgemeiner Teil*, 11. Aufl., 2013, Rn. 570ff. 참조
69) 전거와 함께 김용담 편집대표, 주석 민법 채권각칙(2), 제4판, 2016, 81면(남효순)
　　참조.

주장된다.[70] 그러나 손해배상과 관련해 살펴본 것과 마찬가지로, 불완전급부에도 기본적으로 계약 해제에 관한 일반 규정이 그대로 적용될 수 있다면(주 62 참조: "이중의 계약위반성"), 이러한 종래의 관점도 그대로 타당하기 어렵다고 생각된다.

    불완전급부를 이유로 하는 해제의 경우에도 출발점은 제544조 본문이다. 이 규정은 흔히 받아들여지고 있듯(주 69, 70의 전거 참조) 좁은 의미의 이행지체라는 특정 유형에 한정된 것으로 오해해서는 안 된다.[71] 제544조의 본문은 의용민법 제541조를 그대로 수용한 것이다.[72] 의용민법의 이 규정은 일본 구민법 재산편 제421조 제1항(개정 전 프랑스 민법 제1184조 제1항을 계수한 규정이다)에서 묵시적 조건에 의지하는 법률구성만을 포기하고 그 실질적인 내용을 받아들인 것으로서, 프랑스 민법을 모범으로 하여 계약상 채무의 불이행이 있으면 상당한 기간을 정하여 최고한 다음 계약을 해제할 수 있도록 정하는 계약불이행 일반에 대한 해제권 발생 근거 규범이었다.[73] 그래서 동법 입법관여자의 설명에 따르면, 이 규정은 "불이행으로 인한 해제의 일반 요건을 정하는""기본칙"이고 정기행위와 이행불능에 관한 "다음의 두 조문은" 최고를 요하지 않는 "예외를 정하는 것"이었다.[74] 그러므로 이러한 연혁을 배경으로 한다면, 제544조에서 "채무를 이행하지 아니하는 때"는 제390조의 "채무의 내용에 좇은 이행을 하지 아니한 때"와 기본적으로 같은 의미이며, 계약불이행이 있으면 최고 이후 해제할 수 있다는 **일반 원칙**을 선언하고 있는 규정이다.[75] 관련해

---

70) 이은영, 채권각론, 제5판증보, 2007, 237면; 송덕수, 채권법각론, 제4판, 2019, 130면.

71) 이 점은 이미 양창수, "민법전 제정과정에 관한 잔편", 민법연구, 제8권, 2005, 20면; 성승현, "민법 제544조는 「이행지체와 해제」만을 규정하는가?" 전남대 법학논총, 제36권 제3호, 2016, 289면 이하.

72) 민의원 법제사법위원회 민법안소위, 민법안심의록, 상권, 1957, 234면 참조.

73) 未定稿本 民法修正案理由書, 서울대 도서관 소장본, 459면.

74) 梅謙次郎, 民法要義, 卷之三, 訂正增補19版, 1909, 446면.

75) 川島武宜·平井宜雄, "契約責任", 企業責任, 1968, 317-318면 참조. 이러한 인식

흥미롭게도 불완전급부와 관련해 흠결을 상정하는 학설에서도 이 점을 인식하는 경우가 없지는 않았다. 예컨대 제390조가 과연 일반 규정으로 적절한지를 의문시하면서 "390조 본문의 표현이 […] 544조와 의용민법 541조의 그것과 같음을 상기하라"는 지적이 행해지고 있었던 것이다.76) 다만 이 지적은 불완전급부에 대해 흠결이 있다는 선입견을 전제하고 있기 때문에77) 이러한 관찰로부터 제544조가 해제에 관한 일반 규정이라는 인식을 얻지 못하고 오히려 제390조의 일반규정으로서의 적합성을 문제 삼았다. 그러나 그러한 선입견을 버리고 역사적이고 체계적인 관점에서 문언을 관찰한다면, 우리 제544조 본문이 일반적 해제권 발생에 대해 규율하고 있음을 의심할 필요는 없다고 생각된다. 흠결이 없는 규정에 대해 굳이 특정 외국 학설의 영향을 받아 생각으로 만들어 낸 흠결을 덧입힐 필요는 없지 않겠는가?

물론 이에 대해서는 제544조 표제가 "이행지체와 해제"라고 표현하고 있음을 들어 의문을 제기할 수도 있다. 그러나 이는 다음의 두 가지 관점에서 전혀 결정적인 반론이 되지 못한다. 첫째, 해석상 해당 표제에 제544조 본문의 규범 내용을 결정할 정도의 비중을 부여할 수 없다. 민법 표제의 성립과정을 살펴보면 그것은 입법자의 위임에 의한 것이기는 해도 입법자의 종국적 관여 없이 작성되어 그 권위가 법률 본문과 비교할 수 없을 뿐만 아니라, 보다 일반이론적으로 말하더라도 표제는 법률 해석에 보충적으로 참조되는 역할에 그치기 때문이다.78) 둘째, 백번 양보하여 제544조 본문이 이행지체 유형에 한정

이 일반화되었기 때문에 원래 조문 표제가 없었던 일본 민법이 2004년 현대어화를 하는 과정에서 표제를 부가하면서 동법 제541조에 대해 "이행지체 등에 의한 해제권"라고 명명할 수 있었던 것이다. 이는 최근 채권법 개정에서 "최고에 의한 해제"로 변경되었다. 일본에서의 학설 및 개정 경과에 대해서는 성승현 (주 71), 260면 이하 참조.

76) 송덕수 (주 3), 109면.

77) 송덕수 (주 3), 109면: "해제에 관해서는 390조에 해당하는 포괄적인 규정이 없음이 없음을 유의할 것".

되는 것이라고 하더라도, 불완전급부와 관련된 흠결은 인정되지 않는
다. 앞서 살펴보았지만 불완전급부가 있더라도 그 추완이행과 관련해
이행지체와 이행불능의 규율은 기본적으로 그대로 적용될 수 있기 때
문이다(앞의 Ⅲ. 1. (1) 참조). 따라서 불완전급부도 여전히 제544조 이
하에서 해제권의 근거를 찾을 수 있게 된다. 제544조 본문과 제546조
의 의미가 다소 달리 이해될 뿐79) 이들 규정이 적용된다는 점에서는
차이가 없다.

　　그러므로 불완전급부가 행해진 경우, 해제의 법률관계는 우선 추
완이행이 여전히 가능한지 여부에 따라 좌우된다. 추완이행이 가능하
다면, 채권자는 상당한 기간을 정하여 최고하고 계약을 해제할 수 있
다(제544조 본문).80) 이때에도 채무자가 추완이행을 미리 거절하거나
계약이 상대적 정기행위였다면 최고 없이 해제가 가능하다(제544조 단
서, 제545조). 마찬가지로 추완이행이 불가능한 경우에는 채권자는 바
로 계약을 해제할 수 있다(제546조). 한편 상당한 확대손해가 발생하
여 추완이행이 불가능한 것은 아니어도 채권자가 추완이행에 대한 이
익을 상실한 경우에 대해서는 일견 규정이 없는 것처럼 보이지만, 이
는 그렇지 않다. 민법은 제580조에서 물건의 하자로 인하여 계약 목

---

78) 양창수 (주 71), 14면 이하 참조. 또한 성승현 (주 71), 291－292면. 이러한 측면을
　　잘 보여주는 좋은 사례로 예컨대 제323조 및 그 표제 참조. 여기서 유치권자는 동
　　조의 표제("과실수취권")에도 불구하고 규범의 내용에 따라 (타당하게도) 과실수
　　취권자가 아니라고 해석되고 있다. 김용덕 편집대표, 주석 민법 총칙(2), 제5판,
　　2019, 338－339면(김종기) 참조.
79) 제544조 본문을 계약불이행의 경우 해제권을 인정하는 일반적 원칙 규정으로 이
　　해한다면, 제546조는 이행불능의 경우 최고 요건만을 면제하는 역할을 수행한다.
　　반면 제544조, 제545조가 이행청구가 가능한 불이행인 이행지체에 대해 해제권 발
　　생을 정하는 규정이라면, 제546조는 이행청구가 불가능한 불이행인 이행불능에
　　해제권 발생을 정하는 규정이 되며, 이들은 불완전급부의 경우 추완이행에 대해
　　그대로 적용된다. 규정의 의미는 달라지지만, 그것이 적용되는 모습은 크게 달라
　　지지 않는다. 마찬가지로 어느 해석에 의하든 흠결은 존재하지 않는다.
80) 大判 1996.11.26., 96다27148, 공보 1997, 47.

적을 달성할 수 없는 경우 계약을 바로 해제할 수 있다고 정하면서,
이 규정을 유상계약 일반에 확대하고 있기 때문이다(제567조). 그러므
로 유상계약의 경우 불완전급부로 인하여 계약 목적 달성이 좌절되면
채권자는 최고 없이 바로 계약을 해제할 수 있다.[81] 그렇다면 불완전
급부를 이유로 하는 계약 해제와 관련해서도 흠결이 있다고 쉽게 단
정할 수는 없다고 생각된다.

2. 보호의무 위반

종래 통설이 이른바 불완전이행으로 설명하던 불이행 유형의 하
나로 보호의무 위반을 들 수 있다. 보호의무는 채권관계에 기초해 당
사자 일방이 부담하는 상대방의 완전성법익을 침해하지 하고 보호할
행태의무를 말한다. 물론 계약 교섭·접촉으로 일반적인 보호의무관
계가 성립하여 계약성립 이후에도 존속한다고 설명하면서, 그것의 침
해로 계약체결 전에는 계약체결상 과실책임이 성립하고 계약체결 이
후에는 불완전이행이 성립한다는 견해[82]는 이제는 점차 지지를 잃고
있다. 그러한 보호의무 관념은 독일 민법학에서 불법행위법의 문제점
을 시정하기 위해 전개된 특수 독일적인 이론이며, 그러한 의무는 우
리 민법에서 불법행위의 객관적 주의의무라는 점이 인식되었기 때문
이다.[83] 그에 따라 이제는 채무불이행책임에서 전제가 되는 보호의무

---

81) 송덕수 (주 70), 130면은 이 경우 "가장 유사한 제580조를 유추적용"한다고 하나,
    입법자가 이미 명시적으로 준용 규정을 두고 있어 흠결 자체가 존재하지 않는다.
82) 예컨대 곽윤직 (주 1), 18-19면, 91면; 권오승 (주 26), 306면; 김형배, 채권총론,
    제2판, 1998, 35면 이하; 송덕수 (주 70), 64면 등.
83) 민법주해[Ⅸ] (주 22), 219면 이하(양창수); 김증한·김학동 (주 3), 110면; 서광민,
    "채권법상의 보호의무", 민법의 기본문제, 2006, 166-167면; 지원림, "채무구조
    론", 민사법학, 제21호, 2002, 571면; 이은영 (주 26), 196면 등. 독일의 보호의무
    학설의 배경과 내용 그리고 평가에 대해 Ulrich Huber, "Leistungsstörungen" in
    Bundesminister der Justiz hrsg., *Gutachten und Vorschläge zur Überarbeitung
    des Schuldrechts*, Band Ⅰ, 1981, S. 736f. 참조: "법정정책적으로 […] 불법행위법의
    결함을 입법적 조치로 정정할 필요가 인정되는 한에서 이는 불법행위법 자체에

는 계약에서 합의된 급부의무의 내용과 성질에 따라 계약해석상 인정
되는 계약에 따른 부수적 행태의무라고 설명하는 관점이 유력하다.[84]
이 견해가 타당함은 물론이다. 채권관계의 이행과정에서 일방 당사자
가 불가피하게 상대방에게 자신의 생명·신체·소유권 등을 맡김으로
써 상대방이 자신의 법익을 침해할 가능성과 위험을 창출하거나 증대
시키는 경우, 상대방은 그 위험에 상응하여 이를 안전하게 보호할 의
무를 채무로서 부담하는 것이 계약해석상 자연스럽다. 이는 채권자의
완전성이익의 보호가 급부의무의 핵심 내용과 밀접한 관련을 맺고 있
는 경우로,[85] 계약상 채권관계에서 일방 당사자가 계약을 통해 급부
의무와 함께 인수한 계약상 채무라고 보아야 한다. 실제로 우리 판례
가 인정하고 있는 보호의무 사례들이 이러한 유형에 속함은 의문의
여지가 없다.[86] 그리고 이는 종래 프랑스 민법의 해석에서 인정되고
있던 안전의무(obligation de securité)와도 상응한다.[87]

서 시도해야 한다. [···] 도그마틱에 대해 [···] 보호의무 이론은 불법행위 도그마
틱의 최근 발전을 아직 수용하지 아니하여 그 사이 낡아버린 지식 상태를 반영
하고 있다." 후반부에 언급하고 있는 불법행위법의 발전은 사회생활상 안전의무
(Verkehrspflicht) 법리를 말한다.

84) 서광민 (주 83), 166면 이하; 지원림 (주 83), 572-573면; 이은영 (주 26),
   195-196면; 이동진 (주 2), 463-464면; 민법주해[IX] (주 22), 345-346면(양창
   수); 김상중, "채무불이행법 체계의 새로운 이해를 위한 시도", 비교사법, 제16권
   제2호, 2009, 8면 이하. 물론 이러한 관점에서도 의무의 명칭과 세부적인 설명에
   서는 차이가 존재한다. 현재 학설 상황의 개관으로 박영복, "완전성이익의 침해와
   계약책임", 외법논집, 제38권 제1호, 2014, 131면 이하 참조.
85) Huber (주 83), S. 738.
86) 고용계약에 대해 大判 1997.4.25., 96다53086, 공보 1997, 1583; 1999.2.23., 97다
   12082, 공보 1999, 538, 숙박계약에 대해 大判 1997.10.10., 96다47302, 공보
   1997, 3406, 입원계약에 대해 大判 2003.4.11., 2002다63275, 공보 2003, 1163, 여
   행계약에 대해 大判 1998.11.24., 98다25061, 공보 1999, 5, 승마체험 서비스가 포함
   된 리조트 숙박계약에 대해 大判 2018.2.13., 2017다275447, 공보 2018, 563, 학교법
   인의 학생에 대한 안전배려에 대해 大判 2018.12.28., 2016다33196, 공보 2019, 374
   등 참조. 반면 임대차에 대해 大判 1999.7.9., 99다10004, 공보 1999, 1600.
87) 이에 대해서는 우선 남궁술, "법규범의 발전과 판례: 프랑스민법상 안전배려의무

이러한 보호의무는 상대방의 완전성이익의 보호를 내용으로 하
므로[88] 그 위반에 의해서는 통상 이행청구권과 병존하는 확대손해가
발생한다. 그러므로 이 경우 이행청구권의 운명에 대해서는 민법이
이행불능과 이행지체에 대해 정한 규율이 그대로 적용된다. 즉 보호
의무 위반으로 인해 이행청구가 불가능해진다면, 채권자는 확대손해
의 배상과 함께 바로 전보배상을 청구할 수 있다. 보호의무 위반이
있더라도 이행청구가 가능한 경우, 채권자는 그 이행을 청구할 수 있
고 상당한 기간을 정해 최고한 다음 전보배상으로 전환할 수도 있을
것이다(제395조 첫 번째 경우). 물론 보다 통상적인 사안은 확대손해
발생으로 계약 목적이 좌절되어 채권자가 이행청구에 대한 이익을 상
실하는 경우일 것이다. 이때 채권자는 확대손해의 배상과 함께 바로
전보배상도 청구할 수 있다(제395조 두 번째 경우).

   이상의 서술에서 나타나지만, 보호의무 위반에서도 입법자가 규
율할 사항은 결국 확대손해의 배상을 가능하게 하는 책임발생규정을
두는 것에 그친다. 그런데 보호의무의 존부와 내용은 당사자들이 구
체적으로 처한 상황을 배경으로 개별 계약의 해석에 의해 비로소 결
정되므로, 입법자는 책임발생규정의 요건을 미리 세분하여 규정할 수
는 없다. 따라서 입법자의 선택지는 불완전급부에서와 마찬가지로 보
호의무 위반에 대해서도 **추상적·일반적 규범으로서 책임발생규정**을 두
는 것 외에는 생각할 수 없다. 그렇다면 제390조를 입안함으로써 우
리 민법은 이 문제에 대해서도 필요한 규율을 내린 것이며, 그에 특
별히 흠결이 있다고 말하기 어렵다. 이는 개정된 독일 민법에서도 보
호의무 위반에 고유한 손해배상(이른바 "단순 손해배상")에 일반 책임

―――――――――

와 정보제공의무의 발전에 있어서의 판례의 역할을 중심으로", 민사법학, 제28호,
2005, 309면 이하 참조. 보다 상세한 개관으로 Meller, *Obligation de securité*,
1974 참조.

88) 물론 부수적 급부의무와 구별이 언제나 분명한 것은 아니며, 양자는 내용상 중첩
될 수도 있다. 서광민 (주 83), 170-171면 참조.

발생규정(동법 제280조)만이 적용된다는 사실로부터도 알 수 있다.[89]

　굳이 민법에 흠결을 찾고자 한다면, 보호의무 위반을 이유로 하는 해제와 관련해 이를 상정할 여지는 있다. 즉 보호의무 위반으로 계약관계를 계속 유지하는 것을 기대할 수 없는 경우 채권자가 해제할 수 있다는 내용이 민법에서 직접 드러나지는 않기 때문이다. 이는 민법이 기본적으로 급부의무 불이행을 전제로 해제 규정을 마련하고 있기 때문에 그러한 것이다. 또한 보호의무라는 문제의식이 학문적으로 일반화된 것이 그리 오래된 일이 아니라는 사정도 원인의 하나일 것이다.[90] 그러나 그렇다고 해서 이 영역에서 흠결을 긍정하는 결론이 반드시 필연적인 것도 아니다. 왜냐하면 우리 재판례에서 문제된 사안들에서 나타나듯(주 86), 보호의무 위반에서 해제가 문제되는 일은 거의 없으며 대개 손해배상으로 적절한 구제가 주어지기 때문이다. 예외적인 사안에서 해제가 요구될 때 기존 해제 규정의 유추적용에 의해 이를 허용할 가능성을 부정할 이유는 없겠지만, 그러한 가능성만으로 이에 관한 규율을 예정하지 않은 입법자를 비난할 만한 사정은 될 수 없다고 생각된다. 실제로 이제 이 쟁점을 명시적으로 규율하는 독일 민법 제324조에 대한 다음의 서술과 비교해 보아도 그러하다. "정당하게도 [이 규정이 규율하는] 사례들은 지금까지 언급할 만한 역할을 하지 못하였다고 말해진다. 법률은 이에 관한 규정이 없

---

89) Looschelders (주 68), Rn. 566ff. 참조

90) 프랑스의 경우 파기원이 처음으로 안전의무를 인정한 것은 1911년이나, 보다 확고한 정착은 시간을 요하였다. Meller (주 87), S. 16ff. 참조. 독일의 경우 1930년대 크레스(Kreß)와 슈톨(Stoll; 주 42)이 이른바 적극적 계약침해의 사안들에서 보호의무적 요소를 적출하였지만, 그것이 보다 일반적으로 수용된 것은 1960년대 후반 카나리스(Canaris)와 티일레(Thiele)의 연구에 의해서였다. 전거와 함께 Huber (주 83), S. 736 참조. 물론 본문의 서술은 안전의무 또는 보호의무와 관련한 의식적인 학문적 작업에 대해 지적하는 것이다. 불법행위법의 불충분함을 이유로 불법행위책임의 사례를 계약책임으로 해결하는 경우는 이미 로마법에서부터 발견된다. 예컨대 Iavolenus D. 19, 2, 57 참조.

더라도 지장이 없었을 것이다."[91]

3. 비교법적 보론

이상에서 살펴보았지만, 이행청구권을 전제로 이행불능과 이행지체에 관한 규율을 두고 있는 민법은 이른바 불완전이행의 사례에 대해서는 기본적으로 일반적인 책임발생규정 그리고 일반적인 해제권 발생규정을 두는 것으로 충분하다. 그리고 이러한 인식은 비교법적 관찰에 의해서도 정당화된다. 과문해서 그런지도 모르겠지만, 2002년 개정된 독일 민법을 제외하면 이른바 불완전이행에 대해 명시적인 배려를 베풀고 있는 민법전이나 모델규칙을 쉽게 **발견할 수 없기** 때문이다.

예를 들어 **프랑스 민법**의 경우, 불완전급부나 안전의무 위반으로 인해 확대손해가 발생한 때에도 일반적인 책임발생규정이었던 개정 전 제1147조에 의해 배상이 허용되었고[92] 법률과 학설이 이를 불완전이행의 관점에서 특별히 취급하는 내용은 찾아볼 수 없었다.[93] 개정된 채권법 역시 명시적으로 규율하는 유형은 이행지체에 그치며(동법 제1344조 이하), 이른바 불완전이행의 사례를 별도로 언급하지 않는다. 개정 과정에서 이를 언급하는 규정을 두어야 한다는 논의도 발견할 수 없다. 이른바 불완전이행의 사례들은 이전과 마찬가지로 개정된 동법 제1231-1조에 의해 해결될 것이며,[94] 문헌에서도 독자적인 취급은 받지 않을 것으로 예상된다.

---

91) MünchKomm/Ernst (주 62), § 324 Rn. 5.

92) Ferid (주 48), Rn. 2C6 참조.

93) 예컨대 프랑스 문헌에서는 불완전급부에 해당하는 개념을 찾을 수 없다. 반면 안전의무의 개념은 강학상 사용되는데, 이는 증명책임과 관련된 쟁점 때문에 그러하다. Meller (주 87), S. 21 참조.

94) 한불민사법학회, 개정 프랑스 채권법 해제, 2021, 341면(남효순): "개정 전 제1147조와 동일한 취지의 규정".

더 나아가 2002년 개정 전의 독일 민법도 이 맥락에서 다시 새롭
게 살펴볼 필요가 있다. 우리나라에서는 비교적 최근에 나온 교과서
들에서도 개정 전 독일 민법은 이행지체와 이행불능만을 규율하고 있
어 이른바 불완전이행의 경우에 흠결이 있었고, 그 결과 시행 직후
흠결을 발견해 시정한 슈타우프(Staub)의 적극적 계약침해 이론이 바
로 채택되어 통설·판례가 되었다는 낡은 "전설"이 여전히 통용되고
있다.95) 그러나 현재 학계에서 확인된 사실은 독일 민법의 입법자들
은 이른바 불완전이행의 사례를 잘 알고 있었고 이를 규율하였으며
따라서 흠결은 없었다는 것이다.96) 실제로 19세기 독일 판덱텐 법학에
서 이른바 불완전이행이 문제되는 사례들은 각 계약 유형에 따라 해
당 계약상 소권(예컨대 매매에서 하자 있는 물건에 의해 발생한 확대손해
의 경우 매수인 소권)에 의해 손해배상의 효과가 인정되고 있었다.97)
그러므로 이른바 불완전이행에 대한 서술은 기본적으로 계약각론의
영역에 속하였고, 총칙적 차원에서는 고의 또는 과실에 의한 채무불
이행이 있으면 채무자가 배상책임을 진다는 일반적인 원칙만이 선언
되었다.98) 이러한 법상태의 연장선상에서 독일 민법의 입법자는, 한
편으로 급부결과의 발생 가능성을 기준으로 이행청구가 가능한 불이
행인 이행지체와 그렇지 않은 불이행인 이행불능을 구별하여 급부와
관련된 채권자 이익을 보호하면서, 다른 한편으로 추상적이고 일반적
인 책임발생규정을 설정하여 이른바 불완전이행을 포함한 다양한 채

---

95) 예컨대 김대정·최창렬 (주 24), 611–613면; 김상용 (주 3), 126–127면; 송덕수
    (주 3), 110면; 이덕환 (주 24), 147–148면 등.
96) 아래 내용은 상세한 전거와 함께 Ulrich Huber, *Leistugnsstörungen*, Band I,
    1999, S. 79ff.; Würthwein, *Zur Schadensersatzpflicht wegen Vertragsverletzungen
    im Gemeinen Recht des 19. Jahrhunderts*, 1990, S. 254ff.; Schermaier in
    Historischer-kritischer Kommentar zum BGB, Band II/1, 2007, vor § 275, Rn.
    56ff. 그에 대한 소개로 이미 민법주해[IX] (주 22), 199–200면(양창수) 참조.
97) Huber (주 96), S. 82ff.
98) Würthwein (주 96), S. 196ff.

무불이행에서 배상책임이 성립할 수 있도록 하였다.[99] 그러한 일반적
책임발생규정으로 독일 민법 제1초안은 "채무자는 채권관계에 따라
의무 있는 급부를 완전히 실현해야 한다. 그는 고의의 불이행뿐만 아
니라 과실의 불이행을 이유로 하여서도 책임을 진다(haftet)"(동초안 제
224조 제1항)는 규정을 두었다. 제2위원회는 이 규정의 내용은 그대로
받아들이면서도 단지 표현 수정을 위해 편집위원회에 문언 작성을 위
임하였고,[100] 그 결과 개정 전 동법 제276조 제1항의 "채무자는 다른
규정이 없는 한 고의 및 과실에 대해 책임을 진다(vertreten)"는 규정
이 만들어졌다. 그러므로 개정 전 동법 제276조 제1항은 단순히 채무
자의 귀책사유에 대한 규정만으로 그치는 것이 아니라, 일반적인 책
임발생규정으로도 의도된 것이었다.[101] 이러한 태도는 독일 민법의
다른 여러 규정에서도 반영되어 있었다.[102] 그러나 개정 전 동법 제

---

99) 독일의 일부 문헌에서는 몸젠의 불능이론에 따라 불완전급부의 사례가 질적 일부
    불능으로서 불능의 규율을 받도록 의도되었다고 설명되기도 하였다. 예컨대
    Emmerich, *Das Recht der Leistungsstörungen*, 4. Aufl., 1997, S. 224. 그러나 이
    러한 설명은 타당하지 않은 것으로 보인다. 몸젠을 포함하여 판덱텐 법학은 불완
    전급부를 이유로 하는 확대손해의 배상을 이행불능이 아닌 일반 과실책임을 근거
    로 하여 인정하였기 때문이다. Huber (주 96), S. 82ff., 88f.; Würthwein (주 96),
    S. 126ff. 참조.
100) Protokolle der 2. Kommission, 609 = Mugdan Ⅱ, 522. 제2초안 편찬 과정에서
    편집위원회의 활동, 실수, "월권" 등에 대해 Finkenauer, "Die Redaktion des
    zweiten Entwurfs eines BGB und die historische Auslegung", *Festschrift für
    Schröder*, 2013, S. 21ff. 참조.
101) Huber (주 96), S. 78f. 그 경위에 대해 상세하게 Finkenauer (주 100), S. 28ff.
    참조.
102) Huber (주 96), S. 81 참조. 여기서 들고 있는 특히 흥미로운 사례 중 하나로 연
    대채무에서 상대적 효력사유를 예시적으로 열거하는 독일 민법 제425조 제2항 참
    조: "이행지체, 과책, 급부의 불능". 여기서 이행지체와 이행불능과 병치되고 있는
    과책(Verschulden)은 의문의 여지 없이 개정 전 제276조 제1항의 일반 과실책임
    을 지시하는 것이다. 또한 본문과 같은 이해를 전제로 하면, 개정 전 독일 민법의
    규율 체계도 보다 명확하게 드러난다. 즉 개정 전 제275조는 책임 없는 이행불능
    의 경우 채무자의 면책을 정한다(이 규정이 모든 불이행에 적용된다는 것과 관련
    해 앞의 Ⅱ. 2. (2)도 참조). 이어 개정 전 제276조는 유책한 불이행 일반에 대해

276조 제1항의 최종 문언은 불이행에 대한 언급을 생략함으로써 오독의 여지를 품고 있었던 것도 사실이다. 그리고 바로 이러한 오독 가능성이 슈타우프의 독해에 의해 실현되었다. 그는 독일 민법과는 달리 급부행위 양태를 기준으로 불이행 유형을 파악하였던 프로이센법 실무가 출신으로, 이행불능과 이행지체를 입법자의 의도와는 다르게 행위관련적으로 독해하는 동시에 개정 전 제276조 제1항의 규율 의도를 간과함으로써 법전에 존재하지 않는 흠결을 스스로 창출해 낸 다음 자신이 고안한 적극적 계약침해의 이론으로 이를 보충하였던 것이다.103) 하지만 이러한 학설에도 불구하고 오랫동안 독일 제국법원은 입법자 의도와 법률의 취지에 충실하게 이른바 불완전이행의 사례에 개정 전 동법 제276조 제1항을 적용하는 확고한 판례를 유지하고 있었다.104) 제국법원이 적극적 계약침해 이론을 원용하였던 것은 해제권 발생을 위해 개정 전 동법 제326조를 유추하는 예외적인 일부 사건들에 한정되어 있었다.105) 또한 슈타우프의 견해가 일반적으로 수용되었다고도 전혀 말할 수 없는 상태였다.106) 그러나 상황은 제2차 세계대전 이후 독일 연방대법원이 슈타우프의 이론을 받아들이면서 변화하기 시작하였고,107) 그에 따라 확립된 통설은 당시의 새로운 상황을 과거 특히 일부 예외적인 제국법원 재판례에 투사하여 잘못된 기억을 만들어냈다.108) 우리 문헌이 전달하고 있는 착각(주 95 참조)

채무자가 책임을 진다는 원칙을 선언하고(주 101의 본문 참조), 이어서 이를 부연하여 유책성을 규율하는 규정이 등장한다. 그 다음 제280조 이하에서는 보다 구체적으로 이행불능과 이행지체를 이유로 하는 전보배상·지연배상의 문제가 규율된다.

103) HKK/Schermaier (주 96), vor § 275 Rn. 84

104) 이 점에 대해 이미 성승현, "부적절한 이행", 민사법학, 제27호, 2005, 52면 이하 참조.

105) HKK/Schermaier (주 96), vor § 275 Rn. 87.

106) 당시 학설 상황에 대해 Oertmann, *Recht der Schuldverhältnisse*, 1. Abteilung, 5. Aufl., 1928, S. 179ff. 참조.

107) HKK/Schermaier (주 96), vor § 275 Rn. 87.

도 이러한 투사된 기억에 기인하는 것이다. 이후 일련의 연구에 의해
독일 민법에 흠결이 없음이 다시 확인되었을 때, 판례집과 교과서에
확고히 정착한 내용은 더 이상 돌이킬 수 없게 되었다.[109] 그러나 이
러한 사후적인 학설 전개를 머리에서 지우고 개정 전 독일 민법의 규
율 태도를 입법자의 의도에 따라 살펴본다면, 이행결과가 도달 가능
한지 여부에 따라 불이행 효과를 나누어 규정하고 이로써 포착되지
않는 나머지 다양한 모습의 손해에 대해 일반적인 책임발생규정을 두
고 있다는 점에서 앞서 살펴본 우리 민법의 모습(앞의 Ⅱ., Ⅲ. 참조)과
크게 다르다고 말하기 어렵다.

　　이러한 사정은 1992년에 시행된 네덜란드 신민법에서도 마찬가지
이다.[110] 동법 제6:74조 제1항에 따르면 채무의 내용에 좇지 않은 이
행(tekortkoming in de nakoming)은 그것이 채무자에게 귀책되는 되는
한 채권자가 입은 손해를 배상할 책임을 채무자에게 지운다. 그러나
바로 이어서 동법은 이행이 가능한 불이행과 그렇지 않은 불이행을
구별한다.[111] 즉 이행이 이미 영구적으로 불능(blijvend onmogelijk)이
아닌 범위에서 동조 제1항은 동법 제6:81조 이하의 이행지체(verzuim)
의 규정을 함께 고려해서만 적용된다고 규정하는 것이다(동조 제2항).
그에 따라 이행이 가능한 불이행의 경우 방식을 갖춘 최고 또는 확정
기한의 도과 등 일정한 요건에 따라 지체책임이 성립하며(동법 제6:81
조 내지 제6:83조), 원칙적으로 이행청구권과 병존하는 손해배상이 청
구된다(동법 제6:85조). 이 경우 전보배상으로의 전환은 채권자가 이행
지체에 빠진 채무자에게 방식을 갖추어 상당한 기간을 정한 최고를

---

108) HKK/Schermaier (주 96), vor § 275 Rn. 86 참조.
109) 예를 들어 Medicus, *Schuldrecht* Ⅰ, 12. Aufl., 2000, Rn. 413은 독일 민법에 흠
　　결이 없다는 견해가 타당함을 인정하면서도 그 책과 같은 학생용 교과서에서는
　　통설을 전제로 서술할 수밖에 없다고 말한다.
110) 개관으로 우선 潮見佳男, 契約責任の體系, 2000, 6면 이하 참조.
111) Sieburgh, *Verbintenissenrecht*, deel Ⅰ, vijftiende druk, 2016, nr. 316.

함으로써 가능하다(동법 제6:87조). 물론 이행기 전 이행불능이나 이행
기 전 이행거절 등의 경우에는 바로 전보배상으로 전환이 행해질 수
있다(동법 제6:80조). 채권자의 급부에 관한 이익은 이상의 규정에 의
해 전보된다. 따라서 이른바 불완전이행으로 발생하는 손해는 오로지
일반규정인 동법 제6:74조 제1항에 근거해서만 배상된다.[112] 이른바
불완전이행의 사례에 대해 별도로 언급하는 규정은 찾을 수 없다. 그
리고 이상의 이행이 가능한 불이행과 그렇지 않은 불이행의 구별은
계약 해제와 관련해서도 유지된다. 동법은 계약 불이행을 이유로 하
는 일반적인 해제권 발생을 정하면서도(동법 제6:265조 제1항), 이행이
이미 영구적으로 불능이 아닌 범위에서는 채무자는 이행지체에 빠져
야만 해제가 가능하다고 정하고 있기 때문이다(동조 제2항). 이상에서
잘 나타나지만, 네덜란드 신민법도 이른바 불완전이행을 특별히 언
급하지 않는다. 그와 관련해 문제되는 사례에 대해 이행불능, 이행지
체, 일반적 책임발생규정, 일반적 해제권 발생규정을 두어 규율할 뿐
이다.

　그밖에 일반적인 책임발생규정 및 해제권 발생규정이 있으면 별
도로 이른바 불완전이행의 사례에 대해 새삼 규율할 필요가 없음은
최근 일본의 채권법 개정(동법 제412조, 제412조의2, 제415조 제1항, 제
541조, 제542조 참조)[113]이나 유럽계약법원칙(제8:101조, 제9:301조, 제
9:501조 참조)[114] 및 UNIDROIT 국제상사계약원칙(제7.1.1조, 제7.3.1조,
제7.4.1조 참조)[115]과 같은 모델규칙의 규율 태도를 보아도 확인된다.

　이상과 같이 비교법적으로 살펴보아도 우리 민법의 이른바 불완

---

112) Hartkamp, "Einführung in das neue Niederländische Schuldrecht", *Archiv für
　　 die civilistische Praxis* 191 (1991), 396, 407f.
113) 民法(債權法)改正檢討委員會 編, 詳解 債權法改正の基本方針 II, 2009, 242－243
　　 면 참조.
114) 란도·빌 편 (주 13), 548면 참조.
115) UNIDROIT (주 12), p. 227 참조.

전이행에 관한 규율에 어떤 불충분함이 있다고 상정하기는 어렵다고 생각된다. 오히려 민법에서 이른바 불완전이행에 대한 직접적 언급을 찾을 수 없으면 바로 민법이 이를 알지 못한다고 상정하는 사고방식이야말로 흠결이 없는 법전에서 흠결을 발견한 독일 적극적 계약침해 이론의 무의식적 (악)영향일지도 모른다.

Ⅳ. 민법의 구상에 따를 때 규율이 불충분한 부분

그러나 이상의 서술이 우리 민법의 채무불이행 규율에 개선할 점이 없음을 의미하는 것은 아니다. 이를 상세히 서술하는 것은 본장의 목적과 범위를 넘어설 것이다. 여기서는 채무불이행 규율 체계의 근본적 구조 변경을 전제하는 쟁점은 제외하고, 우리 민법이 채택한 구상을 따를 때 구제수단의 요건 차원에서 불충분한 부분을 간단히 살펴보고자 한다. 이는 특히 우리 학설과 판례에 의해 법형성이 행해진 쟁점들을 살펴보면 잘 드러난다.

1. 전보배상으로의 전환기능과 관련된 규율

(1) 전보배상으로 전환하게 하는 법장치

앞에서 이행청구권을 보장하는 법제는 채권자의 이익을 원만하게 보호하기 위해서는 이행이 가능한 불이행에서도 이행청구를 배제하고 전적으로 손해배상만으로 채권자가 만족받을 수 있는 가능성을 반드시 열어 두어야 한다는 것을 살펴보았다(앞의 Ⅱ. 3. 참조). 우리 민법에서 이는 손해배상의 관점에서 서로 등가적인 두 가지 방법에 의해 가능하도록 규율되어 있다. 하나는 채권관계를 그대로 유지하면서 이행를 거절하고 그에 갈음하는 전보배상을 청구하는 것이고(제395조, 제390조), 다른 하나는 계약을 해제하고 원상회복을 전제로 쌍방 급부의 차액을 전보배상으로 청구하는 것이다(제543조, 제554조 내지 제546

조, 제551조, 제390조). 채권관계가 유지되는지 여부에 따라 법률효과가 달라지는 바는 있지만, 어느 방법에 의하든 전보배상으로 보장되는 채권자의 배상 이익은 기본적으로 동일하다. 예컨대 1억 5천만 원의 목적물을 1억 원에 산 매수인이 매도인의 불이행에 직면해 계약관계를 유지하면서 1억 원의 반대급부를 제공하고 1억 5천만 원의 손해배상을 청구하는 것이나 계약을 해제하고 원상회복을 전제로 5천만 원의 전보배상을 청구하는 것이나 매수인의 실질적 이해관계에 비추어 차이가 없기 때문이다.116) 그리고 그렇기에 이상의 두 방법은 각각 유의미한 역할을 수행하는 영역이 서로 다르기는 하지만117) 기능적으로는 등가적이라고 말할 수 있는 것이다.

(2) 전보배상으로의 전환 규율의 문제점

그런데 채권관계를 유지하면서 청구하는 전보배상과 계약을 해제하면서 청구하는 전보배상이 등가적인 선택지라면, 양자에서 이행청구를 배제하고 전보배상으로 전환하는 메카니즘은 가능한 한 통일적인 내용으로 규율되는 것이 적절하다(독일 민법 제281조 제2항, 제3항, 제323조 제2항, 제3항, 개정된 일본 민법 제415조 제2항 제3호 참조; 제2편 제3장 Ⅴ. 2. 참조). 그렇지 않으면 어느 방법을 선택하는지에 따라 전보배상에 도달할 가능성이 서로 상이하게 인정될 것이기 때문이다.

우리 민법은 원칙적인 전환 방법으로 상당한 기간을 정한 최고를 정하고 있다는 점에서는 이를 통일적으로 규율하였다. 그러나 최고가 필요 없는 경우에 대해서는 해제 없는 전보배상과 해제 이후 전보배상의 규율이 일치하지 않는다. 제395조는 이행이 채권자에게 이익이 없으면 최고가 필요 없다고 정하고 있음에 비해, 제545조는 그 한 적용례라고 말할 수 있는 상대적 정기행위에서, 제567조와 결합한 제

---

116) 제395조가 적용되는 경우 채권자의 반대급부 제공과 관련해 본서 제2편 제3장 Ⅴ. 3. 참조.

117) 본서 제2편 제3장 Ⅳ. 참조.

580조는 유상계약에서 목적을 좌절시키는 불완전급부에 대해 최고를 면제한다. 이행거절은 해제와 관련해서만 언급되고 있으며(제544조 단서), 이 규정이 이행기 전의 이행거절까지 포함하는지 여부는 일단 문언만으로는 분명하지 않다. 이행불능도 해제와 관련해서만 규율되고 있다(제546조). 그런데 이러한 차이가 존재하는 것은 두 구제수단의 등가적 성질에 비추어 불합리하기에, 그 상당 부분은 학설과 판례에 의해 서로 동화하는 방향으로 해석되고 있다. 우선 유책한 이행불능의 경우 채권자가 바로 전보배상을 청구할 수 있음은 일찍부터 다툼이 없다.[118] 더 나아가 이행기 도래 전에 확정적·종국적 이행거절이 있는 경우 채권자는 이행기까지 기다릴 필요 없이 바로 전보배상을 청구하거나 계약을 해제할 수 있다.[119] 이러한 방향의 해석은 그 밖의 경우(예컨대 상대적 정기행위에는 해당하지 않지만 지연된 이행이 채권자에게 이익이 없는 경우의 해제)에도 계속될 것으로 예상된다. 그러나 이러한 해석과 법형성의 배경에는 제395조에서 최고가 필요 없는 사유 그리고 계약 해제에서 최고가 필요 없는 사유가 **통일적이고 체계적으로 규율되지 못하고 있기 때문**이라는 사실이 존재하고 있음을 부정할 수는 없다.

(3) 최고를 불필요하게 하는 불이행 특히 이행거절의 기능

한편 이상의 내용에 따른다면 현재 우리 민법의 해석상 채권자가 최고 없이 바로 전보배상으로 전환할 수 있도록 하는 사유로 확립된 것은, ① 이행불능, ② 채권자의 이익을 상실시키는 또는 계약 목적을 좌절시키는 불이행, ③ 이행기 이전의 것을 포함하여 확정적·종국적 이행거절의 세 가지라고 말할 수 있다. 이렇게 살펴본다면 우리 민법은 유엔 통일매매법이나 여러 모델규칙들이 명시적으로 예정하는

---

118) 주석 민법 채권총칙(1) (주 20), 666면(김상중).

119) 大判 2005.8.19., 2004다53173, 공보 2005, 1498 등. 전거와 함께 이동진 (주 2), 460면 이하; 주석 민법 채권총칙(1) (주 20), 711면 이하(김상중) 참조.

(CISG 제25조, 제49조, 제64조, 제72조, PECL 제8:103조, 제9:301조, PICC 제
7.3.1조 제2항, DCFR 제Ⅲ－3:502조 제2항 등) 본질적 불이행(fundamental
breach)의 개념을 정면으로 인정하고 있지는 않지만, 그 적용범위의
상당 부분에 대해 같은 결과를 인정하고 있다고도 평가할 수 있을
것이다. 이는 또한 종래 프랑스 민법에서 부지체(mise en demeure)
를 불필요한 것으로 하는 불이행 요건인 종국적 불이행(inexécution
définitive)과도 거의 일치한다.[120]

그러므로 종래 학설과 판례에서 이루어진 이행기전 이행거절 법
리의 성립은 이행청구권의 전보배상으로 전환과 관련해 최고를 필요
로 하지 않는 추가적인 독자적 유형을 확정하였다는 의미를 가진다.
그러한 의미에서 이를 이행지체의 특수한 경우로 설명하는 일부 학설
(주 7 참조)의 이해에는 의문이 제기된다. 우선 이행거절이 이행지체
의 특수한 경우라고 말할 수 있으려면, 양자가 어떤 점에서 차이가
있는지 밝히고 그러한 차이에도 불구하고 어떤 이유에서 전자가 후자
의 하나의 모습에 불과한지 해명이 있어야 한다. 그러나 이 견해에서
는 단순히 특수한 경우에 해당한다는 "선언" 외에는 그러한 설득력
있는 해명을 찾을 수 없다. 실제로 그러한 해명은 불가능할 수밖에
없다고 생각된다. 이행기 도래 전이라도 바로 전보배상 또는 계약 해
제를 가능하게 하는 불이행인 이행거절에 대해서는 이행지체의 핵심
적 규정 거의 대부분(제387조, 제388조, 제392조, 제395조 전단, 제544조
본문 등)이 전혀 적용될 수 없기 때문이다.[121] 이행거절의 경우 이행
지체 규정이 적용되는 것은 채권자가 이행거절 고유의 효과를 포기하
고 이행청구를 고수하는 때에 비로소 다시 가능해진다. 이러한 결과
는 앞서 살펴본 이행지체의 기능을 떠올려 보면 쉽게 납득될 수 있다

---

120) 한불민사법학회 (주 94), 341면(남효순); Ferid (주 48), Rn. 2C8.
121) 大判 1982.12.14., 82다카861, 공보 1983, 279: "이행기 도래 전에는 이행지체란
    있을 수 없"다.

(앞의 Ⅱ. 3. 참조). 이행지체는 이행청구권의 계속적 행사를 전제로 병존적 손해배상을 원칙으로 규율하면서(보정기능) 부수적으로 전보배상으로의 전환을 가능하게 하는(전환기능) 불이행 유형이다. 반면 이행기전 이행거절에서는 이행청구가 여전히 가능하기는 하지만 이행청구권의 계속적 행사라는 전제가 유보되면서 전보배상으로의 전환이라는 기능이 전면에 서게 된다. 그러므로 이행기전 이행거절의 고유의 효과에 이행지체 규정 대부분이 적용되지 않는다는 것은 각각의 기능 차이를 고려한다면 사실 너무나 당연한 결과일 수밖에 없다.

　　그렇다면 이렇게 이행지체 규정 거의 대부분이 적용될 수 없는 불이행을 이행지체의 특수한 경우로 설명하는 것이 사물논리적으로 가능한지 의문일 뿐만 아니라 우리 민법의 채무불이행 체계를 해명할 때 어떠한 합목적성이 인정될 수 있는지도 알기 어렵다. 오히려 앞서 살펴본 대로 이행기전 이행거절은 그 자체로 **바로 전보배상으로의 전환을 가능하게 하는 독자적인 모멘트**로서 이행불능이나 계약 목적 좌절과 동등한 위상을 가진다. 즉 유책한 이행불능(물론 명백한 이행불능이어서 소의 이익이 배제되는 경우는 제외된다; 앞의 Ⅱ. 2. (3) 참조) 또는 유책한 불이행으로 인한 계약 목적 좌절의 경우에서와 마찬가지로, 이행기전 이행거절에서 채권자는 이행청구를 고수할 수도 있지만 바로 채권관계를 유지하면서 전보배상을 청구하거나 계약을 해제하고 전보배상을 청구할 수 있는 것이다.

2. 대상청구권

　　우리 민법이 명시적인 규정을 두고 있지는 않지만, 통설과 판례는 이전부터 이행불능의 효과로서 채권자의 대상청구권을 인정하고 있다.[122] 이는 이행을 불능하게 하는 사유로 인해 채무자가 특정 이

---

122) 大判 1992.5.12., 92다4581,4598, 집 40 - 2, 21 등. 전거와 함께 이동진 (주 2), 476면 이하; 주석 민법 채권총칙(1) (주 20), 689면 이하(김상중) 참조.

익을 받은 경우, 채권자가 그것의 이전을 청구할 이해관계가 가지는 사안이 있음을 의미한다. 이러한 채권자의 이익은 우리 민법의 체계상 정당한 것으로 승인될 수 있다고 생각되며, 이를 해석상 인정하는 통설과 판례의 태도는 적절하다.123) 그렇다면 이러한 법형성을 배경으로 살펴볼 때, 우리 민법은 채권자의 이익을 고려할 때 채무자 면책기능 및 전보배상 전환기능(앞의 II. 2. (1) 참조)과 관련해 이행책임의 연장효를 인정하는 예외를 둘 필요가 있음에도 이를 간과하였다고 말할 수 있다. 통설·판례는 적절한 법형성으로 이러한 흠결을 보충하였고, 이후 입법에서도 고려될 필요가 있다.

---

123) 본서 제2편 제4장 II. 3. 참조.

제 2 장

구제수단(1): 이행의 강제

I. 문제의 제기

1. 민법 제389조는 「강제이행」이라는 표제 하에 급부의무의 강제적 실현에 관한 규정을 두고 있다. 우리의 통설은 이 규정을 기본적으로 절차법 규정으로 이해하면서,[1] 다음과 같은 해석론을 전개하고 있다. 즉 제389조 제1항이 말하는 "강제이행"은 「직접강제」를 가리키는 것이고, 제389조 제2항의 첫머리의 "전항의 채무"는 제1항 단서가 말하는 "채무의 성질이 강제이행을 하지 못할 것인 때"를 지칭하므로 결국 "채무의 성질이 직접강제를 하지 못할 것인 때"를 의미하며, 간접강제에 대해서는 민사집행법 제261조가 정하고 있다고 한다.[2]

그리고 이러한 해석론을 기반으로 하여 간접강제의 보충성이 주장된다. "직접강제가 가능한 경우에는 대체집행과 간접강제를 불허하고, 대체집행이 가능한 경우에는 간접강제를 불허한다"는 것이다.[3]

---

1) 곽윤직, 채권총론, 신정판, 1994, 188면; 김형배, 채권총론, 제2판, 1998, 140면. 따라서 절차법과 실체법의 구별이 확립된 지금 제389조의 규정과 같은 입법의 타당성에는 의문이 있다고 한다.
2) 곽윤직, 채권총론, 제6판, 2003, 103면.
3) 김형배 (주 1), 137면.

즉 직접강제의 방법은 이른바 '주는 채무'의 경우에는 채무자의 신체
나 의사에 대하여 직접 압박을 주는 일이 없고 또 매우 효과적이나,
'하는 채무'의 강제이행에는 적합하지 않다고 한다. 반면 '하는 채무'
에 대해서 간접강제의 방법은 **채무자의 자유의사를 구속하여** 인격을
부당하게 압박하므로 가능한 한 보충적으로 사용되는 것이 바람직하
며, 따라서 대체적 급부의무의 경우에는 우선적으로 대체집행의 방법
이 사용되어야 하고 **간접강제는 최후의 수단으로** 비대체적 급부의무의
강제이행에 사용되어야 한다는 것이다.[4] 이러한 결론에는 많은 경우
다음과 같은 비교법적인 논거가 부가된다.

> "인격존중의 이상을 가장 강조한 프랑스 민법은 이른바 주는 채무
> 에 관하여는 직접강제를 인정하였으나[…], 하는 채무에 관하여는
> […] 원칙적으로 직접강제는 물론이고 간접강제도 인정하지 않았다.
> 다만 부작위 채무 위반의 결과를 제거하여야 할 채무(동법 제1143
> 조) 및 대체적 작위채무(동법 제1144조)에 관하여 대체집행을 인정
> 하였다. 결국 비대체적 작위급부에 관하여는 간접강제를 인정하지
> 않고 손해배상을 허용할 뿐이다.
> 그러나 그렇게 되면 비대체적 급부를 내용으로 하는 채권의 실효
> 성은 극히 박약해지므로, 독일 민사소송법은 '채무자의 의사만으로
> 실현할 수 있는 것'에 관하여는 […] 간접강제를 인정하였다. 그렇게
> 함으로써 채무자의 악의를 강제에 의하여 굴복시키는 것은 오히려

---

4) 곽윤직 (주 2), 101-102면; 김형배 (주 1), 135-136면; 김상용, 채권총론, 개정판
증보, 2003, 148면; 김주수, 채권총론, 제3판 보정판, 2003, 158, 160면; 이은영, 채
권총론, 개정판, 1999, 168면; 곽윤직 편집대표, 민법주해[IX], 1995, 174-176면
(호문혁); 법원행정처, 법원실무제요 민사집행[III], 2003, 582면; 김상원·박우동·
이시윤·이재성 편집대표, 주석 민사집행법(V), 2004, 36-37면(서기석); 박준서
편집대표, 주석 민법 채권총칙(1), 제3판, 2000, 404-405면(박해성); 박해성, "작
위·부작위채권의 강제집행", 재판자료(제36집) 강제집행·임의경매에 관한 제문제
(하), 1987, 612-613면 등. 이에 대하여 이시윤, 신민사집행법, 2004, 343면은 기
본적으로 통설과 같은 취지이나, 이러한 해석에 비판적인 일본의 학설 및 입법 동
향도 소개하고 있다.

법의 문화적 임무에 적합하다고 생각하였기 때문이다."5)

이러한 서술에서 통설은 간접강제의 보충성을 채무자의 자유의
사 및 인격의 존중에서 그 근거를 구하고 있음이 잘 나타나며, 여기
서 "모든 작위 또는 부작위 채무는 채무자의 불이행이 있는 경우 손
해배상으로 해소된다"는 개정 전 프랑스 민법 제1142조의 규정6)이
그러한 인격존중의 사상의 증거로 인용되고 있는 것이다.

2. 이러한 통설의 견해는 추상적인 사고의 차원에서 이해할 때
수긍될 수 있는 측면이 있음은 물론이다. 그러나 그 구체적인 내용을
우리 강제집행 제도에 비추어서 살펴보면 다음과 같은 의문이 제기
된다.

(1) 예컨대 임차인이 임차주택을 반환하지 아니하여, 임대인이
임차인에 대하여 인도를 구하는 확정판결에 기하여 강제이행을 구하
는 사안을 상정해 보자. 이 경우 집행관은 "채무자로부터 점유를 빼
앗아 채권자에게 인도하여야" 하는데(민집 제258조 제1항), 그러한 과
정에서 "집행관은 집행을 하기 위하여 필요한 경우 채무자의 주거·
창고 그 밖의 장소를 수색하고, 잠근 문과 기구를 여는 등 적절한 조
치를 할 수" 있으며(민집 제5조 제1항), 저항이 있는 때에는 "집행관은
경찰 또는 국군의 원조를 요청할 수 있다."(동조 제2항) 특히 이러한
집행관의 조치 등에 법관의 영장이 필요한지에 대해서 의문이 있으
나, 적어도 민사집행법은 이에 대하여 명시적인 규정을 두고 있지 아
니하며, 실무 역시 영장을 요구하고 있지 아니하는 것으로 보인다.7)

---

5) 김증한·김학동, 채권총론, 제6판, 1998, 118면. 참고로 두 번째 생략된 부분에서는
개정 전 프랑스 민법 제1142조가 인용되고 있다. 곽윤직 (주 1), 187면 이하; 김형
배 (주 1), 137면 이하도 참조.
6) 채권법 대개정에 의해 이 규정에 그대로 대응하는 조문은 현행 프랑스 민법에는
존재하지 않는다. 동법 제1217조, 제1221조, 제1222조 참조.
7) 법원행정처, 집행관 실무편람, 2004, 70면 참조. 일본에서도 영장은 필요하지 않다

어쨌든 이러한 직접강제의 사안에서 채무자는 헌법상 인정되는 주거
의 자유의 침해를 감수해야 함에 의하여 강제가 행사된다.

　반면 동일한 사안에서 만일 간접강제가 사용된다면, 제1심 법원
은 "채무의 이행의무 및 상당한 이행기간을 밝히고, 채무자가 그 기
간 이내에 이행을 하지 아니하는 때에는 늦어진 기간에 따라 일정한
배상을 하도록 명하거나 즉시 손해배상을 하도록" 명하게 된다(민집
제261조 제2항). 따라서 채무자는 간접강제의 명령이 발하여져도 오로
지 금전의 지급의무만을 추가적으로 부담할 뿐이다.8) 즉 간접강제의
사안에서는 헌법이 보장하는 재산권에 대한 침해에 의하여 채무자에
게 강제가 가해지고, 이로써 채무자의 이행을 달성하고자 한다.

　여기서 헌법이 특별히 영장주의를 규정하면서 보호하는 자유권
적 기본권인 주거의 자유(헌 제16조)의 침해와 제도보장의 테두리 안
에서 그 내용과 한계가 법률에 의하여 비로소 정해지는 재산권(헌 제
23조 제1항)의 침해 사이에 획일적으로 경중을 논할 수 있는 것인지의
의문이 제기된다. 과연 통설이 말하는 것처럼 후자의 사안이 전자의
사안보다 채무자의 자유의사를 구속하여 인격을 부당하게 압박하는
것이라고 단언할 수 있는가? 필자의 생각으로는 모든 사안에 대하여
일률적으로 이를 긍정하는 것은 어렵지 않은가 생각된다. 만일 독일
의 강제집행 법제가 정하는 바와 같이 간접강제의 방법으로 신체의

　고 해석되고 있다(中野貞一郞, 民事執行法, 新訂四版, 2000, 56면 참조). 독일의 경
　우 연방헌법재판소가 헌법합치적 해석에 의하여 (주거의 자유 침해시 영장주의를
　정하는) 기본법 제13조 제2항을 근거로 수색 등에 영장이 필요하다고 해석한 이래
　영장을 요구하는 견해가 통설화되었고(Thomas/Putzo, ZPO, 20. Aufl., 1997, §
　758 Rn. 2 참조), 1999년의 민사소송법 개정에서 제758조a로서 입법화되었다. 이
　시윤 (주 4), 47면 이하는 현행법의 해석으로도 이러한 해석을 지지한다.
8) 예외적으로 가사소송법은 가정법원의 이행명령(가소 제64조)을 받은 의무자의 특별
　한 의무불이행에 대하여 감치(동법 제68조) 및 과태료(동법 제67조)를 정하고 있다.
　이러한 과태료는 국가에 귀속될 것이므로, 이는 아래 살펴볼 독일의 강제금과 유사
　한 간접강제 제도이며 민집 제261조의 간접강제와는 성질이 다르다고 할 것이다.

구금이 행해질 수 있다면(Zwangshaft; 독일 민사소송법 제888조 제1항), 이는 채무자의 신체의 자유(헌법 제12조 제1항)에 대한 중대한 제한으로서 "인격에 대한 부당한 압박"을 운위할 수 있을지도 모른다. 그러나 적어도 간접강제의 방법으로 금전의 지급만을 명하는 우리 간접강제 제도에서는 간접강제가 항상 직접강제보다 엄중한 인격 압박의 효과를 가진다는 언명에는 선뜻 수긍하기 어려운 것이다.

(2) 물론 이러한 의문에 대해서 다음과 같은 반론이 있을 수 있다. 즉 비록 민사집행법이 간접강제에 대하여 금전의 지급만을 명하고 있다고 하더라도, 이는 "채권의 내용의 실현에 대하여는 간접적이나 […] 채무자로 하여금 이행하지 않을 수 없게 하는 점에서는, 오히려 직접강제보다도 더 강력하다"고 주장할 여지도 있는 것이다.[9] 예컨대 법원이 채무자에게 상당한 액수의 금전 지급을 명하는 경우, 채무자는 그 압박에 굴복하여 자유의사에 반하는 채무의 이행을 하지 않을 수 없다는 것이다. 그러나 이러한 반론도 우리 민사집행법이 정하는 간접강제의 구체적 내용을 살펴보면 큰 설득력을 가질 수 없다.

독일의 민사소송 법제에서 간접강제로서 부과되는 강제금(Zwangsgeld)은 오로지 강제이행을 목적으로 하는 압박수단이며(독일 민사소송법 제888조 제1항; 금액은 25,000 유로로 제한된다), 채권자의 손해배상청구권과는 무관하다(동법 제893조 참조). 따라서 채무자가 지급하는 강제금은 채권자에게 귀속하는 것이 아니라 국고에 귀속하며, 채무자는 이행을 하지 않는 한에서 원래의 손해배상 의무 외에(독일 민사소송법 제893조 참조) 국가에 대한 강제금 지급의무를 부담하게 된다. 이러한 강제금의 제도에서는 간접강제에 의한 채무자에 대한 강한 압박을 운위할 수 있을지도 모른다.

그러나 현재 우리 통설에 의하면 민사집행법 제261조에 의한

---

9) 곽윤직 (주 2), 102면. 김주수 (주 4), 160면도 같은 취지이다.

간접강제로서 채무자가 지급하는 금액은 채권자의 손해에 충당된
다.[10] 실제 손해가 간접강제로 수령한 금액을 초과하는 경우, 채권
자는 충당되고 남은 금액에 대하여만 손해배상을 청구할 수 있을
뿐이다. 물론 강제금이 실손해액을 넘어서 지급된 경우에도 그 반환
을 청구할 수는 없다고 해석되고 있으며, 그 근거로 간접강제에 기
하여 지급되는 금액은 법정의 위약금의 성질을 가지고 있다는 점이
지적되고 있다.[11]

　　이러한 구체적 제도의 내용에 비추어 본다면, 우리 민사집행법에
서 간접강제에 의한 "오히려 직접강제보다도 더 강력"한 압박효과를
운위하기는 어려운 것으로 생각된다. 만일 간접강제에 의하여 지급을
명하는 금액이 법정의 위약금의 성격을 가지는 것이라면, 법원은 그
액수의 결정에 있어서 단순히 압박효과만을 고려하여서는 아니 되며
동시에 일정한 한도에서 채권자의 실제 손해액을 고려해야 한다. 제
398조 제2항에 의하면 당사자들이 사적 자치에 의하여 정한 위약금도
그것이 실제 손해를 고려하여 "부당히 과다한 경우"에는 법원이 이를
적당히 감액할 수 있다. 그렇다면 간접강제로서 법정의 위약금을 명
하는 법원으로서는 실제 손해를 고려하지 않은 채로 오로지 압박효과
만을 목적으로 하는 금액의 지급은 명할 수 없을 것이다.[12] 즉 법원

---

10) 이시윤 (주 4), 346면; 법원실무제요 민사집행[Ⅲ] (주 4), 591면.

11) 이시윤 (주 4), 346면; 법원실무제요 민사집행[Ⅲ] (주 4), 592면. 中野 (주 7), 678
　　면도 참조. 물론 "법정의 위약금"이라는 표현이 민법학에서 통상 사용되는 손해배
　　상의 예정으로서의 위약금(제398조 제4항)이나 위약벌을 지칭하는 것은 아니다.
　　간접강제금이 손해에는 충당되지만 전보되지 않은 손해가 있으면 채권자가 추가
　　적으로 손해의 배상을 구할 수 있기 때문이다. 그러므로 간접강제금은 법률이 그
　　내용을 구체적으로 정하고 있는 특별한 법정의 위약금이라는 의미로 해석할 것
　　이다.

12) 방순원·김광년, 민사소송법(하), 제2전정판, 1993, 442면은 "법원은 행위의 성질,
　　채권자의 필요 등의 구체적 사정을 고려하여 강제수단으로 적당한 배상액을 결정할
　　것"이라고 한다(강조는 인용자). 주석 민사집행법(Ⅴ) (주 4), 138면(서기석)도
　　"불이행으로 인하여 채권자가 입는 손해"를 고려할 사정의 하나로 언급하고 있다.

234 2편 계약 불이행에 따른 책임

은 압박기능과 전보기능을 상관적으로 고려하여 적절한 금액의 지급
을 명할 수밖에 없으며, 이렇게 인정되는 금액의 강제효과는 결코
"직접강제보다도 더 강력"한 것이라고 단정할 수는 없는 것이다. 결
국 우리 법제의 간접강제는 단순한 강제수단만이 아니라 동시에 지급
된 금액이 채권자의 손해에 충당되는 한에서 전보적 기능을 수행하는
것이며, 그에 상응하여 강제수단으로서의 효력은 약화되어 있다. 채
무자는 금전을 지급할 용의만 있다면 통상의 적정한 위약금에 상응하
는 손실 부담을 대가로 하여 종국적으로 이행을 거절하고 손해배상
의무마저 면할 수 있게 되는 것이다.

3. 따라서 민사집행법의 규정을 구체적으로 살펴보면, 채무자의
인격존중과 간접강제의 보충성을 선험적으로 연관시키는 통설의 논
거에는 선뜻 동의하기 어렵다는 점이 나타난다. 그러므로 이하에서는
채무자의 인격존중과 간접강제의 보충성의 연관성을 주장하는 논거
의 연원을 고찰하고 그 타당성을 검토할 필요가 있다고 생각되며, 이
를 위하여 역사－비교법적인 고찰을 수행하고자 한다(Ⅱ). 그리고 이
어서 그로부터 획득된 인식을 바탕으로 우리 민법의 강제이행 제도의
구체적 해석론을 서술하기로 한다(Ⅲ).

Ⅱ. 채무자의 인격존중과 간접강제의 보충성: 역사적·비교법적 연구

1. 일본법에서 간접강제의 보충성

주지하는 바와 같이 우리의 통설의 해석은 일본 민법의 해석론을

반면 박해성 (주 4), 635면은 배상액은 채권자의 손해의 유무 내지 손해액과 무관
하며, 작위의 성질 기타 모든 사정을 고려하여 정해진다고 한다. 그러나 우리 법제
상 고려되어야 할 "모든 사정"에서 채권자의 손해가 배제될 이유가 없다. 이는 우리
간접강제금이 법정 위약금의 성질을 가지고 있다고 인정하는 한에서 특히 그러하다.

받아들인 것이다. 즉 우리 민법 제389조 및 (민사집행법에 의하여 폐지
된) 개정 전 민사소송법 제693조가 의용민법 제414조 및 의용민사소
송법 제734조와 동일하다고 전제한 다음, 의용민법의 입법 태도를 그
대로 답습한 현행법의 해석에 있어서도 동일한 해석론이 수긍될 수
있다는 입장을 보이는 것이다.13) 그러나 필자는 개인적으로 우리 법
의 규정이 과연 의용민법과 의용민사소송법의 규정을 그대로 승계한
것인지에 관하여 의문을 가지고 있다(아래 Ⅲ. 1. (1) 참조). 이 의문에
접근하기 위해서 일단 일본의 규정과 학설의 동향을 추적할 필요가
있다고 생각되며, 동시에 그 배경에 있는 프랑스와 독일의 제도를 검
토하고자 한다.

  (1) 일본에서 학설의 대립을 낳게 한 일본 민법 제414조 및 구민
사소송법 제734조의 규정은 다음과 같다.

    일본 민법 제414조 제1항: 채무자가 임의로 채무이행을 하지 아니
  하는 때에는 채권자는 그 강제이행을 법원에 청구할 수 있다. 단 채
  무의 성질이 이를 불허하는 때에는 그러하지 아니하다.
    일본 민법 제414조 제2항: 채무의 성질이 강제이행을 불허하는 경
  우에 그 채무가 작위를 목적으로 하는 때에는 채권자는 채무자의 비
  용으로 제3자에게 이를 하게 할 것을 법원에 청구할 수 있다. 단 법
  률행위를 목적으로 하는 채무에 관하여는 재판으로 채무자의 의사표
  시에 갈음할 수 있다.
    [일본 민법 제414조 제3항, 제4항은 우리 민법 제389조 제3항, 제
  4항과 동일하다.]
    일본 구민사소송법 제734조: 채무의 성질이 강제이행을 허하는 경
  우에 제1심의 수소법원은 신청에 의하여 결정으로 상당한 기간을 정
  하고 채무자가 그 기간 내에 이행을 하지 않을 때에는 그 지연의 기

---

13) 곽윤직 (주 1), 188−189면; 김형배 (주 1), 136−137면; 김주수 (주 4), 155−156
  면; 김증한·김학동 (주 5), 119면; 이은영 (주 4), 164면 주 1 및 168면 주 1.

간에 상응하여 일정한 배상을 할 것 또는 바로 손해의 배상을 할 것
을 명하여야 한다.

일본의 학설은 이 규정들 사이에 모순이 있다고 상정하였다. 즉
채무의 성질이 강제이행을 불허하는 때에는 강제이행의 청구를 할
수 없다고 하면서(일본 민법 제414조 제1항 단서), 동시에 강제이행의
한 방법인 대체집행은 가능하다고 하는 것(일본 민법 제414조 제2항)은
모순적이라는 것이다. 게다가 규정을 문언 그대로 받아들인다면 채
무의 성질이 강제이행을 허용하기만 하면 간접강제를 할 수 있고(일
본 구민사소송법 제734조) 그러한 경우에는 대체집행이 불가능하다(일
본 민법 제414조 제2항)는 결과가 발생하게 될 것인데, 이는 부당하다
는 것이다.

이 문제에 대해서 민법과 민사소송법의 「강제이행」을 동일한 의
미로 해석할 것인지, 동일하게 해석한다면 이를 어떠한 의미로 이해
해야 하는지, 아니면 민법이 정하는 「강제이행」과 민사소송법이 정하
는 「강제이행」을 다른 의미로 해석할 것인지 등에 관하여 다양한 학
설이 제기되었다. 이 자리에서 학설의 상세한 내용을 거론할 필요는
없을 것이다.14) 이 글의 목적과 관련하여 종국적으로는 일본 민법 제
414조 제1항 내지 제3항을 절차법 규정으로 해석하면서, 제414조의
강제이행을 직접강제로, 구민사소송법 제734조의 강제이행을 간접강
제로 해석하는 加藤正治의 견해가 관철되었음을 확인하는 것으로 충
분하다.

우리의 관점에서 중요한 것은 오히려 加藤의 견해가 관철되는 과
정이라고 할 수 있다. 초기에는 다기(多岐)한 학설에서 하나의 위치를
차지하고 있었음에 불과한 加藤의 견해가 통설로서 나아갈 수 있었던

---

14) 학설의 개요에 대해서는 우선 目崎哲久, "强制履行", 星野英一 編, 民法講座 4,
    1985, 8면 참조.

결정적인 계기는 그의 환력기념논문집에 我妻榮가 기고한 논문 "작위 또는 부작위를 목적으로 하는 채권의 강제집행"[15] 및 이 글의 인식에 기초한 『채권총론』의 서술이었다.[16] 그리고 이러한 我妻의 견해는 이후에 일본의 통설이 될 뿐만 아니라, 우리의 통설의 태도도 결정하게 될 것이었다.

　(2) 我妻는 위 논문에서 일본 구민법 및 구민사소송법의 입법과정을 검토하면서 加藤의 견해를 거대한 역사철학적 구도 하에 위치지운다.[17] 즉 我妻에 의하면 일본의 강제이행 법제는 "프랑스민법주의로부터 독일민사소송법주의로의 추이에 나타난 내면적 진화"를 보여주고 있는 예이다.[18] 프랑스 민법은 개인 인격 및 의사의 자유를 이념으로 하여 부대체적 작위채무의 경우 개인의 인격을 제약하는 강제이행을 규정하지 않았으나, 이는 지나친 바가 없지 않다고 한다. 채무자가 마음만 달리 먹으면 이행할 수 있는 채무의 경우(즉 독일 민사소송법 제888조의 표현을 빌자면 채무의 이행이 오로지 채무자의 의사에만 달려있는 경우)에까지 강제이행을 인정하지 않는 것은 부당하다는 것이다. 따라서 그러한 채무자의 악의(böser Wille)를 강제수단으로 굴복시키는 것은 허용되어야 한다고 볼 것이고, 법률이 스스로 유효한 것으로 인정한 채권의 실현을 위하여 그 정도의 강제를 사용하는 것은 법의 "**문화적 임무**로서 요구되고 있는 바"라는 것이다.[19] 그리고 이러한 사고가 독일 민사소송법의 입법에 있어서 지도적인 원리였다고 추측한다.

　我妻는 이러한 집행법사의 진보가 일본 강제이행 제도의 성립에

---

15) 我妻榮, "作爲又は不作爲を目的とする債權の强制執行", 加藤先生還曆祝賀論文集, 1932. 이하에서는 民法硏究 Ⅴ, 1968, 81면 이하에 수록된 논문으로 인용한다.
16) 森田修, 强制履行の法學的構造, 1995, 296 – 297면.
17) 森田 (주 16), 같은 곳 참조: "현저하게 이념적인 집행법사관(執行法史觀)".
18) 我妻 (주 15), 101면.
19) 我妻 (주 15), 103면.

반영되어 있다고 생각한다. 다만 「강제이행」이라는 단어의 사용에 있어서 민법과 민사소송법 사이에 충분한 연결이 행해지지 않았을 뿐이다. 我妻는 여기서 "채권의 강제이행적 효력의 진전에 관한 위 연혁에 즉응(卽應)하여 그리고 제도의 작용적 의의를 고량(考量)하여" 민법의 강제이행을 직접강제로, 민사소송법의 강제이행을 간접강제로 이해하는 加藤의 해석을 지지한다.[20] 이는 우리의 통설에도 수용되어 있는 인격보호를 근거로 하는 직접강제에 대한 대체집행의 보충성, 대체집행에 대한 간접강제의 보충성을 의미한다. 이는 "무릇 간접강제는 모든 강제이행을 허하는 채무에 관하여 인정되는 것이 아니라, 강제이행의 최후의 수단이라고 해야 하기 때문"이며, 이러한 해석이 "인격존중의 이상에 적절하고 또 연혁에 부합하는 것"이기 때문이다.[21] 그리고 그는 이러한 해석이 "독일 민사소송법의 명문과 궤를 같이 한다"[22]고 하여 독일 민사소송법 규정의 이론적 수용을 시사하고 있다.

2. 我妻 집행법사관의 검토

여기서 我妻가 전제로 하고 있는 집행법사관의 정당성에 대한 검토가 요구된다. 즉 통설이 근거로 하고 있는 인격보호를 위한 간접강제의 보충성의 근저에는, 인격보호를 목적으로 하는 프랑스법주의와 채권의 실효적 관철을 목적으로 하는 독일법주의의 타협적 종합이라는 我妻의 사관이 존재하고 있기 때문이다. 여기서 과연 프랑스와 독일의 강제집행 제도가 我妻가 상정하는 바의 이념에 의하여 지도되었고, 그가 확인하는 바의 역사적 진전을 보여주었는지 검토해 볼 필요가 있다.

---

20) 我妻榮, 債權總論, 1940, 87−88면. 我妻榮, 新訂 債權總論, 1964, 89면 이하도 참조.
21) 我妻 (주 20; 1940), 88면, 90면.
22) 我妻 (주 20; 1940), 87면.

(1) 프랑스법

(가) 앞서 인용한 바와 같이 개정 전 프랑스 민법 제1142조는 "모든 작위 또는 부작위 채무는 채무자의 불이행이 있는 경우 손해배상으로 해소된다"고 정하여, 「주는 채무」에서와 달리 「하는 채무」의 강제이행은 허용되지 않는다는 규정을 두고 있다. 그러나 프랑스의 통설은 채무의 강제이행은 원칙적으로 인정된다고 해석하여 이 규정의 적용범위가 제한적임을 인정하고 있다.[23] 왜냐하면 같은 조문에 이어서 개정 전 제1143조는 부작위채무의 불이행의 경우 채무자에게 위반의 결과의 제거를 청구할 수 있음을, 그리고 개정 전 제1144조는 대체적 작위채무의 경우에 채권자는 채무자의 비용으로 대체집행을 할 수 있음을 정하고 있기 때문이다(현행 프랑스 민법 제1222조 참조). 따라서 개정 전 제1142조는 그 포괄적인 문언에도 불구하고 비대체적 작위채무에만 적용되는 것으로 해석되고 있는 것이다. 프랑스의

---

23) Carbonnier, *Droit civil* II (Les biens, Les obligations), 2004, n° 1288; Colin/Capitant, *Cours élémentaire de droit civil français*, tome 2, 8ᵉ ed., 1935, n° 100; Marty/Raynaud/Jestaz, *Droit civil. Les obligations*, tome 2: Le régime, 2ᵉ ed., 1989, n° 286; Terré/Simler/Lequette, *Droit civil. Les obligations*, 8ᵉ ed., 2002, n° 1113 등. 물론 개정 전 제1142조를 제한적으로 해석하여 강제이행의 원칙을 강조하는 통설에 비판적인 문헌으로 Yves-Marie Laithier, *Étude comparative des sanctions de l'inexécution du contrat*, 2004, nᵒˢ 29 sqq. 참조. 이 저자는 채무의 구속력에서 강제이행의 원칙을 도출하는 통설을 비판하면서, 채무의 구속력과 그 강제이행의 구현은 다른 문제임을 강조한다.
　주의할 것은 동산 내지 부동산의 인도를 내용으로 하는 채무의 강제이행은 주는 채무의 이행으로 분류되어 이 규정의 적용을 받지 않으며, 직접강제가 허용된다는 점이다. 프랑스 민법은 소유권의 이전에 관하여 합의주의(의사주의)를 채택하고 있으므로, 인도채무의 집행은 일반적으로 소유물 반환청구권을 직접강제에 의하여 관철시킴에 의하여 행해진다. 동산에 대해서 반환청구를 위한 압류절차(saisie-revendication; 이제는 민사집행법전 제L222-2조), 부동산에 대해서 퇴거절차(expulsion; 이제는 민사집행법전 제L411-1조 이하) 등이 그것이다. 더 나아가 법률행위를 할 채무의 경우에 판결이 이를 갈음한다는 법리 역시 판례에 의하여 인정되어 있다, Terré/Simler/Lequette (주 23), n° 1117 참조.

학설은 비대체적 작위채무에 강제이행을 인정하지 않는 법률의 태도
를 "아무도 행위를 하도록 강제당할 수는 없다"(nemo praecise cogi
potest ad factum)는 법언에 의하여 설명하고 있다.

　(나) 그렇다면 이러한 프랑스 민법의 태도는 과연 我妻의 이론이
전제하는 바와 같이 인격존중의 사상에 기반한 것인지가 문제된다.
프랑스 민법의 입법자료를 본다면, 그러한 사상의 단초를 보여주는
것으로 이해될 수 있는 발언이 발견되기도 한다. "누구도 어떤 것을
하거나 하지 않도록 그 인격에 있어(dans sa personne) 강제당할 수는
없다. 만일 그것이 가능하다면 이는 하나의 폭력(une violence)이며 계
약의 이행 방법일 수 없다."24)

　이러한 발언만을 독립하여 고찰한다면 인격에 대한 강제를 포기
하여 채무자의 자유를 보호하고자 하는 사상이 프랑스 민법의 배후에
존재한다고 볼 수 있을지도 모른다. 그러나 제정될 당시의 프랑스 민
법의 전체상을 고려한다면, 그것이 과연 입법자 및 법률의 근본 태도
였는지에 관하여는 의문이 있다. 예컨대 1804년 제정 당시의 프랑스
민법전은 일정한 채무불이행에 대하여 구금을 강제수단으로 정하고
있었기 때문이다(동법 제2059조 내지 제2070조). 채무의 이행을 강제
하기 위하여 채무자의 신체를 구속하는 입법은 구법시대부터 존재
하였고, 프랑스 혁명 이후에는 자유 침해를 이유로 그 폐지 및 개혁
이 활발히 논의되었다. 그러나 프랑스 민법전은 공화력 6년 무월(芽

---

24) Fenet, *Recueil complet des travaux préparatoires du code civil*, tome XIII, 1836,
　　p. 232. Colin/Capitant (주 23), n° 100에서 재인용. 이는 프랑스 민법전 초안 작
　　성의 위임을 받았던 법률가들의 한 사람이었던 비고 드 프레아므뇌(Bigot de
　　Préameneu; 1747－1825)의 발언이라고 한다. 물론 이 발언의 의미를 일의적으로
　　판단하기는 어렵다. 이는 특히 본문의 번역보다 좁은 의미일 수도 있다. 즉 여기서
　　"personne"은 신체 내지 일신(一身)으로 번역할 가능성도 있는데(contrainte
　　contre la personne은 contrainte par corps와 동일한 의미로 사용된다), 그렇다면
　　위 발언은 채무자는 불이행을 이유로 인신적 구속을 받지 아니한다는 의미일 수도
　　있다. 특히 이후에 폭력(violence)이 운위되고 있다는 점에서도 그러하다.

月; germinal) 15일 법률의 입장을 계승하여 일정한 채무불이행에 대한 강제수단으로 법관에 의한 채무자의 구금(la contrainte par corps)을 인정하는 태도를 취하였다.[25] 동법 제2059조 내지 제2060조는 구금이 인정되는 채무불이행의 종류를 정하고 있는데, 예컨대 자신이 소유자가 아님을 알면서 타인의 부동산을 매도하거나 그에 저당권을 설정한 사람, 물건에 저당권의 부담이 없거나 실제보다 적은 것으로 표시한 사람(이상 동법 제2059조 제2항 참조), 필요적 임치(현행 프랑스 민법 제1949조, 제1950조 참조)의 채무자(동법 제2060조 제1호), 점유회복(réintégrande)과 관련된 일련의 청구권의 상대방(동조 제2호), 법원이 정한 보증인(동조 제5호), 공증인(동조 제8호) 등의 불이행에 관하여 법관은 구금을 명할 수 있었던 것이다. 게다가 상사채무에 있어서는 200프랑을 넘어서는 일체의 채무의 불이행에 대하여 구금이 인정될 수 있었다.[26] 이러한 채무불이행을 이유로 하는 신체구금은 1867년 7월 22일 법률에 의하여 비로소 폐지되었다.[27]

물론 적어도 민사채무의 영역에서 이러한 신체의 구금은 일정한 제한적인 채무불이행에 제한되어 있으므로 이로부터 프랑스 민법의 태도를 일의적으로 규정할 수는 없다. 그러나 이러한 채무불이행을 이유로 하는 신체 구금의 규정으로부터 적어도 프랑스 민법이 채무의 강제이행에 대하여 무조건적인 인격 존중의 태도를 가지고 있었다고

---

25) 자세한 것은 Lévy/Castaldo, *Histoire du droit civil*, 2002, n°s 680 sqq. 참조. 이는 구금된 채무자가 은닉한 재산으로 변제를 하거나 그의 친척 등이 대신 변제할 것을 목적으로 하는 강제수단이었다. 그 자신이 평생 거대한 채무액에 허덕였던 문호 발자크는 소책자『한 푼 지출함 없이 자신의 채무를 변제하고 채권자를 만족시키는 기술』(*L'Art de payer ses dettes et de satisfaire ses créanciers sans débourser un sou*, 1827; 빚 갚는 기술, 이선주 옮김, 2023)의 제8장 및 제10장에서 금전채무 불이행을 이유로 하는 구금의 역사와 실제로 채무자들이 감금되었던 생트-펠라지(Sainte-Pélagie) 감옥을 풍자적으로 묘사하고 있다.

26) Colin/Capitant (주 23), n° 247.

27) Colin/Capitant (주 23), n° 246.

단정하는 것은 지나치게 성급한 것은 아닐까 생각된다. 직접강제에
의하여 목적을 달성할 수 있는 채무에 관하여도 상당히 넓은 범위에
서 신체구금을 내용으로 하는 간접강제를 규정하고 있었기 때문이다.
그러므로 간접강제의 부정과 그 근거로 인격존중 사상을 연결시키는
해석은 오히려 자유주의적인 19세기 주석학파의 사상이라고 평가될
수 있는 것이다.[28]

    (다) "아무도 행위를 하도록 강제당할 수는 없다"는 법언에 근거한
개정 전 프랑스 민법 제1142조의 규정은 그 **법제사적인 배경** 하에서
보다 적절하게 이해할 수 있다고 생각된다.[29] 이는 아래 살펴보는 바
와 같이 프랑스 민법 제정과정에서 언급된 비고 드 프레아므뇌의 발
언이 실제로 위대한 인문주의 법학자인 안토니우스 파버(Antonius
Faber; 프랑스 이름으로 Antoine Favre)의 언명과 관련되고 있다는 점에
서도 확인된다.

    고전 로마법의 방식서 소송에 있어서 심판인(iudex)의 판결은 오
로지 금전의 지급을 명할 수 있을 뿐이었다. 즉 소권이 처음부터 금
전의 지급을 내용으로 하고 있는 경우뿐만 아니라 청구취지가 특정물
의 급부 내지 특정 행위의 급부를 내용으로 하고 있는 경우에도 판결
은 금전의 지급만을 명할 수 있었다.[30] 따라서 고전 로마법에서 물건
의 인도채무나 작위 내지 부작위 채무의 강제이행이란 처음부터 생각
할 수 없는 것이었다. 채권자는 방식서에 기재된 바에 의하여 자신의
급부에 상응하는 금전의 지급만을 강제할 수 있었던 것이다.

---

28) Carbonnier (주 23), n° 1292 참조.

29) 예컨대 개정 전 프랑스 민법 제1142조의 취지를 살려 강제이행의 원칙을 부정하는
    견해도 이 규정의 연원을 이념적인 인격자유가 아닌 법제사적 근원에서 찾고 있
    다. Laithier (주 23), n°ˢ 20 sqq.

30) Kaser/Hackl, *Das römische Zivilprozessrecht*, 2. Aufl., 1996, S. 611; Zimmermann,
    The Law of obligations, 1996, p. 771. 대표적인 개소로 Celsus D. 42, 1, 13, 1
    ("si minus, quia non facit quod promisit, in pecuniam numeratam condemnatur,
    sicut evenit in omnibus faciendi obligationibus").

이러한 법상황은 화폐경제 및 상품시장의 안정성을 전제로 한다. 즉 채권자가 안정적 가치의 화폐를 지급받아 이로써 시장에서 대체재를 구입할 수 있는 가능성이 보장되어 있는 경우 이러한 법률의 규정은 합리적으로 평가될 수 있는 것이다. 이러한 조건은 고전 로마 시기에는 충족될 수 있었으나 3세기 이후에 제국의 경제질서가 몰락하기 시작하면서 위태롭게 되었다.[31] 즉 상품경제의 쇠락, 인플레이션 및 자연경제의 대두에 의하여 물건의 인도 내지 행위 급부의 강제이행을 부정하는 태도는 불만족스러운 것으로 받아들여졌다. 이에 따라 후기 고전기에는 판결에서 특정의 급부를 명하게 되었고 그 강제이행도 집행될 수 있게 되었는데, 이는 방식서에 구속되지 않는 비상심리절차(cognitio extra ordinem)가 재판절차로서 일반화됨으로써 가능하게 되었다.[32] 유스티니아누스 역시 기본적으로는 이러한 상황에 변경을 가하지 않고 승인하여, 판결의 주문이 특정이행을 명할 수 있도록 하였다.[33]

이러한 로마법에서의 발전에 비추어 보통법에서 특정이행을 명하는 판결의 가부 및 범위에 관하여 복잡한 논의가 불가피하였다는 사정은 충분히 이해할 수 있는 일이었다. 주석학파에서는 견해가 나뉘었지만 일단 아쿠르시우스에 이르면 채권자에게 금전지급과 특정이행 사이의 선택권을 인정하여 실질적으로 강제이행의 원칙이 인정되었음에 반하여, 후기 주석학파는 특정급부를 명하는 판결 및 그 강제이행에 대하여 일정하게 제한적인 입장을 취하였다.[34] 특히 바르톨

---

31) Laithier (주 23), n° 22 참조.
32) Kaser, *Das römische Privatrecht* Ⅱ, 2. Aufl., 1975, S. 343f.; Zimmermann (주 30), p. 772.
33) Kaser (주 32), S. 343f. 그러나 실제로 어느 정도로 특정이행이 널리 인정되었는지에 관해서는 다툼이 있다. Inst. 4, 6, 32에 관하여 Zimmermann (주 30), p. 773 참조.
34) Zimmermann (주 30), p. 774; Dawson, "Specific Perfomance in France and Germany", *Michigan Law Review* 57 (1959), p. 503 *sqq.*

루스는 주는 채무와 하는 채무를 구별하여 주는 채무의 이행은 강제
될 수 있는 반면 하는 채무의 이행은 강제될 수 없으며 손해배상에
의하여 채무는 해소된다는 견해를 주장하였고,[35] 이 입장은 이후 보
통법에서 강한 영향력을 획득하게 된다. 인문주의 법학자 파버 역시
하는 채무의 강제이행을 부정하면서("nemo praecise cogi potest ad
factum"), 다음과 같이 이유를 제시했다. "왜냐하면 이는[즉 하는 채무
의 강제이행은] 폭력과 압박 없이는(sine vi et impressione) 행해질 수
없기 때문이다."[36]

　이러한 입장에 대해서는 강제이행의 가능성을 넓히려는 해석들
도 있었으나, 주류의 견해는 하는 채무의 강제이행에 대해서 소극적
인 입장이었다고 할 수 있다.[37] 현실적으로 중요한 의미를 가지고 있
었던 논쟁은 과연 매도인의 목적물 인도채무가 주는 채무인지 아니면
하는 채무인지의 문제에 관한 것이었으며, 우세한 견해는 이를 주는
채무로 분류하여 강제이행을 인정하고 있었다.[38]

---

35) Bartolus, *Commentaria* ad D. 19, 1, 1: "물건을 주는 채무를 부담하는 경우, 그는
실로 강제될 수 있다. 반면 하는 채무를 부담하는 경우 그는 실로 강제될 수 없으
며, 손해를 배상함으로써 의무에서 벗어난다(Quando est in obligatione rem dari,
quis praecise compellitur; in obligationibus autem facti quis non praecise
compellitur, sed liberatur solvendo interesse)." Ripert/Boulanger, *Traité de
droit civil*, tome Ⅱ, 1957, n° 1609 note 1에서 재인용.
36) Faber, *Rationalia* ad D. 8, 5, 6, 2. Roland/Boyer, *Adages du droit français*, 4ᵉ
ed., 1999, p. 510에서 재인용.
37) Zimmermann (주 30), p. 774-775. 예컨대 그로티우스는 하는 채무의 강제이행
이 자연법상 인정됨을 주장하면서도, 시민법상으로는 채무자는 손해배상을 함으로
써 채무에서 벗어날 수 있다고 한다(Grotius, *Inleiding tot de Hollandsche
Rechtsgeleertheyd*, 1631, Ⅲ, Ⅲ, 41 = *The Jurisprudence of Holland*, vol. 1, 1926,
p. 322). 반면 도마는 손해배상 의무를 "2차적 효과"라고 지칭하여 일반적인 급부
의 강제이행을 인정하는 것처럼 보이나, 확정적인 태도를 간취하기는 어렵다
(Domat, *The civil law in its natural order*, vol. Ⅰ, 1850, Pt. Ⅰ, Bk. Ⅰ, Tit.
Ⅰ, Sec. Ⅲ, Ⅳ).
38) Coing, *Europäisches Privatrecht*, Band Ⅰ, 1985, S. 433.

포티에도 기본적으로 이러한 입장을 계승하였던 것으로 보인다. 즉 그는 "어떤 것을 하는 채무는 손해배상 채무로 해소된다. 왜냐하면 아무도 행위를 하도록 강제당할 수는 없기 때문이다"고 하여 원칙적으로 하는 채무와 주는 채무의 구별에 따라 강제이행의 인정 여부를 판단하는 견해를 수용한다.[39] 그러나 포티에는 하는 채무의 개념을 상당히 좁게 해석하여 실제로는 강제이행의 가능성을 비교적 넓게 인정하고 있었던 것으로 보인다. 예컨대 그는 매도인이나 임대인의 목적물 인도의무를 하는 채무로 분류하는 견해를 비판하면서 이러한 채무는 원칙적으로 주는 채무에 해당하며 강제이행이 가능하다고 주장하였다. 즉 "아무도 행위를 하도록 강제당할 수는 없다"는 법원칙은 "채무의 내용인 행위가 채무자의 일신적인 순수 행위(un pur fait de la personne du débiteur)인 경우에만" 적용된다는 것이다.[40] 그렇지 않은 채무의 경우 채무자는 자신의 신체나 자유에 대한 침해가 없이 의무의 이행을 강제당할 수 있으며, 따라서 위 법원칙의 적용을 받을 필요가 없다고 한다.[41]

프랑스 민법전은 이러한 보통법에서의 원칙을 입법화하였다. 즉 주는 채무와 하는 채무를 구별하고 후자의 경우 강제이행을 부정하는 개정 전 프랑스 민법 제1142조는 이러한 발전 과정의 결과물인 것이다. 물론 그 원칙의 근거로서 하는 채무의 이행은 폭력을 수반하게 될 것이라든가 주는 채무의 이행은 채무자의 자유에 영향이 없다든가 하는 등의 논거가 제시되기는 하였다. 그러나 이는 어디까지 전래의

---

39) Pothier, *Traité des obligations*, n° 157 = *Oeuvres de Pothier* par Siffrein, tome 1, 1821, p. 180.

40) Pothier, *Traité du contrat de vente*, n° 68 = *Oeuvres* (주 39), tome 3, 1821, p. 41.

41) Pothier, *Traité du contrat de louage*, n° 66 = *Oeuvres* (주 39), tome 4, p. 518. 이러한 해석은 현재 프랑스의 통설의 태도와 일맥상통하는 점이 있다. Colin/Capitant (주 23), n° 100 끝부분 참조.

보통법 원칙을 정당화하기 위하여 제시되었던 사후적인 입론이지, 我
妻가 상정한 것처럼 선험적인 이데올로기로서 강제이행의 법제를 사
전적으로 규제하였던 것은 아니었다. 오히려 프랑스 민법 입법과정에
서 하는 채무의 강제이행을 부정하는 보통법 원칙은 심도 있는 **입법
정책적 논의 없이 실정화**되었다고 보는 것이 역사적 사실에 부합할 것
이다.42) 현재 프랑스 학설에서도 이미 제한적으로 해석되고 있는 이
규정의 근거를 일원적으로 채무자 인격보호에서만 구하는 견해는 발
견하기 어렵다. 오히려 학설은 채무자의 인격 보호 외에도 비대체적
작위급부에서 강제이행의 비효율성이나 사회적 비용, 그리고 손해배
상의 간이성 등을 그 근거로 제시하여 다원적으로 이해하는 경향이
일반적이다.43)

　(라) 그리고 현재의 "있는 법"의 관점에서 본다면 개정 전 프랑스
민법 제1142조의 규정은 이미 넓은 범위에서 그 의의를 상실하였다
고 말할 수 있다. 프랑스 판례가 강제이행의 목적을 위하여 채무자에
게 명하는 이행강제금(astreinte) 제도에 의하여 하는 채무의 강제이행
은 허용되지 않는다는 이 규정의 취지는 광범위하게 배제되고 있었기
때문이다.44) 이하에서는 본고의 목적과 관련되는 한에서 간략하게 이
에 대하여 살펴보기로 한다.

　법원은 신청 또는 직권으로 채무를 이행하지 아니하는 채무자에
대하여 채권자에게 일정 금액을 지급하도록 명하는 결정을 할 수 있

---

42) Dawson (주 34), p. 510도 같은 취지이다.
43) Roland/Boyer (주 36), p. 510; Ripert/Boulanger (주 35), n° 1609.
44) 그래서 판례상의 이행강제금 제도가 "법률에 반하는 관습법"(une coutume contra
legem)이었다고 말하기도 한다. Vincent/Prévault, *Voies d'exécution et procédures
de distribution*, 18ᵉ ed., 1995, n° 38. 그밖에 특정이행을 가능하게 하는 구제수단
으로 프랑스 신민사소송법 제1425-1조 이하가 규정하는 이행명령(injonction de
faire) 제도가 있지만, 적용범위(상인 아닌 자 사이의 거래) 및 제재 수단의 결여
등을 이유로 그 의의는 매우 적다고 한다. Terré/Simler/Lequette (주 23), n°
1119.

는데 이를 "astreinte"라고 부르고 있다. 지급해야할 일정 금액은 불
이행 일수에 따라 매일 일정 금액을 지급하도록 하거나 채무불이행
에 대하여 일정액을 일회적으로 지급하도록 정해지는데, 그 선택은
법원의 재량에 달려 있으나 실무상으로는 전자의 예가 일반적이라고
한다.

이러한 강제금 제도에 대하여 이전에는 학설에서 그 정당성에 대
해서 많은 의문이 제기되었으나, 이제는 법률이 그 존재를 승인하고
있으므로(1972년 7월 5일 법률 및 이를 갈음하는 1991년 7월 9일 법률, 그
리고 이제는 민사집행법전 제L131-1조 이하) 그 허용 여부에 대해서는 더
이상 다툼이 없다. 통설과 판례는 이러한 강제금 제도를 채무의 이행
을 확보하기 위하여 채무자의 저항을 분쇄하기 위한 **강제수단**으로 파
악하고 있으며, 그 성격상 우리 법제의 간접강제에 상응하는 것으로
이해하고 있다.[45] 그러므로 강제금과 손해배상은 구별된다. "강제금은
손해배상과 무관하다(indépendante)"(민사집행법전 제L131-2조 제1항).
즉 강제금은 손해의 전보를 목적으로 하는 제도가 아니며, 따라서 강
제금의 액수는 채권자가 입은 손해가 아니라 채무자의 이행능력 및
저항 가능성을 고려하여 결정되는 것이다.[46] 다만 강제금은 국고에

---

45) Mazeaud/Chabas, *Leçons de droit civil*, tome II/1: Obligations, 9ᵉ ed., 1998, nᵒ
   942; Terré/Simler/Lequette (주 23), nᵒ 1122; Marty/Raynaud/Jestaz (주 23), nᵒ
   290 등 참조.

46) Mazeaud/Chabas (주 45), nᵒ 942. 다만 불이행이 외래의 원인(une cause
   étrangère)에 의한 경우에는 강제금은 발생하지 아니한다(민사집행법전 제L131-4
   조 제3항). 주의할 것은 우리의 문헌에서 프랑스 판례의 강제금이 "손해배상인지
   간접강제인지에 관하여 다툼이 있다"고 서술하는 경우가 있으나(예컨대 곽윤직
   (주 1), 187-188면; 주석 민사집행법(V) (주 4), 129면(서기석) 등), 이는 1972년
   7월 5일 법률 이전의 상황에 대해서나 가능한 서술이다. 이 법률은 손해배상과 강
   제금은 서로 무관하다는 점을 규정하였기 때문이다(동법 제6조). 그리고 동법 이
   전의 통설도 손해배상과 강제금의 독립성을 인정하고 있었다. Aubry/ Rau/Bartin,
   Cours de droit civil français, 6ᵉ ed., 1942 (eng. trans., 1965), vol. IV, § 299
   note 17k.

귀속되는 것이 아니라 채권자에게 지급되므로 학설은 이를 민사적 제
재(peine privée)로 파악한다.

　이러한 강제금은 지급액의 변경 가능성에 따라 잠정적 강제금
(astreinte provisoire)과 종국적 강제금(astreinte définitive)으로 나뉜다
(민사집행법전 제L131-2조 제2항).[47] 잠정적 강제금은 법원이 ─통상 일
정 기간을 정하여[48]─ 채무를 이행하지 아니하는 채무자에게 강제금
의 지급을 명하지만, 청산시 금액의 변경 가능성이 열려있는 절차를
말한다. 즉 채무가 이행하였거나, 급부가 이행불능이 되거나, 채무자
의 저항에 의하여 기간이 도과되는 경우, 채권자는 강제금의 지급을
구하기 위하여 법원에 청산(liquidation)을 신청하여야 한다. 법원의 청
산에 의하여 채권자가 획득할 금액이 확정되고 채권자는 채무자의 재
산에 대하여 강제금을 집행할 수 있게 된다.[49] 그런데 법원은 잠정적
강제금의 경우 채권자에게 지급될 금액을 청산함에 있어서 처음의 결
정에 구속되지 아니하여 금액을 조정할 수 있으며, 그러한 조정에는
특히 채무자의 행태를 고려하여야 함이 규정되어 있다(민사집행법전
제L131-4조 제1항). 이러한 의미에서 여기서 강제금의 명령은 "잠정적"
인 것이다.

　이에 대하여 종국적 강제금의 경우 법원은 불이행이 지속되는 동
안 지급되어야 할 강제금의 액수를 종국적으로 확정하게 되며, 이에
대해서는 더 이상의 변경이 불가능하다(민사집행법전 제L131-4조 제2항

---

47) 이하의 내용에 대해서는 Carbonnier (주 23), nº 1289; Terré/Simler/Lequette (주
　　23), nᵒˢ 1125 sqq.; François, *Droit civil*, tome 4: Les obligations. Régime
　　général, 2000, nº 257 등 참조.
48) Marty/Raynaud/Jestaz (주 23), nº 300. 기간이 도과한 이후에 강제금 명령은 효력
　　을 상실하여 청산되지만, 법원은 다시 추가적으로 강제금을 명령할 수 있음은 물
　　론이며, 후술하는 바와 같이 종국적 강제금을 명할 수도 있다.
49) 법원의 청산 결정은 집행력을 가진다(민사집행법전 제R131-4조; 이 규정의
　　"décision"은 강제금을 명하는 결정이 아니라 청산 결정을 의미한다, Terré/Simler/
　　Lequette (주 23), no 1126 note 7).

참조). 따라서 종국적 강제금의 경우에도 청산은 요구되나(민사집행법전 제L131-3조), 여기서 청산은 단순히 불이행의 일수에 미리 결정되었던 일별 액수를 곱하여 확정하는 형식적인 절차에 불과하다. 이전에는 종국적 강제금의 경우 기간의 특정 없이 명하는 것이 일반적이어서 그 압박효과는 매우 강하였다고 한다. 그러나 현재 법률은 이를 제한하여 종국적 강제금은 일단 잠정적 강제금을 명한 이후에만 명할 수 있도록 하고 있으며, 그것도 법원이 기간을 정할 것을 요구하고 있다(민사집행법전 제L131-2조 제3항 제1문). 그리고 법원이 명시적으로 종국적 강제금임을 명시하지 아니하는 한, 강제금은 원칙적으로 잠정적인 것으로 추정된다(동조 제2항 제2문).

우리의 관점에서 흥미로운 것은 이러한 강제금의 적용범위이다. 학설은 강제금 제도가 적절한 강제이행 조치가 규정되어 있지 않은 하는 채무의 이행에 유용하다는 점을 인정하고 있으나, 적용범위를 반드시 이에 한정하고 있지는 않다. 오히려 통설과 판례는 강제금은 이행을 확보할 필요가 있다면 주는 채무 내지 부작위의 경우에도 사용할 수 있음을 인정하고 있다.[50] 이러한 의미에서 강제금에 의한 이행강제의 보충성은 프랑스 현행법상 인정되고 있지 않다고 말할 수 있을 것이다.

(2) 독일법

(가) 독일 민사소송법은 강제되어야 할 채무의 내용에 따라 이를 물건의 인도채무, 대체적 작위채무, 비대체적 작위채무, 부작위채무로 구분하고, 이에 대하여 각각 고유한 강제이행의 방법을 정하고 있다. 물론 이러한 강제이행 청구권은 손해배상을 청구할 권리에는 아무런 영향을 미치지 아니한다(동법 제893조 제1항).

---

50) Ripert/Boulanger (주 35), nº 1621; Marty/Raynaud/Jestaz (주 23), nº 295; François (주 47), nº 256 등.

우선 물건의 인도채무에 대해서는 직접강제가 인정되고 있다(동법 제883조 내지 제886조). 이에 대하여 "채무자가 제3자에 의해서 행해질 수 있는 행위를 할 채무를 이행하지 아니하는 경우" 즉 대체적 작위채무의 불이행이 있는 경우에는, 대체집행이 강제이행의 방법으로 규정되어 있다(동법 제887조 제1항). 그런데 이러한 대체집행의 방법은 "물건의 반환 또는 급부를 위한 강제집행에는 적용되지 아니한다."(동법 제887조 제3항). 그러므로 통설은 금전의 급부나 물건의 인도를 내용으로 하는 채무의 강제집행에는 대체집행이 인정되지 않는다고 해석하고 있으며, 이 한도에서 대체집행의 보충성은 법률의 규정에 의하여 확인되어 있다.51)

그러나 독일 민사소송법은 더 나아가 부작위 채무의 불이행에 대해서는 우리 법제와는 달리 그 강제이행의 수단으로 일종의 간접강제를 정하고 있다. 즉 각각의 부작위의무 위반에 대하여 법원은 신청에 기하여 질서벌로서 250,000유로 이내의 과태료(Ordnungsgeld) 내지 합계 2년 이하의 구금(Ordnungshaft)을 명할 수 있는 것이다(동법 제890조). 통설은, 비대체적 작위채무에 대한 강제이행을 순수한 집행수단으로 이해하는 것과는 달리, 부작위채무를 강제하는 질서금 내지 질서벌은 이미 일어난 금지명령에 대한 위반행위에 대하여 작용하므로 예방적 성격 외에 제재로서 형벌적 성격을 가지는 것으로 이해하고 있다.52)

이들 강제이행 방법들은 원칙적으로 채무의 내용에 따라 배타적으로 인정되는 것으로 해석되고 있다. 그러므로 인도청구가 가능한 사안에 대체집행이나(동법 제887조 제3항) 간접강제53)는 허용되지 아

---

51) 우선 Stein/Jonas/Brehm, *Kommentar zur ZPO*, 22. Aufl., 2004, § 887 Rn. 3 및 인용 문헌 참조.

52) Rosenberg/Gaul/Schilken, *Zwangsvollstreckungsrecht*, 11. Aufl., 1997, § 73 Ⅲ (S. 993) 참조.

53) Stein/Jonas/Brehm (주 51), § 888 Rn. 1.

니하며, 마찬가지로 대체집행이 가능한 작위급부를 내용으로 하는 채
무의 이행에 대하여 간접강제는 가능하지 않다.[54] 이러한 의미에서
우리의 통설이 인정하는 대체집행과 간접강제의 보충성과 같은 결과
가 독일 강제이행 법제에서 인정되고 있다고 말할 수 있다.

(나) 독일 민사소송법의 제정과정에서는 특정이행을 허용하지 아
니하는 보통법 원칙에서 벗어나 채권의 실효적 만족을 확보하려는 시
도가 두드러진다. 채무자에게 과도한 강제를 가하지 않으면서도 채권
을 합목적적으로 실현할 수 있도록 하는 규율의 창출이 문제되었던
것이다.

이러한 구상에 좇아 민사소송법의 초안을 작성했던 위원회는 모
든 채무는 원칙적으로 강제이행될 수 있다는 원칙을 확인하였다.[55]
채권자에게 손해배상의 권리만을 부여하는 것은 채무자가 무자력하
거나 채권의 목적의 가치를 입증하기 어려운 경우 공허한 구제수단이
될 수 있다는 것이다. 그러나 채무자의 인격에 강제를 가하는 방법은
예컨대 "동일한 목적이 다른 방법에 의하여 달성될 가능성이 있는 경
우"에는 사용되어서는 안 된다고 한다. 특히 채무자가 하여야 할 행
위가 제3자에게 의하여 행해질 수 있는 대체적인 성질인 것인 때에도
채무자에 대하여 강제를 가하려는 시도는 불필요하게 엄격한 것
(überflüssige Härte)으로 평가된다.[56] 그러므로 간접강제는 채무자의
의사를 꺾음으로써 채무의 이행이 가능한 사례 즉 비대체적 작위채무
에서 급부가 채무자의 의사만으로 행해질 수 있는 경우에 한정적으로
인정된다는 것이다.[57]

---

54) Stein/Jonas/Brehm (주 51), § 888 Rn. 4.
55) *Begründung des Entwurfs einer Civilprozeßordnung*, 442 = Hahn/Mugdan,
　　Die gesammten Materialien zu den Reichsjustizgesetzen, Band 2, 2. Aufl.,
　　1881, 465.
56) *Begründung* (주 55), 442 = Hahn/Mugdan (주 55), 465f.
57) *Begründung* (주 55), 443 = Hahn/Mugdan (주 55), 466.

이러한 초안의 구상은 이후의 심의과정에서도 본질적으로 유지
되었다.[58] 물론 제국의회 심의과정에서 프랑스 민법의 예를 좇아 하
는 채무에 대한 강제집행 수단을 삭제하자는 제안이 있기는 하였으
나, 다수의 의견은 시민의 자유는 불법을 행할 자유를 포함하지 않으
며 법원의 기판력 있는 판결에 대하여 저항하는 것은 불법에 해당한
다는 이유로 이 제안을 거부하고 초안의 태도를 견지하였다.[59]

(다) 이러한 독일 민사소송법의 강제이행법제는 채권의 실효성
확보와 채무자의 인격에 대한 간섭 배제라는 두 가지의 과제를 실현
하기 위한 합목적적 규율을 발견하기 위한 **입법정책적 고려의 결과**라
고 할 수 있다. 적어도 입법자료에 의하는 한, 입법관여자들이 프랑스
적 인격자유라는 이념에 대한 반작용으로 채권의 실효적 확보라는 새
로운 이념을 대립시켰다는 증거는 발견할 수 없다. 오히려 그들은 하
는 채무에 강제이행이 인정되지 않았다는 기존의 규율들은 **법제사적
인 제약**에서 기인한 것이라는 점에 대한 명백한 인식을 가지고 있었
다. "작위 또는 부작위를 내용으로 하는 판결은 항상 손해배상에 의
해서만 강제이행될 수 있다는 원칙은 본질적으로 [손해배상으로의] 전
환 없이는 그러한 판결을 집행하도록 하는 강제수단이 발전되지 않았
다는 역사적인 의의만을 가지고 있을 뿐이다."[60] 그러므로 입법관여
자들은 입법정책적으로 채무자에 대한 강제와 채권의 실효적 만족을
상관적으로 고려하여 합목적적인 규율을 하고자 시도하였던 것이며,
여기에 我妻가 상정하는 바의 이념의 대립이 있었다는 사실은 적어도

---

58) 물론 제국의회 위원회의 제2독회에서 종류채무의 집행에서 채무자가 채무의 목적인
    종류물을 점유하고 있지 않는 경우에 대체집행이 인정될 것인지의 여부가 다투어지
    기는 하였으나, 이 제안은 다수에 의하여 거부되었다(Protokolle der Kommission,
    582f. = Hahn/Mugdan (주 55), 1000f.). 이와 관련하여 물건의 인도집행의 경우
    에 대체집행은 허용되지 않는다는 현행 민사소송법 제887조 제3항이 추가되었다
    (Protokolle der Kommission, 604f. = Hahn/Mugdan (주 55), 1020).
59) Protokolle der Kommission, 413f. = Hahn/Mugdan (주 55), 860f.
60) *Begründung* (주 55), 442 = Hahn/Mugdan (주 55), 465.

입법자료에서는 확인되지 아니한다.

　그러므로 독일 민사소송법이 직접강제, 대체집행, 간접강제들 사
이에 정하고 있는 배타적 관계는 이러한 합목적적 입법정책의 결과이
지 이념에 기한 선험적 결론은 아니다. 이 점은 독일의 통설과 판례
가 정당한 결론의 달성을 위하여 필요한 경우에는 그러한 배타적 보
충성을 부인하는 **예외**를 다수 인정하고 있다는 사실에서 잘 관찰된
다. 앞서 살펴본 바와 같이 인도채무의 경우 간접강제가 인정되지 않
는다는 것이 원칙이기는 하다. 그러나 예컨대 인도해야 할 물건이 외
국에 소재하고 있는 경우, 직접강제에 의한 이행이 가능하지 않으므
로 그러한 경우 간접강제에 의한다고 해석되고 있다.61) 물건의 인도
와 관련하여 채무자의 행위의무가 존재하는 경우(예컨대 제조, 조달, 수
리, 조립 등)에도 채권의 목적달성을 위해 필요한 경우에는 직접강제
와 대체집행 내지 간접강제가 결합되어 사용될 수 있다.62) 마찬가지
로 채무자가 부동산에 관하여 종국적으로 점유를 포기할 필요는 없으
나 일정한 기간 동안 퇴거하여 점유할 권리를 행사하지 아니할 의무
의 집행의 경우에도 간접강제가 고려된다.63) 마지막으로 대체적 작위
급부의 이행이 문제되는 경우에도 그 작위급부가 제3자의 협력이나
동의를 전제로 하는 사안에서는 대체집행이 아니라 간접강제가 적용
된다고 한다.64) 이러한 예들은 독일에서 인정되고 있는 각 유형의 청
구권에 하나의 집행방법이 대응한다는 원칙이 결코 경직된 것이 아니
며, 채무자 보호와 채권자 만족을 고려하는 합목적적인 가치판단의
결과라는 사실을 보여주고 있다고 하겠다.

---

61) Stein/Jonas/Brehm (주 51), § 883 Rn. 12.
62) Rosenberg/Gaul/Schilken (주 52), § 70 Ⅰ 1 b (S. 962).
63) Stein/Jonas/Brehm (주 51), § 885 Rn. 5.
64) Stein/Jonas/Brehm (주 51), § 887 Rn. 10; § 888 Rn. 13－15.

3. 일본법에서 간접강제의 보충성 이론의 성쇠

(1) 그러므로 我妻가 제안한 해석론의 바탕을 이루는 이념사적 해석에는 의문이 있으며, 이를 그대로 수용할 수는 없다고 할 것이다. 그러나 이러한 의문에도 불구하고 我妻의 해석론이 일본에서 통설로 관철되었다는 점은 앞서 서술한 바 있다. 일본 민법 제414조 및 구민사소송법 제734조의 관계를 간접강제의 보충성의 관점에서 해석하는 그의 견해는 이후에 지배적인 위치를 점하게 되었다.

물론 이러한 통설에 대하여 비판이 없었던 것은 아니다. 예컨대 星野는 일본 민법 제414조 및 구민사소송법 제734조 사이에는 모순이 존재하지 않는다고 주장하였다. 즉 입법과정을 살펴보면 이 규정들에 사용되고 있는 '강제이행'이라는 표현은 프랑스 용어인 "exécution en nature"의 번역으로 채무의 본래의 내용대로의 이행의 강제를 의미하는데, 이 의미를 전제하면 직접강제와 간접강제는 "exécution en nature"에 해당하나 대체집행은 이에 해당하지 아니하므로 실제로 두 규정들 사이에 용어의 혼란은 존재하지 않는다는 것이다.[65] 그리고 간접강제의 보충성에 대한 채무자의 인격보호라는 논거에 대해서도, 채무자에 대한 실력이 행사되는 직접강제보다는 오히려 심리적 강제를 가하는 간접강제의 방법이 보다 인도적이라고 주장한다. 따라서 그는 하는 채무에 관해서는 그 성질을 불문하고 채권자

---

65) 星野英一, 民法槪論 Ⅲ (債權總論), 1984, 39면. 이러한 星野의 주장은 입법자료를 살펴보면 근거를 가지고 있다. 예컨대 일본 구민법은 「강제이행」을 의미하는 단어로 「직접이행」이라는 표현을 쓰고 있었는데, 이는 약속된 바 및 법률이 명하는 바의 원상대로의 이행(l'accomplissment en nature de ce qui a été promis […] et de ce qui est imposé par la loi)으로 이해되고 있다(Code civil de l'empire du Japon accompagné d'un exposé des motifs, tome 2, 1891, p. 517; 강조는 원문). 일본 민법의 기초자의 한 사람인 梅는 이러한 의미에서 대체집행은 "일종의 배상방법"이라고 할 것이고 진정한 의미의 이행은 아니라고 한다(梅謙次郎, 民法要義, 卷之三, 1909, 51-52면).

는 대체집행과 간접강제를 선택하여 신청할 수 있다고 해석하고, 더
나아가 종류물 인도채무에도 간접강제를 사용할 수 있다고 하여 간접
강제를 널리 인정하는 해석론을 제안하였다.66)

　(2) 그러나 이러한 견해는 소수설로 머물렀을 뿐이며, 통설은 여
전히 간접강제의 보충성을 견지하고 있었다. 그리고 이러한 통설은
1979년의 민사집행법 제정에서 법률의 규정으로 관철되었다. 즉 동법
제168조 내지 제170조는 물건의 인도에 관하여 직접강제를 강제이행
의 방법으로 규정하면서, 일본 민법 "제414조 제2항 또는 제3항이 규
정하는 청구에 관한 강제이행"에 관하여 대체집행의 절차를 규정하고
(동법 제171조) "작위 또는 부작위를 목적으로 하는 채무에서 전조 제
1항의 강제집행을 할 수 없는 경우에 관한 강제집행"에 한정하여 간
접강제를 사용하도록 하였던 것이다(동법 제172조).

　그러나 간접강제 보충성론의 입법적 승리는 오래 지속되지 않았
다. 우선 계속해서 통설이 상정하고 있었던 보충성론의 논거에 대한
의문이 제기되었다.67) 더 나아가 일본 경제가 장기 불황에 돌입하면
서 집행에 대한 저항이 격렬해지고, 이로써 직접강제 내지 대체집행
에 의한 채권의 확보가 실효적이지 않는 사례들이 나타나기 시작하였
다. 임차인들이 실력으로 명도집행을 저지하거나, 채무자가 자신의
동산을 은닉하는 사안들이 그 대표적인 예이다. 이러한 사례들은 기
존의 보충성론에 대한 의문과 결합하여 민사집행법의 강제이행 규정
에 대한 입법정책적 비판으로 확대되었다.

　이러한 비판에 직면하여 2003년의 「담보물권 및 민사집행제도의
개선을 위한 민법 등의 일부를 개정하는 법률」(2003년 법률 제134호)
은 마침내 간접강제의 보충성을 포기하였다.68) 동법은 종래 의사표시

---

66) 星野 (주 65), 40-41면.
67) 中野 (주 7), 10면; 平井宜雄, 債權總論, 第二版, 1994, 246면 이하; 森田 (주 16),
　　321면 이하 등.

의 의제에 관하여 규정하고 있던 제173조를 제174조로 옮기고 그 자리에 다음과 같은 규정을 두고 있다. "제168조 제1항[부동산 인도집행], 제169조 제1항[동산 인도집행], 제170조 제1항[제3자가 점유하는 경우] 및 제171조 제1항[하는 채무의 대체집행]에 규정하는 강제집행은 각각 제168조부터 제171조까지의 규정에 의하는 외에, 채권자의 신청이 있으면 전조 제1항[하는 채무의 간접강제]에 규정하는 방법에 의하여 행한다. 이 경우에는 동조 제2항부터 제5항까지의 규정을 준용한다."(제173조 제1항) 즉 새로운 제173조의 규정은 채권자의 신청에 의하여 인도채무 내지 하는 채무 일반에 관하여 간접강제에 의한 강제이행의 길을 열어두고 있는 것이다.

　　이러한 간접강제의 중첩적용에 의하여 채권의 실효적 확보가능성이 얼마나 촉진될 수 있을 것인지는 이후의 실무에서의 운용 결과에 의하여 판단해야 할 문제일 것이다. 다만 여기서는 간접강제의 보충성은 2003년의 법개정으로 인하여 이제 일본 현행법의 해석론으로서는 더 이상 주장될 여지가 없다는 점을 지적하는 것으로 그치고자 한다.

4. 요　약

　　이상의 서술에서 우리 통설의 강제이행 규정의 이해는 본질적으로 일본 민법의 해석론을 수용한 것임을 확인하였다. 즉 이러한 해석에는 우리 민법 제389조 및 구민사소송법 제693조가 의용 민법 제414조 및 의용 구민사소송법 제734조와 동일하다는 전제가 그 기초를 이루고 있었으며, 이에 따라 我妻에 의하여 관철된 일본의 통설이 우리의 해석론으로도 타당하다고 결론이 채택되었던 것이다. 그런데 우선 일본 민법의 해석으로 我妻의 논거가 과연 타당한 것인지에 관

---

68) 민사집행법 제173조의 입법 경위에 관해서는 우선 道垣內弘人·山本和彦·古賀政治·小林明彦, 新しい擔保·執行制度, 2003, 153-155면 참조.

해서는 이미 프랑스와 독일의 법제의 역사를 검토함으로써 의문을 제기하였다. 이제는 더 나아가 우리 민법 제389조 및 개정 전 민사소송법 제693조(이제는 민집 제261조)의 규정이 과연 통설이 전제하는 바와 같이 일본의 규정과 동일한 취지인지의 여부를 검토하여야 한다.

Ⅲ. 현행법상 강제이행 제도의 해석

1. 민법 제389조 및 민사집행법 제261조: 역사적 해석

(1) 민법 제389조: 특정이행을 인정하는 일반적 강제이행의 원칙

우리 민법 제389조는 과연 통설이 전제하는 바와 같이 의용민법 제414조를 그대로 받아들인 것으로 볼 수 있는 것인지를 살펴보고자 한다.

(가) 법전편찬위원회의 「민법전편찬요강」은 이 문제에 관하여 다음과 같은 방침을 정하고 있었다. "414조 2항 3항을 삭제하고 민사소송법에 이[此]를 규정할 것."[69] 이러한 태도는 加藤 및 我妻의 견해에 따른 당시 의용민법의 통설의 이해와는 다른 의미로 제389조의 규정을 구상하고 있었던 것으로 판단된다. 즉 종래의 통설은 의용민법 제414조의 제1항 내지 제3항 모두를 절차법적 규정으로 이해하여 이 조문을 삭제할 것을 주장하고 있었으나, 법전편찬위원회는 단지 제2항과 제3항만을 삭제하면서도 제1항 및 4항을 유지할 것을 예정하고 있기 때문이다.

이러한 법전편찬위원회의 방침은 아마도 우리 민법 제389조를 만주국 민법 제376조와 같은 취지로 입법화하고자 하였던 것이라고 추측된다.[70] 만주국 민법 제376조는 실제로 당시 일본 민법의 제414

---

69) 법전편찬위원회, "민법전편찬요강" = 양창수, 민법연구, 제1권, 1991, 105면.
70) 아울러 "채무자가 급부를 하지 아니하거나 또는 완전한 급부를 하지 아니하는 때에는 채권자는 법원에 강제집행 및 손해배상을 청구할 수 있다"고 정하고 있었던

조에서 제2항과 제3항을 생략한 형태로 규정되어 있었던 것이다. 즉 "채무자가 임의로 채무의 이행을 하지 아니하는 때에는 채권자는 그 강제이행을 법원에 청구할 수 있다. 다만 채무의 성질이 이를 허하지 아니하는 경우에는 그러하지 아니다."(제1항) 그리고 "전항의 규정은 손해배상의 청구를 방해하지 아니한다."(제2항)

만주국 민법의 제376조는 ―종래 일본의 통설의 파악에 따른 일본 민법 제414조 제1항의 취지와는 달리― 강제이행의 원칙을 정하는 조항으로 의도되었다. 즉 채권자는 채무의 불이행이 있으면 이행청구권을 국가의 조력으로 관철할 수 있다는 일반적 강제이행 청구권을 가지며 이는 손해배상에 영향이 없다는 취지를 정하고자 하였던 것이다.[71] 이는 채권의 강제적 이행가능성을 인정하는 규정으로, 당시 통설의 일본 민법 제414조에 부여하고 있던 의미와는 다른 것이었다.

그러므로 법전편찬위원회가 의용민법 제414조 제2항 및 제3항을 삭제하고자 하였을 때에는 이 규정을 일반적 강제이행의 원칙을 정하는 규정으로 구상하고 있었음을 추측할 수 있다. 즉 제389조를 입법함에 있어서 이를 加藤·我妻의 통설에 따라 재구성하는 것이 아니라, 강제이행에 관한 일반 원칙을 정하는 규범을 설정하고자 하였던 것으로 생각된다.

(나) 그런데 법전편찬위원회의 이러한 방침과는 달리 국회에 제출된 민법안 제380조는 현행 제389조와 동일한 문언을 가지고 있었다. 『법안심의록』은 민법안 제380조에 대하여 "현행법 제414조와 동일한 취지이나 조문 작성이 개량되었다"는 간단한 이유만을 붙이고 있을 뿐이며, 이 규정은 이후의 심의과정에서 어떠한 수정도 받지 않았다.[72]

중화민국 민법 제227조도 간접적인 참고자료였을 가능성도 있다.
71) 石田文次郎·岩井萬龜, 滿洲民法(債權總論), 1941, 102–103면.
72) 민의원 법제사법위원회 민법안소위, 민법안심의록, 상권, 1957, 232–233면.

　그렇다면 현행법과 동일한 취지라는 이유로부터 입법자는 민법 제389조를 규정함에 있어 의용민법 제414조의 태도로 회귀하였다는 결론을 내릴 수 있을 것인가? 이로부터 두 조문은 실질적으로 동일 취지이므로 의용민법의 통설이 우리 현행법의 해석으로도 적절하다고 할 것인가? 필자는 그렇지 않다고 생각한다. 오히려 법안 제380조 제1항은 법전편찬위원회의 지침에 따라 강제이행의 원칙을 정하는 규정이라고 판단된다.

　만일 입법자가 의용민법 제414조를 당시 통설의 이해에 따라 규정하면서 "조문작성"을 "개량"하고자 했다면, 가장 간단한 방법은 제1항의 "강제이행"을 단순히 "직접강제"로 수정하는 것이었다. 이것으로 입법자는 종래의 통설에 따른 조문작성의 개량을 완벽하게 수행할 수 있었을 것이다. 그런데 초안의 기초자들은 오히려 제1항은 그대로 보존한 채로, "채무의 성질이 강제이행을 불허하는 경우에 그 채무가 작위를 목적으로 하는 때에는" 대체집행을 할 수 있다는 제2항의 규정을 "전항의 채무가" 법률행위를 목적으로 한 때에는 판결이 이를 갈음하고 작위급부가 "채무자의 일신에 전속하지 아니한" 경우에는 대체집행을 할 수 있다는 규정으로 수정하였던 것이다.

　여기서 우리 통설은 "전항의 채무"(제2항)는 제389조 제1항 단서의 "채무의 성질이 강제이행을 하지 못할 것인 때"의 채무를 말한다고 해석하여 제389조를 의용민법 제414조와 동일한 의미로 해석하고자 한다. 그러나 이는 초안이 가한 중대한 변화를 간과하는 해석이다. 의용민법 제414조 제2항은 "채무의 성질이 강제이행을 불허하는 경우"라는 명시적 표현을 사용하고 있음에 반하여, 우리 제389조 제2항은 "전항의 채무"라고만 규정하고 있을 뿐이다. 그리고 문리해석에 의하면 전항의 채무는 제1항의 규정 전체가 지시하고 있는 채무 즉 불이행이 있어 강제이행이 문제되고 있는 채무를 지시할 뿐이다. 여기서 "전항의 채무"가 단서만을 지시한다고 해석하는 것은 문리상 극

히 부자연스럽다. 이는 우리 민법의 입법 테크닉으로부터도 명백하
다. 우리 민법에서 본문/단서 구조의 "전항"을 지시하는 규정은 전항
의 전체 특히 본문의 내용을 지시하는 것이 일반적이다.73) 오히려 예
외적으로 민법이 단서만을 지시하고자 하는 경우에만 "전항의 의사표
시의 무효"(제107조 제2항), "전항의 증가액"(제259조 제2항), "전항의
계약"(제268조 제2항)과 같은 표현으로 구체적으로 단서를 지시하고
있는 것이다.

   게다가 만일 통설이 해석하는 바와 같이 "전항의 채무"가 제1항
의 단서를 지시하는 것이라면, 제389조는 실제로 제414조와 완전히
동일한 의미로 되어버린다. 그렇다면 입법관여자들의 "조문 작성을
개량"하였다는 언명은 완전히 무의미한 것으로 무시되어야 할 것이
다. 왜냐하면 그러한 경우 실제로 조문 작성에 있어서 개량된 것이
없기 때문이다(실제로 통설의 관점에서 본다면 제2항의 수정은 개량이 아
니라 개악이다). 그러나 이러한 해석은 수긍하기 어렵다. 그러므로 초
안 기초자들이 현재 제389조의 문언으로 의용민법 제414조에 대한
"개량"을 시도하였다고 말한다면, 그 "개량"의 지점은 문언이 유의미
하게 수정된 부분인 "전항의 채무"일 수밖에 없으며, 그 결과 "전항
의 채무"는 의용민법에서처럼 제1항 단서를 지칭하는 표현일 수는 없
는 것이다. 그러므로 제2항은 제1항이 정하고 있는 "강제이행"의 내
용을 구체화하고 있는 규정으로, 일정 채무 유형들에 대한 강제이행
의 방법을 정하고 있는 것이다.

---

73) 예컨대 제5조 제2항, 제109조 제2항, 제216조 제2항, 제219조 제2항, 제305조 제2
  항, 제316조 제2항, 제397조 제2항, 제404조 제1항, 제406조 제1항, 제427조 제2
  항, 제492조 제2항, 제528조 제3항, 제535조 제2항, 제548조 제2항, 제580조 제2
  항, 제639조 제2항, 제662조 제2항, 제665조 제2항, 제671조 제2항, 제727조 제2
  항, 제755조 제2항, 제756조 제2항, 제758조 제2항 및 제3항, 제759조 제2항, 제
  761조 제2항, 제829조 제3항, 제941조 제2항, 제957조 제2항, 제963조 제2항 등을
  참조.

　그렇다면 제389조가 의용민법의 규정과 "동일한 취지"라는 심의 과정의 발언은 어떤 의미인가? 여기서 기초자들은 제389조 제1항을 당시의 통설과 달리 강제이행의 원칙을 정하는 규정으로 이해하였던 것으로 보인다.[74] 기초자들이 제389조 제2항에서 대체집행을 명시적으로 강제이행의 하나의 방법으로 규율하면서 그 적용대상을 대체적 작위급부로 명확히 하였다는 사실은 이러한 사실의 예증이라고 할 것이다. 그리고 이러한 의미에서만 제389조가 의용민법 제414조를 "개량"한 것으로 파악될 수 있는 것이다. 우리가 "조문 작성"을 "개량"하였다는 입법관여자들의 의견을 무시하지 않는다면, 제389조는 더 이상 통설이 주장하는 바의 의미로는 이해될 수 없다.

　(다) 이러한 해석에 의하면 제389조는 다음과 같이 파악되어야 할 것이다.

　초안 기초자들은 제389조 제1항의 "강제이행"을 "직접강제"로 수정하지 아니하고 "강제이행"이라는 표현을 유지하였다. 이는 초안 기초자들이 제389조 제1항을 일반적 강제이행의 원칙을 정하는 규정으로 구상하였다는 사실을 보여주는 것이다. 즉 채권자는 급부의 결과가 실현되지 아니하는 경우 법원에 대하여 강제이행을 청구할 수 있다는 원칙이 확인되고 있는 것이다(제1항). 그리고 이러한 강제이행은 손해배상에 영향이 없다(제4항). 이 규율에 있어서 초안 기초자들은 법전편찬위원회의 방침을 좇았다고 볼 것이다.

　다만 초안을 작성함에 있어서 기초자들은 —법전편찬위원회와는

---

74) 일본 민법 제414조 제1항의 '강제이행'을 강제집행 일반으로 해석하는 石坂의 견해와 비교할 수도 있을 것이다(石坂音四郞, 日本民法 第三編 債權總論, 上卷, 第十二版, 1924, 76-79, 93-95면). 石坂는 동조 제2항의 "채무의 성질이 강제집행을 허용하지 아니하는 경우"라는 문언을 무시해야 한다고 하여(94면), 대체집행 역시 제1항의 강제이행의 한 유형으로 해석하고 있었다. 물론 石坂는 이 규정을 권리보호청구권이라는 이유로 민사소송법에 두어야 할 것으로 이해한다는 점(76면)에서는 만주국 민법 내지 초안 기초자의 태도와는 다르다고 하겠다.

달리— 이러한 원칙 규정에 의사표시를 할 채무, 대체적 작위채무, 부
작위채무의 강제이행에 관한 **특별 규정을 두어야 할 필요가** 있음을 인
정하고 제2항 및 제3항에 이를 정하기로 한 것으로 보인다. 초안 기
초자들이 어떠한 이유에서 강제이행 원칙을 일정한 채무 유형에 대하
여 구체화하는 제2항과 제3항을 두고자 했는지는 물론 현재의 자료
상황으로는 명확히 알 수 없다. 그러나 이에 대하여 가능한 추측으로
는 초안 기초자들이 제389조를 "개량"하면서도 **법적 안정성의** 관점에
서 의용민법 규정의 체제를 가능한 한 유지하고자 하였을 수 있다는
점이다. 특히 "민법 제414조 제2항 및 제3항의 경우"의 대체집행에
대하여 규정하는 의용민사소송법 제733조와의 조화를 유지할 필요가
있었을 뿐만 아니라, 법전편찬위원회가 이미 기초하여 1953년 이래로
국회의 의결만을 기다리고 있던[75] 민사소송법안 제686조 역시 "민법
제　조[구법 제414조] 제2항 및 제3항의 경우"에 대한 대체집행을 정
하여 민법의 규정을 지시하고 있었던 점에 비추어,[76] 민법 초안의 기
초자들로서는 의용민법 제414조 제2항 및 제3항을 "개량"하여 유지
하는 편이 입법의 기술로서 보다 적절한 것으로 보았으리라고 추측된
다. 게다가 강제이행의 원칙을 선언하면서도 대체적 작위채무, 부작
위채무의 강제이행 방법에 관해 규정하고 있는 외국의 입법례로서 스
위스 채무법 제97조 제2항, 제98조가 있으며, 이들 조문이 입법의 참

---

75) 민사소송법안은 1953년 제2대 국회에서 정부안으로 제출된 이래 도합 6회 제출되
   었는데(1954. 1. 13., 1954. 8. 10., 1957. 6. 17., 1958. 6. 23., 1959. 1. 30., 1959.
   2. 23), 앞의 5회의 경우에는 모두 회기불계속에 의하여 폐기되었고 6번째 제출된
   법안이 1959년 12월 28일에 가결되어 법률로 성립하였다.

76) 국회에 제출된 초안에는 "민법 제　조[구법 제416조 제2항] 및 제3항의 경우"로
   규정되어 있으나 오식으로 보인다. 의용민법 제416조는 현행 제393조에 해당하
   는 조문이며, 꺾음 괄호의 위치도 부정확하기 때문이다. 이는 "제686조 중 '민법
   제　조'를 '민법 제389조'로 수정한다"는 법제사법위원장의 보고에서도 명백하다
   (박세경, 민사소송법안 심사보고서, 38면). 이들 자료는 국회 의안정보시스템
   (http://search.assembly.go.kr/bill/)에 의하여 열람하였다.

고자료로 언급되고 있음을 고려한다면,[77] 그러한 규율 방식이 초안
기초자들에게 문제가 있는 것으로 생각되지는 않았을 것이다.

　　결론적으로 우리 민법의 제정과정을 살펴본다면 제389조는 강제
이행의 원칙 및 손해배상과의 독립성을 정하면서 의용민법과 스위스
민법의 예를 좇아 일정 채무 유형에 대한 집행방법으로서 대체집행
등을 정하고 있는 규정임이 확인된다.

(2) 현행법상 간접강제: 그 "약한" 성격

　　㈎ 개정 전 민사소송법 제693조는 그 문언에 있어서 의용민사소
송법의 내용을 수용하였다. 기존의 통설은 개정 전 민사소송법 제693
조의 표제가 "간접강제"인 점에 비추어 동조 제1항의 "강제이행"은
간접강제를 의미하는 것으로 해석하고 있었다.[78] 이 해석에 대해서도
여러 가지 의문이 있을 수 있으나, 이제는 민사집행법 제261조 제1항
이 "채무의 성질이 간접강제를 할 수 있는 경우에"라는 명시적인 규
정을 채택하였으므로 이에 대한 논의는 이제 불필요하게 되었다고 할
것이다. 그러므로 여기서는 우리 민법의 간접강제 규정이 가지고 있
는 제재수단의 측면을 살펴보고자 한다.

　　㈏ 앞서 지적한 바와 같이, 우리 민법의 간접강제가 가지는 압박
효과는 외국의 법제와 비교하여 그다지 강한 것이라고 할 수는 없다.
즉 독일 민사소송법에서는 간접강제의 수단으로 손해배상과 독립된
강제금의 부과 및 신체의 자유를 구속하는 구류 등이 존재하고(앞의
Ⅰ. 2. (1) 참조), 프랑스의 경우에도 판례가 인정하는 강제금(astreinte)
은 손해배상와 무관한 제도임에 반하여(앞의 Ⅱ. 2. (1) ㈐ 참조), 우리
민사소송법의 해석으로서 간접강제로서 채권자에게 지급되는 금액은
손해에 충당되는 것으로 해석되고 있어 그 압박효과는 상대적으로 크

---

77) 민법안심의록 (주 72), 233면.
78) 대표적으로 우선 곽윤직 (주 1), 189면 참조.

지 않은 것이다.

(다) 우리의 이러한 간접강제의 법제는 기본적으로 프랑스 판례의 강제금(astreinte)의 제도의 초기형태가 수용된 것이며, 이러한 계수의 과정에서 상대적으로 "약한" 성격이 나타나게 된 것이다.

우리 간접강제 규정은 일본 구민법 재산편 제386조 제3항으로 소급된다. 이에 의하면 "법원은 채무자에게 직접이행을 명함과 동시에 종기(終期; un délai extrême)을 정하여 그 지연하는 매일 또는 매월에 약간의 상금(償金)을 지급할 것을 명할 수 있다. 이 경우에는 채무자는 직접이행을 하고서 손해배상의 즉시의 계산을 청구할 수 있다." 이미 문언에서 명백하게 나타나듯이, 이는 청산을 전제로 하는 잠정적 강제금(astreinte provisoire) 제도를 실정화한 것이다. 즉 보아소나드는 당시의 시점에 프랑스 판례에 의하여 발전되고 있던 강제금 제도를 구민법의 제정과정에서 채권 실현의 압박수단으로 규정하였던 것이다.

그런데 당시는 프랑스의 학설에서 이러한 판례의 강제금 제도에 대한 강한 비판이 제기되고 있던 시점이기도 하다. 특히 판례에 호의적인 견해들도 강제금이 채권자의 실제 손해를 상회하도록 부여되어서는 안 되므로, 청산에 의하여 지급될 금액은 항상 실손해액으로 조정되어야 한다고 주장하고 있었다.[79] 보아소나드는 구민법을 기초함에 있어서 이러한 비판을 수용하여 강제금은 종국적인 것이어서는 안 되며 실제 손해배상액을 초과해서는 안 된다고 강조하였다.[80] 따라서 청산은 축적된 강제금의 내용을 실제 손해액으로 축소하는 역할을 하는 절차로 정해지게 되었던 것이며, 금액의 지급명령은 채무자 압박

---

79) Dawson (주 34), p. 514. Colin/Capitant (주 23), nº 116도 참조.

80) *Code civil de l'empire du Japon* (주 65), tome 2, p. 531. 실제로 동 규정도 채권의 강제이행을 정하는 제2부 제2장 제1절이 아닌 손해배상 청구권을 규율하는 제2절에 포함되어 있었다.

과 동시에 채권자의 전보를 목적으로 하는 것이었다.

이러한 프랑스식의 강제금 제도는 독일 민사소송법을 계수한 일본 민사소송법에서 독일식의 간접강제로 파악되기에 이른다.[81] 특히 시행되지 아니한 구민법을 갈음한 현행 일본 민법 제414조가 명시적으로 간접강제를 언급하고 있지 않기 때문에, 구민법 재산편 제386조 제3항은 일본 구민사소송법 제734조의 간접강제로서 다시 규율되게 된 것이다. 그러나 그 과정에서 강제금이 가지고 있었던 손해배상과의 관련성을 완전히 벗은 것은 아니었다. 그러므로 이 규정은 여전히 "그 지연의 기간에 상응하여 일정한 배상을 할 것 또는 바로 손해의 배상을 할 것을 명하여야 한다"고 하여 전보적 성격을 보이는 표현을 사용하고 있다. 다만 구민법의 청산제도가 삭제되었고, 이후의 통설이 강제금이 실손해를 초과하는 결과를 용인하였을 뿐이다.

우리의 간접강제 제도 역시 이러한 의용민사소송법의 제도가 계수된 것이다. 그러므로 우리의 간접강제 제도 역시 손해배상과의 관련성을 유지하고 있었던 초기 프랑스 강제금 제도가 일본을 거쳐 계수된 것이고, 우리 개정 전 민사소송법 제693조 및 민사집행법 제261조의 문언이 "일정한 배상"을 명하고 있음은 우연이 아니다. 강제금이 채권자의 손해배상에 충당된다는 결론 및 그로부터 야기되는 간접강제의 "약한" 성격은 이러한 법사적인 연원으로부터 이해될 수 있다.

2. 간접강제의 적용범위

(1) "채무의 성질이 간접강제를 할 수 있는 경우"

(가) 민사집행법 제261조는 "채무의 성질이 간접강제를 할 수 있는 경우에 제1심법원은 채권자의 신청에 따라 간접강제를 명하는 결

---

81) 자세한 과정은 我妻 (주 15), 98-99면, 115면 이하 참조.

정을 한다"고 정하고 있다(제1항 제1문). 이 규정에 대하여 우리 학설
은 채무자의 인격 존중을 이유로 다른 강제수단이 없는 경우에 사용
할 최후의 수단이라는 점에서 보충적 집행방법이고, 따라서 다른 강
제집행이 허용되는 경우에는 간접강제가 허용되지 아니한다고 해석
하여, 이전의 통설의 태도를 유지하고 있다.[82]

그러나 이러한 견해가 근거로 들고 있는 채무자의 인격 존중 등
에 관한 논거가 설득력이 없음은 이미 앞서 지적한 바 있다. 채무자
의 인격 보호와 채권의 실효적 만족이라는 이념의 조화를 근거로 하
는 간접강제의 보충성 이론이 실제로는 법제사적으로 근거가 없다는
것(앞의 Ⅱ. 2. 참조), 그리고 우리 민법의 간접강제 제도는 압박효과가
경미하여 채무자에 대한 간섭이 외국의 예와 비교할 때 경미하다는
것(앞의 Ⅰ. 2. 참조)을 다시 언급하는 것으로 그치기로 한다.

그러나 여기서 간접강제의 방법은 심리적 강제만을 주는 것이고
신체적 접촉이 없으므로 오히려 직접강제보다 채무자의 인격보호에
적절하다는 판단을 내리고 이로부터 바로 간접강제의 적용가능성을
넓히려는 해석을 하는 것[83])도 적절하지 아니하다. 이러한 해석은 인
격보호를 근거로 간접강제의 보충성을 주장하던 통설의 논변을 그대
로 뒤집은 것에 불과한 것으로, 이렇게 어떤 강제이행 방법에 선험적
으로 인격보호적 성격을 관련지워 그로부터 해석론을 도출하는 것은
마찬가지로 설득력이 없다.[84]) 직접강제 내지 간접강제가 채무자의 인

---

82) 곽윤직 (주 2), 101 – 102면; 김형배 (주 1), 135 – 136면; 이시윤 (주 4), 343면; 주
    석 민사집행법(Ⅴ) (주 4), 129면(서기석); 법원실무제요 민사집행[Ⅲ] (주 4), 582
    면 등.
83) 예컨대 星野 (주 65), 40 – 41면.
84) 어떤 제도의 "본질" 내지 "본질적 성격"을 주장하는 논거는 그러한 본질 내지 본질
    적 성격에 대한 자신의 이해를 전면에 내세울 뿐이다. 그러나 다원주의적인 헌법
    질서에서 그러한 자신의 이해는 일반적인 효력을 주장할 수 없으며, 따라서 그러
    한 "본질"의 원용은 그 자체로는 법률해석이라고 할 수 없다. 반면 만일 해석자가
    그러한 "본질" 내지 "본질적 성격"을 법률의 규정으로부터 도출한 것이라(고 주장

격에 얼마나 과도한 압박을 가하게 될 것인지의 여부는 구체적인 사안에서 상이하게 나타나며 사전적·일반적으로 답할 수 없는 문제이다. 결국 간접강제의 적용범위의 해석에 있어서는 민법 및 민사집행법의 규정을 바탕으로 해서 그 의미를 묻는 작업이 필요하다.

(나) 우리 현행법상 간접강제의 적용범위를 획정함에는 다음의 사항들이 고려되어야 할 것으로 생각된다.

첫째 우리 민사집행법 제261조 제1항은 적어도 **문언상으로는** 간접강제의 적용범위를 제한하고 있지 아니하다. 입법자는 민사집행법 제정과정에서 독일이나 일본의 입법례를 좇아 간접강제의 적용범위를 제한적으로 규정할 수 있었음에도, 그러한 개입을 하지 않았다. 오히려 "채무의 성질이 간접강제를 할 수 있는 경우"라고 정하여 극도로 넓은 요건 내지 거의 백지규정에 가까운 요건을 정하고 있다. 현실적으로 성질상 간접강제를 할 수 없는 채무는 극히 드물다. 실제로 금전채무, 인도채무 등에서도 간접강제를 "할 수 있는" 것에는 의문이 없다. 그러나 제261조 제1항이 이렇게 광범위한 적용범위를 예정하고 있는 규정이라고 생각할 수는 없다. 그러므로 간접강제의 적용범위에 대해서 제261조로부터는 다음과 같은 잠정결론을 취할 수 있다. 즉 제261조는 문언상으로는 간접강제를 제한하고 있지 않지만, 체계해석 내지 목적론적 해석에 의하여 그 적용범위가 제한될 수 있고 또 제한되어야 하는 경우가 존재한다는 것이다.

둘째 이러한 체계해석에 의한 적용범위 제한의 단초는 이미 민법 및 민사집행법이 제공하고 있다. 현행법상 금전채무의 집행(민집 제2편 제2항), 인도채무의 집행(민집 제257조 내지 제259조), 대체적 작위채무의 집행(제389조 제2항 및 민집 제260조), 부작위채무의 집행(제389조

한다)면, 그는 더 이상 그러한 "본질"을 원용할 필요가 없다. 그는 법률을 원용함으로써 충분하다. 이른바 본질 논변(Wesensargument)의 문제점에 관하여 우선 Kramer, *Juristische Methodenlehre*, 2. Aufl., 2005, S. 142f. 참조.

제3항 및 민집 제260조) 등에 대해서는 법률이 각각 고유한 집행방법을 정하고 있다. 민사집행법 제261조가 상당히 넓은 적용범위를 예정하고 간접강제를 인정하고 있음에 반하여, 이들 규정이 각각의 채무유형에 그 집행방법을 규정하고 있다면, 적어도 이로부터 입법자는 후자의 규정들이 적어도 우선적용되는 것을 의욕하고 있다고 말할 수 있을 것이다. 특별규정이 일반규정에 선행하며 그렇지 아니한 한도에서 일반규정이 보충적으로 적용되는 것은 여기서도 다를 바 없는 것이다. 다만 문제는 이렇게 고유한 강제집행의 방법이 규정된 채무유형들에 대하여도 일정한 예외적인 경우에 간접강제가 사용될 수 있는지의 여부 즉 위 규정들이 민사집행법 제261조를 완전히 배제하는 것인지 아니면 보충적 적용을 허용하는 것인지의 여부이다. 전자와 같이 해석한다면 간접강제는 특별한 강제이행 방법의 규정이 없는 비대체적 작위급부에 한정하여 인정될 것이므로 결과적으로 통설의 간접강제 보충성이 인정될 것이다. 반면 후자와 같이 해석한다면 원칙적으로는 개별 규정이 정하는 강제이행 방법이 우선적으로 적용되지만 예외적으로는 인도채무 등에서도 간접강제를 활용하는 것이 배제되지는 않는다는 결과가 될 것이다.

　(다) 여기서 어떠한 해석이 타당한 것인지는 결국 직접강제 및 대체집행 규정들의 **입법목적**을 검토함으로써 답할 수 있다. 금전채무에 대하여 경매에 의한 현금화 및 배당을, 인도채무에 대하여 직접강제를, 대체적 작위급부 및 부작위에 대체집행을 규정하는 취지는 무엇인가? 이들 방법이 간접강제보다 항상 채무자의 인격보호에 보다 적절하다는 논거의 취약함은 앞서 지적하였다. 따라서 그러한 논거만으로는 이러한 규정의 우선적 적용을 인정하기에 충분하지 못하다. 오히려 만일 법률이 채무자에게 심리적 강제를 가하여 채무를 이행할 수 있음에도 우선적으로 다른 집행방법을 규정하였다면, 이는 이들 집행방법이 채권의 실현을 위하여 **합목적적이고 실효적인 방법**이기 때

문에 규정한 것이다. 압류 내지 직접강제에 의하여 경우에 따라서 채
무자의 신체나 인격에 강한 제약이 가해질 수도 있으나, 이들 방법에
의하여 채권은 자신의 원래의 내용에 따라 만족을 얻게 되며, 그것도
국가의 힘에 의하여 매우 효율적으로 실현될 수 있다. 물론 이들 채
무에 간접강제의 방법을 사용할 수 있으나, 이 때 채권이 반드시 이
행된다는 보장이 없으므로 채권의 실현 가능성 자체가 저하될 뿐만
아니라, 경우에 따라서는 불필요하게 채무자에게 손해배상을 넘어서
는 경제적 부담을 지울 수 있게 될 것이다. 즉 직접강제가 가능한 채
무의 경우 간접강제를 가하는 것은 집행방법으로서 효율적이지 못할
뿐만 아니라, 경우에 따라 채무자에 대한 불필요한 간섭이 발생할 수
도 있는 것이다. 이러한 사정은 대체집행의 경우에도 마찬가지이다.

　　그러므로 만일 간접강제가 채무자의 인격보호에 부적절한 것으
로 나타난다면 그것은 다른 효율적인 강제집행 방법의 활용이 가능함
에도 불구하고 간접강제를 적용하는 사안에서 그러할 것이다. 다른
실효적 강제집행 방법이 있음에도 채무자에게 간접강제를 가하는 것
은 채무자를 지나치게 번거롭게 하는 것이기 때문이다. 결국 통설의
선험적·추상적 인격보호 논거와는 달리, 구체적으로 법률의 규정을
살펴본다면 **채무자의 인격보호는 집행방법의 효율성과 밀접한 관련을 가**
지며 그것과 상관적으로 이해되어야 하는 요소임이 드러난다. 독일
민사소송법 이유서가 "동일한 목적이 다른 방법에 의하여 달성될 가
능성이 있는 경우에는 채무자에 대하여 강제가 행사되어서는 아니 된
다"[85]고 말하는 것도 이러한 사고방식을 잘 보여주고 있는 것이다.

　　그러므로 민사집행법이 정하고 있는 직접강제 내지 대체집행의
방법에 의하여 효과적인 강제이행이 가능한 사안에서는 원칙적으로
간접강제는 적용할 여지가 없다고 해석하는 것이 타당하다. 전형적

---

85) *Begründung*, 442 = Hahn/Mugdan (주 55), 465.

사안에 대하여 입법자가 효율적인 것으로 인정하여 규정한 강제이행 방법이 그 한도에서 우선 적용되어야 하는 것이다. 그리고 실제로 대부분의 사례에서도 채권자는 그러한 효율적인 강제이행 방법을 선호할 것이다. 그러나 이러한 해석이 인도채무 내지 대체적 작위급부 등에 대해 간접강제의 적용을 완전히 배제하는 것을 의미하지는 않는다. 일정한 사안유형에 따라서는 입법자가 효율적인 것으로 예정한 강제이행 수단이 전혀 효율적이지 않은 경우가 있을 수 있으며, 이 경우에 간접강제는 활용될 수 있다고 할 것이다(cessante ratione legis cessat ipsa lex). 이러한 사안에서도 간접강제를 완전히 배제하는 것이 입법자의 의도였다고는 생각할 수 없다. 민사집행법 제261조의 문언은 이미 그러한 사안을 포괄할 수 있는 표현을 사용하고 있는 것이다. 이 규정의 문언에 대한 체계적 해석 및 목적론적 해석에 의한 적용범위 축소는 간접강제의 기능적 보충성을 인정하게 하며, 그것을 비대체적 작위급부의 집행에 한정하지는 아니한다. 즉 직접강제 내지 대체집행이 사안의 비정형성을 이유로 그것이 목적하는 실효성을 보장할 수 없을 경우에 보충적으로 간접강제가 적용될 수 있다고 해석되는 것이다. 특히 우리 민사집행법상의 간접강제는 그 압박효과가 독일이나 프랑스의 법제와 비교할 때 그다지 강하지 않으므로, 그 적용범위를 문언에 반하여 제한적으로 해석할 이유는 적다고 할 수 있다.

(2) 간접강제의 적용범위

요약한다면 직접강제 내지 대체집행이 실효적으로 집행될 수 있는 경우에는 간접강제는 적용될 여지가 없으나, 사안의 특수성에 기하여 직접강제 내지 대체집행의 실효성이 보장되지 아니하는 경우에는 간접강제가 활용될 수 있다고 할 것이며, 간접강제를 비대체적 작위급부의 강제이행에 한정할 필요는 없다고 해석된다. 그러면 아래에서는 이러한 일반론에 기하여 구체적으로 간접강제의 적용범위를 검토하기로 한다.

(가) 금전채무

우선 금전채무의 강제집행에 간접강제가 활용될 여지는 없다고 할 것이다. 우리 법제상 간접강제는 채권자에 대한 금전의 지급이라는 형태로 나타나는데(민집 제261조 제1항 제2문), 이러한 간접강제의 집행 역시 금전채무의 집행에 의할 수밖에 없다. 그렇다면 금전채무의 집행을 위하여 간접강제를 명하는 것은 불필요한 절차이며 채무자에 대한 지나친 간섭을 의미할 것이다. 특히 민사집행법은 금전채무의 집행에 대하여 상세한 규정을 두고 있으므로, 그 합목적성은 더이상 의문의 여지가 없다. 금전집행의 경우 간접강제는 배제된다고볼 것이다.

(나) 부작위채무

직접강제나 대체집행의 방법이 효율적인 집행을 보장할 수 없을 때 간접강제가 사용될 수 있다는 해석론이 부분적으로 학설과 판례에 의하여 인정되어 있는 예가 있다. 그것은 바로 부작위채무의 강제이행이다. 민법 제389조 제3항 및 민사집행법 제260조는 부작위채무의 불이행 즉 위반행위가 있으면 채권자는 채무자의 비용으로 위반행위의 결과를 제거하고 장래에 적당한 처분을 법원에 청구할 수 있다고 규정하고 있다. 그러나 이러한 구제수단은 일회적인 부작위채무의 불이행으로서 유형적 결과가 발생하는 경우에는 효율적인 구제수단이될 수는 있어도, 계속적·반복적인 부작위채무의 불이행이 문제되거나 부작위채무의 불이행으로 제거할 만한 유형적 결과가 발생하지 아니하는 경우에는 법률이 정하고 있는 대체집행은 실효적인 강제이행 방법일 수 없다. 따라서 이러한 경우 부작위채무의 강제이행을 위하여 간접강제를 사용할 수 있다는 점이 학설[86]과 판례[87]에 의하여 승

---

86) 이시윤 (주 4), 344 – 345면; 주석 민사집행법(Ⅴ) (주 4), 130 – 131면(서기석); 법원실무제요 민사집행[Ⅲ] (주 4), 583 – 584면; 주석 민법 채권총칙(1) (주 4),

인되어 있다.

　이러한 학설과 판례는 정당하다고 생각된다. 앞서 지적한 바 있
듯이, 민법 및 민사집행법이 각각의 채무유형에 정하는 집행방법은
그 채무의 성질상 전형적인 사례에서 가장 실효적으로 판단되는 강제
이행 방법이다. 따라서 입법자가 택한 강제이행의 방법이 배타적인
것으로 의도된 것은 아니다. 그러므로 사안의 성격상 입법자가 예정
한 강제이행 방법이 비효율적인 것으로 나타난다면, "채무의 성질이
간접강제를 할 수 있는 경우"(민집 제261조 제1항 제1문)인 한에서 간
접강제의 적용을 부정할 이유가 없다. 실제로 학설에서 인정된 바와
같이 부작위 채무의 내용이 계속적이고 반복적인 부작위를 내용으로
하거나 그 위반의 결과가 아무런 유형적 결과를 발생시키지 않는 경
우에는 간접강제를 활용하지 아니하면 부작위 채무의 실효적 관철은
가능하지 않게 되며, 이에 대하여 간접강제를 사용하는 것은 민사집
행법 제261조 규정에 의하여 가능할 뿐만 아니라 요청되는 바라고
할 것이다.

　그리고 우리 민사집행법상의 간접강제의 제재가 채권자에 대한
금전지급이고 또 지급된 금액이 손해에 충당되는 한에서, 죄형법정주
의에 저촉하지는 않는다고 볼 것이다. 앞서 살펴본 바와 같이 독일에
서는 간접강제의 방법으로 강제금와 강제구금이 인정되고 특히 강제
금은 국가에 귀속되므로, 부작위의무 위반에 대하여 인정되는 간접강
제는 형벌로서의 성질을 가지는 것으로 인정되고 있고(앞의 Ⅱ. 2. (2)
(가) 참조), 따라서 학설에서는 죄형법정주의에 대하여 가지는 관계에
대하여 여러 가지 논의가 있다.[88] 그러나 우리 법제에서 간접강제금

　　　412-413면(박해성); 박해성 (주 4), 640-641면; 강용현, "비방광고를 한 자에 대
　　　하여 사전에 광고 금지를 명하는 판결 및 그 판결절차에서 명하는 간접강제", 대
　　　법원 판례해설, 제25호, 1996, 76-77면 등.
87) 大判 1996.4.12., 93다40614,40621, 집 44-1, 323.
88) 이에 대하여 우선 Blomeyer, *Zivilprozeßrecht. Vollstreckungsverfahren*, 1975, §

이 법정의 위약금으로 해석되는 이상, 부작위 채무의 불이행에 대하
여 명하는 간접강제가 죄형법정주의와 충돌하는 문제는 발생하지 아
니한다. 간접강제로서 명하는 금전 지급은 형벌이 아니라 채권자를
위하여 전보기능과 압박기능을 동시에 수행하는 민사제재이기 때문
이다.

㈐ 인도채무 및 대체적 작위채무

　민사집행법은 인도채무의 강제이행 방법으로 직접강제를 규정하
고 있으며(민집 제257조 내지 제259조), 대체적 작위채무에 대해서는 대
체집행을 정하고 있다(민집 제260조). 그러므로 이들 채무유형의 강제
이행에도 각각 직접강제와 대체집행의 방법이 우선적으로 적용된다.
일본에서는 2003년 개정 이전에도 하는 채무의 경우 채권자가 대체
집행과 간접강제를 자유로이 신청할 수 있도록 하자는 견해[89]와 더
나아가 인도채무의 경우에도 직접강제와 간접강제 사이의 선택권을
부여하자는 견해[90]가 있었으나, 이에는 선뜻 동의하기 어렵다. 민사
집행법이 인도채무와 대체적 작위채무에 대해 각각 직접강제와 대체
집행을 정하고 있는 취지를 고려할 때, 이들 집행방법이 우선적으로
고려된다고 할 것이다. 그렇지 않으면 실효적이고 간이하게 집행이
종료될 수 있음에도 불구하고 채무자에 대하여 간접강제를 명하는 상
황이 발생하게 될 것인데, 이는 그 자체로 비효율적인 집행일뿐만 아
니라 채권자의 일방적 선택에 의하여 채무자에게 불필요한 재산적 부
담을 지우게 되는 것이다. 이러한 비효율과 채무자 부담을 회피하고
자 하는 목적으로 입법자가 특별한 집행방법을 정한 이상, 이들 집행
방법이 실효적으로 운용될 수 있는 한에서 간접강제는 인정되지 않는

---

92 Ⅱ, Ⅲ (S. 441ff.) 참조.

89) 星野 (주 65), 41면. 인도채무의 경우에는 종류채무에 대해서만 간접강제의 적용을
　조심스럽게 제안하고 있다.

90) 森田 (주 16), 343면; 平井 (주 67), 247면 이하.

것이 타당하다.

그러나 사안의 특수성에 기하여 직접강제 내지 대체집행이 실효적 집행수단이 될 수 없는 경우에는 간접강제가 활용될 수 있다고 할 것이다. "채무의 성질이 간접강제를 할 수 있는 경우"(민집 제261조 제1항 제1문)로서 민사집행법 제257조 내지 제260조에 의한 목적론적 적용범위 제한이 없는 경우라고 할 수 있기 때문이다. 인도채무나 대체적 작위채무에 대하여 예외적으로 간접강제가 인정될 수 있는 사례들로서는 우선 앞서 언급한 독일과 일본의 예들을 들 수 있을 것이다. 예컨대 인도되어야 할 동산이 외국에 존재하거나 채무자가 인도집행의 객체인 동산을 은닉하고 있는 사안에서 직접강제에 의한 집행은 법률상 또는 사실상 가능하지 아니하다. 이러한 경우 집행은 결정적으로 채무자의 협력을 요구하게 되는데, 이러한 협력은 그 자체로 비대체적 작위급부의 성질을 가지고 있다. 그렇다면 이러한 사안에서의 강제이행 방법으로서는 간접강제를 활용하는 것이 적절하다. 채권자가 채권관계에 기한 집행에의 협력을 부수적 급부의무의 이행으로 주장하여 다시 집행권원을 획득하고 이에 기하여 간접강제를 시도할 것을 요구하는 것은 불합리하다. 오히려 채권자는 이미 획득한 인도집행의 집행권원에 기하여 간접강제를 신청하는 것이 타당한 해결인 것이다. 이러한 사안이야 말로 인도집행이 예정하고 있는 전형성이 상실되고 채무자의 협력이라는 행위의 비대체성이 개입하고 있다. 여기에서는 "집행관이 이를 채무자로부터 빼앗아 채권자에게 인도"하는 집행방법은 이미 의미가 없으며, 오히려 민사집행법이 보충적 집행수단으로 예정하고 있는 간접강제가 활용되어야 하는 것이다.

문제는 인도채무의 집행에 있어서 채무자의 저항이 강하여서 원활한 집행이 어려운 사안에서 간접강제를 활용할 수 있는지의 여부이다. 이에 대해서 간단히 답하기는 어렵다. 우선 그러한 집행저항이 있는 경우 민사집행법이 예정하고 있는 인도집행의 사안 정형성은 —적어도 법률의 관점에서는— 그대로 인정된다. 즉 민사집행법은 그러한 경우 집행관이 점유를 획득하여 채권자에게 이전할 것을 정하고 있고 (민집 제257조 내지 제258조), 집행에 대한 저항이 있는 경우에는 경찰 또는 국군의 원조를 받아 강제력을 행사하도록 한다(동법 제5조 제2항). 따라서 집행저항의 사례에 대하여 법률은 강제력을 사용하여 인도집 행을 관철할 것을 예정하고 있다고 말할 수 있다. 그러므로 인도채무 의 사안에서 원칙적으로는 간접강제를 인정할 수는 없다고 할 것이 다. 특히 채무자의 격렬한 저항이 있는 경우 압박효과가 그다지 크지 않은 간접강제가 반드시 실효적인 강제이행 수단이 될 수 있는지도 의문이 있으므로, 간접강제를 명하는 것은 집행의 비효율을 증가시키 게 될 것이라는 점을 고려할 때에도 그러하다. 그러나 다른 한편 경 찰이나 국군의 원조에 의하여 집행을 관철하는 것이 현실적인 관점에 서 가능한지는 다른 문제이다. 실제로 많은 경우 집행관은 물리적 충 돌에서 발생할 수 있는 결과에 대한 우려로 극단적인 개입을 회피하 고자 할 수도 있으며, 그러한 경우 인도집행은 실질적으로 실효성을 상실한다. 이 때 채무자의 집행가능한 재산이 다른 곳에 대하여 존재 한다면, 간접강제를 통하여 심리적 압박을 가하는 것이 항상 무의미 하다고 말할 수는 없다. 따라서 채무자의 집행저항이 있는 경우에도 원칙적으로는 인도집행을 관철해야 하지만, 예외적으로 간접강제를 활용할 가능성을 배제할 필요는 없다고 생각된다.

　　마찬가지로 대체적 작위채무에 대하여도 일차적으로는 대체집행 이 활용될 것이지만, 그 실효성이 의문스러운 경우 간접강제를 명할 수 있다고 할 것이다. 특히 이 문제는 작위채무의 경우 그 대체성의 판단이 항상 용이한 것은 아니기 때문에 중요한 의미를 가진다.[91] 급 부의 대체성은 원칙적으로 급부결과의 실현이 제3자에 의하여서도

---

91) 中野 (주 7), 677면 참조.

가능하여 채권자의 이익이 제3자의 작위로 충족될 수 있는지의 여부
에 의하여 결정될 것인데, 이러한 판단은 채무자의 자격·능력 및 동
일한 자격·능력을 가지는 제3자의 조달가능성 등을 고려해야 하므로
명확한 해답을 항상 쉽게 구할 수 있는 것은 아니다. 이러한 경우 법
원은 우선 대체집행의 수권결정을 한 이후에 집행불능에 직면하여 다
시 간접강제를 명할 수도 있을 것이다.[92] 그러나 이미 사안에서 대체
성 판단이 명확하지 않은 경우에, 채권자가 간접강제를 신청하였다면
법원으로서는 이를 각하해서는 안 되며 오히려 신청에 좇아 간접강제
를 허용해야 한다고 해석할 것이다. 예컨대 채무의 내용인 행위가 대
체적이기는 하지만 채무자의 자격·능력을 소지한 인력이 국내에서
쉽게 조달될 수 있는지의 여부가 불분명한 경우, 수권결정 이후에 간
접강제를 하는 방법보다는 바로 간접강제를 명하는 것이 적절한 집행
방법일 수 있는 것이다.[93]

  그리고 행위의 성질은 대체적이나 제3자의 동의 내지 협력이 있
어야 의무이행이 가능한 사안[94]에서도, 대체집행의 수권결정은 채권
자가 그러한 동의 내지 협력을 입증하여 신청하는 경우에만 해야 할
것이다.[95] 그러한 입증이 없는 경우에는 채권자는 간접강제에 의하여
채무자를 압박할 수밖에 없다. 즉 채무자가 채무의 이행으로서 제3자
로부터 동의 또는 협력을 얻기 위해 노력할 의무가 인정되는 경우,
채권자는 별도로 이를 소구함이 없이 주된 급부의무인 대체적 작위채

---

92) Brox/Walker, *Zwangsvollstreckungsrecht*, 7. Aufl., 2003, Rn. 1066 참조.

93) Stein/Jonas/Brehm (주 51), § 887 Rn. 7. Schilken in *Münchener Kommentar zur ZPO*, 1992, § 887 Rn. 5도 대체적 작위채무에 대해서도 "특수한 경제적 상황 내지 채권자의 이익"을 이유로 하여 간접강제를 사용하는 것이 정당화될 수 있다 고 한다.

94) 제3자의 소유지에 건물을 건축할 채무, 제3자 소유 건물을 해체·수리할 채무, 이 웃 토지에 들어가지 않고서는 불가능한 측량을 할 채무 등이 그 예이다. 鈴木忠 一·三ケ月章 編集, 注解 民事執行法(5), 1985, 20면(富越和厚) 참조.

95) Stein/Jonas/Brehm (주 51), § 887 Rn. 10.

무의 집행권원에 기하여 간접강제를 신청하여 채무자에게 동의 또는 협력을 얻기 위해 노력할 것을 강제할 수 있다고 해석된다.[96] 물론 채무자가 요구되는 노력을 하였음에도 제3자의 동의 내지 협력을 얻지 못하였다면 급부는 이제 불능이라고 할 것이므로, 채권자는 손해배상으로 만족을 받아야 할 것이다.

(라) 비대체적 작위채무

비대체적 작위채무의 강제이행은 간접강제에 의할 수밖에 없다. 채무의 성질에 따라 간접강제도 허용되지 아니하는 경우가 있음은 물론이다.[97]

---

96) Stein/Jonas/Brehm (주 51), § 888 Rn. 13. 注解 民事執行法(5) (주 94), 20면(富越)도 참조.

97) 법원실무제요 민사집행[Ⅲ] (주 4), 584-585면; 주석 민사집행법(Ⅴ) (주 4), 132-133면(서기석).

제 3 장

구제수단(2): 이행에 갈음한 손해배상

Ⅰ. 문제의 제기

　채무자가 채무에 좇은 이행을 하지 아니하는 경우에, 채권자는 그 내용에 따른 이행청구를 관철하는 대신[1] 손해배상을 받음으로써 분쟁을 종결하고자 하는 이해관계를 가질 수 있다. 이때 그는 이행이 행해지지 않음으로써 이미 발생한 불이익이 있으면 그것의 배상과 함께 이행되어야 할 급부를 대신하는 손해배상을 청구하고자 할 것이다. 이러한 이행에 갈음한 손해배상 즉 전보배상에 대해 민법 제395조는 "채무자가 채무의 이행을 지체한 경우에 채권자가 상당한 기간을 정하여 이행을 최고하여도 그 기간 내에 이행하지 아니하거나 지체 후의 이행이 채권자에게 이익이 없는 때에는 채권자는 수령을 거절하고 이행에 갈음한 손해배상을 청구할 수 있다"고 정하고 있다. 그런데 불이행된 채권이 계약 특히 전형적으로 쌍무계약에 근거하는 경우, 채권자는 제543조 이하의 규정에 따라 계약을 해제하고 손해배상을 청구할 수도 있으며, 이때 원상회복에 수반하여 행해지는 손해

---

1) 이행청구의 관철에 대해서는 본서 제2편 제2장 참조.

배상은 전보배상을 포함하게 된다(제548조, 제551조, 제390조).[2] 그러므로 쌍무계약의 채권자는 전보배상과 관련해 제395조에 따른 전보배상과 계약 해제와 결합한 전보배상이라는 선택지를 가진다.

그런데 그동안 공간된 재판례를 살펴보면, 채권자가 쌍무계약에 기초해 전보배상을 청구하는 경우 계약의 해제와 함께 전보배상을 청구하는 사안이 제395조에 의지하는 사안보다 압도적으로 다수인 것으로 보인다. 이러한 현상에 직면하여 관찰자로서는 자연스럽게 우리 민법에서 제395조에 따른 전보배상과 계약 해제에 수반하는 전보배상 사이의 관계에 대해 의문을 가지게 된다. 이러한 사태의 원인은 무엇인가? 우리 민법에 따를 때 제395조에 따른 전보배상은 해제와의 관계에서 어떠한 기능을 수행하고 있는가? 규범목적에 대한 고려는 제395조의 해석에 어떠한 함의를 가지는가? 그러나 종래 문헌에서 제395조에 대한 서술은 상당히 소략한 편이어서[3] 이러한 의문에 대한 단서를 얻기는 쉽지 않았다.

아래에서는 민법 제395조에 따른 전보배상의 기능과 법률관계를 특히 해제와의 관계에서 살펴보고자 한다. 실무상 바로 시급한 의미를 가지거나 이후 중대한 변화를 예고하는 것은 아니라고 하더라도, 이러한 고찰은 우리 채무불이행법의 구조와 원리를 이해하는 작업에서 중요한 인식론적 의미를 가질 것으로 기대된다. 올바른 방법으로 구축되어 사용되는 도그마틱은 법발견을 보조하는 생산적인 수단이다.[4] 그러한 의미에서 일찍이 예링이 이야기 한 대로, 법학이 "진정

---

2) 해제의 효과에 대해서는 본장의 범위에서 상론의 여지가 없으므로 기존의 통설·판례를 전제로 논의를 진행하기로한다. 계약 해제와 병존하는 손해배상이 이행이익 배상이라는 점에 대해 추가적인 전거와 함께 우선 송덕수, 채권법각론, 제4판, 2019, 150면 참조.

3) 우리나라의 대표적인 주석서에서도 다수의 재판례가 존재하는 손해배상액의 산정시기의 쟁점을 제외하면 제395조의 취지·요건·효과에 대한 서술은 대체로 간략한 편이다. 곽윤직 편집대표, 민법주해[Ⅸ], 1995, 599-600면(양삼승); 김용덕 편집대표, 주석 민법 채권총칙(1), 제5판, 2020, 924-929면(문주형) 참조.

으로 실무적(실천적, praktisch)이기 위해서는 실무적인 것에만 자신을
한정해서는 안 되는 것"이다.5)

II. 이행청구권과 전보배상

1. 채권자의 이익상황

　채권관계에서 채권자는 그 채권의 효력이 보장하는 급부가 이행
되는 것에 이익을 가진다. 이러한 이익은 채무자를 상대로 재판상 이
행을 청구하고 강제이행하는 방법을 통해 채권자가 채권 내용을 그대
로 관철함으로써 보호될 수 있다. 그러나 채권의 내용을 이렇게 "그
대로"(in natura) 관철하는 것이 가능하더라도, 이로써 채권자의 이익
이 완전히 충족되는 것은 아니다. 그는 예컨대 급부가 지연되었거나
또는 불완전하게 행해졌다는 사정을 이유로 불이익을 받았을 수 있
다. 그러므로 이행청구를 통해 채권의 내용을 "그대로" 관철할 수 있
더라도, 채권자는 그때까지 발생한 그 밖의 손해에 대해 배상을 받을
수 있어야만 채권이 보장하는 급부 이행에 관한 이해관계가 비로소
원만하게 충족될 수 있다. 그러한 의미에서 민법은 이행강제와 손해
배상의 병존을 가능한 것으로 선언한다(제389조 제4항). 이러한 손해
배상을 이행청구권과의 관계라는 측면에서 포착하여 "병존적 손해배상"
이라고 명명할 수 있을 것이다. 종래 이행지체의 효과로 언급되고 있는
이른바 지연배상(Verzugsschaden, Verspätungsschaden, dommages-intétêres
moratoires)6)은 그러한 병존적 손해배상의 대표적인 예이다. 그러나

---

4) 김형석, "법발견에서 원리의 기능과 법학방법론", 서울대학교 법학, 제57권 제1호,
　2016, 37면 이하 참조.
5) Jhering, "Unsere Aufgabe", *Jherings Jahrbücher für die Dogmatik des heutigen
　römischen und deutschen Privatrechts* 1857, 18 = *Gesammelte Aufsätze*, 1.
　Band, 1881, S. 16.
6) 우선 곽윤직, 채권총론, 제6판, 2003, 82면 참조.

병존적 손해배상이 우리가 통상 떠올리는 지연배상에만 한정되는 것
은 아니다. 예컨대 하자 있는 물건의 인도로 매수인이 전매수인에 대
해 계약위반에 따른 위약금을 부담하게 되었다면, 매수인은 매도인을
상대로 하자 없는 물건의 인도를 청구함과 동시에(제581조 제2항 참조)
지급한 위약금에 상응하는 손해의 배상을 청구할 수 있어야 할 것이
다(제390조). 이러한 손해배상은 이행청구와 병존하여 청구된다는 점
에서 지연배상과 동등한 위상을 가진다.[7]

　　그러나 이행청구권과 병존적 손해배상의 결합이 언제나 채권자
의 이해관계를 적절하게 보장한다고는 말할 수 없다.[8] 채무 이행의
기한이 채권자의 이익에 중요한 의미를 가지고 있어 급부의 지연 자
체가 채권자의 목적을 좌절시킬 수도 있고(관련해 제545조, 상법 제68조
참조), 불완전하게 이행된 급부에 의하여 채권자의 이행청구에 대한
이익이 사라져 더 이상 채권 내용 그대로의 관철을 기대하기 어려운
사안도 있을 수도 있다.[9] 그러한 경우 이행청구는 채권자에게 매력적
인 구제수단이 될 수 없으며, 그는 오로지 손해배상을 통해서 자신의
이익을 전보받고자 할 것이다. 그런데 이러한 목적 좌절의 사안 이외
에도 이행청구권을 가지고 있는 채권자가 이행청구 대신 전적으로 손
해배상에 의지하고자 하는 사안은 존재할 수 있다. 이는 이행청구를
고수하면서 그와 병존하여 손해배상을 청구하는 것이 채권자에게 효
율적이지 아니한 부담을 지울 수 있기 때문에 그러하다. 즉 그는 재

---

7) Huber, "Zur Haftung des Verkäufers wegen positiver Vertragsverletzung",
　　Archiv für die civilistische Praxis 177 (1977), 281, 297 참조. 그래서 예컨대 하
　　인리히 슈톨은 불완전급부에 따른 이러한 부수손해와 지연손해를 아우르는 상위
　　개념으로 보정손해 내지 보정이익(Ausgleichsinteresse)이라는 표현을 사용한다.
　　Stoll, "Abschied von der Lehre von der positiven Vertragsverletzung", *Archiv*
　　für die civilistische Praxis 136 (1932), 257, 293.
8) Huber, *Leistungsstörungen*, Band Ⅱ, 1999, S. 142f. 참조.
9) 大判 1989.11.14., 89다카15298, 공보 1990, 34; 1990.3.9., 88다카31866, 집 38 – 1,
　　121; 2004.5.14., 2004다7354, 공보 2004, 994 등 참조.

판상 청구와 강제이행이라는 수단을 선택함으로써 시간적 · 재산적 비용을 지출해야만 하는데, 이러한 비용은 이후 소송비용의 보전이나 손해배상 등으로 완전히 전보되지 않을 수 있다. 특히 쌍무계약의 채권자는 그 이행청구를 관철하기 위해서는 언제 실현될지 알 수 없는 상대방의 급부를 획득하기 위해 그 반대급부를 제공할 수 있는 상태를 불확정한 기간 동안 유지해야만 하며, 이로써 그는 그러한 상태 유지의 비용뿐만 아니라 반대급부의 활용을 통해 취득할 수 있었던 이익과 관련해서도 기회비용을 부담하게 된다. 현대의 경제적 삶은 그러한 불확실성을 회피할 것을 권장한다. 따라서 이상의 사안들에서 채권자는 이행청구 대신 급부에 갈음하는 손해배상 즉 전보배상(Schadensersatz statt der Leistung, Schadensersatz wegen Nichterfüllung, dommages-intétêres compensatoire)을 청구하여 분쟁을 종결할 이해관계를 가진다.

2. 우리 민법의 입법적 선택

지금까지 서술한 이익상황으로부터 법질서가 이행청구만을 허용하는 해법을 채택할 수 없음은 자명하다. 그렇다면 남는 선택지는 전보배상만으로 불이행에 대처하게 하는 것 아니면 이행청구와 전보배상을 함께 인정하는 것이다.[10] 그리고 이행청구와 전보배상을 함께 인정하는 후자의 경우에도 양자 사이에서 자유로운 선택을 허용할 수도 있지만, 그들 사이에서 행사와 관련한 일정한 우선관계를 둘 수도

---

10) 이러한 인식을 다음과 같이 표현할 수도 있다. 즉 이행청구권을 원칙으로 인정하는 입법은 이행청구권을 전보배상으로 전환하는 법장치를 두지 않을 수 없다. 그것은 채권자가 이행청구권을 금전청구권 형태의 손해배상청구권으로 교체할 수 있어야만 채무자가 채권자에 대해 자신의 전재산으로 책임을 진다는 민법의 대원칙에 부합할 수 있기 때문이다. Huber, "Der Begriff der Pflichtverletzung im System des neuen Leistungsstörungsrechts", Eckert/Delbrück hrsg., *Reform des deutschen Schuldrechts*, 2003, S. 33f.

있다. 물론 채권관계의 내용과 모습에 따라 세 가지 가능성을 혼용하
는 방법도 충분히 가능하다.

　주지하는 바와 같이 커먼로는 계약불이행의 경우 손해배상을 일
차적인 구제수단으로 정하고 특정이행을 예외적으로만 허용한다.[11]
그 결과 이행청구와 전보배상 사이의 선택 내지 이행의 문제가 정면
으로 제기되지는 않는다.[12] 반면 우리 민법은 원칙적으로 이행청구와
전보배상을 모두 인정하면서 택일적으로 또는 일정한 우선관계에 따
라 이를 선택할 수 있게 규정한다.[13] 이러한 입법적 태도는, 계약관
계에 대해서는 해제 규정으로부터도 드러나지만, 채권관계 일반에 대
해서는 법률관계를 그대로 유지하면서 전보배상을 청구할 수 있게 하
는 제395조로부터 보다 명백히 나타난다. 그에 따르면 채무의 이행이
가능한 경우 채권자는 일차적으로 이행청구권을 가지고, 그 결과 채
무불이행의 경우 손해배상은 우선 병존적이다. 이에 대해 전보배상은
법률이 정하는 일정한 요건이 충족될 때 허용되며, 그러한 요건이 충
족되는 한 채권자는 이행청구와 전보배상 사이에서 선택할 수 있

---

11) 이호정, 영국 계약법, 2003, 562면 이하; 엄동섭, 미국 계약법 Ⅱ, 2012, 253면 이
　　하 참조.
12) 이에 관한 영미법과 독일법의 비교 및 차이에 관해서는 Markesinis, Unberath and
　　Johnston, *The German Law of Contract*, 2nd ed., 2006, p. 452 참조.
13) 물론 예외적으로 민법은 이행청구 가능성을 배제하고 손해배상만으로 분쟁이 해
　　결되도록 정한다. 대표적인 예가 일의 완성 전 도급인이 손해를 배상하고 계약을
　　해제하는 경우이다(제673조). 또한 대체적 작위채무나 부작위채무에 대해 대체집
　　행으로 강제이행이 행해지는 경우(제389조 제2항, 제3항 참조), 채권자가 채무자
　　아닌 타인으로부터 이행을 받으며 채무자로부터는 금전의 형태로 전보를 받는다
　　는 점에서 채무자의 귀책사유를 전제하지 않는다는 것을 제외하면 손해배상과 유
　　사한 모습을 보인다(관련해 본서 제2편 제2장 Ⅱ. 3. (1) 주 65의 본문도 참조).
　　비대체적 작위채무에서 간접강제가 허용되지 않는 경우도 결국 손해배상으로 해
　　결될 수밖에 없다는 점에서 비슷하다(大判 2009.7.23., 2009다32454, 공보 2009,
　　1437 참조). 그렇다면 우리 민법에서도 예외적으로는 일정한 범위에서 이른바 효
　　율적 계약파기가 가능하다고 서술하더라도 반드시 부당하지만은 않을 것이다
　　(Kötz, *European Contract Law*, 2nd ed., 2017, p. 213–214 참조)

다.14)

이러한 입법적 선택은 정책적으로 충분히 정당화될 수 있다고 생각된다.15) 특정물의 인도나 채무자의 능력이 전제되는 채무 등 급부의 개성이 의미를 가지는 다수의 채무에서 채권자는 전보배상만으로는 자신의 이익을 충분히 전보받을 수 없다. 이는 예정되어 있는 이행에 채권자가 비재산적 이해관계를 가지고 있을 경우에 더욱 그러하다. 또한 그 가치를 쉽게 확정하기 어려운 급부에 대해 다투어지는 사건이나 다수 당사자들이 관여하는 사건 등에서 손해배상은 그 액수, 분쟁의 양상, 쟁송 기간 등과 관련해 이행청구를 하는 것보다 심중한 시간적·재산적 비용을 발생시킬 수 있다. 그리고 무엇보다 원칙으로서 계약의 구속력(pacta sunt servanda)은 높은 윤리적 가치를 가지며, 현실에서 채무자의 이행을 촉진하는 긍정적 동인이 될 수 있다.16) 그러나 이상과 같은 고려에도 불구하고 그로부터 바로 채권자가 언제나 이행청구와 전보배상을 자유롭게 선택할 수 있다는 결단을 내릴 수는 없다. 경우에 따라 채무자로서는 뒤늦은 이행이나 추완이행을 하는 것보다 전보배상을 하는 것이 훨씬 더 불리할 수도 있기 때문이다. 특히 채무자로서도 손해배상과 관련한 분쟁의 양상 및 쟁송 기간과 관련해 그 비용을 반드시 쉽게 예상할 수 있는 것은 아니다. 또한 불이행이 채무자가 통제할 수 없는 일시적 사정에 기한 것일 수도 있다. 그러므로 이러한 채무자 이익을 고려한다면 그에게 나중의 이행을 통해 채권관계로 복귀할 수 있는 가능성을 열어 두는 해결이 온건하다. 따라서 이상과 같은 채권자와 채무자의 이익을 조화시키기 위해 민법은 원칙적으로 채권자가 채무자에게 상당한 기간을

---

14) 우리와 비슷한 규정을 두고 있는 독일 민법과 관련해 Huber (주 8), S. 145ff. 참조.

15) Huber (주 8), S. 143f. 참조.

16) Kant, *Metaphysik der Sitten*, Einleitung Ⅲ, AB 14ff. = *Werkausgabe* hrsg. von Weischeidel, Band Ⅷ, 1977, S. 324ff.

정해 불이행을 치유할 가능성을 허여한 다음에 비로소 전보배상을 선택할 수 있게 하면서, 채권관계 목적이 좌절된 경우에는 그러한 기회를 부여하는 것이 무의미하므로 바로 이행청구와 전보배상 사이에서 선택할 수 있도록 정한다(제395조; 제544조 이하도 참조).

3. 이행청구권의 우위

이상의 서술을 전제로 할 때, 우리 민법에서 채권자의 이행청구는 손해배상청구나 계약 해제에 대하여 일정한 우위를 가진다고 말할 수 있다.[17] 즉 채권관계의 유효한 성립으로 채권자는 일차적으로 그리고 당연히 채권 내용에 상응하는 이행청구권을 가진다. 채무자의 불이행이나 귀책사유는 이행청구권의 요건이 아니며, 이행하기로 한 시점도 채권의 기한일 뿐 채권이 성립하는 시점은 아니다. 채권과 이행청구권은 원칙적으로 그 운명을 같이 한다. 그리고 손해배상청구권은 이러한 이행청구권을 기초로 하여 발생한다. 그것은 이행청구권의 행사에 수반하여 이행청구로 전보되지 않는 불이익을 전보하거나(병존적 손해배상), 이행청구가 채권자의 이익에 더 이상 적절하지 아니한 경우 급부에 갈음하는 권리로서 성립한다(전보배상).

물론 이러한 이행청구권의 우위는 체계상의 논리적 우위를 의미할 뿐, 이행청구권이 언제나 우선적으로 행사되어야 한다거나 보다 바람직한 구제수단이라는 내용을 함축하지는 않는다.[18] 이행청구권이 소멸하면 그에 갈음하여 전보배상청구권이 발생한다는 어떠한 논리적 "전형"을 주장하는 것도 아니다. 그것은 다만 채무불이행을 이유로 하는 손해배상책임은 채권관계의 효력으로 직접 주어지는 이행청

---

17) 김상중, "채무불이행법 체계의 새로운 이해를 위한 시도", 비교사법, 제16권 제2호, 2009, 21면도 참조.

18) 오히려 실무적인 관점에서는 손해배상청구권의 실무상 우위를 말할 수 있을지도 모른다. Huber, "Schadensersatz statt der Leistung", *Archiv für die civilistische Praxis* 210 (2010), 319, 321f.

구권을 중심으로 구조화되어 있음을 지적하는 것이다.[19] 즉 우리 민
법에서 이행청구권이 "채무의 중추(Rückgrat)"[20]로서 "구제로서 이행
청구권·손해배상청구권·해제청구권의 관계를 체계화 원리로서의 이
행청구권이 제어하고 있다는 의미"[21]에 다름 아니다. 제395조는 채권
관계 일반에 대해 이러한 의미에서의 이행청구권의 우위를 반영하고
있는 규범이다.

Ⅲ. 역사적·비교법적 개관

이행청구권과 전보배상 사이의 이러한 관계 정립은 역사적·비교
법적으로 비교적 늦은 시기에 성립하였다.

1. 로마법

잘 알려진 대로 로마 고전기의 방식서 소송에서 심판인의 판결은
청구가 특정물이나 특정 행위의 급부를 내용으로 하는 때에도 오로지
금전의 지급만을 명할 수 있었다(omnis condemnatio pecuniaria).[22] 이
러한 법제에서는 커먼로에서와 마찬가지로(앞의 Ⅱ. 2.의 주 11, 12의
본문 참조) 이행청구권과 전보배상 사이의 선택과 이행이라는 문제는
원칙적으로 제기될 여지가 없었다.[23] 채권의 만족은 기본적으로 전보
배상의 형태로서만 보장되었던 것이다. 물론 후기 고전기에 이르면
비상심리절차가 보편화되면서 특정이행을 명하는 실무가 성립·확대
되기 시작하였고, 유스티니아누스 역시 이러한 경향을 받아들였다.[24]

---

19) 개관으로 주석 민법 채권총칙(1) (주 3), 605-606면(김상중) 참조.
20) Rabel, *Das Recht des Warenkaufs*, 1. Band, 1936, S. 375.
21) 森田修, 契約責任の法學的構造, 2006, 3면.
22) 본서 제2편 제2장 Ⅱ. 2. (1) (다) 참조.
23) Zimmermann, *The Law of Obligations*, 1996, p. 825 참조.
24) 본서 제2편 제2장 Ⅱ. 2. (1) (다) 참조.

그러나 로마법대전은 고전기의 태도를 보이는 개소를 다수 포함하고
있었고, 이로써 유스티니아누스의 입법에서 특정이행이 원칙인지 아
니면 제한적으로 허용되는 것인지 여부가 반드시 명백하지는 않았다.
그 결과 이후 특정이행의 허용 여부 및 범위에 대해 보통법 학설에서
논쟁이 진행되었다.25) 이러한 상황에서 이행청구와 전보배상의 관계
에 대한 쟁점은 부각될 수가 없었다.

　마찬가지로 로마법에서는 일반적인 계약 해제 제도도 존재하지
않았다.26) 물론 개별적으로는 상대방의 불이행을 이유로 계약의 구속
력에서 벗어날 수 있게 하는 권리가 인정되는 경우도 있었다. 또한
당사자들은 실권약관(lex commissoria)에 의해 해제와 같은 효과를 정
할 수 있었고, 안찰관 고시가 정하는 물건의 하자를 이유로 하는 해
제소권(actio redhibitoria)도 이후 해제제도 발전에 의미를 가진다. 그
리고 무엇보다 구속력이 인정되지 아니하는 무명계약의 경우에는 상
대방의 이행을 유도하고자 선이행한 자가 상대방의 이행이 없음을 이
유로 급부한 것을 반환청구할 수 있었고(condictio causa data causa
non secuta),27) 이 규율은 이후 보통법학에서 해제와 유사한 의미로

25) Zimmermann (주 23), p. 772 sqq.; 본서 제2편 제2장 Ⅱ. 2. (1) ㈐ 참조.
26) Zimmermann (주 23), p. 578-579, 800-802; Hattenhauer in *Historischer-
kritischer Kommentar zum BGB*, Band Ⅱ/2, 2007, §§ 323-325 Rn. 13ff. 참조
　　또한 정진명, "계약 해제의 연혁과 법리에 관한 소고", 법사학연구, 제28호, 2003,
　　254면 이하.
27) 정진명 (주 26), 264면 이하 참조. 이는 계약의 구속력이 일반적으로 인정되는 현
　　재에도 목적 부도달을 이유로 하는 부당이득 반환이라는 명칭으로 주변부에서 생
　　명을 유지하고 있는 부당이득 유형이다. 독일 민법 제812조 제1항 제2문의 두 번
　　째 경우; 곽윤직, 채권각론, 제6판, 2003, 357면 등 참조. 우리 법제에서는 예컨대
　　매매가 유동적 무효인 동안에는 토지거래허가를 기다리고 있음을 이유로 계약금
　　의 반환을 청구할 수 없고 확정적 무효가 된 때에 비로소 반환청구할 수 있다는
　　재판례(大判 1993.8.14., 91다41316, 집 41-3, 15)가 이 법리의 적용례에 해당한
　　다. 제철웅, "유동적 무효인 매매계약이 확정적 무효로 된 경우의 부당이득 반환의
　　무", 판례월보, 제320호, 1997, 15면 참조.

이해되기도 하였다. 그러나 이러한 개별적인 법리를 넘어서 채무자의
불이행을 이유로 하는 일반적 해제권은 로마법이 알지 못하였다.

2. 일반적 해제제도의 성립

계약상 채무자의 불이행을 이유로 하는 일반적 해제제도는 이후
교회법과 자연법학의 영향으로 형성되기 시작하였다고 설명된다. 우
선 13세기 교회법은 일반적인 계약의 구속력 원칙을 확립하는 한편,
그 이면으로 스스로 계약에 충실하지 않는 자에 대해서는 계약의 구
속력을 부정한다는 태도를 확립함으로써(frangenti fidem fides non est
servanda) 일반적인 해제제도의 단초를 마련하였다. 교회법학은 이러
한 원칙을 계약에서 일반적으로 합의되는 묵시적 조건으로 이해함으
로써 해제 이론을 구성하였다.[28] 즉 대가적 의무부담이 발생하는 계
약에서 일방의 이행은 타방의 의무부담의 조건으로 이해되는 것이었
다. 물론 로마법대전에 기초한 중세 보통법학에서 이러한 경향은 제
한적인 영향만을 주었다.[29] 그러나 이후 근세 자연법학은 교회법학의
태도를 계승하여 당사자들은 상대방의 이행을 전제로 의무를 부담하
는 묵시적 조건 하에 계약을 체결한다고 파악하였고, 이로부터 불이
행을 이유로 하는 계약 해소가능성을 도출하였다.[30] 그런데 이러한
조건 구성은 대가적 급부의무 사이의 견련관계를 설명하기 위해 원용

---

28) HKK/Hattenhauer (주 26), §§ 323－325 Rn. 18; Scherner, *Rücktrittsrecht wegen Nichterfüllung*, 1965, S. 9f.; 정진명 (주 26), 259면 이하; 손명지, "법정해제를 위한 '중대한' 채무불이행에 관한 고찰", 민사법학, 제89호, 2019, 90면 이하. 관련하여 묵시적 조건을 매개로 계약 좌절, 쌍무적 견련관계, 동기착오 등 여러 영역에 이루어진 법발전에 대해서는 Zimmermann, "Heard melodies are sweet, but those unheard are sweeter…", *Archiv für die civilisitsche Praxis* 193 (1993), 121ff. 참조.

29) HKK/Hattenhauer (주 26), §§ 323－325 Rn. 18ff.; Scherner (주 28), S. 10ff.

30) HKK/Hattenhauer (주 26), §§ 323－325 Rn. 21; Scherner (주 28), S. 92ff.; 정진명 (주 26), 266면 이하; 손명지 (주 28), 93면 이하.

된 하나의 수단적 법률구성이었다. 따라서 계약 불이행이 있다고 해
서 계약이 자동으로 해소되는 것이 아니라 채권자가 이행청구와 계약
해제 사이에서 선택할 수 있다는 결론은 자연스럽게 받아들여졌다.[31]
이렇게 묵시적 조건이라는 구성을 통해 계약상 급부의무와 반대급부
의 견련관계를 고려하는 경향은 프랑스에서도 뒤물랭, 도마, 포티에
등을 통해 일반적으로 수용되었다. 다만 프랑스에서의 특수성은 그러
한 계약 해제의 결정을 종국적으로 법관이 판단하도록 하는 실무 관
행이 성립하였다는 사실에 있었다.[32]

　　그러나 이러한 경향은 프로이센 일반란트법이나 오스트리아 민
법에서는 관철되지 못하였다. 이들은 예외적으로 개별적 해제권을 정
함에 그쳤다.[33] 불이행을 이유로 하는 일반적 해제권 인정의 돌파구
는 개정 전 프랑스 민법 제1184조(현행 제1224조 참조)에 의해 마련되
었다.[34] "쌍무계약에는 두 당사자 중 어느 일방이 자신의 의무를 이
행하지 않는 경우에 대해 해제조건이 언제나 포함되어 있다."(동조 제
1항) 그러나 이러한 해제는 당연히 효과를 가지는 것은 아니며, 채권
자는 "가능한 경우 상대방에게 합의의 이행을 강제하거나 손해배상과
함께 해제를 청구하는 선택지"를 가진다(동조 제2항). 이 손해배상은
일반규정에 따른 계약책임을 의미한다.[35] 하지만 해제는 재판상 청구
되어야 하고, 제반사정에 따라 피고에게 유예기간이 인정될 수 있다
(동조 제3항). 이로써 묵시적 조건의 의제를 매개로 하는 일반적 해제
권이 인정되었고, 쌍무계약의 채권자는 채무자의 불이행을 이유로 계

---

31) HKK/Hattenhauer (주 26), §§ 323-325 Rn. 22; Scherner (주 28), S. 100.
32) HKK/Hattenhauer (주 26), §§ 323-325 Rn. 26ff.; Scherner (주 28), S. 135ff.
33) HKK/Hattenhauer (주 26), §§ 323-325 Rn. 24f.; Scherner (주 28), S. 126ff.; 정
　　진명 (주 26), 270면 이하.
34) 이전의 발전을 종합하여 완결하는 Pothier, *Traité des obligations*, n° 672 =
　　Oeuvres de Pothier par Bugnet, tome 2ᵉ, 1861, p. 368-369도 참조.
35) Marty et Raynaud, *Droit civil. Les obligations*, 2ᵉ éd., tome 1, 1988, n° 333.

약을 해제하고 전보배상을 청구할 가능성을 보유하게 되었다. 반면
이행으로 복귀하고자 하는 채무자의 보호는 법원에 해제를 청구하게
하고 유예기간 허여를 인정할 수 있게 하여36) 도모되었다.37)

3. 「상당한 기간을 정한 최고」의 탄생

이상과 같은 발전에도 불구하고, 로마법원에 근거하는 현대적 관
용기의 보통법학은 불이행을 이유로 하는 일반적 해제권을 받아들일
수 없었다.38) 그래서 예컨대 이행지체의 효과에 따른 손해배상으로는
지연배상만이 허용되었고, 해제는 실권약관이 존재하는 경우에 한정
되었다.39) 다만 정기행위에서와 같이 이행지체가 채권자의 이행에 대
한 이익을 상실하게 하는 경우에는 해제와 같은 효과가 시인되었
다.40) 이러한 사정은 19세기 독일 판덱텐 법학에서도 마찬가지였다.
쌍무계약의 불이행을 이유로 하는 일반적 해제권은 부정되었다.41) 이
행지체의 경우 손해배상은 지연배상을 원칙으로 하며, 전보배상은 지
연된 급부가 채권자에게 더 이상 이익이 없는 경우42) 또는 특정이행

---

36) 이후 제반사정을 고려해 해제 및 유예기간 부여 등을 결정할 수 있는 상당한 재량
   이 법원에 인정되었다. Marty et Raynaud (주 35), n° 330.
37) 상당한 변화를 수반한 개정된 프랑스 채권법의 해제제도에 대해서는 한불민사법
   학회, 개정 프랑스채권법 해제, 2021, 324면 이하(김현진) 참조.
38) HKK/Hattenhauer (주 26), §§ 323 – 325 Rn. 30; 정진명 (주 26), 275면 이하; 손명
   지 (주 28), 96면.
39) Boehmer, *Introductio in ius digestorum*, septima editio, Halae Magdeburgicae,
   1746, Lib. XXI, Tit. I , 20 (pars altera, p. 38); Heineccius, *Elementa iuris civilis
   secundem ordinem Institutionum*, editio tertia, Argentorati, 1788, § 760 (p.
   286) 등 참조.
40) Höpfner, *Theoretischer-practischer Commentar über die Heineccischen
   Institutionen*, 8. Aufl., Frankfurt am Main, 1818, § 760 (S. 601). HKK/
   Hattenhauer (주 26), §§ 323 – 325 Rn. 32도 참조.
41) Mommsen, *Beiträge zum Obligationenrecht*, 3. Abth., 1855, § 27 1 (S. 257);
   Windscheid/Kipp, *Lehrbuch des Pandektenrechts*, Band 2, 9. Aufl., 1906, § 280
   Rn. 1 (S. 146).

을 명하는 판결이 확정된 이후에도 채무자가 이행하지 아니하는 경우[43]에 예외적으로 허용되었다. 그러나 이러한 해석만으로는 점증하는 상업적 거래에서 채권자가 가지는 이해관계에 부응하기 어려웠다. 계약 목적이 좌절되었는지의 판단이 언제나 명확한 것은 아니며, 재판상 이행청구를 관철하는 것은 시간적·재산적 비용을 소모할 뿐만 아니라 채권자가 계속 반대급부의무에 구속되는 결과를 발생시키기 때문이다(앞의 II. 1. 참조). 반면 라인강 서안 지역에서는 프랑스 민법이 적용되고 있어 해제와 결합한 전보배상 청구가 가능하였지만, 거래계는 해제를 재판상으로 청구해야 하며 그 과정에서 법원이 유예기간 등으로 개입할 수 있다는 법상황을 불만족스러운 것으로 받아들였다.

　변화는 1861년의 일반독일상법전(ADHGB)에서 시작되었다.[44] 성안을 담당한 위원회가 모든 계약 유형에 대한 일반적 해제권을 포기하였기 때문에,[45] 이 쟁점은 상사매매와 관련해서 다투어졌다. 심의에서 프랑스 민법과 같은 법원의 개입은 압도적으로 거부되었다. 그결과 한편에서는 이행지체의 경우 채권자가 이행을 청구하거나 계약을 해제하고 손해배상을 청구하는 것 사이에 자유롭게 선택할 수 있게 규정할 것이 주장되었다. 그런데 그러한 규율은 모든 상사매매를 정기매매로 취급하는 결과를 가져올 것이어서 매도인의 관점에서 불리하였을 것이다. 따라서 특히 제조업의 이익을 대변하는 위원들은 채권자의 자유로운 선택 가능성에 반대하였다.

---

42) Mommsen (주 41), § 27 1 (S. 257f); Windscheid/Kipp (주 41), § 280 Rn. 1 (S. 146).

43) Endemann, *Das Deutsche Civilprozeßrecht*, 2. Abth., 1868, § 253 II B (S. 997f.).

44) 성립 과정에 대해 Huber (주 8), S. 325ff. 보다 상세하게 Leser, *Der Rücktritt vom Vertrag*, 1975, S. 10ff. 또한 정진명 (주 26), 277면 이하; 손명지 (주 28), 97 − 98면도 참조.

45) 이에 대해 Leser (주 44), S. 12f.

"마침내 1857년 5월 19일의 회의였다. 지루한 논쟁이 좌초할 위험
에 처했을 때, 우리로서는 누구인지 알 수 없는 한 위원에게 [이 규정
을] 구출해 내는 착상이 떠올랐다. 예정되고 있는 규정이 "계약 당사
자들의 이익이 가능한 한 상호 보호되는 그러한 문언을 가진다면",
"모든 의문은 틀림없이 사라질 것"이라고 하였다. 따라서 규정의 문
언을 다음과 같이 작성할 것이 제안되었다. 매도인 또는 매수인이 상
대방의 이행지체를 이유로 "계약에서 벗어나고자 하는 경우, 지체 상
태에서 위험이 없는 한 그는 일반적으로 적절하게 이를 상대방에게
미리 통지하여 상대방이 지연된 바를 조속히 추완할 기회를 주어야
하고, 그렇지 않은 경우 해제는 효력이 없으며 상대방의 손해배상청
구가 고려될 수도 있다." 이 제안은 추가적인 발언 없이 11:5로 받아
들여졌고, 회의는 마무리되었다(사람들은 늦은 저녁에 마무리되었다
고 믿고 싶을 것이다)."46)

최종 문언의 작성은 이후 편집위원회에 위임되었고, 이로부터 전
보배상 또는 해제의 요건으로 상당한 기간을 정한 최고를 정하는 동
법 제356조가 성립하였다. 다만 최초의 초안은 프랑스 민법과 마찬가
지로 채권자가 이행청구와 결합한 지연배상을 청구하거나 계약을 해
제하고 전보배상을 청구하는 것 사이에 선택할 수 있음을 전제하였지
만, 이후 심의 과정에서 해제와 전보배상은 결합할 수 없으며 택일적
으로만 선택할 수 있게 하는 방향으로 변경되었다. 전보배상을 청구
하는 경우 계약관계는 변형되어 존속하고 있으나, 해제의 경우에는
계약이 없었던 것과 같은 상태를 창출하므로, 채권자는 오히려 이행,
전보배상, 해제 사이에서 선택을 해야 한다는 이유에서였다.47) 이러
한 설명에는 해제조건을 활용하였기 때문에 손해배상과의 사이에서
택일적으로만 행사할 수 있었던 보통법상의 실권약관(lex commissoria)

46) Huber (주 8), S. 326.
47) Huber (주 8), S. 327.

실무가 배경에 있었다고 지적된다.[48]

이러한 일반독일상법전의 규정은 판덱텐 법학의 태도를 고수하였던 독일 민법 제1초안에서는 채택되지 않았으나, 제2초안에서 쌍무계약 일반에 대한 규정으로 수용되었다.[49] 그에 따르면 "쌍무계약에서 당사자 일방에 의무 있는 급부에 대하여 그가 지체 중인 경우에, 상대방은 그에 대하여 급부의 실행을 위한 상당한 기간을 지정하고 그 기간 경과 후에는 급부의 수령을 거절할 것임을 표시할 수 있다. 급부가 적시에 실행되지 아니하면 채권자는 그 기간의 경과 후에 불이행으로 인한 손해배상을 청구하거나 계약을 해제할 수 있으며 이행청구권은 배제된다. […]"(개정전 독일 민법 제326조 제1항).[50] 그리고 "계약의 이행이 지체로 인하여 상대방에게 이익이 없는 경우에는 그는 기간을 지정할 필요 없이 제1항에 정하여진 권리를 가진다."(동조 제2항) 반면 쌍무계약상 견련관계 있는 채권이 아닌 채권 일반에 대해서는 보통법상의 법리에 머물렀다. 즉 지체 후 이행이 채권자에게 이익이 없는 경우에 대해서는 개정전 독일 민법 제286조 제2항이, 확정판결 후의 불이행에 대해서는 개정전 독일 민법 제283조가 규정하였다.

한편 1881년의 스위스 구채무법은 프랑스 민법, 취리히 사법전, 일반독일상법전을 모범으로 하여 상당한 기간을 정한 최고를 계약 해제의 요건으로 하는 규정을 도입하였다(동법 제122조).[51] 이어서 스위스 민법 제정에 맞추어 전면개정된 스위스 채무법 제107조는 독일 민법 제326조의 영향을 받아 이행청구, 해제, 전보배상 사이에 선택

---

48) HKK/Hattenhauer (주 26), §§ 323–325 Rn. 40, 42; Leser (주 44), S. 13f..
49) Protokolle der 2. Kommission, 1289ff. = Mugdan Ⅱ, 639ff. HKK/Hattenhauer (주 26), §§ 323–325 Rn. 46ff.; 정진명 (주 26), 280면 이하 참조.
50) 번역은 양창수 역, 신판 독일 민법전, 2001을 따르지만 근소하게 수정하였다.
51) Wiegand in *Basler Kommentar zum Obligationenrecht* Ⅰ, 6. Aufl., 2015, Art. 107 Rn. 2.

하도록 하는 규율을 채택하였다. 그에 따르면 "쌍무계약에서 일방 채무자가 지체한 경우에는 채권자는 사후의 이행을 위한 상당한 기간을 설정하거나 관할 관청으로 하여금 설정하게 하는 권리가 있"으며(동조 제1항), "전항의 기간이 경과할 때까지 이행되지 아니하는 경우에는 채권자는 지체로 말미암은 손해배상과 함께 이행을 소구할 수 있고, 이에 갈음하여 지체 없이 의사표시를 하여 사후의 급부청구를 포기하고 불이행에 의하여 발생한 손해의 배상을 청구하거나 계약을 해제할 수 있다."(동조 제2항).52) 이 규정은 채권자가 급부 거절의 의사를 미리 밝힐 필요가 없다는 점에서 독일 민법과는 차이가 있다. 이어지는 동법 제108조는 채무자의 행위로부터 기간 설정이 무익한 것으로 나타나는 경우, 지체로 말미암아 급부가 채권자에게 무익하게 된 경우, 정기행위의 경우 기한 설정을 필요하지 않은 것으로 정하고 있다. 그리고 스위스 채무법은 독일 민법과는 달리 계약을 해제한 경우 채권자는 채무자를 상대로 신뢰이익 배상을 청구할 수 있다고 규정한다(동법 제109조 제2항).

4. 독일 민법의 해석과 개정

위에서 살펴본 독일 민법의 구상에 따른다면, 쌍무계약의 주된 급부의무 불이행에서 채권자는 채무자를 상대로 상당한 기간을 정해 이행을 최고하면서 기간 도과 후에는 수령을 거절할 뜻을 통지한 다음, 기간 내 이행이 없으면 전보배상 또는 해제를 선택할 수 있다. 해제는 계약을 성립하지 않은 것과 같은 상태로 되돌리며, 채권자는 손해배상청구권을 가지지 않는다. 반면 손해배상을 원하는 채권자는 전보배상을 선택해야 하며, 이로써 채권관계는 유지된다.

그런데 후자의 경우 전보배상을 청구하는 채권자의 반대급부의

---

52) 번역은 서민 역, 스위스 채무법, 1976을 따랐다.

무의 운명이 어떻게 처리되어야 하는지의 물음이 자연스럽게 제기된
다. 채권자의 반대급부의무는 전보배상과 상환으로 이행되어야 하는
가? 아니면 반대급부의 가치를 손해산정의 과정에서 공제하면 충분한
가? 예컨대 매도인의 공급 지연을 이유로 전보배상을 청구하는 매수
인은 상환으로 매매대금을 지급하고 지연된 급부 전체의 가치를 손해
배상으로 청구해야만 하는가 아니면 지연된 급부 전체의 가치에서 아
직 미이행된 매매대금을 공제한 차액만을 손해배상으로 청구할 수 있
는가? 전자의 견해는 전보배상 청구권이 이행청구권을 갈음하는 것에
그치므로(즉 대상설; Surrogationstheorie) 쌍방 급부는 교환되어야 한다
고 해석하는 반면(즉 교환설; Austauschtheorie), 후자의 견해는 쌍방 급
부 가치의 차액만이 손해배상의 내용이 된다고 설명한다(즉 차액설;
Differenztheorie53)). 위 사안에서는 매수인의 상계를 매개로 두 견해가
실질에서 거의 같은 결과에 이르지만, 서로 다른 결론에 도달하는 사
안유형도 있을 수 있다. 예컨대 매수인의 대금 지급이 지체되는 경우
매도인은 목적물을 공급하지 않고 지연손해에 덧붙여 급부 가치 차
액의 배상만을 청구할 수 있는지, 교환계약의 경우 전보배상을 청구
하는 미이행 채권자는 자신의 반대급부를 제공해야 하는가 아니면
손해산정에서 그 가치를 공제하는 것에 그치는지 등의 쟁점에서 그
러하다.

　　전보배상과 해제의 택일적 관계를 채택한 독일 민법 입법자들의
의도는 전보배상의 경우 교환설의 관점에 따라 채권자의 반대급부의
무는 존속한다는 것이었다고 설명되고 있다.54) 그러나 독일 민법 시

53) 여기서 말하는 차액설을 손해 개념을 파악하고 및 산정의 기준이 되는 원리로서의
　　'차액설'(Differenzhypothese)과 혼동해서는 안 된다. 본문에서 말하는 대상설/교
　　환설과 차액설 모두 손해 파악과 산정 기준과 관련해 후자의 '차액설'에 기초한다.
　　대립하는 이 두 견해는 다만 산정의 기초가 되는 사태를 어떻게 파악하는 것이 개
　　정 전 독일 민법 제326조의 취지에 부합하는지에 관해 논쟁하고 있었던 것이다.
54) 이하의 내용에 대해 추가적인 전거와 함께 Schermaier in *Historischer-kritischer*

행 직후부터 판례와 학설은 기본적으로 차액설에 따른 해결을 지지하
였다.55) 즉 채권자의 전보배상 선택으로 쌍방의 일차적 급부의무는
소멸하고 채권자는 급부 가치의 차액에 기초한 손해배상청구권을 취
득한다. 부분적으로 이행된 바가 있으면 원상회복된다. 물론 통설과
판례는 예외적으로 교환설에 따른 해결이 허용되는 사안유형도 인정
하였다. 채권자가 이미 자신의 급부를 선이행한 경우에는 교환설에
따라 손해배상이 산정되고, 채권자가 자신의 반대급부를 제공하는 것
에 이해관계를 가지는 경우 그는 차액설에 따른 해결 대신 교환설에
따른 해결을 선택할 수 있다는 것이다. 이 자리에서 지난 시절 외국
에서의 논쟁에 대해 새삼 그 당부를 논할 필요는 없을 것이다. 다만
주목해야 할 점은 전보배상에서 차액설에 따른 손해산정이 허용됨으
로써 채권자는 실질에서 계약을 해제하고 이행이익 배상을 청구하는
효과를 누릴 수 있게 되었다는 사실이다. 이로써 실무는 전보배상과
해제의 택일적 관계를 정한 입법자의 의도를 사실상 우회하였다.56)
해제의 경우 신뢰이익만을 청구할 수 있게 하는 스위스 채무법에서도
사정은 비슷하다.57)

　　그런데 이렇게 차액설에 따른 전보배상액 산정으로 계약해소와
이행이익 배상을 함께 주장할 가능성이 해석을 통해 사실상 인정되기

Kommentar zum BGB, Band Ⅱ/1, 2007, §§ 280－285 Rn. 75ff.; HKK/
Hattenhauer (주 26), §§ 323－325 Rn. 59ff. 참조.

55) 2002년 채권법 개정 전까지의 학설과 판례에 대해 추가인인 전거와 함께 Huber
(주 8), S. 180ff.

56) Ernst in *Münchener Kommentar zum BGB*, Band 2, 7. Aufl., 2016, Vor § 323
Rn. 6: "손해배상의 모습으로 변장한 계약 해소의 독특한 형태"; 란도 · 빌 편, 유럽
계약법원칙 제1 · 2부, 김재형 역, 2013, 552면: "이는 유럽계약법원칙에서 의미하
는 해제의 의미와 동일한 것". 그러한 의미에서 종래 우리 문헌에서 독일의 해제
법제를 소개할 때 전보배상에서 손해산정과 관련된 쟁점을 언급하지 않고서 해제
와 전보배상의 택일관계만을 강조하였던 것은 부정확하다고 말할 수는 없겠지만
기능적 접근에 기초한 균형 잡힌 비교법 서술이라고 평가하기는 어려울 것이다.

57) BaK/Wiegand (주 51), Art. 107 Rn. 18.

는 하였지만, 그럼에도 개정 전 독일 민법 제326조는 정책적으로 불편하게 받아들여지고 있었다. 예컨대 경솔하게 해제를 선택한 채권자는 이후 전보배상을 청구할 가능성을 아예 상실할 뿐만 아니라,[58] 최고와 함께 결합해야 하는 수령거절 의사의 통지(이른바 Ablehnungs-androhung)에 대해 판례가 지나치게 엄격한 기준을 적용해 기간 설정 자체가 무효로 판단됨으로써 전보배상 또는 해제가 좌절되는 사례가 빈발하였기 때문이다.[59] 또한 쌍무계약상 주된 채무가 아닌 경우 그 불이행을 이유로 하는 전보배상 청구권은 채권자의 이익 상실 또는 확정판결 후 불이행이라는 엄격한 요건 하에서만 가능하였다(개정 전 제283조, 제286조 제2항). 그래서 1970년대 이후 준비되었던 채권법 개정 작업에서 전보배상과 해제 관련 규정도 개정 대상으로서 파악되었다. 이 글의 주제와 관련해 그것은, 첫째 이행을 최고함으로써 전보배상으로 전환할 수 있는 선택지를 쌍무계약상 견련관계 있는 채권을 넘어 채권 일반으로 확대하고,[60] 둘째 최고와 함께 수령거절의 의사를 미리 통지하도록 정하는 요건을 삭제하며,[61] 셋째 해제와 이행이익 배상을 결합할 수 있도록 하는 것[62]을 의미하였다. 이러한 제안은 2002년 채권법 개정에서 모두 수용되었다(현행 독일 민법 제281조, 제323조, 제325조 참조).[63]

---

58) Huber, "Leistungsstörungen", Bundesminister der Justiz hrsg., *Gutachten und Vorschläge zur Überarbeitung des Schuldrechts*, Band Ⅰ, 1981, S. 763.

59) HKK/Hattenhauer (주 26), §§ 323－325 Rn. 68.

60) Bundesminister der Justiz hrsg., *Abschulußbericht der Kommission zur Über-arbeitung des Schuldrechts*, 1992, S. 133ff.

61) Bundesminister der Justiz hrsg. (주 60), S. 167.

62) Bundesminister der Justiz hrsg. (주 60), S. 172ff.

63) 물론 이러한 개정에 대해 비판적인 의견도 없지 않았다. 특히 앞의 두 가지 사항에 대해 Huber, "Das geplante Recht der Leistungsstörungen", Enrst/Zimmermann hrsg., *Zivilrechtswissenschaft und Schuldrechtsreform*, 2001, S. 149ff. 참조.

5. 일본 민법에서의 변천

일본 구민법은 대체로 프랑스 민법의 규정에 따라 동법의 해제 규율을 입안하였다. 즉 쌍무계약은 상대방의 불이행을 묵시적 해제조건으로 하여 체결되고(동법 재산편 제421조 제1항), 그러한 해제는 재판상으로 행사할 수 있으며 법원은 유예기간을 허여할 수 있다(동법 재산편 제421조 제2항, 제561조). 그리고 해제와 손해배상은 양립 가능하다(동법 재산편 제424조). 반면 계약을 해제하지 않고 전보배상을 청구할 가능성은 별도로 규정되지 않았던 것으로 보인다. 이에 대해 일본 민법의 입안을 담당한 기초자들은 해제제도의 기본구조를 크게 변경하여 일본 민법 규정을 안출하였다. 재판상 해제 대신 의사표시에 의한 해제가 채택되었고(개정 전 동법 제540조),[64] 묵시적 해제조건이라는 의제적 법률구성이 포기되었으며,[65] 법원의 개입 및 유예기간 대신 해제의 요건으로 상당한 기간을 정한 최고를 정함으로써 채무자를 보호하고자 하였다(개정 전 동법 제541조).[66] 정기행위와 이행불능의 경우에는 기간 설정이 필요 없도록 하였다(개정 전 동법 제542조, 제543조). 해제와 손해배상의 양립가능성은 유지되었다(개정 전 동법 제545조 제3항).[67] 그러나 해제 없는 전보배상에 대해서는 여전히 특별한 규율이 이루어지지 않았다.

그러나 일본 민법의 시행 이후 이행지체를 이유로 채권자가 해제 없이 전보배상을 청구할 수 있는지의 쟁점은 바로 제기되었다. 일본

---

64) 未定稿本 民法修正案理由書, 서울대학교 도서관 소장본, 457−458면.

65) 未定稿本 民法修正案理由書 (주 64), 459면.

66) 未定稿本 民法修正案理由書 (주 64), 459면. 흥미롭게도 이 부분 서술에서 어떤 외국의 입법을 참조하였는지가 전혀 언급되고 있지 않다. 관련해 岡松參太郞, 註釋 民法理由, 下卷, 1897, 504면은 스위스 구채무법을 모범으로 한 것으로 서술하고 있다.

67) 未定稿本 民法修正案理由書 (주 64), 462면.

에서 논의의 특징은 쌍무계약에 한정되지 않고 채권 일반의 이행지체 효과로서 위치지워졌다는 사실이다. 대심원은 처음에는 이행지체를 이유로 하는 전보배상을 제한 없이 인정하였으나,[68] 얼마 지나지 않아 이행지체 후 이행이 불능하게 되거나 채권자가 이행에 이익을 상실한 경우가 아니라면 계약을 해제해야 전보배상을 청구할 수 있다는 태도를 보였다.[69] 그러나 이후의 한 판결에서 대심원은 채권자가 선이행한 경우나 반대급부 이행에 이해관계를 가지는 경우를 들면서 상당한 기간을 정해 최고한 다음 계약을 해제하지 않고도 전보배상을 청구할 수 있다고 판시하였다.[70] 이 견해는 학설에 의해 수용되었고 오랫동안 통설의 위치에 있었다고 말할 수 있을 것이다.[71] 그러나 비교적 최근에는 기존의 통설에 의문을 제기하고 이행청구권과 전보배상 사이의 관계에 대해 새로운 관점에서 접근하는 견해들이 주장되고 있었다.[72] 이 글의 목적에 비추어 여기서 이 논의를 상론할 수는 없다.

　　2017년의 일본 채권법 개정은 이상의 흐름을 이어 이행지체의 효과로 해제 없이 전보배상을 청구할 가능성을 인정하였다. 개정된 동법 제415조는 제2항을 신설하여 "전항의 규정에 의하여 손해배상을 청구할 수 있는 경우, 채권자는 다음에 열거한 때에는 채무의 이행에 갈음하는 손해배상을 청구할 수 있다"고 규정하고, ① 채무의 이행이 불능인 때, ② 채무자가 그 채무의 이행을 거절할 의사를 명확히 표시한 때, ③ 채무가 계약에 의하여 생긴 경우에 그 계약이 해

---

68) 예컨대 日大判 1899.10.14., 民錄 9, 99.

69) 日大判 1914.6.12., 民錄 21, 931; 1918.4.2., 民錄 24, 615.

70) 日大判 1933.6.13., 民集 12, 1437.

71) 그 전거에 대해 中田裕康, 債權總論, 第三版, 2013, 156 – 157면 참조. 이 저자 자신은 통설에 가담하고 있지 않다.

72) 中田 (주 71), 158면; 森田 (주 21), 2면 이하; 潮見佳男, 債權總論 Ⅰ, 第2版, 2003, 364면 이하; 森田宏樹, 契約責任の歸責構造, 2002, 253면 이하 등 참조.

제되었거나 채무의 불이행에 의한 계약 해제권이 발생한 때를 들고
있다. 상당한 기간을 정하여 최고한 다음 전보배상을 청구할 가능성
은 해제권 발생 규정을 매개로 ③에 의해 보장된다.[73]

6. 우리 민법

법전편찬위원회의 「민법전편찬요강」은 이행지체의 효과로 인정
되는 전보배상에 대해 "전보배상은 지체 후의 급부가 채무자에게 이
익이 없는 때에 한정하는 규정을 둘 것"이라고 정하고 있었다.[74] 아
마도 이행지체의 효과로 그러한 취지를 정하는 중화민국 민법 제232
조와 같은 규정을 입법하려고 했던 것이 아닌가 추측된다.[75] 그러나
이후 국회에 제출된 초안은 현행 제395조와 같은 문언의 규정이 포
함되어 있었다. 이는 "현행법에는 없고 신설 조문"으로 "종래 학설상
인정되어 왔다"고 설명되고 있다.[76] 이로부터 우리 입법자가 당시 일
본의 판례와 통설의 영향을 받았을 것임은 짐작할 수 있다. 그러나
구체적으로 문언 작성에 어느 입법을 주로 참조하였는지는 반드시 명
백하지 않다. 적어도 직접 영향을 주었을 것으로 보이는 입법례는 발
견되지 않는다. 당시 프랑스 민법, 일본 민법, 만주국 민법에는 그에
상응하는 규정이 없었다. 우리 제395조는 중화민국 민법과 달리 채권
자 이익 상실 외에도 상당한 기간을 정한 최고를 통해 전보배상으로
전환할 가능성을 인정하면서도,[77] 개정 전 독일 민법과 달리 최고와

---

73) 潮見佳男, 民法(債權關係)改正法の槪要, 2017, 69면.

74) 법전편찬위원회, "민법전편찬요강", 채권총칙 제1장 14 = 양창수, 민법연구, 제1
     권, 1991, 106면.

75) 그리고 당시 我妻榮의 견해이기도 하였다. 我妻榮, 債權總論, 1940, 72면. 그는 이
     후 상당한 기간을 정하여 최고한 후 수령을 거절하고 전보배상을 청구할 수 있다
     는 입장으로 선회한다. 我妻榮, 新訂 債權總論, 1964, 114 - 115면.

76) 민의원 법제사법위원회 민법안소위, 민법안심의록, 상권, 1957, 236 - 237면.

77) 그러한 의미에서 명순구, 실록 대한민국 민법 3, 2010, 57면이 중화민국 민법의 규
     정을 "최유사" 규정으로 드는 것은 의문이다.

함께 수령거절의 의사를 미리 통지할 것도 요구하지 않으면서, 개정
전 독일 민법이나 스위스 채무법과 달리 쌍무계약에 한정하고 있지도
아니하다. 아마도 우리 입법자가 다수의 입법례를 검토·종합하여 독
자적으로 안출한 규정이라고 평가하는 것이 적절할 것이다.[78] 게다가
상당한 기간을 정하여 최고함으로써 전보배상으로의 전환을 가능하
게 하는 규율을 쌍무계약에 한정하지 않고 채권 일반에 대해 정하는
입법은, 과문한 탓인지도 모르나 적어도 필자가 확인할 수 있는 범위
에서는, 세계 최초가 아닌가 추측되기도 한다.[79] 이상의 초안 규정은
국회 본회의에서 수정 없이 가결되어 현행 제395조로 성립하였다.[80]

Ⅳ. 민법 제395조의 기능

1. 요약: 차액배상의 효율성

　　앞서 살펴본 이익상황의 분석(Ⅱ.)과 역사적·비교법적 개관(Ⅲ.)
으로부터 우리 민법상 대부분의 계약불이행 사례에서 전보배상의 청
구가 계약 해제와 결합하여 행해지고 있다는 사실의 원인을 추측할
수 있다. 이를 보다 자세히 살펴보면 다음과 같다.

　　쌍무계약에서 주된 급부의무 불이행에 직면한 채권자가 전보배
상을 청구하는 경우, 그가 자신의 반대급부의무를 이행하고 상대방

---

78) 「민법안심의록」은 참조 입법례로 스위스 채무법과 중화민국 민법만을 인용하고
　　있다. 민법안심의록 (주 76), 236면. 제395조가 개정전 독일 민법 제326조를 모범
　　으로 했다는 지적도 있으나(최병조, "주차장 이용계약과 주차 차량 도난으로 인한
　　손해배상책임", 민사판례연구[ⅩⅣ], 1992, 185면) 확인될 수 있는 바는 아니다.
79) 예컨대 독일 채권법 개정 초안 작업 당시 쌍무계약을 제외한 영역에서 상당한 기
　　간을 정해 최고하여 전보배상으로 전환하도록 하는 규정은 다른 나라 입법에서 없
　　는 것으로 보인다고 지적되고 있었다. Bundesminister der Justiz hrsg. (주 60), S.
　　134 참조. 이 서술에 대한 논평으로 HKK/Schermaier (주 54), §§ 280－285 Rn.
　　106도 참조.
80) 명순구 (주 77), 57면.

이행 전체의 가치를 배상으로 받든지(교환설에 따른 산정; Ⅲ. 4. 참조) 아니면 자신의 반대급부를 하지 않고 급부 가치 차액의 배상을 받든 지(차액설에 따른 산정; Ⅲ. 4. 참조) 그의 배상 이익은 거의 동일하다. 그러나 전자의 경우 채권자는 손해배상의 승소 판결을 받을 때까지 자신의 반대급부 이행을 준비하고 있어야 하는 불이익을 받게 된다 (앞의 Ⅱ. 1. 참조). 특히 자신의 반대급부를 달리 시장에 제공하여 이 익을 취득할 수 있는 경우, 그러한 기회비용의 손해까지 고려한다면 전자의 선택지는 채권자에게 특히 불리하다. 또한 그에게 손해가 발 생하지 않았거나 경미한 경우, 채권자는 새삼 시간적·재산적 비용을 소모하는 손해배상 소송에 관여하는 것보다는 계약관계를 정리하고 이행하지 않은 자신의 반대급부를 다른 계약을 위해 활용하는 편이 훨씬 효율적이다. 그러므로 채권자가 선호하는 해결은 대부분의 경우 자신의 반대급부를 이행하지 않으면서 급부 차액에 따른 전보배상을 청구하는 것일 수밖에 없다.

이를 가능하게 하는 규율은 불이행에 따른 해제를 비교적 간이한 요건 하에 일반적으로 허용하면서 동시에 채권자가 이행이익 배상을 청구할 수 있게 정하는 것이다. 이러한 구상은 프랑스 민법에서 최초 로 실현되었으나, 대신 채무자 보호를 위해 재판상 해제라는 번거로 운 제약 하에서 이루어졌다(Ⅲ. 2.). 반면 독일 민법이나 스위스 민법 에서는 연혁적인 이유로 해제와 이행이익 배상의 양립이 의문시되었 으므로(주 48의 본문 참조) 해제 없이 전보배상을 청구하게 규정하였지 만, 학설과 실무가 차액설에 따른 산정을 허용함으로써 실질적으로 계약 해소와 결합한 차액배상이라는 결과에 도달하였다. 그 과정에서 상당한 기간을 정한 최고라는 모습으로 채무자와 채권자 이익을 조화 시키며 간이한 해제를 도모하는 성공적인 규율이 탄생하게 되었다(Ⅲ 3.; 일본 민법 제541조, 개정된 프랑스 민법 제1226조, 유엔 통일매매법 제49 조, 제64조, 유럽계약법원칙 제3:106조, UNIDROIT 상사계약원칙 제7.1.5조 등 참조).

한편 이러한 발전과정에서 커먼로와의 종합을 시도한 유엔 통일
매매법은 본질적 불이행의 경우와 상당한 기간을 정한 최고가 있었던
경우 계약을 해제하게 하고 손해배상을 청구할 수 있게 하는데(CISG
제45조, 제49조, 제61조, 제64조 등 참조), 해석상 계약 해제 없이 전보배
상을 청구하는 것은 허용되지 않는다는 견해가 우세하다.[81] 마찬가지
로 채무불이행 체계에서 유엔 통일매매법의 상당한 영향을 받은 유럽
계약법원칙도 계약을 유지하며 청구하는 전보배상의 개념은 알지 못
한다.[82] 그러므로 유엔 통일매매법과 유럽계약법원칙에서는 해제와
결합한 차액배상적 전보배상만이 가능하다.

그렇다면 계약불이행을 이유로 하는 의사표시에 의한 일반적 해
제 그리고 해제와 양립가능한 이행이익 배상을 허용하는 우리 민법에
서 쌍무계약의 채권자가 압도적으로 해제에 의한 해결을 선호한다는
사실은 이상의 내용에 비추어 지극히 자연스러운 결과라고 말할 수
있을 것이다.

2. 민법 제395조가 의미를 가지는 경우

그러나 동시에 이상의 서술로부터 우리 민법이 선구적으로 규정
한 제395조가 유의미한 기능을 가지는 사안유형도 인식할 수 있다.

(1) 그 불이행이 계약 해제의 전제가 되지 아니하는 채무

우선 제395조의 체계상 위치로부터 이 규정이 단순히 계약 해제

---

81) Huber and Mullis, *The CISG*, 2007, p. 282; Müller-Chen in Schlechtriem/
Schwenzer/Schroeter, *Kommentar zum UN-Kaufrecht (CISG)*, 7. Aufl., 2019,
Art. 45 Rn. 27; Schwenzer in Schlechtriem/Schwenzer/Schroeter (주 81), Art.
74 Rn. 10; Magnus in Staudinger, *Kommentar zum Bürgerlichen Gesetzbuch*,
Wiener UN-Kaufrecht (CISG), 2005, Art 45 Rn. 22 등. 반대 견해로 Schlechtriem/
Schroeter, *Internationales UN-Kaufrecht*, 5. Aufl., 2013, Rn. 729.
82) Zimmermann, *The New German Law of Obligations*, 2005, p. 109 fn. 200.

의 전제가 되는 채무불이행뿐만 아니라 채무 일반의 불이행에 적용되
는 규범이라는 사실이 나타난다.83) 그러므로 제395조는 쌍무계약에
서 그 불이행이 계약목적을 좌절시키지 아니할 성질의 부수적 급부의
무, 해제가 크게 기능하지 아니하는 편무계약에 따른 채무,84) 법률에
기해 발생한 채무 등이 이행되지 않는 경우에도 채권자에게 해당 급
부의 이행청구를 포기하고 전보배상으로 전환할 가능성을 일반적으
로 허여한다. 그래서 예컨대 제395조에 따른 상당한 기간을 정한 최
고 또는 채권자의 이익 상실을 전제로, 매도인은 부수적 의무로 약정
된 급부를 이행하지 않는 매수인을 상대로 그 가치에 해당하는 금액
을 손해배상으로 청구할 수 있으며,85) 증여를 받은 수증자는 이행을
거부하는 증여자를 상대로 목적물의 가치에 상당하는 손해배상을 청
구할 수 있다.86) 또한 증권적 채권에 기해 특정이행이 청구되는 때에
도 전보배상으로의 전환이 가능해진다.87)

쌍무계약의 주된 급부의무 불이행이 문제되지 않는 이상과 같은
사안에서, 이행되고 있지 않은 채무가 재산권의 이전이나 사용·수익
가능성을 창출해 주는 때에는 특별한 난점이 발생하지 않는다. 사용
대주가 목적물을 인도하지 않는 경우, 사용차주는 상당한 기간을 정

---

83) 우리 민법과 비슷하게 전보배상으로의 전환 규율을 쌍무계약에서 채권 일반으로
   확대한 독일 민법 제281조에 대해 MünchKomm/Ernst (주 56), § 281 Rn. 7 참조.
84) 이은영, 채권총론, 제4판, 2009, 222면. 물론 우리 민법에서는 편무계약의 불이행
   의 경우에도 해제가 가능하지만, 채권자에게는 자신의 반대급부의무에서 벗어날
   이익이 없으므로 해제가 그다지 매력적인 선택지가 되지 못한다. 그러므로 편무계
   약의 불이행에 대해서는 채권자가 해제 없는 전보배상을 선택할 가능성이 보다 크
   다고 말할 수 있다(아래 주 86 참조).
85) 서울高判 1989.5.3., 88나36224, 하집 1989-2, 203 참조. 다만 여기서는 그 전제
   인 부수의무를 발생시키는 약정이 무효로 판단되었다.
86) 대구地判 2010.6.1., 2009가합14351, 각공 2010, 1070(경품).
87) 大判 2007.9.20., 2005다63337, 공보 2007, 1626(백화점 상품권); 2008.5.15., 2007
   다37721, 종합법률정보(신주인수권부사채) 참조. 두 사건 모두 채무자의 이행거절
   이 문제되었다.

해 최고하고 사용·수익의 가치를 전보배상으로 청구할 수 있다. 마찬
가지로 알루미늄을 소비대차한 경우 기한에 이를 반환하지 않는 차주
에 대해 대주는 상당한 기간을 정해 최고하고 이행에 갈음한 손해배
상을 청구할 수 있다.[88] 그러나 점유의 회복을 요구하는 반환청구권
의 지체의 경우에는 까다로운 문제가 발생할 수 있다.[89] 예컨대 건물
임대차가 종료하였으나 목적물을 반환하지 않는 임차인을 상대로 임
대인이 상당한 기간을 정하여 최고한 다음 건물 가치에 해당하는 전
보배상을 청구할 수 있는가? 제395조의 문언에 비추어 본다면 전보배
상의 성립을 부정하기는 쉽지 않다. 그러나 이로써 임차인의 목적물
반환의무 불이행의 결과 사실상 목적물의 강제매각이라는 효과가 발
생한다. 아무런 할당내용 없는[90] 점유의 반환의무만을 부담하였던
임차인에게 소유권 할당내용 전체에 대한 배상의무를 지우는 결과가
— 배상의 결과 임차인이 건물 소유권을 취득한다고 하더라도(제399
조) — 반환채무의 보호목적을 넘어 가혹하다는 사실은 부정하기 어
렵다(예컨대 임차인이 회피할 수 있는 법률상 착오로 임대차가 유지되고 있
다고 생각해 반환을 거부한 경우를 생각해 보라). 쌍무계약의 주된 급부의
무들 사이에서는 견련관계에 의해 쌍방 이익의 평형이 유지되고 있음
에 반해, 그 밖의 채무들에서는 반대급부라는 균형추가 존재하지 않
기 때문에 발생할 수 있는 문제이다.

　　앞서 사례에서 이익 균형의 상실은 목적물의 반환을 지연했다는
이유만으로 목적물을 멸실시킨 경우와 동등한 배상책임을 부담하게
된다는 것으로부터 기인한다. 그러므로 반환청구권의 이행지체의 경
우 전보배상이 정당화되려면, 상당한 기간을 정한 최고만으로는 충분

---

88) 大判 1967.6.13., 66다1842, 집 15-2, 52; 1969.5.13., 68다1726, 집 17-2, 81 참
　　조. 또한 소비임치가 문제된 서울民事地判 1984.4.27., 83가합6830, 하집 1984-2,
　　188도 참조.
89) Huber (주 8), S. 159f. 참조.
90) 김용덕 편집대표, 주석 민법 물권(1), 제5판, 2019, 349-350면(김형석) 참조.

하지 않고 급부 지연으로 채권자에게 야기된 상황이 목적물을 상실하
는 것과 다를 바 없을 정도에 이르러야 할 것이다. 이는 예컨대 채무
자가 반환할 목적물을 은닉하는 등 이행청구를 관철하는 것이 현저히
곤란하거나, 채무자의 반환 지연으로 인해 채권자가 목적물 반환에
대한 이익을 아예 상실하는 경우에 그러하다. 후자는 제395조 두 번
째 경우로 포섭가능하지만, 전자는 목적론적 해석으로 제395조 첫 번
째 경우에 보충되어야 한다.[91] 그래서 예컨대 자동차 제조업자가 신
차를 매도하고 매수인에게 인도하기 전에 주차장업자에 위탁하였으
나 주차 중 도난당한 경우, 이행기가 도래한 매도인이 다른 신차를
조달해 매수인에게 공급하였다면 도난당한 차가 나중에 발견되었다
고 하더라도 매도인은 보관자를 상대로 수령을 거절하고 전보배상을
청구할 수 있다.[92] 매도인의 이행기에 분실 상태가 계속되었기 때문
에 나중에 반환이 가능하게 되었다는 사정은 매도인에게 이익이 없기
때문이다.[93] 이때 매도인이 상당한 기간을 정한 최고를 하였다는 사
정만으로는 충분하다고 할 수 없을 것인데,[94] 앞서 설명한 대로 매도
인의 반환에 대한 이익 상실이 인정되지 않는다면 전보배상은 차량

---

[91] 실제로 독일 채권법 개정 작업으로부터 제출된 초안은 현행 제281조로 성립하게
될 초안 제283조에서 "더 나아가 급부가 특정 대상의 반환인 경우에는 채권자가
지연으로 반환에 대한 이익을 상실하였을 것이 요구된다"는 부가 규정을 두고 있
었다(동조 제1항 단서). Bundesminister der Justiz hrsg. (주 60), S. 135 참조. 그
러나 2002년 개정에서 이 규정은 실정화되지 못하였다. 정부 초안에 붙인 설명에
따르면 채권자가 반환에 이익을 가짐에도 불구하고 전보배상으로의 전환이 허용
되어야 할 사안이 존재할 수 있으며, 사실상 강제매각의 사안은 지극히 이론적인
사례로서 실제 발생하는 경우에는 권리남용으로 대처할 수 있다는 것이다
(BT-Drucks. 14/6040, 138f.). 이렇게 해당 규정이 수용되지 아니한 결과 이 쟁점
을 (특히 임대차의 경우) 어떻게 해결할 것인지와 관련해 학설에서는 다양한 견해
들이 주장되고 있다. MünchKomm/Ernst (주 56), § 281 Rn. 120f. 참조.
[92] 大判 1990.12.11., 90다카27129, 집 38-4, 185.
[93] 최병조 (주 78), 186-187면 참조.
[94] 반면 최병조 (주 78), 187면은 그것만으로도 충분하다고 한다.

강제매각의 실질을 가지게 되어 일시적인 보관만을 인수한 주차장업
자에게 과도한 책임을 지운다고 볼 여지도 충분히 있기 때문이다.

(2) 채권자가 원상회복에 이익을 가지지 아니하는 경우

더 나아가 채권자가 해제에 따라 쌍방 급부가 원상회복되는 결과
(제548조 참조)에 이익을 가지지 아니하는 때에는 채권자는 계약을 해
제하지 아니하고 전보배상을 선택할 정당한 이해관계를 가진다.

첫째로, 교환계약에서와 같이 채권자가 상대방의 급부를 받는 것
뿐만 아니라 자신의 급부를 제공하는 것에도 이해관계를 가지는 사안
이 그에 해당한다. 교환계약을 체결한 당사자는 상대방 소유의 물건
을 취득하는 것뿐만 아니라 자신의 물건을 처분하는 것에도 관심을
가지므로, 상대방의 불이행에 직면하여 차액 배상을 받고 다른 매수
인을 물색하는 것보다는 자신의 물건을 제공하고 상대방 물건 전체
가치의 배상을 받는 편이 보다 유리할 수 있다.[95] 또한 채권자가 영
업상의 평판이나 제3자에 대한 관계를 이유로 자신의 급부 제공에 정
당한 이익을 가지는 사안도 존재할 수 있다.[96]

둘째로, 채권자가 이미 선이행한 사안에서도 채권자는 계약을 해
제하지 않고 전보배상을 청구할 이해관계를 가질 수 있다.[97] 채권자
로서는 이미 이행한 급부를 새삼 원상회복 받고 쌍방 급부 사이의 차

---

95) Huber (주 8), S. 192 참조.
96) Treitel, *The Law of Contract*, 14th ed. by Peel, 2015, n. 21-012 참조. 앞서 살펴
본 대로(앞의 II. 2. 참조) 커먼로에서는 원칙적인 계약상 구제수단으로 특정이행
이 부정되고 손해배상이 부여되므로 독일 학설에서 논의되는 교환설과 차액설의
대립과 같은 쟁점은 통상 발생하지 않는다. 그러나 예외적으로 특정이행 청구가
가능한 경우 그 반대급부에 대해서도 특정이행이 가능하므로(이른바 구제의 상호
성; 이호정 (주 11), 569면 참조), 그러한 사안에서는 상대방의 불이행에 직면한
채권자가 계약을 해제하는 대신 자신의 급부를 이행하고 이행청구 내지 손해배상
을 청구할 수 있는지의 쟁점이 제기될 수 있다. 영국의 판례는 몇 가지 요건 하에
서 이를 허용하는데, 채권자의 자신의 변제에 대한 이익도 그 중 하나이다.
Treitel, *Remedies for Breach of Contract*, 1988, n. 107도 참조.
97) 이은영 (주 84), 222면.

액을 배상으로 청구하는 것보다는 이행한 급부를 상대방에 그대로 두
고 자신이 받을 급부 전체의 가치를 배상으로 받는 것이 보다 효율적
일 수 있다.[98] 그래서 대금을 이미 지급한 매수인은 매도인을 상대로
목적물 가치 전부를 손해배상으로 청구할 수 있어야 하는 것이다.[99]
특히 채권양도 등으로 채권자 교체가 있는 경우에 해제는 당사자들의
이익상황에 부합하지 않는다. 예컨대 甲이 乙에게 자신이 운영하는
학교법인의 "운영에 관한 기득권"을 이전하면 乙이 기본재산 중 하나
인 부동산을 감독관청의 승인을 받아 甲에게 이전하기로 약정한 경
우, 甲으로부터 소유권이전청구권을 적법하게 양도받은 丙은 계약을
해제할 수 있는 지위에 있지도 않지만 甲으로 하여금 해제하게 할 이
유도 없다. 그는 해당 부동산 전체의 가치를 이행에 갈음한 손해배상
으로 받고자 할 것이다.[100]

(3) 집행불능에 대비하는 대상청구

마지막으로 특정이행과 관련해 확정판결이 있음에도 채무자가
이행하지 아니하면서 집행도 실효를 거두지 못하는 경우 채권자는 전
보배상으로 전환하여 금전으로 채권의 만족을 받을 정당한 이해관계
를 가진다. 이러한 쟁점은 쌍무계약에서 주된 급부의무의 불이행이
문제되는 사안에서도 발생할 수 있으며, 여기서 계약 해제는 그다지
도움이 되지 못한다. 쌍무계약상 특정이행을 구하는 채권에 확정판결
을 받은 채권자가 강제집행을 시도할 때에는 그는 이미 자신의 반대
급부 제공을 전제로 절차를 개시하였으므로(민집 제41조 제1항), 집행
이 주효하지 않은 경우 그는 계약 해제 없이 이행에 갈음한 손해배상
으로 자신의 이해관계를 관철할 수 있어야 하는 것이다. 그러므로 확

---

98) 예컨대 선이행으로 목적물을 인도한 경우, 원상회복으로 반환받은 목적물을 이제
   재매매 등 상업적인 목적으로 활용하기 어려울 가능성도 작지 않다.
99) 서울南部地判 1987.7.8., 86가합1748, 하집 1987-3, 158.
100) 大判 1997.12.26., 97다24542, 공보 1998, 406.

정판결 있는 채무의 불이행을 이유로 하는 전보배상은 계약 해제 가
능성과 무관하게 보장되어야 한다.[101] 판례도 인도판결의 집행불능에
대비하는 대상청구를 허용하면서 그 성질은 이행지체를 이유로 하는
전보배상을 장래 이행의 소로 청구하는 것이라고 설명한다.[102]

　　물론 이 사안유형은 동시에 앞서 살펴본 (1) 또는 (2)의 유형에
해당할 수도 있다. 그러나 이는 거기서 행해지는 고려와 직접 관련
없이도 이행을 명하는 확정판결 그리고 집행불능을 대비한 장래 이행
의 소라는 사안 요소에 기초한 전형성을 가지고 있을 뿐만 아니라,
보통법학에서 일찍부터 인정된 경우이므로(주 43의 본문 참조), 유형화
작업에서 그 독자성을 인정하는 것이 합목적적이다.

Ⅴ. 몇 가지 해석상 쟁점

　　제395조는 제390조를 전제로 하는 규범으로 독자적인 청구권 근
거 규정은 아니다. 이는 이미 유책한 급부의 지연을 전제로 하여 병
존적 손해배상을 전보배상으로 전환시키는 법장치를 정하는 규범이
다. 즉 유책한 급부 지연의 경우 전보배상은 제395조를 고려하는 제
390조에 기초한다(독일 민법 제280조 제3항, 네덜란드 민법 제6:74조 제2
항 등 참조).

1. 상당한 기간을 정한 최고

　　제395조에 따르면 채권자는 우선 채무를 불이행하는 채무자를

---

101) 실제로 我妻로 하여금 해제 없는 전보배상을 부정하는 입장에서 긍정하는 견해로
　　선회하게 한(주 75 참조) 주요 동기 중 하나는 확정판결 있는 채무의 불이행을 이
　　유로 전보배상을 인정하는 판례의 근거가 될 수 있다는 고려였다. 我妻 (주 75;
　　新訂), 114면 참조.
102) 大判 1975.5.13., 75다308, 집 23-2, 61. 서울民事地判 1984.4.27., 83가합6830,
　　하집 1984-2, 188도 참조.

상대로 상당한 기간을 정해 이행을 최고하고 그 기간 내에 이행이 없으면 이행에 갈음한 손해배상을 청구할 수 있다. 이는 채무 일반에 대해 적용되므로, 쌍무계약상 채무가 불이행된 경우도 그에 포함된다. 그러므로 계약 해제에서 상당한 기간을 정한 최고와 관련해 그동안 전개된 해석론은 제395조 해석에서도 그대로 존중되어야 한다.[103] 앞서(앞의 Ⅲ., Ⅳ. 참조) 살펴본 대로 이 맥락에서 손해배상을 수반하는 해제와 제395조에 따른 전보배상은 동등한 차원에 위치하는 서로 등가적인 구제수단이므로(개정 전 독일 민법 제326조, 스위스 채무법 제107조도 참조), 두 구제수단 모두의 전제가 되는 상당한 기간을 정한 최고는 가급적 통일적으로 해석되어야 하기 때문이다.

개정 전 독일 민법 제326조와는 달리 상당한 기간을 정해 최고하면서 기간 도과 후에는 이행을 거절할 것임을 미리 밝힐 필요는 없다.[104] 상당한 기간을 정하여 그 기간 내에 이행할 것을 청구하는 것으로 충분하다. 상당하지 않은 기간을 정하거나 기간을 정하지 않고 최고한 경우에도, 상당한 기간이 지나면 채권자는 전보배상을 선택할 수 있다.[105] 그러므로 주된 급부의무가 이행되지 않고 있는 통상적인 쌍무계약 사례에서, 최고한 상당한 기간이 지나면 채권자는 ① 계속해서 이행을 청구할 수도 있지만, ② 계약을 해제할 수도 있고, ③ 해제 없이 이행에 갈음한 손해배상을 청구할 수도 있다.

이와 관련하여 명문의 규정은 없으나 해석상 계약 해제나 전보배상 청구는 비교적 단기간 내에 선택되어야 한다고 생각된다(지체 없이 행사할 것을 요구하는 스위스 채무법 제107조 제2항 참조). 채무자는 채권자의 선택에 직면하여 불안정한 법률관계에 있게 되므로 이를 조속히 확정할 정당한 이익이 있기 때문이다. 채권자가 상당한 기간을 정해

---

103) 그 내용에 대해 주석 민법 채권총칙(1) (주 3), 925－926면(문주형) 참조.
104) 최병조 (주 78), 185면.
105) 해제와 관련해 大判 1979.9.25., 79다1135,1136, 공보 1979, 12263 참조.

제 3 장 구제수단(2): 이행에 갈음한 손해배상   311

최고한 다음 이행이 없음에도 장시간 침묵을 지킨다면, 신의칙상 채무자가 해제나 제395조에 따른 전보배상을 예상하기는 쉽지 아니하므로 채권자가 이행청구를 선택한 것으로 해석할 수밖에 없을 것이다. 그러므로 거래관념에 비추어 상당한 기간 내에 해제나 제395조에 따른 전보배상을 선택하지 않으면 채권자는 이행청구를 계속하려는 것으로 보아야 한다. 한편 채무자는 상당한 기간을 정해 이행청구·해제·전보배상 사이의 선택을 최고할 수 있으며, 채권자의 선택이 없으면 이행청구를 선택한 것으로 취급해야 한다고 해석할 것이다(제552조의 유추; 제381조도 참조). 물론 채권자가 상당한 기간을 정해 최고하면서 동시에 기간 내 이행이 없으면 바로 전보배상을 청구하겠다고 미리 밝히는 것은 가능하다.106) 한편 최고에서 정한 상당한 기간이 도과하였으나 채권자가 아직 해제나 제395조에 따른 전보배상을 선택하지 않고 있는 동안 채무자가 변제를 제공하였다면, 불이행 상태는 종료하여 채권자는 이제 계약을 해제하거나 이행에 갈음한 손해배상을 청구할 수는 없다(제461조 참조).

2. 즉시 전보배상을 가능하게 하는 사유

더 나아가 제395조는 지체 후의 이행이 채권자에게 이익이 없는 때에는 채권자가 최고 없이 바로 전보배상을 청구할 수 있다고 정한다. 채무자의 불이행과 채권자의 이익 상실 사이에는 인과관계가 있어야 하나, 채무자가 그러한 이익 상실을 예견할 수 있어야 할 필요는 없다.107) 재판례에서 나타난 사례로는 정기행위의 불이행108)이 전형적이다.

한편 판례는 채무자의 확정적·종국적 이행거절의 경우에도 채권

---

106) 해제와 관련해 大判 1970.9.29., 70다1508, 집 18-3, 128 참조.
107) Heinrichs in Palandt, *Bürgerliches Gesetzbuch*, 60. Aufl., 2001, § 326 Rn. 21.
108) 서울南部地判 1987.7.8., 86가합1748, 하집 1987-3, 158. 이은영 (주 84), 224면.

자가 최고 없이 바로 해제 또는 전보배상을 청구할 수 있다고 한
다.109) 이때에도 채권자는 이행청구를 선택하여 강제할 수 있으므로,
이행이 채권자에게 이익이 없다고 말하기는 어려울 것이다. 하지만
이행기 도래 전이라고 하더라도 최고 없이 바로 해제 또는 전보배상
을 청구할 수 있다는 해석은 제395조가 정하는 최고의 취지에 비추
어 정당화된다.110) 해제 또는 전보배상을 위해 상당한 기간을 정한
최고를 요구하는 목적은 채무자에게 채무 이행의 가능성을 부여하여
불이행 상태를 제거할 마지막 기회를 주는 것이다. 그런데 이미 채무
자가 종국적이고 확정적으로 이행하지 아니할 뜻을 표명했다면, 그러
한 기회를 부여하도록 최고를 요구하는 것은 채권자에게 쓸데없는 번
거로운 형식을 강요하는 것으로서 무의미하며 부적절하다. 이는 이행
기 전이라도 마찬가지이다. 채권자가 이행기까지 기다려야 하는 이유
는 이행을 최고하기 위해서인데, 바로 그 최고가 이제 무의미하여 이
행기를 기다리는 것도 마찬가지로 무의미하기 때문이다. 상당한 기간
을 정한 최고를 요구하는 규범목적에 비추어 확정적·종국적 이행거
절은 이행기와 무관하게 바로 그러한 최고를 불필요하게 한다. 게다
가 채권자가 더 이상 채무자의 자발적 이행을 기대할 수 없고 강제집
행에 의지해야 한다는 점에서 채권자가 지체된 이행에 대해 가지는
이익은 소멸했다고 할 것은 아니더라도 크게 감퇴한다.111) 그러므로
제395조가 추구하는 목적에 따를 때 이행기전 이행거절에서 바로 전
보배상을 청구할 수 있다는 결론은 정당하다.

　　관련하여 앞서(앞의 V. 1.) 상당한 기간을 정한 최고 요건에 대해
언급한 내용이 여기서도 의미를 가진다. 쌍무계약상 주된 채무의 불

109) 大判 2007.9.20., 2005다63337, 공보 2007, 1626; 2008.5.15., 2007다37721, 종합
　　법률정보.
110) Huber (주 8), S. 574ff.
111) 양창수, "독자적인 채무불이행 유형으로서의 이행거절", 민법연구, 제4권, 1997,
　　143-144면 참조.

이행이 문제되는 경우, 손해배상을 수반하는 해제와 제395조에 따른
전보배상은 동등한 차원에 위치하는 등가적인 의미를 가지는 구제수
단이다. 그리고 양자 모두 원칙으로서 상당한 기간을 정한 최고를 요
구한다. 그런데 그러한 최고가 불필요한 예외로서, 제395조는 채권자
의 이익 상실을, 해제는 이행거절(제544조 단서), 정기행위(제545조),
채무자 책임 있는 이행불능(제546조)을 들고 있다. 여기서 어느 구제
수단을 선택하든 그것이 동등한 차원에서 서로 등가적인 기능을 수행
한다면, 평가모순을 피하기 위해서는 최고가 필요 없는 이러한 사유
들도 가능한 한 통일적으로 해석되는 것이 바람직하다.112) 이행불능
의 경우 바로 전보배상 청구권이 성립한다는 것에는 종래 이론이 없
다. 정기행위의 불이행은 제395조의 이익 상실에 포함된다. 바로 앞
에서 살펴본 것처럼 이행거절도 제395조의 목적에 비추어 최고 없이
전보배상을 정당화하는 사유이지만, 동시에 그러한 평가가 표현된 근
거를 제544조 단서의 유추에서 찾는 것도 가능하다.113) 그리고 이러
한 고려는 반대 방향으로도 타당하다. 채권자가 채무자의 불이행으로
인해 계약 이행에 이익을 상실한 경우 최고를 면제하는 내용은 제
544조 이하에 규정되어 있지 않다. 그러나 채권자가 이행에 이익을
상실한 경우 최고 없이 전보배상을 청구하는 것이 정당화된다면, 마
찬가지의 경우 채권자가 최고 없이 계약을 해제하는 것도 가능해야
할 것이다. 실제로 담보책임과 관련해 민법은 그러한 관점에 의지하
고 있음을 보인다(제572조 제2항, 제575조 제1항, 제580조 제1항, 제581조

---

112) 본서 제2편 제1장 Ⅳ. 1. (2) 참조. 바로 이러한 이유에서 스위스 채무법 및 독일
     과 일본의 개정 채권법이 전보배상 또는 해제를 선택할 때 최고가 필요하지 않은
     사유들을 내용적으로 가급적 일치시켜 규율하였고(스위스 민법 제108조, 독일 민
     법 제281조 제2항, 제3항, 제323조 제2항, 제3항, 일본 민법 제415조 제2항 참조),
     그럼에도 불구하고 양자 사이에 불일치가 있는 경우 충분히 회피할 수도 있었을
     논쟁이 발생하였던 것이다(MünchKomm/Ernst (주 56), § 281 Rn. 65 참조).
113) 양창수 (주 111), 132-133면 참조.

제1항, 제668조). 또한 해제권의 발생과 관련해 그 전제로 주된 의무와 부수적 의무를 구별하는 종래의 통설에 대해 의무의 성질과 무관하게 그 불이행으로 계약목적이 좌절되는 이른바 본질적 불이행이 있으면 해제권이 발생한다고 주장하는 유력한 견해114)도 바로 그러한 방향을 지시한다. 이 글의 관점에서 이러한 해석은, 이익상황의 비교를 통해 이행불능에 관한 제546조의 유추로도 설명할 수 있겠지만, 또한 앞서 언급한 담보책임 규정과 함께 전보배상과 해제의 등가적 관계를 고려하는 제395조 두 번째 경우의 유추로부터도 정당화될 수 있다.

3. 쌍무계약에서 채권자의 반대급부의무

쌍무계약에서 채권자가 제395조에 따라 해제 없이 전보배상을 청구하는 경우, 그의 반대급부의무의 운명은 어떻게 되는가? 그는 이를 이행해야 하는가 아니면 손해산정의 방법으로 이를 공제하고 급부 가치의 차액만을 손해배상으로 청구할 수 있는가? 요컨대 독일 학설에서의 표현을 빌자면(앞의 Ⅲ. 4. 참조) 그의 손해배상은 교환설에 따라 산정되는가 아니면 차액설에 따라 산정되는가? 우리 학설은 이를 자세하게 논하고 있지는 않지만, 일부 문헌에서 교환설에 따라 채권자가 자신의 반대급부의무를 계속 부담하여 이를 이행해야 할 것을 전제하는 서술은 발견된다.115)

실제로 개정전 독일 민법에서 통설과 판례가 해제 없는 전보배상의 경우 차액설에 따른 산정을 허용하였던 것은 해제와 손해배상의 양립을 불허하는 개정전 제326조의 내용을 고려할 때 충분히 납득될 수 있었던 해결이었다(앞의 Ⅲ. 4. 참조). 이에 대해 우리 민법은 해제와 손해배상의 양립을 허용하므로, 급부의 원상회복과 손해배상의 결

114) 최수정, "해제권을 발생시키는 채무불이행", 저스티스, 제68호, 2002, 85면 이하; 정진명, "계약 해제의 요건", 재산법연구, 제21권 제2호, 2005, 194면 이하.
115) 김형배, 채권총론, 제2판, 1999, 184면; 이은영 (주 84), 222면.

합을 원하는 채권자는 해제를 선택해야 한다는 것이 우리 민법의 태
도라고 이해할 수 있다(제548조, 제551조).[116] 실제로 상당한 기간을
정하여 최고를 한 쌍무계약의 채권자가 이행한 것의 원상회복과 급부
차액의 배상을 청구하는 경우, 이는 규범적으로 해제 의사표시 및 그
와 결합한 전보배상 청구로 의사해석될 것이다. 이것과 병존하여 거
의 동일한 효과를 가지는 해제 없는 전보배상을 인정하는 것은 불필
요한 중복일 뿐만 아니라, 해제와 관련해 규정되어 있는 제한(예컨대
제553조 등)을 회피할 수 있다는 결과도 발생할 수 있다. 그러므로 쌍
무계약에서 채권자가 제395조에 따라 전보배상을 청구하는 경우 그
의 반대급부의무는 존속하며, 전보배상과 반대급부의무는 견련관계에
있다고 해석해야 한다. 물론 다수의 사안에서 그러하듯 반대급부의무
가 금전채무인 때에는 상계에 의해 실질적으로 차액설에 따라 산정한
것과 비슷한 효과가 달성될 수는 있을 것이다(앞의 Ⅲ. 4. 참조).

---

[116] 이제 해제와 손해배상의 양립을 허용하는 독일 민법(동법 제325조 참조)의 해석
으로 동법 제281조에 근거해 계약 해제 없이 차액설에 따른 전보배상을 청구할
수 있는지에 대해서는 학설에서 다투어지고 있다. 추가적인 전거와 함께 Lorenz
in Bamberger/Roth/Hau/Poseck, *Bürgerliches Gesetzbuch*, Band 1, 4. Aufl., 2019,
§ 281 Rn. 36ff.; Dauner-Lieb in Dauner-Lieb/Langen, *NomosKommentar BGB*,
Band 2/1, 3. Aufl., 2016, § 281 Rn. 61ff. 참조.

제 4 장

구제수단(3): 이행불능과 대상청구권

I. 문제의 제기

　　2009년 법무부가 시작한 민법개정 작업은 5년여에 걸쳐 민법 재산법 전반과 후견법을 검토하며 일련의 민법 개정안을 제시하였다.[1] 그중에서도 채무불이행책임에 관한 개정 제안에는 특히 채무불이행의 효과와 관련해 종래 판례 및 해석론이 인정하고 있던 구제수단인 대상청구권(개정시안 제399조의2, 제537조 제2항)과 비용배상(개정시안 제392조의2)[2]이 실정화되어 반영되어 있다.

　　전자와 관련해 개정시안은 다음의 두 조문에서 종래 학설과 판례가 이행불능의 효과로서 인정하고 있던 대상청구권(代償請求權)을 규정하고 있다.

---

1) 주지하는 바와 같이 개정안 중에서 성년연령(제4조), 행위능력(제9조 이하), 성년후견(제928조 이하), 보증(제428조의2, 제428조의3, 제436조, 제436조의2), 여행계약(제674조의2 이하)에 관한 규율은 법률로 성립하였다.
2) 민법 개정시안 제392조의2는 "지출비용의 배상"이라는 표제 하에 다음과 같이 규정한다. "채무불이행의 경우에 채권자는 채무가 이행될 것을 믿고 지출한 비용의 배상을 청구할 수 있다. 그러나 그 배상액은 채무가 이행되었더라면 받았을 이익액을 넘지 못한다." 이 규정의 배후에 있는 법리에 대해서는 본서 제3편 제1장 주 14 참조.

제399조의2[대상청구권(代償請求權)]

① 채무의 이행을 불가능하게 한 사유로 채무자가 채권의 목적인 물건이나 권리를 갈음하는 이익을 얻은 경우에는 채권자는 그 이익의 상환을 청구할 수 있다.

② 채권자가 채무불이행을 이유로 손해배상을 청구하는 경우에, 제1항에 따라 이익의 상환을 받는 때에는 손해배상액은 그 이익의 가액만큼 감액된다.

제537조(채무자의 위험부담)

③ 상대방이 제399조의2 제1항에 따라 이익의 상환을 청구하는 경우에는 채무자는 상대방의 이행을 청구할 수 있다. 이 경우에 상환할 이익의 가치가 본래의 채무보다 작으면 상대방의 채무는 그에 비례하여 감소한다.

대상청구권 규정의 신설은 이행불능으로 인하여 불이익을 받은 채권자의 구제를 강화한다는 점에서 중요한 의미가 있을 것이다. 특히 개정시안은 종래 학설·판례에서 인정하고 있던 내용을 이어받아 실정화하고 있으므로, 기존 해석론에 대한 재검토와 함께 정책적 관점을 고려하는 입법론적 평가를 요구하고 있다. 이러한 과제에 상응하여 본장 앞서 인용한 개정시안을 계기로 하여 해석론과 입법론을 모색하는 것을 목적으로 한다. 이는 지금까지의 학설과 판례를 비판적으로 회고하는 동시에 외국의 경향을 참고함으로써, 지금까지 대상청구권에 대한 해석론을 재구성하고, 동시에 민법 개정안의 내용에 개선할 점이 있는지를 입법론적으로 검토함을 의미한다. 이로써 한편으로 현행법의 해석과 운용에 기여하면서, 다른 한편으로 앞으로의 민법의 개정이 보다 바람직한 방향으로 이루어지는데 조력하고자 한다.

Ⅱ. 대상청구권에 관한 해석론

현재 학설과 판례는 민법의 명시적인 규정 없이 해석으로 대상
청구권을 인정하고 있다. 그 결과 그 인정 근거와 구체적인 내용에
대해서는 학설에서 다툼이 존재한다. 이러한 상황에서 입법론적인
논의는 우선 현재의 해석론에 대한 비판적인 평가를 전제로 할 수밖
에 없다.

1. 학설 상황

우리 민법이 명시적으로 대상청구권을 언급하고 있지 않음에도
불구하고, 다수설은 이전부터 공평을 근거로 이를 채무의 이행불능의
효과로서 인정해 오고 있었다.3) 그러던 중 대법원은 1992년 토지 매
매에서 매매목적물의 수용으로 이행불능이 발생한 경우 채권자가 수
용보상금청구권의 양도를 청구할 수 있다고 하여 대상청구권을 인정
하였고,4) 같은 취지의 판결들이 뒤를 이었다.5) 이에 따라 학설에서도
대상청구권을 해석론으로 인정할 수 있는지, 인정한다면 그 적용범위
는 어떠한지, 대상청구권이 행사되는 경우 그 요건과 효과는 어떠한
지 등에 대해 많은 논의가 행해졌다.

여전히 다수설은 대상청구권을 채무가 이행불능이 된 경우의 일
반적인 구제수단으로서 인정한다. 즉 이행불능이 된 채무의 근거가
계약인지 법률인지, 그 이행불능이 채무자의 책임 있는 사유에 의한
것인지 아닌지, 특히 쌍무계약의 경우 대가위험을 채무자와 채권자
중 어느 편이 부담하는지 등을 고려하지 아니하고, 채무의 이행불능

---

3) 1990년대 이전의 학설 상황으로는 송덕수, "이행불능에 있어서 이른바 대상청구
　권", 경찰대 논문집, 제4집, 1985, 198면 특히 주 3 참조.
4) 大判 1992.5.12., 92다4581,4598, 집 40-2, 21.
5) 大判 1994.12.9., 94다25025, 공보 1995, 450 등.

으로 채무자가 급부에 갈음하는 이익을 얻은 때에는 채권자는 이를 청구할 수 있다고 한다. 그 인정 근거에 대해서는 여러 가지 주장이 개진되고 있으나, 가장 우세한 견해는 크게 다음의 두 가지 고려에 기초해 대상청구권을 일반적으로 인정하고자 한다.6) 한편으로, 우리 민법의 여러 곳에서는(보통 제342조, 제370조, 제399조, 제480조, 제538조 제2항, 제1083조 등이 언급되고 있다) '어떤 사람에게 귀속된 재산가치가 그 기초에 존재하는 경제적 관계에 비추어 다른 권리자에게 속해야 할 경우에는 그 재산가치는 후자에게 이전되어야 한다'는 내용의 대상법리 내지 대위법리가 표현되어 있는데, 이는 일반적 법리로 볼 수 있어 채무의 이행불능으로 채무자가 이익을 받은 경우에도 유추할 수 있고, 다른 한편으로 계약상 채무의 경우에 애초 당사자들의 기대 및 의무부담의 의사에 비추어 볼 때 이는 이행불능의 경우에도 관철되어야 하므로 이행불능의 결과 채무자가 받은 이익은 채권자에게 이전되어야 한다는 것("채권관계의 연장효")이다. 특히 후자의 관점에서 당사자들의 추정적 의사에 따른 계약의 보충적 해석상 인정된다는 지적도 추가된다.7) 그러나 다수설과 결론에서는 일치하면서도 인정 근거는

---

6) 강봉석, "대상청구권의 의의 및 요건", 민사법학, 제32호, 2006, 253-254면; 김증한·김학동, 채권총론, 제6판, 1998, 169-170면; 송덕수 (주 3), 215-217면; 송덕수, "대상청구권", 민사판례연구[XVI], 1994, 37-40면; 심준보, "취득시효와 대상청구권", 민사판례연구[XX], 1998, 95면; 양창수, "매매목적토지의 수용과 보상금에 대한 대상청구권", 민법연구, 제3권, 1995, 392-396면; 엄동섭, "대상청구권의 제한", 법률신문, 제2603호, 1997.6.2., 14면; 이덕환, 채권총론, 2010, 115면; 이은애, "우리 민법상 이른바 대상청구권의 인정", 사법논집, 제26집, 1995, 205-206면; 이재경, "대상청구권에 관한 판례 및 학설의 검토", 법과 정책, 제19집 제2호, 2013, 344-346면; 이충훈, "대상청구권", 연세법학연구, 제5권 제1호, 1998, 319-320면; 지원림, "대상청구권", 곽윤직 교수 고희기념 민법학논총 제이, 1995, 205-210면; 김용담 편집대표, 주석 민법 채권총칙(1), 제4판, 2013, 694면(김상중) 등.
7) 임건면, "대상청구권에 관한 소고", 경남법학, 제14권, 1998, 137면. 김대정, 채권총론, 개정판, 2007, 517면; 주석 민법 채권총칙(1) (주 6), 694면(김상중)도 비슷한 취지이다.

달리 이해하는 견해도 존재한다. 민법상 대상법리 내지 대위법리가
발현되고 있다고 지적되는 규정들은 그 본질이 대상청구권과 상이하
여 단순히 일반이념의 차원에서만 공통점을 가지고 있으므로 직접 원
용하기 어렵다고 하면서 채무불이행책임의 일반규정인 제390조와 대
상원칙을 구체화할 수 있는 신의칙에 관한 제2조가 근거가 되어야 한
다는 견해8)나, 민법에 규정이 없으므로 제1조에 따라 조리상 인정된
다는 견해9) 등이 그것이다.

   그러나 이러한 다수설에 대해 비판적인 견해도 드물지 않다. 제
한적 인정설이라고 명명할 수 있는 견해는 민법에 명시적인 규정이
없는 이상 급부가 불능으로 된 경우에도 민법상 다른 제도(채무불이행
책임, 위험부담, 채권자대위, 제3자에 의한 채권침해 등)에 의해 해결될 수
있다면 대상청구권을 인정할 수 없다고 하면서, 그러한 해결이 불가
능한 경우 또는 불합리한 경우에 예외적으로 대상청구권을 허용하고
자 한다.10) 특히 민법은 채무자위험부담주의에 따른 해결을 정하고
있으므로 그에 대한 예외를 인정할 근거를 찾기 쉽지 않을 뿐만 아니
라,11) 채권자에게 원래의 급부를 유지할 것인지 대상청구를 할 것인
지 선택권을 부여함으로써 채권자가 불능이 된 급부의 시가 상승의
이익만을 취하고 손실은 회피할 수 있어 불합리하다는 점도 지적된
다.12) 그러나 이들 견해 사이에서도 어떠한 사안에서 예외적으로 대

---

  8) 안법영, "채권적 대상청구권", 김형배 교수 화갑기념 채권법에 있어서 자유와 책
     임, 1994, 252면.
  9) 이상경, "대상청구권", 이시윤 박사 화갑기념 민사재판의 제문제, 상권, 1995,
     254－255면.
 10) 김상현·이승길, "대상청구권의 인정여부에 관한 일고", 입법정책, 제3권 제1호,
     2009, 120－121면; 김준호, "이행불능의 효과로서 대상청구권", 사법행정, 제34권
     제6호, 1993, 83면; 윤철홍, "이행불능에 있어서 대상청구권", 고시연구, 제18권
     제10호, 1991, 93－94면; 이은영, 채권총론, 제4판, 2009, 230－231면; 주지홍, "대
     상청구권의 규범적 근거에 관한 소고", 연세법학연구, 제5권 제1호, 1998, 306,
     308면; 곽윤직 편집대표, 민법주해[XⅢ], 1997, 90－91면(최병조) 등.
 11) 민법주해[XⅢ] (주 10), 90면(최병조).

상청구권이 인정될 수 있을 것인지 여부에 대해서는 반드시 견해가
일치하지는 않는다. 반면 한 걸음 더 나아가 전면적으로 대상청구권
을 인정할 수 없다는 부정설도 주장된다. 이 견해는 앞서 언급된 다
수설과 제한적 인정설의 난점들을 지적하면서, 채무불이행책임과 위
험부담의 법리에 따른 해결로 충분하다고 한다.13)

2. 대상청구권 규정의 역사적·비교법적 개관

이러한 우리 학설 상황과 비교를 위해 외국의 입법례와 논의를
살펴보는 것이 유용할 것이다. 외국의 법에 대해서는 이미 상세한 연
구들이 많이 있으므로,14) 그동안 소개되어 있는 개괄적 내용보다는
특히 1990년대 이후 대상청구권과 관련해 전개되고 있는 독일의 해
석론상의 논의들을 중심으로 개관하고자 한다.

(1) 로마법

주지하는 바와 같이 대상청구권은 로마법에서 채권자위험부담주
의로부터 나타날 수 있는 불합리를 교정하기 위하여 등장하였다. 로
마법에서 매매계약의 경우 대가위험은 채권자인 매수인이 부담하였
으므로, 매도인이 불능으로 인하여 일정한 이익을 받았다면 반대급부
를 제공해야 하는 매도인에게 그 이익의 이전을 청구할 수 있도록 하
는 규율이 바람직하였던 것이다.15) 그런데 로마법에서 이렇게 대상청

---

12) 이은영 (주 10), 231면.
13) 정상현, "대상청구권의 인정여부에 관한 법리 재검토", 성균관법학, 제19권 제3호,
   2007, 721−725면; 조광훈, "우리 민법상 대상청구권의 해석적 인정에 따른 비판
   적 논고", 사법행정, 제47권 제10호, 2006, 26면 이하; 최원준, "위험부담의 원리와
   대상청구권의 인정여부", 성균관법학, 제21권 제1호, 2009, 625−626면 등.
14) 비교법실무연구회 편, 판례실무연구[Ⅰ], 1997, 439면 이하; 정상현, "대상청구권
   의 역사적 의미와 비교법적 고찰", 민사법학, 제39권 제1호, 2007, 479면 이하; 정
   진명, "대상청구권에 대한 입법론적 소고", 민사법학, 제68호, 2014, 227면 이하 등
   참조. 그 밖에도 앞의 주 6, 10, 13에 언급된 문헌들의 대부분은 외국법제에 대한
   언급을 포함하고 있다.

구권의 규율을 보는 것만으로는 매도인과 매수인의 이익상황을 이해
하기에 충분하지 않다. 무엇보다도 로마법상 매매계약이 체결됨으로
써 매수인은 대가위험을 부담하지만, 그에 상응하여 매도인은 이른바
보관책임(custodia)을 부담하였기 때문이다. 채무자가 자신의 이익을
위하여 채권자의 물건을 점유하고 이를 나중에 인도해야 하는 일정
계약관계에서 채무자는 그러한 물건이 유실되거나 손상을 입지 않도
록 감시할 의무를 부담하며, 반환해야 할 물건이 유실되거나 손상된
경우 불가항력에 의한 것이 아닌 한 그 결과에 대해 무과실책임을 부
담하는 법리가 인정되고 있었다.16) 매매계약의 매도인도 그러한 보관
책임을 부담하고 있었다.17) 그러므로 매매계약이 성립하면 매매목적
물의 가치는 기본적으로 채권자에게 귀속하는 경제적 결과가 창출되
었다. 즉 매도인은 보관책임을 지게 되어 과실 유무에 불구하고 매수
인의 손해를 배상해야 했을 뿐만 아니라, 예외적으로 불가항력 등 책
임 없음을 이유로 급부의무로부터 벗어나더라도 그로부터 받은 이익
이 있으면 이를 매수인에게 양도할 의무가 있었기 때문이다. 대상청
구권이 탄생한 로마 매매법에서, 대상청구권이 매도인의 보관책임과
더불어 매매목적물의 가치를 채권자인 매수인에게 경제적으로 귀속
시키는 기능을 수행하고 있었다는 사실은 이후 서술과 관련해서도 주
목할 필요가 있다(아래 Ⅱ. 2. (3) (나) 참조).

---

15) 민법주해[XIII] (주 10), 72면 이하(최병조). 이것이 전통적인 통설이지만, 이에 대
　해 채무자의 책임 있는 매매목적물 멸실의 경우에도 대상청구권이 인정되었다고
　이해하는 소수설도 주장된다. Helms, *Gewinnherausgabe als haftungsrechtliches
　Problem*, 2007, S. 311 및 주 6의 문헌 참조.

16) Kaser/Knütel, *Römisches Privatrecht*, 19. Aufl., 2008, § 36 Rn. 15f.

17) 이는 보통 고로마법의 현실매매에서 기인한 사고방식에 따라 매매계약에 의하여
　양도계약이 행해진 것으로 간주하던 태도에서 비롯한 것이라고 추측되고 있다.
　Kaser/Knütel (주 16), § 41 Rn. 21 참조.

(2) 프랑스 민법

이러한 로마법의 법리는 이후 보통법에도 계승되었고, 프랑스에
서 포티에 역시 이를 수용하였다.[18] 포티에의 서술은 거의 문언 그대
로 프랑스 민법 제1303조에 반영되어, "채무자의 과실 없이 물건이
멸실되거나, 거래할 수 없게 되거나 분실될 경우, 채무자는 그 물건을
배상하는 권리 또는 소권이 있으면 이를 채권자에게 양도해야 한다"
고 규정되었다(이 규정을 계수한 스페인 민법 제1186조, 이탈리아 신민법
제1259조 등도 참조). 그런데 프랑스 민법전은 물권변동에 대해 의사주
의(합의주의)를 채택하고 있으므로 매매계약의 성립만으로 소유권은
이미 매수인에게 이전한다. 따라서 매수인은 소유자로서 손해배상청
구권 등 멸실한 물건에 대해 발생한 권리를 행사할 수 있어, 대상청
구권은 실질적으로 그 기능을 상실하게 되었다.[19] 즉 물권변동의 법
리에 의해 급부가 대외적으로도 채권자에게 귀속하게 되었으므로, 이
를 채권자에게 경제적으로 귀속시킨다는 대상청구권은 그 의의를 대
폭 상실할 수밖에 없었던 것이다.[20]

(3) 독일 민법

(가) 독일 민법 제1초안은 프랑스 민법과 마찬가지로 종래 보통법
의 법리를 반영하여 채무자의 책임 없는 사유로 급부가 불능이 된 경
우에 한정해 채권자의 대상청구권을 인정하였다(제1초안 제238조, 제
368조 제3항). 그런데 독일 민법전은 대가위험의 부담과 관련해 일반적
으로 채무자위험부담주의를 채택하였으므로(제1초안 제368조, 2002년

18) Pothier, *Traité des obligations*, n° 670 = *Oeuvres de Pothier*, tome 2, Paris,
    1825, p. 140−141.
19) 남효순, "프랑스 민법상의 대상청구권", 판례실무연구[Ⅰ] (주 14), 447−448면.
20) 개정된 현행 프랑스 민법 제1351-1조 제2항은 동조 제1항에 따라 채무자가 이행
    불능을 이유로 면책되는 것을 전제로 "그러나 그는 그 물건[멸실된 물건]에 부수
    하는 권리와 소권을 자신의 채권자에게 양도해야 한다"고 정하여 대상청구권을 유
    지하고 있다.

개정전 제323조, 개정후 제326조), 이러한 규율은 채권자가 대가위험을
부담하는지 여부와 상관없이 채무자는 책임 없는 사유로 인한 급부불
능으로 받은 이익을 채권자에게 양도해야 한다는 것을 의미하게 되었
다. 실제로 판덱텐 법학에서는 대가위험이 누구에게 있는지 여부를
구별하지 않고 책임 없는 급부불능으로 채무자가 얻은 이익이 있으면
채권자는 이를 청구할 수 있다는 언명이 행해지고 있었고,[21] 이로써
대가위험부담과의 관련성에서 탈피하는 동시에 대상원칙 내지 대위
원칙을 시사하는 설명이 나타나고 있었다.[22] 제1초안은 이에 따른 것
으로 보인다. 즉 제1위원회에서 예비초안을 담당했던 폰 퀴벨(von
Kübel)은 대가위험부담과 대상청구권을 연동하는 입장에서 명시적으
로 벗어나, 당사자들의 가정적 의사를 근거로 대상청구권을 인정하는
규정을 안출하였고,[23] 이 규정이 이후 심의과정에서 수용되었던 것이
다. 이러한 변화 즉 위험부담 법리와의 절연에 직면하여 독일 민법
제1초안의 대상청구권은 이전에 보통법상 전승되었던 내용의 대상청
구권과는 그 의미와 기능을 달리할 수밖에 없었다. 그 때문에 제1초
안 이유서는 대상청구권에 대한 근거로서 민법상 대위원칙 내지 대상
원칙이 이 경우에도 적용된다는 것과 당사자들의 의무부담의사는 그
러한 대체이익에도 미친다는 채권관계의 연장효를 들어 그러한 규정
을 정당화하였다.[24] 이러한 이유제시가 우리 다수설의 근거제시이기
도 하다는 점은 이미 보았다(앞의 II. 1. 참조). 그러나 이렇게 대상청
구권의 근거를 대위원칙 내지 대상원칙 그리고 당사자들의 추정적·

---

21) 예컨대 Friedrich Mommsen, *Erörterungen über die Regel: Commodum ejus esse
   debet, cujus periculum est*, 1859, S. 77; Windscheid/Kipp, *Lehrbuch des
   Pandektenrechts*, Band 2, 9. Aufl., 1906, S. 93f.
22) Schermaier in *Historischer-kritischer Kommentar zum BGB*, Band II, 1.
   Teilband, 2007, §§ 280−285, Rn. 80.
23) Schubert (hrsg.), *Die Vorentwürfe der Redaktoren zum BGB. Recht der
   Schuldverhältnisse*, Teil 1, 1980, S. 877f.
24) Motive II, 46f.

가정적 의사에서 찾게 되면, 이를 채무자의 책임 없는 불능의 경우에
한정할 이유가 없어진다.[25] 그래서 독일 민법 제2초안은 그러한 제한
을 없애 일반적인 대상청구권을 규정하기에 이르렀고(제2초안 제237
조, 제274조 제2항),[26] 그것이 거의 그대로 현재 독일 민법전의 규율로
계승되었다(2002년 개정 전 제281조, 제323조 제2항, 현행 제285조, 제326
조 제3항).[27]

  (나) 그렇다면 현재 독일에서 대상청구권의 이론적 근거는 어떻게
이해되고 있는가? 입법자가 채택하였던 설명, 즉 대위원칙 내지 대상
원칙의 적용과 당사자들의 추정적·가정적 의사에 의해 인정되는 채
권관계의 연장효는 현재 널리 받아들여지고 있는 견해라고는 할 수
없다.[28] 현재 보다 우세한 견해는 대상청구권을 채권관계의 구속력
및 부당이득 제도와의 상관성에서 찾고 있는 것으로 보인다. 독일 민
법전이 시행되고 얼마 지나지 않아 프리츠 슐츠(Fritz Schulz)는 대상
청구권이 부당이득과 내용 및 기능에서 밀접한 관련성을 보이고 있음
을 지적하면서, 타인 권리(여기서는 채권)의 위법한 침해로부터 받은
이익을 반환하게 하는 일반적 법리의 표현으로 보았다.[29] 마찬가지로
헤크(Heck) 역시 대상청구권을 이익상황에 비추어 자명한 규정으로

---

25) Laband, "Zum zweiten Buch des Entwurfs eines bürgerlichen Gesetzbuchs für
   das Deutsche Reich. I. Abschnitt. Titel 1 bis 3", *Archiv für die civilistische
   Praxis* 73 (1888), 161, 196.
26) Mugdan II, 530; Jakobs/Schubert (hrsg.), *Die Beratung des BGB §§ 241 bis
   432*, 1978, S. 231.
27) 2002년의 채권법 대개정은 대상청구권의 내용을 유지하면서, 새로운 불능규율
   에 맞추어 표현을 수정하는 것에 그쳤다고 설명되고 있으나(Canaris (hrsg.),
   Schuldrechtsmodernisierung 2002, 2002, S. 688f. 참조), 문언에서는 내용의 변화
   가 감지되어 해석론상 논란이 있다. 이 점에서 대해서는 아래 주 80 참조.
28) 독일과 오스트리아의 학설 상황에 대한 포괄적인 서술로 Bollenberger, *Das
   stellvertretende Commodum*, 1999, S. 54ff. 참조.
29) Fritz Schulz, *Rückgriff und Weitergriff*, 1907, S. 109ff.; "System der Rechte auf
   den Eingriffserwerb", *Archiv für die civilistische Praxis* 105 (1909), 1, 5ff.

이해하는 동시에 부당이득 제도와의 근친성을 지적하였고,[30] 빌부르
크(Wilburg)도 대상청구권을 채권에 대해 인정되는 부당이득 유사의
구제수단으로 파악하여 권리연장효(Rechtsfortwirkung)의 한 모습으로
논하였다.[31] 이어서 폰 캐머러(von Caemmerer)는 동산 물권법과 부당
이득에 관한 비교법적 연구의 성과로부터 대상청구권을 정하는 규정
과 무권리자의 처분에 따른 침해이득반환을 정하는 독일 민법 제816
조가 "동일한 사고방식의 표현"(Ausdruck desselben Gedankens)이라는
인식을 이끌어 내었다. 폰 캐머러의 주장은 이후 학설의 전개에 중요
한 의미가 있으므로 다소 길더라도 인용하기로 한다.

　　"프랑스, 영국, 미국의 법에서는 매수인의 손해배상청구권은 이미
　　계약체결로 소유권이 그에게 이전하였다는 사실로부터 바로 도출된
　　다. [반면] 스위스, 오스트리아, 독일의 법이 인도주의(Traditions-
　　prinzip)를 좇을 때, 이는 제3자에 대한 효력을 고려하여 즉 관계인
　　의 채권자들과 특정승계인들에 대한 효력을 고려하여 그러한 것이
　　다. 이들의 이익을 위해 소유권 이전의 외부적 인식가능성에 강조가
　　놓이는 것이다. [그러나] 이는 '당사자들 사이에서'(inter partes) 달리
　　판단할 가능성을 배제하지는 않는다. 인도주의를 채택하는 나라들에
　　서도 매도된 물건은 **채권적으로는** 계약체결시점부터 매수인의 것, 그
　　에게 속한 것으로 간주된다. 이른바 '대체이익의 취급'([대상청구권
　　을 정하는 2002년 개정전 독일 민법] 제281조)이 이를 잘 보여준
　　다."[32] 즉 "제281조는 채무의 목적인 물건이 채권자에게 속해야 한
　　다는 것으로부터 결론을 이끌어 낸다. 이 규정은 독일법에서 [물권변
　　동과 관련해] 의사주의(Konsensprinzip)가 효력을 가지고 있었다면
　　있었을 상태를 **당사자들 사이에서**(*inter partes*) 창출한다. 그랬다면

---

30) Heck, *Grundriß des Schuldrechts*, 1929, S. 103f.

31) Wilburg, *Die Lehre von der ungerechtfertigten Bereicherung*, 1934, S. 46f.

32) von Caemmerer, "Das Problem des Drittschadensersatzes", *Gesammelte Schriften*, Band Ⅰ, 1968, S. 616f.

물건의 멸실 또는 손상으로 인한 손해배상청구권이나 [독일 민법] 제
816조 제1항 또는 제951조에 따른 부당이득반환청구권은 매수인에
게 성립하였을 것이다. [그러나] 인도주의에 따라 이들 권리가 매도
인에게 성립하므로, 이들은 매수인에게 양도되어야 한다. 계약체결
이후 상품의 가치상승은 매수인에게 속해야 하는 것이다. 물건이 인
도 전 그사이 가격이 상승한 상태에서 관공서에 의해 수용되었다면,
매수인은 이미 물건이 수용된 소유자가 된 것처럼 상승한 가격을 기
초로 산정한 보상금액을 받는다. 그러므로 제281조는 [⋯] 대상반환
의 범위와 관련하여 제816조 제1항 제1문과 동일하게 해석되어야
한다."[33)]

이상의 인용에서 명백하지만, 이 견해에 따르면 대상청구권은 매
매당사자들 사이에서 매매목적물이 이미 매수인에게 귀속하는 것과
동일한 결과를 가능하게 하는 채권법적 수단으로 이해된다. 즉 물권
변동에서 인도와 등기가 요구되는 것은 제3자와의 관계에서 명확성
을 창출하기 위한 기제이므로, 계약의 당사자들 사이에서는 원래 매
매계약에서 채택한 리스크 분배가 그대로 의미를 가지는 것이 타당하
며, 이를 위해 대상청구권은 매수인이 매도인에 대한 관계에서 마치
소유자가 된 것과 같은 지위를 확보하는 법적 수단이 된다. 세부적인
내용에서는 차이가 있지만 그 결과와 기능에서 이러한 해석이 원래
로마법에서의 상황(앞의 Ⅱ. 2. (1) 참조)과 매우 유사하다는 점은 주목
할 만하다.

폰 캐머러가 동산 매매를 중심으로 개진한 이 설명을 이후 피커
(Picker)는 채권 일반에 확장한다. 그에 의하면 "당사자들 사이에서는
(inter partes) 즉 채권관계의 당사자들 사이에서는 '절대적' 법적 지위

---

33) von Caemmerer, "Bereicherung und unerlaubte Handlung", *Gesammelte
Schriften*, Band Ⅰ, 1968, S. 265 Fn. 211. 인용문의 마지막 부분과 관련하여, 폰
캐머러는 대상청구권과 부당이득의 경우 모두 객관적 가치의 반환으로 충분하다
고 하면서 이를 초과하는 이득은 반환될 필요가 없다고 주장한다(S. 235f. 참조).

와 '상대적' 법적 지위의 구별은 의미를 가지지 않는다." 이는 예를
들어 이미 채권관계가 존재하는 당사자들 사이에서는 물건의 반환을
청구하는 사람이 소유물반환을 청구하든 급부이득반환을 청구하든
그 실질에 있어 차이가 없다는 사실[34]에서도 잘 나타난다. 절대적 법
적 지위는 제3자에 대한 관계에서 의미를 가진다는 점에서 차이가 있
다. 그러므로 절대적 법적 지위를 가지는 사람, 예컨대 소유자가 제3
자가 소유권을 침해하여 받은 이익에 대해 독일 민법 제816조에 따
라 부당이득을 반환청구할 수 있는 것과 마찬가지로, 상대적 법적 지
위(채권)를 가지는 사람(채권자)은 바로 그 상대적 지위를 침해할 수
있는 사람(채무자)이 이를 침해하여 받은 이익을 대상청구권으로 반환
청구할 수 있다는 것이다.[35] 이 견해에 따르면 대상청구권은 채권관
계에서 다음과 같은 기능을 수행하는 채권자의 구제수단이 된다.[36]

법적 지위 보호내용	절대권, 예컨대 소유권	상대권, 예컨대 채권
권리 내용 그대로의 실현	물권적 청구권	이행청구권
권리를 침해함으로써 침해자가 받은 이익의 반환 (귀책사유 불문)	부당이득반환	대상청구권
귀책사유에 따른 손해의 전보	불법행위책임	채무불이행책임

대상청구권을 채권관계상 급부를 당사자들 사이에서 채권자에게
귀속하게 하는 제도라고 이해하여 부당이득과의 근친성을 강조하는

---

34) 이 점에 대해 김형석, "점유자와 회복자의 법률관계와 부당이득의 경합", 서울대학
교 법학, 제49권 제1호, 2008, 251-252면 참조.
35) Picker, "Positive Forderungsverletzung und culpa in contrahendo", *Archiv für
die civilistische Praxis* 183 (1983), 369, 511f.
36) Hartmann, *Der Anspruch auf das stellvertretendes commodum*, 2007, S. 25ff.

이러한 견해가 현재 독일의 다수설로 보인다.[37] 그 밖에 대상원칙 내
지 대위원칙을 원용하거나 당사자들의 가정적 의사를 강조하는 논거
도 여전히 내지 그와 함께 (보조적으로) 주장되고 있음은 물론이다.[38]

(다) 그러나 이렇게 대상청구권과 부당이득의 기능적 근친성을 강
조하는 다수설에 대해서는 최근 대상청구권과 손해배상 사이의 근친
성을 강조하는 소수설이 유력하게 주장되고 있다. 이 견해[39]는 우선
채무자 예컨대 매도인으로서는 당사자들 사이에서도 목적물을 자신
에게 귀속시킬 정당한 이익을 가지고 있고, 그러한 한도에서 목적물
이 상대적으로 채권자인 매도인에게 귀속되는 결과를 인정하기 어렵
다고 말하며,[40] 대가위험 이전시까지 목적물의 과실이나 사용이익이
매도인에게 귀속한다는 규율(독일 민법 제446조 제1항 제2문)이 그러한
내용을 반영하고 있다고 다수설을 비판한다. 또한 매도인이 항상 선

---

37) 폰 캐머러와 피커 외에 Bollenberger (주 28), S. 111ff., 139ff.; Hartmann (주 36),
S. 25ff.; Lobinger, "Der Anspruch auf das Fehlersurrogat nach § 281 BGB",
Juristische Schulung 1993, 453, 456; Köndgen, "Immaterialschadensersatz,
Gewinnabschöpfung oder Privatstrafen als Sanktion für Vertragsbruch?",
(Rabels) Zeitschrift für ausländisches und internationales Privatrecht 56
(1992), 696, 739ff., 742("같은 나무에서 나온 목재"); Emmerich in *Münchener
Kommentar zum BGB*, Band 2, 5. Aufl., 2007, § 285 Rn. 2; Westermann in
Erman, *BGB*, Band Ⅰ, 13. Aufl., 2011, § 285 Rn. 1; Esser/Schmidt, *Schudlrecht*,
Band Ⅰ, 6. Aufl., 1984, S. 314; Weiler, *Schuldrecht. Allgemeiner Teil*, 2013, §
28 Rn. 1; HKK/Schermaier (주 22), §§ 280–285 Rn. 78. 반면 Helms (주 15), S.
355ff. 역시 대상청구권을 부당이득과 같은 성질의 제도로 이해하지만, 위 저자들
과는 달리 침해부당이득이라기보다는 급부부당이득과 상관적이라고 주장한다. 또
한 Schwarze, *Das Recht der Leistungsstörungen*, 2008, § 26 Rn. 1f., 19f.은 부당
이득적 구성이 타당한 유형과 (아래 살펴볼) 손익상계적 구성이 타당한 유형을 구
별해 이원적으로 설명하는 것으로 보인다.

38) Grüneberg in Palandt, *BGB*, 71. Aufl., 2012, § 285 Rn. 2; Bamberger/
Roth/Unberath, *BGB*, Band 1, 3. Aufl., 2012, § 285 Rn. 1; Weiler (주 37), § 28
Rn. 1.

39) Stoll, "Vorteilsausgleichung bei Leistungsvereitelung", *Festschrift für Peter
Schlechtriem*, 2003, S. 686f.

40) Harke, *Allgemeines Schuldrecht*, 2010, Rn. 350도 같은 취지이다.

량한 관리자의 주의의무로 목적물을 보관할 의무가 있는 것은 아니므로(예컨대 수령지체의 경우) 채권자에 대한 목적물의 상대적 귀속을 받아들이기 어려우며, 급부불능의 경우에 채무자의 "침해"를 운위할 수 없는 경우도 많다고 지적한다. 특히 채무자가 급부불능으로 어떠한 이익을 받았더라도 채권자의 손실로 받았다고 말하기가 어렵고, 이는 채권자가 대가위험을 부담하지 않음으로써 충분히 보호받고 있기 때문에 더욱 그러하다고 한다. 대신 이 견해는 대상청구권이 손해배상법의 손익상계(Vorteilsausgleichung)의 법리와 유사성을 가지고 있다고 말한다. 손익상계의 법리에 따르면 손해를 발생시킨 바로 그 원인으로부터 이익이 발생한 경우에, 이익과 손해는 하나의 사건의 양면으로 밀접한 관련을 가지므로 그 이익을 손해에 산입하여 손해액을 감축해야 한다. 그런데 급부불능이 문제되는 경우에는 급부가 실현되지 못하는 불이익은 채권자에게 발생한 대신 그로부터 채무자에게 이익이 발생하였고, 이는 서로 상관적인 관계에 있다. 이렇게 손해에 산입되어야 할 이익이 서로 다른 주체에 발생하였으므로, 채권자는 그 이익의 반환을 청구해 손해에 산입하도록 해야 하며 그러한 손익상계적 결과를 보장하는 제도가 대상청구권이라는 것이다.[41)]

(라) 이상의 견해대립은 어떠한 차이를 가져오는가? 다수설은 대상청구권과 부당이득의 근친성을 강조하므로, 해석론상으로 대상청구권이 적용되는 경우와 부당이득이 적용되는 경우의 결과를 가급적 일치시키는 방향으로 나아가지만, 그 때문에 부당이득 제도의 이해에 따라 다수설 내에서도 서로 다른 결론이 주장되고는 한다. 반면 손익상계와의 근친성을 강조하는 견해에 따르면, 대상청구권은 손해배상을

---

41) Stoll (주 39), S. 688. 이에 동조하는 견해로 Löwisch, "Herausgabe von Ersatz-dienst", *Neue Juristische Wochenschrift* 2003, 2049, 2051; Löwisch/Caspers in Staudinger, *Kommentar zum BGB*, 2009, § 285 Rn. 3. 부분적으로 Schwarze (주 37), § 26 Rn. 1f., 19f.

보충하는 제도로서 자리매김을 하므로 예컨대 대상청구권의 반환범
위와 관련해 원칙적으로 손해로 한정하는 입장을 고수하게 된다.[42)]
그러나 차이에도 불구하고 이 두 견해 모두에 공통적인 경향은 관찰
된다. 어느 해석에 따르더라도 대상청구권은 물건의 멸실과 관련된
대가위험부담의 모델과는 확실히 절연하며, 오히려 채무불이행의 일
반적 구제수단으로서의 성격에 근접한다. 그 결과 종래 대상청구권이
부정되었던 종류채무, 하는 채무, 부작위채무 등과 관련해서도 대상
청구권을 인정하는 결론에 보다 적극적인 태도를 취하게 된다. 물론
이 글의 목적을 고려할 때 여기서 그 내용을 상론할 수는 없다.[43)]

  (4) 커먼로

  이러한 대륙법의 상황과는 달리, 커먼로에서는 이행불능에 대한
채권자의 일반적 구제수단으로서 대상청구권에 해당하는 제도는 발
견되지 않는다고 지적된다.[44)] 이는 커먼로에서 채권자가 가지는 지위
에 비추어 자연스러운 결론으로 이해된다. 한편으로 커먼로에서는 원
칙적으로 채권자에게 계약의 특정이행(specific performance)이 인정되
지 않아 채무자가 계약을 불이행하고 손해배상을 하여 구속력에서 벗
어날 수 있는 가능성이 인정되어 있다. 이렇게 이른바 "계약파기의
자유"를 누리고 있는 채무자에 대한 관계에서 채권자에게 대상청구권
을 인정하면 이는 실질에서 특정이행을 허용하는 효과 특히 쌍무계약
에서는 급부의 교환을 강제하는 결과로 작용하므로 체계상 대상청구
권을 일반적으로 수용할 수는 없었을 것으로 보인다.[45)] 그러나 이는
다른 한편으로 커먼로에서 채무자는 원칙적으로 과실이 없더라도 채

---

42) 예컨대 Stoll (주 39), S. 693f.
43) 자세한 내용은 예컨대 Bollenberger (주 28), S. 237ff.; Hartmann (주 36), S. 86ff;
   Helms (주 15), S. 318ff.; Stoll (주 39), S. 688ff.; Staudinger/Löwisch/Caspers
   (주 41), § 285 Rn. 22ff. 등 참조.
44) 이성호, "미국법상 대상청구권의 인정여부", 판례실무연구[I] (주 14), 502면 참조.
45) Rabel, *Das Recht des Warenkaufs*, 1. Band, 1936/1964, S. 370 참조.

무불이행에 대해 책임을 부담하므로 채권자의 불이익은 통상 손해배상에 의해 충분히 전보될 수 있기 때문이기도 하다.46) 그러나 커먼로에서도 계약목적의 달성불능(frustration of contract) 등의 사유로 채무자가 예외적으로 면책되는 경우에는 채권자에게 대상청구권에 상응하는 구제수단을 부여하는 것이 고려될 수 있다고 지적된다.47) 그러나 이는 원상회복(restitution)의 방법으로 이루어지는 구제수단이므로, 이미 채권자가 채무자에게 반대급부를 제공한 한도에서만 허용되는 것으로 보이고,48) 그러한 의미에서는 대륙법상 인정되는 채권자의 선택에 따른 대상청구권과는 차이가 있다고 하겠다. 채무자에게 엄격책임을 지우면서 예외적으로 채권자가 대가위험을 부담하는 경우에 대상청구를 허용한다는 점에서 이러한 태도는 그 내용에서 로마법(앞의 Ⅱ. 2. (1) 참조)과 유사하다고 보인다.

3. 우리 민법상 대상청구권

(1) 대상청구권의 인정범위

이러한 외국의 경험을 배경으로 우리 민법상 대상청구권을 해석상 인정할 수 있는지 여부 및 인정한다면 어느 범위에서 인정할 것인지의 문제를 다시 살펴보기로 한다. 그런데 여기서는 종래 학설들의 접근법과는 달리, 어느 하나의 이론적 입장이나 논거를 미리 전제하여 포괄적으로 접근하기보다는 사안유형을 나누어 개별적으로 이익형량을 통해 그 타당성을 음미해 보고, 그렇게 획득된 결과를 토대로 일반적인 이론구성으로 나아가고자 한다. 이를 위해서 대상청구권이 문제될 수 있는 사안유형을 다음과 같이 구별한다. ① 편무계약상 채

46) Stoll (주 39), S. 681.
47) Stoll (주 39), S. 682. 예컨대 미국에서 여러 선례들에 대해서 Nehf, *Corbin on contracts*, vol. 14, Revised ed., 2001, § 78.7 (p. 315-316) 참조.
48) Nehf, *Corbin on contracts* (주 47), § 78.6 (p. 311-312).

무의 이행이 채무자의 책임 없는 사유로 불능이 된 경우, ② 쌍무계
약에서 채권자가 대가위험을 부담하는 경우, ③ 쌍무계약에서 채무자
가 대가위험을 부담하는 경우, ④ 계약에서 채무자의 책임 있는 사유
로 급부가 불능이 된 경우, ⑤ 법정채권의 급부가 불능이 된 경우가
그것이다.

　　첫째, 편무계약상 채무의 이행이 불능이 된 경우(①), 제1083조,
제1084조와의 관계에서 대상청구권의 인정은 불가피하다고 생각된
다.[49] 이들 규정에 의하면 유증자가 유증목적물의 멸실, 훼손 또는
점유의 침해로 인하여 제3자에게 손해배상을 청구할 권리가 있는 때
에는 그 권리를 유증의 목적으로 간주하고(제1083조), 채권을 유증의
목적으로 한 경우에 유언자가 그 변제를 받은 물건이 상속재산 중에
있는 때에는 그 물건을 유증의 목적으로 간주한다(제1084조 제1항). 여
기서 민법은 유증이라는 단독행위가 아직 효력을 발생하지 않은 상태
임에도 불구하고 유언자의 가정적 의사를 고려하여, 나중에 유증이
효력을 발생한 때에는 수유자에게 대상청구권에 상응하는 권리를 인
정한다. 그렇다면 당사자들의 합의로 편무계약이 성립하였고 그에 따
른 채무가 바로 유효하게 발생한 경우라면 더욱 당연히 그러한 내용
의 권리가 인정되는 것이 타당하지 않겠는가? 게다가 이들 규정은 사
인증여에 준용되는데(제562조), 그렇다면 이들 규정은 편무계약 일반
에 확장해 유추할 필요가 더욱 크다고 하겠다. 요컨대 편무계약에서
대상청구권을 인정하지 아니하면, 제1083조, 제1084조가 정하는 취지
와 평가모순을 피하기 어렵다.[50]

49) 김형배, 채권총론, 제2판, 1998, 198면; 민법주해[ⅩⅢ] (주 10), 90면(최병조); 제철
　　웅, "대상청구권의 적용범위", 사법연구, 제4집, 1999, 93면 참조. 이상경 (주 9),
　　251면은 반대.
50) 제1083조, 제1084조는 의용민법 제999조 제1항, 제1001조를 통해(민의원 법제사
　　법위원회 민법안심의록, 하권, 1957, 207–208면 참조) 독일 민법 초
　　안의 규정들이(전자에 대해 제1초안 제1848조 제3호, 제2초안 제2040조 제3항 및

둘째, 편무계약에서 당사자의 가정적 의사를 고려하여 원칙적으로 대상청구권을 인정해야 한다는 결론을 받아들인다면 이는 비교적 어렵지 않게 법정채권의 급부가 불능이 된 경우(⑤)에도 적용될 수 있다.[51] 즉 채권을 발생시키는 법률의 해석상 당해 급부를 채권자에게 종국적으로 귀속시키고자 하는 **입법취지**가 확인된다면, 유증 및 편무계약의 경우와 비교할 때 법정채권의 경우에 대상청구권을 부정할 이유는 찾을 수 없는 것이다.[52]

셋째, 쌍무계약에서 급부가 채무자의 책임 없는 사유로 불능이 되었으나 채권자가 대가위험을 부담해야 하는 경우(②), 채권자가 대상청구권을 행사할 수 있다는 점은 별다른 의문 없이 인정될 수 있을 것이다. 역사적으로도 바로 이러한 사안에 대해 대상청구권이 인정되기 시작하였던 것이고(앞의 Ⅱ. 2. (1) 참조), 여기서 대상청구권을 인정

후자에 대해 제1초안 제1855조, 제1856조, 제2초안 제2044조) 계수된 것으로(民法修正案理由書 親族編·相續編, 1898, 350-352면 참조), 유언자의 현실적 내지 가정적 의사를 고려하는 규정이다(Motive Ⅴ, 147, 157f. 참조). 여기서 특히 흥미로운 사실은, 독일 민법 제1초안을 준비하는 과정에서 예비초안을 준비했던 폰 퀴벨(앞의 Ⅱ. 2. (3) ㈎ 참조)이, 대상청구권의 근거를 당사자들의 가정적 의사에서 찾으면서, 이후 제1초안 제1848조 제3호가 될 예비초안 규정을 명시적으로 인용하여 같은 취지의 권리로 설명하고 있었다는 점이다(Schubert (hrsg.), *Die Vorentwürfe* (주 23), S. 878). 여기서 대상청구권이 그 내용과 성질에서 제1083조, 제1084조의 수유자의 권리에 상응한다는 점이 잘 나타난다.

51) 제철웅 (주 49), 100면 참조.

52) 그러한 의미에서 취득시효 완성자의 등기청구권과 관련해 대상청구권을 인정할 것인지 여부 및 인정한다고 하더라도 어떠한 요건 하에서 인정할 것인지 여부에 대해 판례(특히 大判 1996.12.10., 94다43825, 공보 1997, 2860)를 둘러싸고 학설에서 다툼이 있는 이유는(우선 권용우, "취득시효완성자의 대상청구권", 법학논총, 제30권 제1호, 2006, 94면 이하 참조) 제245조 제1항의 입법취지 즉 취득시효 완성의 효과로서 발생하는 등기청구권의 성질과 내용과 관련해 서로 의견이 일치하고 있지 않기 때문이라고도 말할 수 있다(예컨대 양창수, "이행불능의 효과로서 대상청구권", 고시연구, 2001, 188면 참조: "단적으로 말하면" 취득시효 완성의 효과에 대한 "판례준칙에 근본적인 문제"). 그 밖에 물권적 청구권이나 부당이득의 경우에 당해 근거규범의 취지상 대상청구권이 인정될 수 있는지 여부에 대해서는 제철웅 (주 49) 참조.

하지 아니하면 채무자는 채권자가 제공한 반대급부를 수령하면서도 불능으로 발생한 대체이익을 보유할 수 있게 되어 당사자들의 이익균형이 크게 깨지기 때문이다.

넷째, 어려운 문제는 결국 쌍무계약에서 급부불능이 발생하였고 채무자가 그 대가위험을 부담하는 경우(③)에 대상청구권을 인정할 것인지 여부이다.

앞서 살펴보았지만(앞의 Ⅱ. 1. 참조) 이를 반대하는 핵심적인 논거는 민법이 채무자위험부담주의를 채택한 이상 채무자가 대가위험을 부담하여 계약이 해소되는 것으로 충분하므로 대상청구권을 인정하는 것은 법률의 취지에 반하고, 또한 채권자에게 대상청구권을 행사할 선택권을 부여해 시가상승의 이익은 취하지만 시가하락의 불이익은 회피할 수 있는 일종의 후회권(Reurecht)을 주는 것은 바람직하지 않다는 것이다. 그런데 우선 민법이 채무자위험부담주의를 채택하였다는 사실만으로는 대상청구권을 해석상 부정하는 것에 대한 충분한 논거가 될 수 없다. 그러한 주장이 정당화되기 위해서는, 입법자가 책임 없는 이행불능으로 채무자가 대체이익을 취득한 사안유형까지 염두에 두고 고려·심의한 결과 대상청구권을 배척하기 위한 취지로 규정을 두지 않았다는 점이 증명되거나 그러한 취지가 법률에 나타나야 한다. 그러한 사실이 없는 이상 법학방법론적으로 법에 따른 (secundum legem) 법형성은 혹 아닐지 몰라도 적어도 **법을 보충하는** (praeter legem) **법형성**으로 대상청구권을 인정하는 것은 논리적으로 가능하고 정당화될 수 있기 때문이다.[53] 그러나 입법자의 의사가 대체이익이 발생하는 경우까지 고려에 넣고서 대상청구권을 부정하려는 취지였다거나, 그 내용이 법률에서 확인된다고는 전혀 말할 수 없다.[54] 적어도 법률 문언으로만 판단한다면, 입법자는 대체이익이 발

---

53) 우선 Kramer, *Juristische Methodenlehre*, 3. Aufl., 2010, S. 227ff.; Larenz/ Canaris, *Methodenlehre der Rechtswissenschaft*, 3. Aufl., 1995, S. 232ff. 등 참조.

생하지 않는 통상의 경우만을 상정하여 채무자위험부담을 정하였다
고 이해할 가능성도 충분하다. 만일 그렇다면 이러한 경우 법을 보충
하는 법형성은 가능할 뿐만 아니라 당사자들의 이익형량과 거래의 필
요에 부합한다면 정당한 법형성으로 평가될 수 있다.

　　그러므로 제기되어야 할 질문은 채무자의 책임 없는 사유로 급부
가 불능으로 됨과 동시에 채무자가 이익을 받은 경우, 당사자들의 이
익을 형량할 때 채권자가 그 이익을 청구하는 것이 민법 질서 전체의
관점에서 정당화될 수 있는지 여부이다. 이러한 경우 단순히 대위원
칙이나 대상원칙을 언급하는 것만으로는 충분하다고 할 수 없다. 왜
냐하면 실제로 우리 민법에 규정된 대위나 대상의 유형들은 각각 서
로 다른 정책적 고려에 기초하고 있기 때문에 모두를 아우르는 하나
의 법원칙을 상정할 수는 없다고 보이기 때문이다.[55] 그러므로 어떤

---

54) 계수과정을 살펴보면 오히려 우리 민법은 이 문제에 대해 아무런 평가도 내리지
　　않고 있다는 결론이 보다 더 자연스럽다. 우선 의용민법의 제정과정을 살펴보면,
　　보아소나드는 일본 구민법 재산편 제543조에 대상청구권을 규정하고 있었다("물
　　건의 전부 또는 일부의 멸실의 경우에 그 멸실로부터 제3자에 대해 보상소권이 발
　　생한 때에는 채권자는 잔여의 물건을 요구하고 또 이 소권을 행사할 수 있다"). 그
　　런데 의용민법의 기초자 중 한 사람인 富井政章은 주는 채무뿐만 아니라 하는 채
　　무 일반에 대해서 예컨대 제3자의 행위로 이행불능이 야기되면 채권자는 그 제3자
　　에 대해 직접 손해배상을 청구할 수 있으므로("채권자의 대세권") 그러한 규정은
　　필요 없다고 하여 이 규정을 삭제하도록 하였다(法典調査會 民法議事速記錄 三,
　　1984, 638-639면). 그러나 그러한 경우 제3자의 행위가 항상 불법행위가 되는 것
　　은 아니므로(우선 김형배 (주 49), 199면; 김재형, "제3자에 의한 채권침해", 민법
　　론 Ⅲ, 2007, 398면 이하 등 참조), 富井가 전제하고 있는 논리에 착오가 있음은
　　명백하지만, 불능이 된 급부의 가치가 채권자에게 귀속되어야 한다는 가치평가는
　　확인가능하다. 그렇다면 의용민법에서는 이 문제에 대해 어떤 구속력 있는 입법자
　　의사를 확인하기 어렵다고 할 것이다. 우리 민법의 입법자는 의용민법에 있던 특
　　정물에 대한 채권자위험부담주의를 제거하면서 일반적인 채무자위험부담주의를
　　채택하였으나, 대체이익이 발생한 경우의 취급에 대해 고려하였는지 여부는 전혀
　　확인되지 아니한다("민법전편찬요강" 채권각론 5; 민의원 법제사법위원회 민법안
　　소위, 민법안심의록, 상권, 1957, 312-313면 참조).
55) 안법영 (주 8), 252-253면 참조.

원리나 정책에 기초해 대위가 일어나는지에 대한 설명이 없다면 이는 대상청구권이 인정된다는 결론을 다른 말로 표현하는 것에 불과하게 된다.56)

　　그러나 이익상황을 살펴보면 대상청구권을 인정하는 해석이 보다 타당하다는 점을 부정하기는 어렵다. 여기서 주의할 것은 채권자가 대상청구권을 행사하는 사안유형을 단순히 채무자위험부담의 경우(제537조)와 비교해 이익을 형량해서는 안 된다는 점이다. 왜냐하면 채권자가 대상청구권을 행사하는 이상 그는 쌍무계약에서 급부교환을 선택하였고, 이로써 반대급부의무를 부담하게 되기 때문이다. 그러므로 채권자에게 대상청구권을 인정한다는 것은 채무자가 대가위험을 부담할 사안에서 **채권자위험부담주의로 전환할 선택권을 채권자에게 부여한다**는 것을 의미한다. 여기서 채무자의 책임 없는 사유로 급부가 불능이 되었는데, 채권자가 대체이익을 목적으로 하는 계약유지를 채무자에게 제안하면서 반대급부를 제공하는 경우를 상정해 보자. 이때 만일 급부의 가치가 그 사이 상승하였다면 채무자는 통상 이를 거절할 것이지만, 반대로 급부의 가치가 그 사이 하락하였다면 이를 승낙할 것이다. 그렇다면 채무자가 대가위험을 부담하는 경우에 대상청구권을 부정한다는 견해는 결과적으로 사실상 시가 변동에 따라 이익만을 획득할 수 있도록 하는 후회권을 채무자에게 부여하는 해석에 다름 아니다. 따라서 채무자와 채권자에게 공평하게 후회권을 주는 해석은 있을 수 없으며, 선택해야 한다. 즉 시가변동에 직면하여 계약유지 내지 계약해소를 선택해 이익을 취할 수 있게 하는 후회권을 채무자에게 인정할 것인지(제한적 인정설, 부정설) 아니면 채권자에게 인정할 것인지(일반적 인정설)이다. 민법의 해석상 후자가 타당하다. 채권자는 수령지체에 빠지거나 자신의 책임 있는 사유로 이행불능을 야

---

56) Schulz (주 29, 1909), 5f.

기함으로써 즉 자신에게 귀책될 만한 사정이 있는 상황에서(제538조)
대상청구권을 행사할 수 있는데(앞의 "셋째" 참조), 오히려 그러한 "문
제 있는" 행동이 전혀 없는 상태에서 자발적으로 채권자위험부담을
선택하는 채권자에게 대상청구권을 부정하는 것은 **보호의 균형을 상실**
하기 때문이다. 급부의 시가상승의 이익을 책임 있는 채권자에게는
부여하면서, 자발적으로 계약유지를 선택하여 대가위험을 부담하려는
책임 없는 채권자에게는 부정하는 해석이 정당화될 수 있을 것인가?
오히려 대상청구권을 인정함으로써, 전자는 시가상승의 이익은 취하
게 되지만 시가하락에 직면해 계약을 해소할 수 없는 불이익을 지는
반면에, 후자는 시가상승의 이익을 취할 수 있는 것과 함께 시가하락
의 불이익을 회피할 가능성을 가지게 되어, 둘 사이의 균형 잡힌 차
별이 가능하게 되는 것이다. 그리고 그러한 대상청구권을 인정한다고
하더라도 채무자는 자신이 원래 계약에서 인수한 것 이상의 희생을
부담하지 않으므로 그에게 어떤 불이익이 발생하지도 아니한다.[57]

　　이러한 결론은 동시에 **보충적 계약해석**을 통해서도 정당화된다.
이것이 종래 다수설이 당사자들의 가정적 의사를 들어 대상청구권을
정당화했던 논거이기도 하다. 이에 대해서는 채무자가 대가위험을 부
담하는 경우 특히 불능이 된 급부의 가치가 상승한 경우에까지 채무
자에게 그러한 가정적 의사를 인정하기는 어렵다는 비판이 있다.[58]
그러나 이러한 비판은 타당하지 않다. 보충적 계약해석에 따라 가정
적 의사를 탐구할 때에는 분쟁이 발생한 사후적 시점(ex post)에서가
아니라 계약을 체결하던 사전적 시점(ex ante)에 당사자들에게 알려진
사정을 바탕으로 가정적 의사를 탐구해야 한다.[59] 이렇게 이해할 때,

---

57) Heck (주 30), S. 103; 주석 민법 채권총칙(1) (주 6), 694면(김상중).
58) 예를 들어 민법주해[XIII] (주 10), 86‒87면(최병조); 정상현 (주 13), 718‒719
　　면 등.
59) 가령 Ellenberger in Palandt (주 38), § 157 Rn. 7 등 참조.

채무자의 사전적 가정적 의사가 통상 대체이익의 양도를 포함할 것이
라는 점에서는 의문을 제기하기 어려울 것이다. 자신이 대가위험을
부담할 것이고 특히 급부의 가치가 상승할 것이라는 사정을 채무자가
고려에 넣을 수 있었다면 그는 아마도 계약을 체결하지 않았을 것이
기 때문이다. 그러한 의미에서 독일의 판례는 대상청구권을 "법률로
규율되어 있는 보충적 계약해석"의 예로 이해하는데,[60] 그러한 결과
가 우리 민법에서 보충적 계약해석으로 달성되지 못할 이유는 전혀
발견할 수 없다.[61]

　　마지막으로, 이상에서 살펴본 바와 같이 채무자의 책임 없는 사
유로 계약의 이행이 불능하게 된 경우에 대상청구권이 인정되는 결론
이 타당하다면, 채무자의 책임 있는 사유로 급부가 불능하게 된 경우
(④)에는 당연히 대상청구권이 인정되어야 할 것이다. 화재로 인한 목
적물 멸실로 인도의무를 이행할 수 없어 보험금청구권을 양도해야 하
는 채무자가, 이제 새삼 그 화재에 과실이 있음이 밝혀졌다고 해서
그러한 의무가 없다고 할 것인가?[62]

　　이렇게 사안유형들을 개별적으로 검토해 본 결과, 이익상황 및
민법의 가치평가에 비추어 채무의 이행이 불능하게 된 경우 채권자의
대상청구권은 일반적으로 인정되어 한다는 것을 확인할 수 있다.[63]

---

60) BGHZ 25, 1, 9.
61) Selb, *Schadensbegriff und Regreßmethoden*, 1963, S. 70: "만약 독일 민법 제281
　　조의 규율이 법률에 없었다고 하더라도, 우리는 분명히 보충적 계약해석으로, 강
　　하게 인적인 내용의 채권관계에서뿐만 아니라 그 일반적인 이념에 따라 아주 일반
　　적으로도(auch ganz allgemein), 그러한 규율을 발견해 내었을 것이다."
62) Laband (주 25), 196; 제철웅 (주 49), 101면; 엄동섭 (주 6), 14면.
63) 실제로 법률의 규정이 없는 오스트리아나 스위스(안법영, "스위스·오스트리아의
　　대상청구권", 판례실무연구[Ⅰ] (주 14), 455면 이하), 북구의 여러 나라들(Rabel
　　(주 45), S. 296)이 해석으로 대상청구권을 인정하고 있는 것도 그러한 이유 때문
　　일 것이다.

(2) 대상청구권의 근거와 그 귀결

(가) 이상에서는 민법의 가치평가에 비추어 이익형량을 함으로써 대상청구권이 일반적으로 정당화된다는 것(Begründung)을 보았다. 다음에는 이러한 대상청구권의 이론적인 기초를 어디에서 찾을 것인지 법률구성(juristische Konstruktion)의 문제가 제기된다. 특히 독일 학설에서 살펴본 대로, 이를 부당이득과 관련해 이해할지 아니면 손해배상과 관련해 이해할 것인지의 문제가 제기된다. 개별사안유형의 고찰을 통해 일반적으로 대상청구권이 인정된다고 보는 이상, 여기서는 채권관계에서 급부를 당사자 사이에서는 채권자에게 귀속시키는 결과를 달성하기 위해 인정되는 구제수단으로 이해하고자 한다. 물론 이에 대해서는 여러 가지 비판(앞의 Ⅱ. 2. (3) (다) 참조)이 있음을 보았으나, 반드시 납득할 만한 것은 아니라고 생각된다.[64] 오히려 손익상계와의 유사성을 강조하는 견해에 의문이 제기되는데, 이는 무엇보다 채무자에게 책임이 없어 채권자가 손해배상을 청구할 수 없는 경우에까지 채무자에 발생한 이익을 이전하게 하여 그의 불이익에 충당할 근거는 무엇인지에 대해 충분할 설명을 발견할 수 없기 때문이다. 오히려 로마법 이래 대상청구권이 급부를 당사자 사이에서 채권자에게 귀속하게 하는 기능을 수행해 왔고, 채권관계의 효력이 그러한 보호

---

64) 우선 당사자 사이에서도 채무자는 대가위험 이전시까지 급부를 자신에게 귀속시킬 이해관계가 있다고 비판하지만, 이는 민법이 동시이행 관계를 통해 해결하도록 예정하고 있어(제536조) 급부가치가 채권자에게 귀속한다고 해서 특별히 문제될 것이 없다. 이는 매매에서 점유개정으로 이미 소유권이 이전된 경우에도 매도인이 동시이행을 통해 자신의 지위를 보호할 수 있다는 것에서 잘 나타난다. 주의의무 경감(제401조) 등의 규정도 계약관계의 특수성을 고려한 규율일 뿐 급부의 상대적 귀속에 반드시 영향을 준다고 이해할 필요가 없으며, 우리 민법의 과실취득(제587조) 규정은 오히려 급부의 상대적 귀속이라는 관점에서 보다 적절하게 설명된다. 또한 급부불능의 경우에 채무자의 "침해"를 운위할 수 없는 경우도 많다고 하지만, 침해부당이득에서 침해가 제3자의 행위나 자연적 사건에 의해서도 일어날 수 있다는 점을 생각한다면 정확한 지적이라고 하기는 어렵다고 생각된다. 이 견해에 대한 비판으로 Helms, (주 15), S. 347ff.; Hartmann (주 36), 70ff. 참조.

를 정당화한다는 점에서, 채권자에 대한 급부의 대내적 귀속을 가능
하게 하는 채권법적 수단으로 이해하는 것이 현재로서는 보다 적절한
이해라고 보인다.[65)]

　(나) 이러한 법률구성을 채택한다면, 대상청구권에 관한 개별문제
의 해석에는 다음과 같은 지침이 주어진다고 할 수 있다. 각각의 문
제를 해결함에 있어서 결론이 부당이득과 동일할 필요는 없더라도,
부당이득에서의 결과와 평가모순이 발생해서는 안 될 것이다.[66)] 두
제도는 각각의 영역에서 같은 기능을 수행하고 있기 때문이다.

　이러한 점은 예를 들어 물건 자체를 갈음하는 이익(commodum
ex re) 외에 채무자의 **법률행위로부터 발생한** 이익(commodum ex
negotiatione)도 대상청구권의 대상이 될 것인지의 문제에서 잘 나타난

---

65) 이미 제철웅 (주 49), 100면("물권변동에서 의사주의를 취하는 법제와의 간격을
　　좁히는 기능", "성립요건주의를 취하는 법제에서 대상청구권을 인정하는 것은 의
　　사주의가 가지는 장점을 취하는 것"); 주석 민법 채권총칙(1) (주 6), 694면(김상
　　중: "대세적 관계에서는 여전히 소유자인 채무자에게 재산 상실의 대가가 할당되
　　더라도 그 재산적 가치를 채권관계 당사자 사이에서 원래 속하도록 되어 있는 채
　　권자에게 취득할 수 있도록 하는 권리"). 또한 엄동섭 (주 6), 15면도 참조("대상
　　청구권과 부당이득반환청구권이 동일한 것은 아니지만 양자 모두 부당이득 금지
　　의 이념에 기초"). 다만 후자의 견해가 주장하는 것처럼 제748조 제1항을 유추해
　　선의의 채무자는 현존이익의 한도에서만 책임을 진다고 해석될 경우는 거의 없다
　　고 보인다. 우선 대상청구권이 존재하는 이상 계약상 채무자의 경우에는 선의가
　　인정될 수 없다고 해야 한다. 그러므로 제748조 제1항의 유추적용 문제는 법정채
　　권에서만 발생할 수 있는데, 여기서도 현실적으로 현존이익 상실이 인정되기는 어
　　려울 것이다. 채권자가 채무자가 취득한 채권 등이 있음을 입증해 양도를 청구하
　　는 사안에서는 논리필연적으로 현존이익이 존재하며, 채무자가 변제를 받은 사안
　　등에서도 비용지출절약의 법리 및 금전의 현존이익 추정법리 등에 의해(이에 대해
　　서는 우선 곽윤직 편집대표, 민법주해[XVII], 2005, 589-591면(양창수) 참조) 현
　　존이익 상실이 받아들여지는 경우는 거의 상정하기 어렵기 때문이다. 법정채권의
　　이행불능이 발생하고, 채무자가 채권 및 채권자의 존재를 전혀 알지 못한 상태
　　에서 대상으로 취득한 채권에 대해 채무면제를 하는 등의 경우 정도가 상정될
　　수 있을 것이다. 독일의 학설도 현존이익 상실의 규정의 유추적용을 부정한다
　　(MünchKomm/Emmerich (주 37), § 285 Rn. 31 참조)
66) Bollenberger (주 28), S. 336ff. 반면 안법영 (주 8), 262면은 반대의 취지로 보인다.

다. 현재 부당이득과 관련해서 우리 학설은 부당이득으로 반환할 대상 자체를 갈음하는 이익은 원물반환으로 청구할 수 있지만, 반환의무자의 법률행위로부터 발생한 이익은 원물반환으로 청구할 수 없고 그 객관적 가치에 따른 가액반환을 청구해야 한다고 한다.[67] 당사자들의 관여 없이 우연히 대체이익이 발생한 경우와는 달리, 반환의무자의 거래가 매개하여 그의 재산에 유입되는 대체이익은 그의 능력·수완·평판 등에 따라 좌우되어 실제 원물의 객관적 가치를 상회할 수도 하회할 수도 있는데, 반환권리자에게 반환의무자의 능력에 따라 획득된 이익을 누리게 하거나 미숙하여 발생한 불이익을 전가시킬 합리적인 이유는 찾기 어렵다. 그러므로 이때에는 원물반환을 불능으로 보아 가액반환으로 객관적 가치를 청구하는 것이 바람직하다. 그러나 대상청구권의 경우에는 법률행위로부터 발생한 대체이익의 반환을 반드시 부정할 이유는 없다고 생각된다.[68] 이익의 반환이라는 점에 중점을 두는 부당이득에서는 반환의무자에게 그가 받은 이익 이상의[69] 부담이나 불이익이 발생해서는 안 되지만, 채권관계에서 급부의무를 부담하고 있어 이행과 관련해 급부를 창출할 부담을 지는 채무

---

67) 민법주해[XVII] (주 65), 561－562면(양창수); 김증한·김학동, 채권각론, 제7판, 2006, 749면; 김형배, 사무관리·부당이득, 2003, 215면 주 1; 김형석, "유류분의 반환과 부당이득", 민사판례연구[XXIX], 2007, 180－181면 등. 박준서 편집대표, 주석 민법 채권각칙(5), 제3판, 2004, 544면(현병철)은 반대.

68) 우리 다수설이며 판례의 입장이다. 강봉석 (주 6), 257면; 김대정 (주 7), 513, 519면; 김증한·김학동 (주 6), 170면; 송덕수 (주 3), 220면; 안법영, "대상청구권의 발전적 형성을 위한 소고", 한국법이론의 발전 Ⅱ, 1999, 538면; 윤철홍 (주 10), 90면; 임건면 (주 6), 141면; 이덕환 (주 6), 118－119면; 지원림 (주 6), 214면; 최종길, "대상청구권"(1965), 최광준 편, 민법학연구, 2005, 314－315면 및 협의취득에 관한 大判 1996.6.25., 95다6601, 집 44－1, 631; 2003.11.14., 2003다35482, 공보 2003, 2351 참조. 성중모, "민법상 대상청구권의 반환범위", 법학논집, 제14권 제4호, 2010, 151면은 반대.

69) 물론 수익자의 선의·악의에 따라 반환범위가 정해지는 이익의 범위를 말한다(제748조).

자의 경우 채무불이행(여기서는 이행불능)의 모습과 그로부터 발생하는
이익의 종류에 따라 채권자의 지위를 달리 취급할 이유는 없을 것이
기 때문이다. 게다가 채무자의 무능력이나 미숙으로 인하여 대체이익
의 가치가 원래 급부의 가치에 미달한 경우에도, 편무계약이나 법정
채권의 채권자는 어차피 대가 없이 이익을 받게 되므로 각별히 불리
하다고 말하기 어려울 뿐만 아니라(이 점에서 스스로 급부를 했거나 할
당내용의 침해를 입은 부당이득 권리자와는 사정이 다르다), 쌍무계약의
(책임 없는) 채권자는 계약해소를 선택하거나(제537조) 손해배상(제390
조)을 주장함으로써 그러한 불이익의 영향을 받지 않을 수 있으므로,
부당이득과 동일하게 해석할 필요는 없는 것이다.

　　그러나 채권자가 대상청구를 할 때 대체이익의 가치가 채권자의
손해 즉 급부의 객관적 가치를 초과하는 경우에는 그 **손해(급부의 객
관적 가액)의 범위**에서만 이를 청구할 수 있다고 해석해야 하며, 이러
한 의미에서는 부당이득법과의 평가모순은 회피되어야 한다.[70] 대상
청구권을 대내적 관계에서 급부의 상대적 귀속을 가능하게 하는 구제
수단으로 이해한다면, 평가모순을 피하기 위해서는 예를 들어 매도인
이 이행 전에 매매목적물인 동산을 타인에게 양도해 이행불능을 야기
한 사안에서 매수인이 대상청구권으로 청구할 수 있는 이익액이 매도
인이 점유개정(제189조)으로 매수인에게 소유권을 이전한 다음 이를
타인에게 선의취득(제249조)시켜 반환의무의 이행불능을 야기한 사안
에서 매수인이 부당이득으로 청구할 수 있는 이익액보다 커서는 안
될 것이다. 그렇지 않으면 단순히 소유권이전청구권만을 가지고 있는
채권자가 대외적으로 소유권까지 취득한 채권자보다 유리한 지위에
있게 되어 불합리하기 때문이다. 그런데 후자의 경우 처분자가 받은
이익이 목적물의 객관적 가치를 상회하더라도 부당이득의 반환범위

---

70) 양창수 (주 6), 401면 이하 참조.

는 후자로 한정된다는 것이 현재 다수설이며,[71] 또 타당하다고 생각
된다. 그렇다면 대상청구권에서도 그 범위는 채권자의 손해의 범위로
한정하는 것이 타당할 것이다.[72] 물론 이에 대해서는 채무자의 위법
한 행위로 인한 이익은 채권자에게 돌아가는 것이 타당하며 그렇지
않으면 채무자는 계약위반에 아무런 위험을 지지 않는다는 이유로 받
은 이익 전체를 반환해야 한다는 비판이 있다.[73] 그러나 대상청구권

---

71) 부당이득 반환의무자의 처분 등으로 원물반환은 불가능하게 되었고 또한 법률행
위로 발생한 이익에 대해서는 원물반환의무가 미치지 않는다고 해석되므로(주 67
참조), 객관적 가치에 따른 가액반환이 이루어지는 것이다(제747조 제1항). 곽윤
직, 채권각론, 제6판, 2003, 370면; 김증한·김학동 (주 67), 748면; 민법주해[XVII]
(주 65), 250면 (양창수); 이은영, 채권각론, 제5판, 2007, 694면; 장재현, 채권각
론, 2006, 509면; 제철웅 (주 49), 86–87면 등. 반면 김형배 (주 67), 184면 주 2;
송덕수, 채권각론, 2014, 458면은 반대견해이다. 그러나 이 견해는 단순히 부당이
득은 손실전보가 아닌 이익반환을 목적으로 하므로 부당이득 권리자의 손실로 제
한될 필요가 없다고 추상적인 차원에서 논의를 진행할 뿐, 구체적으로 이러한 사
안유형에서 법률행위로 발생한 이득에 원물반환의무가 미친다고 보는 것인지 아
니면 가액반환에서 객관적 가치의 산정기준을 달리 보는 것인지 등을 분명히 밝히
지는 않고 있다. 게다가 그러한 추상적 차원의 논거는 설득력을 가지기 어렵다. 손
실전보가 아닌 이익반환이 이루어져야 함은 모두가 동의하는 바이지만, 바로 그
반환의 모습과 기준에 대해 다투고 있는 것이기 때문이다. 예컨대 실제로 유럽의
이전 보통법 및 다수의 국가들의 법제는 부당이득의 효과와 관련해 권리자의 손실
을 기준으로 부당이득의 반환범위를 제한하고 있으며, 이것이 보다 우세한 유럽사
법의 경향이라고 말할 수 있다(Helms, “Gewinnhaftung”, *Handwörterbuch des
Europäischen Privatrechts*, Band I, 2009, S. 754 참조). 이러한 상황에서 제도
의 추상적 차원의 본질을 언급하는 것만으로는 논거가 되기 어렵다고 생각된다.
72) 심준보(주 6), 104면; 양창수 (주 6), 401면 이하; 이덕환 (주 6), 119면; 이은애
(주 6), 214면; 지원림 (주 6), 217면 등. 대상청구권을 손해배상과 상관적인 제도
로 이해하는 견해에 따르더라도 이러한 결론은 동일하게 된다(Stoll (주 39),
693ff.; Staudinger/Löwisch/Caspers (주 41), § 285 Rn. 41 등).
73) 김증한·김학동 (주 6), 170면; 김대정 (주 7), 521–522면; 송덕수 (주 3), 221면;
이상경 (주 6), 258면; 이재경 (주 6), 349면; 임건면 (주 6), 144면 등. 대법원은
한 미공간 판결(大判 2008.6.12., 2005두5956)에서 “특별한 사정이 없는 한 채권자
는 그 목적물에 대하여 지급되는 보상금 전부에 대하여 대상청구권을 행사할 수
있는 것”이라고 하여 일견 이 견해와 비슷한 표현을 보이지만, 바로 이어서 “소유
권이전등기의무의 이행불능 당시 채권자가 그 목적물의 소유권을 취득하기 위하
여 지출한 매수대금 상당액 등의 한도 내로 그 범위가 제한된다고 할 수 없다”고

은 이행불능이라는 채무불이행에 대한 구제수단으로서 인정되는 권
리인데, 그 행사에 의해 채무자의 원만한 이행이 있었던 상태보다 더
유리하게 있게 되는 결과는 쉽게 받아들이기 어렵다고 생각된다. 그
래서 예컨대 불이행하고자 하는 채무자가 악의적으로 대체이익 없이
목적물을 멸실시켜 이행불능을 야기한 경우에는 채권자의 손해에 대
해서만 책임을 부담하는데, 그 목적물을 유리한 조건으로 달리 처분
한 경우(법경제학적으로 이른바 효율적 계약파기에 해당하는 사안도 있을
수 있다)에는 손해 이상의 책임을 부담한다는 결과가 합리적인지는 의
문이다. 또한 채권자의 손해를 초과하는 이익을 채무자가 법률행위에
의해 취득하였다면, 이는 그의 재능이나 수완에 기인한 것이므로 채
권자보다는 채무자가 그것을 누릴 만한 지위에 보다 근접하다고 보아
야 한다.74) 초과이익의 반환이 특히 문제되는 이중매매처럼 두 거래
사이에 시간적 격차가 크지 않은 거래에서 초과이익이 발생하는 경
우, 가격이 안정된 시장이라면 그 초과이익은 거의 전적으로 채무자
의 교섭능력에서 기인한 것이므로 채권자에게 반환될 근거가 희박하
지만, 만일 시가의 상승에 기인한 것이라면 급부의 객관적 가치가 상

밝히고 있으므로, 이는 매매대금 한도로 범위를 제한하는 것을 배척한 것뿐이지
채권자 손해의 한도로 제한하는 문제에 대해서는 입장을 밝히고 있는 것은 아니
다. 이 판시만으로는 판례의 입장은 확정되어 있지 않다고 할 것이다. 매매대금으
로 제한하는 것과 손해로 제한하는 것이 서로 다른 문제라는 점에 대해서는
Bollenberger (주 28), S. 341ff. 참조. 한편 김상중, "대상청구권의 반환내용", 법
조, 제66권 제5호, 2017, 634면 이하는 부당이득에서 손실 요건의 모호함을 문
제삼아 본문과 같은 해석에 이의를 제기한다. 그러나 본문에서의 쟁점은 요건
차원의 손실 여부가 아니라 효과 차원에서 가액배상을 객관적 가치에 한정할
것인지 여부에 관한 것이므로 논의의 차원을 달리한다. 예컨대 전자에 대해 von
Caemmerer (주 33), S. 228ff, 후자에 대해 S. 235f.

74) 양창수 (주 6), 403면. 송덕수 (주 6), 44-45면은 이에 반대하며, 반환범위를 한정
하면 채무자의 책임 있는 이행불능의 경우 대상청구권을 인정하는 것은 무의미해
진다고 한다. 그러나 곧 살펴보는 바와 같이(아래 II. 3. (2) ㈐ 주 83, 84, 86의
본문 참조), 대상청구권의 반환범위를 손해로 한정하더라도 채권자의 유효적절한
구제수단으로 기능할 수 있다.

승한 것이므로 채권자의 손해에 해당하여 채권자는 상승한 가액에 따라 대상청구권을 행사할 수 있다.[75] 이러한 섬세한 차이를 구별하지 않고 일률적으로 모든 이익을 반환하게 하는 해석이 타당한지는 의문이다.

　게다가 의무위반 행위로부터 위반자가 얻은 이익을 피해자의 손해와 무관하게 모두 환수하는(profit disgorgement, Gewinnabschöpfung) 내용의 책임법리는 우리 민법전에서 규율되어 있지 않으며 학설에서도 아직 법리 발전이 없다. 이는 (부진정 사무관리, 부당이득의 효과, 손해배상제도 등) 민법의 체계 전반에 영향을 미치는 심중한 법리로서 다른 부분과의 관련성을 검토하지 않고 대상청구권에서만 그러한 결과를 인정하는 것은 주저된다(앞의 주 71도 참조).[76] 더 나아가 그러한 이익

---

75) Helms (주 15), S. 317f. 독일의 판례를 살펴본 헬름스는 매우 흥미로운 관찰을 제공하고 있다. 그에 의하면 독일 학설이 법률행위로부터 발생한 이익이 대상청구권의 대상이 되는지 여부 및 그 경우 초과이익이 반환되어야 하는지 여부에 대해 상당한 비중을 두고 논의해 왔지만, (제국법원 판례를 포함하여) 실제 전자의 논점을 방론이 아니라 주된 논점으로 판단한 판례는 2004년에 비로소 나왔고(BGH WM 2004, 2443; 그 밖에 대부분은 수용 등이 문제되었다고 한다), 후자에 관해 사실관계에서 채무자가 받은 이익이 실제로 손해를 초과하였음이 드러나 초과이익 반환이 문제된 사례는 판례상 거의 발견할 수 없다고 한다. 여러 사정이 다른 외국의 경험이지만, 실제로 초과이익 반환의 문제가 실무상 거의 중요성이 없을 수 있음을 보여준다는 점에서 흥미로우며, 우리 판례에서도 이 문제가 정면으로 다루어지지 않고 있다는 사실을 고려할 때 특히 그러하다(앞의 주 73도 참조).

76) 같은 취지로 제철웅 (주 49), 88-89면. 이 점에서 실정법상 근거로 고려될 만한 규정을 일부 가지고 있는 독일 민법(예를 들어 동법 제687조 제2항, 제816조 등)과는 상황이 다르며, 그러한 규정이 존재하는 독일 민법의 해석으로도 동법 제816조에 따른 부당이득반환이나 대상청구권이 이익환수기능을 수행하는 것에 비판적인 견해가 주장된다는 사실(예컨대 상세하게 Helms (주 15), S. 339ff. 참조)도 고려되어야 한다. 또한 커먼로와 독일법에서 지적재산권 침해의 경우 이익환수책임이 인정되고 있으나(König, "Gewinnhaftung", *Festschrift für von Caemmerer*, 1978, S. 188ff. 참조) 우리는 단순히 손해추정규정만을 두고 있다는 차이(저작권법 제125조 제1항, 특허법 제128조 제2항, 실용신안법 제30조 등)도 이 맥락에서는 간과되어서는 안 될 것이다. 관련하여 영국의 Attorney General v Blake [2001] 1 AC 268에 의해 촉발되어 계약위반의 효과로 이익환수책임이 인정될 수

환수책임은 이익을 내기 위해 의무위반을 감행하는 위반자의 제재라
는 일반예방의 관점에서 논의되는 법리여서 원칙적으로 고의의 위반
행위에 대해서만 의의를 가지므로,[77] 대상청구권의 일반적인 효과로
서 받은 이익 전부를 (그것도 채무자의 책임이 없거나 단순한 과실에 의한
이행불능의 경우까지 포함하여) 반환해야 한다는 해석에는 쉽게 동의하
기 어렵다.[78]

(다) 대상청구권을 당사자들 사이에서 급부를 채권자에게 귀속시
키게 하는 채권법적 수단으로 이해하거나 손익상계와 근친성 있는 제
도로 이해하는 관점에서 선다면, 대상청구권을 **이행불능으로 이행청구
권의 전부 또는 일부가 배제되는 채무불이행 일반에 대한 구제수단으로**
이해할 가능성이 열리게 된다. 이는 대상청구권을 대가위험부담법리
와 관련지어 물건의 멸실을 중심에 놓고 사고하던 관점으로부터 벗어
나는 것을 의미한다. 실제로 우리 학설은 독일의 다수설(아래 주 80 참
조)을 좇아 그 적용범위를 실질적으로 물건이나 권리의 이전을 내용
으로 하는 주는 채무에 한정하고, 그 밖의 채무 예를 들어 하는 채무
나 부작위채무 등에 대해서는 적용될 수 없다고 한다.[79] 그러나 이러

있는지 여부에 대해 여러 나라에서 진행되고 있는 논의를 살펴보면(우선 Bock,
Gewinnherausgabe als Folge einer Vertragsverletzung, 2010; Dornscheidt,
Grenzen der vertraglichen Gewinnhaftung, 2013; 이혜리, "미국법상 기회주의적
계약위반에 대한 토출(吐出) 책임", 비교사법, 제21권 제2호, 2014, 673면 이하
등 참조), 이 문제에 대해 일반적으로 성급한 결론을 내리는 것에 아직 주저하게
된다.

77) 예컨대 von Caemmerer (주 33), S. 235f.; Stoll (주 39), S. 694f.; Helms (주 71),
  S. 755, 757; König (주 76), S. 187f. 등 참조.
78) 이러한 맥락에서 고의에 의한 이행불능의 경우는 모든 이익을 반환하고, 그 밖의
  경우는 반환범위가 손해로 한정되어야 한다는 견해(안법영 (주 8), 268면; 독일의
  경우 예컨대 Köndgen (주 37), 742-744)는 경청할 만한 점이 없지 않다. 그러나
  이렇게 고의와 과실에 따라 책임범위를 차별하는 규율 역시 우리 민법전에서 발견
  되지 아니하므로, 단순히 해석론으로 그렇게 새길 수 있는지 의문이 있다(독일 민
  법의 해석으로 Helms (주 15), S. 359ff.도 같은 취지이다).
79) 송덕수 (주 3), 207-208, 220면; 이덕환 (주 6), 115면; 이은애 (주 6), 211-212

한 해석은 그런 내용으로 읽을 소지가 있었던 2002년 개정전 독일 민법 제281조 문언의 해석으로는 주장될 여지가 있을지 몰라도,[80] 대상청구권을 이행불능 일반에 대한 효과로 이해하는 이상 우리 민법에서 그런 제한적인 해석을 채택할 근거는 발견되지 아니한다. 중요한 것은 급부의 이행을 (전부 또는 일부, 양적으로 또는 질적으로) 불가능하게 하는 사정으로 채무자가 바로 채권자에게 귀속되어야 할 급부에 상응

면; 이충훈 (주 6), 329면; 임건면 (주 6), 141 – 142면; 엄동섭 (주 6), 14면; 지원림 (주 6), 214 – 215면 등.

[80] 2002년 개정 전 독일 민법 제281조는 채무자가 급부를 불능으로 하는 사유에 기하여 "채무의 목적[물]에 관하여"(für den geschuldeten Gegenstand) 대체이익을 받은 때 성립한다고 해석하고 있었으므로, 실제로 통설은 대상청구권은 소유권이전을 내용으로 하는 채권 등에만 인정된다고 이해하고 있었다. 그리고 이 견해는 현재에도 다수설이기는 하다(문헌지시와 함께 MünchKomm/Emmerich (주 37), § 285 Rn. 5f., 24ff. 참조). 그러나 2002년 개정 후 독일 민법 제285조는 이행불능을 포함하여 "제275조 제1항 내지 제3항"에 따라 채무자가 급부할 필요가 없게 하는 사유로 대체이익이 발생할 것을 요건으로 하고 있는데, 여기서 하는 채무의 기대불능의 경우에 채무자에게 항변권을 인정하는 제3항도 명시적으로 지시하고 있으므로(또한 제275조 제4항도 참조), 이제는 문언상 하는 채무 등에서도 대상청구권이 인정된다는 소수설도 유력하다(Löwisch (주 41), 2052; Staudinger/Löwisch/ Caspers (주 41), § 285 Rn. 24). 더 나아가 대상청구권을 급부의 당사자 사이 상대적 귀속이라는 관점에서 이해하거나 손익상계와의 근친성의 관점에서 이해하는 견해는 이를 채권의 효력에 따라 인정되는 채무불이행의 구제수단으로 이해하므로, 마찬가지로 하는 채무 등에서도 대상청구권이 인정될 수 있다고 주장한다 (Stoll (주 39), S. 688ff.; Hartmann (주 36), S. 96ff.; Schwarze (주 37), § 26 Rn. 3 등. 더 나아가 그 밖에 Hartmann (주 36), S. 102f.에 인용된 문헌도 참조). 그렇다면 법률의 제한적 문언 없이 이행불능의 효과로서 대상청구권을 인정하는 우리 민법의 해석으로 굳이 2002년 개정전 독일 민법의 문언에 따라 인정되는 기준에 얽매일 필요는 없다고 보인다. Helms (주 15), S. 329f.는 독일의 통설이 하는 채무나 부작위 채무에 대상청구권을 인정하는 것에 소극적인 이유는 (독일의 통설처럼) 반환범위를 받은 이익 전부로 해석하는 입장에 선다면 가치실체가 없어 제반 사정에 따라 채무자가 받는 이익액의 차이가 상당할 수 있는 노무의 경우 과도한 이익반환이 일어날 우려가 있기 때문이라고 진단한다. 그렇다면 본문에서와 같이 대상청구권의 반환범위를 손해로 한정하는 입장을 채택한다면(앞의 II. 3. (2) (나) 참조), 하는 채무와 부작위 채무 등에서 대상청구권을 부정할 이유는 더욱 없다고도 말할 수 있을 것이다.

하는 이익을 얻었는지 여부일 뿐이며, 그러한 사정이 인정된다면 채권자는 대내적으로 자신에게 귀속되는 급부가 침해되었음을 이유로 대상청구권을 행사할 수 있어야 한다.[81] 즉 불능이 된 급부와 발생한 이익 사이에 실질적이고 경제적인 동일성·상관성이 있어야 함은 물론이지만, 그 급부를 주는 급부로 제한할 필요는 없다. 이에 대해서는 대상청구권의 본래 취지와 지나치게 먼 결과이며, 채무불이행책임이나 제3자의 채권침해로 해결할 수 있다는 비판이 있다.[82] 그러나 여기서 논의의 대상이 되는 대상청구권은 이제 대가위험부담과 결별하여 이행불능의 효과로서 일반화됨으로써 주는 급부와의 관련성은 상실하였다(앞의 Ⅱ. 2. (3) (가), (나) 참조). 대상청구권이 이행불능의 효과로서 일반적으로 인정되는 구제수단이라고 한다면 주는 채무에 한정하는 것이 대상청구권의 본래취지라고는 말하기 어렵다고 생각된다. 더구나 아래의 구체적인 사례에서 살펴보는 바와 같이 채무불이행책임이 성립하더라도 대상청구권은 매우 효율적인 기능을 수행할 수 있다.

그래서 예를 들어 대항력 없는 임대차의 경우에 임대인이 임대목적물을 타인에게 양도하여 임차인에 대해 사용수익을 불가능하게 하였다면, 임대인이 만약 대항력 있는 임대차의 목적물을 타인에게 양도함으로써 받을 수 있었을 대금과의 차액은 임차인에게 사용·수익하게 할 급부의 가치로 볼 수 있으며, 그에 대해서 임차인은 자신의 차임을 제공하면서 대상청구권을 행사할 수 있다고 할 것이다. 여기서 그 이익 부분을 임대인에게 귀속시킬 합리적인 이유는 찾기 어렵다. 물론 그러한 경우 임차인은 채무불이행을 이유로 손해배상을 청구할 수도 있을 것이다(제390조). 그렇다고 해도 임차인에게는 대상청구권을 행사할 유인이 있을 수 있다. 가령 임대인의 자력이 안정적이

---

81) 이미 최종길 (주 68), 312면. 같은 취지로 안법영 (주 8), 253면; 윤철홍 (주 10), 88면; 이상경(주 9), 255면; 이은애 (주 6), 206-207면.
82) 송덕수, "취득시효와 대상청구권", 저스티스, 제30권 제2호, 1997, 241면.

지 아니하거나 유동성이 부족한 경우에 임차인은 금전집행을 하는 대
신 임대인의 대금채권을 양도받을 수 있다면83) 보다 손쉽게 만족을
받을 수 있다. 또한 임차인이 자신의 손해의 입증이 쉽지 않은 경우
에 대체이익의 입증이 상대적으로 쉽다면 대상청구권을 행사할 수 있
으며, 그러한 때에는 대체이익이 임차인의 손해를 상회한다는 점을
임대인이 입증하여 그 범위를 제한해야 할 것이다.84) 같은 내용이 예
컨대 임대차 목적물이 임대차에 대한 고려 없이 수용된 경우에도 적
용될 수 있을 것인데, 이때에는 임차인이 채무불이행을 이유로 하는
손해배상을 청구할 수 없을 것이므로 대상청구권이 더욱 의미를 가진
다. 마찬가지로 실무상 분쟁이 드물기는 하겠지만, 이중임대차의 경
우에도 제1임차인에게 선험적으로 대상청구권을 부정할 이유는 없을
것이다. 목적물의 이중매매는 약속한 목적물의 실체가치를 타인에게
제공하여 불능을 야기하는 것이고, 목적물의 이중임대차는 약속한 목
적물의 사용수익 가치를 타인에게 제공하여 불능을 야기한 것인데,
이 둘을 달리 취급할 합리적인 이유는 없기 때문이다.

　이러한 법리는, 불능이 된 노무급부와 채무자가 받은 이익 사이
에 실질적 동일성과 인과관계가 인정되는 한, 고용계약이나 도급계약
에서 채무가 이행불능이 된 경우에도 다를 바 없다. 예를 들어 타인
의 불법행위로 노무자가 상해를 입어 노무를 제공할 수 없게 된 경
우, 그 기간 동안의 노무가 사후적으로 추완불가능하다면 이행불능이

---

83) 채무자가 양도에 협력하는 경우 채권자가 쉽게 만족을 받는 것은 분명하지만, 그
렇지 아니한 경우에도 대상청구권을 행사하는 것은 강제집행에서 이점이 있다. 의
사표시의 집행은 판결만으로 효력을 발생하므로(제389조 제2항 참조), 가처분과
결합해 대상청구권을 행사하는 채권자는 금전채권을 이유로 하는 집행에서라면
다른 채권자와 경쟁하였을 결과를 회피하여 책임재산에서 대체이익을 먼저 확보
할 가능성이 높기 때문이다.
84) 이렇게 대상청구권을 이행불능 일반의 효과로 인정하면서 그 행사범위를 손해로
제한하면, Stoll (주 39), S. 696이 지적하는 대로, 대체이익은 채권자의 "최소손
해"(Mindestschaden)로 추정되는 효과가 발생한다. 관련해 아래 주 86도 참조.

존재한다. 그러한 사안에서 사용자가 노무자에게 임금을 지급하는 대
신에 노무자가 가해자에 대해 가지는 일실이익에 대한 손해배상청구
권을 양도할 것을 청구하는 것을 선택한다면 이를 막을 이유는 찾기
어렵다. 노무자로서는 훨씬 더 간이하게 자신의 노무에 상응하는 가
치를 임금으로 받을 뿐만 아니라, 사용자는 고용관계의 안정을 도모
할 수 있기 때문이다. 마찬가지로 노무자가 계약에 위반해 동일한 성
질의 노무를 타인에게 제공한 경우 받은 이익에 대해서 사용자는 대
상청구권을 행사할 수 있고, 노무자는 사용자에게 손해 없음을 입증
해 그 범위를 제한할 수 있다. 한편 수급인이 도급인의 건물에 추완
할 수 없는 성질의 하자 있는 공사를 하여(질적 일부불능) 하자손해를
발생시킨 경우, 수급인이 이를 이유로 보험금청구권을 가지게 된다
면, 도급인이 보험자에 대해 직접청구권을 가지는 것(상 제724조)은
별론, 대상청구권에 의해 수급인에게 그 양도를 청구하는 것을 이론
상 부정할 이유는 없다. 보험금은 수급인 채무의 질적 일부불능(하자
있는 노무제공)으로 인하여 발생하였고, 실질에서 바로 그 불이익에 충
당하기로 예정되어 있는 금전이기 때문이다. 수급인은 보험금이 도급
인의 하자손해를 상회한다는 점을 입증해 그 범위를 제한할 수 있을
뿐이다.

　　부작위채무에서도 대상청구권이 문제될 수 있는가? 이와 관련해
서는 먼저 개념적으로 부작위채무의 위반의 경우 이행불능을 운위할
수 있는지의 문제가 제기된다. 부작위채무 중에서 한 번의 위반으로
이행불능이 야기되는 사안유형은 존재하며(예컨대 비밀유지의무에 위반
해 비밀을 공표하거나 주주총회에 불참하기로 한 의무에 위반하여 참여해 표
결을 하는 경우 등), 그러한 경우에 부작위의무의 위반과 상관된 대체
이익이 존재한다면 대상청구권이 인정되어야 함은 물론이다. 그러나
실무상 주로 문제되는 사안에서 부작위채무는 채무자가 위반을 중지
함으로써 이행으로 복귀하거나 과거의 불이행 상태를 제거할 가능성

이 존재하므로, 과연 지나간 불이행에 대해 급부의 일부불능을 상정해 그로부터 발생한 대체이익의 반환을 청구할 수 있는지 여부에 대해서는 논란의 여지가 있다. 우리 학설에서는 이에 관해 많은 논의가 있다고 하기 어려우므로 우선 독일의 문헌을 참조해 본다면, 채무자가 추완에 의해 위반상태를 제거할 수 있는 경우에는 일시적 불능에 불과하므로 이행지체에 해당하지만, 추완에 의해 과거의 위반상태를 제거할 수 없다면 그 기간 동안 일부불능이 있는 것으로 본다.85) 이에 따른다면 후자의 경우에 원칙적으로 대상청구권을 부정할 이유는 없다고 하겠다. 예컨대 경업금지약정의 경우 채무자가 경업을 중단함으로써 장래에는 의무를 준수할 수 있으나 과거 경업의 효과는 제거할 수 없으므로 일부불능이 있다. 그러므로 약정에 위반한 경업행위로부터 이익을 받은 채무자에 대해 채권자는 그 이익의 반환을 청구할 수 있다. 그래서 채무자가 경업으로 취득한 보수채권들을 가지고 있는 경우 채권자는 손해입증의 어려운 문제를 회피해 그 양도를 청구할 수 있고, 채무자는 채권자의 손해가 그에 미치지 못함을 입증하여 그 범위를 제한할 수 있다고 할 것이다.

　　이상에서 살펴보았지만, 대상청구권을 이행불능 일반에 대한 구제수단으로 명확히 자리매김함으로써, 대상청구권은 채무자의 유책한 이행불능의 경우에도 채권자의 구제수단으로서 매우 유효적절한 기능을 수행할 수 있음을 알 수 있다. 즉 불능을 야기한 바로 그 사유로 채무자가 이익을 받은 경우, 채권자는 그 이익의 양도를 청구할 수 있으며, 채무자는 채권자의 손해가 그에 미치지 못한다는 것을 입증하여 그 범위를 제한할 수 있다. 이로써 채권자는 손해입증의 어려움을 회피할 수 있고86) 강제집행에서의 이점을 누릴 수 있게 된다(앞

---

85) Ernst in *Münchener Kommentar* (주 37), § 286 Rn. 42; Staudinger/Löwisch/ Caspers (주 41), § 275 Rn. 23ff.; Bamberger/Roth/Unberath (주 38), § 275 Rn. 38 등.

의 주 83, 84 참조).

Ⅲ. 대상청구권에 관한 입법론

이상에서 우리 민법의 해석으로 가장 타당하다고 생각되는 대상
청구권의 인정근거와 내용을 소묘해 보았다. 규정이 없는 민법에서
여러 규정들에 있는 가치평가와 이익형량을 기초로 하여 도출된 결론
으로, 이들은 대상청구권에 관한 명시적 규정을 둘 때 입법론적으로
도 고려되어야 할 내용이라고 보인다. 그러나 이에 따른 구체적인 제
안을 하기 앞서, 새로운 입법경향을 간단하게 살펴보기로 한다.

1. 새로운 입법례와 개정제안

(1) 네덜란드 신민법

그렇다면 20세기 후반 새로운 입법례와 개정제안 중에서 이러한
모습에 가장 근접하는 현대적인 규율은 존재하는가? 차이점에도 불구
하고 네덜란드 신민법전 제6:78조를 들 수 있을 것이다(쌍무계약의 경
우에 제6:277조 제2항도 참조).

제6:78조

① 불이행이 채무자에게 귀책될 수 없으나 그가 불이행과 관련하여
적절하게 이행하였더라면 가질 수 없었던 이익을 누리는 경우, 채권
자는 부당이득의 규정에 따라 그 이익액을 한도로 하여 자신의 손해
를 배상하게 할 권리가 있다.
② 이 이익이 제3자에 대한 채권인 경우, 채무자는 그 채권의 양도에
의해 전항을 충족시킬 수 있다.

---

86) 즉 이행불능으로 채무자에게 대체이익이 발생한 한에서는 대내적으로 즉 채권관
계의 당사자 사이에서는 대상청구권에 의해 (저작권법 제125조 제1항, 특허법 제
128조 제2항, 실용신안법 제30조 등과 유사하게) 손해추정의 효과가 발생한다.

이 규정의 입법과정에서 이유로 제시된 설명은 우리 민법을 해석
하고 개정할 때에도 참조가 된다고 보인다.

첫째, 네덜란드의 구민법전 제1481조는 프랑스 민법을 좇아 채무
자의 책임 없는 물건의 멸실의 경우에 한하여 대상청구권을 규정하고
있었으나, 신민법은 명시적으로 불이행 일반의 효과로 이를 확장하고
있다. 왜냐하면 "[구민법] 제1481조가 규율하고자 하는 상황은, 주는
채무 일반 아니 더 나아가 하는 채무 또는 부작위채무에서도 마찬가
지로 발생할 수 있기 때문이다." 그러므로 이 규정은 "급부의 불이행
이 채무자에게 귀책되지 아니하는 모든 사안에 적용된다."[87] 이 점에
서 네덜란드 신민법전은 명시적으로 대상청구권을 채무의 이행불능
일반의 효과로 정한 1940년의 그리스 민법전의 태도를 이어 불이행
일반으로 확대한다.[88] 그에 따라 여기서 말하는 '불이행'은 넓고 중립
적인 개념으로 채무의 내용에 좇은 이행이 없는 경우를 모두 포괄하
며(제6:74조 참조), 그래서 학설은 대상청구권이 주는 채무, 하는 채무,
부작위채무의 불이행 일반에 대해 인정된다고 한다.[89]

둘째, 신민법은 대상원칙과 결별하고 부당이득적 관점을 채택한
다. 프랑스 민법을 따른 구민법 제1481조와 같은 규율에 의할 때, 대
체이익이 채권자의 손해를 상회하는 경우 이를 그대로 채권자에게 양
도하게 하면 타당하지 않은 결과를 발생시키는데, 왜냐하면 유책하게
불이행한 채무자가 책임 없는 채무자보다 유리한 지위에 있게 되기
때문이다. 이러한 문제를 대처하기 위해 독일 민법에서와 같이 유책

87) Meijers, *Ontwerp voor een Nieuw Burgerlijk Wetboek. Toelichting*, Derde Gedeelte (Boek 6), 1961, p. 542.
88) 그리스 민법 제338조는, 책임 없는 이행불능으로 채무자가 채무로부터 해방되는 경우, 그는 같은 사유로 그에게 발생한 모든 것을 채권자에게 상환해야 한다고 정한다.
89) Olthof in Neiuwenhuis et al. red., *Burgerlijk Wetboek. Tekst & Commentaar*, Zesde druk, 2005, Art. 6:74 annt. 1., Art. 6:78 annt. 2 a.

한 불이행의 경우에 대상청구권을 인정할 수도 있다고 하면서도, 초
안은 구민법상 책임 없는 불이행에 대해서만 대상청구권이 인정되는
태도를 유지하면서 다만 채권자가 손해의 한도에서만 대상청구권을
행사할 수 있다고 제한하여 평가모순을 제거하고, 그 성질을 일종의
부당이득으로 이해한다. 즉 이 규정은 "대상원칙이 아니라 부당이득
(ongerechtvaardigde verrijking)의 원칙에 근거하고 있다. [⋯] 그러한
이득은 채권자가 급부의 불이행을 이유로 손해를 입은 한도에서 그의
손실로 발생한 것이다."[90] 그에 따라 대상청구권은 채무자가 받은 이
익액과 채권자의 손해액에 따라 제한된다.[91]

    셋째, 이 규정은 채무자가 이익을 받은 한도에서 채권자가 손해
배상을 받을 수 있다고 하므로 일견 엄밀한 대상청구권과는 무관하게
보일 수는 있다. 그러나 이는 그렇지 아니하다. 초안 해설은 채권자가
금전배상을 청구하는 것이 아니라 채무자가 받은 이익 자체의 양도를
청구하면 이는 신민법 제6:103조 제2문에 따라 원상회복으로서 허용
됨을 명언하면서, 이렇게 채무자의 권리가 채권자에게 이전되는 방법
을 통해 채권자의 손해 입증의 어려움이 해소될 수 있음을 시사한
다.[92] 그러므로 제6:74조 제2항과 함께 살펴보면, 채무자의 책임 없
는 불이행으로 채권자가 대상청구권을 가지는 경우 채권자는 그 이익
을 금전으로 청구하거나 그 이익의 이전을 청구할 선택권을 가지고
있고, 채무자는 채권자가 금전으로 청구하는 경우에도 이익을 양도함
으로써 그 의무를 이행할 수 있다는 결과가 된다. 이러한 유연한 태
도는 이후 입법에서 고려할 만한 점이라고 생각된다.

    넷째, 초안 해설은 명시적으로 법률행위로부터 이익이 발생한 경
우에도 대상청구권이 성립한다고 밝히고 있다.[93]

---

90) Meijers (주 87), p. 542.
91) Olthof, T&C BW (주 89), Art. 6:78 annt. 3.
92) Meijers (주 87), p. 542; Olthof, T&C BW (주 89), Art. 6:78 annt. 4.

다섯째, 대상청구권은 채권자지체의 경우에도 적용된다. 그러한 경우 채무자는 급부를 하지 않게 됨으로써 비용을 절약하거나 물건을 달리 처분할 수 있게 되어 이익을 취할 수 있는데, 그러한 경우에는 자신의 손해를 한도로 그러한 이익에 대해서도 대상청구권을 행사할 수 있다.94) 우리 제538조 제2항이 정하는 바의 내용을 대상청구권으로 달성하도록 하는 태도가 시사하는 바가 있다.

여섯째, 쌍무계약의 경우 채권자가 대상청구권을 행사하면 그는 당연히 반대급부의무를 부담한다. 다만 채권자지체에 있는 채권자가 자신의 채무도 이행하지 않아 채무자가 계약을 해제하였다면, 채권자는 대상청구권을 행사할 수 없다. 계약은 해소되었고, 해제사유가 된 불이행이 그의 불이행이므로 그가 손해를 배상할 위치에 있기 때문이다. 채무자가 받은 이익은 손익상계의 방법으로 고려해야 한다.95)

이상에서 보았지만, 네덜란드 신민법은 대상청구권을 부당이득과의 관련 하에서 이해하면서, 발생 사유를 채무불이행 일반으로 확장하고 그 범위를 손해로 제한한다는 점에서, 여러 가지로 진전된 모습을 보이고 있다고 생각된다. 다만 동법은 채무자의 책임 없는 불이행의 경우에만 대상청구권을 한정하고 있으나, 이는 구민법과의 연장선상에서 이해할 수 있는 태도로 보인다.

(2) 일본 민법개정 작업

이러한 경향은 대체로 일본의 개정제안에서도 관찰된다. 앞서 살펴본 바와 같이 일본민법은 대상청구권에 관한 규정을 두고 있지 않지만(주 54 참조), 판례와 학설에 의해 인정되어 오고 있었다. 다만 그 요건과 효과에 대해서는 논의가 분분한 상황이었다.96)

---

93) Meijers (주 87), p. 542.
94) Meijers (주 87), p. 542; Olthof, T&C BW (주 89), Art. 6:78 annt. 3.
95) Meijers (주 87), p. 543.
96) 우선 潮見佳男, 債權總論 Ⅰ, 第2版, 2003, 167면 이하 참조.

㉮ 2013년에 공개된 법제심의회 민법(채권관계)부회의 「민법(채권
관계)의 개정에 관한 중간시안」에서는 다음과 같이 대상청구권을 규
정할 것을 제한하였다.[97)]

제10 채무불이행에 의한 손해배상

5 대상청구권

이행청구권의 한계사유가 발생한 것과 동일한 원인에 의해 채무자가
채무의 목적물의 대상이라고 인정되는 권리 또는 이익을 취득한 경
우에는, 채무불이행에 의한 손해배상에 관해 앞의 1 (2) 또는 (3)의
면책사유가 있는 때에는, 채권자는 자기가 받은 손해의 한도에서 그
권리의 이전 또는 이익의 상환을 청구할 수 있는 것으로 한다.[98)]
㉠ "채무불이행에 의한 손해배상에 관해 앞의 1 (2) 또는 (3)의 면책
사유가 있는 때"라는 요건을 두지 않는다는 사고방식이 있다.

여기서 이행청구권의 한계사유는 계약상 채권에 관해 채권자의
이행청구가 배제되는 경우를 말하는데, 구체적으로는 ① 이행이 물리
적으로 불가능한 경우, ② 이행에 필요한 비용이 채권자가 이행에 의
해 얻을 이익과 비교해 현저하게 과대한 경우, ③ 그 밖에 당해 계약
의 취지에 비추어 채무자에게 채무의 이행을 청구하는 것이 상당하지
않다고 인정되는 경우를 말한다(중간시안 제9 2).[99)] 그리고 동시에 언
급되고 있는 면책사유는, 계약에 의한 불이행이 당해계약의 취지에
비추어 채무자의 책임 없는 사유에 의한 것인 경우(제10 1 (2))와 계
약 이외의 불이행이 그 채무가 발생한 원인 및 그 밖의 사정에 비추
어 채무자의 책임 없는 사유에 의한 것인 경우(제10 1 (3))를 지시한

---

97) 일본 민법(채권법)개정검토위원회의 「민법개정의 기본방침」(2009)에 따른 개정제
    안에 대해서는 송덕수 (주 20), 90-91면; 정진명 (주 14), 242-243면 참조.
98) 商事法務 編, 民法(債權關係)の改正に關する中間試案(槪要付き), 2013, 41면.
99) 商事法務 編 (주 98), 36-37면.

다.100) 그러므로 중간시안의 대상청구권은 채무자의 책임 없는 사유
로 이행청구권이 배제되는 불이행이 있으면 채무자가 같은 사유로 받
은 이익을 손해의 한도에서 이전청구할 수 있는 내용의 채권자의 권
리를 의미하지만, 심의과정에서 채무자에게 책임 있는 사유가 있는
경우에도 인정해야 한다는 유력한 반론이 있었음을 알 수 있다.

　　그 내용에 대해 공식설명과 보충설명을 토대로 살펴보기로 한다.
우선 종래 민법상 규정이 없음에도 불구하고 판례와 통설에 의해 대
상청구권이 규정되어 있었음을 확인하면서, 민법 개정의 경우 명시적
으로 이를 규율할 것을 제안한다.101) 여기서 대상청구권의 대상인
"대상(代償)이라고 인정되는 권리 또는 이익"의 의미에 대해서는 해석
에 위임하지만, 전형적인 예로 제3자에 대한 손해배상청구권, 보험금
으로 수령한 금전 내지 보험금청구권 등을 들고 있다. 그리고 대상청
구권은 채권자가 채무자의 권리의 이전을 청구하는 내용의 권리라고
지적된다.102)

　　이에 대해 다툼이 있었던 부분은 채무자의 책임 있는 불이행의
경우에도 대상청구권을 인정할 것인지 여부이다.

　　　"대상청구권의 행사에 관해서는 […] 이행에 갈음하는 손해배상청
　　구권에 관해 채무자에게 면책사유가 있을 것을 요건으로 하여, 대상
　　청구권의 행사는 보충적으로 인정되는 것으로 하고 있다. 그것은, 대
　　상청구권과 이행에 갈음하는 손해배상청구권을 단순하게 경합시키
　　면, 대상청구권의 행사가 채무자의 재산관리에 대한 간섭이 될 수 있
　　음을 고려한 것이다. 즉 이행에 갈음하는 손해배상청구권과 대상청
　　구권을 단순히 경합시켜 어느 것을 행사할지를 채권자의 선택에 맡
　　기는 경우, 채권자가 그 마련해 둔 재산을 채무자의 의향과 무관하게

---

100) 商事法務 編 (주 98), 38면.
101) 商事法務 編, 民法(債權關係)の改正に關する中間試案の補足說明, 2013, 118면.
102) 商事法務 編 (주 101), 118면.

선택할 여지가 생긴다. 예를 들어 채무자에게는 현금·예금 등이 윤택하게 있어 그것에 의해 이행에 갈음하는 손해배상(전보배상)을 이행할 것을 바라고 있음에도 불구하고, 채권자가 굳이 대상청구권을 선택해 보험금청구권의 이전을 청구하는 경우가 생각될 수 있는데, 그것은 채무자의 재산관리에 관한 간섭이 되는 측면이 있다고 생각되는 것이다.

　이에 대해 대상청구권을 보충적인 구제수단으로 위치지울 필요는 없다고 하여, 채무자가 이행에 갈음하는 손해배상의무를 면해야 한다는 요건은 불필요하다는 사고방식이 있고, 이를 ㈜로 채택한다. 이 사고방식은 이행에 갈음하는 손해배상과 대상청구권 중 어느 것을 행사할지를 채권자의 선택에 맡기는 것이 오히려 채권자의 이익의 관점에서 바람직하다는 관점에 근거한다. 중복전보의 회피라는 양자의 관계의 조정은, 청구권경합이라는 일반적 문제의 틀 안에서 해결한다고 생각한다."103)

　마지막으로 대상청구권의 채권자가 입은 한도로 제한된다는 판례의 입장을 받아들인다고 밝히고, 규정의 위치는 대상청구권이 손해배상에 대한 보충적 구제수단임을 고려하여 채무불이행에 의한 손해배상 부분에 두기로 한다고 말한다.104)

　채무자에게 귀책사유가 있는 경우에도 대상청구권을 인정할 것인가의 논란을 제외한다면, 중간시안의 대상청구권도 중요한 사항에서 네덜란드 신민법과 공통된 특징을 보인다. 즉 한편으로 물건의 멸실이라는 낡은 관념에 사로잡히지 않고 채권자의 이행청구가 배제되는 불이행의 경우에 대한 일반적인 구제수단으로 문언이 표현되어 있고, 다른 한편으로 대상청구권의 범위를 채권자의 손해의 범위로 한

---

103) 商事法務 編 (주 101), 118-119면. 여기서 「기본방침」에서의 다수와 소수가 중간시안에서 역전된 것으로 보인다. 3.1.1.59에 대해 民法(債權法)改正檢討委員會 編, 債權法改正의 基本方針, 2009, 134-135면 참조.
104) 商事法務 編 (주 101), 119면.

정하고 있다는 점에서 그러하다.

(나) 그런데 2014년 8월 26일 결정된 「일본 민법(채권관계)의 개정에 관한 요강가안(要綱假案)」105)은 이행불능의 효과로 대상청구권에 관한 규정을 둘 것을 확인하면서, "채무의 이행이 불능이 된 것과 동일한 원인에 의해 채무자가 그 채무의 목적물의 대상(代償)인 권리 또는 이익을 취득한 때에는, 채권자는 그 받은 손해액의 한도에서 채무자에 대하여 당해 권리의 이전 또는 당해 이익의 상환을 청구할 수 있다"는 문언을 제안하고 있다(제11 5). 다른 부분은 이전의 논의가 그대로 승계되었으나, 채무자의 책임 있는 불이행의 경우에도 대상청구권을 인정할 것인지 여부에 대해서는 부정설에서 긍정설로 다시 한 번 입장의 전환이 있었던 것으로 보인다(주 103 참조). 그리고 이 가안의 규정이 그대로 개정법률 제422조의2로 확정되었다.

2. 입법론의 제안과 개정안의 검토

(1) 입법론의 제안

이미 살펴보았지만(앞의 Ⅱ. 3. (1) 참조), 우리 민법의 해석으로 이행불능의 효과로서 일반적으로 대상청구권을 인정해야 하므로 민법을 개정할 때 그에 관한 명시적 규정을 두는 것은 법적 안정성을 제고한다는 점에서 필요하고 적절하다고 보인다.106) 그러한 경우에는 앞서 우리 민법의 해석론으로 타당하다고 생각되는 사항들이 반영될 필요가 있다.

첫째, 대상청구권은 채권관계 일반에 인정되는 구제수단으로 규정해야 한다. 이는 편무계약이나 법정채권에서도 대상청구권이 인정

---

105) http://www.moj.go.jp/content/001127038.pdf.
106) 같은 취지로 김대규·전완수, "대상청구권에 대한 입법론적 고찰", 원광법학, 제22권 제2호, 2006, 174면; 송덕수 (주 20), 92-94면; 조성민, "대상청구권에 대한 입법론적 고찰", 황적인 외, 민법개정안의견서, 2002, 355면 등.

되어야 한다는 것을 의미한다. 물론 법정채권 중에는 그 발생 근거가
되는 법률의 해석에 따라 대상청구권이 부정되어야 하는 경우도 있을
수는 있다. 그러나 이는 당해 법률의 해석 문제이므로, 대상청구권을
규정하면서 이에 관한 어떠한 규율을 둘 수는 없다고 할 것이다.[107]

둘째, 대상청구권을 이행청구가 배제되는 채무불이행 일반에 대
한 구제수단으로 규정할 필요가 있다. 대상청구권이 물건이나 권리의
이전을 내용으로 하는 채무를 중심으로 발전한 것은 사실이지만, 이
는 대상청구권이 대가위험부담과 관련해서 전개되었다는 역사적 사
정에 기인한 것이다. 이행불능을 발생시킨 사정으로 채무자가 이익을
받았고 그 이익이 채권자에 귀속해야 한다는 이익상황이 동일한 이
상, 그 적용범위를 한정할 이유가 없다. 그런 제한적 해석의 소지가
있는 문언을 가진 독일 민법에서도 최근 반대의 견해가 유력한 상황
에서(주 80 참조), 굳이 주는 채무에 한정해서 대상청구권을 규정할
이유는 발견할 수 없다.

셋째, 대상청구권은 채무자의 책임 있는 불이행의 경우에도 인정
한다. 물론 이에 대해서는 유책한 불이행에 대해서는 채권자가 손해
배상을 청구할 수 있으므로 대상청구권이 불필요하다고 말할 수 있을
지도 모른다. 그러나 이미 지적한 바와 같이(앞의 Ⅱ. 3. (2) ㈐ 참조),
대상청구권을 인정함으로써 채권자는 손해입증의 어려움을 회피할
수 있고, 집행에서 유리함을 누리게 되는데, 이러한 이점을 부정할 이
유는 찾을 수 없다. 일본 개정제안의 경우 채무자의 재산관리에 대한
간섭을 이유로 하지만(앞의 Ⅲ. 1. (2) 참조), 이 역시 반대의 이유는 될
수 없다. 대상청구권은 급부를 당사자 사이의 관계에서 채무자 아닌
채권자에게 귀속하게 하는 구제수단인데, 채무자에게 책임 있는 사유
가 있다고 해서 이 점이 달라질 이유는 없기 때문이다. 급부를 대체

---

107) 취득시효와 관련해 송덕수 (주 20), 99면도 참조.

하는 이익이 발생하여 채권자가 그 양도를 구하는데, 달리 손해배상을 할 자력이 있다는 이유로 굳이 거절하는 채무자를 보호할 이유는 무엇인가? 이는 많은 경우 시카네(Schikane)에 해당하지 않겠는가(제2조)?

넷째, 채무자의 법률행위로 인하여 발생한 대체이익도 반환대상으로 한다. 물론 이 점을 문언에 어떻게 반영할 것인지는 문제이나, 반환해야 할 이익을 예시하는 방법으로 비교적 간단하게 규율할 수 있다고 보인다.108) 관련하여 보험금이나 보험금청구권이 대상청구권이 적용될 대체이익인지 여부에 대해서도 논란이 있으나, 다수설이 이를 긍정하고 있을 뿐만 아니라,109) 비슷한 문제가 있는 물상대위에서 판례가 받아들이는 결과이기도 하므로,110) 해석에 맡기고 명시적 규정을 둘 필요는 없다고 보이지만,111) 필요하다면 역시 예시의 방법으로 규율할 수 있을 것이다.

다섯째, 대상청구권의 반환범위는 불능이 된 급부의 객관적 가치 즉 채권자의 손해로 한정되어야 할 것이다. 이에 대해서는 물론 채무자가 받은 이익 전부가 반환되어야 한다는 반론도 있으나,112) 이미 서술한 바와 같이(앞의 Ⅱ. 3. (2) (나) 참조) 그러한 입장은 현재 해석론으로 받아들이기 쉽지 않을 뿐만 아니라 이익환수법리 전반에 관한 재구성을 포함하므로 대상청구권에 관해서만 이를 인정하는 것은 바람직하지 않다. 앞서 이와 관련해 제기된 논거들은 입법론에서도 고려될 필요가 있다고 생각된다.

---

108) 역의 사례이지만, 우리 입법자가 물상대위에서 법률행위로 인한 대체이익을 제외하기 위해 의용민법의 "그 목적물의 매각, 임대, 멸실, 또는 훼손으로 인하여 […] 받을 금전 기타의 물"이라는 표현을 "멸실, 훼손 또는 공용징수로 인하여 […] 받을 금전 기타 물건"(제342조)으로 수정한 태도가 참조가 된다.

109) 학설상황에 대해 송덕수 (주 20), 67-68면 참조.

110) 大判 2004.12.24., 2004다52798.

111) 송덕수 (주 20), 95-96면.

112) 송덕수 (주 20), 96-98면; 정진명 (주 14), 252, 255면.

여섯째, 학설에서는 대상청구권의 채무자에게 채권자를 상대로 하는 확답을 촉구할 권리를 인정해야 한다는 견해가 있다. 즉 채무자는 채권자가 대상청구권을 선택할 것인지, 선택한다면 언제 선택할 것인지를 알 수 없으므로, 그의 지위를 보호하기 위해 채무자가 채권자에게 상당한 기간을 정하여 대상청구권을 행사할 것인지 결정할 것을 요구할 수 있고 그 기간을 도과하면 대상청구권은 소멸하도록 해야 한다는 것이다.113) 실제로 대상청구권의 행사는 이행불능에 따른 급부의무 소멸의 효과를 역전시켜 연장효를 발생시키는 형성적 효력을 가지는 것이 사실이다. 우리 민법은 많은 경우 형성권의 상대방의 지위가 불안해지는 것을 예방하기 위해 최고권을 인정하므로(제15조, 제131조, 제381조, 제384조 제2항, 제540조, 제552조, 제1077조 등), 이익상황이 유사한 대상청구권과 관련해서도 이를 허용하는 것은 타당할 것이다(제1077조, 제1083조 참조). 다만 여기서도 채권자 침묵의 경우 효과를 대상청구권의 포기로 할 것인지, 대상청구권의 선택으로 할 것인지, 아니면 채무자가 이후에는 현존이익의 범위에서만 책임을 진다고 할 것인지114)의 문제가 남는데, 우리 민법의 최고권 규정에서 권리의 행사여부에 대한 침묵을 통상 포기로 상정하여 의제하는 점을 고려할 때 대상청구권이 소멸한다고 규정하는 것이 무난할 것으로 보인다.115)

(2) 민법 개정시안의 검토

이러한 관점에서 살펴보면, 민법 개정시안의 제399조의2 제1항116)은 채권관계 일반에 대해 대상청구권을 인정하면서 채무자의

---

113) 해석론으로 임건면 (주 7), 146면(제552조의 유추) 및 주석 민법 채권총칙(1) (주 6), 698−699면(김상중), 입법론으로 송덕수 (주 20), 103면.

114) 독일의 통설이다. MünchKomm/Emmerich (주 37), § 285 Rn. 35.

115) 반면 정진명 (주 14), 260면은 후자의 해법을 지지한다.

116) 개정안이 성립한 경과에 대해서는 김재형, "채무불이행으로 인한 손해배상에 관한 민법개정안", 민사법학, 제65호, 2013, 626−628면 참조.

책임 있는 불능의 경우도 포함하고 있는 점에서는 타당하다. 또한 개정안이 원시적 불능에 따른 계약무효 법리를 포기한 점을 고려할 때,117) 원시적 불능도 포함될 수 있는 문언을 채택한 것도 바람직하다. 개정안 제537조 제3항도 쌍무계약의 특성을 고려할 때 해석상 인정되어야 하는 결론으로118) 입법적으로 확인하는 것은 지지할 만하다. 그러나 여러 가지 아쉬운 부분도 없지는 않다.

우선 제기되는 의문은 그 문언이 대상청구권의 적용범위를 제약하고 있다는 것이다. 즉 이행불능으로 "채무자가 채권의 목적인 물건이나 권리를 갈음하는 이익을 얻은 경우"에 한정하여 대상청구권을 인정함으로써, 그 적용범위를 주는 채무로 한정하고 있기 때문이다. 그러나 앞서 지적한 대로, 대상청구권을 주는 채무로 한정할 논리적·정책적 이유는 발견하기 어려울 뿐만 아니라, 반대의 입장이 학설상 유력하고(독일) 입법이나 입법 제안으로 반영되어 있다는 것(그리스, 네덜란드, 일본 중간시안)을 고려하면, 이는 받아들이기 어려운 태도라고 생각한다. 설령 대상청구권을 주는 채무에 한정하는 견해가 정당하다고 생각되더라도, 규정의 문언은 하는 채무나 부작위채무의 불능을 상정하는 표현을 채택하여 이후 학설과 실무의 해석에 의지하는 편이 보다 적절한 입법일 것이다.

더 나아가 이 문언만으로는 법률행위에 의한 대체이익이 반환대상이 될 것인지 여부 더 나아가 채무자가 채권자 손해를 초과한 이익을 받은 경우에도 이익 전부를 반환해야 하는지 여부 등의 문제가 결정되어 있지 않다고 보인다. 물론 이 문언을 읽는 방법에 따라서는 어떤 특정한 견해가 반영되어 있다고 볼 수 있을지도 모른다. 예를

---

117) 개정안 제535조 제1항은 "계약을 체결할 때에 이미 그 이행을 할 수 없다는 사정은 계약의 효력에 영향을 미치지 아니한다"고 정하고 있다.
118) 해석으로 대상청구권을 인정하는 오스트리아와 스위스에서도 같은 내용은 인정되고 있다. Bollenberger (주 28), S. 13f., 16 참조.

들어 문언이 이행할 수 없게 된 사유를 특정하지 아니하므로 당연히 법률행위로 인해 대체이익이 발생한 경우도 적용되고, 상환청구의 범위나 한도가 없으므로 이익 모두가 반환되어야 한다고 이해할 여지도 없는 것은 아니다.[119] 그러나 솔직하게 문언을 관찰한다면, 이 규정을 받아들인다고 하더라도 종래 논의가 종식될 것으로는 예상되지 아니한다. 이는 실제로 개정안과 유사한 문언의 독일 민법의 해석과 관련해 여전히 다툼이 있다는 사실을 고려할 때 그러하다. 군이 규정을 신설하면서도 종래 해석론상 논의가 분분하던 상황을 해소하지 못한다면 그 입법의 의의는 감소할 수밖에 없을 것이다. 또한 입법단계에서는 고려되고 있던 채무자의 확답을 촉구할 권리가 개정안에 반영되지 못한 것도 아쉬운 일이다.[120]

　　반면 "채권자가 채무불이행을 이유로 손해배상을 청구하는 경우에, 제1항에 따라 이익의 상환을 받는 때에는 손해배상액은 그 이익의 가액만큼 감액된다"는 제2항의 규정은 둘 필요가 있는지 의문이다. 이는 청구권경합 및 손해배상의 법리로부터 당연하게 도출되는 결론이므로 군이 규정하지 않아도 해석상 문제가 발생하지 않을 것이기 때문이다.[121]

---

119) 김재형 (주 116), 628, 629면.
120) 송덕수 (주 20), 103-104면; 김재형 (주 116), 629면 참조.
121) 이 규정이 참조한 것으로 생각되는 독일 민법 제285조 제2항은 위원회들의 심의 과정에서 논의되지 않다가 제2위원회 편집소위(Redaktionskommission)의 편집을 거치며 삽입된 것으로 보이는데, 그 경위는 불분명하다(Jakobs/Schubert (주 26), S. 232, 233 참조). 독일 민법 외에 이러한 규정을 두는 예는 쉽게 발견되지 아니한다.

제3편

계약책임으로서의 담보책임

제 1 장

권리의 하자를 이유로 하는 담보책임

I. 문제의 제기

1. 도   입

(1) 매매계약의 효력에 따라 매도인은 매수인에게 매매의 목적인 재산권을 이전할 의무를 부담한다(제563조, 제568조 제1항). 그러므로 매도인이 매수인에게 재산권을 이전하지 아니하거나 이전할 수 없는 경우, 매도인은 주된 급부의무를 불이행한 것이다. 민법은 이러한 모습으로 매매계약이 불이행되는 경우, 그에 적용될 일반적인 규정(제387조 이하, 제536조 이하, 제543조 이하)에 의해 이를 규율하는 것에 그치지 않고 제569조 이하에서 불이행의 모습에 따라 개별적으로 손해배상과 해제권을 정하고 있다. 이러한 매도인의 책임을 권리의 하자(Rechtsmangel)를 이유로 하는 담보책임이라고 한다(이 표현에 대해 제559조 제1항도 참조).

종래 통설에서는 제569조 이하의 담보책임이 일반 채무불이행책임과의 관계에서 다음의 특징을 가진다고 지적되고 있었다.

첫째, 매도인의 책임의 요건으로 그의 귀책사유가 언급되고 있지 않다. 그 결과 권리의 하자를 이유로 하는 담보책임을 무과실책임으로 이해할 가능성이 높으며, 그것이 종래 일반적인 이해였다고 말할 수 있다. 그러나 일반규정의 귀책을 전제로 한다고 이해할 여지가 있어 반드시 필연적인 것은 아니었다.

둘째, 매도인의 이전불능의 경우에도 귀책사유 여부에 따라 해제와 위험부담으로 나누어 규율하는 대신, 매수인에게 해제권을 인정하여 일원적으로 규율한다. 이전불능이 문제되므로 최고는 별도로 요구되지 않는다. 한편 계약목적 달성이 가능한 경우 매수인의 구제수단으로 일부해제에 상응하는 대금감액이 명시적으로 정해진 경우가 있다(제572조, 제574조).

셋째, 매수인이 손해배상이나 계약 해제의 권리를 행사할 수 있기 위해서는 그의 선의가 요구되는 규정들이 존재한다(제572조, 제574조, 제575조).

넷째, 단기의 제척기간을 정하는 경우가 있다(제573조, 제574조, 제575조 제3항).

(2) 이러한 담보책임의 성질은 어떻게 이해되고 있으며, 특히 그것이 일반 채무불이행책임과 어떠한 관련을 가진다고 설명되는가? 이 문제에 대해 우리 학설은 종래 권리의 하자를 이유로 하는 책임의 법적 성질에 대해 독립적으로 논하기보다는, 물건의 하자를 이유로 하는 담보책임을 중심에 두고 그 성질을 논의하는 과정에서 거기서의 논의[1]가 권리의 하자에 대해서도 (거의) 그대로 적용될 것으로 설명하는 태도를 보였다. 그 경우 통설은 물건의 하자를 이유로 하는 담보책임과 마찬가지로 권리의 하자를 이유로 하는 담보책임도 일종의 법정책임으로 이해하고, 매매의 유상성을 고려해 민법이 특별히 인정하는 책임이라고 설명하였다.[2] 마찬가지로 양자를 구별하지 않고

---

1) 이에 대해서는 본서 제3편 제2장 Ⅱ. 참조.
2) 전거와 함께 곽윤직 편집대표, 민법주해[ⅩⅣ], 1997, 221면(남효순) 참조. 또한 장

채무불이행책임으로 이해하는 견해도 주장되었다.[3] 그러나 최근에는 물건의 하자를 이유로 하는 책임과는 별도로 권리의 하자를 이유로 하는 책임을 다루면서, 민법이 재산권이전의무를 명시하고 있음을 근거로 이를 채무불이행책임으로 이해하는 견해도 유력하다.[4]

(3) 종래 통설처럼 권리의 하자를 이유로 하는 담보책임과 물건의 하자를 이유로 하는 담보책임을 일괄해서 논의하는 태도는 타당하지 않다고 생각된다. 양자의 전제로서 문제되는 매도인의 의무가 서로 다르다. 즉 책임의 전제로서 전자의 경우 매도인의 재산권이전의무가, 후자의 경우 하자 없는 물건의 인도의무가 문제된다는 점에서, 후자에 대한 논의가 당연히 전자에도 타당할 논리적인 이유는 전혀 존재하지 않는다. 따라서 이를 일괄해 뭉뚱그려 논의하는 것은 사태의 적절한 분석에 이르기 어렵게 한다. 게다가 매도인의 재산권이전의무는 그 존재가 민법 규정에서 명백함에 반해(제563조, 제568조), 후자의 경우 하자 없는 물건의 인도의무가 특정물의 경우 완전히 명백한 것은 아니어서 해석의 여지가 있다는 점에서도, 양자는 구별해 논의하는 것이 바람직하다.

이러한 고려에서 본장은 권리의 하자를 이유로 하는 담보책임의 성질을 물건의 하자를 이유로 하는 담보책임에 관한 성질론과 분리하여 독자적으로 논의하고자 한다. 즉 권리의 하자를 이유로 하는 담보책임이 가지는 고유성이 어떠한 정책적 고려에 기한 것인지 그리고 그러한 책임이 일반 채무불이행책임과 어떠한 관련성을 가지는지를 중심적으로 고려하되, 이에 관한 논의가 물건의 하자에 관한 담보책임의 성질론으로부터 예단될 수 없다는 사실에서 출발하고자 하는 것

재현, 채권법각론, 2006, 231면도 참조.

3) 김주수, 채권각론, 제2판, 1997, 199면.

4) 곽윤직, 채권각론, 제6판, 2003, 137; 김대정, 계약법(상), 2007, 427 - 428면; 김형배, 채권각론(계약법), 신정판, 2001, 321, 330면.

이다. 요컨대 권리의 하자를 이유로 하는 담보책임의 규율을 가능한
한 민법의 일반적인 계약법리 즉 그 원리적인 "내적인 체계"(inneres
System)의 관점에서 설명하는 것이 이 글의 과제이다.5)

2. 방법론적인 시사

그런데 담보책임의 규율이 어느 정도 독자성을 가지고 있는지 그
리고 어느 범위에서 일반 계약법리의 특칙인지를 규명하기 위해서는
담보책임의 개별적인 요건과 효과의 내용을 이해하는 해석론적인 작
업이 전제가 된다. 그러므로 이 글은 앞서 제기한 과제를 수행하기
위해 필요한 한도에서 담보책임 규정의 내용을 밝히는 해석론적 작업
을 함께 수반할 수밖에 없다. 이는 특히 담보책임으로 정해진 손해배
상이 어떠한 요건 하에서 어떠한 내용의 손해전보를 가능하게 하는지
의 문제와 특히 관련된다.

이러한 해석론적 작업과 관련해서는 다음과 같은 방법론적인 지
침이 간단히 환기될 필요가 있다. 즉 개별적인 해석의 결과는 당해
규정의 의미와 목적으로부터 도출되는 것이지, 담보책임의 "본질"이
법정책임인지 계약책임인지에 따라 연역할 수는 없다는 것이다. 법률
구성이나 도그마틱의 명제는 평가적인 작업으로 얻어진 법률의 이해
를 요약하고 종합하는 사후적인 결과물일 뿐,6) 논의의 출발점으로서
연역의 기초가 될 수는 없다.7) 이제는 주지되고 있는 바와 같이 본질

---

5) 이는 남효순, "담보책임의 본질론(Ⅰ)", 서울대학교 법학, 제34권 제3·4호, 1993,
   208면이 말하는 "담보책임 전반에 대하여 통일된 체계를 부여할 필요"에 상응한
   다. 또한 Huber in Soergel, *Bürgerliches Gesetzbuch*, Band 3, 12. Aufl., 1991,
   Vor § 459 Rn. 172도 참조.
6) 그러한 사후적 결과물로서의 법률구성과 도그마틱의 의의와 기능에 대해서는 김
   형석, "법발견에서 원리의 기능과 법학방법론", 서울대학교 법학, 제57권 제1호,
   2016, 37면 이하 참조.
7) 이미 Paulus D. 50, 17, 1 참조. 근본적으로 Heck, *Das Problem der Rechts-
   gewinnung*, 2. Aufl., 1932, S. 9ff.; *Begriffsbildung und Interessenjurisprudenz*,

에 기초한 논변은 개념법학적인 가장논증에 지나지 않는다.[8] 그러므로 예컨대 "담보책임의 본질을 어떻게 파악하느냐에 따라 담보책임에 관한 민법상의 개개의 규정을 해석함에 있어서 커다란 차이가 나타난다"고, 예컨대 "담보책임의 성립에 매도인의 귀책사유가 필요한지 […] 매도인이 손해배상책임을 부담하는 경우 손해배상의 범위는 어디까지인지에 대한 대답은 바로 담보책임의 본질을 무엇이라고 보느냐에 따라 달라질 수 있다"[9]고는 말할 수 없다. 오히려 해석론적인 문제를 해결함에 있어서는 담보책임의 성질여하는 "큰 도움이 되지 못"하며, 따라서 "법정책임으로 본다고 하여 […] 어떠한 요건 하에 어떠한 책임을 물어야 한다는 것이 자동적으로 밝혀지는 것도 아니고, 이를 채무불이행책임으로 본다고 하여 이 문제가 자동적으로 밝혀지는 것도 아니다"[10]는 지적이 타당하다. 입법자는 적절한 입법목적을 추구하는 범위에서 채무불이행에 대해 무과실책임을 정할 수도 있고(제375조 제2항, 제391조, 제392조, 제397조 제2항 등 참조), 계약책임의 효과로 이행이익 아닌 신뢰이익의 배상을 명할 수도 있다(제601조,[11] 제689조 제2항,[12] 제806조[13] 등 참조).[14] 이들 예에서 명백하듯,

---

1932, S. 91ff. 참조.

8) Scheuerle, "Das Wesen des Wesens", *Archiv für die civilistische Praxis* 163 (1963), 429ff.

9) 남효순 (주 5), 208면.

10) 서광민, "매도인의 하자담보책임", 민사법학, 제11·12호, 1995, 171면. 비슷한 취지로 김형배, "하자담보의 성질", 민법학연구, 1986, 253면; 안법영, "매매목적물의 하자로 인한 손해배상", 민사법학, 제11·12호, 1995, 212–213면, 216면; 안춘수, "하자담보법상의 문제점", 민사법학, 제11·12호, 1995, 438–439면; 송인권, "매도인의 담보책임과 채무불이행책임의 경합", 법조, 제55권 제4호, 2006, 218면도 참조. Soergel/Huber (주 5), Vor § 459 Rn. 168도 같은 취지를 밝히면서, 특히 하자담보책임의 성질론처럼 논쟁이 심한 쟁점에서는 더욱 더 개별규정의 의미와 목적으로부터 결론을 정당화해야 하며, 섣불리 법률구성에서 연역하는 논법은 회피하는 것이 바람직하다고 지적한다. 또한 양창수, 민법입문, 제6판, 2015, 282면도 참조.

11) 곽윤직 편집대표, 민법주해[XV], 1997, 7면(김황식) 참조.

책임의 "본질"이 아닌 개별 규정에서 추구되고 있는 입법목적이 책임
의 요건과 효과를 결정한다. 그리고 이는 담보책임의 경우에서도 다
를 바 없다.

그러므로 본장에서는 담보책임의 내용에 대해 일반적이고 포괄
적으로 논의하지 않으며, 그 대신 개별 규정의 해석론을 규명한 다음
그로부터 일반화의 가능성을 탐색해 보고자 한다.

Ⅱ. 타인권리의 매매를 이유로 하는 매도인의 담보책임

민법은 매매의 목적이 된 권리가 타인에게 속한 경우에도 그러한
매매를 유효한 것으로 취급하여 매도인은 그 권리를 취득하여 매수인
에게 이전할 의무가 있다고 하면서(제569조), 매도인이 그 권리를 취
득하여 매수인에게 이전할 수 없는 때에는 매수인은 계약을 해제할
수 있고 매수인이 선의인 때에는 손해배상도 청구할 수 있다고 정한
다(제570조).

---

12) 大判 2015.12.23., 2012다71411, 공보 2016, 167.
13) 윤진수 편집대표, 주해 친족법, 제1권, 2015, 108면(윤진수) 참조.
14) 김대정 (주 4), 403－404면; 서민, "매도인의 담보책임과 채무불이행책임의 경합",
    민사판례연구[XVⅡ], 1995, 130－131면도 참조. 다만 일련의 판례(大判 1992.4.28.,
    91다29972, 집 40－1, 358; 2002.6.11., 2002다2539, 공보 2002, 1617 등)에서 채무
    불이행(제390조)을 이유로 그 배상이 허용되는 "신뢰이익"은 엄밀한 의미의 신뢰이
    익은 아니며(제535조 제1항 참조), 이른바 수익성의 추정(Rentabilitätsvermutung)
    법리에 허용되는 이행이익 배상의 일종으로 이해할 것이다. 최근에는 이 점을 분
    명히 밝히는 재판례도 발견된다. 大判 2006.2.10., 2003다15501: "채무불이행을 이
    유로 계약해지와 아울러 손해배상을 청구하는 경우에 채권자는 이행이익의 일부
    로서 그 계약이 이행되리라고 믿고 채권자가 지출한 비용의 배상을 구할 수 있다
    고 할 것". 또한 大判 2017.2.15., 2015다235766, 공보 2017, 560도 참조.

1. 구제수단의 내용

(1) 손해배상청구권

㈎ 제570조 단서가 정하는 손해배상과 관련해서는 특히 두 가지의 쟁점이 존재한다. 하나는 이 책임이 매도인의 과실을 전제로 하는 책임인지 여부이며, 다른 하나는 배상책임이 이행이익을 내용으로 하는지 아니면 신뢰이익을 배상으로 하는지 여부이다. 종래 판례의 입장은 제570조의 매도인의 손해배상책임이 무과실책임이라고 하면서,[15] 그 내용은 이행이익 배상이라고 해석하고 있다.[16] 다수설도 대체로 같은 입장이다.[17] 그러나 이에 대해서는 이견도 여럿 존재한다. 하나는 제570조의 손해배상책임은 무과실책임이기는 하지만 손해배상의 내용은 신뢰이익이라고 해석하는데, 담보책임을 지는 경우 중에는 원시적 일부불능도 있으므로 신뢰이익 배상만을 명하는 제535조 제1항과 균형을 맞추어야 한다는 것을 이유로 한다.[18] 다른 하나는

---

15) 大判 1964.7.23., 64다196, 집 12−2, 63.

16) 大判(全) 1967.5.18., 66다2618, 집 15−2, 11("계약이 완전히 이행된 것과 동일한 경제적 이익을 배상"); 1981.7.7., 80다3122, 공보 1981, 14165. 이에 대해 김증한·김학동, 채권각론, 제7판, 2006, 248면은 "판례가 이행이익의 손해라고 한 것은, 매수인이 목적물을 추탈당한 경우에 당시의 목적물의 가액"인데, "이러한 손해는 하자로 인하여 직접 생긴 손해로서, 매도인에게 책임사유가 없는 경우에도 배상범위에 포함될 손해"이므로, 판례의 표현만으로는 이행이익 배상설이라고 단정할 수 없다고 지적한다. 그러나 그러한 손해가 종래 학설이 말하는 신뢰이익 배상에 해당하지 않음은 명백하다. 예컨대 시가 120의 물건을 100을 주고 매수하였으나 전부 추탈을 당한 경우, 신뢰이익 배상은 120이 아니라 100을 내용으로 할 것이기 때문이다. 그렇다면 시가를 기준으로 하는 판례는 이행이익의 일부로서 목적물의 가액에 상당하는 손해를 언급한 것이라고 이해할 수밖에 없다. 이행이익 배상설에 따른 것으로 판례를 이해하는 것이 정당하다. 이는 大判 2004.12.9., 2002다33557, 공보 2005, 73에서도 분명하다.

17) 곽윤직 (주 4), 140면; 민법주해[XIV] (주 2), 320−321, 351면(남효순); 김형배 (주 4), 330, 332면; 이은영, 채권각론, 제5판, 2007, 305, 322면; 장재현 (주 2), 230, 238면; 이덕환, 채권각론, 2010, 222면; 김성용, "타인의 권리의 매매를 둘러싼 당사자들의 책임의 요건과 범위", 인권과 정의, 제213호, 1994, 72−74면.

채무불이행책임설의 입장에서 제569조의 취지를 고려할 때 이행이익의 배상이 타당하며 또한 일반 원칙에 따라 매도인에게 고의 또는 과실이 요구된다고 이해한다.[19] 한편 절충적으로 무과실책임이라는 것을 전제할 때에는 하자손해 또는 신뢰이익이 배상되나 귀책사유가 있을 때에는 하자후속손해 또는 이행이익까지 배상된다고 구별하는 견해도 주장되고 있다.[20]

(나) 먼저 손해배상의 내용에 대해 살펴보면, 제570조에 따른 손해배상이 신뢰이익을 내용으로 한다는 해석에는 동의하기 어렵다. 민법은 제569조에서 타인의 권리를 매매한 매도인에게 매매의 유효를 전제로 권리를 취득하여 이전할 의무를 지우고, 그 불이행의 효과로서 선의의 매수인을 위해 손해배상을 정하고 있다. 그렇다면 제570조의 손해배상이 그러한 재산권이전의무의 불이행에 상응하는 구제수단인 이상("권리를 취득하여 매수인에게 이전할 수 없는 때"), 이를 재산권이 이전되는 상태를 기준으로 산정되는 이행이익이라고 이해하는 것이 제569조의 취지에 부합한다.[21] 신뢰이익 배상은 채권자를 계약체결 이전 상태의 재산상태로 돌리는 손해배상이므로, 민법이 계약이행을 관철하고자 명시한 재산권이전의무의 불이행에 대한 제재로 신뢰이익 배상을 명하는 태도는 그 자체로 제569조의 취지에 반하여 평가모순일 것이기 때문이다. 선의의 매수인이 계약을 해제하면서 손해배상을 청구하는 경우, 그것이 신뢰이익 배상이라면 통상 계약의 체결·이행을 위해 지출한 비용 그리고 (드물게) 다른 거래 기회의 상실로부터 발생한 일실이익을 내용으로 할 것인데, 이러한 이익이 재산권이 전의무(제568조 제1항, 제569조)의 보호범위에 들어온다고는 도저히 말

---

18) 송덕수, 채권법각론, 제3판, 2017, 183, 184면.
19) 김주수 (주 3), 204면; 김대정 (주 4), 436, 438면.
20) 김증한·김학동 (주 16), 250, 252면; 김상용, 채권각론, 제2판, 2014, 196면.
21) 이미 곽윤직 (주 4), 140면.

할 수 없을 뿐만 아니라(제393조 제1항 참조) "권리를 취득하여 매수인에게 이전할 수 없는" 사정과의 사이에 인과관계도 없다.

또한 이상의 서술에서 분명하게 되었지만, 원시적 불능의 경우 손해배상에 관한 제535조 제1항과의 균형상 신뢰이익의 배상이어야 한다는 견해도 타당하지 않다. 타인권리의 매매에서 원시적 불능에 해당하는 사안은 드물 뿐만 아니라, 해당하는 경우이더라도 제569조는 바로 타인권리의 매매에서 원시적 이전불능으로 인한 무효 효과를 배제하기 위해 도입된 규율 즉 제535조를 배척하는 취지의 규정이기 때문이다.[22] 게다가 매도인이 타인권리를 취득해 이전할 가능성이 매

---

22) 양창수 (주 10), 283면; 민법주해[ⅩⅣ] (주 2), 299 – 300면(남효순). 제569조가 입법에서 참조한 의용민법 제560조에 대해 未定稿本 民法修正案理由書, 서울대 도서관 소장본, 481 – 483면도 참조.

　　이를 상세히 살펴보면 다음과 같다. 우선 타인권리에 관한 것이라는 사실만으로 언제나 원시적 불능 급부를 목적으로 하는 매매가 있다고 말할 수는 없다 (Schwarze, *Das Recht der Leistungsstörungen*, 2. Aufl., 2017, § 4 Rn. 34). 현실에서 매매의 목적인 재산권이 거래되고 있어 교섭으로 취득할 가능성이 열려 있는 이상, 매도인이 이를 취득하여 매수인에게 이전하는 것은 불능이라고 말할 수 없고 또 매도인이 그러한 의무를 부담할 이해관계도 충분히 있을 수 있기 때문이다. 그러므로 거래되는 재산권이 문제되는 통상적인 경우 타인권리의 매매는 불능급부를 목적으로 하지 않으며, 타인권리의 매매는 유효하고, 그 한도에서 제569조는 일반적으로 당연한 내용을 확인하는 것에 불과하다. 따라서 원시적 불능의 문제는 이미 타인권리가 매매되는 시점에 매도인이 이를 취득하여 매수인에게 이전하는 것이 불가능했던 경우 즉 그 시점에 매도인에게 기대가능한 교섭을 전제로 권리자가 재산권을 이전해 줄 용의가 없음이 명백했던 경우에 한하여 비로소 제기될 수 있다(大判 1979.4.24., 77다2290, 집 27 – 1, 323; 또한 Schwarze (주 22), § 4 Rn. 35. 이 문헌이 지적하듯, 그러한 사안은 현실에서 드물 것이다). 그러나 그러한 경우 원시적 주관적 불능을 이유로 제535조를 적용해 타인권리의 매매를 무효라고 이해하는 것은 제569조의 취지에 반해 허용되지 않는다고 해야 한다. 그렇지 않다면 제569조는 통상적인 사례에서 제568조에 따라 적용될 당연한 내용을 확인하는 주의적 규정으로 독자적인 규율상 의의를 인정받지 못하게 될 것이기 때문이다. 그러나 어떤 규정의 내용을 사실상 박탈하는 해석은 신중해야 한다. 입법자가 제568조에 이어서 바로 동일한 내용을 반복하는 규정을 두었다고 상정하는 것은 불합리하다. 그렇다면 제569조의 규율 의도는 원시적 주관적 불능을 내용으로 하는 타인권리의 매매이더라도 그 유효성을 인정하고자 하는 취지도 포함한다고 해석

매 성립 시점에는 존재하였으나 그 이후의 사정으로 이전할 수 없게
된 경우에도 제570조가 적용되는데, 이러한 사안까지 포함하여 원시
적 객관적 불능의 경우와 균형을 논하는 것은 당연히 불합리하다. 그
러므로 제535조 제1항을 고려해 체계적으로 해석해야 한다면, 오히려
반대로 제569조에 따른 제재로 부여되는 제570조의 손해배상은 이행
이익 배상이라고 해석하는 것이 법률의 취지에 부합한다.

　　(다) 이러한 이행이익 배상은 매도인의 고의 또는 과실을 전제로
하는가? 제570조는 책임 있는 사유에 대해 아무런 언급을 하고 있지
않으므로 무과실책임이라고 이해할 가능성도 있지만, 소수설이 주장
하는 것처럼 이는 일반 채무불이행책임을 전제하는 규정으로 고의 또
는 과실이 요구된다고 이해할 여지도 존재한다. 후자와 같이 파악하
면 제570조의 규정은 제390조를 그대로 지시하면서 단지 악의의 매
수인에 대해 손해배상을 배제하는 규율로서의 의미만을 가지게 될 것
이고, 당연히 일반 채무불이행책임과의 경합의 문제도 발생하지 않는
다.23) 그러나 이 견해는 오히려 일반 채무불이행책임의 법리와 합치
되지 않는다. 만일 제570조가 일반적인 계약책임을 정함에 지나지 않
는다면, 왜 악의의 채권자 즉 불이행의 가능성을 인식한 채권자에게
굳이 손해배상이 부정되어야 하는지 합당한 이론적 근거를 찾을 수
없기 때문이다. 그리고 이는 타인권리의 매매의 경우에 특히 그러하
다. 왜냐하면 매수인은 타인권리라는 사실을 알면서도 매도인이 이를

하는 것이 자연스럽다. 그리고 이러한 평가는 다른 유상계약에서도 타당하다(제
567조; 제658조 제2항도 참조).
23) 김대정 (주 4), 436면은 제570조의 특칙성은 "매수인이 악의인 경우에는 매도인의
손해배상책임이 면제된다'는 점에서 찾아야" 하며, 그렇게 해석하면 "일부 학설과
판례가 인정하고 있는 '일반적 채무불이행책임과 담보책임과의 경합론' 같은 불합
리한 이론을 채택할 필요는 없게 된다"고 한다. 김용담 편집대표, 주석 민법 채권
각론(3), 제4판, 2016, 65면(김대정)도 같은 취지이다. 그런데 바로 이어서 66-67
면은 매수인이 악의인 경우에도 매도인이 귀책사유가 있다면 손해배상이 인정된
다고 한다.

취득해 이전할 가능성을 염두에 두고 매매계약을 체결할 정당한 이해
관계를 가질 수 있기 때문이다. 그러한 경우 매수인에게 채권자로서
의 과실을 인정해 이를 손해배상에서 고려하면 충분하였을 것임에도
(제396조), 이를 이유로 손해배상을 아예 부정하는 태도는 오히려 일
반 채무불이행책임의 틀을 넘어서는 것으로 부당하다.24) 이러한 결과
를 쉽게 받아들일 수는 없다.

　(라) 앞의 (나) 및 (다)의 내용에 비추어 매도인의 과실 여부에 따라
손해배상의 내용을 달리 해석하는 견해가 타당할 수 없음은 분명하
다. 무과실의 매도인에 대해 선의의 매수인이 신뢰이익 배상만을 청
구할 수 있다는 결론 및 과실 있는 매도인을 상대로 매수인이 악의라
는 이유만으로 아무런 손해배상도 청구할 수 없다는 결론 모두 타당
하지 않기 때문이다.

　(마) 그러므로 매수인은 매도인을 상대로 매매목적인 권리가 이전
할 수 없게 됨으로 인하여 발생한 이행이익의 배상을 청구할 수 있으
며, 매도인은 과실이 없더라도 그에 책임을 부담한다. 판례는 이행불
능에서와 마찬가지로,25) 책임원인이 발생하여 청구권이 성립한 시점
즉 이전불능의 시점을 기준으로 손해를 산정해야 한다고 한다.26) 그
래서 매도인 및 매수인 명의의 매매부동산에 대한 소유권이전등기의
말소의무가 원소유자의 말소등기절차이행 청구소송에서 확정되었다
면 매도인의 이행불능으로 인한 손해배상액의 산정은 그 패소확정시
를 기준으로 하여야 하고, 동 등기의 말소시를 기준으로 할 것이 아
니다.27)

---

24) Soergel/Huber (주 5), § 439 Rn. 4; 潮見佳男, 債權各論 Ⅰ, 2002, 114－115면 참조.
25) 大判 1968.7.23., 68다1104, 집 16－2, 275.
26) 大判(全) 1967.5.18., 66다2618, 집 15－2, 11; 大判 2004.12.9., 2002다33557, 공보 2005, 73.
27) 大判 1974.5.14., 73다1564, 공보 1974, 7876; 1979.4.24., 77다2290, 집 27－1, 323; 1981.6.9., 80다417, 집 29－2, 78; 1981.7.7., 80다3122, 공보 1981, 14165;

(2) 계약해제권

매매의 목적이 된 타인권리를 이전할 수 없는 경우, 매수인은 매매계약을 해제할 수 있다.[28) 악의의 매수인도 이에 포함된다. 매도인의 귀책사유는 요구되지 아니하므로(앞의 Ⅱ. 1. (1) (대) 참조),[29) 채무자책임 없는 이행불능의 경우에도 매수인은 제570조의 요건이 충족되는 한 매매계약을 해제할 수 있다. 또한 최고도 불필요하므로(제544조 참조),[30) 이전불능의 요건이 충족되는 한 매수인은 제570조에 따라 최고 없이 매매계약을 해제할 수 있다. 물론 사실관계가 제544조 이하를 충족하는 경우, 그에 따른 해제권 행사를 부정할 이유는 없다. 그 경우 해제권의 경합이 있게 된다. 그러나 제570조의 해제권 요건이 보다 너그럽기 때문에, 실제로 일반 법정해제권이 행사되는 경우는 많지 않을 것이다.

제570조에 따라 발생하는 해제권은 제543조가 말하는 법률의 규정에 의하여 해제의 권리가 있는 때에 해당하므로, 해제권이 행사된 경우 그 효과는 제548조 이하의 규정에 따른다.[31)

2. 일반 채무불이행책임과의 관계

제570조의 구제수단에 대한 이상의 내용에 따르면 타인권리의 매도인에게 고의 또는 과실이 없더라도 매수인은 언제나 계약을 해제할 수 있고, 선의인 때에는 이행이익의 배상을 청구할 수 있다. 이러

1993.4.9., 92다25946, 공보 1993, 1358. 반면 말소 시점을 기준으로 하는 것으로 大判 1977.12.13., 77다1048, 집 25 - 3, 360.

28) 大判 1966.3.22., 66다76, 로앤비.

29) 곽윤직 (주 4), 141면; 김대정 (주 4), 433면; 김주수 (주 3), 203면; 송덕수 (주 18), 186면; 이은영 (주 17), 322면; 장재현 (주 2), 238면.

30) 大判 1976.6.22., 76다473, 로앤비.

31) 大判 1974.3.26., 73다1442, 집 22 - 1, 7794; 1974.5.14., 73다1564, 공보 1974, 7876. 남효순, "타인권리의 매매와 매도인의 담보책임", 고시계, 제448호, 1994, 127면 참조.

한 결론은 일반적인 계약책임의 법리와 합치하는가? 양자의 관계는
어떠한가?

(1) 매도인 손해배상책임의 성질

㈎ 제570조의 규율은, 매도인은 매매계약을 체결할 때 자신의 급
부가능성 즉 재산권이전의 가능성에 대해 보증을 함으로써, 이전불능
에 고의 또는 과실이 없더라도 보증에 기한 귀책사유가 인정되어 책임
을 부담한다고 일반 채무불이행의 법리에 맞추어 설명될 수 있다.[32]

책임법리에 비추어 채무자에게 채무불이행으로 인한 책임을 부
담시키기 위해서는 그러한 불이행이 그에게 귀책될 수 있어야 함은
당연하다. 그리고 우리 민법은 채무자가 원칙적으로 자신의 고의 또
는 과실에 대해서만 책임을 지도록 하여 원칙적인 귀책사유로 고의
또는 과실을 정하고 있다(제390조 단서). 그러나 계약상 채무자가 계약
을 체결할 때 어떠한 사정의 존재를 보증하고 그에 대한 책임을 인수
하였다면, 그는 이후 그러한 사정이 부존재하다는 것이 증명되는 경
우에는 자신의 보증(Garantie)에 기하여 과실이 없더라도 책임을 부담
하게 된다. 즉 채무자는 일정 사실을 보증함으로써 그로부터 발생하
는 모든 불이익에 대해 책임지기로 약속한 것이고, 따라서 인수한 보
증이 책임 있는 사유로서 그의 책임을 정당화하는 것이다.[33] 이러한
내용은 우리 민법이 명시적으로 정하고 있지 아니하지만 계약자유의
원칙상 부정할 이유가 없고, 실제로 민법은 채무자의 결과보증의 원

---

32) 潮見 (주 24), 113-114면도 참조.
33) 곽윤직 편집대표, 민법주해[IX], 1995, 376-377면(양창수); 김증한·김학동, 채권
　　총론, 제6판, 1998, 78면; 박영복, "계약책임의 귀책요소로서의 보증", 민사법학,
　　제30호, 2005, 361면 이하; 김용담 편집대표, 주석 민법 채권총론(1), 제4판, 2013,
　　761면(김상중) 등 참조. 다만 앞의 두 문헌은 보증 대신 담보라는 용어를 사용한
　　다. 실제로 결과보증이 기존의 계약에서 부수해서 계약상 급부와 관련된 결과를
　　보증하는 것이 아니라 별도의 채무를 담보하기 위해 독립한 계약으로 행해지는 경
　　우 강학상 손해담보계약이라고 명명되고 있다(김형석, 담보제도의 연구, 2021,
　　87-89면 참조).

리에 기초한 규율을 다수 알고 있다. 예를 들어 종류채무의 채무자가
특정 이전에는 과실이 없는 물건의 멸실에도 불구하고 조달위험을 부
담한다든가(제375조 제2항), 금전채무자가 무제한의 조달의무를 부담
한다든가(제397조 제2항), 채무자가 이행보조자의 고의 또는 과실에
대해 책임을 부담한다는 규정(제391조)은 실제로 계약상 채무자의 결
과보증에 기초한 것으로 설명될 수 있다.[34]

어느 경우에 계약상 채무자가 급부와 관련된 일정한 사실을 보증
하는지 그리고 그 내용은 무엇인지는 당연히 계약해석에 의해 탐구되
어야 한다.[35] 그런데 종래 우리 학설에서는 적어도 채무자가 자신의
급부능력에 대해서는 보증을 하는 것이어서 급부의 주관적 불능에 대
해서는 과실이 없더라도 책임을 지는 것으로 해석되어야 한다는 지적
이 행해지고 있었다.[36] 그러한 관점에서 선다면 제569조, 제570조에
서 타인권리를 매도한 자가 자신의 급부능력 즉 권리의 이전가능성을
보증하고 그에 무과실책임을 부담한다는 결론은 전혀 어색하지 않다.
실제로 계약에서 어떠한 급부를 약속하는 자는 자신이 그 급부를 할

---

34) 박영복 (주 33), 364면 이하. 특히 종류채무와 관련해서 이는 2002년 개정된 독일
   민법 제276조 제1항이 명문으로 명확히 하고 있는 바이다. 또한 이행보조자 책임이
   보증에 기인한다는 점에 대해 von Caemmerer, "Wandlungen des Deliktsrechts",
   Gesammelte Schriften, Band I, 1968, S. 532 Fn. 300도 참조.

35) 민법주해[Ⅸ] (주 33), 377면(양창수).

36) 민법주해[Ⅸ] (주 33), 377면(양창수); 김증한·김학동 (주 33), 78면; 박영복 (주
   33), 368-369면 참조. 실제로 2002년 채권법 대개정 이전 계약상 채무자는 계약
   체결 시점에 자신의 급부능력에 대해 결과보증을 하는 것이므로 급부의 원시적·
   주관적 불능의 경우에 무과실의 책임을 부담한다는 것이 독일의 확고한 통설이었
   다(박영복 (주 33), 같은 곳 참조). 반면 2002년의 개정은 원시적·주관적 불능의
   경우에도 과실책임원칙을 관철하는 방향으로 태도를 변경하였다(동법 제311a조
   참조). 한편 계약불이행의 가능성을 예견하면서도 계약을 체결한 경우에 그러한
   사정만으로 귀책사유를 인정하는 大判 2011.8.25., 2011다43778, 공보 2011, 1932
   도 참조. 이러한 인수과책(Übernahmeverschulden)의 법리 역시 채무자의 급부보
   증과 밀접한 관련을 가진다. Huber, *Leistungsstörungen*, Band I, 1999, S. 673ff.
   참조.

수 있다는 점을 계약의 불가결한 전제조건으로 선언하는 것이기 때문
이다. 그러므로 제569조, 제570조는, 매매를 대표로 하는 유상계약이
(제567조) 원시적·주관적 불능 급부를 목적으로 하더라도 그 유효함
을 전제로 하여, 채무자는 자신의 급부능력을 보증하여 관련 불이행
에 대해 무과실책임을 부담한다는 민법의 태도를 확인해 주고 있다.

　　(나) 이러한 이해에 대해서는 "다른 불능, 예컨대 원시적·객관적
불능이나 후발적 불능의 경우와는 달리, 어찌하여 원시적·주관적 불
능의 경우에만 채무자가 보증을 인수한 것이라는 구성이 요구되고,
또한 가능한 것인지는 여전히 의문"[37]이라는 비판이 제기되고 있다.
그러나 당사자의 의사해석상 원시적 불능과 후발적 불능 그리고 주관
적 불능과 객관적 불능은 이익상황을 달리하므로 그러한 비판은 타당
하지 않다. 울리히 후버가 적절하게 설명하는 바와 같이,[38] 모든 약
속은 이미 그것이 지켜진다는 보증의 요소를 포함하고 있다. 다만 모
든 인간사에서 그러하듯 법적인 약속에서도 불가피하게 약속이 이행
될 수 없는 사정이 있을 수밖에 없기 때문에, 민법은 일정한 경우에
는 약속에서 벗어나는 면책의 가능성을 허용하고, 특히 이를 채무자
의 무과실과 관련짓는다. 이것이 바로 과실책임주의이다(제390조 단서
참조). 그런데 후버에 따르면 보증으로서의 약속에서 벗어나게 하는
면책과 관련해 당사자 의사를 판단할 때, 이행의 장애되는 사정이 계
약체결 시점에 존재하였는지 아니면 나중에 발생하였는지 여부의 구
별은 간과되어서는 안 된다. 방금 설명한 과실책임주의의 기능에서
출발할 때, 약속을 하는 사람이 계약체결 시점에 자신의 급부능력에
대해 장애가 없거나 있더라도 이를 극복할 수 있다고 보증하는 것은
충분히 유의미하지만, 장래에도 장애가 전혀 없을 것이고 혹 있더라
도 반드시 극복할 수 있다는 보증을 한다고는 통상 상정할 수 없기

---

37) 김성용 (주 17), 72면.
38) Huber (주 36), S. 528ff.

때문이다.[39] 그리고 마찬가지의 내용이 자기 자신의 급부가능성과 모든 사람의 급부가능성의 구별에 대해서도 타당하다. 채무자의 보증이 세상 모든 사람이 할 수 없는 급부에까지 미친다고 이해하거나 장래의 모든 불확실한 사정까지 염두에 두고 있다는 설명은 의사해석상 불합리하다. 따라서 계약에 포함되는 급부가능성에 대한 보증은 계약 체결 시점의 채무자 자신의 급부능력일 수밖에 없다.

그러므로 민법 제570조는 매도인이 매매의 목적인 재산권의 이전가능성에 대해 보증을 하고, 과실이 없더라도 그러한 보증을 귀책근거로 하여 책임을 부담함을 정하는 규정으로 이해되어야 한다. 물론 이는 민법이 당사자들의 합리적 의사를 추측하여 정하는 임의규정이다. 즉 우리 민법에서 매도인이 권리의 이전가능성을 보증한다는 것은 현행법이 규정하는 전형계약으로서의 매매계약의 내용으로 입법자가 상정한 규율이라는 의미이다(의사추정규정). 그러므로 당사자들이 계약상 합의를 통해 타인권리의 매매에서 보증요소를 제거해 매도인의 책임을 과실책임으로 정하는 것은 당연히 가능하다.[40]

(다) 매도인의 무과실책임의 근거를 그의 결과보증에서 찾는 경우, 선의인 매수인에 한정하여 이행이익 배상이 인정되는 결과도 합리적으로 설명될 수 있다.

매도인이 타인의 권리를 매도한다는 사실을 매수인이 알지 못하는 경우, 규범적 해석의 관점에서 매수인은 매도인의 의사표시의 내용을 결과보증의 내용으로 받아들인다고 상정하는 것이 자연스럽다.

---

39) 관련하여 Rabel, "Unmöglichkeit der Leistung nach österreichischem Recht", *Gesammelte Aufsätze*, Band I, 1965, S. 97: "원시적 불능과 후발적 불능의 구별은 내적으로 이중의 근거를 가진다. 한편으로 당사자들은 현재와 동일한 확실성을 가지고 장래를 판단할 수 없기 때문이고, 다른 한편으로 계약 성립과 함께 계약상 의무가 발생하기 때문이다."

40) 또한 입법자가 정책적 고려에 따라 이러한 디폴트 룰(default rule)을 변경할 수 있음도 물론이다. 이에 대해서는 2002년의 독일 채권법 대개정과 관련해 주 36의 서술도 참조.

즉 선의의 매수인의 관점에서 매도인의 매도 의사표시는 전형적으로 매매의 목적이 된 재산권의 이전가능성에 대한 보증을 포함하게 될 것이다. 그러나 매수인이 타인권리의 매매라는 사실을 알고 있었던 경우에는 그렇게 말하기 어렵다. 그는 타인권리의 매매라는 사정으로부터 권리의 이전이 반드시 보장되지 않을 가능성을 인지하였으므로, 섣불리 이행을 확신해서는 안 된다. 따라서 매수인이 매도인의 의사표시로부터 결과보증을 이끌어내는 것은 추가적인 예외적 사정이 있는 때에 비로소 가능할 것이다. 입법자는 이러한 사정의 차이를 고려하여 선의 매수인을 상대로 해서는 재산권이전에 관한 매도인의 보증을 추정하면서도 악의의 매수인을 상대로 해서는 그러하지 않는 규율을 둘 수 있다. 그리고 이것이 바로 우리 민법이 취하고 있는 태도이기도 하다.

(2) 매수인이 악의인 경우 매도인의 일반 채무불이행책임

㈎ 이상과 같이 이해함으로써 종래 학설과 판례에서 논의가 있었던 일반 채무불이행책임과의 경합의 문제도 쉽게 대답할 수 있게 된다. 종래 학설에서는 제570조의 적용을 받지 못하는 악의의 매수인이 제390조에 따라 매도인의 책임을 물을 수 있는지 여부에 대해 논의가 있었으며,[41] 판례는 이를 허용하고 있었다.[42] 그러나 제570조를 선의의 매수인이 매도인의 보증에 기하여 무과실책임을 물을 수 있다는 규정으로 이해하는 이상, 악의의 매수인이 보증을 전제함 없이 일반적인 채무불이행책임(제390조)을 물을 수 있다는 것은 당연히 허용되는 결과이다. 이 글의 이해에 따를 때, 제570조 단서의 취지는 악

---

41) 긍정하는 견해로 곽윤직 (주 4), 141면; 김형배 (주 4), 332면; 이은영 (주 17), 322면; 장재현 (주 2), 239면 등. 회의적인 견해로 김대정 (주 4), 436면(그러나 주 23도 참조). 역시 경합에 회의적이지만 매수인의 '선의'의 의미를 확장해서 이해하여 불합리를 시정하려는 견해로 김주수 (주 3), 203-204면; 남효순 (주 31), 128면.

42) 大判 1970.12.29., 70다2449, 집 18-3, 443; 1993.11.23., 93다37328, 공보 1994, 186.

의의 매수인의 손해배상 일반을 배제하는 것이 아니라 보증에 기초한 무과실책임적 손해배상을 배제하는 취지이기 때문이다. 그러므로 제570조는 제390조를 배제하는 의미의 특칙이 아니라, 선의의 매수인에 대한 관계에서 보증을 이유로 매도인의 귀책사유를 가중하는 규정에 다름 아니다. 제570조의 보증 추정을 받지 않는 악의의 매수인은 당연히 과실책임을 전제로 손해배상을 청구할 수 있다(제390조). 그런데 이렇게 이해한다면 결과적으로 선의의 매수인이 일반 채무불이행의 법리에 따라 과실책임을 전제로 손해배상을 구하는 것(물론 선의의 매수인이 이를 행사할 유인은 거의 없다)도 부정할 이유가 없다.[43] 악의의 매수인에게 허용되는 결과를 선의의 매수인에게 부인하는 것은 보호의 균형을 상실하고, 선의의 매수인이 자발적으로 보증을 주장하지 않으면서 일반적인 구제수단을 선택하는 것을 굳이 막을 이유는 찾을 수 없기 때문이다.

(내) 그러므로 타인의 권리를 매매한 매도인은 재산권이전의무를 부담하지만, 그 의무의 내용은 매수인의 선의·악의 여부에 따라 달라지게 된다. 선의의 매수인은 매도인의 재산권이전이라는 결과보증의 추정을 받으므로, 그 경우 매도인의 채무는 불가항력 외에는 면책가능성이 없는 이른바 결과채무로 파악된다. 반면 악의의 매수인은 이전불능의 가능성을 인수한 것이므로, 그 경우 매도인의 채무는 평균적인 타인권리매도인에게 요구되는 선량한 관리자의 주의의무에 따라 권리를 취득하여 매수인에게 이전할 의무 즉 이른바 수단채무라고 해야 한다.[44]

이와 맥락에서 흥미로운 것은 악의의 매수인이 일반 계약책임을 물을 수 있다고 판시한 대법원의 재판례이다.[45] 여기서 대법원은 악

---

43) 같은 취지로 송덕수 (주 18), 186면; 이덕환 (주 17), 222면.
44) 이 점에 대해 森田宏樹, "買主が惡意の場合における他人の權利の賣主の責任", 債權法改正を深める, 2013, 3면 이하 참조.

의의 매수인에게 제570조에 따른 권리를 부정하면서도, "다만 이 사건 이행불능이 피고의 귀책사유로 인하여 이루어진 것인 때에 한하여 원고는 피고에게 대하여 이로 인한 손해배상을 청구할 수 있는 것이므로 이 사건 이행불능이 피고의 귀책사유로 인한 것인가 아닌가의 점은 원고가 이를 주장 입증하여야 할 것이고, 이행불능이 있었다고 하여 만연 이는 피고의 귀책사유로 인한 것이라고 추정을 할 수는 없는 것이라 할 것"이라고 판시하였다. 이 판결이 귀책사유의 입증이 매수인에게 있다고 판시한 부분은 제390조의 증명책임 분배와 일치하지 않는다는 점에서 학설에서 비판을 받고 있으며,[46] 그러한 비판은 정당하다.[47] 그러나 이러한 대법원의 "실수"의 이면에는 악의의 매수인에 대해 매도인이 부담하는 재산권이전의무가 수단채무라는 실질이 작용하고 있었던 것 아닐까? 주지하는 바와 같이, 수단채무의 경우 채권자는 불이행을 입증하는 과정에서 이미 채무자가 선량한 관리자의 주의를 다하지 못하였다는 사실을 증명해야 하기 때문에 불이행 입증과 과실 입증은 거의 중첩하게 된다.[48] 이 판결의 사실관계는 상세히 알 수 없으나, 대법원이 매도인이 선량한 관리자의 주의의무를 다하지 못한 사정을 간취하고 이를 문제 삼는 과정에서 불이행이 아닌 과실의 문제로 잘못 접근한 것은 아닌가 하는

---

45) 大判 1970.12.29., 70다2449, 집 18 – 3, 443.

46) 서민 (주 14), 136 – 137면.

47) 같은 쟁점을 다루고 있는 후속 재판례인 大判 1993.11.23., 93다37328, 공보 1994, 186은 그러한 언급을 하고 있지 않다.

48) 奧田昌道 編, 新版 注釋民法 10 – Ⅱ, 2011, 180 – 181면(北川善太郎·潮見佳男) 참조. 물론 개별 사안유형(예컨대 의료과오 소송)의 특수성을 고려하여 증명책임을 조정할 가능성은 존재한다. 김형배, 채권총론, 제2판, 1998, 230면 참조. 독일의 경우 이는 2002년 채권법 대개정 이전 이행불능과 이행지체에 대해 증명책임을 분배하는 동법 제282조, 제285조가 이른바 적극적 채권침해의 경우에도 유추되는지 여부와 관련해 다투어졌던 문제이고, 대개정에 의해 증명책임이 명문화(현행 제280조)된 이후에도 논의가 지속되고 있다. Emmerich, *Das Recht der Leistungs-störungen*, 6. Aufl., 2005, § 22 Rn. 54ff. 참조.

추측을 하게 한다.

(3) 매수인 해제권의 취지

제570조의 해제권은 어떠한가? 제569조가 타인권리의 매매를 유효한 것으로 취급하여 있을 수도 있는 제535조의 적용가능성을 배제하고 있으므로(앞의 주 22 및 그 본문 참조), 매도인의 이전불능은 후발적 불능에 해당한다. 그러므로 일반적인 채무불이행 법리에 따른다면, 귀책사유 있는 매도인(결과보증을 하였거나 그렇지 않은 경우 고의·과실이 있는 매도인)에 대해서는 매수인은 최고 없이 계약을 해제할 수 있고(제546조), 반면 매도인에게 귀책사유가 없는 때(매도인이 결과보증도 하지 않았고 고의·과실도 없는 경우)에는 계약이 당연히 해소되어 부당이득의 관계가 발생할 것이다(제537조). 제570조의 의의는 이 모든 경우를 모두 포괄하여 매수인이 계약을 해제할 수 있도록 한 점에 있다. 그런데 선의의 매수인의 경우 이전불능은 추정되는 매도인의 보증에 기초해 귀책사유 있는 불이행으로 평가될 것이므로(앞의 Ⅱ. 1. (1) 참조), 매수인이 바로 해제할 수 있다는 결과는 유책한 이행불능의 경우(제546조)에서와 같다. 그러므로 제570조에 따른 해제의 특수성은 매수인이 악의인 경우 이전불능이 매도인의 책임 있는 사유에 의한 것인지 묻지 않고 해제권을 부여한다는 점이다.

그러한 경우 해제와 위험부담의 이원적 해결을 시도하지 않고 해제만을 규정하는 것은 법정책적으로 충분히 고려가능하다. 해제나 위험부담 모두 유상계약 또는 쌍무계약의 특수성을 고려하여 인정되는 제도이므로, 양자의 경계는 상당부분 유동적이고, 그래서 입법자는 위험부담을 채택함 없이 오로지 해제만을 허용하여 규율할 수 있다(이른바 해제일원론).49) 쌍무계약의 경우 해제에 따른 원상회복과 부당

---

49) Bundesminister der Justiz, *Abschlußbericht der Kommission zur Überarbeitung des Schuldrechts*, 1992, S. 166; 일본 민법(채권편)개정검토위원회 편, 일본 채권법개정의 기본방침, 법무부 역, 2009, 260 – 261면 등 참조. 물론 주지하는 바와 같

이득에 따른 원상회복 사이에 평가모순이 발생해서는 안 되며 가능한 한 양자의 법리를 동화시켜야 한다는 지적도 그러한 맥락에서 나오는 것이다.[50] 그러므로 위험부담의 상황을 해제로 접근하는 것은 민법의 체계에서 이론적으로 가능하며, 실제로 2002년 개정된 독일 민법은 위험부담의 문제가 제기되는 때에도 채권자에게 계약해제권을 인정하고 있다(동법 제326조 제5항).

이렇게 이해한다면 제570조는 타인권리를 매매한 매도인이 재산권을 이전할 수 없게 되는 경우 그의 귀책사유나 이전불능의 정도에 따라 법률효과를 나누는 것이 아니라 단일하게 매수인의 해제를 통해 계약을 해소하도록 정한 규정이라고 평가할 수 있다. 실제로 이러한 규율은 유의미하다. 매수인으로서는 매도인의 이전불능이 매도인의 책임 있는 사유에 따른 것인지를 알기 어렵고 이를 조사할 이해관계도 크지 않음에 반해, 해제이든 위험부담이든 그 효과의 차이는 경미하다. 특히 귀책사유와 관련해 악의의 매수인은 매도인이 수단채무의 성질을 가지는 재산권이전의무를 얼마나 성실히 이행하였는지를 입증해야 할 것인데, 이러한 입증은 쉽지 않은 경우가 많을 뿐 아니라, 그 입증 여부에 따라 발생하는 법률효과도 크게 다르지 않다. 그러므로 귀책사유에 따라 규율을 나누는 것보다는 어느 경우나 매수인에게 해제권을 인정해 계약을 해소하도록 정하는 태도가 보다 합목적적일 수 있다.[51] 그렇다면 제570조의 해제권은 일반 채무불이행과 쌍무계약의 법리에 따를 경우 입법자가 선택할 수 있는 하나의 선택지가 규율된 것이라고 설명될 수 있다.

이 독일과 일본 모두 입법과정에서 수정 하에 위험부담 규정을 남겨두는 방향으로 입장이 선회되었다(독일 민법 제326조 제1항 내지 제4항, 일본 민법 제536조).

50) 최상호, "쌍무계약이 무효·취소된 경우의 반환청구상의 제문제", 민사법학, 제13·14호, 1996, 104면 참조.

51) Ernst in *Münchener Kommentar zum BGB*, 6. Aufl., 2012, § 326 Rn. 103f.이 언급하는 독일 민법 제326조 제5항의 입법취지 세 가지 중 두 번째가 이에 상응한다.

Ⅲ. 그 밖의 경우 매도인의 담보책임

지금까지 살펴본 타인권리의 매매의 경우 담보책임에 대한 이해는 그 밖의 경우의 담보책임을 설명하는 출발점이 될 수 있다.

1. 매매목적물에 있었던 저당권 등이 행사된 경우

제576조에 따르면, 매매의 목적이 된 부동산에 설정된 저당권 또는 전세권의 행사로 인하여 매수인이 그 소유권을 취득할 수 없거나 취득한 소유권을 잃은 때에는 매수인은 계약을 해제할 수 있고 손해배상을 청구할 수 있다(동조 제1항, 제3항). 즉매수인은 그의 선의·악의와 무관하게 해제권과 손해배상청구권을 가진다.

(1) 이 경우 손해배상의 내용은 제570조에서와 마찬가지로 이행이익 배상이라고 이해해야 한다.[52] 제570조와 제576조는 어느 것이나 소유권의 전부 이전불능에 따른 결과를 규율하고 있는 규정으로, 그 이전불능의 원인되는 사정인 타인 귀속이 처음부터 있었는지 아니면 매매 후에 발생한 것인지의 차이만 존재할 뿐이다. 그런데 그러한 차이는 매수인의 소유권 취득이라는 이익상황에 비추어 의미를 가지지 않는다.[53] 또한 이러한 해석은 제576조 제2항의 구상권에 비추어

---

52) 김형배 (주 4), 341면; 이덕환 (주 17), 232면; 남효순, "가등기에 기한 본등기 경료로 인한 매도인의 담보책임에 있어서 적용 규정과 손해배상의 범위", 민사판례연구[ⅩⅥ], 1994, 101면 이하 참조. 반면 귀책사유를 전제로 하는 이행이익 배상이라는 견해로 김대정 (주 4), 457면. 대법원의 입장은 명백하지 않다. 물론 학설에서는 大判 1992.10.27., 92다21784, 공보 1992, 3276을 신뢰이익 배상을 명하는 재판례로 이해하는 경우가 있다. 그러나 대법원의 판단 자체에서는 그러한 판시를 찾을 수 없다. 신뢰이익설을 채택한 원심(부산高判 1992.5.6., 91나11896)에 대해 의문을 제기하지 않았다는 점에서 대법원의 입장을 추단하는 것으로 보이지만, 상고이유로 다투지 않았기 때문에 판단하지 않았을 수도 있다. 그러한 추측은 무리라고 보인다.

53) 그러한 의미에서 제576조에 의한 담보책임이 제570조와는 다르며 오히려 일부추탈이라는 관점에서 제575조와 유사하다는 柚木馨·高木多喜男 編, 新版 注釋民法

보더라도 정당화된다. 매수인이 출재로 소유권을 보존하고 구상을 청
구하는 경우, 이는 실질에서 급부를 수령하여 보유하는 매수인이 매
매계약에 따른 재산권이전의무 불이행을 이유로 이행이익 배상을 청
구함에 다름 아니다. 즉 이 구상권은 계약체결 이전 상태가 아니라
계약이 원만히 이행된 상태를 기준으로 매수인의 이해관계를 보장한
다. 그렇다면 그러한 구상권과 병존적으로 행사할 수 있는 손해배상
청구권이 신뢰이익 배상을 내용으로 할 수 없음은 규정의 맥락으로부
터 자명한 것이다. 그러므로 제570조에서와 마찬가지로 제576조에서
도 매도인은 매수인의 이행이익에 대해 무과실책임을 부담한다.

　(2) 제576조의 매도인 책임 역시 매도인의 재산권 이전의 보증에
기초한 것으로 이해할 수 있으며, 이에는 제570조에 대한 설명이 마
찬가지로 타당하다(앞의 Ⅱ. 2. (1) 참조). 물론 제570조와 비교할 때
제576조의 특징은, 저당권 등의 부담이 있는 부동산을 매도한 매도인
은 그에 대해 악의인 매수인에 대해서도 부담 없는 소유권 이전의 결
과보증을 인수하는 것으로 추정한다는 점이다. 그러나 이 역시 의사
해석에 비추어 보면 정당화된다. 매매대금을 지급하는 매수인은 매도
인이 이를 가지고 저당권 등을 소멸시킬 수 있을 것이라는 점에 대해
정당한 기대를 가질 수 있으므로, 매수인이 저당권 등의 존재를 알았
다고 하더라도 계약해석상 부담 없는 소유권 이전에 대한 결과보증을
상정할 가능성이 높기 때문이다.54) 그러한 취지는 제576조 제2항에
서도 표현되어 있다. 그러므로 입법자가 이러한 사정을 고려하여 악
의의 매수인에 대해서도 보증을 추정하는 규율을 두는 것은 일반 계
약법리에 비추어 전혀 어색하지 않다. 물론 이러한 매도인의 보증은

---

　(14), 1993, 246면(柚木馨·高木多喜男)의 설명은 설득력이 부족하다고 생각된다.
54) 이것이 2002년 채권법 대개정 이전 독일 민법 제439조 제2항의 입법취지에 대해
　　일반적으로 설명되고 있던 바이기도 하다. Köhler in Staudinger, *Kommentar*
　　zum Bürgerlichen Gesetzbuch, 1999, § 439 Rn. 3 참조.

민법의 전형계약인 매매의 내용으로서 추정되는 규율이므로, 당사자들이 특약으로 보증을 배제하는 것은 당연히 가능하다. 실제로 그러한 특약이 자주 행해지고 있음은 주지하는 바이다.[55]

　(3) 제576조가 전제로 하고 있는 사안유형에서 일반 채무불이행 규정의 경합의 문제는 실질적으로 제기될 여지가 없다. 제576조의 구제수단은 악의의 매수인에게도 인정되고 단기의 제척기간도 정해져 있지 않으며, 또 제576조에 따른 보증을 기초로 무과실책임을 물을 수 있는 매수인이 새삼 과실책임을 전제로 권리를 행사하는 것도 상정하기 어렵기 때문이다. 또한 저당권 또는 전세권을 소멸시킬 의무를 매수인이 부담하여 제576조의 적용을 배제한 경우에도 당해 재산권이전의무가 매도인에게 면제되었으므로 마찬가지로 경합의 문제는 발생하지 않는다. 결국 제576조가 전제하는 사실관계에서 일반 채무불이행 규정이 적용될 경우로는 매도인이 저당권 또는 전세권을 소멸시킬 것에 대해 결과보증이 아니라(이로써 제576조의 적용은 배제된다) 이를 노력할 의무만을 부담하기로(이로써 매도인의 재산권이전의무는 면제되지 않는다) 정하는 특약이 해석상 인정될 사안에서 저당권 또는 전세권의 실행으로 이전불능이 발생한 경우이다. 그러나 이는 현실 거래에서 쉽게 만나기 어려울 것이다.

　그러나 다른 한편으로 제576조는 저당권 또는 전세권으로 인한 이전불능과 출재에 따른 소유권보존의 경우에 대해서만 담보책임을 정하므로, 매수인이 이전불능이 발생하기 전에 저당권 또는 전세권을 소멸시킬 매도인 채무의 이행지체를 이유로 상당한 기간을 정하여 계약을 해제하고 손해배상을 청구하거나(제543조, 제544조, 제551조, 제390조), 상당한 기간을 정하여 전보배상을 청구하는 것(제395조, 제390조)은 가능하다. 제576조가 이러한 가능성을 배제하지 않음은 물론이

---

55) 大判 2002.9.4., 2002다11151, 공보 2002, 2327 참조.

다. 저당권 또는 전세권 소멸시키는 것에 대한 결과보증을 추정하는 제576조의 취지에 비추어 볼 때, 매도인은 과실이 없더라도 보증에 기해 이행지체에 책임을 부담한다고 보아야 한다.

2. 일부 이전불능의 경우

(1) 일부 타인권리의 매매

㈎ 매매의 목적이 된 권리의 일부가 타인에게 속함으로 인하여 매도인이 그 권리를 취득하여 매수인에게 이전할 수 없는 때에는 매수인은 그 부분의 비율로 대금의 감액을 청구할 수 있고(제572조 제1항), 잔존한 부분만이면 매수인이 이를 매수하지 아니하였을 때에는 선의의 매수인은 계약 전부를 해제할 수 있다(동조 제2항). 그밖에 선의의 매수인은 감액청구 또는 계약 해제 외에 손해배상을 청구할 수 있다(동조 제3항). 제570조의 내용과 비교할 때, 매수인의 구제수단으로 대금감액청구가 추가적으로 인정되면서 계약의 전부해제는 선의의 매수인에 한정된다는 점에 특징이 있다.

㈏ 일부 타인권리의 매매에 관한 매도인의 책임은 말하자면 제570조의 책임의 "축소형"이다. 여기서 문제되는 매도인의 불이행이 부분적이므로, 제570조를 그대로 축소해 적용한다면 매수인은 불이행 부분에 상응하는 일부 해제를 할 수 있고, 선의인 경우 이행이익의 배상을 청구할 수 있어야 할 것이다(아래 주 68도 참조). 그러므로 제571조는 매수인은 선의·악의 무관하게 일부 해제에 해당하는[56] 대금감액을 청구할 수 있고, 선의인 경우 손해배상을 청구할 수 있도록 규정하며(동조 제1항, 제3항), 이는 이행이익 배상으로 이해된다.[57] 그러나 일부 불이행이 계약의 목적에 영향을 미쳐 잔존 부분만이라면 계약을 하지 않았을 경우에는 매수인에게 일부 해제인 대금감액만을

---

56) 민법주해[XIV] (주 2), 381면(남효순).
57) 大判 1993.1.19., 92다37727, 공보 1993, 727.

기대할 수 없으므로 그가 선의였다면 계약 전부를 해제할 권리를 부
여한다. 이러한 내용은 실제로 일반적인 법정해제(제544조, 제546조)에
서 해석상 인정되고 있는 바와 동일하다.[58]

　다만 제570조와 비교할 때 제572조에서 새로운 부분은 일부 타
인권리 매매임을 알고 있었던 악의의 매수인은 전부해제를 할 수 없
고 대금감액청구만을 할 수 있도록 되어 있는 점이다(동조 제2항). 그
런데 일부의 이전불능 가능성을 알면서 이를 감수한 매수인은 그 부
분이 계약의 목적달성이 불가결한 것은 아니며 나머지 부분만이라도
매수하였을 것이라는 점을 스스로 보인 것이므로, 이후 새삼 다른 사
정을 주장해 전부해제를 주장하는 것은 선행행위와 모순되는 행태
(venire contra factum proprium)로서 고려되지 않을 것이다(제2조). 입
법자는 제572조 제2항에서 그러한 취지를 확인하고 있는 것으로 이
해된다.

　그러므로 제572조에서 정해진 매도인의 책임 역시 제570조에서
와 마찬가지로 권리의 이전가능성에 대한 보증을 기초로 해서 매도인
이 부담하는 무과실의 책임으로,[59] 채무불이행책임의 성질을 가진다.
따라서 매수인은 보증을 주장하지 아니하고 일반 채무불이행을 전제
로 손해배상을 청구하는 것도 가능하다(제390조).

　(다) 이상의 권리는 매수인이 선의인 경우에는 사실을 안 날로부
터, 악의인 경우에는 계약한 날로부터 1년 내에 행사하여야 한다(제
573조). 즉 일부 타인권리의 매수인의 담보책임에 따른 권리에는 그
행사에 단기의 제척기간이 규정되어 있다. 제573조가 참조한[60] 의용
민법 제563조와 관련해 입법관여자들은 그 이유를 다음과 같이 설명

---

58) 문헌지시와 함께 곽윤직 편집대표, 민법주해[ⅩⅢ], 1997, 279면, 299면(김용덕)
　　참조.
59) 大判 2002.11.8., 99다58136, 공보 2003, 1; 곽윤직 (주 4), 142면; 장재현 (주 2),
　　241면; 민법주해[ⅩⅣ] (주 2), 380면(남효순).
60) 민의원 법제사법위원회 민법안소위, 민법안심의록, 상권, 1957, 333면.

한다. 만일 단기의 행사기간이 없어 일반적인 시효가 적용된다면, 일부추탈의 경우 상당한 기간이 지난 후에 매수인이 잔존 부분만이면 매수하였을 것인지 여부를 판단해야 할 수 있는데, 그 입증이 매우 어려울 수 있다는 것이다. 또한 장기간이 지난 후에 대금감액의 비율을 산정하는 것 역시 곤란할 수 있다고 한다.[61] 그렇다면 단기의 제척기간은 입증의 난점을 고려한 것으로[62] 일반적인 계약 법리로부터 도출되지 않는 정책적 규율이며, 진정한 의미에서 특칙이라고 말할 수 있다.

그런데 이러한 기간이 도과한 이후 매수인은 일반적인 채무불이행을 이유로 계약을 해제하거나 손해배상을 청구할 수 있는가? 구별해서 판단하는 것이 타당하다고 보인다. 앞서 보았지만, 제573조의 취지는 기본적으로 장기간이 지난 후에 대금감액이나 전부해제를 판단하는 것과 관련되어 있는데, 그러한 취지는 동일한 법리가 그대로 적용될 일반적 법정해제에 대해서도 마찬가지로 타당하다. 즉 제572조의 대금감액과 법정해제는 그 실질에서 일반적 법정해제와 다르지 아니하므로, 제573조의 입법목적은 후자에 대해서도 마찬가지로 의미를 가지는 것이다. 따라서 제척기간이 지난 이후 불이행을 이유로 법정해제를 하는 것은 허용되지 않는다고 보아야 할 것이다. 그리고 이는 선의 및 악의 매수인 모두에게 적용되는 결과이다(제572조 제1항 참조). 반면 앞서 그 입법취지에서 명백하듯이, 제573조는 손해배상의 제한을 염두에 두고 있었던 규정은 아니다. 그 문언이 손해배상까지 포괄하고 있어 적용을 피할 수는 없지만, 그러한 적용범위의 확장은 처음의 규율의도를 넘어선 것이라고 볼 여지가 크다. 그렇다면 매수인이 보증에 기초해 손해배상을 구하는 것이 아니라 과실책임에 기초

---

61) 未定稿本 民法修正案理由書 (주 22), 487면.
62) 물론 이러한 정책적 고려가 타당한 것인지 여부는 다른 문제이다. 예를 들어 內田 貴, 民法 Ⅱ: 債權各論, 第2版, 2007, 146면 참조.

한 일반적인 계약책임을 묻는 것을 부정할 이유는 없다. 특히 악의의 매수인은 처음부터 보증에 기초할 수 없으므로 일반적인 채무불이행을 주장하게 될 것인데, 그러한 권리가 새삼 선의의 매수인에게 부정되는 결과는 보호의 균형을 상실해서 받아들일 수 없다. 그러므로 제척기간이 도과한 후에도, 매수인은 일반적인 채무불이행을 주장하여 손해배상을 청구할 수 있다고 해석해야 한다(제390조).

(2) 수량부족·일부멸실의 경우

일부 타인권리의 매매에서 인정되는 권리는 수량을 지정한 매매의 목적물이 부족되는 경우와 매매목적물의 일부가 계약 당시에 이미 멸실된 경우에 선의의 매수인에게 부여된다(제574조). 이 규정은 여러모로 특수성을 가지므로 그 연혁에 대해 살펴볼 필요가 있다.

(가) 우선 수량지정매매에 관한 규율은 로마법의 토지면적소권(actio de modo agri)에서 기원한다.[63] 이는 매도되어 악취행위(mancipatio)로 이전된 토지가 매도인이 악취행위에서 약속한 면적에 미치지 못하는 경우 매수인으로 하여금 과도하게 지급된 부분의 매매대금을 반환청구할 수 있게 하는 권리였다.[64] 이는 이후 프랑스 민법에 계수되었는데(동법 제1616조 이하), 로마법과는 달리 약속한 면적을 초과하는 경우에 대한 규정을 두고 있는 것이 특색이다(동법 제1618조).[65] 한편 독일 보통법학에서는 이러한 소권이 매도인의 보증에 기초한 것으로 이해되면서 보증에 기초한 하자담보책임과의 관련성이

---

63) 민법주해[XIV] (주 2), 395면(남효순).
64) Kaser, *Das römische Privatrecht*, 1. Abschnitt, 2. Aufl., 1971, S. 133; Zimmermann, *The Law of Obligations*, 1996, p. 308.
65) 이는 프랑스 민법 입법자의 결단으로 보인다. 포티에만 해도 로마법에 충실하게 이를 부정하였으나(Pothier, *Traité du contrat de vente*, nº 254 = *Oeuvres de Pothier* par Bugnet, tome 3, 1861, p. 104-105), 초안에는 이미 반영되어 있었고 별다른 논의 없이 채택되었다(Fenet, *Recueil complet des travaux préparatoire de code civil*, tome 14, 1827, p. 8, 27, 121).

인식되었으나,[66] 독일 민법의 입법관여자들은 부동산의 면적을 약속
한 것이 보증에 해당하는지 여부에 대해 다툼이 있을 것으로 우려해
이를 성상보증과 동일시하는 규정을 두어 하자담보책임의 한 형태로
계수하였다(개정 전 동법 제468조).[67] 그러나 주관적 하자개념이 완전
히 관철된 이후 그러한 면적 부족이 하자에 해당함에는 의문이 없게
되었고, 2002년의 채권법 대개정은 하자와 보증의 구별을 철폐하면서
이 규정을 삭제하였다. 이상의 연원에서 명백하게 되었지만, 수량부
족의 경우는 재산권이전의무의 불이행이 아니라 매도인이 계약에서
전제한 수량에 미달하였다는 사정에 기초해 매수인의 권리가 인정되는
것이므로 그 성질상 물건의 하자를 이유로 하는 책임에 해당한다.[68]

　일본 구민법의 기초자인 보아소나드 역시 그러한 규율을 받아들
이면서도 대금감액 및 해제 외에도 매수인의 전보가 불충분함을 이유
로 손해배상을 구제수단으로 추가하였다(동법 재산취득편 제52조).[69]
이어 의용민법의 입법관여자들은 이 규정을 기본적으로 계승하였으
나, 이익상황이 비슷하다는 이유를 들어 구민법에 있던 일부멸실에
관한 내용과 함께 규정하는 입장을 채택하였다.[70] 일본 구민법은, 전
부멸실된 목적물을 목적으로 하는 매매는 무효로 선언하면서 악의의
매도인은 선의의 매수인에게 손해배상책임을 부담한다고 규정하였지
만, 일부멸실의 경우에는 선의의 매수인은 계약의 목적에 따라 대금

---

66) 예컨대 Winscheid/Kipp, *Lehrbuch des Pandektenrechts*, Band 2, 9. Aufl., 1906,
§ 389 Fn. 13.
67) Motive Ⅱ, 233 = Mugdan Ⅱ, 129.
68) 민법주해[ⅩⅣ] (주 2), 400－401면(남효순); 이은영 (주 17), 325면.
69) Boissonade, *Projet de code civil*, tome 3, Nouvelle éd., 1891, n° 218. 그는 예컨
대 대금감액을 하더라도 토지의 면적이 부족해 원래 의도한 건축을 할 수 없어 매
수인이 입는 불이익을 예로 든다. 여기서도 일부 타인권리 매매의 경우 매수인의
손해배상이 이행이익을 내용으로 하도록 의도되었다는 점이 잘 나타난다.
70) 未定稿本 民法修正案理由書 (주 22), 488면: "법률상 실질에 이르러서는 물건의 일
부멸실도 결코 물건의 일부부족과 다를 바 없음".

감액 또는 해제를 선택하게 하면서 손해배상을 청구할 수 있다고 하
였다(동법 재산취득편 제43조).[71] 의용민법의 입법관여자들은 수량부족
과 일부멸실의 이익상황과 법률효과 동일함에 착안하여 이를 함께 규
정한 다음, 그 제척기간을 마찬가지로 같은 법률효과를 가지고 있는
일부 타인권리의 매매에 준하도록 하여 동법 제565조의 규율을 안출
하였다.[72] 그런데 실제로 그 이전에 구민법의 기초자인 보아소나드도
일부멸실, 수량부족, 일부 타인권리가 공통점을 가지고 있어 평가모
순이 있어서는 안 된다는 언명을 하고 있었으며,[73] 이러한 고려가 이
후 입법과정에서 영향을 주었을 가능성도 존재한다.

　　(나) 이렇게 살펴본다면 수량부족·일부멸실을 규율하는 제574조는
재산권이전의무의 불이행이 아닌 재산권이전의 원시적·객관적 불능
의 사안을 규율하고 있다. 그리고 그러한 일부불능이 목적물의 성상
으로 매매계약에서 당사자들이 상정한 내용에서 벗어나고 있는 이상
이는 주관적 하자개념에 따르면 하자에 해당한다.[74] 따라서 제574조
의 책임은 하자담보책임(제580조)의 성질을 가진다.[75] 그러나 민법은
이러한 원시적·객관적 불능의 사안도 그 이익상황이 일부 타인권리
의 매매와 유사하다는 점을 고려하여 법률효과와 제척기간을 동일하
게 규율하고자 하였다. 그러므로 제574조의 책임근거를 설명할 때에
도 가능한 한 일부 타인권리의 매매와 같은 기초에서 출발할 필요가
있다.

　　그렇다면 수량부족 및 일부멸실의 경우에도 민법은 일부 타인권
리와 이익상황이 동일하다는 이유로 매도인의 결과보증을 추정하고

---

71) Pothier (주 65), n° 4 및 프랑스 민법 제1601조 참조.

72) 未定稿本 民法修正案理由書 (주 22), 489면.

73) Boissonade (주 69), n° 249.

74) 大判 1992.12.22., 92다30580, 공보 1993, 574 참조: "매매로 인한 채무의 일부를
　　원시적으로 이행할 수 없는 경우".

75) 김증한·김학동 (주 16), 261면; 김형배 (주 4), 335면; 이은영 (주 17), 325면.

있다고 보아야 한다. 매도인은 수량지정매매의 경우 일정한 수량이 있다는 사실 및 매매계약 당시 물건의 일부멸실이 없다는 사실에 대해 보증을 한 것이고, 이를 이유로 과실 없더라도 손해배상 책임을 부담한다.76) 즉 당사자들은 물건의 수량 및 무상성(無傷性)을 목적물의 성상으로 전제하였을 뿐만 아니라, 매도인은 그 존재를 보증한 것이다. 그리고 이것 역시 민법의 전형계약인 매매의 내용으로서 규율이므로, 당사자들이 이와는 다른 내용(예컨대 보증의 배제)을 정하는 것은 물론 가능하다.

그러한 의미에서 수량부족·일부멸실의 경우 매도인의 책임은 일부 타인권리의 매매에서 매도인의 책임(제572조, 제573조)과 평행하게 규율되어 있다. 다만 제574조에서는 악의의 매수인은 대금감액도 청구할 수 없다는 점에서 차이가 있다. 매수인이 악의인 경우 계약해석상 물건의 수량 및 무상성(無傷性)이 계약의 전제가 되었다고는 말하기 어려우며, 오히려 이를 고려하여 대가가 정해졌다고 해석될 것이기 때문이다(규범적 해석). 특히 객관적 불능인 수량부족·일부멸실의 경우에는 일부 타인권리 매매에서와는 달리 매수인은 매도인이 장래 불이행 부분을 이행할 것을 기대할 수 없다는 점에서도 차이가 있다. 입법자는 제574조에서 모든 권리에 대해 매수인의 선의를 요구함으로써 그러한 취지를 확인한 것으로 이해된다.

(다) 종래 일부멸실과 관련해서, 제574조가 정한 선의 매수인의 손해배상이 이행이익 배상이라고 이해한다면, 제535조와 관련하여 평가모순이 발생한다는 지적이 있었다. 즉 매매목적물이 전부멸실인 경우 매도인의 책임(신뢰이익 배상)보다도 일부멸실인 경우 매도인의 책임

---

76) 이는 원시적 불능 법리(제535조)를 전제하더라도 가능하다. 당사자들이 원시적 객관적 불능의 경우에도 급부와 관련된 사정을 결과보증한 때에는 그에 기초해서 이행이익을 내용으로 하는 무과실책임이 성립할 수 있기 때문이다. 2002년 채권법 대개정 이전의 법상황에 대해 Thode in *Münchener Kommentar zum BGB*, 4. Aufl., 2001, § 306 Rn. 13 참조.

(이행이익 배상)이 보다 더 무겁게 되는 결과가 되기 때문이라는 것이다.[77] 실제로 앞서의 서술에 따르면 그러한 평가모순이 발생하는 이유가 보다 분명히 나타난다. 즉 민법은 한편으로 전부멸실을 무효사유로 평가하면서 신뢰이익 배상을 통해 계약성립 이전의 상태를 회복하고자 하면서(제535조), 다른 한편으로 일부멸실을 채무의 일부불이행으로 상정하여 이행이익 배상을 통해 계약이 이행된 상태를 달성하고자 하고 있기 때문이다(제574조). 그러나 각 규율에 대한 민법의 태도가 분명한 이상 해석으로 어느 한편을 다른 한 편에 맞추어 그러한 모순을 제거하는 것은 가능하지 않다고 보인다.[78] 법정책적으로 의문을 받고 있는 원시적 불능 법리의 입법적 포기에 의한 해결을 기대할 수 있을 뿐이다.

3. 용익물권 등의 부담이 있는 경우

(1) 매매의 목적물이 지상권, 지역권, 전세권, 질권 또는 유치권의 목적이 된 사안에서, 매수인이 이를 알지 못한 때에는 이로 인하여 계약의 목적을 달성할 수 없는 경우에 한하여 매수인은 계약을 해제할 수 있고, 기타의 경우에는 손해배상을 청구할 수 있다(제575조 제1항). 즉 용익물권 등의 부담으로 매매목적물의 사용·수익에 장애를 받는 매수인은 언제나 손해배상을 청구할 수 있고, 목적달성이 불가능한 경우에는 계약을 해제할 수도 있다. 이는 매매목적 부동산을 위하여 존재할 지역권이 없거나 그 부동산에 등기된 임대차계약이 있는 경우에도 같다(동조 제2항). 그리고 선의의 매수인의 해제권과 손해배상청구권은 매수인이 그 사실을 안 날로부터 1년 내에 행사하여

---

77) 곽윤직, 채권각론, 신정판, 1995, 232면. 양창수, "민법안에 대한 국회의 심의(Ⅱ)", 민법연구, 제3권, 1995, 71-78면 및 "원시적 불능론", 민법연구, 제3권, 1995, 165-166면도 참조.
78) 김증한·김학동 (주 16), 247면 참조.

야 한다(동조 제3항).

(2) 제575조에 따른 매도인의 책임을 성질결정하기 위해서는 그가 부담하는 손해배상책임의 내용을 확정할 필요가 있다. 이에 대해서는 타인권리의 매매에서와 마찬가지의 학설 대립이 존재한다(앞의 II. 1. (1) (가) 참조).[79] 즉 매도인의 책임이 무과실책임인지 여부 및 손해배상의 내용은 이행이익 배상인지 아니면 신뢰이익 배상인지 여부가 다투어지고 있으며, 다수설은 매도인의 책임은 무과실책임으로서 신뢰이익 배상을 내용으로 한다고 해석하고 있다.[80] 그러나 경우를 나누어 계약의 목적달성이 불가능한 경우에는 귀책사유를 전제로 이행이익 배상을 내용으로 하지만 목적달성이 가능한 경우에는 무과실책임으로 대금감액을 내용으로 한다는 견해도 주장된다.[81]

그런데 매매목적물에 용익물권 등이 존재하여 매수인이 그 사용·수익의 방해를 받는 경우에, 재산권이전의무는 질적으로 일부불이행되었다고 말할 수 있다. 그러므로 그 법적인 취급에서 일부 타인권리의 매매와 기본적으로 평행성이 인정되고, 기본적으로 동일한 규율에 따르는 것이 체계정합적일 것이다. 일부불이행의 모습이 양적인지 질적인지 여부에 따라 법적 취급을 달리할 합리적인 이유는 우리 민법의 체계에서 쉽게 발견되기 어렵기 때문이다(제390조 참조: "채무의 내용에 좇은 이행을 하지 아니한 때").

그러나 제575조는 해제에 있어서는 제572조와 유사한 태도를 취하면서도 별도로 대금감액을 정하지 않고 손해배상만을 인정하고 있다. 이러한 차이가 가지는 의미는 무엇인가? 이와 관련해서는 제575조의 연혁을 살펴보는 것이 도움이 된다. 제575조가 입법에서 참조

---

79) 민법주해[XIV] (주 2), 427-428면(남효순) 참조.
80) 송덕수 (주 18), 192면. 다수설은 제575조의 서술과 관련해서는 이 점을 반드시 명확하고 있지는 아니하나, 일반적으로 담보책임에 따른 배상내용을 논의하면서 신뢰이익 배상이 타당하다고 서술하고 있다. 위의 I. 1. (2) 참조.
81) 김대정 (주 4), 453-454면.

한[82] 의용민법 제566조의 연혁을 살펴보면, 그 입법관여자들은 용익물권 등의 부담이 있는 경우가 일부 타인권리 매매와 유사하지만 "추탈의 부분의 비율에 응하여 대금을 감소하는 것은 매우 번잡한 일에 속한다"는 이유로 이를 손해배상의 형태로 해결하고자 하였음을 알 수 있다.[83] 그래서 우리 학설도 손해배상이 대금감액을 포함한다는 점에 대해 공감하는 지적이 행해지고 있다.[84] 그렇다면 제575조가 정하는 선의 매수인의 손해배상청구권은 제572조의 대금감액과 손해배상을 모두 포함하는 내용의 권리라고 해석하는 것이 타당하다. 그것이 제575조의 연혁에도 충실할 뿐만 아니라, 일부 불이행에 대한 담보책임 규율의 일관성을 확보할 수 있는 해석이기 때문이다. 요컨대 제575조에 따른 매수인의 손해배상청구는 질적 일부불이행을 이유로 하는 이행이익을 내용으로 한다.[85]

그렇다면 제575조가 정하는 매도인의 책임 역시 재산권이전의무 불이행을 이유로 하는 것으로, 사용·수익을 제약하는 사정이 없음에 대해 매도인이 제공한 결과보증에 기초해 무과실책임이 인정되는 것으로 해석할 수 있다. 이에 대해서는 일부 타인권리 매매에 대해 서술한 내용이 마찬가지로 타당하다(앞의 Ⅱ. 2. (1) 참조). 선의의 매수인에게만 권리가 인정되는 이유는 규범적 계약해석상 악의의 매도인은 용익물권 등의 존재를 전제로 하여 대가를 정하였고 이를 감수하였다

---

82) 민법안심의록 (주 60), 334면.

83) 未定稿本 民法修正案理由書 (주 22), 489면.

84) 곽윤직 (주 4), 145면; 김상용 (주 20), 200면; 김증한·김학동 (주 16), 264면; 장재현 (주 2), 244-245면; 민법주해[ⅩⅣ] (주 2), 428면(남효순).

85) 이덕환 (주 17), 230면; 平野裕之, 契約法, 第三版, 2007, 321면 참조. 이로써 제575조는 독일 민법에서 질적 일부불이행을 이유로 전보배상이 청구되는 경우를 규율하는 동법 제281조 제1항 제3문의 내용과 유사하게 된다. 즉 대금감액과 함께 손해배상을 청구하는 경우, 이는 이 규정이 정하는 "작은 손해배상"(kleiner Schadensersatz)에 상응하는 반면, 해제와 함께 손해배상을 청구하는 경우 이 규정이 정하는 "큰 손해배상"(großer Schadensersatz)에 상응한다. *MünchKomm*/Ernst (주 51), § 281 Rn. 123ff. 참조.

평가되므로 민법이 보증인수의 추정을 하지 않기 때문이라고 이해되어야 할 것이다. 한편 악의의 매수인은 보증에 기초하지 않고 매도인의 과실을 전제로 일반 채무불이행책임을 물을 수 있을 것이며, 그렇다면 보호의 균형상 선의의 매수인도 일반 계약책임을 원용할 수 있어야 한다. 이 점도 일부 타인권리 매매에서와 같다. 이는 특히 선의의 매수인이 제척기간을 도과한 경우에 의미를 가질 것이다.

Ⅳ. 맺음말

지금까지 본장은 권리의 하자를 이유로 하는 담보책임의 내용을 검토하고, 그것이 매도인의 보증에 기초한 계약책임이라는 점을 보였다. 즉 입법자는 매수인의 선의·악의, 목적물의 상태, 이전불능의 모습 등을 고려하여 규범적 계약해석에 기초해 매도인의 재산권이전의 결과보증을 추정하는 규정을 두었고, 그에 따라 매도인은 과실이 없더라도 보증에 기초해 이행이익에 대한 손해배상책임을 부담한다. 이로써 연혁상 법정책임에서 기인한[86] 우리 담보책임 규정은 재산권이전의무를 정하는 우리 민법의 결단(제569조)에 부응하여 계약책임으로 새로이 해석될 수 있다. 그리고 이로써 종래 채무불이행책임설이 단순히 매매의 유상성에 기초한 특칙이라는 포괄적인 설명을 제시하였던 것보다 담보책임 규정에 대한 섬세한 이해가 가능하다. 특히 이러한 결과에 도달하는 과정에서, 권리의 하자에 따른 담보책임의 성질은 물건의 하자에 따른 담보책임의 성질과 함께 논의할 수 없음도 분명하게 되었다고 생각된다.

---

86) 우선 김대정 (주 4), 409면 이하 참조.

제 2 장

물건의 하자를 이유로 하는 담보책임

I. 문제의 제기

1. 매매계약의 효력에 따라 매도인은 매수인에게 매매의 목적인 재산권을 이전할 의무를 부담하며(제563조, 제568조 제1항), 그러한 재산권이 물건의 점유를 내용으로 하는 때에는 목적물의 점유를 이전할 의무도 부담한다. 그러므로 물건의 소유권 이전을 내용으로 하는 물건의 매매에서 매도인은 매수인에게 목적물 인도의무를 부담한다. 그런데 인도된 목적물이 매수인이 예정하는 사용·수익을 방해하는 성질을 가지고 있어 매수인이 불이익을 입는 경우, 매수인은 어떠한 구제수단을 가지는지가 문제될 수 있다. 민법은 이 경우에 대해 특별규정을 두어 매수인의 구제수단을 정한다(제580조 내지 제582조). 이러한 매도인의 책임을 물건의 하자(Sachmangel)를 이유로 하는 담보책임이라고 하며(제559조 제1항 참조),[1] 줄여서 하자담보책임이라고도 한다(제580조 표제 참조).

일반 채무불이행책임과 비교할 때, 매도인의 하자담보책임은 그것이 무과실책임으로 규정되어 있으며 원시적 불능의 경우에도 계약

---

1) 이 표현에 대해 제559조 제1항도 참조: "물건 또는 권리의 하자나 흠결".

을 유지하면서 매수인에게 해제권을 부여한다는 점 그리고 이를 위해 매수인에게 선의·무과실이 요구된다는 점에 특징이 있다. 그리고 단기의 제척기간 역시 특별한 내용이다. 한편 외국의 민법은 통상 하자담보책임에 기해 매수인에게 대금감액청구권을 인정하고 있는데 이를 명시적으로 언급하지 않고 손해배상만을 규정하고 있는 태도는 우리 민법의 독특한 사항이다.[2]

2. 매도인의 하자담보책임의 법적 성질에 대해서는 종래부터 많은 논의가 있었다. 이 논의에서 주목할 만한 점은 종래 통설이었던 법정책임설이 1990년대 이후 점차 자취를 감추면서 하자담보책임을 채무불이행책임으로 이해하는 견해가 통설적 지위를 차지하게 되었다는 사실이다.[3] 이 견해에 따르면 하자담보책임은 입법자가 매매의 유상성을 고려하여 매수인 보호를 위해 인정하는 채무불이행책임의 성질을 가지고 있는 특칙적 책임으로 이해된다. 이러한 인식은 우리 민법학이 도달한 하나의 성과로, 이후 논의의 출발점으로 의지할 수 있다고 생각된다.

그러나 세부적으로 들어가면 종래 채무불이행책임설 내지 계약책임설의 논의에도 아쉬운 점이 없지 않았다. 무엇보다 이 견해가 법정책임설에 대해 하자담보책임의 계약책임성을 강조하는 과정에서, 그에 수반하여 논의되어야 할 여러 쟁점에 대해서는 다소 소략하게 다룬 것은 아닌지 하는 인상을 피하기 어렵다. 예컨대 매매의 유상성을 고려하여 특칙을 규정한 것이라고 하는데, 구체적으로 하자담보책

---

2) 김용담 편집대표, 주석 민법 채권각칙(3), 제4판, 2016, 129면(김대정).

3) 그동안 학설의 논의에 대해서는 상세한 전거를 포함하여 우선 김대정, 매도인의 담보책임에 관한 연구, 성균관대 박사학위논문, 1990, 200면 이하; 남효순, "담보책임의 본질론(I)", 서울대학교 법학, 제34권 제3·4호, 1993, 210면 이하; 오종근, "특정물매매에서의 하자담보책임에 관한 학설사", 한국 민법이론의 발전(이영준 박사 화갑기념), 1999, 836면 이하; 홍성재, "특정물의 하자로 인한 담보책임의 본질", 저스티스, 제34권 제4호, 2001, 11면 이하 등 참조.

임 규율의 어느 부분이 어떻게 특별한 것인가? 그 배후에 있는 규범
목적은 무엇인가? 하자손해는 구체적으로 어떠한 모습으로 배상되는
가? 일반 채무불이행책임이 하자담보책임과 경합한다고 하는데, 그
관계를 세부적으로 살펴보면 어떠한가? 하자 없는 물건을 청구할 때
법률관계는 어떠한가? 하자담보책임이 생산적으로 적용되기 위해서는
이러한 질문들에 대한 보다 구체적인 해답이 필요하다고 생각된다.
본장은 우리 민법학이 도달한 채무불이행책임설의 입장에서 출발하
면서 이러한 쟁점들을 살펴보고자 한다.

　　관련해 이러한 과제를 수행할 때 주의해야 할 방법론적인 태도에
서 대해서는 이미 앞서 서술한 바 있으므로[4] 여기에서는 반복하지 않
는다. 요컨대 개별적인 해석의 결과는 당해 규정의 의미와 목적으로부
터 도출되는 것이지 담보책임의 "본질"이 법정책임인지 계약책임인지
에 따라 연역할 수는 없으며, 책임의 "본질"이 아닌 개별 규정에서 추
구되고 있는 입법목적이 책임의 요건과 효과를 결정한다는 것이다.

Ⅱ. 하자담보책임의 성질

1. 문제의 소재

　　하자담보책임이 법정책임인지 아니면 채무불이행책임인지에 관
한 해묵은 논쟁은 매도인에게 매매계약에 기초해 하자 없는 물건을
인도할 의무가 있는지 여부에 따라 결정된다.

　　만일 매도인이 하자 없는 물건을 인도할 의무를 부담한다면, 매
수인은 원칙적으로 일반 채무불이행 기타 계약 관련 규정에 따라 자
신의 권리를 행사할 수 있고, 이로써 보호를 받을 수 있다(아래 Ⅳ. 1.
(2) 참조). 그럼에도 민법이 하자담보책임을 규정하는 것은 사안유형
의 어떠한 특수성을 고려하여 하자의 존재에 대해 선의·무과실인 매

---

[4] 본서 제3편 제1장 Ⅰ. 2. 참조.

수인을 단기간 동안 특별히 보호하고자 하는 취지로 설명될 수 있다.
이러한 관점에서 출발할 때 하자담보책임은 계약책임의 성질을 가지
는 특별한 책임으로 이해된다.[5] 이 입장에서 선다면, 일찍이 라벨이
지적한 대로, "담보책임은 단지 근소한 범위에서만 법률에 의한 명시
적인 배려를 필요로 하는 계약법의 한 부분"에 지나지 않는다.[6]

반면 매도인이 하자 없는 물건을 인도할 의무를 부담하지 않는다
면, 매수인은 하자 있는 물건을 수령하였더라도 일반 채무불이행 규
정에 따른 구제수단을 가지지 못하게 될 것이다. 그런데 이러한 결과
를 받아들인다면, 매수인은 하자 있는 물건을 보유해야 하면서 매매대
금은 전액을 지급하는 부당한 결과가 발생한다. 이는 당사자들이 하자
없는 물건과 매매대금을 등가로 평가한 주관적 등가성에 반한다. 따라
서 이러한 관점에서 출발할 때, 하자담보책임은 입법자가 매매의 유
상성을 고려하여 계약책임에 따른 구제수단을 가지지 못하는 매수인
에게 특별히 인정한 예외적인 구제수단이라고 이해된다. 즉 하자담보
책임은 법률이 정하여 특별히 인정되는 법정책임으로 파악된다.

2. 매도인의 하자 없는 물건 인도의무

그렇다면 우리 민법의 해석상 매도인에게 하자 없는 물건의 인도
의무가 인정되는가?

---

5) 관련해 우리 문헌에서는 하자담보책임이 본질은 계약책임이나 연혁적으로 법정책
임으로 규정되었다는 지적이 있다. 곽윤직, 채권각론, 제6판, 2003, 136면 이하; 송
덕수, 채권법각론, 제4판, 2019, 184면. 그러나 연혁적으로 특별한 요건과 효과가
정해졌다고 해서 그 성질을 "법정"책임이라고 말할 수는 없다. 입법자는 일반 계약
책임에서도 필요한 경우 추가적인 요건을 정할 수 있고(예컨대 전보배상을 청구하
려 할 때 최고, 제395조), 또한 요건을 완화하거나 효과를 제한할 수 있다(예컨대
금전채무의 지연배상에 대해 제397조 참조). 중요한 점은 매도인에게 하자 없는
물건을 인도할 의무가 있어 그 위반이 채무불이행에 해당하는지 여부이다. 그러한
의무를 인정하는 이상 책임의 요건·효과에 입법적 수정이 있더라도 이는 성질상
채무불이행책임에 다름 아니다. 같은 취지로 남효순 (주 3), 219면 주 46 참조.
6) Rabel, *Das Recht des Warenkaufs*, 2. Band, 1958, S. 132.

(1) 종류물의 경우 하자 없는 물건의 급부의무는 법률에 명백히 규정되어 있으므로(제581조 제2항) 다툼의 여지가 거의 없다. 종류물 매매에서 매도인의 책임은 채무불이행 책임이다. 반면 특정물의 매매에서도 매도인에게 하자 없는 물건을 급부할 의무가 있는지 여부는 적어도 민법의 규정만으로는 반드시 분명한 것은 아니다(제580조 참조).

특정물의 경우 그 성질상 매매목적물은 성상에 대한 지시 없이 동일성만으로 특정되므로 하자 없는 물건을 급부할 의무는 생각할 수 없고, 설령 성상의 합의가 있더라도 원시적 불능을 내용으로 하므로 무의미하다는 견해 즉 그 적대자들에 의해 이른바 특정물 도그마라고 불리던 견해는 이제는 극복된 것으로 보아도 좋을 것이다. 이에 대해서는 우리 문헌에서도 상세한 논의가 있으므로 여기에 반복할 필요는 없다고 보인다.[7] 독일의 학설에서도, 1940년대에 플루메가 매매목적물의 합의는 성상에 대한 합의를 포함할 수 있으며 그러한 경우 성상에 대해 정해진 바는 매매의 내용이 된다는 점을 설득력 있게 보인 이후,[8] 특정물의 매매에서도 매매 목적물에 대한 성상 합의가 계약의 내용이 된다는 점에 대해서는 이론적으로 더 이상 의문을 제기하기 어렵게 되었다.[9] 플루메의 논증에서 명백하게 되었듯, 특정물 매매의 경우에도 목적물은 그 동일성만으로 지시되는 것이 아니라 일정한 성상을 가진 물건으로서 지시되므로, 매매계약은 일정한 성상을 가진 물건을 그 목적물로 한다.[10]

7) 김형배, "하자담보의 성질", 민법학연구, 1986, 247-248면; 김대정 (주 3), 242면 이하; 남효순 (주 3), 230면 이하; 홍성재 (주 3), 19면 이하 등. 또한 北川善太郎, 契約責任の硏究, 1963, 173면 이하도 참조.
8) Flume, *Eigenschaftsirrtum und Kauf*, 1948/1975, S. 17ff.
9) Ernst in *Historisch-kritischer Kommentar zum BGB*, Band Ⅲ/1, 2013, §§ 434-445 Rn. 14 참조. 그리고 주지하는 바와 같이, 이러한 인식은 이후 2002년의 채권법 대개정에 반영되기에 이르렀다(독일 민법 제433조, 제434조 참조).
10) Rabel, "Zu den allgemeinen Bestimmungen über Nichterfüllung gegenseitiger Verträge", *Gesammelte Aufsätze*, Band Ⅲ, 1967, S. 163: "일반적으로 전제된 사

이에 대해 종래 이른바 특정물 도그마는 원시적 불능 법리를 들어 그러한 성상 합의는 무효라고 주장하였다. 그러나 이는 원시적 불능 법리가 법질서에서 자연법칙과 같은 자명성을 가지고 있을 때에나 가능한 반론이며, 그렇지 아니함은 이제 주지되어 있는 바이다.[11] 법질서가 정책적 고려에 따라 이행청구권이 아닌 다른 제재(예컨대 손해배상)를 정하여 원시적 불능급부를 목적으로 하는 채권을 유효하게 취급할 수 있음이 인정되는 이상,[12] 그러한 고려가 하자담보책임에 적용되지 않을 이유가 없다. 제580조는 명백히 특정물매매에 대해 계약 전체를 유효하게 유지하면서 그에 고유의 제재를 정하고 있으므로, 원시적 불능을 이유로 성상 합의에 따른 매도인의 하자 없는 물건 인도의무를 부정할 수는 없다.[13] 그리고 이렇게 특정물매매에서도 매도인의 완전물 급부의무를 인정함으로써, 제580조라는 같은 규정의 적용을 받는 종류물 매매와 특정물 매매가 일관성 있게 설명될 수 있다.[14] 그리고 우리 판례도 고려하고 있는[15] 주관적 하자개념(본서 제3편 제3장 Ⅱ. 참조) 역시 그러한 성상 합의를 전제할 때 무리 없이 일관된 설명이 가능함은 물론이다.[16]

　　(2) 더 나아가 특정물 매도인의 하자 없는 물건 인도의무는 제462조를 근거로 해서도 부정될 수 없다. 물론 종래 학설은 제462조의 체계상 위치를 근거로 특정물의 경우 하자가 있더라도 이행기의 현상 그대로 인도되면 변제로서 효력을 가지며, 채권자는 하자의 발생 시

　　용에 부적합한 물건의 급부가 '계약위반'이 아니라는 점을 어떻게 영국인에게 이해시킬 수 있을 것인가!"
11) Huber in Soergel, *Bügerliches Gesetzbuch*, Band Ⅲ, 12. Aufl., 1991, Vor § 459 Rn. 154.
12) 양창수, "원시적 불능론", 민법연구, 제3권, 1995, 163면 이하; 北川 (주 7), 177면.
13) 김대정 (주 3), 243면; 남효순 (주 3), 232-233면도 참조.
14) 김형배 (주 7), 248, 250면; 남효순 (주 3), 231면.
15) 大判 2002.4.12., 2000다17834, 공보 2002, 1076 등 참조.
16) Soergel/Huber (주 11), § Vor 459 Rn. 155도 참조.

점에 따라 하자담보책임(제580조)이나 손해배상책임(제390조, 제374조)
을 부담하거나 위험부담의 문제(제537조, 제538조)가 제기된다고 이해
하고 있었다.[17] 그리고 바로 이러한 해석이 채무불이행책임설과는 잘
부합하지 않기 때문에, 반대 입장에서는 이 규정을 목적론적으로 축
소해석하여 특정물의 법적 동일성에 변화를 주지 않는 변화의 경우에
만 적용되는 규정으로 파악하고자 하였던 것이다.[18] 그러나 이러한
목적론적 축소해석에 대해서는 제462조를 공허하게 만든다는 비판이
제기되고 있었다.[19]

　　이러한 혼란은 제462조가 변제나 채무불이행 판단에 대해 어떤
의미를 가지는 규정이라고 상정하고 있기 때문에 발생한다. 그러나
제462조는 그러한 규율 내용을 의도하고 있는 규정은 아니다. 동조는
2016년 개정되기 전 프랑스 민법 제1245조로 소급하는 규정이다. 개
정전 프랑스 민법은 한편으로 동법 제1136조, 제1137조(현재 제1196
조, 제1197조)에서 특정물 채무자에게 선량한 관리자의 주의의무를 부
과하여 그 위반으로 인한 손상이 있는 경우 손해배상책임을 인정하는
한편, 동법 제1245조(현재 제1342-5조)에서 책임 없는 손상의 경우에
는 현상대로의 인도만으로 충분하며 그 밖의 책임은 없음을 정하고
있다. 따라서 우리 제462조에 상응하는 개정전 프랑스 민법 제1245조
는 말하자면 특정물의 물건의 위험(Sachgefahr)을 채권자가 부담한다
는 내용의 규정으로 이해되고 있을 뿐이다.[20] 그리고 이 규정은 그러

---

17) 문헌지시와 함께 곽윤직 편집대표, 민법주해[XI], 1995, 52-55면(김대휘).
18) 문헌지시와 함께 김용담 편집대표 주석 민법 채권총칙(4), 제4판, 2014, 87면 이하
　　(정준영).
19) 박희호, "우리나라 하자담보책임의 본질에 관한 재론", 민사법학, 제34호, 2006,
　　115면.
20) Ghestin, Billiau et Loiseau, *Traité de droit civil. Le régime des créances et des
　　dettes*, 2005, n° 563. 특히 재산권을 이전하는 계약의 경우 특정물의 소유권이 이
　　미 이전되어 있을 것이므로(의사주의) res perit domino의 원칙이 표현된 것으로
　　설명되고 있다.

한 취지로 일본 구민법 재산편 제462조 제1항21) 그리고 의용민법 제
483조에 받아들여졌다. 특히 의용민법의 제정과정에서 채무자에게 과
실이 있는 경우에 계약책임의 가능성을 언명하는 구민법 재산편 제
462조 제2항은 당연한 규정이라는 이유로 삭제되었다.22) 그러므로
이상의 연혁을 살펴보면 우리 제462조가 규정하는 바는 특정물의 경
우 물건의 위험이 채권자에게 있다는 내용 이상도 이하도 아니며, 실
제로 그러한 의미로 동조의 문언을 읽어도 전혀 무리가 없다. 즉 특
정물의 경우 손상이 있더라도 그에 대한 물건의 위험은 채권자가 부
담하고, 원칙적으로 채무자에게 조달하거나 보수할 의무는 없다는 것
이다.23) 동시에 제462조는 특정물의 경우 물건의 위험이 채권자에게
있다는 선언에 그치며, 나머지 부분만으로 적법한 변제의 제공이 되
는지 아니면 계약책임이 성립할 수 있는지 등의 문제는 전혀 염두에
두고 있지 아니하다.24) 그러므로 이 규정에서 매도인에게 하자 없는
물건을 인도할 의무가 없다는 내용을 읽어내는 것은 그 규범목적을
고려하지 않는 해석으로 타당하지 않다.

　제462조를 둘러싼 기존의 논쟁은 하자담보책임 규정의 의미와
목적을 음미하기보다는 하자담보책임의 법적 성질론으로부터 결론을
연역하려는 개념법학적 오류에서 기인한 것이라고 해야 한다(앞의 주
4 및 본문 참조). 제580조, 제581조의 해석에서 출발하면, 하자담보책

---

21) Boissonade, *Projet de code civil*, tome Ⅱ, nouvelle éd., 1891, n° 473.

22) 未定稿本 民法修正案理由書, 서울대 도서관 소장본, 400면.

23) 남효순 (주 3), 236면.

24) 김대정 (주 3), 249면; 홍성재 (주 3), 25－26면. 판례도 같은 취지이다. 大判(全)
　　2016.5.19., 2009다66549, 공보 2016, 769는 "민법 제374조와 제462의 규정이 매
　　매목적물에 하자가 있음에도 매도인이 이행기의 현상대로 인도한 것만으로써 모
　　든 책임을 면한다는 취지가 아니라고" 본 원심을 시인하였다. 그리고 이 견해가
　　이제는 일본에서도 우세하다. 平井宜雄, 債權總論, 第2版, 1994, 178면; 潮見佳男,
　　債權總論 Ⅰ, 第2版, 2003, 52면; 田中裕康, 債權總論, 第3版, 2013, 319면; 大村敦
　　志, 新基本民法 債權編, 2016, 28면 등.

임의 법적 성질을 어떻게 파악하든 같은 결과가 도출될 수밖에 없
다.25) 그것은 하자가 매매의 목적을 달성할 수 없게 할 정도라면 매
수인은 목적물의 수령을 거절할 수 있지만, 그렇지 않은 경우에는 하
자가 있더라도 목적물을 수령해야 한다는 것이다.26) 법정책임설에서
출발하더라도, 하자가 계약의 목적을 달성할 수 없게 할 정도인 경우
매수인이 목적물을 수령한 다음 바로 계약을 해제할 수 있다면(제580
조 제1항, 제575조 제1항), 매수인이 아예 수령을 거부한 다음 계약을
해제함으로써 불필요한 반환절차를 생략하려는 정당한 이익을 부정
할 이유가 전혀 없다. 전자가 허용된다면, 후자는 더욱 허용되어야 한
다. 반면 채무불이행책임설을 채택하더라도, 하자가 계약목적 달성을
좌절시킬 정도가 아니라면 매수인은 목적물을 보유하면서 손해배상
만을 청구할 수 있으므로(제580조 제1항, 제575조 제1항), 매수인은 사
소한 하자 있는 물건을 수령해야만 한다.27) 그리고 법적 성질을 어떻
게 이해하든, 종류물 매매에서 매수인이 하자 없는 물건의 급부를 청
구할 수 있는 때에는(제581조) 그 전제로서 하자 있는 물건의 수령을
거절할 수 있어야 함은 당연하다. 그러므로 매수인의 수령거절에 관
한 문제에서는, 사후적인 법률구성이나 이 쟁점을 염두에 두고 있지
않은 제462조가 아니라, 바로 당해 문제를 정면으로 다루고 있는 제
580조, 제581조가 해답을 주고 있는 것이다.

(3) 그런데 특정물이 매매된 경우, 당사자들이 성상에 대해 합의
하여 매도인에게 하자 없는 물건의 인도의무가 있다고 하더라도, 특

---

25) Soergel/Huber (주 11), Vor § 459 Rn. 168, 233 참조.

26) 같은 취지로 곽윤직 편집대표, 민법주해[XIV], 1997, 536면(남효순); 안춘수, "하자
담보법상의 문제점", 민사법학, 제11·12호, 1995, 433면.

27) 같은 취지로 안춘수 (주 26), 434면. 매수인이 사소한 하자 있는 물건을 수령해야
하는 경우 그는 손해배상청구권을 대금채무와 상계(제492조)할 수 있을 것이다.
도급계약에서 하자담보책임에 대해 大判 1996.7.12., 96다7250,7267, 공보 1996,
2480 참조.

정물의 성질상 현실적으로 매수인이 하자 없는 물건의 인도를 청구하여 이행되는 것은 생각하기 어렵다. 따라서 이행청구권을 현실적으로 상정할 수 없음에도 그에 상응하는 의무를 유의미하게 인정할 수 있을 것인지의 물음이 제기될 수 있다.

예컨대 플루메는 개정전 독일 민법을 전제로 성상 합의가 매매계약의 내용이 된다고 이해하면서도, 특정물매매의 경우에는 목적물의 유일성 때문에 하자 없는 물건을 인도할 의무가 발생할 수는 없다고 설명하여 하자담보책임을 채무불이행책임으로 파악하고 있지는 않다. 즉 성상 합의는 계약의 내용은 정하지만 매도인의 급부의무를 발생시키지는 않는다. 따라서 하자담보책임은 그러한 계약내용의 위반에 대한 제재를 정하는 책임으로서 채무불이행책임 아닌 계약책임에 해당한다. 당사자들의 성상 합의가 있더라도 법질서가 그에 개입하여 급부의무 성립을 부정한 다음 하자담보의 효과만을 발생시킨다는 것이다.[28] 우리 학설에서도 이 주장에 따라 하자 없는 특정물을 급부할 의무는 없다고 이해하는 견해가 주장되며, 특히 독일 민법에서는 존재하지 않는 특정물의 현상인도에 관한 제462조를 그 근거로 제시한다.[29] 이에 따르면 제462조는 하자 있는 특정물의 인도를 계약이행으로 하지는 않지만 적어도 채무자의 하자 없는 물건 인도의무는 부정하는 취지로 이해될 것이다.

그러나 제462조는 그러한 주장의 근거가 될 수 없다. 즉 특정물의 경우 채권자에게 물건의 위험이 있어 채무자는 현상대로 인도할 수밖에 없다는 사물의 본성을 확인하는 규정으로부터(바로 앞의 (2) 참조) 채무자에게 완전물 급부의무가 없다는 결론을 도출하는 추론은 전혀 필연적이지 않기 때문이다. 그것은 예컨대 임차인이 용익 중에

---

28) Flume (주 8), S. 41, 48 참조.
29) 박희호 (주 19), 112면 이하. 또한 박영목, "특정물 매매와 하자 없는 물건에 대한 급부의무", 민사법학, 제44호, 2009, 233면도 참조.

상태가 악화된 물건을 그대로 반환할 수밖에 없다는 사정으로부터 임차인에게는 처음부터 임차목적물을 원래 상태대로 반환해야 할 급부의무가 없었다는 추론을 내리는 것과 다르지 않다.

하자 있는 물건이 인도되었음을 이유로 채무자가 어떠한 계약책임을 부담하는 이상, 그러한 책임의 전제로서 급부의무를 상정하는 것은 충분히 가능하다. 오히려 이른바 특정물 도그마를 부정하여 당사자들이 매매목적물의 성상을 합의할 수 있다는 점을 받아들인다면, 합의된 성상을 가진 목적물을 그 대상으로 하는 매도인의 급부의무가 발생한다는 설명이 보다 자연스럽다. 계약에서 매도인이 일정한 성상이 있는 목적물을 급부하기로 약속하였음에도 그로부터 아무런 급부의무가 발생하지 않는다는 논법은 계약의 구속력(pacta sunt servanda) 원칙의 관점에서 부적절하다.[30] 앞서 원시적 불능과 관련해서 서술한 바와 같이(바로 앞의 (1) 참조), 이행청구를 상정할 수 없더라도 다른 제재(예컨대 손해배상)가 유의미하게 법률효과로서 연결될 수 있는 이상 급부의무의 존재를 인정하는 것에는 아무런 법논리적 장애도 존재하지 않는다.[31] 이 견해는 이행청구가 가능하지 아니한 급부의무를 상정하는 법률구성이 무가치하다고 말하지만, 그렇다면 급부의무를 발생시키지 못하는 성상 합의를 상정하는 법률구성도 그에 못지않게 무가치하다고 인정해야 하지 않겠는가?[32] 계약불이행과 채무불이행을 구별하는 것은 적어도 전통적인 도그마틱의 관점에서는 가능하지 않다. 계약불이행은 바로 계약에서 발생한 급부의무의 불이행이기 때문이다.[33] 따라서 특정물의 성상이 매매에서 합의될 수 있는 이상,

---

30) Herberger, *Rechtsnatur, Aufgabe und Funktion der Sachmängelhaftung nach dem Bürgerlichen Gesetzbuch*, 1974, S. 77-79 참조.
31) Soergel/Huber (주 11), Vor § 459 Rn. 173f. 여기서 울리히 후버는 예컨대 커먼로에서 강제가능한 이행청구권이 구제수단으로 주어지지 않더라도 손해배상의 전제로서 채무자의 이행의무가 상정되고 있음을 지적한다.
32) Reinicke/Tiedtke, *Kaufrecht*, 6. Aufl., 1997, Rn. 260.

매도인은 합의된 성상의 목적물을 급부할 의무를 부담한다. 합의의 구속력에 예외를 인정할 합리적인 근거는 발견할 수 없다.

3. 소   결

이상에서 살펴본 바와 같이, 매도인은 매매계약에 기초해 하자 없는 매매 목적물을 인도할 의무를 부담한다. 하자 있는 목적물을 인도한 경우, 그는 계약상 채무를 위반한 것이다. 따라서 이 경우를 규율하는 하자담보책임은 채무불이행책임의 성질을 가진다.[34] 판례도 하자담보책임이 성립하는 경우에도 채무불이행책임의 성립을 인정함으로써 하자 없는 물건의 인도의무를 상정하므로 같은 입장이라고 해야 한다(아래 Ⅲ. 2. 참조). 물론 제580조에 따른 손해배상의 내용에 관하여 구체적으로 어떠한 결과가 해석상 도출되는지 그리고 이들 구제수단이 일반 채무불이행 책임과 경합하는지 등에 대한 해답은 하자담보책임이 채무불이행 책임이라는 사실로부터는 예단되지 않는다. 구체적 해석론은 개별 규정의 의미와 목적에 따라 결정된다(주 4 참조). 이에 대해 아래에서 살펴본다.

Ⅲ. 매수인이 가지는 구제수단

수령한 목적물에 하자가 있는 경우 매수인은 매도인을 상대로 하자로 인한 손해배상을 청구할 수 있다(제580조, 제575조, 제581조 제1항). 이는 계약의 해제 여부와 무관하므로, 계약을 해제하면서 손해배상을 결합할 수도 있고, 해제권이 인정되지 않는 경우 또는 계약을 해제하지 않는 경우 손해배상만을 청구할 수도 있다. 더 나아가 종류

---

33) Larenz, *Lehrbuch des Schuldrechts*, Band Ⅱ/1, 13. Aufl., 1986, S. 68 Fn. 109.
34) 김형배, 채권각론(계약법), 신정판, 2001, 318면; 김대정 (주 3), 254-255면; 남효순, "담보책임의 본질론(Ⅱ)", 서울대학교 법학, 제35권 제2호, 1994, 229면; 이은영, 채권각론, 제5판, 2007, 307면; 홍성재 (주 3), 32-33면 등.

매매의 매수인은 해제 또는 손해배상의 청구를 하지 않고 하자 없는 물건의 인도를 청구할 수도 있다(제581조 제2항). 해제권의 내용은 제548조 이하의 규율에 따르므로, 아래에서는 하자 없는 물건을 급부할 매도인의 의무에서 출발하여 나머지 두 구제수단에 대해 살펴본다.

1. 제580조에 따른 손배배상

(1) 손해배상의 내용

제580조에 따른 손해배상의 내용에 대해서는 종래 학설에서 많은 논의가 있었다. 종래의 법정책임설은 본조의 손해배상을 신뢰이익의 배상으로 해석하고 있었고,[35] 채무불이행책임설에서도 마찬가지로 해석되기도 하지만,[36] 한편 채무불이행이라는 관점에서 이행이익 배상이라는 견해,[37] 매도인에게 귀책사유가 있으면 이행이익 배상이라는 견해,[38] 또한 동조의 손해배상은 대금감액의 의미로 축소해석해야 한다는 견해[39] 등도 주장되고 있다.

그런데 이미 지적하였지만(주 4의 본문 참조), 이 문제는 담보책임의 성질론과 필연적인 관련을 가지고 있는 것은 아니다. 예컨대 채무불이행책임설을 취하면서도 특별규정성을 강조하여 손해배상의 내용을 제한적으로 해석할 수도 있고, 법정책임설을 취하면서도 법률의 취지상 이행이익 배상이 허용되어야 한다고 해석할 수도 있다(예컨대 제135조 참조). 그러므로 손해배상의 내용은 민법 규정들의 입법목적

---

35) 남효순 (주 3), 210－212면에 인용된 전거 참조.

36) 김형배 (주 34), 356－357면.

37) 김주수, 채권각론, 제2판, 1997, 199면; 박영복, "매도인의 하자담보책임", 고시계, 제46권 제3호, 2001, 48－49면; 이은영, "하자로 인한 확대손해의 배상", 법률신문, 제2609호, 1997, 14면.

38) 김증한·김학동, 채권각론, 제7판, 2006, 246－247면; 김상용, 채권각론, 제2판, 2014, 196면; 조규창, "물건의 하자담보책임", 고려대 법학논집, 제21집, 1983, 263－264면.

39) 주석 민법 채권각칙(3) (주 2), 181면(김대정).

을 고려하여 해석으로 판단되어야 하며, 사후적인 법률구성으로부터
예단되어서는 안 된다.

우선 제580조의 손해배상이 이행이익 전부의 배상을 내용으로
할 수는 없다고 생각된다.[40] 첫째로, 이는 단기의 제척기간(제582조)
을 고려할 때 그러하다. 이 규정은 명백하게 하자담보로 인한 분쟁을
극히 짧은 기간 내에 조속히 종결하려는 것을 목적으로 하고 있는데,
만일 이에 이행이익을 내용으로 하는 분쟁을 포함시킨다면 매수인은
일반적인 채권자의 지위와 비교할 때 지나치게 그 권리에서 제약을
받게 된다. 그러므로 제580조의 손해배상이 예정하는 손해는 단기간
에 해결되는 것이 바람직하고, 제척기간 도과 후에 손해배상이 배제
되더라도 매수인과 매도인의 이익 균형을 결정적으로 교란하지는 않
는 성질의 손해이어야 한다. 둘째로, 매도인이 무과실책임을 부담한
다는 사정을 고려할 때, 이행이익 배상을 제580조에 포함시키는 것은
여러모로 체계상 균형을 상실한다. 여기서도 매도인이 무과실책임을
부담하는 사실과 이익 균형이 유지되는 성질의 손해가 배상된다고 이
해해야 하는 것이다.[41] 셋째, 더 나아가 제580조에 따른 손해배상청
구권은 제581조에 규정된 하자 없는 물건에 대한 인도청구권과 대체
가능한 동등한 차원의 권리로 규정되고 있다는 사실에 주목할 필요가
있다.[42] 즉 종류물 매수인이 하자 없는 물건을 청구하여 인도받는 경
우의 이익 상태와 비교할 때 그와 교체 가능한 구제수단으로 규정된
손해배상이 모든 이행이익 특히 확대손해를 포함할 수는 없다고 생각
되는 것이다.

---

40) 그러나 재판례에서는 하자담보책임을 인정하면서 확대손해에 해당하는 이행이익
    배상이 명해진 경우도 없지 않다. 大判 1995.6.30., 94다23920, 공보 1995, 2544에
    인용된 원심의 손해 인정 참조.
41) 이호정, "매매 목적물의 하자로 인한 손해의 배상", 법정, 제20권 제11호, 1965, 40
    면; 서광민, "매도인의 하자담보책임", 민사법학, 제11·12호, 1995, 173, 176면.
42) 서광민 (주 41), 175면.

　　그러나 그렇다고 해서 제580조에 따른 손해배상이 모든 신뢰이익이라고 일반적으로 해석할 수도 없다고 생각된다. 우선 신뢰이익은 계약의 부존재·무효·취소를 전제로 그 유효함을 믿음으로써 받은 손해이므로(제535조 참조), 매수인이 계약을 해제하지 않고 손해배상을 청구하는 경우 그 손해를 신뢰이익이라고 말하기는 어렵다.43) 물론 입법자는 유효한 계약의 효과로 신뢰이익의 배상을 정할 수 있으며(제601조,44) 제689조 제2항,45) 제806조46) 등 참조), 그러한 의미에서 매수인이 하자를 인식해 매매를 체결하지 않았을 경우와의 비교를 통해 산정되는 손해를 신뢰이익이라고 이 맥락에서 따로 정의할 수 있을지도 모른다. 그러나 가급적 일관된 개념을 사용하는 것이 바람직하다는 점은 부정할 수 없을 것이다. 그리고 그렇게 선해하면서 계약이 해제된 경우를 전제로 하더라도, 제580조에 따른 매도인 책임이 무과실책임이라는 사실을 전제로 할 때, 모든 신뢰이익이 배상된다고 해석하는 것 역시 매도인에게 지나치게 가혹한 결과를 발생한다. 이미 학설에서 지적된 바와 같이,47) 원시적 불능의 경우에 그 존재에 대해 알았거나 알 수 있었던 계약 당사자가 신뢰이익에 대한 배상의무가 있는 것에 비추어(제535조), 하자의 존재를 알 수도 없었던 매도인이 마찬가지로 모든 신뢰이익 배상을 해야 한다는 것은 체계상 균형을 상실하기 때문이다.

　　올바른 해석의 단서는 손해배상청구권이 매수인의 해제권 및 하자 없는 물건 인도청구권과 동등한 차원에서 규정되고 있다는 사실이다.48) 해제와 하자 없는 물건의 인도는 매매에서 당사자들이 그들의

43) 이호정 (주 41), 40면; 서광민 (주 41), 179; 이상광, "하자담보책임의 기본문제", 비교사법, 제5권 제1호, 1998, 303면.
44) 곽윤직 편집대표, 민법주해[ⅩⅤ], 1997, 7면(김황식) 참조.
45) 大判 2015.12.23., 2012다71411, 공보 2016, 167.
46) 윤진수 편집대표, 주해 친족법, 제1권, 2015, 108면(윤진수) 참조.
47) 서광민 (주 41), 181면.

의사로 실현한 주관적 등가성을 회복하는 구제수단이다. 즉 당사자들
이 매매 목적물의 가치와 매매대금을 그들 사이에서는 동등한 것으로
평가하여 실현시킨 교환에서, 하자로 인해 그러한 등가성이 교란된
것으로 나타나는 경우(매매계약의 관점에서 매수인은 받은 물건의 가치에
비해 많은 대금을 지급한 셈이다), 이를 회복하도록 예정된 구제수단인
것이다. 이는 한편으로 계약을 "물림"으로써도 가능하지만(해제에 따
른 원상회복), 하자 없는 "새 물건"을 받음으로써도 가능하다(하자 없는
물건의 인도). 그렇다면 이들 구제수단과 같은 차원에서 규정된 제580
조에 따른 매도인의 무과실책임 역시 그러한 주관적 등가성의 장애
(Äquivalenzstörung)를 정정하는 수단에 그쳐야 한다. 이것이 제580조,
제581조의 체계적 해석에서 나오는 결과일 뿐만 아니라, 하자담보책
임의 연혁에 비추어도 정당화되는 내용이다.[49)]

(2) 손해배상의 구체적 모습

구체적으로 손해배상의 내용은 경우를 나누어 살펴보아야 한다.

(가) 하자가 계약목적을 좌절하지 아니하여 매수인이 계약을 해제
할 수 없거나, 하자가 중대하여 해제가 가능함에도 매수인이 물건의
보유를 원하는 경우, 매수인은 물건을 보유하면서 손해배상만을 청구
할 수 있다. 이 때 주관적 등가성의 교란을 교정하는 손해배상은 논
리적으로 두 가지 관점에서 이루어질 수 있다. 하나는 하자를 이유로
목적물의 가치가 하락한 부분을 금전적으로 평가하여 그 금액을 손해
배상을 받는 방법으로, 말하자면 대금의 액수를 낮추는 방법이다. 이
는 기본적으로 가치하락의 비율을 구한 다음, 그 비율에 따라 매매대
금을 감액하여 행해진다. 다른 하나는 제거 가능한 하자의 경우 매수
인이 하자보수비용을 산정하여 그 금액을 손해배상으로 받는 방법으

---

48) 서광민 (주 41), 175-176면; 이상광 (주 43), 305-306면. 안법영, "매매목적물의
   하자로 인한 손해배상", 민사법학, 제11·12호, 1995, 204-205면도 참조.
49) 김대정 (주 3), 21면 이하; 이상광, 하자담보책임론, 2000, 7면 이하 참조.

로, 말하자면 목적물의 가치를 높이는 방법이다.[50] 하자보수비용의
산정은 매수인이 이미 하자를 제거하고 지출한 비용이 있으면 일응
그것이 기준이 될 것이지만, 객관적인 견적이 존재한다면 그에 따라
산정하는 것도 가능하다. 통상 좁은 의미의 대금감액은 전자만을 의
미할 것이지만, 우리 민법은 구제수단으로 손해배상이라고만 정하고
있으므로 전자에 한정할 것은 아니며 후자도 포함한다고 해석해야 한
다.[51] 그리고 후자 역시 보수비용만큼 매매대금에서 공제한다는 관점
에서 살펴본다면 역시 대금감액적 성질을 가지고 있다고 말할 수 있
다.[52] 그렇다면 계약을 해제하지 아니하고 행사하는 매수인의 손해배
상청구권은 대금감액적 성질의 손해배상이라고 설명되어야 한다.[53]
그리고 주관적 등가성의 관점에서 이루어지는 대금감액적 배상이라

---

50) 大判 1990.6.12., 89다카28225, 공보 1990, 1460; 2004.7.22., 2002다51586, 공보
　　 2004, 1431; 2011.10.13., 2011다10266, 공보 2011, 2339; 수원地判 1996.10.24.,
　　 95가합17789, 하집 96-2, 102; 대전地判 2009.8.11., 2007가단37506, 각공 2009,
　　 1536 등.

51) 실제로 제580조가 참조한 의용민법 제570조와 관련해 입법관여자들은 동조의 손
　　 해배상이 대금감액적 기능을 하도록 예정되어 있으나, 다만 하자로 인한 감액 비
　　 율을 산정하기 어렵기 때문에 이를 손해배상으로서 달성하고자 한 것이라고 말하
　　 고 있다. 未定稿本 民法修正案理由書 (주 22), 492면; 梅謙次郎, 民法要義, 卷之三,
　　 1909, 526면 참조. 그렇다면 이러한 하자보수비용을 청구할 가능성을 부정할 이유
　　 는 없다고 할 것이다. 이 점에서 예컨대 입법자가 명시적으로 그러한 가능성을 거
　　 부한 독일 민법과 차이가 있다. Loodschelders, Schuldrecht. Besonderer Teil, 14.
　　 Aufl., 2019, § 4 Rn 25 참조.

52) 공간된 재판례를 살펴보면 하자에 따른 가치감소분의 감액보다는 하자보수비용을
　　 청구하는 경우가 더 많은 것으로 보인다. 이는 아마도 불확실할 수 있는 가치감소
　　 분 산정 보다는, 현실적으로 지출하였거나 견적이 나오는 하자보수비용을 기초로
　　 하는 것이 손해 입증에서 보다 용이하기 때문이 아닌가 추측된다.

53) 서광민 (주 41), 182면; 사동천, "최근 국제적 동향에서 바라 본 우리 민법상의 매
　　 도인의 하자담보책임에 관한 연구", 민사법학, 제24호, 2003, 29-30면; 이상광
　　 (주 43), 303-304면; 안법영 (주 48), 220면; 문용선, "매매 목적물의 하자로 인한
　　 확대손해에 대한 책임 추급", 민사판례연구[XXI], 1999, 283면; 송인권, "매도인의
　　 담보책임과 채무불이행책임의 경합", 법조, 제595호, 2006, 233면; 주석 민법 채권
　　 각칙(3) (주 2), 181면(김대정).

고 이해하는 한, 감액배상이나 하자보수비용의 청구는 매매대금의 한
도에서만 가능하다고 해석된다.54) 하자보수비용이 이를 넘어선다면,
이는 완전성이익 배상의 관점에서 배상받을 수밖에 없다(아래 Ⅲ. 2.
(4) 참조).

　(나) 하자가 계약목적을 좌절하여 매수인이 계약을 해제하는 경우,
기본적으로 주관적 등가성의 교란은 해제에 따른 원상회복으로 대체
로 회복된다. 그러므로 해제의 경우 손해배상은 원상회복에도 불구하
고 주관적 등가성의 관점에서 완전히 복구되지 아니하는 불이익을 전
보하는 것에 그쳐야 한다. 특히 이 경우 논리적으로는 신뢰이익 배상
을 상정할 수 있겠지만 그럼에도 모든 신뢰이익 배상이 인정된다고
볼 수는 없다.55) 신뢰이익 중에는 주관적 등가성의 회복이라는 관점
을 넘어서는 손해도 포함되기 때문이다. 이는 특히 일실이익으로서의
신뢰이익이 그러하다.56) 예컨대 하자 있는 물건을 목적으로 하는 매
매를 체결하였다는 이유로 다른 유리한 매수청약을 거절한 매수인이
나중에 하자를 이유로 매매를 해제하고 그 다른 유리한 매매에서 얻
을 수 있었을 이익을 손해배상으로 청구한다면, 그 이익은 하자 있는
매매에서의 주관적 등가성과는 무관한 이익을 하자담보책임으로 회
복하려는 것으로서 받아들여서는 안 된다. 이 경우 매수인은 하자로
인한 불이익 전보를 초과하는 이익을 받아 유리한 결과에 도달할 수
도 있기 때문이다. 그러므로 하자 있는 물건의 매수인이 계약을 해제
한 경우, 배상되어야 할 손해는 일반적으로 적극적 손해에 해당하는
신뢰이익 부분 중에서 매매의 성립과 직접 관련되는 손해 즉 매수인
이 매매가 유효할 것이라고 전제하고 지출한 합리적 비용으로 파악해

---

54) 수급인의 담보책임에 대해 大判 2016.8.18., 2014다31691, 공보 2016, 1336 참조.
55) 그러나 신뢰이익 배상이며 이행이익으로 한정된다는 재판례로 서울民事地判 1988.11.9., 88나1621, 하집 88, 108.
56) 서광민 (주 41), 186면.

야 한다. 이는 통상 계약체결과 관련된 비용이 해당할 것이고,[57] 주
관적 등가성의 관점에서 정당화된다. 왜냐하면 매수인은 계약체결비
용을 매매대금과 함께 목적물을 취득하기 위해 지출하는 총비용으로
파악할 것이고, 그 총비용과 목적물의 가치를 주관적으로 등가로 평
가한 것이기 때문이다. 그리고 이러한 내용은 계약비용 상환의무를
정하는 각국의 민법전의 규율과 비교할 때에도 그 타당성이 인정된다
(개정 전 독일 민법 제467조 제2문, 프랑스 민법 제1646조 등). 그러나 동
시에 적극적 손해에 해당하는 신뢰이익이 모두 제580조에 따른 배상
범위에 들어온다고는 말할 수 없다. 매수인은 매매 성립을 전제로 매
매의 성립과는 직접 관련이 없는 사치비를 미리 지출할 수도 있기 때
문이다(예컨대 해제권을 발생시키는 중대한 하자 있는 자동차의 매수인이
고급 자동차용 카 오디오를 미리 구입한 후 경우). 그러한 비용은 매수인
의 주관적 위험 영역에 속하여 매매에서 전제된 주관적 등가성과는
무관하며, 제580조에 따라 배상되지 않는다. 요컨대 적극적 손해에
해당하는 신뢰이익 중에서 매수인이 목적물 취득을 위한 직접적 비용
으로 평가할 수 있는 부분만이 배상가능한 손해가 된다.

(3) 과실상계

판례에 따르면, "매도인의 하자담보책임은 법이 특별히 인정한
무과실책임으로서 여기에 제396조의 과실상계 규정이 준용될 수는
없다 하더라도 담보책임이 민법의 지도이념인 공평의 원칙에 입각한
것인 이상 하자발생 및 그 확대에 가공한 매수인의 잘못을 참작하여
손해배상의 범위를 정함이 상당하다"고 하면서, "하자담보책임으로
인한 손해배상사건에 있어서 배상권리자에게 그 하자를 발견하지 못
한 잘못으로 손해를 확대시킨 과실이 인정된다면, 법원은 손해배상의
범위를 정함에 있어서 이를 참작하여야" 한다고 한다.[58]

---

57) 서광민 (주 41), 186면; 안법영 (주 48), 219면; 송인권 (주 53), 233면.

일단 이 설명의 이유제시는 부당하다. 매도인의 책임이 무과실책임이라고 하더라도, 매도인(채무자)의 과실이 아닌 매수인(채권자)의 부주의를 손해배상에 고려되는 것에 장애가 있을 이유는 없기 때문이다. 과실상계는 자신의 부주의로 손해가 발생하거나 확대되었음에도 그 배상을 주장하는 것이 부당하다는 관점에서 이루어지는 것이므로, 상대방의 책임이 과책을 전제로 하는지 여부는 문제되지 않는다. 제580조에 따른 법률효과가 손해배상인 이상, 손해배상에 대해 규정하는 제396조는 준용이 아니라 그대로 적용되어야 한다.

물론 제580조의 손해배상이 매수인의 무과실을 요건으로 하는 대금감액적 배상인 이상, 인도된 목적물에 하자가 존재하고 이로써 감액할 정도의 가치하락이 있다면 손해는 존재하는 것이고, 매수인의 손해 발생에 대한 과실은 고려할 여지가 거의 없을 것이다.[59] 그러나 손해 확대에 대해서는 매수인의 과실을 참조할 가능성이 존재한다. 예컨대 하자가 물건의 가치 하락을 진전시키는 성질인 경우, 매수인이 매매 당시에는 선의·무과실이었다고 하더라도, 목적물 수령 이후에 부주의하게 하자의 발견을 늦춘 사정이 있다면 이는 손해배상에서 고려할 여지가 있다. 또한 하자를 보수하고 그 비용을 청구하는 매수인이 수급인과의 교섭에서 부주의하게 다액의 비용을 지출한 정황이 있다면 이 점도 배상액 결정에 참작될 수 있을 것이다.

2. 일반 채무불이행책임과의 경합

(1) 문제의 제기

이상과 같이 해석할 때, 하자담보책임에 따른 손해배상은 하자로 인해 발생한 주관적 등가성의 교란에 해당하는 손해 이른바 하자손해만을 대상으로 한다. 그러므로 하자로 인하여 이를 넘어서는 손해가

---

58) 大判 1995.6.30., 94다23920, 공보 1995, 2544.
59) 남효순 (주 34), 237면.

발생한 경우(확대손해), 이는 제580조에 따른 배상범위에 들어오지 않
는다. 그렇다면 제580조에 따라 배상되지 않는 확대손해에 대해 매수
인이 일반 채무불이행책임에 기초하여 이를 청구할 수 있는지 여부의
문제가 발생한다(제390조).

하자 없는 물건을 인도할 매도인의 의무를 부정한다면, 하자 있
는 물건을 급부하여도 채무불이행은 존재하지 않으므로 일반 계약책
임에 따라 손해배상을 청구할 수 있는 가능성은 원칙적으로 존재하지
않는다. 물론 일정 범위에서 매도인의 보호의무를 상정하여 그 위반
이 있는 경우 이로부터 발생한 완전성이익 침해에 대한 손해배상은
가능하다고 해석할 수 있을 것이다. 그러나 급부의무의 불이행이 부
정되는 이상 이행이익 배상은 가능하지 않다.60) 반면 채무불이행책임
설의 입장에서는 하자 없는 물건을 급부할 채무가 존재하므로, 하자
있는 물건이 인도된 경우 채무의 내용에 좇은 이행이 없는 것이므로
다른 요건이 충족되면 채무불이행을 이유로 하는 손해배상은 원칙적
으로 가능해야 한다.61) 다만 이 경우에도 제580조, 제581조를 일반
규정을 배제하는 특칙으로 본다면 이로써 전보가 이루어지는 하자에
상응하는 부분의 손해(이른바 하자손해)에 대해서는 경합이 없다고 해
석할 것인지 아니면 이 부분에도 경합을 허용할 것인지 여부가 문제
될 수 있다.62) 아래에 살펴보는 것처럼 판례는 일반 채무불이행책임
에 따른 매도인의 손해배상을 긍정하고 있다(아래 Ⅲ. 2. (4) 참조).

(2) 경합의 인정

매수인이 일반 채무불이행 법리에 따라 손해배상을 청구할 수 있

---

60) 이것이 종래 다수설의 입장이다. 곽윤직 (주 5), 150면; 이호정 (주 41), 40면.
61) 김형배 (주 34), 322면; 남효순 (주 34), 238면; 문용선 (주 53), 285–286면; 서광
   민 (주 41), 188면; 이상광 (주 43), 308–309면; 안법영 (주 48), 223면; 안춘수
   (주 26), 441면; 주석 민법 채권각칙(3) (주 2), 191면 이하(김대정).
62) 서광민 (주 41), 188면 주 31; 송인권 (주 53), 225–226면 참조.

다고 해석하는 견해가 타당하다. 하자담보책임은 유상계약에서 목적
물의 하자로 인하여 급부와 반대급부의 가치 사이에 불균형이 발생한
경우 이를 조정하고자 하는 특별 규정이다. 즉 하자가 있는 경우 가
치의 불균형을 짧은 시간 내에(제582조 참조) 하자손해에 한정된 손해
배상으로 해결하는 것이 하자담보책임의 취지인 것이다. 이에 대해
매도인에게 하자 없는 물건을 인도할 채무가 인정되는 이상(앞의 Ⅱ.
참조), 이러한 급부의무의 위반으로 그 보호범위에 있는 손해가 유책
하게 야기되었다면 일반 채무불이행 책임을 부정할 이유는 찾을 수
없다.63) 아무런 근거 규정 없이 이를 부정하는 것은 일반적인 책임
법리에 반하여 적절하지 않다. 양자는 인정 근거 및 요건도 달리한다.
하자담보책임은 매도인의 귀책사유를 전제로 하지 않으면서 주관적
등가성 장애(아래 Ⅳ. 1.에서 살펴보는 대로 견련성 이익)를 교정하는 것
을 목적으로 하는 반면, 채무불이행법은 매도인의 책임 있는 사유에
기초해 계약의 보호범위에 있는 손해의 배상(이행이익)을 명한다. 그
런 의미에서 양자는 일부 중첩은 있을 수는 있지만 기본적으로 목적
과 적용범위를 달리하는 제도이고, 그러므로 하자담보책임이 채무불
이행을 배제하는 특칙이라고는 말할 수 없다.64)

---

63) Soergel/Huber (주 11), Vor § 459 Rn. 55, 57.

64) 본문에서 그리고 아래 Ⅳ. 1.에서 살펴보는 대로 하자담보책임은 유상성 내지 견련
성 이익을 보장하고 일반 채무불이행은 이행이익을 보장하는 제도로 서로 규범목
적과 적용범위를 달리한다. 그러한 의미에서 하자담보책임이 채무불이행책임이라
면 그 특별법적 성격 때문에 병존이 불가능하다고 지적하는 송덕수 (주 5), 185면
은 타당하지 않다. 특별법이 일반법을 배제한다는 이치는 두 규범 중 전자의 적용
범위가 온전히 후자의 적용범위에 포함되는 경우에만 긍정될 뿐이다. 반면 한 규
범의 요건이 다른 규범의 요건의 하위개념으로 이해될 뿐 그밖에 적용범위에 불일
치가 있는 경우에는 그 배척관계는 단정할 수 없으며 규범의 기능을 고려해 개별
적으로 해석해야 한다(Wank, *Juristische Methodenlehre*, 2020, § 16 Rn. 183, 185
참조). 그런데 일반 채무불이행책임과 하자담보책임이 규범목적과 적용범위를 고
려할 때 앞서 언급한 것과 같은 그러한 중복 관계에 있지 않다는 것은 본문의 서
술로부터 명백하다. 이는 예컨대 귀책근거와 요건을 달리하는 특별법에 따른 제조

과거 개정 전 독일 민법의 해석론에서 일반 채무불이행을 이유로
하는 이행이익 배상이 제한되었던 것은 로마법 이래의 연혁적인 이유
로 매도인의 보증 또는 악의의 경우 외에는 이행이익 배상을 배제하는
명문의 규정이 있었기 때문이었다(개정 전 독일 민법 제463조). 그러나
그러함에도 불구하고 독일의 학설과 판례가 이른바 적극적 계약침해
이론에 의해 채무불이행법과의 경합을 인정하고 완전성이익 배상 외에
도 일정한 이행이익 배상을 가능하게 하고 있었음은 잘 알려진 바이
다.65) 그리고 악의의 매도인에 대해 같은 취지의 규정을 가지고 있는
프랑스 민법에서(동법 제1645조 참조) 판례가 영업적 매도인의 경우 악
의를 간주하여 이행이익 배상을 허용하고 있음도 마찬가지로 주지의
사실이다.66) 그렇다면 이와 같은 제한적 규정이 없는 우리 민법에서
하자 없는 물건을 인도할 의무를 인정하는 이상 그 불이행으로 발생하
는 손해에 대해 일반 계약책임을 부정할 이유는 찾을 수 없는 것이다.

(3) 매도인의 귀책사유

그러므로 하자 있는 물건을 수령하여 손해를 입은 매수인은 매도
인의 책임 있는 사유를 전제로 제390조에 따라 손해배상을 청구할
수 있다. 이는 하자 없는 물건을 급부할 주된 급부의무의 불이행(이른
바 불완전이행)을 이유로 하는 채무불이행이며, 매도인의 책임 있는 사
유를 전제로 한다.67)

매도인의 책임 있는 사유는 특정물 매매의 경우 매도인이 하자
있는 목적물이 인도된다는 것을 알았거나 알 수 있었다는 사정에 있

물책임과 불법행위법에 따른 제조물책임의 병존에 대해 누구도 의문을 제기하지
않는 것과 다를 바 없다. 그러므로 앞서의 지적은 특별법과 법조경합에 관한 기본
적인 논의를 간과하고 있다고 해야 한다.

65) Huber, "Zur Haftung des Verkäufers wegen positiver Vertragsverletzung", *AcP*
    177 (1977), 281ff.
66) Malaurie, Aynés et Gauthier, *Les contrats spéciaux*, 10ᵉ éd., 2018, nᵒ 411.
67) 大判 1997.5.7., 96다39455, 공보 1997, 1702.

게 된다. 반면 종류물 매매의 경우에는 다소 문제가 없지 않다. 통상 종류물 매매의 경우 매도인은 시장에 물건이 존재하는 한 물건을 급부할 조달위험을 인수함으로써 과실이 없어도 계약위반에 책임을 부담하므로(제375조 제2항 참조),[68] 같은 법리에 따라 하자 확대손해를 배상할 경우에도 매도인은 중등품질 물건을 조달할 위험에 기초해(동조 제1항 참조) 무과실책임을 부담하는 것은 아닌지 의문이 제기될 여지가 있기 때문이다.

상세한 고찰이 필요한 쟁점이나, 여기서는 우선 다음과 같이 해석하는 것이 적절하다고 생각된다. 종류물의 매도인은 인도 이후에도 계속 매수인의 완전물 급부청구권(제581조 제2항)에 직면하고 있으므로, 하자 없는 물건에 대한 조달위험의 인수는 종국적인 급부에 한정되어야 할 것으로 보인다. 그러므로 완전물 급부청구에 따른 인도가 아니라 매매에 따른 최초의 인도의 경우에는 조달위험에 따른 무과실책임은 인정할 수 없고 고의·과실을 전제로 하여 책임을 진다고 해석해야 한다.[69] 즉 특정물 매도인과 마찬가지로 이후 특정된 목적물에 대해 하자를 알았거나 알 수 있었는지 여부를 기준으로 귀책사유

---

68) 곽윤직, 채권총론, 제6판, 2003, 31면; 김형배, 채권총론, 제2판, 1998, 64면 등 참조.

69) 전거와 함께 Faust in Bamberger/Roth/Hau/Poseck, *Bügerliches Gesetzbuch*, Band 1, 4. Aufl., 2019, § 437 Rn. 96. 비판적인 입장으로 Kötz, *European Contract Law*, 2nd ed. tr. by Mertens and Weir, 2017, p. 248. 네덜란드의 판례는 공업 생산품을 영업적 매도인이 매도하는 경우 하자가 그의 영역 밖에서 발생하였고 그가 하자를 알 수 없었다고 하더라도 네덜란드 민법 제6:75조에 따라 사회관념상 귀책이 인정되어 배상책임을 부담한다고 한다. HR 27 april 2001, *NJ* 2002/213에 대해 Olthof in Nieuwenhuis et al. ed., *Tekst & Commentaar Burgerlijk Wetboek*, Boeken 6, 7, 8, en 10, Tiende druk, 2013, Art. 6:75 aan. 4 (p. 2894) 참조. 영업적 매도인의 악의를 간주하는 프랑스 판례에 따를 때에도 같은 결과에 도달할 것이다(주 66 및 본문 참조). 유엔 통일매매법(CISG) 제79조 제1항의 해석으로 논란은 있으나 마찬가지로 Schwenzer in Schlechtriem/Schwenzer/Schroeter, *Kommentar zum UN-Kaufrecht*, 7. Aufl., 2019, Art. 79 Rn. 29.

를 판단한다. 이는 계약해석상 종류물 매매에 따른 조달의무 자체로
부터 언제나 하자 없음에 대한 보증이 포함된다고 단정하기 어렵기
때문이다. 종류물을 거래하는 매도인의 유형은 다양하므로, 그중에는
자신이 판매하는 물건에 대해 상당한 품질 통제를 할 수 있는 매도인
도 있지만, 반대로 그 활동이 단순히 물건을 공급받아 그대로 판매하
는 것에 한정되는 단순 판매자도 있다. 이러한 차이를 고려하지 않고
조달되어 공급되는 종류물에 대해 매도인의 하자 조사·검사의무가
항상 인정된다고 말하기는 쉽지 않다고 생각된다.[70] 그러므로 매도인
의 과실은 제반사정에 따라 하자의 조사·검사의무가 인정되는 경우
에 긍정할 수 있다. 우리 판례도 종류물 매매에서 최초의 인도에 따
른 손해배상의 경우 고의·과실의 의미에서 매도인의 귀책사유를 요
구하고 있어 기본적으로 같은 태도라고 추측된다.[71] 그러나 완전물
급부청구를 받은 이후에는 매매계약의 해석상 조달위험에 기초해 인
도되는 물건의 하자 없음에 대해 무과실책임을 부담한다고 해야 한
다.[72] 이미 하자 있는 물건을 인도하여 추완을 청구받은 매도인은 거
래의 원만한 진행을 위한 마지막 기회를 부여받는 것이므로 추완으로
인도하는 목적물에 하자가 없다는 보증이 매매에 내재하고 있다고 보
아도 무리가 없기 때문이다.

  (4) 손해배상의 내용

  하자 있는 물건의 급부에 의해 발생하는 손해배상(제390조)에서,
문제되는 손해는 이행이익일 수도 있지만 완전성이익일 수도 있다.

  이행이익이 문제되는 사안으로 예컨대 하자 있는 감자 종자가 급
부되어 매수인이 작황에 피해를 입은 경우가 해당한다. 이 경우 주관
적 등가성 회복을 이유로 하는 구제수단은 아무런 의미를 가질 수 없

---

70) Grunewald, *Kaufrecht*, 2006, § 9 Rn. 87; BRHP/Faust (주 69), § 437 Rn. 96.
71) 大判 1997.5.7., 96다39455, 공보 1997, 1702.
72) BRHP/Faust (주 69), § 437 Rn. 96, 104.

다. 그러므로 매수인은 하자 있는 종자의 보유를 전제로, 하자 없는 종자가 급부되었을 경우 있었을 재산액과 현재 재산액의 차이를 구하는 방식으로 손해배상을 청구해야 하며, 이는 이행이익의 배상이다. 그러므로 "손해는 원고가 감자를 식재, 경작하여 정상적으로 얻을 수 있었던 평균수입금에서 원고가 실제로 소득한 금액을 제한 나머지"이며 "원고가 실제로 들인 비용에서 원고가 소득한 금액을 공제한 금액을 기준으로 할 것은 아니다."[73] 후자의 손해는 계약체결 이전의 재산 상태로 돌리는 손해배상으로, 원만한 계약이행을 기준으로 산정하는 이행이익과는 합치할 수 없는 것이다.

그러나 하자를 이유로 하는 확대손해는 완전성이익을 내용으로 할 수도 있다. 예컨대 비닐하우스에 쓰이는 농업용 난로 부품인 커플링의 하자로 작물에 냉해가 발생한 사건에서 귀책사유 입증의 실패로 책임이 부정되었다.[74] 그러나 매도인의 과실이 인정된다고 한다면, 냉해로 손상을 입은 작물을 이유로 하는 일실소득의 배상은 매수인의 소유권 침해를 이유로 하는 완전성이익의 배상이 될 것이다. 또한 다음 사안도 매수인의 기타 재산 침해를 이유로 하는 완전성이익이 문제된 것으로 볼 수 있다. 갑이 을(지방자치단체이다)에게 자신의 토지를 매도하였는데, 보다 많은 매매대금을 받을 목적으로 토지의 높이를 올리기로 하고 토지의 지하에 다량의 유해한 쓰레기를 매립하였다. 소유권을 이전받은 을은 이 사실을 발견하였고, 소유자로서 관계 법규에 의하여 이를 제거할 의무가 있어 쓰레기를 모두 제거하였다. 매매대금은 대략 87억 5천만 원이었으나, 쓰레기 제거비용은 163억 5천만 원이 소요되었다. 이 사안에서 매수인이 하자담보법상의 손해배상을 구한다면 대금감액 또는 해제와 결부된 계약비용을 내용으로 할

---

73) 大判 1989.11.14., 89다카15298, 공보 1990, 34.
74) 大判 1997.5.7., 96다39455, 공보 1997, 1702. 또한 大判 2003.7.22., 2002다35676, 공보 2003, 1762.

것이다. 그런데 이미 쓰레기로 인하여 토지의 가치가 거의 없으므로 감액의 내용은 이미 지급한 87억 5천만원을 한도로 할 수밖에 없을 것이다(앞의 Ⅲ. 1. (2) ㈎ 참조). 그런데 이것만으로는 매수인의 손해는 전보되지 아니한다. 따라서 매수인은 제390조의 요건을 입증하여 손해배상을 청구할 수 있다. 즉 채무의 적합한 이행이 있었으면 있었을 재산 상태 즉 아무런 쓰레기 없는 토지를 받았으면 있었을 재산 상태가 창출되어야 하므로, 을은 갑에게 163억 5천만원을 손해배상으로 구할 수 있는 것이다.[75] 만일 이 사안에서 이러한 하자로 가령 을의 병에 대한 전매가 좌절되어서 전매차익을 상실하거나 병에 대해 위약금을 지급하는 등의 손해를 입었다면, 이는 이행이익에 해당할 것이다.[76]

---

[75] 大判 2004.7.22., 2002다51586, 공보 2004, 143. 관련해 비슷한 사실관계에서 상제69조에 따라 하자담보책임은 물을 수 없으나 불완전이행을 이유로 손해배상을 허용한 大判 2015.6.24., 2013다522, 공보 2015, 1035도 참조.

[76] 그런데 大判 2004.7.22. (주 75)와 마찬가지로 폐기물이 매립된 토지가 인도되었고 이로써 매수인이 매매대금(57,368,000원)보다 높은 폐기물 처리 비용(60,925,170원)을 지출할 수밖에 없었던 사안에서, 大判 2021.4.8., 2017다202050, 공보 2021, 950은 "매매 목적물인 토지에 폐기물이 매립되어 있고 매수인이 폐기물을 처리하기 위해 비용이 발생한다면 매수인은 그 비용을 민법 제390조에 따라 채무불이행으로 인한 손해배상으로 청구할 수도 있고, 민법 제580조 제1항에 따라 하자담보책임으로 인한 손해배상으로 청구할 수도 있다"고 하면서 하자담보책임을 적용하여(설시를 살펴보면 하자 판단만이 이루어지며, 매도인의 귀책사유는 전혀 고려되지 않고 있다) 폐기물 처리 비용 전액의 손해배상을 인정하였다. 이는 명백하게 부당하다. 앞서 살펴보았지만(앞의 Ⅲ. 1. (1) 참조), 하자담보책임에 따른 손해배상은 그와 같은 수준에서 인정되는 구제수단인 해제 및 완전물급부청구와의 균형상 매매대금을 초과하는 금액을 내용으로 할 수 없다. 이론적으로도, 종래 통설이 지적하고 아래에서 확인하는 대로(아래 Ⅳ. 1. 참조) 제580조 제1항의 손해배상이 매매의 유상성 내지 견련성을 근거로 하여 무과실책임으로 구성되어 있다면, 그로부터 발생하는 손해배상이 당사자가 계약에서 주관적 등가로 설정한 급부 범위를 초과할 수 없음은 당연한 귀결이다(견련관계가 교란되는 경우에 관한 제537조의 법률효과를 생각해 보라). 만일 大判 2021.4.8. (주 76)이 판시하는 대로 매수인이 매매대금을 초과하는 손해를 제580조 제1항에 따라 청구할 수 있다면, 이는 당사자들이 매매에서 등가로 교환하기로 한 급부이익을 넘어서는 확대손해의 배상에 대

(5) 하자담보책임과의 관계

㈎ 이들 사례에서 하자담보책임에 기한 대금감액적 손해배상과 일반 채무불이행을 이유로 하는 손해배상을 동시에 청구할 수 있는가? 이는 사안의 내용이 따라 달라질 것이다.

우선 채무불이행을 이유로 하여 이행이익이 청구되는 경우에는 하자 없는 물건이 인도되어 이를 보유하는 경우를 가정하여 손해를 산정하는 것이므로, 대금감액 배상까지 포함하면 이중배상이 된다. 양자는 논리적으로 서로를 배척하며, 따라서 일반 채무불이행책임으로 이행이익의 배상을 청구하는 이상 하자담보책임에 따른 대금감액적 손해배상을 동시에 주장할 수는 없다.[77] 예를 들어 전염병에 걸린 닭들을 인도하여 매수인의 축사에서 매매 목적물로 인도된 닭들이 죽은 경우, 매수인이 닭으로부터 발생하였을 일실이익을 청구할 때에는 (제390조) 별도로 대금감액적 손해배상을 청구할 수 없다. 그는 하자 없는 닭이 인도되었더라면 받았을 재산 상태를 기준으로 손해를 청구

해 무과실책임을 인정하는 것이어서 매도인에게 지나치게 가혹하다. 이행이익 또는 완전성이익을 내용으로 하는(본문의 Ⅲ. 2. (4) 참조) 그러한 확대손해의 배상은 주관적 등가성의 교정이라는 "하자"(제580조 제1항)의 보호범위에 들어오지 않는다. 이는 매도인의 책임 있는 사유를 전제로 하는 "채무불이행"(제390조)의 보호범위에 들어간다. 그래서 이 사건에서 예컨대 (이전 소유자에 의해 폐기물 매립이 이루어져) 매도인이 과실이 없는 경우를 생각해 보라. 그가 목적물의 하자를 이유로 계약을 해제당하거나 매매대금 전액을 손해배상하는 등 계약을 "물리는" 효과를 받는 것이야 납득할 수 있겠지만, 자신이 예견할 수도 없었던 사정을 이유로 매매대금을 초과하는 폐기물 처리 비용 전부를 부담시키는 결과는 과실책임을 원칙으로 하는 우리 민법의 채무불이행 체계에 반한다고 하지 않을 수 없다. 이행이익 및 완전성이익의 배상에 관한 일관된 판례의 태도에 따라(주 73, 74, 75 참조), 이 사건에서도 매매대금을 초과하는 폐기물 처리 비용은 매도인의 귀책사유를 전제로 제390조에 따른 손해배상으로 청구해야 한다. 매도인에게 고의 또는 과실이 없는 경우, 전보받지 못하는 손해에 대해 매수인은 大判(全) 2016.5.19., 2009다66549, 공보 2016, 769이 적절하게 판시하듯 폐기물을 매립한 자를 상대로 불법행위 책임을 물어야 한다.

77) BRHP/Faust (주 69), § 437 Rn. 181 참조.

하고 있기 때문에,78) 이 경우 대금감액에 해당하는 하자손해까지 배상받으면 이중의 배상이 일어나기 때문이다.

그러나 하자 없는 물건의 인도가 지연됨으로써 발생하는 지연손해나 완전성이익의 배상은 하자담보책임에 따른 대금감액적 배상과 양립할 수 있다.79) 양자는 서로 중첩되지 아니하는 손해 항목이기 때문이다. 예컨대 앞서 언급한 병든 닭 인도 사례에서, 인도된 병든 닭은 살아 있으면서 축사에 있던 매수인 소유의 기존 닭들이 전염되어 사망하였다면, 그는 소유권 침해를 이유로 하는 완전성이익 배상을 청구하며(제390조) 병든 닭에 대해 대금감액청구나 완전물 급부청구 등을 할 수 있어야 한다. 두 이익은 중복하지 않는다. 또한 판례에서 문제된 쓰레기 매립 토지 사례에서(바로 앞의 (4) 참조),80) 만일 매수인이 스스로 쓰레기를 제거한 결과 토지의 높이가 원래대로 낮아져 가치가 낮아지게 되었다면, 하자제거 비용을 채무불이행에 따른 손해배상으로 청구한 것에 더하여 대금감액을 내용으로 하는 손해배상도 청구할 수 있어야 하는 것이다.

(나) 하자담보책임과 일반 채무불이행책임과의 경합과 관련되어 제기되는 또 하나의 쟁점은 전자에 대해 제척기간(제582조)이 도과된 경우 그것이 채무불이행책임을 묻는 것에도 영향을 주는지 여부이다.81)

기본적으로 양자는 서로 목적과 적용범위를 달리하는 제도이므로, 하자담보책임의 제척기간이 도과하였다고 해서 채무불이행을 이유로 하는 책임도 함께 배제될 이유는 없다. 전자는 주관적 등가성장

---

78) 大判 1989.11.14., 89다카15298, 공보 1990, 34.

79) BRHP/Faust (주 69), § 437 Rn. 182 참조.

80) 大判 2004.7.22., 2002다51586, 공보 2004, 143.

81) 긍정하는 견해로 김증한·김학동 (주 38), 282면; 서광민 (주 41), 188－189면; 김동훈, "하자담보책임에 관한 매수인의 권리행사기간", 고시연구, 제30권 제10호, 2003, 106면.

애를 단기간에 조정하기 위해 인정되는 제척기간이므로, 그 규범목적
에 비추어 채무의 보호범위 실현을 위해 매도인의 과책을 전제로 이
행이익 또는 완전성이익이 청구되는 일반 채무불이행책임에는 유추
될 여지가 없기 때문이다. 두 배상이 서로 상이한 목적을 추구하고
있다는 점은, 바로 앞서 살펴보았지만(위의 ㉮ 참조), 이행이익의 배상
을 청구할 때에는 대금감액적 배상은 문제될 여지가 없지만 완전성이
익 배상을 청구할 때에는 대금감액적 배상의 경합을 인정할 필요가
있을 수 있다는 사실에서 잘 나타난다. 쓰레기를 매립한 토지 매매
사례에서(바로 앞의 (4) 참조),82) 대금감액적 하자 손해는 하자를 제거
하는 비용으로 나타남에 반해, 완전성이익의 손해는 법령상 오염을
제거해야 하는 의무로부터 발생하는 불이익이다. 바로 그렇기 때문
에, 앞서 보았지만, 후자의 경우 법령상 의무에 좇았다고 하더라도 예
컨대 토지의 높이가 낮아져 가치가 하락한다면 여전히 하자는 존재할
수 있다. 여기서 분명하듯, 하자담보책임과 일반 채무불이행책임은
접근하는 규범의 관점이 다르므로 경합을 인정해도 무방하다. 전자는
매도인의 과책과 무관하게 목적물의 하자에 해당하는 불이익을 대금
에서 공제한다는 관점에서 이루어지는 것임에 반해, 후자는 매도인의
책임 있는 사유를 전제로 하자 있는 물건을 급부함으로써 매수인의
재산에 가해하였다는 관점에서 이루어지는 것이다. 그러므로 제582조
의 제척기간이 도과하였다고 하더라도, 일반 채무불이행책임을 청구
하는 것에는 장애가 없다고 해야 한다.

3. 종류매매에서 하자 없는 물건의 청구

(1) 완전물급부청구권

하자 있는 목적물을 급부받은 종류물 매수인은 계약을 해제하거

---

82) 大判 2004.7.22., 2002다51586, 공보 2004, 143.

나 손해배상을 청구하지 않는 대신 하자 없는 물건의 급부를 청구할 수 있다(제581조 제2항). 이를 강학상 완전물급부청구권이라고도 한다. 매도인은 매매계약에 따라 하자 없는 물건을 급부할 의무가 있을 뿐만 아니라(앞의 Ⅱ. 2. 참조) 종류물 매매의 경우 하자 없는 물건은 시장에서 조달할 수 있으므로, 민법은 매수인에게 하자 없는 물건의 급부를 청구할 권리를 인정하는 것이다. 그러므로 완전물급부청구권은 하자 없는 물건이 시장에서 조달가능함을 전제로 한다. 예컨대 설계상의 문제로 시장에 존재하는 물건 모두에 하자가 존재하는 경우 또는 제한종류매매(재고매매)가 체결되었는데 매도인의 재고에 있는 종류물 모두에 하자가 있는 경우에는 완전물급부청구권은 인정되지 않는다. 이익상황은 특정물에 하자가 있는 경우와 마찬가지이므로, 매수인은 해제권과 손해배상청구권을 행사하여 구제를 받아야 한다.

　　매수인이 완전물급부청구권을 선택하면, 계약의 해제 또는 대금 감액적 손해배상은 더 이상 문제되지 않는다. 그러나 완전물급부를 선택할 때까지 하자로 인하여 발생한 이행이익 또는 완전성이익의 손해가 있다면 일반 채무불이행책임으로 그 배상을 청구할 수 있음은 물론이다(제390조; 앞의 Ⅲ. 2. 참조).[83] 마찬가지로 매수인이 계약 해제를 선택하거나 손해배상을 선택하면, 당연히 완전물급부청구권은 고려되지 않는다. 매수인은 매매의 해소 또는 수령한 목적물의 보유 의사를 밝힌 것이기 때문이다. 한편 매도인이 완전물을 제공하는 이상 채무불이행은 치유되므로 매수인은 계약을 해제할 수 없다.[84]

　　(2) 권리의 성질과 내용

　　㈎ 매도인은 하자 없는 물건을 급부할 의무를 부담하므로(앞의 Ⅱ. 2.참조), 완전물급부청구권은 하자 있는 물건의 인도 이후 변화된

---

83) 송덕수 (주 5), 200면; 이은영 (주 34), 340면.
84) 김형배 (주 34), 359면.

형태로 존속하고 있는 이행청구권의 성질을 가진다. 완전물급부청구
권은 하자담보책임법의 취지에 비추어 새로 성립한 권리처럼 취급되
기는 하지만,[85) 실질은 이행청구권의 연장이다. 그러므로 매도인의
완전물급부의무는 매매계약에 따른 재산권이전의무 및 인도의무에
상응하며(제563조, 제568조), 일반 채권법의 규율이 적용된다. 예를 들
어 완전물급부의 비용은 원칙적으로 매도인이 부담하고(제473조),[86)
다른 의사표시가 없는 한 채권자의 주소지 또는 영업소에서 이행되어
야 한다(제467조).[87) 매수인이 아직 매매대금을 지급하지 않은 상태에
서 그 지급기일이 도래한 경우 매도인은 완전물급부와 관련해 동시이
행의 항변(제536조)을 할 수 있고,[88) 반대로 매도인의 완전물급부청구
가 이행되지 않는 한 매수인은 이행기가 도래한 매매대금의 지급을
거절할 수 있다.[89) 완전물의 급부가 그 성질에 따른 상당한 기간 내
에 이루어지지 아니하는 경우 이행청구권의 이행지체에 해당하여 지
체책임이 발생할 수 있다.[90) 새로 특정되어 급부된 물건에 하자가 발

---

85) 그래서 예컨대 시효기간은 하자 있는 물건 인도 시점에 새로 기산한다. 大判
　　2011.10.13., 2011다10266, 공보 2011, 2399.

86) 관련해 독일에서는 특히 소비자매매와 관련하여, 하자 있는 물건을 건축 등에 사
　　용·설치함으로써 하자가 비로소 발견되는 경우, 매도인이 하자 있는 물건을 분리
　　하는 비용이나 하자 없는 물건을 설치하는 비용도 부담해야하는지 여부에 대해 논
　　란이 있다. 이에 대해 상세한 내용은 우선 김화, "매수인의 추완청구권에 있어서
　　그 이행범위의 확정", 비교사법, 제22권 제3호, 2015, 963면 이하 참조.

87) BGH 189, 196 참조. 이 판결 및 배경에 대해 김화, "독일 매매법에서 매수인의
　　추완이행의 장소에 관한 고찰", 민사법학, 제65호, 2015, 717면 이하 참조.

88) Looschelders, *Schuldrecht. Besonderer Teil*, 14. Aufl., 2019, § 4 Rn. 3.

89) 大判 1993.7.13., 93다14783, 공보 1993, 2273 참조.

90) 주석 민법 채권각칙(3) (주 2), 211 – 212면(김대정); Schmidt in Prütting/Wegen/
　　Weinreich, *Bürgerliches Gesetzbuch*, 14. Aufl. 2019, § 437 Rn. 36 참조. 예컨대
　　하자보수가 문제된 사건이기는 하지만(아래 Ⅲ. 3. (4) 참조), 매매의 목적물인 고
　　가의 외국산 차량이 신호 대기 중 시동이 꺼지는 등 사고가 발생하여 차량이 회수
　　되어 수리에 들어갔으나 사고 발생일로부터 11개월이 소요된 경우, "통상적인 수
　　리에 소요되는 기간"이 도과하였음을 이유로 지연배상이 성립할 수 있다는 것으로
　　大判 2016.6.10., 2013다13832, 공보 2016, 920.

견된 경우, 매수인은 그 물건에 대해 다시 하자담보책임에 따른 구제
수단을 행사할 수 있다.

(내) 매도인이 하자 없는 물건을 급부하는 경우, 그에 상응하여 매
수인은 이미 수령한 하자 있는 물건을 반환해야 한다. 두 의무는 동
시이행관계에 있다(제583조).[91] 채무의 이행으로 수령하는 완전물급부
에 상응하여 반환의무가 인정되는 것이므로, 이는 부당이득의 성질을
가지고 있다고 해야 한다(제741조). 그러므로 멸실 등으로 하자 있는
물건의 반환이 불능이 된 경우, 그 가액이 배상된다(제747조 제1항).
그러나 그러한 멸실이 바로 목적물의 하자로 인해서 발생한 경우에는
반환할 목적물의 가치는 하자의 존재에 의해 이미 감축된 상태였으므
로 그 한도에서는 가액반환의무는 성립하지 않을 것이다. 한편 완전
물을 급부받을 때까지의 사용이익 및 과실은 반환될 필요가 없다. 매
수인은 유효한 매매에 기초해 매매대금을 지급해야 하므로, 그 범위
에서 목적물의 사용·수익과 관련된 이익을 종국적으로 보유하는 것
에 대해 법률상 원인이 있다고 해야 하기 때문이다.

(다) 완전물급부를 선택한 매수인이 매도인의 변제제공이 있기 전
까지 선택을 변경하여 계약을 해제하거나 손해배상을 청구할 수 있는
가? 계약 해제나 손해배상은 견련성을 관철하는 수단으로 매도인에게
도 각별히 불리하지 아니하므로, 매수인은 선택에 구속되지는 않고
변경이 가능하다고 해석할 것이다. 특히 완전물급부가 성질상 요구되
는 기간을 넘어 지연되는 경우(주 90 참조) 매수인은 굳이 상당한 기
간을 정하여 최고하는(제544조) 대신 바로 계약을 해제할 이해관계를
가지는데, 이 경우 완전물급부청구를 받은 매도인에게 채무 이행의
"두 번째이자 마지막 기회"를 부여한다는 제544조 제1항의 취지는 잘
들어맞지 않는다. 매도인은 이미 두 번째이자 마지막 기회를 허비한

---

91) 大判 1993.4.9., 92다25946, 공보 1993, 1358 참조.

것이다. 그러나 예외적으로 매도인이 하자 없는 물건을 급부하는 것
에 대해 정당한 신뢰를 가지게 되는 경우, 선행행위와 모순되는 행태
금지의 관점에서(제2조) 예외적으로 매수인의 선택 변경이 부인되는
사안도 상정될 수는 있을 것이다.

(3) 완전물급부청구의 제한

제581조 제2항의 문언은 계약해제 및 손해배상과 완전물급부청
구를 선택적인 관계에 두고 있으므로, 일응 하자로 인한 계약목적 달
성 여부와는 무관하게 매수인은 하자의 존재만을 들어 완전물의 급부
를 청구할 수 있다고 해석할 여지가 있다. 그러나 계약목적을 좌절시
키지 않아 매도인이 하자를 보수하거나 대금을 감액해 줌으로써 매수
인의 이익이 고려될 수 있는 정도의 하자의 경우에도 과연 매수인에
게 완전물급부청구권을 허용해야 하는지 여부가 다투어진다. 민법이
아무런 제한을 두고 있지 않으므로 신의칙에 의해 제한되는 외에는
원칙적으로 완전물의 청구가 인정된다는 견해도 주장되나,[92] 반대로
경미한 하자는 대금감액이나 하자보수에 그치며 중대한 하자에 한하
여 완전물급부가 허용된다는 견해도 주장된다.[93]

후자의 견해가 타당하다. 전자의 견해에 따를 때 매수인이 과도
한 보호를 받는 경우가 발생하는 것을 피할 수 없어[94] 결국은 권리
남용 법리에 의지할 수밖에 없는데(제2조) 이는 법적으로 불명확한

---

[92] 사동천 (주 53), 27면; 민법주해[XIV] (주 26), 553-554면(남효순).
[93] 이은영 (주 34), 340-341면; 주석 민법 채권각론(3) (주 2), 209-210면(김대정).
[94] 예를 들어 大判 2014.5.16., 2012다72582, 공보 2014, 1188에서, 시가 6,240만 원
에 매매되어 인도된 자동차에서 속도계 바늘이 움직이지 않는 하자가 발견되었는
데, 수리비용은 140만 원 정도 소요되지만 가치하락분은 상당하고(예컨대 비슷한
차종의 경우 100 km 운행시 990만 원 정도) 운전자는 헤드업 디스플레이로 속도
를 확인하며 정상운행하고 있었던 사안이 문제되었다. 이 경우 매도인의 하자보수
제안에도 불구하고 매수인이 새로운 물건의 인도를 고집하는 것은, 제581조 제2항
에 대한 제한적 해석을 채택하지 않더라도, 이미 시카네에 해당하는 권리남용(제2
조)으로 평가될 여지가 크다.

부분을 남긴다. 더 나아가 민법의 체계적·목적론적 해석으로도 제한
적 해석이 정당화된다. 실제로 완전물급부청구는 수령한 물건을 반
환한다는 점에서 계약을 해제하고 동일한 조건의 재매매를 강제하는
구제수단으로 기능하는데, 그렇다면 체계적 해석상 하자를 이유로
매매를 해제하는 경우와 비교할 때 평가모순적 결과가 발생해서는
안 된다. 즉 제580조 제1항, 제575조 제1항의 취지에 따라 하자에 따
른 계약의 목적달성 좌절 여부가 신중하여 고려되어야 한다. 실제로
우리의 실정법이기도 한 유엔 통일매매법에서도 하자가 계약목적을
좌절시키는 본질적 불이행에 해당하는 때에만 완전물급부청구권을
인정한다(CISG 제46조 제2항 참조). 따라서 사소한 하자에 완전물급부
청구를 매도인에게 강제할 수 있다는 결론은 하자담보책임의 다른
구제수단과 균형을 상실해 쉽게 긍정할 수는 없다고 보아야 한다. 그
리고 이러한 방향으로 추완청구를 제한하는 취지는 도급계약에 대한
제667조 제1항에도 표현되어 있다. 그러므로 법률에 반영된 이상의
고려에 기초할 때 하자가 사소해 계약목적 달성에 영향이 없고 새로
운 물건의 급부가 매도인에게 과도한 비용을 발생시키는 때에는 완
전물급부청구는 허용되지 않는다고 목적론적으로 축소해석해야 한
다.95) 판례도 기본적인 방향에서는 마찬가지이며,96) 이는 비교법적

---

95) 학설에서는 이러한 제한의 근거를 신의칙에서 찾는 경우도 있다. 김재형, 민법판
  례분석, 2015, 261－262면; 송덕수·김병선, 민법 핵심판례 210선, 2019, 295면 등.
  공평의 원칙을 근거로 드는 大判 2014.5.16. (주 94)도 유사하다. 그러나 이러한
  추상적 법원칙에 따른 제한은 한편으로 모호하여 법적으로 불안정성을 발생시킬
  뿐 아니라, 다른 한편으로 극히 예외적인 경우에만 완전물급부청구를 제한하는 방
  향으로 나아가기 쉬워 매도인의 이익을 적절히 고려하기 어렵다. 오히려 민법의
  규정에 반영된 가치평가를 반영하여 목적론적으로 축소해석하는 것이 해석론적으
  로 온당한 방법이라고 생각된다.
96) 大判 2014.5.16. (주 94): "매매목적물의 하자가 경미하여 수선 등의 방법으로도
  계약의 목적을 달성하는 데 별다른 지장이 없는 반면 매도인에게 하자 없는 물건
  의 급부의무를 지우면 다른 구제방법에 비하여 지나치게 큰 불이익이 매도인에게
  발생되는 경우와 같이 하자담보의무의 이행이 오히려 공평의 원칙에 반하는 경우

으로도 정당화된다.[97]

여기서 고려되는 평가요소는 매매목적과 관련한 하자의 경미성 및 매도인에게 발생하는 과도한 비용이다(제581조, 제580조, 제575조, 제667조). 일단 계약목적 좌절이 인정되면, 그것만으로 완전물급부청구권은 정당화된다. 그리고 계약목적 좌절이 인정되어 완전물급부청구권이 성립하고 행사된 이상, 추가적인 조달비용이 요구된다 하더라도 매도인은 원칙적으로 이를 부담해야 한다고 생각된다(제375조 제2항). 이는 어차피 매도인이 처음 계약을 체결하면서 인수한 위험이기 때문이다.[98] 그러나 계약목적의 달성이 가능한 경미한 하자의 경우에는 매도인에게 발생하는 비용이 의미를 가진다. 즉 하자가 경미하더라도 물건의 교체에 따른 비용이 미미하다면 매도인은 완전물급부에 응해야 할 것이지만(예컨대 서점에서 한 두 페이지의 사소한 낙장이 있는 책을 새 것으로 교환해 주지 않을 이유는 찾을 수 없다), 완전물급부가 매도인에게 현저한 불이익을 발생시킨다면 매수인은 대금감액적 손해배상 또는 하자보수로 만족해야 한다.

(4) 하자보수청구권

⑺ 매수인은 하자 없는 물건의 급부를 청구하는 대신 인도된 물

에는, 완전물급부청구권의 행사를 제한함이 타당하다고 할 것이다. 그리고 이러한 매수인의 완전물급부청구권의 행사에 대한 제한 여부는 매매목적물의 하자의 정도, 하자 수선의 용이성, 하자의 치유가능성 및 완전물급부의 이행으로 인하여 매도인에게 미치는 불이익의 정도 등의 여러 사정을 종합하여 사회통념에 비추어 개별적·구체적으로 판단하여야 한다." 동의하는 평석으로 장지용, "완전물급부청구권의 제한", 민사판례연구[XXXVII], 2015, 300면 이하.

97) 이 주제에 대해 비교법적으로 비교법실무연구회 편, 판례실무연구 [XI](하), 2015, 제7편에 수록된 논고(가정준, 안병하, 박수곤) 참조.

98) 다만 매매에서 인수된 매도인의 조달위험을 범위를 넘어설 정도의 비용을 발생하게 하는 사정이 발생한 경우에는, 예외적으로 사실적 불능(생산 중단 등으로 물건의 조달이 크게 어려워진 경우) 또는 사정변경 법리(당사자들이 매매에 반영한 주관적 등가관계가 이후 사정변경으로 유지될 수 없는 경우)에 의해 완전물급부의무가 배제되는 사안이 상정될 수는 있을 것이다.

건을 보수하여 하자를 제거할 것을 청구할 수 있는가? 당사자들 사이
에 명시적 약정이 있는 경우에는 물론이지만,⁹⁹⁾ 그렇지 않더라도 매
도인에게 하자 없는 물건을 급부할 의무가 있는 이상 매도인이 하자
를 제거할 수 있는 능력을 가지고 있다면 매매계약에 따른 급부의무
로서 하자보수의무는 인정되어야 한다.¹⁰⁰⁾ 매수인이 스스로 또는 타
인을 통해 보수하고 그 비용을 손해배상으로 청구할 수 있는 이상(제
580조 제1항) 하자 없는 물건을 급부해야 하는 매도인에게 스스로 또
는 타인을 통해 보수하는 부담에 상당하는 의무를 지우는 것을 부정
할 이유는 없다. 또한 제581조 제2항이 새로운 물건을 급부할 의무를
지우는 것에 비추어도 하자의 제거를 내용으로 하는 하자보수는 원칙
적으로 긍정될 수 있는데, 이는 질적으로 감축된 완전물급부청구권으
로 이해될 수 있기 때문이다(a maiore ad minus). 그러므로 말하자면
완전물급부청구권은 (매매의 해제와 재체결 강제의 실질을 가지므로) 해
제에 상응하는 매수인의 이행청구권임에 반해, 하자보수청구권은 (손
해배상의 부담을 현실 이행의 형태로 매도인에게 넘기므로) 하자손해배상
부분에 대응하는 매수인의 이행청구권이라고 말할 수 있을 것이다.
물론 당사자들이 계약을 체결하면서 하자 없는 물건의 급부를 배제
하고 하자보수만이 가능하다고 약정하거나 그 반대로 정하는 것도
원칙적으로 가능하다(다만 제584조, 약관의 규제에 관한 법률 제7조 제3
호 참조).

   매도인이 (예컨대 영업적 매도인이어서) 하자보수의 능력을 가지고
있는 경우에는 매수인의 청구에 따라 매도인이 하자를 제거하는 모습
이 일반적일 것이다. 그러나 반드시 매도인이 하자보수의 능력을 가
지고 있어야 하는 것은 아니며, 제3자를 통해 하자를 보수하는 것을
거래관념상 기대할 수 있는 이상 매수인은 하자보수를 청구할 수 있

---

 99) 大判 1993.7.13., 93다14783, 공보 1993, 2273 참조.
100) 사동천 (주 53), 24－25면.

다. 완전물급부청구에 대해 매도인이 다른 종류물을 보유하지 않은 경우에도 조달의무를 부담하는 것처럼, 기대할 수 있는 하자보수청구의 경우 매도인이 이를 직접 수행할 수 없다면 타인을 통한 하자보수에 대해 조달의무를 부담한다고 말할 수 있기 때문이다.[101]

　(내) 그러나 예외적으로 매수인의 하자보수청구권이 제한되는 경우도 물론 상정될 수 있다.

　우선 하자보수가 불능에 해당하는 경우가 그러하다. 이는 목적물의 성질상 아예 보수가 불능인 경우도 상정될 수 있으나(예컨대 인도된 농산물이 썩어 있는 경우), 스스로 보수하거나 그러한 능력 있는 제3자를 조달하는 것이 지나치게 어려워 매도인의 상황(특히 영업적 관계)을 고려할 때 이를 기대할 수 없는 사실적 불능의 경우도 포함한다(예컨대 하자보수를 위해 해외의 전문 인력을 어렵게 초빙해야 하는 경우).

　그러나 더 나아가 사실적 불능의 수준에 이르지는 않다고 하더라도, 하자보수청구권은 매도인에게 발생하는 불이익을 고려해 제한될 수 있다. 앞서 보았지만, 하자보수청구권은 질적으로 감축된 완전물급부청구권으로서 이행청구권의 수준에 있는 권리이므로, 극단적인 경우에도 하자보수비용이 하자 없는 물건의 가치를 초과하는 일은 있어서는 안 된다(이는 하자손해배상이 물건의 가치를 초과할 수 없는 것과 마찬가지이다; 앞의 Ⅲ. 1. (2) (개) 참조). 그러한 경우 매도인은 완전물을 급부함으로써 하자보수를 회피할 수 있는 정당한 이익을 가진다. 그런데 이익상황에 비추어 본다면 매도인이 하자보수를 하지 않고 하자 없는 물건을 인도할 이익은 하자보수 비용이 하자 없는 물건의 가치를 초과하는 경우에만 긍정되는 것은 아니다. 하자보수 비용이 하자 없는 물건의 가치에는 미달하더라도 매도인의 정당한 이익을 고려할 때 하자 없는 물건을 인도하는 것이 보다 적당한 경우는 충분히 상정

---

101) 김화, "매수인의 추완이행청구권의 제한원칙에 관한 고찰", 민사법학, 제70호, 2015, 526면 참조.

될 수 있다. 앞서의 예를 다시 들자면(앞의 Ⅲ. 3. (3) 말미 참조), 한 두 페이지의 사소한 낙장이 있는 책에 대해 매도인이 해당 페이지를 복사해 매수인에게 교부하는 것보다는 그냥 새 책으로 교환해 주는 것이 매매 당사자 모두의 이익에 적절할 수 있는 것이다. 그러므로 사실적 불능의 수준에 이르지 않더라도, 하자보수의 비용이 매도인의 이익을 고려할 때 상당한 수준에 이르고, 그 대신 하자 없는 물건을 제공하는 비용이 완전물급부청구를 제한할 수준(앞의 Ⅲ. 3. (3) 참조)에는 이르지 않은 경우, 하자보수는 배제되고 매수인은 완전물급부청구만을 할 수 있다고 해석해야 한다. 이는 완전물급부청구권이 배제되지 않는 한 매도인은 하자보수에 상당한 비용이 발생하는 경우 후자를 거절하고 하자 없는 물건을 급부할 수 있음을 의미한다. 물론 하자 없는 물건의 가치와 대비할 때 어느 정도의 비용이 하자보수를 재고하게 만들 정도인지 여부는 선험적으로 결정되기 어려우며, 개별 사안의 제반사정을 고려해 판단해야 할 것이다.[102]

그런데 하자보수의 비용이 상당함에도 불구하고 완전물급부의 비용도 상당하여 후자에 대해 제한 기준이 적용될 수 있어(앞의 Ⅲ. 3. (3) 참조) 일응 양자 모두 배제될 수 있는 것처럼 보이는 경우에는 어떻게 처리되는가? 추상적으로 제기되는 이러한 질문은 그러나 현실에서는 등장하지 않을 것으로 예상된다. 왜냐하면 이미 보았지만(앞의 Ⅲ. 3. (3) 참조) 완전물급부의 비용이 상당하다는 판단은 특히 하자보수 비용과의 관련 하에서 내려지므로 완전물급부가 배제된다고 인정된다면 이는 통상 하자보수는 기대 가능하다는 점을 전제로 할 것이기 때문이다. 그러므로 완전물급부가 배제되는 이상, 상당한 수준의 비용이 발생하더라도 하자보수는 허용되어야 한다. 물론 하자가 목적 달성을 좌절시킬 정도는 아니지만, 완전물급부의 비용이 상당해 완전

---

102) 독일 민법에서의 논의에 대해 김화 (주 101), 527면 이하 참조.

물급부청구권이 배제되면서 하자보수의 비용 역시 물건의 가치를 초
과하는 극단적인 경우에는, 양자 모두 배제된다고 볼 수밖에 없을 것
이다. 매수인은 계약을 해제하거나, 그럼에도 물건을 보유하고자 한
다면 하자보수 비용을 (매도인의 귀책사유를 전제로) 일반 채무불이행책
임에 근거해 청구해야 할 것이다.

Ⅳ. 하자담보책임의 "특수성"

이상의 내용에 따를 때, 매도인의 하자담보책임과 일반 채무불이
행법과의 관계는 어떠한가?

1. 매매의 견련성에 기초한 조정

(1) 지금까지 보았지만, 매도인의 귀책사유와 무관하게 인정되는
해제, 하자손해를 내용으로 하는 손해배상, 종류매매에서 하자 없는
물건의 청구는 매매계약에서 설정된 급부와 반대급부 사이의 유상성
(주관적 등가성) 교란을 교정하는 기능을 수행한다. 이는 매매계약이
쌍무계약으로서 가지는 견련성을 고려할 때 어려움 없이 정당화된다.
쌍무계약에서 급부와 반대급부의 교환이라는 사정은 단순한 동기가
아니라 계약의 핵심적 내용으로, 매수인이 대금지급 의무를 부담하는
근거는 바로 합의된 성상의 물건을 취득하기 위한 것이라는 견련성에
있다.103) 그러므로 "불이행에 따른 급부장애는 […] 채권자의 이행이
익의 장애만을 야기하는 것이 아니라, 그 장애가 견련적 계약의 범위
에서 발생하는 한에서는 견련관계의 장애도 야기한다. 이로써 쌍무계
약에서 급부장애법의 과제는 확인된 불이행을 이유로 발생한 이러한
장애를 제거하는 것만큼 확대된다. […] 전보배상이 채권자의 침해된

---

103) Soergel/Huber (주 11), Vor § 459 Rn. 171. 정진명, "등가성 장애에 관한 연구",
    민사법학, 제62호, 2013, 110면도 참조.

이행이익의 전보를 위한 것인 한편, 다른 구제수단은 장애가 생긴 견
련적 이익의 청산을 위한 것이다." 그리고 하자담보책임은 바로 이러
한 견련적 이해관계를 관철하기 위한 "다른 구제수단"의 하나이
다.[104] 하자담보책임에서 매도인의 귀책사유가 고려되지 않는 이유는
바로 매수인이 견련관계에 기초하여 구제수단을 행사하거나(제536조,
제537조 참조) 이행청구권의 연장선상에서 권리를 주장한다는(제389조
제1항 참조) 사실로부터 자연스럽게 해명된다.[105]

(2) 이러한 설명은 하자담보에 관한 규정이 없었다면 관련 사안
이 어떻게 해결될 것인지를 검토하면 보다 쉽게 납득될 수 있다. 만
일 법률에 제580조, 제581조가 없었다면 하자담보의 사안은 물건의
종류, 하자의 시점, 매도인의 귀책사유에 따라 일반 채권법 법리 즉
원시적 불능, 부당이득, 이행청구, 계약 해제, 손해배상, 위험부담 등
으로 해결되었을 것이다.

우선 매매 목적물이 특정물인 경우, 그러한 하자는 통상 원시적

---

104) Gillig, *Nichterfüllung und Sachmängelgewährleistung*, 1984, S. 132. 또한 비슷
한 접근으로 加藤雅信, "賣主の瑕疵擔保責任", 現代民法學の展開, 1993, 390면 이
하("위험부담적 대금감액청구권설") 참조. 보다 일반적인 관점에서 정진명 (주
103), 110면.
105) 이에 대해 이동진, "매매 목적물의 하자로 인한 손해배상", 재산법연구, 제38권 제
1호, 2021, 김용덕 편집대표, 주석 민법 채권각칙(2), 제5판, 2021, 145(이동진)면
은 매도인의 매매 목적물 성상에 대한 보증으로부터 무과실책임을 정당화한다.
그러나 이러한 설명은 타당하지 않다고 생각된다. 만일 매도인이 매매 목적물의
성상에 대해 보증을 하였다면, 그는 하자담보책임에 따른 손해배상뿐만 아니라
(제580조 제1항) 일반 규정에 따른 하자 확대손해에 대한 손해배상에 대해서도
(제390조) 무과실책임을 부담할 수밖에 없다(앞의 III. 2. (3) 및 제3편 제3장 III.
1. (3) 참조). 그러나 특정물 매매를 포함하여 이렇게 매도인의 무과실책임을 일
체의 손해배상에 확장하는 해석은 제580조의 규범목적을 넘어서는 결과라고 생각
되며, 현재 판례의 태도(주 67, 71 참조)와도 부합하지 않는다. 물론 이 견해는 이
러한 난점을 회피하기 위해 보증이 확대손해에는 미치지 않는다고 이해한다. 그
러나 이는 종래 보증 이해에 낯선 설명이라고 보인다. 보증의 대상은 손해의 범위
가 아니라 객관적인 사실 상태이다. 그리고 주관적 등가성을 보장하는 당사자들
의 약정은 성상 보증이 아니라 성상 합의이다.

질적 일부불능에 해당한다.106) 그러므로 하자 있는 목적물이더라도 그것이 매수인에게 의미를 가지는 한 불능 부분 즉 하자에 상응하는 부분에서 계약은 일부 무효가 되고(제137조 단서), 그에 상응하여 매수인은 대금지급의무를 면하므로 이미 지급한 대금이 있다면 그는 매도인을 상대로 대금감액에 상응하는 부당이득반환을 청구할 수 있을 것이다(제741조). 반면 그러한 하자가 매수인의 계약목적을 좌절시킬 정도라면 매매는 전부무효로 취급되어(제137조 본문) 부당이득에 따른 원상회복이 행해질 것이다(제741조). 그리고 어느 경우나 그러한 하자를 알았거나 알 수 있었던 자는 그렇지 아니한 상대방에 대해 신뢰이익의 배상 의무를 부담하게 될 것이다(제535조).

반면 매매 목적물이 종류물인 경우, 하자 있는 물건이 인도되었다면 적법한 변제가 있다고 하기 어려우므로(제357조 제1항 참조) 매수인은 하자 없는 물건의 인도를 청구할 수 있고, 상당한 기간을 정하여 이행을 최고하였음에도 하자 없는 물건이 인도되지 않는 경우 매매를 해제하고 손해배상을 청구할 수 있을 것이다(제543조, 제544조, 제551조). 앞서 보았지만 이러한 추완이행의 경우 하자 없는 물건이 시장에서 조달 가능한 이상 매도인에게는 원칙적으로 귀책사유가 인정된다(앞의 주 72 및 본문 참조). 그러나 사소한 하자 또는 그 밖의 사정으로 이행청구 또는 해제가 가능하지 않거나 매수인의 이익에 적절하지 아니한 경우, 매수인은 하자 있는 물건을 보유하면서 귀책사유 있는 매도인을 상대로 손해배상을 청구할 수 있을 것이다(제390조; 귀책사유에 대해 주 69 및 본문 참조). 매도인에게 귀책사유가 없다면 하자는 쌍방 책임 없는 후발적 질적 일부불능에 해당할 것인데, 대가위험의 부담에 따라 하자에 상응하는 대금 부분에 대해 부당이득이 성

---

106) 특정물의 후발적 하자에도 담보책임을 인정하는 경우, 일반 규정에 따른 취급은 이행청구가 가능하지 않다는 점을 제외하면 기본적으로 아래 살펴볼 종류물 매매에서의 법률관계와 마찬가지이다.

립한다고 보아야 한다(제537조, 제137조, 제741조).

이상의 내용을 도표로 요약하면 다음과 같다.

물건의 종류	불이행 유형	하자의 모습	매도인의 귀책사유	선의·무과실 매수인의 구제수단	대금감액의 실질을 가지는 경우	해제의 실질을 가지는 경우
특정물	원시적 질적 일부 불능	경미한 하자	×	하자 부분 일부 무효 (제535조, 제137조) → 해당 부분 대금의 반환 (제741조)	◇	
		경미한 하자	○	하자 부분 일부 무효 (제535조, 제137조) → 해당 부분 대금의 반환 (제741조) + 신뢰이익 배상(제535조)	◇	
		중대한 하자	×	매매 전부 무효(제535조, 제137조) → 원상회복(제741조)		□
		중대한 하자	○	매매 전부 무효 (제535조, 제137조) → 원상회복(제741조) + 신뢰이익 배상(제535조)		□
종류물	특정 이후 후발적 질적 일부 불능	경미한 하자	×	하자 부분에 대해 일부 실효 → 해당 부분 대금의 반환(제537조, 제137조, 제741조)	◇	
		경미한 하자	○	이행이익 배상(제390조: 하자손해가 통상손해)	◇	
		중대한 하자	−	기간 정하여 하자 없는 물건 최고 후 해제하고 원상회복(제544조, 제548조) + 이행이익 배상(제390조)		□

(3) 이상의 내용을 배경으로 하자담보책임에 따른 구제수단의 기능을 검토하기로 한다.

우선 해제에 관해서 살펴본다. 일반 규정에 따를 때 전면적 원상회복은 매도인의 귀책사유에 따라 부당이득 또는 해제에 따라 결정된다(표의 ㅁ 부분). 그런데 하자의 시점 및 상대방의 귀책사유 등은 매수인이 잘 알기도 어려울 뿐만 아니라 통상 관심도 없는 사정이어서 그에 따라 법률관계를 나누어 처리하는 것은 번잡하며 매수인에게 불리하다. 한편 견련성이 보장하는 매수인의 원상회복 이익은 매도인의 고의·과실과 무관하게 보장되는 바이다(제537조, 제741조 참조). 그러므로 제580조가 목적물에 하자가 있는 경우 매수인의 원상회복을 위해 계약목적 달성을 기준으로 하는 해제일원론을 규정한다면,[107] 이는 일반 계약법리가 적용되는 경우와 비교하여 거의 동일한 결과에 도달한다.

이러한 사정은 대금감액의 실질을 가지는 손해배상에서도 기본적으로 마찬가지이다. 하자손해에 상응하는 매수인의 불이익은 담보책임 규정이 없더라도 매도인의 귀책사유에 따라 원시적 불능, 부당이득, 일반 계약책임에 의하여 어차피 매수인에게 전보될 수밖에 없다(표의 ◇ 부분). 그러한 의미에서 하자담보책임에 따른 대금감액적 손해배상은 매매의 쌍무계약성과 일반적 계약책임을 고려할 때 도출되는 통상적인 결과에서 거의 벗어나지 않는다(제537조 참조). 즉 일반 계약법리에 따르더라도 대금감액적 전보는 매도인의 귀책사유와 무관하게 매수인에게 원칙적으로 보장된다.[108] 그러나 일반 계약법리에 따른 해결의 전제가 되는 하자의 시점 및 매도인의 귀책사유는 매수

---

107) 본서 제3편 제1장 Ⅱ. 2. (3) 참조.

108) 유럽계약법원칙 제9:401조 등과 관련해 Boosfeld in Jansen and Zimmermann, *Commentaries on European Contract Law*, 2018, Art. 9:401 n. 3: "대금감액의 구제수단은 과책을 요건으로 하지 않으며 불이행이 면책되는 때에도 인정된다."

인의 관점에서 알기도 어렵고 관심도 없는 사항이어서 그에 따라 법률관계를 나누어 처리하는 것은 번잡하며 매수인에게 불리하다. 또한 매수인의 대금감액에 대한 이익은 매매의 교란된 견련성에 기초를 두고 있으므로, 그 구제는 매도인의 고의·과실을 고려하지 않고 주어지는 것이 타당하다. 그러므로 제580조는 매수인을 위하여 이상의 효과를 단일한 무과실책임으로 달성하도록 규율한다. 즉 입법자는 간이한 법률관계의 처리를 위해 물건의 하자로 침해된 견련성 이익을 무과실 손해배상의 형태로 관철할 수 있도록 정하는 것이다. 그리고 이러한 책임은 하자 없는 물건의 인도의무라는 계약상 의무의 불이행을 전제로 하므로 계약책임의 성질을 가지고 있다고 설명할 수 있다.

마지막으로 종류물 매매에서 매수인이 가지는 완전물급부청구권은 성질상 이행청구권이 변화된 형태로 존속하는 것이므로(앞의 Ⅲ. 3. (2) 및 Ⅳ. 1. (2) 참조) 매매의 효력에 기초해 자연스럽게 설명될 수 있음은 명백하다.

2. 하자담보책임의 특칙성

그러므로 일반 계약법리에 대한 하자담보책임의 특수성은 — 일반 책임 법리에 따른 결과와 실질에서 큰 차이를 보이지 않는 해제·손해 배상·완전물급부청구라기보다는 — 매수인의 무과실 요건 및 단기의 제척기간에 있다.[109]

하자담보책임이 성립하기 위해서는 매매의 시점에[110] 하자의 존

---

109) 같은 취지로 박영복 (주 37), 42면. 물론 계약을 해제하는 경우 계약비용의 배상은, 일반 규정에 따를 때에는 매도인의 과책을 전제로 하지만(제390조, 제535조; 大判 1999.7.27., 99다13621, 공보 1999, 1771 등 참조; 위 표에서 손해배상이 인정되는 경우에만 가능할 것이다) 하자담보책임에서는 무과실로 이루어진다는 것도(앞의 Ⅲ. 1. (2) ㈐ 참조) 일종의 특칙으로 언급할 수 있을 것이다. 그러나 이는 책임의 성질을 좌우할 정도의 중요한 사항은 아니라고 생각된다.

110) 매수인의 선의·무과실은 매매계약의 성립 시점을 기준으로 판단된다(사동천 (주 53), 21－22면; 이상광 (주 43), 310면; 주석 민법 채권각칙(3) (주 2), 164면(김대

재에 대해 매수인이 선의·무과실이어야 한다(제580조 제1항 단서). 여기서 책임을 성립시키는 하자는 평균인이 해당 목적물에 대해 통상적인 주의를 기울이더라도 발견할 수 없는 성질의 하자를 의미한다. 이러한 선의·무과실 요건의 취지는 계약의 이행이 완결되었다는 사실에 대한 매도인의 신뢰를 보호하는 것이다. 하자의 존재를 알면서 매수하는 매수인의 경우, 그는 매매대금의 합의를 통해 하자를 고려하였음을 밝히는 것이어서, 목적물을 인도받은 이후 새삼 하자담보책임을 주장하는 것은 금지되는 선행행위와 모순되는 행태에 해당할 것이다(제2조 참조).[111] 그리고 평균인이라면 인식할 수 있는 하자의 경우, 매수인이 하자를 인식하지 못하였더라도 이를 인식할 수 있었던 평균적 매도인은 매수인이 하자의 존재를 감수하고 매수한다고 평가하여 이행으로 거래관계가 종결되었다고 믿을 것이므로 이러한 계약 완결에 대한 매도인의 신뢰를 보호하여 이후의 담보책임 주장을 차단하는 것이다(프랑스 민법 제1642조 참조).

───────────────

정) 등 참조). 즉 매수인은 매매계약을 체결할 시점에 하자의 존재를 알 수 없었고 평균인의 주의로 이를 발견할 수 없었어야 한다. 매매 이후에 매수인이 하자를 발견하였거나 발견할 수 있었다는 사정은 책임 성립에 영향이 없다. 한편 매매계약 이후 목적물을 인도 받기 전에 하자가 발견된 경우는 어떠한가? 이때 매수인의 구제수단은 그가 이후 목적물 인도의 수령을 거절할 수 있는지 여부에 따라 좌우될 것이다(앞의 Ⅱ. 2. (2) 참조). 하자가 중대하여 계약목적을 좌절시킬 정도에 이르는 경우, 매수인은 목적물의 수령을 거절하고 일반 채무불이행 책임에 의해서만 구제를 받아야 한다. 중대한 하자를 알았음에도 아무런 이의 없이 수령한 다음 새삼 하자담보책임을 주장해 계약을 해제하는 것은 선행행위와 모순되는 행태 금지에 해당할 것이기 때문이다(제2조). 매수인의 행태는 하자를 감수한 것으로 해석된다. 물론 합리적인 이유가 있는 경우에는 담보책임을 유보하고 수령한 다음 해제하는 경우도 상정할 수 있겠지만 흔하지는 않을 것이다. 그러나 하자가 사소하여 매수인이 목적물을 수령하지 않으면 수령지체에 빠지게 되는 때에는, 그는 목적물을 수령한 다음 하자담보책임에 따른 권리도 주장할 수 있다. 법률이 수령을 요구하면서 그 효과로 인정되는 구제수단을 부정하는 것은 평가모순일 것이기 때문이다.

111) 김형배 (주 34), 355면; 이상광 (주 43), 299면; 大判 1980.7.22., 79다1519, 공보 1980, 13072; 서울高判 1970.7.3., 69나3684, 고집 70-2, 10 등 참조.

그런데 평균인의 주의를 가지고도 인식할 수 없는 하자의 경우, 일반적으로 매수인 뿐만 아니라 매도인 역시 하자의 존재를 인식하지 못한다(제584조 참조). 이러한 "숨은" 하자의 경우,[112] 이를 둘러싼 분쟁은 매매의 이행이 종료한 다음 상당한 시간이 지난 이후에 제기될 수 있다. 그리고 그러한 분쟁은 매도인에게 매우 불리한 결과를 가져올 수 있다. 매도인은 입증의 어려움을 겪을 수 있으며, 이를 예방하기 위한 조치들은 불완전할 뿐만 아니라 거래비용을 발생시킨다. 특히 매도인으로서는 상당한 기간이 지난 이후에는 하자가 인도 시점에 이미 존재하였는지 아니면 이후 매수인의 지배영역에서 발생하였는지 여부를 입증하는 것 자체가 극히 어렵다. 그러나 이러한 숨은 하자는 매수인도 인식할 수 없었으므로, 그에게 매매의 주관적 등가성을 견련성의 관점에서 관철시킬 구제수단을 마냥 부정할 수만은 없다. 그렇다면 민법이 채택해야 하는 태도는 양자의 이익 사이에 적절히 균형을 부여하는 일이며, 이는 다음과 같이 이루어지고 있다. 즉 숨은 하자의 경우 이를 인식할 수 없었던 매수인에게 견련성에 기초한 권리를 행사할 가능성을 부여하되, 다만 마찬가지로 하자를 인식할 수 없었던 매도인 역시 매매가 원만히 이행되어 계약이 종결되었을 것이라고 신뢰할 수 있으므로 그의 보호를 위해 하자담보책임의 구제수단은 매수인이 하자를 안 날로부터 6개월이라는 단기간 내에만 행사하도록 규율하는 것이다.[113] 이러한 취지는 상법이 정하는 매수인의 검사의무와 비교할 때 그 구조적 유사성으로부터 보다 명확하게 나타난다.

---

[112] 의용민법 제570조는 프랑스 민법 제1641조를 좇아 "숨은 하자"를 요건으로 하고 있었는데, 우리 민법은 "숨은"의 의미를 매수인의 선의·무과실로 정리하여 규율한 것이다. 민의원 법제사법위원회 민법안소위, 민법안심의록, 상권, 1957, 338면 참조.

[113] 설명 방법은 다르지만 비슷한 관점을 고려하는 森田宏樹, 契約責任の歸責構造, 2002, 306면 이하 참조.

	매수인의 조사의무	행사기간
제580조, 제581조	매매시 평균인의 주의	하자를 안 때로부터 6개월
상 제69조	수령시 상인의 지체 없는 검사	검사로 하자를 안 때로부터 즉시, 발견하기 어려운 하자의 경우에도 인도 후 6개월

　　이렇게 이해한다면 일반 계약책임에 대한 하자담보책임의 특수성은 다음과 같이 설명할 수 있다. 매도인의 원만한 계약 완결에 대한 신뢰를 보호하기 위해, 매매의 견련성에 기초한 매수인의 구제수단 행사는 숨은 하자의 경우에만 그리고 일정한 단기간에만 허용된다는 것이다. 이는 물건의 숨은 하자의 경우 그 발견이 쉽지 않아 사후적으로 입증과 관련해 분쟁이 착잡해질 수 있다는 사실에 대한 정책적 고려에 근거한다.114) 이렇게 이해할 때 라벨이 말한 하자담보책임에서 "근소한 범위에서만" 필요한 "법률에 의한 명시적인 배려"(앞의 주 6 및 본문 참조)가 무엇인지도 자연스럽게 해명된다.

---

114) 본문의 서술에도 불구하고 하자를 안 날로부터 기산하는 6개월의 기간이 매수인에게 불리할 정도로 단기인 것은 아닌지의 법정책적 의문은 물론 충분히 제기될 수 있다.

제 3 장

하자담보책임에서 하자의 개념

Ⅰ. 문제의 제기

매매계약에 따라 인도된 목적물에 「하자」가 있는 경우 선의·무과실인 매수인은 매도인을 상대로 매도인의 귀책사유와 무관하게 일정한 구제수단을 가진다(제580, 제581조). 즉 민법은 계약 목적을 달성할 수 없을 때 해제권을 부여하고, 하자의 존재만으로 일정한 손해배상을 청구할 수 있게 하며,[1] 종류물 매매의 경우 하자 없는 물건의 청구를 가능하게 한다.[2] 그러므로 목적물의 하자는 매도인의 하자담보책임의 성부와 관련하여 중심적인 요건으로서 기능한다.

앞 장에서 살펴본 바와 같이, 매도인의 하자담보책임의 법적 성질과 관련해 종래 통설이었던 법정책임설이 1990년대 이후 점차 자취를 감추면서 하자담보책임을 채무불이행책임으로 이해하는 견해가 통설적 지위를 차지하게 되었다.[3] 그런데 이러한 기존 학설에서는 논쟁의 맥락상 자연스럽게 하자담보책임의 법률효과를 중심으로 서술

---

1) 손해배상의 내용에 대해서는 본서 제3편 제2장 Ⅲ. 1. 참조.
2) 하자 없는 물건 청구의 내용에 대해서는 본서 제3편 제2장 Ⅲ. 3. 참조.
3) 전거와 함께 본서 제3편 제2장 Ⅰ. 2. 참조.

이 진행되는 경우가 많았다. 그 결과 책임 요건으로서 하자의 의미와 판단이라는 쟁점은 상대적으로 많은 관심을 받지는 못한 것으로 보인다. 특히 그동안 우리 재판례에 하자 판단과 관련해 어느 정도 사례가 축적되었음에도 불구하고 이를 다양한 법적 관점에서 분석하는 연구가 충분하였다고 말할 수는 없다.

본장은 이러한 상황을 배경으로 우리 민법이 정하는 하자담보책임에서 하자의 개념을 살펴보는 것을 목적으로 한다. 그 일차적인 관심은 우리 재판례에 나타난 사례를 중심으로 하자 판단에서 고려되어야 하는 요소들을 다각적으로 분석하는 작업이다. 물론 그 과정에서 필요하다면 외국의 사정을 참조하기도 하였으나, 외국의 논의를 상세하게 고찰하는 일은 지양하였다. 소략한 개관에 지나지 않을 수도 있겠지만, 이후 하자 판단에서 활용할 수 있는 하나의 길잡이로 쓰일 수 있기를 희망한다.

Ⅱ. 하자 판단의 기준

1. 주관적 하자개념과 객관적 하자개념

하자는 통상적인 언어사용에서 물건에 존재하는 사용·수익에 장애가 되는 불이익한 성질을 지칭한다. 그러나 이러한 일상적인 용어법에 따른 하자 개념은 하자담보책임의 요건으로 사용하기에 충분하지 않다. 왜냐하면 이러한 정의는 "불이익"을 판단하는 기준을 결여하고 있어 과연 하자가 존재하는지 여부를 쉽게 확정할 수 없기 때문이다. 그래서 종래 학설에서는 이러한 불이익을 판단하는 기준으로 객관적 하자개념과 주관적 하자개념이 개진되어 왔다.

객관적 하자개념에 따르면, 매매 목적물이 통상적으로 가지고 있어야 할 품질·성능을 기준으로 매수인에게 불이익하게 인정되는 목적물의 결함을 말한다. 그에 따르면 매매 목적물이 그와 유사한 물건

이 가지고 있는 통상의 성질을 결여하고 있어 매수인에게 불이익하다
는 사정이 인정되면 하자가 긍정된다(통상적인 용도부적합성). 즉 객관
적 하자개념은 매매 목적물이 통상적으로 가져야 하는 객관적 기준으
로 하자를 판단하는 것이다. 반면 주관적 하자개념은 당사자들 계약
에서 매매 목적물이 가지고 있다고 전제한 성질을 기준으로 한다. 그
에 따르면 당사자들이 계약에서 매매 목적물이 가지고 있다고 전제
하였던 성질이 매매 목적물에 결여되어 있는 경우, 하자가 인정될
수 있다. 즉 계약의 내용에 좇아 목적물에 존재해야 하는 것으로 약
정된 성질(Soll-Beschaffenheit)과 목적물에 현실적으로 존재하는 성질
(Ist-Beschaffenheit)의 차이가 확인되면, 하자가 존재하는 것이다(계약
상 용도부적합성). 목적물에 존재해야 하는 성상(性狀)은 물론 당사자들
의 의사 및 계약의 목적에서 도출되지만, 그러한 합의가 명시적일 필
요는 없으며 묵시적인 성상의 합의에 의해서도 특정 성상이 전제될
수 있다.

2. 논의 상황과 평가

(1) 종래 다수설은 객관적 하자개념에 따른다고 설명되기도 한
다.[4] 그러나 이는 단정하기 어렵다. 종래 다수설이 일반적으로 객관
적 하자개념에 따른 하자 정의를 제시하면서 출발하는 것은 사실이지
만, 대개 바로 이어서 예외적으로 매도인이 견본 또는 광고에 의하여
목적물이 특수한 품질이나 성능을 가지고 있음을 표시한 때에는 그에
따라 하자가 인정될 수 있음을 인정하기 때문이다.[5] 그렇다면 종래
다수설도 그 실질에 이어서 과연 주관적 하자개념과 다른 결과에 이
르게 될지는 의문이다. 실제로 외국의 학설과 판례를 살펴볼 때, 객관

---

4) 김용담 편집대표, 주석 민법 채권각칙(3), 제4판, 2016, 142면(김대정).
5) 곽윤직, 채권각론, 제6판, 2003, 148면; 김형배, 채권각론(계약법), 신정판, 2001,
　 352면.

적 하자개념만이 단독으로 주장되어 관철된 경우는 거의 찾아볼 수 없으며, 이는 하자담보책임의 법적 성질을 법정책임으로 이해하더라도 그러하였다.6) 이는 당연한 것인데, 그 성질을 어떻게 이해하든 하자담보책임이 매매계약에 따른 구제수단인 이상, 당사자들이 매매계약에서 전제한 성상을 도외시할 수는 없기 때문이다.

(2) 그러나 어쨌든 통설인 계약책임설에서 출발하여 당사자들의 성상합의를 유효한 것으로 받아들이고 매도인의 하자 없는 물건의 인도의무를 인정하는 이상,7) 하자의 판단은 주관적 하자개념에서 출발하는 것이 타당하다.8) 당사자들이 약정한 성질이 없는 이상 그 물건은 매수인의 관점에서 성상합의로 추구하는 용도에 부적합하며, 이를 하자로 보지 않을 이유가 없다. 세상 사람들이 합의된 성상이 없는 상태를 하자라고 부르든 그렇지 않든 이는 당사자들 사이의 관계에서는 아무래도 상관없는 무관심한 사정이다.9) 그래서 예컨대 불법 운행하여 150일간 운행정지 처분을 받은 자동차가 매도된 경우, 과연 객관적 하자개념에 따를 때 그러한 사정이 하자에 해당할지는 (통상의 자동차와 같은 성능을 보이고 있다면) 다소 불분명할 수 있겠지만, 매수인이 양수하여 바로 운행할 것을 전제로 하고 있는 이상 그러한 사정은 명백히 하자에 해당한다.10)

---

6) 독일법에 대해 Huber in Soergel, *Bürgerliches Gesetzbuch*, Band 3, 12. Aufl., 1991, Vor § 459 Rn. 21 참조. 비교법적으로 주석 민법 채권각칙(3) (주 4), 139면 이하(김대정) 참조.

7) 본서 제3편 제2장 Ⅱ. 참조.

8) 김형배 (주 5), 351－352면; 송덕수, 채권법각론, 제4판, 2019, 199면; 이은영, 채권각론, 제5판, 2007, 335면. 주관적 하자개념과 객관적 하자개념을 함께 사용하자는 견해도 실질에서는 같은 결론에 이른다고 보아야 한다. 박영복, "매도인의 하자담보책임", 고시계, 제46권 제3호, 2001, 38면; 문용선, "매매 목적물의 하자로 인한 확대손해에 대한 책임 추급", 민사판례연구[XXI], 1999, 268면. Soergel/Huber (주 6), Vor § 459 Rn. 30f.도 참조.

9) Soergel/Huber (주 6), Vor § 459 Rn. 35.

10) 大判 1985.4.9., 84다카2525, 공보 1985, 730.

그러나 물론 주관적 하자개념이 객관적 하자개념을 배척하는 기준이라고 할 수는 없다.[11] 당사자들이 매매계약에서 목적물의 성질에 대하여 합의를 하지 아니한 경우, 규범적 계약해석에 따를 때 당사자들은 그와 유사한 물건이 통상적으로 가지는 성질이 존재할 것이라는 점을 전제하는 것이다. 그러므로 그 경우 매매 목적물와 유사한 물건이 가지는 통상의 용도적합성이 매매 목적물에 존재해야 할 성질로 인정될 것이다(제375조 제2항 참조: "법률행위의 성질이나 당사자의 의사에 의하여 품질을 정할 수 없는 때에는 채무자는 중등 품질 물건으로 이행"). 예를 들어 감자의 종자를 매매한 경우, 매도인과 매수인이 그 성질에 대하여 특별한 합의를 하지 않더라도 그 종자가 질병에 감염되지 않아서 정상적인 수확을 낼 수 있다는 사정은 누구나 기대하는 성질이다. 따라서 종자가 병에 감염되지 않았다는 사정은 계약의 목적에 내재한 '있어야 할 성질'이다.[12] 이러한 점에서 하자의 판단기준은 주관적 하자 개념이고 그러한 의미에서 객관적 하자 개념이 주관적 하자 개념을 대체할 수는 없으나, 계약해석의 법리에 비추어 객관적 하자 개념이 주관적 하자 개념의 보조적 기준으로는 활용될 수 있다.

(3) 판례도 대체로 이러한 관점에 입각하고 있다고 말할 수 있다. 농업용 난로의 부품과 관련해 "매도인이 매수인에게 공급한 부품이 통상의 품질이나 성능을 갖추고 있는 경우, 나아가 내한성이라는 특수한 품질이나 성능을 갖추고 있지 못하여 하자가 있다고 인정할 수 있기 위하여는, 매수인이 매도인에게 완제품이 사용될 환경을 설명하면서 그 환경에 충분히 견딜 수 있는 내한성 있는 부품의 공급을 요

---

11) 김형배 (주 5), 351－352면; 송덕수 (주 8), 199－200면; 이은영 (주 8), 335면.
12) 大判 1989.11.14., 89다카15298, 공보 1990, 34. 종자에 대해 하자를 부정한 경우로 大判 2001.4.10., 99다70945, 공보 2001, 1097도 참조. 한편 표고버섯 종균의 하자를 인정한 경우로 大判 2003.6.27., 2003다20190, 공보 2003, 1621.

구한 데 대하여, 매도인이 부품이 그러한 품질과 성능을 갖춘 제품이라는 점을 명시적으로나 묵시적으로 보증하고 공급하였다는 사실이 인정되어야만 할 것"13)이라거나, "매매의 목적물이 거래통념상 기대되는 객관적 성질·성능을 결여하거나, 당사자가 예정 또는 보증한 성질을 결여한 경우에 매도인은 매수인에 대하여 그 하자로 인한 담보책임을 부담한다 할 것"14)이라고 한다.

Ⅲ. 하자의 구체적 판단

1. 매매목적물 성상의 합의

(1) 그러므로 하자를 확정하기 위해서는 매매계약의 당사자들이 매매 목적물이 가져야 한다고 전제한 성상을 탐구하여 실제 목적물의 성상이 매수인에게 불리한 방식으로 약정과 불일치하는지 여부를 검토해야 한다. 이는 기본적으로 매매계약의 의사해석 문제이다. 합의된 성상이 기준이 되므로, 일방이 주관적으로 믿은 성상만으로는 하자를 인정할 수 없다.15)

그러나 자연적 해석이 당사자들이 현실적으로 의욕한 성상을 밝히지 못하는 경우, 규범적 해석에 따라 계약목적을 고려할 때 요구되는 성상 그리고 매매 목적물과 같은 물건에서 통상적으로 존재하는 성질이어서 매수인이 그 존재를 기대할 수 있는 성상을 기준으로 하자를 판단해야 할 것이다. 특히 당사자들은 매매 목적물의 개별 성상

---

13) 大判 1997.5.7., 96다39455, 공보 1997, 1702. 같은 취지로 大判 2002.4.12., 2000 다17834, 공보 2002, 1076. 이 사건에서는 초음파 진단기가 전립선의 체적을 측정할 수 있는지 여부가 쟁점이 되었는데, 원심과 대법원은 그러한 명시적·묵시적 합의를 배척하였다.

14) 大判 2000.1.18., 98다18506, 공보 2000, 446.

15) 사동천, "최근 국제적 동향에서 바라 본 우리 민법상의 매도인의 하자담보책임에 관한 연구", 민사법학, 제24호, 2003, 12면; 대구高判 1985.3.7., 84나828, 하집 85, 177.

에 집중하기보다는 매매의 목적을 고려하여 목적물을 특정하므로, 합
의된 성상을 판단할 때에는 계약상 전제된 목적이 중요하게 고려된
다.16) 그래서 예컨대 토지 매매의 경우 법령이 정하는 기준에 따른
오염이 없다는 것은 통상의 계약해석에서 전제되는 사정일 것이다.17)

　　성상에 대한 당사자들의 합의가 기준이 되므로, 일방의 의사표시
만으로는 성상이 전제되었다고 볼 수 없으나, 매도인이 견본이나 상
세한 상품설명서 등을 제공한 경우에는 일응 그에 부합하는 성상합의
가 있는 것으로 추정될 수 있다.18) 그러나 제반사정에 따라 견본이나
설명서에 따른 내용이 성상합의로 인정될 수 없는 경우도 당연히 존
재한다. 예컨대 사소한 설계의 변경이 빈번하게 이루어지는 아파트
건축의 경우, 당사자들의 합리적 의사를 고려할 때 사업주체가 분양
계약 당시 사업승인도면이나 착공도면에 기재된 특정한 시공내역과
시공방법대로 시공할 것을 수분양자에게 제시 내지 설명하거나 분양
안내서 등 분양광고나 견본주택 등을 통하여 그러한 내용을 별도로

---

16) 서울高判 1979.4.26., 78나2407, 고집 1979, 260; 1975.12.31., 75나1388, 고집
　　1975－2, 324; 1971.11.25., 71나749, 고집 1971, 573 등 참조.
　　　다만 당사자들이 합의한 성상과 계약목적 사이에 모순이 있는 경우에 어떻게
　　처리할 것인지 문제된다. 예컨대 매수인이 계약으로 달성하고자 하는 목적을 달성
　　하기 위해서는 A라는 성상이 합의되어야 하는데, 당사자들은 막상 B라는 성상의
　　매매 목적물을 합의한 경우가 그러하다. 별도의 연구가 필요한 주제이나, 일단 일
　　반적인 계약해석에 따라 일단은 합의된 성상이 기준이 되지만, 매수인이 추구하는
　　계약목적이 매도인에 의해서도 받아들여져 매매의 전제가 된 때에는 보충적 계약
　　해석으로 계약목적에 따른 성상이 기준이 될 수도 있다고 해석할 것이다. 우선
　　Loodschelders, *Schuldrecht. Besonderer Teil*, 14. Aufl., 2019, § 3 Rn. 15 참조.
17) 토지에 매립된 폐기물과 관련해 大判 2004.7.22., 2002다51586, 공보 2004, 143;
　　2011.10.13., 2011다10266, 공보 2011, 2339; 서울高判 2009.7.16., 2008다92864,
　　종합법률정보; 수원地判 1996.10.24., 95가합17789, 하집 1996－2, 102; 서울중앙
　　地判 2008.9.3., 2006가합7988, 종합법률정보.
18) 大判 2000.10.27., 2000다30554,30561, 공보 2000, 2410. 분양계약 체결 당시 수분
　　양자에게 알려진 기본적인 건축 계획대로 건축된 경우에 대해 大判 2010.4.29.,
　　2007다9139, 공보 2010, 961.

표시하여 분양계약의 내용으로 편입하였다고 볼 수 있는 등 특별한
사정이 없는 한 아파트에 하자가 발생하였는지는 원칙적으로 준공도
면을 기준으로 판단해야 한다고 한다.[19] 매도인 또는 그의 대리인이
불특정 다수를 상대로 광고 등을 행한 경우에는, 한편으로 그러한 언
명이 매도인측에 귀속가능해야 하며, 다른 한편으로 그로부터 통상의
매수인이라면 광고된 성상의 존재를 기대할 수 있게 하는 내용이어야
성상합의를 인정할 수 있다(독일 민법 제434조 제1항 제3문 참조).[20]

　　이러한 의사해석에서는 당연히 관계되는 제반사정을 종합적으로
고려해야 하며, 특히 매수인이 반대급부로 약정한 매매대금이 중요한
참고가 된다. 계약해석상 많은 경우 매매대금의 액수가 약정된 성상
의 존재를 추단하는 단서가 될 수 있기 때문이다. 그래서 예컨대 매
수인이 '국내산'이라고 명기된 상자에 담겨 있고 흙이 묻어 있는(수입
당근은 세척된 상태로만 판매될 수 있다고 한다) 당근을 국내산으로 생각
하고 낙찰받았으나 중국산이라는 사실이 밝혀진 경우, 매수인이 같은
날 매도인으로부터 수입 당근도 경매로 매수하였는데 수입 당근의
1kg당 낙찰가는 950원으로 이 사건 당근의 1kg당 낙찰가 4,200원보
다 현저히 낮았다는 사정이 있다면, 국내산이라는 성상은 매매의 내
용으로 합의되었다고 볼 것이어서 하자가 있다고 말할 수 있다.[21]

　　(2) 그리고 물론 성상합의는 하자의 존재뿐만 아니라 하자의 부
존재도 확정한다. 당사자들이 매매목적물의 일정한 결함을 전제로 하
여 매매를 체결하고 대금을 정한 경우, 그러한 결함은 성상합의에 따
라 하자가 아니며, 매수인에게 하자담보에 따른 권리는 발생하지 않

---

19) 大判 2014.10.15., 2012다18762, 공보 2014, 2168. 또한 서울서부地判 1992.8.19.,
　　91가합4232 하집 1992, 44도 참조.
20) 大判 2018.2.13., 2017다275447, 공보 2018, 563: "광고가 청약의 유인에 불과하더
　　라도 이후의 거래 과정에서 상대방이 광고의 내용을 전제로 청약을 하고 광고주가
　　이를 승낙하여 계약이 체결된 경우에는 광고의 내용이 계약의 내용이 된다."
21) 大判 2016.8.24., 2014다80839, 공보 2016, 1349.

는다.22)

(3) 이러한 성상합의는 당사자들이 매매목적물이 가져야 할 성상에 대해 합의하는 것에 그치며, 매도인이 매매목적물이 특정 성상을 가지고 있다는 사실을 보장하는 성상보증과는 구별된다.23) 하자담보책임의 적용 자체와 관련해서 양자는 특별한 차이를 나타내지 않을 수도 있다. 그러나 양자를 구별할 실익은 하자담보와 경합해서 주장되는 채무불이행을 이유로 하는 손해배상에서 나타난다. 성상합의는 단순히 매매목적물을 특정하기 위한 합의에 그치므로, 하자로 인하여 입은 손해의 배상을 매수인이 청구하는 경우, 이는 원칙적으로 매도인에게 책임 있는 사유가 존재하는 때에 가능하다(제390조 단서). 그러나 매도인이 단순히 성상합의를 넘어 성상의 존재를 보증한 경우, 그는 그 사실의 존재에 대해 책임을 인수하는 것이므로 그러한 성상의 결여가 확인되면 매도인은 고의·과실이 없더라도 성상보증에 따라24) 손해배상책임을 부담한다.25) 개별 약정이 단순한 매매목적물 특정을 위한 성상합의인지 아니면 매도인의 성상보증인지 여부 역시 계약해

---

22) 大判 2007.8.23., 2006다15755, 종합법률정보.

23) Loodschelders (주 16), § 3 Rn. 13.

24) 이에 대해 본서 제3편 제1장 Ⅱ. 2. (1) 참조.

25) 종래 판례에서는 기업 매매와 관련해 진술·보증 약정이 행해진 경우가 이에 해당할 것이다. 大判 2015.10.15., 2012다64253, 공보 2015, 1641 등. 서울高判 2012.6.21., 2008나19678, 종합법률정보는 "진술 및 보증 조항은 민·상법상의 하자담보책임과 유사한 제도일 뿐 동일한 제도는 아니므로 이에 관한 당사자의 명확한 의사가 존재하지 않는다고 하여 매수인의 무과실을 요구하는 민법 제580조가 당연히 적용되는 것은 아니"라고 한다.

또한 大判 1993.11.23., 92다38980, 공보 1994, 162에서, 원고가 피고로부터 신축건물을 매수하면서 "목적물에 대한 하자는 피고가 전적으로 책임지기로 약정"한 사안에서, 원심은 "하자를 […] 보수하는데 소요되는 비용을 원고에게 배상하여 주어야 하는 것으로 풀이함이 상당하다"고 하였고, 대법원은 어느 시점의 하자까지 보증이 미치는지의 문제와 관련해 원심을 파기했지만 앞서 인용한 원심의 판시는 당연한 전제로 하여 판단하였다. 이 경우 하자 부존재의 보증이 있었던 사안이라고 할 것이다.

석에 의해 확인되어야 한다.

2. 합의 대상인 성상

그렇다면 매매 목적물의 어떠한 특징이 그 합의의 대상인 "성질" 또는 "성상"에 속하는가?

(1) 물건이 가지는 자연적인 특징들(크기, 무게, 강도, 재료 등)이 하자의 판단에서 문제되는 성질에 속한다는 것은 분명하다.[26] 공작물이 예정된 성능을 갖추지 못한 경우도 그러하다.[27] 그러나 더 나아가 목적물이 환경에 대해 가지는 관계(부동산의 위치, 주변 환경 등) 역시 매매 목적물의 성질일 수 있는데, 이러한 사정은 목적물의 사용·수익에 영향을 미치기 때문이다. 예컨대 분양된 아파트가 도로와 인접하여 생활에 영향을 주는 소음이 있다는 사정이나 적절한 일조 시간을 확보할 수 없다는 사정도 하자로 평가될 수 있다.[28]

그리고 물건의 성상은 물건 자체에 존재하는 성상이 아니더라도 그것이 물건의 용익과 관련성을 가진다면 성상합의의 대상이 될 수 있다. 예컨대 어떤 물건이 계약상 예정된 장소에서 사용될 것을 전제로 매매되었는데(예컨대 특정 공장 생산라인에서 기존 기계를 대체하기 위해 새 기계가 매매된 사안) 인도 후 해당 장소에서 사용할 수 없는 것으로 나타나는 경우에도, 일견 물건 자체에는 문제가 없다고 생각될 수도 있으나, 매매의 당사자들이 특정 장소와의 관련성을 계약에서 고려한 이상 매매 목적물의 하자로 볼 것이다.[29]

---

26) 大判 1990.6.12., 89다카28225, 공보 1990, 1460: 콘크리트에서 시멘트 함량 미달; 서울民事地判 1988.11.9., 88나1621, 하집 1988, 108: 탄소강 환봉에서 탄소함유량 미달.

27) 大判 1997.5.7., 96다39455, 공보 1997, 1702; 2003.7.22., 2002다35676, 공보 2003, 1762; 2014.5.16., 2012다72582, 공보 2014, 1188.

28) 大判 2008.8.21., 2008다9358,9365, 공보 2008, 1293; 2001.6.26., 2000다44928,44935, 공보 2001, 1698.

29) 독일의 경우 논란이 있으나 다수설이다. Loodschelders (주 16), § 3 Rn. 7f.;

   마찬가지로 부수의무로 목적물 설치의무를 부담하는 매도인이
하자 없는 물건을 인도하였으나 부주의하게 설치하여 목적물의 용익
에 장애가 생긴 경우(예컨대 주방세트를 설치하는 과정에서 매도인의 실수
로 세트의 일부 공간을 사용할 수 없게 된 경우)에도, 부수의무의 채무불
이행으로 처리할 수도 있겠지만 처음부터 하자 있는 목적물을 제대로
설치한 경우와 평가상 달리 취급할 이유는 없다고 보이므로, 역시 하
자로 볼 수 있을 것이다(독일 민법 제434조 제2항 참조).

   (2) 종래 학설에서 특히 문제가 되었던 것은 물건의 사용·수익
등을 저해하는 법률적인 장애가 있는 경우이다. 예컨대 즉시 운행을
전제로 운행정지 처분을 받은 자동차가 매매되거나,30) 법령상 건축이
허용되지 않음에도 건축이 가능한 것으로 전제하여 토지가 매매된31)
경우가 그러하다. 이들 사안에 대해서는 제575조를 적용해야 한다는
견해32)와 제580조를 적용해야 한다는 견해33)가 대립한다. 판례는 이
를 물건의 하자로 취급하고 있다.34) 두 학설의 주된 차이는, 한편으
로는 매수인에게 선의 외에 무과실도 요구되는지 여부(제580조 제1항
단서)에서, 다른 한편으로 과연 경매에 의하여 목적물이 매각된 경우
에도 법률적 장애를 이유로 담보책임을 인정할 것인지의 여부에서 나
타난다(제578조 제1항, 제580조 제2항). 제575조를 적용하자는 견해는
그러한 법률상 장애의 모습이 용익물권의 부담과 유사하며, 특히 경
매의 경우에도 매수인을 보호해야 한다는 것을 든다. 그러나 이러한

    Berger in Jauernig, *Bürgerliches Gesetzbuch*, 17. Aufl. 2018, § 434 Rn. 7 등.
 30) 大判 1985.4.9., 84다카2525, 공보 1985, 730.
 31) 大判 2000.1.18., 98다18506, 공보 2000, 446.
 32) 곽윤직 (주 5), 148면; 김상용, 채권각론, 제2판, 2014, 203면; 김주수, 채권각론,
     제2판, 1997, 197면; 김형배 (주 5), 352면; 주석 민법 채권각칙(3) (주 4), 147면
     (김대정).
 33) 김증한·김학동, 채권각론, 제7판, 2006, 270면; 송덕수 (주 8), 201면; 이은영 (주
     8), 337면; 장재현, 채권법각론, 2006, 248면; 박영복 (주 8), 41면.
 34) 주 30, 31 참조. 또한 서울高判 1971.11.25., 71나749, 고집 1971, 573.

논거에는 동의하기 어렵다. 제575조의 경우에는 매도인이 용익물권의 부담을 소멸시킬 의무를 가지고 있고 또 이를 소멸시킬 수 있는 사안이 전제가 되고 있다. 그러나 법률적 장애의 대부분은 매도인이 스스로 제거할 수 없는 사정이라는 점에서 이익상황은 용익물권의 부담보다는 물건의 하자와 보다 유사하다. 더 나아가 제580조 제2항이 경매의 경우 하자담보책임을 배제하는 이유는 경매가 행해진 후에 담보책임을 묻게 될 수 있는 번거로움을 회피하기 위하여 공적 장부 또는 경매조건에 공시되어 있는 점을 제외하면 경락인 측이 주의를 해야 한다는 취지라고 지적된다.[35] 법률상 장애는 그러한 공시의 대상이 될 수 없으므로, 이를 이유로 경매에서 채무자 및 채권자에게 손해배상의무를 지우는 결과(제578조 제3항)는 이익상황에 적절하지 않다. 이러한 의미에서 법률상 장애는 물건의 하자로 취급하는 견해가 타당하다. 유엔 통일매매법(CISG)에서도 마찬가지이다.[36]

(3) 한편 지식재산권 침해를 이유로 하는 용익 장애도 마찬가지도 평가할 것인가? 이 문제는 법제에 따라 권리의 하자로 취급되기도, 물건의 하자로 취급되기도 한다.[37] 유엔 통일매매법의 경우 이를 권리의 하자와 관련해 규정하면서도 그 책임요건은 오히려 물건의 하자에 준하여 규율하고 있다(CISG 제42조). 국제 동산매매가 아닌 우리 민법 일반 하자담보의 해석으로는, 이 경우 매도인이 권리자와의 협상으로 물건의 용익을 보장할 가능성이 있다는 점에서 재산권 이전의무에 준하는 의무를 부과할 수 있으며 그러한 사정은 매각에서 경매

---

35) 來栖三郎, 契約法, 1974, 94면. 이 문헌은 스위스 채무법 제234조를 지시한다. 서울중地決 2004.10.8., 2003라132, 종합법률정보: "경매는 기본적으로 경락인 또는 집행관과 소유자 사이의 매매로서 민법 제578조의 매도인의 담보책임 이외에 물건의 하자(법률적 하자를 포함한다)로 인한 민법 제580조의 하자담보책임은 인정되지 아니하므로 입찰참가자들은 경매목적물에 대하여 사전에 조사를 하는 등 자기의 책임으로 경매에 임하여야 하는 것".

36) Schlechtriem and Butler, UN Law on International Sales, 2009, n. 166.

37) Schlechtriem and Butler (주 36), n. 171 이하 참조.

의 매각조건으로 고려될 수 있다는 점에서, 권리의 하자로 취급하는
것이 보다 적절하다고 생각된다. 이는 유사한 이익상황에 대해 규율
하는 제575조 제2항을 고려할 때에도 그러하다. 여기서 국제 동산거
래에서 오는 제약을 고려하는 유엔 통일매매법과 굳이 일치시켜 해석
할 필요는 없다고 보인다.

(4) 하자가 존재한다는 의심도 하자로 취급될 수 있는가? 이는 예
컨대 하자가 존재한다는 의심 때문에 전매가 좌절되는 경우에 문제된
다. 독일의 한 판례에서, 매수인은 전매를 위해 아르헨티나로부터 토
끼 고기를 매수하였으나, 언론에서 살모넬라 감염의 토끼 고기가 수
입되었다는 보도(이는 사실이었다)에 따라 전매가 좌절되고 매수인이
수입한 고기가 압수·폐기된(매매 목적물인 고기에 감염이 있는지 여부는
사후적으로 확인될 수 없었다) 사안에서, 법원은 매수인의 매도인에 대
한 하자담보 주장을 받아들였다.38) 이를 하자로 볼 수 있는지 여부에
대해서는 학설에서 견해가 나뉘지만 다수는 판례를 지지한다.39) 실제
로 식품 안전성이 전매의 조건으로서 해석될 수 있는 이러한 사안에
서는 안전성에 의문을 제기하는 사정의 부재가 매매 목적물의 성상으
로 합의된 것으로 해석될 수 있다. 하자로 인정하는 것이 타당하다.
물론 단순한 가능성의 제기만으로는 충분하지 않고, 매매에서 전제한
계약목적을 좌절시킬 정도의 구체적인 의혹이어야 하고 그것이 매수
인의 영역에서 기인하지 않는 것이어야 한다.40)

(5) 성상합의에 어긋나는 사정이 영구적이어야만 하자가 인정되
는 것은 아니다. 당사자들이 계약에서 예정한 기간에 사용·수익이 저
해되는 이상 주관적 하자개념에 따라 하자를 부정할 이유가 없다. 그
래서 불법 운행하여 150일간 운행정지 처분을 받은 자동차가 매도된

---

38) BGHZ 52, 51.
39) Looschelders (주 16), § 3 Rn. 9f.
40) Looschelders (주 16), § 3 Rn. 10.

경우에도 즉시 운행가능성이 전제된 이상 하자에 해당하며,[41] 부동산의 경우 공법상 건축 제한이 한시적 성격의 것이라고 하더라도 매수인이 즉각적인 건축에 따른 사업을 계획하고 있고 그것이 매매에 전제되어 있다면 하자에 해당한다. 또한 과거의 사정도 물건의 내력과 관련해 하자를 성립시킬 수 있는 성상에 해당한다.[42] 마찬가지로 물건의 장래 잠재력을 성상으로 합의하여 하자가 성립할 수도 있고, 목적물의 성상을 장래의 시점과 관련지을 수도 있다(예컨대 어떤 성상이 장래 일정 기간 내에 발현된다는 것을 전제로 매매).[43]

3. 이물급부와 과소급부

하자의 판단여부와 관련하여 고려할 또 하나의 쟁점은 하자 있는 물건이 급부된 것인지 아니면 다른 물건(異物; aliud)이 급부된 것인지의 판단이다. 민법에 따를 때 전자에는 하자담보책임이 적용됨에 반하여, 후자의 경우는 도대체 약정된 물건의 급부가 없는 것으로서 하자가 있다고 볼 수 없어 채무불이행 책임만이 문제되므로, 양자의 구별은 의미를 가진다. 이에 대해서는 구별해 보아야 한다.[44]

종류물 매매에서 계약에서 정해진 종류가 아닌 다른 종류의 물건이 급부된 경우, 이는 다른 물건의 급부로 보아야 하며 하자가 아님은 명백하다. 문제는 특정물 매매이다. 특정물 매매에서는 기본적으로 동일성으로 지시된 물건의 성상에 의해 목적물이 특정되었으므로, 그에 따라 특정된 물건이 급부되는 이상 그 특정물의 실상이 당사자들이 예상하였던 것과 완전히 다른 물건이라고 해도 이를 다른 물건

---

41) 大判 1985.4.9., 84다카2525, 공보 1985, 730.
42) Schmidt in Prütting/Wegen/Weinreich, *Bügerliches Gesetzbuch*, 14. Aufl., 2019, § 434 Rn. 18.
43) PWW/Schmidt (주 42), § 434 Rn. 19.
44) 송덕수 (주 8), 200면은 구별 없이 모두 다른 물건의 급부로 취급해야 한다고 한다.

의 급부라고 할 수는 없다. 따라서 이 경우 하자가 있다고 인정하여, 제580조를 적용해야 한다.[45] 예컨대 특정 선박에 보관되어 있는 고기 전부를 쇠고기라고 생각하고 매매하였으나 나중에 돼지고기로 밝혀진 경우, 이는 다른 물건의 급부가 아니라 하자 있는 급부이다(주관적 하자 개념!).[46]

과소급부의 경우에도 마찬가지로 경우를 나누어 보아야 한다.[47] 종류물 매매의 경우, 과소급부의 경우 매수인은 수령을 거절하거나 수령하면서 나머지 부분의 급부를 청구할 수 있으므로, 하자담보의 규정은 적용되지 않는다. 반면 특정물 매매의 경우 주관적 하자개념에 따라 과소급부는 물건의 하자에 해당한다. 예컨대 특정 선박에 포함된 원료 전체가 2톤이라고 전제하고 매수하였는데 실제로는 1톤인 경우가 그러하다. 그러나 수량부족·일부멸실의 사안은 제574조에서 별도로 규율되어 있으므로, 이 한도에서는 동조가 특별 규정으로서[48] 우선 적용되어야 한다.[49]

관련해 유엔 통일매매법은 이물급부와 과소급부에 대하여 이를 모두 하자로 인정하는 입장을 취하고 있으며(CISG 제35조), 개정된 독일민법도 이에 좇았다(독일 민법 제434조 제3항). 그러나 이러한 내용의 특별 규정이 없는 이상 우리 민법에서 해석만으로 같은 결과를 인정할 수는 없을 것이다.

---

45) 개정전 독일 민법에 대해 Vollkommer in Jauernig, *Bürgerliches Gesetzbuch*, 9. Aufl., 1999, § 459 Rn. 13.

46) RGZ 99, 147 (Haakjöringsköd). 수입 당근이 국내산 당근으로 매각된 사안에 대한 大判 2016.8.24., 2014다80839, 공보 20016, 1349도 이러한 관점에서 이해할 수 있는 측면이 있다.

47) Soergel/Huber (주 6), § 459 Rn. 48, 50. 종류매매에 대해 김증한·김학동 (주 33), 272면.

48) 제574조가 물건의 하자에 대한 규율이라는 점에 대해 본서 제3편 제1장 Ⅲ. 2. (2) 참조.

49) 大判 1981.5.26., 80다2508, 집 29-2, 27. 그러나 이 경우에 제580조를 적용하는 재판례도 발견된다. 大判 1979.7.24., 79다827, 공보 1979, 12104 참조.

Ⅳ. 하자의 존재 시점

1. 논의 상황

하자담보책임이 인정되기 위해서는 어느 시점에 하자의 존재가 확정되어야 하는가? 학설에서는 하자담보책임의 요건인 하자는 계약을 체결할 시점에 이미 존재하는 원시적 하자에 한정되는지(종류물의 경우 특정 시점이 기준이 될 것이다)[50] 아니면 계약체결 이후에 발생한 후발적 하자도 하자담보책임을 발생시키는지[51] 여부에 관하여 다툼이 있다. 후자에 따르면 대가위험이 이전하는 시점 즉 통상 인도 시점이 기준이 된다고 한다.

판례는 계약체결시를 기준으로 하자를 판단하는 입장으로 보이며,[52] 이후 법률상 장애가 하자에 해당한다고 판시하는 과정에서 이를 확인하였다.[53] 다만 이는 결과의 전제로서 판시된 것이 아니어서 방론에 해당한다고 보인다. 한편 판례는 하자담보에 기한 손해배상청구권에 소멸시효도 적용된다고 판시하는 과정에서 "매수인의 하자담보에 기한 손해배상청구권은 부동산을 인도받은 날부터 소멸시효가 진행"한다고 하는데,[54] 여기서 인도를 기준으로 하는 태도를 중시한다면 달리 접근할 여지도 없는 것은 아니다. (시효 기산과 관련해 법률상 장애 기준으로부터 출발할 때) 매매와 원시적 하자의 존재만으로는

---

50) 곽윤직 (주 5), 179면; 송덕수 (주 8), 201면; 장재현 (주 33), 248면; 남효순, "담보책임의 본질론(Ⅱ)", 서울대학교 법학, 제35권 제2호, 1994, 233면.

51) 김형배 (주 5), 353면; 박영복 (주 8), 40-41면; 이은영 (주 8), 339면; 이상광, "하자담보책임의 기본문제", 비교사법, 제5권 제1호, 1998, 310면; 안춘수, "하자담보법상의 문제점", 민사법학, 제11·12호, 1995, 429면; 사동천 (주 15), 15면; 주석민법 채권각칙(3) (주 4), 150면(김대정).

52) 大決 1958.2.13., 4290민상762, 요지 466.

53) 大判 2000.1.18., 98다18506, 공보 2000, 446.

54) 大判 2011.10.13., 2011다10266, 공보 2011, 2399.

아무런 권리도 발생하지 않는다는 내용을 함축할 수 있기 때문이다. 즉 매수인이 하자를 확인할 가능성이 있었던 인도 시점이 기준이 된다는 것이므로, 하자의 존재도 이 시점을 기준으로 판단해야 한다고 이해하는 것이 자연스러울 수도 있는 것이다.[55]

한편 독일 민법은 명문으로 대가위험 이전 시점을 기준으로 하고 있으며(동법 제434조 제1항 제1문), 프랑스 민법은 규정은 없으나 판례가 위험이전 시점 즉 소유자주의에 따라 소유권 이전시점을 기준으로 한다.[56]

2. 평　가

인도 시점을 기준으로 하는 견해가 타당하다고 생각된다. 일단 종래 원시적 불능론에 기초한 법정책임설을 전제한 다음 이로부터 원시적 하자에 대해서만 담보책임을 인정하려는 견해는 다른 곳에서 살펴본 대로 개념법학적인 본질 논변으로서 받아들일 수 없다.[57]

그렇다면 이 문제는 결국 후발적 하자를 하자담보의 적용 대상으로 두는 것이 적절한지의 여부로 귀결한다. 이에 제580조가 적용되지 않는다면 후발적 하자 있는 물건이 인도되는 경우 매도인은 귀책사유를 전제로 후발적 하자에 대해 손해배상을 부담하고 목적 달성이 불가능한 경우 해제하는 것으로 처리되겠지만(제374조, 제390조, 제546조) 귀책사유가 없는 경우 위험부담에 따른 전부 또는 일부의 원상회복 문제로 처리될 것이다(제537조, 제538조, 제741조). 반대로 이에 제580조를 적용한다면 매수인은 그러한 구별 없이 매도인에게 하자담보책

---

55) 한편 주석 민법 채권각칙(3) (주 4), 149면(김대정)은 大判 1993.11.23., 92다 38980, 공보 1994, 162를 후발적 하자가 고려된 판결로 언급하고 있으나, 우선 이 판결은 하자담보책임이 적용된 사안이 아닐 뿐만 아니라(주 25 참조), 판시 사항도 후발적 하자를 포함한다는 의미로 이해되기는 어렵다.

56) Barret, "Vente: effets", *Répertoire de droit civil*, 2007/2019, n° 580.

57) 본서 제3편 제1장 I. 2. 및 제2장 II. 2. 참조.

임에 따라 손해배상을 청구하고 목적 달성이 불가능한 경우 매매를 해제할 수 있게 된다. 그런데 목적물을 인도 받아 하자를 발견한 매수인에게 그 하자가 계약 체결 이전에 발생한 것인지 아니면 그 이후에 발생한 것인지를 구별하여 권리 주장을 하게 하는 것은 불합리하다. 매수인은 이를 쉽게 확인할 수 있는 지위에 있지 않을 뿐만 아니라(실제로 매수인은 하자가 수령 이후가 아니라 인도 시점에 존재하였다는 입증만으로도 난점을 가지는 경우가 많다), 매수인의 이익상황에 비추어 하자가 언제 발생했는지의 문제는 무관심한 사항이기 때문이다. 게다가 실제로 하자 발생 시점은 매도인마저도 규명할 수 없는 경우가 있으며, 심지어 법원의 심리를 거치더라도 해명될 수 없을 가능성도 배제할 수 없다. 그렇다면 이러한 우연한 사정을 기준으로 적용 법조를 달리해 취급하는 것은 합리성을 가진다고 말하기 어렵다.[58]

물론 이에 대해서는 후발적 하자를 포함하게 되면 매도인은 귀책사유 없이 책임을 부담하게 되어 부당하다는 비판이 있으나,[59] 그다지 설득력이 있다고 하기 어렵다. 우선 이는 자신의 결론을 그대로 논거로 사용하는 선결문제 오류의 논거일 뿐만 아니라(그러한 결과가 부당하다면, 하자담보책임 자체가 부당한 것 아닌가?), 후발적 하자에 제580조를 적용한다고 해도 매도인에게 특별히 불리하다고는 말할 수 없기 때문이다. 제580조에 따른 손해배상이 이른바 하자손해에 한정된다면, 즉 대금감액 배상 내지 신뢰이익 일부만을 내용으로 하여 하자확대손해를 포함하지 않는다고 해석한다면,[60] 귀책사유 없는 매도인이 처하게 되는 상황은 위험부담 규정이 적용되든 하자담보 규정이 적용되든 근본적인 차이를 가져오지 않는다. 기본적으로 하자가 중대하면 계약은 해소되고 매도인은 받은 대금을 반환해야 하며(채무자위

---

58) 주석 민법 채권각칙(3) (주 4), 150면(김대정)도 참조.

59) 송덕수 (주 8), 199면.

60) 본서 제3편 제2장 Ⅲ. 1. 참조.

험부담 또는 해제), 하자가 근소하면 매수인은 대금감액의 효과를 받는 것이다(일부 채무자위험부담 또는 대금감액적 배상). 차이는 해제시 계약비용 등의 배상이 귀책사유를 전제하는지 여부에 그친다(제535조, 제580조).[61]

    이렇게 기본적인 효과에서 큰 차이가 없다면, 앞서 살펴본 대로 그 해명이 확실하지 않은 사정에 따라 법률효과를 달리 처리하는 것은 합리성을 가지고 있다고 하기 어렵고, 계약비용 배상과 관련해 까다로운 입증의 부담을 매수인에게 지우는 것도 적절하지 않다. 하자의 존재 시점을 위험이전 시점으로 정하는 취지는 물건이 매수인의 지배영역에 들어올 때 비로소 매수인이 하자를 확인할 수 있는 상태에 이르게 되므로 그 시점을 기준으로 담보책임을 성립하게 한다는 것이다. 그렇기 때문에 상법은 상인인 매수인의 검사의무를 규정하는 형태로 인도 시점에 하자의 존재를 확정할 것을 요구하고(상 제69조 제1항), 판례도 하자담보에 따른 권리의 소멸시효 기산점을 인도 시점으로 정하고 있는 것이다(주 54). 만일 담보책임을 원시적 하자의 효과로만 국한한다면, 매수인은 자신이 알 수도 없고 지배할 수 없는 사정을 기초로 권리 주장을 해야 한다는 결과가 되어 부당하다. 요컨대 민법의 해석으로 대가위험 이전의 시점 즉 통상 인도의 시점에 하자가 존재하면 담보책임이 인정된다고 해석하는 것이 타당하다고 해야 한다.

V. 하자와 착오

1. 문제의 제기

    매수인이 매매목적물의 성상에 관하여 착오하여 계약을 체결한 경우, 그러한 목적물이 하자담보책임에 따른 하자에 해당하는 사안이

---

61) 본서 제3편 제2장 Ⅳ. 참조.

있을 수 있다. 특히 동기착오와 관련해 당사자들이 동기를 기초로 매
도인의 급부의무를 구체화함으로써 동기가 계약의 내용이 될 수 있다
고 이해하면서[62] 동시에 주관적 하자 개념(앞의 Ⅱ. 참조)에 따라 하자
를 판단한다면, 매매 목적물에 대한 고려되는 성상착오는 거의 예외
없이 하자담보책임에 따른 하자에 해당하게 될 것이다.[63]

　　그런데 하자담보책임에는 그 행사와 관련해 단기의 제척기간이
규정되어 있다든가(제582조) 매수인에게 하자검사의 자기의무(Obliegen-
heit)가 부과된다거나(상 제69조), 당사자들이 담보책임에 관한 권리를
약정으로 배제하는(제584조 참조) 등 권리행사의 제약이 존재할 수 있
다. 이러한 사안에서 매수인의 하자담보책임에 관한 권리와 착오에
의한 취소(제109조)를 경합적으로 인정할 것인지의 문제가 제기된다.
당사자들이 약정으로 담보책임에 따른 권리를 배제한 경우, 그 의사

---

62) 본서 제1편 제4장 Ⅱ. 1. 참조.
63) Flume, *Eigenschaftsirrtum und Kauf*, 1948/1975, S. 132f. 이로부터 박희호, "민
　법상 성상의 착오와 하자담보책임 사이의 관계에 관한 연구", 민사법학, 제95호,
　2021, 122면 이하는 하자담보와 착오 규정 모두 계약과 현실의 불합치를 요건으로
　하므로 전자가 후자를 배제하는 특칙이 된다고 해석한다. 그러나 이는 하자담보책
　임에 대한 특정한 한 견해(이에 대해 본서 제3편 제2장 Ⅱ. 2. (3)도 참조)를 전제
　로 할 때에만 가능한 입론에 지나지 않으며, 설령 그 견해에 따른다고 하더라도
　이는 특정물 매매를 전제로 한 설명이어서 종류물 매매까지 포함하여 경합 문제에
　대한 해답이 될 수 없다. 게다가 이 견해가 따르는 플루메의 해석이 전제하고 있는
　독일 민법 규정과는 달리, 우리 민법에서는 착오 취소와 하자담보책임의 요건과
　효과 사이에 상당한 괴리가 존재한다. 예컨대 목적물에 대해 어떤 성상이 합의되
　지 않더라도 상대방이 착오를 야기한 경우 착오 취소는 가능할 것이지만(본서 제1
　편 제4장 Ⅱ. 4. 참조) 하자담보는 성립하지 않을 것이다. 마찬가지로 매수인에게
　경과실이 있는 경우, 착오 취소는 가능하지만 하자담보는 성립하지 않는다. 한편
　효과와 관련해서도 소급효로부터 보호를 받는 제3자의 범위도 다르다(예컨대 소
　멸할 채권의 양수인에 대해 大判 2011.4.28., 2010다100315, 종합법률정보 및 大判
　1964.9.22., 64다596, 집 12-2, 123 참조). 그러나 이상과 같은 차이는 독일 민법
　에서는 발생하지 않는다. 그러므로 우리 민법에서 하자와 착오가 동일한 상황을
　전제하고 있다는 설명은 타당할 수 없다. 결국 이 견해는 우리 민법의 규정에 주의
　를 기울이지 않고 그와 다른 규율을 가지는 독일 민법의 특정 해석을 무비판적으
　로 수용하였다고 말하지 않을 수 없다.

표시의 해석상 통상 착오에 따른 취소권도 포기된 것으로 볼 수 있을
것이므로, 이 문제는 특히 제척기간 도과를 이유로 해제를 할 수 없
는 매수인이 취소를 통해 동일한 결과에 도달함으로써 해제 기간을
제한한 법률의 취지를 잠탈하는 것이 아닌지의 의문과 밀접하게 관련
된다. 물론 이는 더 나아가 착오법과 일반적인 채무불이행책임과의
경합도 허용할 것인지의 쟁점으로도 연결될 수 있다.

2. 논의 상황

이에 대해서는 대체로 ① 담보책임이 권리행사를 제약하는 특별
한 규율을 포함하고 있으므로 해당 분쟁에 대한 특별법으로 이해하여
담보책임에 관한 규정만이 적용된다고 이해하는 견해,[64] ② 착오 취
소와 담보책임에 따른 구제수단의 경합을 제한 없이 허용하는 견
해,[65] 그리고 ③ 양자의 경합은 허용하지만 담보책임에 관한 특별한
규율의 규범목적을 고려하여 그 제약 하에서만 착오 취소를 할 수 있
다는 견해(예컨대 상인의 경우 자기검사의 자기의무를 다한 경우에만 취소
를 허용한다든가 제582조의 제척기간 내에만 취소를 허용)의 세 입장이 고
려가능하다. 비교법적으로도 이 세 가지 해법이 주장되고 있으며, 지
배적인 경향은 관찰되지 않는다.[66]

64) 고상용, 민법총칙, 제3판, 2003, 438면; 김증한·김학동, 민법총칙, 제10판, 2013,
458−459면; 송덕수, 민법총칙, 제4판, 2018, 274면; 이영준, 민법총칙, 개정증보
판, 2007, 440면; 백태승, 민법총칙, 제6판, 2014, 415면; 서광민·박주영, 민법총
칙, 제2판, 2014, 413면; 이덕환, 민법총칙, 2012, 529면; 홍성재, 민법총칙, 제6판,
2016, 230면; 이상광, 하자담보책임론, 2000, 269면.
65) 강태성, 민법총칙, 제5판, 2013, 651면; 김대정, 민법총칙, 제2판, 2013, 917면; 김
상용, 법총칙, 제2판, 2013, 502면; 김주수·김상용, 민법총칙, 제7판, 2013, 369;
이은영, 민법총칙, 제5판, 2009, 526면; 명순구, 민법총칙, 2005, 424면; 이상정,
"착오에 의한 의사표시의 취소와 매도인의 하자담보책임", 고시연구, 제32권 제9
호, 2005, 68면.
66) Ranieri, *Europäisches Obligationenrecht*, 3. Aufl., 2009, S. 953ff.; Peter Huber,
Irrtumsanfechtung und Sachmängelhaftung, 2001 참조. 예컨대 독일의 판례는

대법원은 종래 이 문제를 명시적으로 판단한 경우는 없으나, 비슷한 사실관계(법령상 건축이 가능하다고 믿고 토지를 매수한 경우)를 배경으로 착오 취소를 허용한 재판례[67]와 하자담보책임에 따른 하자일 수 있음을 시사한 재판례[68]가 관찰되며, 이러한 경향은 성상착오를 인정한 다른 재판례로부터도 확인된다.[69] 아마도 이 문제에 대한 명확한 의식 없이 당사자들의 주장에 따라 착오 또는 담보책임을 인정한 것으로 보인다. 어쨌든 이러한 태도는 적어도 ② 또는 ③의 입장에 서 있는 것으로 추측되었다. 반면 하급심에서는 "타인의 권리의 매매로 인한 매도인의 담보책임에 관한 규정이 민법 총칙의 착오에 관한 규정보다 우선 적용되어야 할 성질의 것"[70]이라는 재판례도 있다(①). 그러나 최근 대법원은 명시적으로 착오취소와 하자담보책임의 경합을 제한 없이 허용함으로써 ②의 입장을 채택함을 명백히 하였다.[71]

확고하게 담보책임의 우선(①)을 지지하지만, 오스트리아와 스위스의 판례는 제한 없는 경합을 수용한다(②). 한편 프랑스의 판례는 제한 없이 경합을 인정하던 전통적인 입장에서(②) 일시적으로 담보책임의 제약 하에 착오 주장이 가능하다는 견해를 채택하였다가(③) 다시 제한 없는 경합을 허용하는 방향으로 이동하였다(②). 다만 비교적 최근에 담보책임에 관한 규정이 배타적으로 적용된다는 판결이 선고되었고(①), 그것이 일탈적 재판례인지 판례 변경인지 여부에 대해서는 논란이 있으나 점차 변경으로 받아들여지는 것처럼 보인다(Malaurie, Aynès et Stoffel-Munck, *Droit des obligations*, 10ᵉ éd., 2018, nᵒ 497). 관련하여 흥미로운 것이 국제 모델규칙의 태도인데, 유럽계약법원칙은 경합을 제한 없이 인정하는 입장(②)을 채택한 반면(PECL 제4:119조) UNIDROIT 국제상사계약원칙은 계약책임을 우선하는 입장(①)에 서 있다(PICC 제3.2.4조).

67) 大判 1995.11.21., 95다5516, 공보 1996, 47.

68) 大判 2000.1.18., 98다18506, 공보 2000, 446. 사건에서는 하자의 존재가 부정되었다.

69) 예컨대 고려청자의 진품성을 오해하여 매수한 사안에 대해 大判 1997.8.22., 96다26657, 공보 1997, 2786 등 참조.

70) 서울高判 1980.10.31., 80나2589, 고집 1980 – 2, 423.

71) 大判 2018.9.13., 2015다78703, 공보 2018, 1951. 이 판결에 대해 상세한 비교법적 보고와 함께 서종희, "민법상 착오와 하자담보책임과의 관계", 민사법학, 제92호,

3. 평   가

원칙적으로 제한 없이 경합을 허용하는 견해가 타당하다고 생각
된다. 무엇보다도 법률이 다른 이유에서 다른 맥락에 규정하고 있는
구제수단들이 일정 영역에서 중복되는 적용범위를 가진다는 이유만
으로 거기에 일반법과 특별법의 관계가 존재한다고 상정하여 어느 한
편의 적용을 배제하는 것은 법이 이중으로 부여하는 구제수단을 근거
없이 박탈하는 것이 되어 타당하지 않다. 그래서 예컨대 물건의 하자
를 성립시키는 사정에 대한 착오의 경우에는 취소가 부정되는데, 같
은 동기착오임에도 다른 사정에 대한 착오의 경우에는 취소가 허용된
다는 결과는 이익형량의 관점에서 자의적이라고 하지 않을 수 없다.

이에 대해서는 예컨대 담보책임의 제척기간의 취지에 비추어 제
한 없는 경합을 인정하면 제척기간이 잠탈된다는 논거가 주장되지만,
이는 우리 민법의 맥락에서 반드시 적절한 것은 아니다. 예컨대 독일
민법의 경우에는 착오를 이유로 하는 취소는 착오를 발견한 때로부터
지체 없이 행사되어야 함에 반해(독일 민법 제121조), 담보책임을 이유
로 하는 제척기간은 물건의 인도 시점부터 기산하므로(개정 전에는 6
개월, 당시 독일 민법 제477조 제1항; 개정 후에는 2년, 현행 독일 민법 제
438조 제2항), 제척기간이 도과하고 상당한 기간이 지난 후에 착오가
발견되어 취소권이 행사될 위험이 실제로 존재하며 이로부터 매도인
을 보호할 이유는 분명 부인하기 어려울 수 있다. 그러나 우리 민법
은 착오를 이유로 하는 취소권의 제척기간은 착오를 발견한 때로부터
3년 내에 행사해야 하나(제144조 제1항, 제146조), 하자담보책임 상의
구제수단도 하자를 발견한 때로부터(=착오를 발견한 때로부터) 6개월
내에 행사되어야 하며(제582조), 어느 편이나 하자가 발견되지 아니하

2020, 37면 이하 참조.

는 경우 10년의 도과로 권리를 상실한다(착오에 대해 제146조, 담보책임에 대해 제162조 제1항[72]). 그러므로 우리 법에서는 매도인은 인도 후 10년이 경과하지 않은 이상 언제든지 하자＝착오 주장을 감수해야 하며, 어느 규정이 적용되는지 여부는 하자＝착오가 발견된 이후의 권리행사 기간에만 한정되는 의의를 가질 뿐이다. 그렇다면 독일 민법에서와는 달리 우리 민법에서 담보책임의 제척기간의 잠탈 위험은 매도인에게 결정적인 부담이 되지 아니하며, 그것만으로 법률이 명시적으로 정하는 착오 취소를 배제하기에 충분한 이유는 되지 못한다고 생각된다.[73] 실제로 두 구제수단의 제척기간의 괴리가 크지 않은 스위스와 오스트리아 민법의 해석으로 제한 없는 경합이 인정되는 것도 그러한 이유에서이다.[74] 그렇다면 하자담보책임의 요건이 충족되더라도 또는 그에 따른 제척기간이 도과하였더라도, 착오 규정에 따른 취소는 제한 없이 인정하는 것이 타당할 것이다.

　　그리고 하자담보책임과의 경합이 인정되어야 한다면, 착오법의 일반 계약책임과의 경합도 당연히 인정되어야 할 것이다. 판례도 예컨대 채무불이행을 이유로 계약을 해제한 후에도 착오를 이유로 취소할 수 있다고 하여 같은 결론을 지지하는 것으로 보인다.[75]

---

72) 大判 2011.10.13., 2011다10266, 공보 2011, 2339.
73) 비슷한 취지로 서종희 (주 71), 67면도 참조. 반면 박희호 (주 63), 110-111면은 단순히 착오 취소의 제척기간이 3년으로서 6개월보다 길다는 점을 들어 비판하고 있으나, 본문에서 살펴본 것처럼 예컨대 독일 민법에서의 상황과 비교할 때 그러한 차이는 결정적인 것이라고는 말할 수 없다. 독일 민법에서 매도인은 인도로부터 일정 기간이 지나면 "안심"해도 되지만, 우리 민법에서 매도인은 인도로부터 10년이 지날 때까지는 어떤 경우에도 "안심"할 수 없다는 의미에서 그러하다. 이러한 이익상황의 중대한 차이가 해석론에서 고려되지 않는다면 부당할 것이다.
74) Ranieri (주 66), S. 987도 참조.
75) 大判 1991.8.27., 91다11308, 집 39-3, 322; 1996.12.6., 95다24982,24999, 공보 1997, 180. 이영준 (주 64), 444면 참조. 이덕환 (주 64), 530면은 반대.

제 4 장

경매와 담보책임: 매매계약의 효과?

I. 문제의 제기

채권자가 채무자 소유가 아닌 재산에 집행을 하여 타인 소유물이 경매로 매각되거나, 채무자 소유이기는 하지만 그에 존재하는 선순위 부담이 알려지지 않은 상태로 경매에서 매각되는 경우가 발생할 수 있다. 그러한 경우 경락을 받은 사람은 경매 대금을 지급하였음에도 불구하고 완전한 소유권 취득에 장애를 받을 수 있다. 이 경우 그에게 어떠한 구제수단이 부여될 수 있을지의 문제가 제기된다. 이러한 상황에 대해 제578조는 경락인[1]이 권리의 하자를 이유로 하는 담보책임을 물을 수 있다고 정하면서, 이때 일차적인 책임은 채무자가, 보충적인 책임은 배당을 받은 채권자가 부담하고, 손해배상 책임은 채무자 또는 채권자가 권리의 하자를 알았던 경우로 한정하고 있다.

그동안의 우리 문헌을 살펴보면, 이 규정에 따른 책임의 성질과 내용에 대해서는 (몇 가지 세부적인 쟁점은 있으나) 대체로 안정적인 통

---

1) 민사집행법은 이에 '매수인'이라는 표현을 사용하나, 본장에서는 사법상 매매로 취득한 매수인과 경매로 취득한 자를 구별하기 위하여 후자를 제578조의 문언이 지시하는 대로 '경락인'으로 지칭하기로 한다.

설이 형성되어 있다는 인상을 받는다. 그래서인지 제578조에 따른 책임의 성질과 기초에 대해 보다 기본적인 물음을 제기하는 문헌은 많지 않았던 것으로 보인다. 그러므로 종래 학설과 판례를 배경으로 이 규정에 따른 책임의 성질과 내용을 검토해 보는 작업은 여전히 나름의 의미를 가질 수 있다고 보인다. 본장은 제578조가 제기하는 여러 논점을 비판적으로 살펴봄으로써 우리 학설과 판례의 성과를 이어나가고자 한다.

Ⅱ. 책임의 성질

1. 학설 상황

통설은 제578조에 따른 책임이 기본적으로 민사 매매에서 인정되는 담보책임과 동일한 성질이라고 이해하는 것으로 보인다. 즉 담보책임에 관한 한 민법은 경매를 일종의 매매로 보고 채무자를 매도인으로 보고 있다고 설명한다.[2] 국가의 관여에도 불구하고 경매에서 목적물에 대한 권리는 소유자인 채무자로부터 경락인에게 이전되고 경락인은 이에 대금을 지급하고 권리를 취득하는 점에서 일반의 매매와 "하등 다를 바가 없다"는 것이다.[3] 비교적 확고한 이러한 학설 상황은 종래 이 규정의 이해에 영향을 주어 온 일본에서 일찍부터 경매를 공법상 처분으로 파악하거나 아니면 공법상 처분과 사법상 매매의 양면성을 인정하는 견해가 유력하게 주장되고 있는 모습과 비교할 때[4] 특기할 만하다.[5] 그러나 어쨌든 경매절차가 가지는 특수성 때문

---

[2] 김증한·김학동, 채권각론, 제7판, 2006, 283면; 김주수, 채권각론, 제2판, 1997, 218면; 이덕환, 채권각론, 2010, 243-244면. 大判 1991.10.11., 91다21640, 집 39-4, 27: "매매의 일종인 경매". 그러나 사법상 매매이면서 공법상 처분으로서의 성질도 가지고 있다고 언급하는 것으로 大判 2012.11.15., 2012다69197, 종합법률정보 참조.

[3] 곽윤직 편집대표, 민법주해[ⅩⅣ], 1997, 457면(남효순).

에 단순히 일반적인 매매와 동일시하기 어려운 점이 있어 제578조가 일정한 특칙을 정하고 있다고 설명되고,[6] 그러한 특수성으로 경락인이 하자의 존재를 고려해 경매에 참여한다는 점, 절차의 안정을 도모한다는 점, 채무자의 의사에 반해 국가의 개입으로 매각이 된다는 점 등이 언급되고 있다.[7]

　　이러한 통설에 따르면, 경매는 성질상 일종의 매매로 담보책임이라는 효과를 수반해야 한다. 그러한 의미에서 제578조 제1항은 당연한 내용을 확인하는 규율에 다름 아니게 된다. 반면 하자담보책임을 배제하고(제580조 제2항) 손해배상의 요건을 강화하며(제578조 제3항), 배당받은 채권자의 보충적 책임을 인정하는 것(제578조 제2항)은 경매의 특수성을 고려해 원래 발생해야 할 담보책임적 효과를 변경하는 특칙에 해당하게 될 것이다. 그러나 이러한 설명에 대해, 경매에서는 채무자의 의사 관여가 없어 계약자유가 배제되어 있고 사법적 효과가 법률에 기초해 발생할 수 있다는 이유로 경매를 매매로 보기 어렵다는 비판도 제기되고 있다. 이에 따르면 경매는 민사집행법의 독립한 제도이며, 제578조는 경매에 있어서 절차법상 보호받지 못한 경락인을 사후 구제하기 위한 실체법상의 규정으로, 다만 입법편의상 담보책임이 문제되는 전형적인 경우인 매매의 절에 규율된 것이라고 한다.[8]

　　제578조의 문언과 체계상 위치에서 출발한다면 통설이 일응 우

---

4) 柚木馨·高木多喜男 編, 新版 注釋民法(14), 1993, 248면 이하(柚木馨·高木多喜男) 참조.

5) 그 표현에 비추어 아마도 我妻榮, 債權各論 中卷一, 1957, 294면의 (압도적인) 영향이라고 추측된다.

6) 곽윤직, 채권각론, 제6판, 2003, 152면; 송덕수, 채권법각론, 제4판, 2019, 206면.

7) 김대정, 계약법(상), 2007, 525면; 송덕수 (주 6), 206면; 민법주해[XIV] (주 3), 454면(남효순).

8) 김상찬·송서순, "경매에서의 매도인의 담보책임", 법과 정책, 제12권 제1호, 2006, 95-96면.

리 민법의 태도를 비교적 적절하게 설명하는 것처럼 보이는 것은 사실이다. 그러나 이러한 설명이 완전히 만족스럽다고 말하기는 어렵다고 생각된다. 의문은 무엇보다도 배당받은 채권자들의 보충적 책임(제578조 제2항)에서 제기된다. 그러한 규율은 매도인의 위치에 있지 아니한 자가 책임을 부담한다는 점에서 일반적인 담보책임에서 전혀 인정되지 않는 결과일 뿐만 아니라, 경매의 절차적 특수성을 들어 해명되기도 어렵기 때문이다. 국가의 관여로 집행절차에서 이루어진 배당의 결과를 민사법적으로 번복한다는 점에서, 이는 어떤 의미에서도 절차적 안정에 기여한다고 보기는 쉽지 않은 것이다. 마찬가지 이유에서 매매의 당사자가 아닌 채권자가 권리의 흠결을 안 경우 부담하는 손해배상책임(동조 제3항)도 어떤 의미에서 매매의 효과일 수 있는지 설명되지 않는다. 그리고 이러한 의문은 소수설에 의해서도 완전히 해소되지는 않는다. 이 견해가 제578조를 집행절차에 수반하는 독립적인 사법 규율로 이해할 때 매매의 관점에서 동조 제2항, 제3항을 설명할 필요는 없어지게 되지만, 어떠한 이유에서 그러한 규정이 도입된 것인지에 대해서는 충분한 해명을 주고 있지 못하기 때문이다.

2. 역사적·비교법적 개관

이러한 의문을 해소하기 위해 제578조의 규율을 보다 넓은 맥락에서 살펴보는 일이 유용할 수 있다.[9]

(1) 독일에서는 일찍부터 경매의 성질을 공법적으로 파악하는 견해가 관철되었다. 물론 독일 민사소송법(ZPO) 및 강제경매·강제관리법(ZVG)의 시행 초기에는 이전 보통법의 영향에 따라 경매를 사법적으로 설명하려는 시도도 유력하였다.[10] 그에 따르면 경매는 집행기관

---

9) 특히 부동산집행과 관련해 상세한 비교법적 개관으로 竹下守夫, "不動産競落の效果と競賣の性質", 不動産執行の研究, 1977, 283면 이하 참조.

10) Hellwig/Oertmann, *System des Deutschen Zivilprozeßrechts*, 2. Teil, 1919, S.

이 채권자 또는 채무자의 대리인으로서 경락인과 체결하는 사법상 매매계약의 성질을 가진다. 그러나 민사소송법 그리고 특히 강제경매·강제관리법은 승계취득의 관점에서는 설명되기 어려운 여러 규정을 가지고 있었고,[11] 그 결과 이들 규정에 기초해 경매를 공법상 행위로 이해하는 견해가 지배적으로 되었다. 이 글의 맥락에서 특히 의미를 가지는 규정은 담보책임의 배제이다. 즉 동산집행에 대해서는 독일 민사소송법 제806조가, 부동산집행에 대해서는 강제경매·강제관리법 제56조 제3문이 경락인에게 담보책임에 기한 권리를 부정하고 있는 것이다. 따라서 현재 판례와 통설은 이상의 여러 규정을 근거로 경매는 공법상 행위로, 경락인은 채무자의 권리의 흠결에도 불구하고 제한 없는 소유권을 취득한다고 해석한다.[12] 이는 경락의 효과로 발생하는 경락인의 원시취득이다. 따라서 담보책임을 배제하는 규정은 권리의 하자에 대해서는 의미를 가지기 어려우며 주로 물건의 하자나 법률상 제한 등과 관련해 논의가 되는데,[13] 채무자뿐만 아니라 채권자와 집행기관을 상대로 하자를 이유로 주장될 수 있는 모든 권리(매매에 따른 담보책임, 착오 취소, 부당이득)의 배제를 의미한다.[14]

321f., 415f.의 학설 개관 참조.

11) 관련해 민사소송법보다 나중에 제정된 강제경매·강제관리법은 민사법적으로 해석될 소지가 있는 표현을 의식적으로 회피하였고, 그 결과 동법 시행 이후 민사소송법에 따른 동산집행과 관련해서도 공법설이 더욱 우세하게 되었다고 지적된다. 中野貞一郎, "換價としての競賣の性質", 強制執行·破産の研究, 1971, 136-137면 참조.

12) 전거와 함께 Jauernig/Berger, Zwangsvollstreckungs- und Insolvenzrecht, 23. Aufl., 2010, § 18 Rn. 16f., 19, § 24 Rn. 33; Gaul/Schilken/Becerk-Eberhard, Zwangsvollstreckungsrecht, 12. Aufl., 2010, § 53 Rn. 17f., 21, § 66 Rn. 14ff. 참조. 독일의 강제경매·강제관리법(ZVG)은 오로지 인수주의만을 취하고 있어, 경매에서 드러난 부담은 당연히 경락인에게 인수된다(동법 제52조, 제53조). 반면 경매에서 드러나지 않은 부담인 권리의 하자는 원시취득의 결과 소멸하며, 원시취득이므로 경락인의 선의와 무관하게 그 효력이 발생한다.

13) Würdinger in Stein/Jonas, Kommentar zur Zivilprozessordnung, Band 8, 23. Auf., 2017, § 806 Rn. 2.

(2) 반면 프랑스법은 전통적으로 경락의 효과를 승계취득으로 이해하여, 경락은 채무자에게 속하였던 권리만을 경락인에게 이전한다는 태도를 가지고 있었다. 경매에 따른 매각도 매매의 한 유형으로 파악되었다.15) 따라서 경매 목적인 부동산이 채무자 아닌 제3자에게 속하는 경우 경락인은 아무런 권리를 취득하지 못하고(제정 당시 프랑스 민사소송법 제731조; 현재는 프랑스 민사집행법전 제L322-10조 제2항 제1문),16) 동산의 경우에는 민법의 원칙에 따라(프랑스 민법 제2276조) 선의취득이 문제될 뿐이다.17) 그러므로 유효한 경락에도 불구하고 경락인은 진정한 소유자의 권리 주장에 직면하여 목적물을 추탈당할 수 있게 되고, 그러한 경우 경락인의 구제수단이라는 문제가 제기될 수밖에 없었다.

그래서 19세기부터 프랑스 학설에서는 목적물을 추탈당한 경락인에게 담보책임에 따른 권리가 인정되는지, 그리고 인정된다면 누구를 상대로 해야 하는지에 대해 논쟁이 진행되었다.18) 이에 대해서는 ① 담보책임에 따른 경락인의 권리를 부정하고 착오를 이유로 하는 비채변제 반환청구(개정 전 프랑스 민법 제1377조, 현행 제1302-2조)만을 인정하는 견해,19) ② 경락인은 채무자와 채권자를 상대로 담보책임을 물을 수 있다는 견해, ③ 채권자는 자신의 채무 변제를 받은 것에 불과하므로(suum recipit) 경락인은 채무자만을 상대로 권리를 가진다는

---

14) Stein/Jonas/Würdinger (주 13), § 806 Rn. 1; Böttcher, *ZVG*, 3. Aufl., 2000, § 56 Rn. 12.

15) Zachariä/Crome, *Handbuch des französischen Civilrechts*, 2. Band, 8. Aufl., 1894, S. 455.

16) Piedelièvre, "Saisie immobilière", *Répertoire de procédure civile*, 2018, n° 290.

17) Fricero, "Saisie-vente", *Répertoire de procédure civile*, 2011, n° 160.

18) 한편 경매에서 물건의 하자에 따른 담보책임은 우리 민법과 마찬가지로(제580조 제2항) 법률에 의해 배제되어 있었고, 지금도 그대로이다(프랑스 민법 제1649조).

19) 이는 프랑스 민법 제정 전 구법 하에서의 지배적인 견해였다. Pothier, *Traité de la procédure civile*, n° 636 = *Oeuvres de Pothier* par Bugnet, tome Ⅹ, 1848, p. 286–287.

견해, ④ 경락인은 일차적으로 채무자를 상대로 권리를 행사해야 하지만 채무자가 무자력인 때에는 채권자를 상대로 반환을 청구할 수 있다는 견해 등이 주장되었다.[20] 이 중 네 번째 견해가 통설과 판례에 의해 채택되었다.[21] 그 근거로는 채무자에 대한 관계에서는 매매에 상응하는 실질이 있다는 점이 지적되었고, 배당을 받은 채권자에 대한 관계에서는 일반적인 부당이득·불법행위 규정이 적용될 수 있다는 설명이 제시되었는데, 전반적으로 상세한 분석이나 논쟁이 발견되지는 아니한다. 내용을 비교해 본다면 그 배후에는 아마도 경매의 경우 채무자를 상대로 손해배상 없이 대금반환만을 인정하면서[22] 배당 채권자에 대한 청구는 예외적으로 그가 책임을 인수했거나 권리의 하자에 대해 악의였던 경우에만 허용하는[23] 로마법의 영향도 있었을 것으로 추측된다.[24]

19세기의 통설과 판례는 현재에도 그대로 유지되고 있는데, 이를 살펴보면 다음과 같다.[25] 경락인이 담보책임을 행사할 상대방은 원칙적으로 압류채무자나 파산채무자이다(프랑스 민사집행법전 제L322-10조 제2항 제2문 참조). 그러나 채무자를 상대로 책임을 묻는 것은 그가 무자력인 경우가 많아 실효 있는 구제가 될 수 없으므로, 통설과 판례

---

20) 전거와 함께 Pauly, *De la garantie en cas d'éviction en matière de vente*, 1877, p. 102−103.

21) Zachariä/Crome (주 15), S. 480 Fn. 7 참조.

22) Herm. D. 21, 2, 74, 1; Imp. Gord., 8, 44, 13.

23) Imp. Alex. C. 8, 45, 1; Impp. Anton., Verus, C. 8, 45, 2.

24) 그래서 예컨대 독일 보통법학에서도 통설은 경매에서 집행기관이 채무자의 대리인으로서 매각한다고 해석하고 있었다. Endemann, *Das deutsche Civlprozeßrecht*, 2. Abth., 1868, S. 1013.

25) 아래 서술에 대해 전거와 함께 Planiol et Ripert, *Traité pratique de droit civil français*, 2ᵉ éd., tome X par Hamel, Givord et Tunc, 1956, nᵒ 103; Ghestin et Desché, *Traité des contrats: La vente*, 1990, nᵒ 806; Donnier et Donnier, *Voies d'exécution et procédures de distribution*, 7ᵉ éd., 2003, nᵒˢ 1421 sqq.; Hochart, *La garantie d'éviction dan la vente*, 1993, nᵒˢ 18, 181 등 참조.

는 예외적으로 배당을 받은 채권자를 상대로 하는 다음의 구체수단을
인정한다. 첫째, 경락인은 아직 대금을 지급하지 않은 상태에서 추탈
사실을 알게 되는 경우 대금 지급을 거절할 수 있다. 둘째, 채무자가
무자력인 경우 경락인은 배당을 받은 채권자를 상대로 만족받은 금액
을 비채변제로서 반환청구할 수 있다(개정 전 프랑스 민법 제1377조, 현
행 제1302-2조). 채권자는 물론 자신의 채권의 만족을 받은 것이기는
하지만, 경락인이 추탈의 위험을 모르고 변제를 한 이상 착오에 따른
비채변제라고 볼 수 있다는 것이다. 셋째, 채권자가 권리가 채무자에
게 속하지 않음을 알면서 집행을 시도하는 등 그에게 귀책사유가 있
는 경우, 채권자는 일반 불법행위에 따라(개정 전 프랑스 민법 제1382조
이하, 현행 제1240조 이하) 경락인에게 배상책임을 진다.

　　(3) 프랑스의 학설과 판례는 기본적으로 일본 구민법 재산취득편
제67조로 승계되었다. 이 규정에 따르면 압류된 재산의 경락인이 추
탈을 받은 때에는 채무자에 대하여 대금의 반환을 청구할 수 있고 그
가 무자력인 때에는 배당을 받은 채권자에 대하여 대금의 반환을 청
구할 수 있으며(동조 제1항), 손해배상은 채권자가 압류를 할 때 권리
가 채무자에게 속하지 않음을 알았던 경우와 채무자가 그러한 사실을
알면서 묵비한 때에 한정되는 한편(동조 제2항), 집행기관은 그 직무
상 의무를 위반하여 경락인의 착오를 야기한 때에만 손해배상책임을
부담한다(동조 제3항).

　　일본 구민법의 입안자 보아소나드는 당시 프랑스의 학설과 판례
에 따라 이러한 규정을 두면서도, 경매의 경우 채무자·채권자·집행
기관 중 어느 누구도 매도인으로 특정하기 어렵다는 점에서 사법상
매매와는 단순히 동일시하기 어려운 차이가 있다고 보았다.26) 특히
경매는 채무자의 의사에 반해 이루어지고, 채무자가 자신 소유 아닌

---

26) Boissonade, *Projet de code civil*, tome 3, nouvelle éd., 1891, n° 250.

물건에 대한 매각에 동의하였다고 볼 수 없기에(타인 권리의 매매를 무
효로 하는 프랑스 민법 제1599조 참조; 참고로 이 규정은 제정된 이래 아직
개정된 바 없다), 채무자를 매도인으로 보는 것에는 난점이 있다는 것
이다. 그러나 그는 이러한 이론적 난점에도 불구하고 권리 취득 없이
대금을 지급한 경락인의 보호를 위해 구제수단이 인정되어야 함을 시
인하고 프랑스 민법의 해석론에 따라 입법화하였다. 즉 그는 대금으
로부터 채무에서 벗어난 집행채무자를 상대로 대금의 반환을 구할 수
있도록 하면서, 그가 무자력인 경우가 많을 것이므로 보충적으로 배
당을 받은 채권자를 상대로 반환청구를 할 수 있도록 규정하였는데,
채권자의 책임은 기본적으로 비채변제의 반환이다.27) 그리고 그는 채
권자, 채무자, 집행기관에 귀책사유가 있는 경우에만 손해배상책임이
발생하도록 정하면서 이를 일반적인 민사 불법행위(délit civil)에 해당
하는 것으로 이해하였다.28)

　　(4) 의용민법 제568조는, 전부 추탈을 전제하는 구민법 규정을
일부 추탈을 포함하도록 권리의 하자 일반으로 확대하고, 채무자의
손해배상 책임 요건을 완화하며, 민사소송법에 비슷한 규정(당시 제
542조)이 있음을 이유로 집행기관의 책임을 삭제하는 수정에 그쳤
다.29) 우리 민법은 기본적으로 의용민법의 이 규정을 받아들인 것이
다.30) 다만 의용민법의 문언은 경매를 강제경매에 한정하고 있었으
나, 입법자는 당시 통설·판례에 따라31) 담보권 실행을 위한 경매 등
도 염두에 두고 "경매"라는 문언을 채택하는 수정을 하였다는 사실이
특기할 만하다.

---

27) Boissonade (주 26), n° 251.
28) Boissonade (주 26), n° 252.
29) 未定稿本 民法修正案理由書, 서울대 도서관 소장본, 490면.
30) 민의원 법제사법위원회 민법안소위, 민법안심의록, 상권, 1957, 336면.
31) 我妻 (주 5), 293-294면 참조.

3. 평   가

(1) 이상의 내용을 살펴보면, 우리 제578조의 해석과 관련해 경매가 일종의 사법상 매매로서 채무자가 매도인의 지위에 있으며 그 결과 담보책임이 그 효과로 인정된다는 사고방식은 그다지 자명하지는 않은 것으로 나타난다. 특히 제578조의 계수 과정을 살펴보면, 동조 제1항의 집행채무자가 부담하는 담보책임 자체도 프랑스 구법에서 부정되었을 뿐만 아니라 민법 시행 초기에 다투어졌으며(주 20 및 본문 참조), 더 나아가 동조 제2항과 제3항의 책임은 해석에서 아예 매매의 효과로 상정되고 있지 아니함을 알 수 있다. 오히려 경매를 승계취득으로 정하면서도 경락인의 구제수단에 대해 명시적인 규율이 없는 법상태에서, 프랑스의 학설과 판례가 가용할 수 있는 민법의 규정(매매, 부당이득, 불법행위)을 활용해 경락인의 보호를 도모하였다고 보는 것이 오히려 사태를 적절히 기술하는 것이라고 보인다.

(2) 그러한 의미에서 제578조가 정하는 경락인의 구제수단들은 서로 이질성을 가지며, 이를 뭉뚱그려 매매의 효과로 설명하는 시도에는 의문이 있다.

비교를 위해 여기서 우리 민법에 제578조가 존재하지 않으며 채무자와 경락인 사이에 통상적인 사법상 매매도 성립하지 않는다고 가정해 본다. 그렇다면 경락에 따른 취득은 법률에 의한 승계취득이 되고, 경락인이 목적물을 진정한 권리자에게 반환하였음에도 집행절차의 유효성을 전제로 배당의 효력을 긍정해야 할 것이다. 그렇다면 경락인의 경락대금 납입으로부터 채무자는 자신의 채무로부터 벗어나는 이익을 받은 것이다.[32] 따라서 경락인은 채무자를 상대로 부당이

---

32) 집행절차와 그에 따른 배당이 유효하므로, 배당 채권자는 채무자로부터 변제를 수령한 것이고, 그 결과 재산적 이득은 경락인 → 채무자 → 채권자의 방향으로 이전되었다.

득을 청구할 수 있을 것이다(제741조). 반면 채무자가 무자력인 때에
는 경락인은 배당받은 채권자를 상대로 청구할 유인을 가지겠지만,
채권자가 악의이면서 배당이 무상의 이익을 부여하지 않는 한 그러한
청구는 배제되어 있다(제747조 제2항).[33] 한편 채무자 또는 채권자가
권리의 하자를 알면서도 경매를 진행시켰다면, 일반적으로 불법행위
에 따른 손해배상책임이 성립할 것이다(제750조).

　　이러한 내용을 제578조와 비교하면 제578조가 가지는 특질이 다
음과 같이 나타난다. 첫째, 제578조 제1항은 담보책임 규정을 준용함
으로써 (부당이득으로서의 면책의 가액을 산정하는 것이 아니라) 경락인이
해제·대금감액의 방법으로 지급한 대금을 반환청구할 수 있게 한다.
둘째, 제578조 제2항은 배당받은 채권자를 상대로 하는 반환청구를
허용함으로써 제747조 제2항이 정한 한계를 벗어나 일종의 전용물소
권을 도입하는 기능을 수행한다.[34] 셋째, 제578조 제3항은 일반 불법
행위에 따라 인정될 수 있는 내용을 확인적으로 규정하면서, 책임을
고의에 의한 경우에 한정한다(손해배상에 대해 보다 상세한 내용은 아래
Ⅲ. 3. 참조).

　　여기서 제578조가 부당이득·불법행위에 대해 가지는 관련성이
잘 나타난다. 경락인의 권리가 매매와의 근접성을 보이는 부분은 제1
항에 그치지만, 그 맥락도 반드시 필연적인 것은 아니다. 이미 보았지
만, 매매 규정의 준용이 아니더라도 부당이득에 의해 그러한 반환청
구는 가능하였을 것이기 때문이다. 따라서 제578조 제1항은 경매에
따른 매매 성립을 전제로 해제권과 대금감액청구권의 (당연한) 존재를

---

33) 제747조 제2항의 반환불능에 무자력이 포함된다는 것에 대해 우선 곽윤직 편집대
　　표, 민법주해[ⅩⅦ], 2005, 576면(양창수) 참조.
34) 梅謙次郎, 民法要義 卷之三, 1909, 520면: "채권자가 대금의 전부 또는 일부를 반
　　환함은 일종의 부당이득의 반환에 다름 아님". 그래서 제578조의 제2항의 섣부른
　　유추가 민법이 예정하지 아니하는 전용물소권의 확대라는 결과를 발생시킬 위험
　　이 있다는 점에 대해 김형석, 담보제도의 연구, 2021, 469면 이하 참조.

확인해 주는 의미의 규정이라기보다는, 권리의 하자가 있는 목적물의
경매라는 사태를 전제로 하여 그 경우 대금반환의 규율을 위해 담보
책임 규정에 따르도록 하는 일종의 법률효과 준용이라고 이해하는 것
이 보다 적절할지도 모른다. 실제로 그 범위가 대체로 일치하더라도,
채무자의 면책을 기초로 부당이득을 파악하는 것보다는 교환의 좌절
에 따른 대금반환의 관점에서 부당이득을 인정하는 것이 경매에 나타
나는 유상적 교환의 특징에 보다 부합할 수 있기 때문이다. 그리고
담보책임의 준용을 이렇게 부당이득적 규율을 위한 해제·대금감액
규정의 준용이라고 이해하면 제578조 제3항이 정하는 손해배상이 일
반적인 담보책임이 부여하는 이행이익의 보호가 아니라 매매 이전 상
태의 회복을 목적하는 불법행위책임이라는 사실과도 어려움 없이 조
화될 수 있다(아래 Ⅲ. 3. (2) 참조).

  (3) 그러므로 제578조가 정하는 책임의 성질은 전체로 볼 때 엄
밀한 의미에서 매매의 효력에 따른 담보책임이라고 말하기는 어렵다
고 생각된다. 오히려 권리의 하자가 있는 목적물이 경매된 경우 경락
인의 보호를 위해 정해진 부당이득 및 불법행위의 특칙으로서 성질을
가진다.[35] 즉 경락에도 불구하고 목적물을 취득하지 못한 경락인의
보호를 위해, 입법자는 채무자를 상대로 하는 대금반환을 규율하기
위해 담보책임의 해제·대금감액을 준용하고(제578조 제1항), 채권자에
대한 관계에서는 예외적인 전용물소권을 허용하며(동조 제2항), 손해
배상은 고의 불법행위의 요건이 충족되는 경우에만 가능함을 밝히는
것이다(동조 제3항). 여기서 일반적인 부당이득·불법행위 규율에 대해
새로운 내용을 가지는 부분은 동조 제2항이 정하는 전용물소권의 인
정과 제3항이 정하는 배상책임의 한정이다. 전자는 경락인의 보호를
두텁게 함으로써 잠재적 경락인들의 경매 참여를 유도하기 위한 정책

---

35) 제578조 제3항에 관해 같은 취지로 김상찬·송서순 (주 8), 106면.

적 규율로서, 후자는 권리를 행사하는 채권자와 비자발적으로 경매에
관여된 채무자의 배상 위험을 경감함으로써 집행절차를 촉진하는 규
율로서 정당화될 수 있다.

 이렇게 이해할 때, 우리 법제에서 경매를 매매라고 성질결정할
것인지 여부는 결정적인 쟁점은 아니라고 생각된다. 유상의 재산권
이전이라는 측면을 중시하여 일종의 특수한 매매라고 볼 수도 있겠지
만, 제578조가 정하는 부당이득·불법행위적 측면을 고려하여 유상적
교환을 한 요소로 하는 독자적인 사법관계라고 말할 수도 있다. 어떻
게 이해하더라도 경매 절차에 따른 사법적 문제의 해결에는 기본적으
로 차이가 없을 것으로 예상된다.[36) 오히려 이상의 서술에서 드러난
중요한 점은 우리 법제에서 경매는 전적으로 공법적인 행위는 아니며
공법적인 측면과 사법적인 측면을 동시에 가지고 있다는 사실이다.[37)
당연한 것이지만, 경매의 성질이 논리적·선험적으로 존재하고 나서
그로부터 경락인의 지위가 도출되는 것은 아니다. 오히려 입법자가
경매와 관계된 이해관계를 형량하고 우선할 이익을 정하여 경락인의
지위를 구체적으로 규율함으로써 비로소 경매가 가지는 성질이 모습
을 드러내는 것이다. 이때 입법자가 채권자·채무자·경락인 사이에
발생하는 법률관계를 차단하면 할수록 경락인의 상대방은 국가로 한
정되어 경매는 공법상 행위에 접근한다.[38) 그러나 반대로 법률이 관
계인들 사이의 사법적 관계의 여지를 남겨두면 둘수록 경매는 국가의
관여라는 공법적 측면에도 불구하고 필연적으로 민사법적 법률관계
를 수반할 수밖에 없을 것이다. 실제로 우리 법제는 그러한 사인 사이

---

36) 동일한 이익상황과 해법이 문제되는 한 다수의 등가적인 법률구성이 가능하다는 점
   에 대해 Heck, *Begriffsbildung und Interessenjurisprudenz*, 1932, S. 189ff. 참조.
37) 中野 (주 11), 142면 이하 참조.
38) 그러한 의미에서 경락인의 담보책임에 따른 권리를 부정하는 규정도 사법상의 규
   율이며(독일 민사소송법 제806조에 대해 Stein/Jonas/Würdinger (주 13), § 806
   Rn. 1), 그래서 스위스 채무법 제234조와 같이 민법에 위치할 수도 있는 것이다.

의 영역을 비교적 넓게 열어 두고 있으므로, 경매에서 공법적 절차에
도 불구하고 민사법적 법률관계의 병존은 불가피하다. 제578조는 경
매의 그러한 민사법적 측면을 규율하는 규범으로서 의의를 가진다.[39]

Ⅲ. 몇 가지 쟁점들

지금까지 개진한 관점에 기초해 종래 학설과 판례에서 논의되고
있던 몇 가지 쟁점을 살펴보고자 한다.

1. 유효한 경매와 전부 타인 권리의 매매

(1) 제578조가 전제하는 경매는 공경매 즉 민사집행법에 따른 강
제경매와 담보권 실행을 위한 경매, 국제징수법에 따른 공매 등 국가
나 그를 대행하는 기관이 법률에 기하여 권리자의 의사와 무관하게
행하는 공경매를 말한다.[40] 사경매는 이에 포함되지 아니하는데, 이
는 사법상 매매이므로 제569조 이하의 규정이 직접 적용된다.

더 나아가 제578조는 경매절차가 유효할 것을 전제로 한다.[41] 달
리 말한다면 권리의 하자가 없다고 가정할 때 적법한 경매절차가 진
행되어 경락인이 종국적으로 소유권을 취득하고 채무자와 채권자에
대한 반환 청구를 상정할 여지가 없이 종결될 그러한 경매절차여야
한다. 이는 권리의 하자를 이유로 하는 담보책임이 권리의 하자를 제
외하고는 권리 이전을 가능하게 하는 유효한 매매의 성립을 전제로

---

39) 김상찬·송서순 (주 8), 95-96면도 비슷한 취지로 보인다.
40) 곽윤직 (주 6), 152면; 김대정 (주 7), 524면; 김주수 (주 2), 218면; 김증한·김학동
    (주 2), 283면; 김형배, 채권각론(계약법), 신정판, 2001, 342면; 송덕수 (주 6),
    206면; 김상용, 채권각론, 제2판, 2014, 207면; 「농수산물 유통 및 가격안정에 관한
    법률」에 따른 농산물 경매에 대해 大判 2016.8.24., 2014다80839, 공보 2016,
    1349.
41) 김증한·김학동 (주 2), 284면; 김상찬·송서순 (주 8), 91면; 민법주해[ⅩⅣ] (주 3),
    459면(남효순).

하는 것과 마찬가지이다(즉 무권리를 제외한 모든 권리변동 요건이 갖추
어져 있는 상태를 지칭하는 정권원[le juste titre] 요건을 말한다). 그러므로
제578조의 적용을 위해서는 공경매를 규율하는 법률에 따른 절차상
요건이 충족되어야 하며, 경매가 무효인 경우 본조는 적용될 여지가
없다. 그래서 예컨대 무효인 저당권등기에 기초해 저당권의 목적물이
아닌 부동산에 대해 경매가 이루어진 경우, 그러한 경매는 무효이고
제578조가 적용될 여지가 없다.42) 무효인 집행권원에 기초해 경매가
이루어진 경우도 같다.43) 어느 경우나 부당이득(제741조)에 따라 배당
을 받은 채권자를 상대로 원상회복이 이루어진다.44)

　　(2) 한편 제578조에 따른 책임이 성립하려면 제570조 이하가 정
하는 모습의 권리의 하자가 존재하여, 경락인이 목적물의 소유권을
취득할 수 없거나 부담이 있는 소유권을 취득하는 결과가 발생해야
한다.45) 그러므로 적어도 제578조 제1항의 문언에 따르면 경매의 목
적물 전부가 채무자 아닌 제3자의 소유인 경우, 소유권을 취득하지
못한 경락인은 제578조에 따라 책임을 물을 수 있어야 한다. 그런데
판례는 제578조는 적어도 경매가 유효한 경우에 적용된다는 전제에
서(앞의 Ⅲ. 1. (1) 참조) 출발하여, 채무자 명의의 소유권이전등기가 원
인무효인 사안에서도 경매절차가 무효라는 이유로 경락인에게 채권
자를 상대로 하는 부당이득 반환청구만을 인정하고 기타 담보책임 상
의 권리를 부정하고 있다.46)

---

42) 大判 1993.5.25., 92다15574, 공보 1993, 1836.
43) 大判 1991.10.11., 91다21640, 집 39-4, 27.
44) 경매절차가 무효인 경우 배당에 따른 변제의 효과가 발생하지 아니하므로 재산적
　　이득은 경락인 → 채권자의 방향으로 이동한다. 이는 실질에서 예컨대 부존재하는
　　채무를 제3자로서 변제한 경우와 다를 바 없다. 김형석, "제삼자의 변제·구상·부
　　당이득", 서울대학교 법학, 제46권 제1호, 2005, 364면 이하 참조.
45) 권리의 하자는 매매계약의 성립 시점에 존재하는 원시적 하자이어야 하므로, 이는
　　원칙적으로는 경락허가결정 시점 이전에 존재해야 한다. 김증한·김학동 (주 2),
　　284면.

그러나 이러한 판단은 부당하다고 생각된다.[47] ① 우선 판례와 같은 해석이 제578조의 문언에 반함은 명백하다.[48] 그리고 무엇보다 이러한 해석은 제578조가 제570조를 준용하는 문언에 아무런 적용범위를 남겨 두지 않는 결과를 야기하여,[49] 방법론적으로 해석론의 한계를 넘어선다고 생각된다.[50] ② 더 나아가 판례가 말하는 것처럼 타인 소유 물건이 경매되는 경우 경매절차가 부적법하여 무효가 되는지의 여부 자체에 대해서도 의문이 존재한다. 앞서 지적하였지만, 제578조가 말하는 유효한 경매절차는 권리의 하자가 없다고 가정할 때 적법한 경매절차가 진행되어 경락인이 종국적으로 소유권을 취득하고 채무자와 채권자에 대한 반환 청구를 상정할 여지가 없이 종결될 그러한 경매절차를 의미하는 것이다(앞의 Ⅲ. 1. (1) 참조). 그러므로 경매 목적물이 제3자에게 속한다는 사정은 오히려 경매절차의 적법성에 아무런 영향을 주지 않으며, 따라서 경매절차는 유효하다고 이해해야 한다.[51] 실제로 민사집행법에서 채무자의 동의 없이도 경매에

---

46) 大判 2004.6.24., 2003다59259, 공보 2004, 1205. 이 판결에 대해 김학준, "경매절차의 무효와 담보책임", 대법원 판례 해설, 제49집, 2004, 172면 이하 참조.

47) 다른 선례와의 관계에 대해서는 양창수, "채무자 소유 아닌 부동산에 대한 경매와 담보책임", 민법연구, 제8권, 2005, 356면 이하; 이규철, "경매의 목적이 된 권리가 타인에게 속한 경우와 담보책임", 재판과 판례, 제16집, 2007, 294면 이하 참조.

48) 양창수 (주 47), 355－356면.

49) 이규철 (주 47), 294면; 송덕수 (주 6), 207면.

50) 규범의 적용범위를 완전히 부정하는 해석이 체계적 해석의 관점에서 정당화될 수 없다는 점에 대해 Bydlinski, *Grundzüge der juristischen Methodenlehre*, 2. Aufl., 2012, S. 33 참조.

51) 이에 대해 최준규, "경매와 담보책임 재론", 사법, 제60호, 2022, 396면은, 大判 2004.6.24. (주 46)을 배경으로, 물상보증인이 타인 소유 목적물에 근저당권을 설정해준 경우 근저당권이 무효여서 경매절차도 무효라는 이유로 본문의 서술을 비판한다. 그러나 이러한 비판은 타당하지 않다. 본문에서 명백하게 서술하였지만, 이 글은 담보책임의 규범목적을 고려해 "경매절차의 유효"의 의미를 "권리의 하자가 없다고 가정할 때 적법한 경매절차가 진행되어 경락인이 종국적으로 소유권을 취득하고 채무자와 채권자에 대한 반환 청구를 상정할 여지가 없이 종결될 그러한 경매절차"(위의 Ⅲ. 1. (1) 참조)로 정의하였다. 그러므로 타인 소유 부동산에 저

의해 목적물이 적법하게 매각되고 채권자 만족의 기초가 될 수 있는
근거는 압류의 효력이다. 그리고 압류는 민사집행법이 정하는 대로
원칙적으로 동산의 경우 채무자의 점유(민집 제188조 제1항, 제189조)
그리고 부동산의 경우 채무자 명의의 등기라는 사정에 기초해 행해지
며(동법 제80조, 제81조, 제83조 제1항), 목적물의 소유권이 채무자에게
속한다는 사정은 그 요건이 아니다.52) 그러므로 채무자가 처분권을
가지지 않는 제3자의 소유물에 관해서도 압류는 유효하게 성립한
다.53) 따라서 제3자 소유물에 대한 압류는 절차법에 반하는 위법집행

　　　당권을 설정한 경우 권리의 하자가 없었다면 경매가 유효하였을 것이므로 제578
　　　조가 적용되지만(주 46), 예컨대 부동산 동일성이 상실되어 무효인 저당권에 기해
　　　경매가 실행된 때에는 권리의 하자와 관계 없이 경매의 효력이 부정되므로 제578
　　　조가 적용될 수 없는 것이다(주 42). 비판하려는 견해의 내용을 그대로 받아들이
　　　지 않고 선택적으로 제시하며 비판하는 것은 적절하지 않다고 생각된다.
52) 관점에 따라서는 미등기 부동산의 압류를 가능하게 하는 민집 제81조 제1항 제2호
　　단서를 들어 채무자 명의의 등기가 아닌 채무자 소유가 압류의 요건이라고 생각할
　　여지도 있을 것이다. 그러나 이는 예외적인 한 경우를 들어 원칙을 부정하려는 논
　　거라고 생각된다. 동항 제2호 본문은 채무자에게 등기 명의가 없는 경우에도 실체
　　법적 소유관계와 무관하게 "즉시 채무자 명의로 등기될 수 있"는지 만을 여부를
　　기준으로 정함으로써, 채무자의 소유가 아니라 그 등기 명의를 기초로 압류를 개
　　시하는 원칙(동항 제1호 참조)을 보충적으로 확인해 주고 있다. 그런데 압류하려
　　는 부동산이 미등기인 경우, "즉시 채무자 명의로 등기될 수 있"는지 여부는 결국
　　집행채무자가 소유자인지 여부에 의해서만 확인될 수 있다. 그러므로 그 경우에는
　　등기를 기준으로 압류하는 원칙에 따라 미등기 부동산의 소유 여부를 소명하게 하
　　는 것이다. 만일 집행채무자의 소유가 압류의 요건이라면 이를 모두에서 원칙으로
　　규정하면 충분한 것이지, 보충 규정의 예외 규정 형식으로 정할 이유가 없을 것이
　　다. 실체법적 관계는 집행권원과 집행문으로 형식화되는 한도에서만 강제집행의
　　유효 요건이 된다는 것은 집행법의 기본적인 출발점 중 하나이다. 中野貞一郞, 民
　　事執行 · 保全入門, 補訂版, 2013, 29면 이하 참조. 또한 압류의 효력의 본질은 처분
　　금지효에 그치는 것이며 채권자 배당의 근거가 되지 못한다고 의문을 제기할 수도
　　있겠지만, 이는 타당하다고 보기 어렵다. 압류가 부동산 환가의 기초가 아니라면
　　법률은 도대체 무슨 목적으로 그에 처분금지효를 부여한다는 말인가? 강제경매 개
　　시의 결정으로 동시에 압류가 명해진다면(민집 제83조 제1항), 채권자의 신청과
　　집행법원의 결정에 따라 야기된 압류 상태를 제외하고 채무자 의사에 반하는 매각
　　을 가능하게 하는 법적 기초로 무엇을 언급할 수 있는지 쉽게 생각하기 어렵다.
53) Hellwig/Oertmann (주 10), S. 312; Gaul/Schilken/Gottwald (주 12), § 41 Rn. 3,

이 아니라 실체적인 관점에 정당화되지 않는 부당집행에 지나지 않으며, 바로 그러한 이유에서 민사집행법은 집행에 대한 이의(민집 제16조)가 아니라 제3자 이의의 소(민집 제48조)로 다투도록 규정하고 있는 것이다. 이 판결은 민사집행법의 이러한 기본 원칙을 간과하고 있다고 보인다. ③ 그리고 이미(앞의 Ⅱ. 3. 참조) 살펴본 것처럼, 입법자는 제578조 제1항, 제2항을 통해 전부 타인에게 속하는 권리가 경매된 경우 채무자에게 일차적 책임을 지우며 만족을 받은 채권자에게는 보충적 책임만을 지우고 있는데, 이러한 책임은 성질상 부당이득의 특칙으로 보아야 하므로(앞의 Ⅰ. 2. 참조) 그와 다른 내용의 부당이득 관계를 상정하는 것은 허용되어서는 안 된다.54) 그렇지 않으면 채권자의 책임을 보충적으로 함으로써 경매에 따른 배당절차의 안정을 도모하는 제578조 제2항의 취지는 존중받지 못하게 된다. 이는 보다 일반적으로는 제578조가 적용되는 범위에서 경락인이 일반 부당이득(제741조)에 의지해 납부한 대금의 반환을 청구하는 것은 허용되지 않는다는 것을 의미하는데, 그렇지 않으면 동조가 정한 배당채권자의 보충적 책임이 잠탈되기 때문이다. 그래서 예컨대 경매의 목적물에 대항력 있는 임대차가 존재하는 경우에 이를 알지 못한 경락인은 제578조에 따른 구제수단을 행사할 수 있을 뿐, 그렇지 않고서 채무자나 경락대금을 배당받은 채권자들을 상대로 임대차보증금에 상당하는 경락대금의 전부나 일부를 부당이득으로 반환청구할 수는 없는 것이다.55)

4; 中野 (주 11), 157면; 김상찬·송서순 (주 8), 98면 등. 이에 대해 김학준 (주 46), 183면은 "경매목적물이 당초부터 채무자 또는 물상보증인의 소유에 속하지 않았던 경우[…]에 관하여는 판례나 학설이 없다"고 서술하고 그러한 경매가 무효라는 주장을 전개하고 있으나, 종래 판례나 학설이 그에 대해 언급하지 않았던 것은 채무자 또는 물상보증인의 소유가 당연히 경매의 요건이 아니었기 때문이다.

54) 양창수, "타인 소유 물건의 경매와 물상보증인의 담보책임", 민법연구, 제2권, 1991, 239면; 김상찬·송서순 (주 8), 105면.

55) 大判 1996.7.12., 96다71062 공보 1996, 2478.

이에 대해 집행채무자나 물상보증인에 의한 권리 귀속의 외관 창
출이 있었던 경우와 그렇지 않은 경우를 구별하여 전자에만 제578조
를 적용하는 견해도 주장되며, 후자의 경우 채무자를 관여시켜 그에
게 일차적 책임을 지우는 것이 적절하지 않다는 것을 이유로 한다.56)
그러나 그러한 구분을 해석상 제578조로부터 읽어내는 것은 무리라
고 생각된다. 또한 그러한 경우 채무자가 일차적으로 책임을 지더라
도, 그는 배당을 받은 자신의 채권자에 대한 관계에서 변제해야 했을
것을 경락인에 상환하는 것이어서 실질에서 자신이 원래 부담해야 할
희생을 하는 것에 지나지 않으므로 그를 관여시켜 가급적 배당의 안
정을 도모하는 입법적 결단이 부당하다고도 말하기 어렵다.

2. 해제·대금감액에 따른 대금의 반환

(1) 경락인은 제570조 내지 제577조57)의 요건에 따라 채무자에
대하여 계약을 해제하거나 대금감액을 청구할 수 있다(제578조 제1
항). 즉 권리의 하자의 모습에 따라 이를 규율하는 해당 규정의 요건
에 좇아 해제 또는 대금감액이 인정된다는 의미이다. 권리를 행사할

---

56) 김용덕 편집대표, 주석 민법 채권각칙(2), 제5판, 2022, 445 – 446(이동진).

57) 종래 통설(곽윤직 (주 6), 153면; 김형배 (주 40), 343면 등)은 제576조, 제577조를
  준용하는 제578조 제1항은 입법상의 실수로 평가하고 있었다. 경매가 실시되면 저
  당권은 순위에 상관없이 모두 소멸하기 때문에(민집 제91조 제2항) 제576조, 제
  577조가 적용되는 사례는 경매의 경우 발생할 수 없기 때문이라는 것이다. 제576
  조, 제577조가 전제하는 저당권 또는 전세권의 부담과 관련해서 이러한 지적은 타
  당하다. 그러나 현재 판례는 매매 당시 목적물에 가등기나 가압류·가처분이 있던
  경우에도 제576조를 유추적용하므로(大判 1992.10.27., 92다21784, 집 40 – 3,
  112; 2011.5.13., 2011다1941, 공보 2011, 1172), 그 때에는 제576조가 제578조를
  통해 적용될 여지가 존재한다(大判 1986.9.23., 86다카560, 집 34 – 3, 66; 大決
  1997.11.11., 96그64, 공보 1997, 3747 참조). 물론 경매로 유효하게 소유권을 취득
  하였다가 이후 가등기에 기초해 본등기가 경료되어 소유권을 상실할 것이 전제가
  된다(大判 1999.9.17., 97다54024, 공보 1999, 2170; 大決 2017.4.19., 2016그172,
  공보 2017, 1071).

수 있는 자는 경매절차의 경락인(민사집행법에 따른 매수인)으로, 경매
절차에서 매각대금을 지급하여 소유권취득의 요건을 갖춘 자를 말하
며,[58] 그 이전 시점에 권리의 하자가 밝혀졌다면 이는 민사집행법 제
96조 제1항, 제268조에 따라 경매절차의 취소사유가 된다. 한편 제
570조 내지 제577조의 요건에 따라 담보책임을 묻기 위해서는 선의
가 요구될 수 있겠지만, 경락인이 매각조건을 신뢰한 이상 현실적으
로 선의가 부정되는 경우는 극히 드물 것이다. 그러나 제576조의 적
용이 문제되는 경우(주 55 참조) 경락인이 가압류나 가등기의 존재를
고려하여 경락받았다면 묵시적 책임면제가 인정될 수는 있다.[59]

   (2) 담보책임을 묻게 되는 상대방은 일차적으로 채무자이다(제
578조 제2항). 이와 관련해 종래 경매 목적물의 제공자가 물상보증인
(또는 제3취득자)인 경우 담보책임을 지는 사람 즉 원상회복으로 대금
반환의 의무 등을 부담하는 사람이 채무자인지 아니면 물상보증인지
여부가 다투어지고 있다.

   하나의 견해[60]과 판례[61]는 물상보증인이 담보책임을 진다고 해
석하며, 물상보증인이 실질에서 매도인의 지위에 있을 뿐만 아니라
채무자에 대하여 구상권을 가지게 된다는 점을 이유로 한다. 반면 다
른 견해[62]는 채무자가 무자력인 경우 유한책임만을 부담하는 물상보
증인에게 대가반환의 부담을 지게 하는 것은 지나치다는 이유로 채무

---

58) 大決 2017.4.19., 2016그172, 공보 2017, 1071.
59) 서울중앙地判 2007.11.13., 2007가합3334, 각공 2008, 317.
60) 곽윤직 (주 6), 152면; 김증한·김학동 (주 2), 285면; 김대정 (주 7), 526면; 양창수
   (주 54), 246면 이하; 민법주해[XIV] (주 3), 466-467면(남효순); 조인영, "경매에
   서의 유치권과 제3취득자의 담보책임", 인권과 정의, 제493호, 2020, 147면 이하.
61) 大判 1988.4.12., 87다카2641, 공보 1988, 841. 그러나 大判 2020.1.16., 2019다
   247385, 공보 2020, 417는 다른 태도로 보인다.
62) 김형배 (주 40), 343면; 김상용 (주 40), 207면; 김주수 (주 2), 219면; 송덕수 (주
   6), 207면; 이덕환 (주 2), 246면; 장재현, 채권법각론, 2006, 252면; 김용담 편집대
   표, 주석 민법 채권각칙(3), 제4판, 2016, 120-121면(김대정). 我妻 (주 5), 295면
   참조.

자가 상대방이 된다고 해석한다. 그러나 이러한 의견에 대해서는 그
렇게 되면 채무자의 무자력 위험이 채권자에게 전가되는데, 그러한
무자력 위험은 채권자가 아니라 담보를 제공함으로써 이를 인수한 물
상보증인이 부담하는 것이 타당하며, 물적 유한책임은 채권자에 대한
관계에서만 의미를 가질 뿐이라는 비판이 있다.63) 실제로 물상보증인
이 경락인에게 반환해야 하는 금액은 자신의 소유라고 생각하였던 물
건의 가치에 기초한 것이어서 대체로 그가 인수한 책임의 범위와 일
치하므로, 담보설정으로 채무자의 무자력 위험을 인수한 물상보증인이
경락인에 대한 관계에서 대가반환 의무를 부담한다고 하여도 부당하다
고 말하기는 어려울 것이다. 이러한 비판은 타당하다고 생각된다.64)

---

63) 양창수 (주 54), 247-248면.

64) 이에 대해 최준규 (주 51), 393면 이하는 물상보증인에게 담보물 조달의무를 인정
할 수 없다고 강조하면서 의문을 제기하고, "물상보증인은 자기 소유 재산이라고
생각하던 부동산을 잃"은 상황에서 "채무자의 무자력 위험을 부담"하는 것은 불공
평하다고 시사한다. 그러나 이러한 관점은 담보설정에 따른 당사자들 사이 리스크
분배(Risikoverteilung)의 문제를 담보 목적물의 물건의 위험(Sachgefahr)의 문제
로 부당하게 치환하는 것으로서, 설득력 있다고는 생각되지 않는다. 물상보증인에
게 담보물 조달의무가 있는지 여부는 물상보증인이 담보로 제공하기로 한 담보물
의 가치 범위에서 채무자의 무자력을 부담하기로 하였다는 담보목적의 인수 여부
와는 다른 쟁점이라고 생각되기 때문이다. 물상보증인은 자신의 부동산에 담보를
설정하면서 최악의 경우 부동산을 상실해 그 가액만큼 재산상 손실을 입게 될 결
과를 감수하였다(채무자 무자력의 인수). 그가 제578조 제1항에 따라 경락인 청구
의 상대방이 된다고 하더라도, 이는 바로 자신이 예견하고 감수한 위험이 실현된
것에 다름 아니다. 물론 그는 부동산이 자신의 것이 아니었으므로, 그 취득을 위해
헛되이 대금을 지급했다는 점과 관련해 손실을 받았다. 그러나 이는 물상보증인과
그의 양도인 사이의 거래로부터에 발생한 손실로, 채권자로서는 아무런 관심도 이
해관계도 없는 사항이다. 만일 여기서 채권자가 물상보증인에게 아무런 청구를 할
수 없다면, 물상보증인은 채권자에 대한 관계에서 사전에 인수한 위험을 회피하면
서도 동시에 자신의 양도인에게 담보책임을 물을 수 있게 되어 아무런 불이익도
받지 않게 될 것이다. 설령 그의 양도인이 무자력이라고 하더라도, 채권자에 대해
책임을 부담하지 않는 물상보증인은 결과적으로 부동산의 가액만큼의 손실을 받
게 되는 것에 그치므로 유효하게 소유권을 취득한 다음 담보를 설정해 실행된 경
우와 동일한 재산 상태에 있게 된다. 이는 물상보증인이 채무자의 무자력 위험뿐
만 아니라 자신의 양도인의 무자력 위험마저도 채권자에게 전가할 수 있다는 결과

한편 제578조 제1항의 책임이 대가반환이라는 부당이득적 규율을 위해 담보책임을 준용한다는 이 글의 관점(앞의 Ⅱ. 3.)에서 접근하는 때에도 물상보증인설이 타당하다. 여기서도 제578조 제1항의 규율이 없이 적법한 경매에 따라 유효한 배당이 이루어졌음에도 불구하고 경락인이 진정한 소유자의 청구를 받아 목적물을 상실한 경우를 상정해 본다(앞의 Ⅱ. 3. (2) 참조). 이 경우 경락인이 채무자를 상대로 채무면책을 이유로 부당이득을 청구할 수 있다고 해석될 수는 없다. 만일 권리의 하자가 없어 예컨대 부동산에 유효한 저당권이 존재하였다면, 물상보증인은 채무자에 대하여 구상권을 취득하였을 것이다(제370조, 제341조). 이는 물상보증인이 있는 경우 채무자의 면책이 물상보증인의 출재로 인하여 발생함을 전제로 하고 있는 것이다. 그러므로 경락인의 대금지급에 따라 재산적 이득은 경락인 → 물상보증인 → 채권자의 방향으로 이동한 것이고, 경락인은 물상보증인을 상대로 부당이득을 청구해야 했을 것이다. 물론 이에 대해 견해에 따라서는 동시에 피담보채권에 대한 변제가 이루어진다는 점을 들어 채권자는 물상보증인이 아니라 채무자로부터 출연을 받았다고 이해할지도 모른다. 그러나 이러한 설명은 부당이득의 관점에서 타당하지 않다. 제578조 제2항에 따라 배당의 효력이 부정되는 범위에서 물상보증인은 부종성에 따라 채권자에 대한 관계에서 환가를 수인할 필요가 없을 뿐만 아니라 채무자에 대한 관계에서 채무 면책의 이익을 부여할 의무도 없다. 그렇다면 보상관계에서 물상보증인에게 급부를 지시할 권한 없는 채무자는 대가관계에서 아무것도 출연할 수 없다. 오히려 물상보증인이 경락인으로부터 받은 대금을 헛되게 출연하는 것이다. 이러한 결과는 다음과 같은 사례와 비교해 보아도 그 타당성이 확인된다. 예컨대 주채무가 부존재하거나 담보가 무효이어서 피담보채권의 변제효

가 된다. 채권자가 왜 물상보증인과 양도인 사이의 거래의 영향을 받고 그로부터 발생하는 손실을 부담해야 하는지는 쉽게 이해할 수 없다.

가 발생하지 않는 경우, 보증인 또는 물상보증인은 만족을 받은 채권자를 상대로 직접 부당이득 반환을 청구할 수 있다고 해석된다.[65] 이러한 이익상황은 제578조 제2항에서도 다를 바 없으며, 따라서 출연은 물상보증인 → 채권자의 방향으로 이루어진다고 해석해야 한다.

그렇다면 이러한 부당이득적 성질을 가지는 대금반환을 해제·대금감액의 준용으로 규율하는 제578조 제1항에서도 다른 결과가 인정되어서는 안 될 것으로 생각된다. 이렇게 본다면 실질에서 물상보증인이 매도인의 지위에 있다는 종래 물상보증인설의 지적은 단순히 형식적인 논거를 넘어 이러한 재산의 흐름을 염두에 둔 것으로 선해할 수도 있다.

(3) 그러나 채무자가 자력이 없는 때에는 경락인은 대금의 배당을 받은 채권자에 대하여 그 대금 전부나 일부의 반환을 청구할 수 있다(제578조 제2항). 즉 채무자 무자력의 경우에는 배당을 받은 채권자가 배당을 받은 범위에서 보충적으로 책임을 부담한다. 이는 해제·대금감액에 따른 대금반환 의무를 배당받은 채권자가 부담함을 의미하며, 따라서 배당받은 한도에서만 반환의무가 발생한다. 채권자에게 이를 청구하는 경락인은 채무자의 무자력을 입증해야 한다. 한편 배당을 받은 채권자가 여러 명인 경우, 채권자는 각자 독립하여 배당받은 범위에서 반환의무를 부담하고, 그 경우 대금을 반환한 채권자는

---

65) Reuter/Martinek, *Ungerechtfertigte Bereicherung*, 1983, S. 494f.; Larenz/
    Canaris, *Lehrbuch des Schuldrechts*, Band Ⅱ/2, 13. Aufl., 1994, S. 244f. 참조.
    만일 이 경우 물상보증인이 채무자를 상대로 부당이득을 청구해야 한다고 해석한
    다면, 다음과 같은 문제가 발생한다. 변제의 효력이 부정되므로, 채무자가 채권자
    를 상대로 취득한 것은 변제효 없는 출연에 따른 부당이득 반환청구권뿐이다. 그
    러므로 보증인이나 물상보증인은 결국 채무자를 상대로 부당이득 반환청구권의
    양도(이른바 Kondiktion der Kondiktion)를 청구할 수밖에 없다. 그러나 이로써
    보증인이나 물상보증인은 채권자가 채무자에 대해 가지는 대항사유의 대항도 받
    게 되면서(exceptio ex iure tertii), 채권자와 채무자의 이중의 무자력 위험을 부담
    하게 된다. 이는 부종성 또는 담보의 무효에 기해 처음부터 출연할 필요가 없었던
    보증인 또는 물상보증인에게 부당하게 가혹한 결과이다.

다른 채권자를 상대로 비율에 따라 상환청구를 할 수 있다고 해석되고 있다.[66)]

3. 손해배상

(1) 경매의 대상이 된 권리에 제570조 내지 제577조에 따라 담보책임이 발생할 사유가 있어도 원칙적으로 경락인에게 손해배상은 인정되지 아니한다(제578조 제3항).[67)] 학설에서 논란은 있으나, 제570조 내지 제577조에 따른 인정되는 손해배상은 이행이익 배상을 의미하는 것으로 이해하는 것이 타당하며, 적어도 제570조, 제572조와 관련해 판례의 태도이기도 하다.[68)] 그러므로 목적물이 경매에 의해 매각되는 경우 경락인은 계약이 이행되었다면 확보하였을 이익을 보장받지는 못한다. 이 글이 전제하는 관점(앞의 Ⅱ. 3. 참조)에 비추어 본다면 이러한 규율은 지극히 자연스러운데, 제578조는 기본적으로 대금반환이라는 효과의 규율을 위해 해제·대금감액을 준용하는 규범이어서 계약이행을 전제로 하는 손해배상을 염두에 두고 있지 않기 때문이다. 실제로 경매의 경우 채무자는 자발적으로 처분하는 것이 아닐 뿐만 아니라 채권자 역시 자신 채권의 만족을 위해 경매를 시도하는 것이므로, 이들에게 이행이익에 대한 무과실책임을 지우는 것은 가혹할 것이다.

(2) 그러나 채무자가 물건 또는 권리의 흠결을 알고 고지하지 아니하거나, 채권자가 이를 알면서 경매를 신청한 때에는, 경락인은 그 흠결을 안 채무자나 채권자에 대하여 손해배상을 청구할 수 있다(제

---

66) 新版 注釋民法(14) (주 4), 253(柚木·高木). 그러나 배당 순위의 역순으로 반환금액에 달할 때까지 반환하고 배당순위가 같은 채권자들 사이에서는 물론 배당액에 비례하여 반환해야 한다는 견해로 민일영, "경매와 담보책임의 법리", 법조, 제53권 제1호, 2004, 36면.

67) 서울高判 1980.1.21., 79나1664, 고집 80-1, 53.

68) 본서 제3편 제1장 Ⅱ. 1. (1), Ⅲ. 2. (1) 참조.

578조 제3항). 여기서 물건의 흠결은 수량부족·일부멸실을, 권리의 흠
결은 나머지 권리의 하자를 지시하며, 책임 발생을 위해서는 그러한
사정을 알고 있어야 하고[69] 알 수 있었다는 사실만으로는 충분하지
않다. 법원이나 경락인의 과실도 그 성부에 영향을 주지 않는다.[70]
경매절차의 채무자 및 배당채권자 중 책임 요건을 충족하는 자가 부
담하며, 문언에 비추어 동조 제1항, 제2항에서와 같은 배당채권자의
보충적 관계는 존재하지 아니하므로 배상의무 있는 자들은 연대하여
책임을 진다고 해석된다.[71]

관련하여 손해배상의 내용이 무엇인지 문제된다. 담보책임 규정
이 준용되는 맥락을 고려할 때, 제578조 제3항이 말하는 손해배상은
제570조 내지 제577조에 규정된 바의 손해배상 책임을 의미하며 따
라서 원칙적으로 이행이익 배상을 내용으로 한다고 해석할 여지도 없
지 않다.[72] 특히 하자의 존재를 알고 있는 매도인은 담보책임을 배제
할 수 없는 취지에 비추어(제584조 참조) 권리의 하자에 대해 악의인
채무자에게 손해배상책임을 지우는 것이라고 설명할 수 있는 것이다.
그러나 이러한 해석은 결정적인 약점을 가진다. 그것은 제578조가 전
제하는 "매도인"의 위치에 있지도 아니하며 집행으로 자신의 채권을
추심하는 것에 그치는 채권자에게 무슨 이유로 이행이익에 대한 책임
을 지우는지를 정당화하기 어렵다는 것이다. 실제로 민법에서 계약관
계에 있지 아니한 제3자에게 이행이익 배상을 부담시키는 경우는 드

69) 예를 들어 大判 2003.4.25., 2002다70075, 공보 2003, 1262. 다만 현실적으로 악의
를 입증하는 것은 사안에 따라 매우 어려울 수 있으므로, 중과실은 악의와 동일시
해야 할 것이다.
70) 大判 1964.5.12., 63다663, 집 12-1, 70.
71) 곽윤직 (주 6), 153면; 김증한·김학동 (주 2), 286면; 김대정 (주 7), 526-527면;
김주수 (주 2), 219면; 송덕수 (주 6), 208면; 大判 1964.5.12., 63다663, 집 12-1,
70.
72) 실제로 김주수 (주 2), 221면; 민법주해[XIV] (주 3), 469-470면(남효순); 주석 민
법 채권각칙(3) (주 62), 124면(김대정) 참조.

물다. 그렇다면 배당을 받은 채권자에게 비록 그가 권리의 하자에 대
해 악의이더라도 이행이익의 배상을 물린다는 의미로 제578조 제3항
을 이해하는 것은 민법의 체계에 반하여 선뜻 받아들이기 어렵다고
생각된다.73) 결국 채권자의 비난가능성은 채권 만족을 위해 책임재산
이 아님을 알고 있는 재산에 집행을 시도해 경락인으로 하여금 무용
한 지출을 하게 하고 다른 유리한 취득 기회를 상실하게 하였다는 점
에 있다. 이는 결국 채권자의 귀책사유를 이유로 하는 불법행위책임
에 다름 아니다. 실제로 이 규율의 연원이 된 프랑스 민법의 해석에
서 악의 채권자의 책임이 불법행위로 이해되고 있다는 사실은 이미
살펴보았다(앞의 Ⅱ. 2. (2) 참조). 그렇다면 채권자의 손해배상책임의
내용은 경락을 경락이 있기 전 재산상태로 돌리는 내용의 손해배상
즉 신뢰이익의 배상이어야 한다.

　　그런데 이렇게 이해한다면, 악의의 채무자의 손해배상도 더 이상
이행이익의 배상으로 해석할 수는 없게 된다. 제578조 제3항은 채권
자와 채무자의 책임을 평행하게 언급한 다음 그 효과로 하나의 법률
효과를 정하고 있는데("채무자가 […] 고지하지 아니하거나 채권자가 […]
청구한 때에는 경락인은 […] 채무자나 채권자에 대하여 손해배상을 청구할
수 있다"), 이러한 규율에서 하나의 문언이 서로 다른 법률효과를 가
진다고 상정하는 것은 불합리하기 때문이다. 또한 제578조 제3항은
권리의 하자를 알고 있는 채무자가 이를 고지하지 아니한 것을 책임
의 요건으로 하는데, 고지의무의 보호범위는 그것이 준수되었을 때
발생하지 않았을 손해를 내용으로 하므로 매매에 따른 이행이익이 된
다고 말하기는 어렵다. 그렇기 때문에 일본 구민법의 기초자인 보아

---

73) 계약 당사자 아닌 자가 이행이익의 책임을 부담하는 예외적인 경우로 예컨대 무권
　　대리인의 책임을 들 수 있다(제135조). 그러나 주지하는 바와 같이 그 귀책 근거에
　　대해서는 쉽지 않은 논의가 있으며(양창수, "무권대리인의 책임", 민법연구, 제1
　　권, 1991, 133면 이하 참조), 그 결과 본문에서와 같은 다른 사안에 쉽게 전용할
　　수는 없다고 생각된다.

소나드는 이러한 고지의무 불이행을 이유로 하는 채무자의 책임도 민
사적 불법행위책임에 해당한다고 지적하였던 것이다.[74] 이상의 사정
을 고려하면 채무자의 손해배상 역시 경락인을 경락 이전의 상태로
되돌리는 손해배상인 신뢰이익 배상에 해당하지 않을 수 없다고 생각
된다.[75]

　　이 손해배상에 적용되는 소멸시효 내지 제척기간은 어떠한가? 문
언에 따를 때 단기의 제척기간을 정하는 제573조, 제575조 제3항은
대금반환과 관련해 그것이 준용되는 제578조 제1항, 제2항의 맥락에
서만 직접 의미를 가진다. 그리고 제570조 이하에서 문제되는 손해배
상은 이행이익 배상으로(주 68 참조) 앞서 살펴본 것처럼 제578조 제3
항이 정하는 손해배상과 규범목적을 달리한다. 그러므로 제578조 제3
항이 정하는 손해배상 청구권에는 그 성질에 따라 일반 불법행위의
소멸시효가 적용되는 것이 타당하다고 생각된다.

---

74) Boissonade (주 26), n° 252.
75) 김상찬·송서순 (주 8), 107면도 신뢰이익 배상이라고 하나, 불법행위 특칙이라는
　　점이 아니라 법정책임설의 입장에서 담보책임의 손해배상이 신뢰이익을 대상으로
　　한다는 점을 근거로 한다.

판례색인

사항색인

저자 소개

김형석

• 서울대학교 법과대학 졸업(학사)
• 서울대학교 대학원 법학과(석사)
• 독일 트리어(Trier) 대학교(석사, 박사)
• 현 : 서울대학교 법학대학원 교수

저서 및 논문

Zessionsregreß bei nicht akzessorischen Sicherheiten(Duncker & Humblot, 2004)
주석 민법 물권(1)(제5판, 2019)(共著)
민법주해 Ⅲ — 총칙(3)(제2판, 2022)(共著)
민법 Ⅲ — 권리의 보전과 담보(제5판, 2023)(共著)
사용자책임의 연구(2013)
헌법과 사법(2018)(共著)
민법개정안 연구(2019)(共著)
상속법 개정론(2020)(共著)
담보제도의 연구(2021)
"동기착오의 현상학" 외 다수 논문

계약자유와 계약책임

초판발행	2024년 1월 30일
지은이	김형석
펴낸이	안종만 · 안상준
편 집	이승현
기획/마케팅	조성호
표지디자인	권아린
제 작	고철민 · 조영환
펴낸곳	(주) 박영사
	서울특별시 금천구 가산디지털2로 53, 210호(가산동, 한라시그마밸리)
	등록 1959. 3. 11. 제300-1959-1호(倫)
전 화	02)733-6771
f a x	02)736-4818
e-mail	pys@pybook.co.kr
homepage	www.pybook.co.kr
ISBN	979-11-303-4558-1 94360
	979-11-303-2631-3 (세트)

정 가   35,000원